史树青 著

国博名家丛书

王春法 主编

史树青卷 上

北京时代华文书局

国博名家丛书 史树青卷

总　序

王春法
中国国家博物馆馆长

2022年是中国国家博物馆创建110周年。7月8日，习近平总书记给国家博物馆老专家回信，充分肯定国家博物馆的发展成就和重要贡献，对国家博物馆在新时代担负的使命任务提出明确要求，希望坚持正确政治方向，坚定文化自信，深化学术研究，创新展览展示，推动文物活化利用，推进文明交流互鉴，守护好、传承好、展示好中华文明优秀成果，为发展文博事业、为建设社会主义文化强国不断作出新贡献。编纂一套体现国家博物馆不同发展时期学术研究贡献的《国博名家丛书》，整理出版国家博物馆110年来学术名家的著作，传承弘扬国家博物馆老一辈专家学者的为人风范、治学精神、道德文章，彰显一代代国博人的坚守奉献、情怀担当，正是贯彻落实习近平总书记给国家博物馆老专家回信精神，坚持守正创新，推动新时代国家博物馆事业高质量发展的一项重要举措。

中国国家博物馆是近现代中华民族奋斗史的见证者和亲历者。无论是筚路蓝缕的初创时期，还是新中国成立后激情澎湃的建设岁月，无论是春潮涌动的改革年代，还是恢弘壮丽的新时代，都有一大批淡泊名利、严谨担当、甘于奉献、守正创新的国博人，立于时代潮头，回应时代呼唤，以满腔热忱和满腹学识为国博发展倾尽心血，成就了国家博物馆的百十辉煌。韩寿萱、沈从文、傅振伦、王振铎、史树青、俞伟超、苏东海、王宏钧、孙机、夏燕月等国博前贤，就是其中的杰出代表。他们都长期在国家博物馆工作，或者在相关研究领域锲而不舍地钻研、精耕细作，学术精湛、成就卓著、影响广泛、形成优势；或者掌握某一领域专门学识，具有丰富的实践经验，擅于文物保护与修复、展览策划等并有大量实践案例；或者精于某一门类文物藏品的鉴定，掌握古文字的破译等冷门绝学。他们对内能做领军人物，对外能做文化使者，堪称国博大先生。在他们身上，凝结着我们这个时代、我们这个领域顶尖学者的共同特征。

一是爱祖国爱人民。爱国必自爱史始，知史方能真爱国，一个人是不是真爱国，是不是真正站在人民的立场上，首先要看他对待历史的态度。历史不是过去，历史昭示未来。真正的治史者决不可一头钻进故纸堆，自得其乐、故步自封，而应自觉屹立时代潮头，走在时代前列，坚持学术研究的正确政治方向，始终用历史唯物主义的立场、观点和方法来指导学术研究与实践工作，用扎实的文物藏品研究成果回答历史之问、时代之问、人民之问。国博的前贤们一向坚守高度的社会责任感与历史使命感，以深邃的学术眼光洞察文物博物馆发展进程中的时代之需，突破"小我"，拥抱"大我"，时刻以祖国人民为念，开辟研究新领域，勇做时代担当者，舍一己而成天下，服务和支撑国家文化建设。正是这样的情怀、格局与担当，成就了他们的学术地位和社会影响！

二是择一事终一生。治学务求精专，精深方能大成。深研细琢国博前贤们的学术成长史，他们无一不是精心找准研究领域，选定学术问题，安于平凡生活，志存高远，潜心学术，以"咬定青山不放松"的钻研精神，几十年如一日长期持续深耕学术花园，努力追求学术上的精进与精神情操的高尚，把毕生的热情和精力都投入到博物馆的工作实践与学术研究之中，直到花园里"学术之花"满庭芳，真正做到了奉献终身。沈从文先生、孙机先生数十年持续在中国古代物质文化领域，尤其是中国古代服饰文化、汉代物质文化等方面的深耕，从开创性粗略研究到精度研究，再到深度研究，从问题表征到内涵逻辑，从知识到思想，不断将本领域研究推向纵深。俞伟超先生在秦汉考古学领域，韩寿萱、苏东海先生在博物馆学领域，王宏钧先生在明清史研究领域，史树青先生在文物鉴藏领域，王振铎先生在古代科技史领域，夏燕月先生在党史研究领域，都坚持发大心、下大力，精耕细作，追求研究的高度、深度、广度和精度，为后辈学人提供了研究范式。他们的物质生活或许并不富裕，但他们的精神世界是丰富多彩、快乐高尚的！

三是立其言成其说。博物馆是知识的海洋，是一部立体的百科全书，所涉及学科之多、历史之久、问题之多是少有其他公共文化机构所能比拟的。正是在这里，国博前贤们取得了卓著的建树，留下了《中国古代服饰研究》《科技考古论丛》《考古类型学的理论与实践》《博物馆的沉思》《中国博物馆学基础》《汉代物质文化资料图说》等彰显非凡学术之光的名篇佳作。傅振伦先生积极引介西方档案学理论，并将之与我国传统的档案汇编整理模式进行对比，构建中国现代档案学，成为中国现代档案学的拓荒者。沈从文先生专心致志开展中国古代物质文化研究，开创了中国古代服饰研究的先河，学术上精益求精，工作上家国情怀，实为后学楷模；俞伟超先生以亲身实践为基础，推动引进水下考古、航空考古、古代遗存DNA研究等，从学科角度持续探索中国考古学的基本理论，提出考古学"大文化"的概念，确立了中国田野考古学的体系与范式，极大推动了中国考古学的发展。苏东海先生始终站在学术前沿，不断求索、思考、阐释"什么是博物馆，怎样认识博物馆，怎样发展博物馆"这一时代命题，旗帜鲜明地提出中国的文博事业应走现代化发展之路，为构建中国本土化博物馆理论艰辛探索，被誉为"中国生态博物馆之父"。立一家之言、成一门之说，既能满足学者的精神追求，又能符合国家之需、人民之需，两全其美，岂不乐哉！

一个时代有一个时代的学者，一代人有一代人的学问。《国博名家丛书》涵盖文物、考古、历史、博物馆学等诸多研究领域，以向读者尽可能系统完整呈现名家学术思想脉络、提供尽可能多学术信息为原则，选取名家学术生涯中具有典型性的、在其学术贡献中成体系的文章重新编排出版。丛书以名家设卷，卷下分册，各卷按学术研究方向划分主题板块，每个板块基本按文章发表时间顺序编排。这既是对过往的总结，也是对未来的期许：一是旌表和褒扬前辈名家们一生志在一事，躬耕职守、潜心钻研的人生选择；二是嘉惠学林，为文博界全面了解每位国博名家的学术研究历程及其学术研究对我国文博事业发展所做出的贡献等提供便利；三是弘扬和传承国博名家严谨求真的治学态度、扎实的学术功底，重光国家博物馆深厚的学术底蕴和良好的学风文风；四是述往而开新，厘清百十年来国博学术思想的演进谱系，重构国博独有的学术精神与传统，赓续国博文脉；五是引发思考和启迪，激励国博中青年研究人员奋发有为，在文物博物馆研究领域不断奋进，早日成长为新一代国博名家。

中国国家博物馆是具有深厚历史底蕴和光荣革命传统的国家最高历史文化艺术殿堂，肩负珍藏民族集体记忆、传承国家文化基因、促进文明交流互鉴的重要职责。国博人将牢记总书记嘱托，踔厉奋发，奋力开创各项工作新局面。在党的二十大胜利召开，吹响第二个百年奋斗目标号角的新征程中，国家博物馆将站在新的发展起点，发挥自身优势，紧扣时代脉搏，坚定历史自信、筑牢历史记忆，打造引领文博事业发展的人才高地，用文物和展陈记录新时代党和人民的伟大创造、伟大实践，为不断谱写马克思主义中国化时代化新篇章，为全面建设社会主义现代化强国，以中国式现代化全面推进中华民族伟大复兴作出自己应有的贡献。

史树青 ————————

　　史树青（1922.8—2007.11），河北乐亭人，文物学家。毕业于北平辅仁大学中文系，同校文科研究所史学组研究生。中国历史博物馆研究馆员，长期从事中国古代历史文物研究与鉴定，曾任国家文物鉴定委员会副主任委员。主要论著有《长沙仰天湖出土楚简研究》《书画鉴真》《鉴古一得》《鉴宝心得》等。

　　窃以为书画之鉴定研究，如"三希"之鉴别，《兰亭》之论辨，已成过去。当今，宜扩大鉴别眼界，包括陶瓷纹饰、汉画像石雕刻、壁画之内容、写经之书体、碑帖之版本、金石之题跋，以至近代齐白石、张大千诸先生作品，往往存在一些问题。因之，必须不断丰富、充实多方面文化修养，熟读书史、画史，书论、画论，多多接触原作，通过实践，认真解决存在矛盾，在鉴定方面有所发现、有所发明、有所创造、有所前进。尤其要识别伪品、赝品，在真、善、美方面多下研究功夫。

史樹青

毕其一生为国鉴宝的博物馆"杂家"

——史树青先生学术小传

　　史树青（1922.8—2007.11），是当代著名学者、文物鉴定家。他认为文物鉴定不只是鉴定真伪，还要进行深入的科学研究。他的研究文物与文献并重，眼学识别与科学分析并重，传世文物与考古发掘并重。我国历史悠久，传世文物遗存甚富，史先生就是在中学读书时，从传世文物研究开始的。1947年经业师余嘉锡推荐，到中央博物院北平历史博物馆（今中国国家博物馆）工作，直至离世。

　　史树青先生是文物鉴定的通才，对青铜器、瓷器、金银器、玉器乃至考古发掘品等，都有涉猎，对书画、碑帖、古籍版本研究甚深，所鉴国内外公私收藏的文物数量达百万件之多。常谓学习文物鉴定，尤其是书画和古籍，要记住上万个古代作家和历史人物的姓名、籍贯和主要事迹，只有这样才能在工作中游刃有余。而且要特别重视学者型的人物，妇女及少数民族尤为重要，这些人的作品反映时代精神更强，能够从多方面体现历史价值。因此，他在书画鉴定工作中提出了"书画征史"的论点，强调鉴定任何一件文物，都要以"历史价值第一，艺术价值第二"为原则。提倡紧密结合文献、史料，广收博取；反对以纯"艺术价值"为标准的鉴定观点。

　　历年以来，由史树青先生慧眼鉴定过的文物精品不计其数，尤令人瞩目的是孔望山石刻。孔望山位于江苏省连云港市，山崖上雕刻有百余尊石像。史先生经过考察研究，指出石刻内容不是过去所说的孔子七十二弟子雕像，也不是俗说的"秦王乱点兵"，更不属于世俗内容的人物石刻，而是一处用汉代画像石雕刻技法，以佛教题材为主要内容的早期宗教造像群。它的开凿年代为东汉时代，要早于敦煌石窟200年左右。此说经专家论证，认为它是我国佛教艺术的早期形式，也是我国佛教艺术的重要起点之一。它的发现，提出了佛教研究方面的许多新课题，对我国佛教史、艺术史和中外关系史等方面的研究，都具有很重要的意义。孔望山佛教造像群而后于1988年被国务院列为第三批全国重点文物保护单位。

史树青先生是一位纯粹的知识分子，是始终踏踏实实做学问的人，他把一辈子都奉献给了文博事业，为国家征集了大量的文物精品。20世纪70年代，史先生友人、兰州苏继新先生将个人收藏的一批文物送到中国历史博物馆。其中有一面"重圈多角纹"铜镜，经史先生鉴定为4000多年前齐家文化之物，比1975年甘肃广河齐家坪和1977年青海贵南尕马台发现的两面铜镜形体要大，是三面齐家文化铜镜中最精美者。就其图案设计、铸造工艺而言，是非常罕见的，且为目前发现最早的铜镜，在中国冶铸史上占有重要的地位。

《北凉沮渠安周造佛寺碑》拓本，原碑刻于高昌北凉承平三年（445年），清光绪年间新疆吐鲁番高昌故城出土。光绪二十九年（1903年）被德国人偷运出国，藏于柏林东亚艺术博物馆（今柏林亚洲艺术博物馆）。光绪三十二年（1906年）端方随考察宪政大臣出访欧洲，见到此碑，遂亲制拓本（当时所拓有两本，一本为全拓，另一本仅拓了四分之一，现皆收藏于中国国家博物馆），后携之归国，遍征海内外人士题跋。原碑于二次世界大战中亡佚，此拓本愈加珍贵。从历史上看，此拓本为我们证实了十六国时期西北地区少数民族同汉族密切的关系，同时也填补了北凉沮渠氏政权时期的文字历史空白。从汉字的演变史上看，此拓本展示了隶书向楷书过渡的脉络。1976年，经史树青先生征集，其友人李章汉先生将此拓本捐赠中国历史博物馆，自此成为本馆的重要藏品。

成吉思汗传世的画像，过去仅见一幅，为明人依照旧本摹绘，见于清宫南薰殿旧藏《元代帝王册》和《石渠宝笈》《南薰殿图像考》《中国历代帝后像》等书中。1953年史树青先生从陈宧的后人陈仁恪先生处，征集到一幅成吉思汗半身像。此画像纸本设色，成吉思汗头戴外白内黑的皮冠，身着浅米色毛绒衫，面赭赤色，额前有发微露，冠下耳后垂鬓。据陈氏说："此像为陈宧任民国政府参谋次长，到蒙古视察时，蒙古贵族所赠。"鉴定此画像时，有人从题签的字体和纸张上判断，认为是明代摹本，还有人认为是清代画工从南薰殿旧藏本摹绘下来的。但经史先生和书画鉴定小组张珩、谢稚柳等诸先生考订，一致认为从画的质地、墨色、人物形象、用笔等方面看，应是一幅元人作品。其绘制年代不一定是在元太祖生前，但距太祖逝世不会太远。画中人物服饰，与《元史·舆服志》中记载相吻合，是现存最早的成吉思汗画像。

赵孟頫《致景亮书札》是史树青先生为国家博物馆征集的又一件珍品。1981年中央民族大学贾敬颜教授，请史先生鉴定其收藏品，当看到此书札时，史先生认定为赵氏真迹，旧为陈庆和"小鸥波馆"藏品。后贾先生将此札捐赠本馆。书札字体流畅，意追山阴，是赵氏晚年佳作。

史树青先生不仅为国家广收文物精品，而且还将自己珍藏多年的藏品，如汉铜熨斗、隋大业六年铜佛造像、唐三彩圆盘等文物捐献给国家。其中清代邱逢甲《行书七绝诗轴》，是他在北平师大附中读书时，偶于春节厂甸画棚中购得的。邱逢甲为清末爱国将领，台湾人，光绪十年（1884年）进士，授工部主事，曾参与义军抗击日本对台湾的侵略。其书法作品流传甚少，极富历史价值。

史树青先生的诗文、书法具有很高的造诣。他才思敏捷，出口成诗，早在青年时期就出版了《几士居词甲稿》，文风简明、不拖沓；他书法宗唐宋诸家，亦有自己之貌，于工作之余访得金石佳拓，小字题跋，清新可人。

史树青先生乐于奖掖后进，教人认真读书。遇到请教者，必倾其所知；遇有持文章者，必逐字修改。他强调在博物馆工作要不断丰富、充实多方面的文化修养，多多接触实物，于实践中解决工作中存在的矛盾，以利于博物馆工作的向前发展。

史树青先生的一生，是勤奋求学、严谨治学的一生，是淡泊名利、坦荡无私的一生。他精深的学识让人赞叹，渊博的知识让人崇敬。他为中国的文物研究和博物馆事业贡献了毕生精力，留下了丰富的著述和宝贵的精神财富，留给后人无尽的缅怀和思念。

本文由海国林撰写

编辑说明

  史树青先生的学术研究以书画为主，兼涉考古、器物、博物馆学等，其文短小精悍、内容丰富。此次《国博名家丛书·史树青卷》以《书画鉴真》（北京燕山出版社，1996年）、《鉴古一得》（学苑出版社，2001年）和《鉴宝心得》（山东画报出版社，2007年）为底本，选编其中有关史树青先生的学术研究文章150余篇，集中展现了史树青先生在文物和博物馆学领域的代表性研究成果。附录为史树青先生金石拓本题跋14幅，乃从《史树青金石拓本题跋选》（岭南美术出版社，2002年）一书中选取，可作为史树青先生文物鉴定与书法艺术之代表。

  本书的章节设置基本按照史树青先生的研究领域和现行古代文物的分类，分为"博物馆学""考古学""器物""印章""书法""绘画""余论"7章。各章所选篇目，按照原文发表年代先后进行排序。附录所选14幅金石拓本题跋，亦按照题跋书写年代进行排序。

  本书基本沿用了《书画鉴真》《鉴古一得》和《鉴宝心得》的编辑体例，部分篇目因涉及馆藏文物，特配以高清图片。

目　录

上

一　博物馆学

二　考古学

三 器 物

四 印 章

国博名家丛书·史树青卷（上）

六 绘 画

七　余　论

一　博物馆学

鲁迅先生和北京历史博物馆

1912年1月1日，中华民国临时政府成立于南京。鲁迅先生应教育总长蔡元培之召，任教育部部员；同年5月取道海路来北京，任教育部社会教育司第一科科长。7月9日，教育部在北京安定门内成贤街清代国子监旧址成立历史博物馆筹备处，以徐协贞为筹备主任；鲁迅先生对历史博物馆的筹备工作极为关怀，鲁迅日记：

> "6月25日，午后视察国子监及学宫，见古铜器十事及石鼓文……"。
> （1912年）

这段记载，就是先生为历史博物馆选觅馆址时的事情。

历史博物馆筹备之物，藏品只是国子监的一些旧陈设，鲁迅先生认为博物馆应该具有大量的、丰富的藏品；这个时候，正值清朝政府刚被推翻，"奉天行宫"保存了不少有价值的文物，鲁迅先生认为这是应该由历史博物馆接受保管的，当时由教育部部员数人前往沈阳，准备接收拨交历史博物馆，鲁迅日记：

> "12月12日，上午许季上、戴芦舲、齐寿山自奉天调核清宫古物归，
> 携来目录十余册，皆磁、铜及书画之属，又摄影十二枚，内有李成仙山楼
> 阁图，又有崔白刻丝一路荣华图，为鸳鸯及夫容……"。（1912年）

博物馆学

021

这些"奉天行宫"的文物，虽然因为种种原因后来未能拨归历史博物馆保存，但历史博物馆在1926—1927年出版的"国立历史博物馆丛刊"中连续刊载了"盛京清宫藏品录"；这个"藏品录"前面，有一段"小引"，把这件事情的前后经过说得很清楚。

从1912年至1926年，15年间，鲁迅先生和历史博物馆保持了经常的联系。1918年，历史博物馆从国子监迁到天安门内午门外的地方，在人力物力极端困难的条件下，这座我国历史上第一个历史博物馆，终于在1926年10月正式开放了。但是，最使人感到遗憾的，就是这个受到鲁迅先生经常关怀和指导的博物馆，当它正式开放和群众见面的时候，先生却在两个月前离开了北京，赴厦门任教去了。

关于鲁迅先生在北京和历史博物馆的详细情况，我除了听到现在历史博物馆工作三十多年的张文勋同志和已故的马鸿德同志谈过以外，还从鲁迅日记中逐年找出许多重要的材料来，如：

"8月12日，午后同戴芦舲，许季上游雍和宫，次至历史博物馆"。（1913年）

"4月1日，上午往长巷二条来远公司访挹蒋抑卮，蒋孟平、蔡国青，往福全馆午饭，后同游历史博物馆"。（1914年）

"9月9日，下午往午门"。（1918年）

"11月24日，下午往历史博物馆"。（1919年）

"1月8日，午后往历史博物馆"。（1920年）

"1月23日，午后往历史博物馆"。（1920年）

"3月25日，午后往历史博物馆"。（1920年）

4月17日至5月12日，其中有十四个下午，往午门（1920年）。

"6月24日，午后往历史博物馆"。（1920年）

"3月23日，午后往留黎厂……又为历史博物馆买瓦当两个、三元"。（1921年）

"5月25日，历史博物馆赠摹利玛窦本地图影片一分三枚"。（1923年）

"7月23日，上午以大镜一枚赠历史博物馆"。（1923年）

"6月24日，裘子元赠永元十一年断砖拓片一枚，花砖拓片十枚，河南信阳州出，历史博物馆藏"。（1924年）

"10月9日，午后往历史博物馆"。（1924年）

"4月20日，午后往女师校讲，并领学生参观历史博物馆"。（1925年）

上面就是我从鲁迅日记中摘要写出几条，遗漏的当有不少。不过，这里需要补充说明的，就是1920年从4月17日到5月12日，鲁迅先生有十四个下午往午门，日记中未说到午门有什么事，据历史博物馆张文勋同志说，这是当欧战以后，教育部把上海德侨俱乐部的藏书没收，运到北京，放在午门西雁翅楼，由部选派八位专家，分别整理。八人中有鲁迅先生，其他七人是许丹、朱炎、冯承钧、齐宗颐、曹冕、陈曾谷和钱稻孙，每天下午三时至五时，八人到午门楼上工作两点钟，把各种图书清理登记，编制草目；鲁迅先生和齐宗颐任俄、德文书，朱炎、冯承钧任法文书，许丹、曹冕、陈曾谷任英文书，钱稻孙任日文书。大约有一个多月的时间，才告结束，据说这批图书，除一部分由中国政府扣留外，后来大部分又还给德侨了。

此外，我们还可从鲁迅日记中看出，鲁迅先生对祖国的历史文化遗产是极端热爱的，当他每月的"薪水泉"发下以后，他常常到琉璃厂或小市买些自己爱好的文物和拓片，他不但珍视自己的"收藏"，他同样地把公家的收藏看成比自己的东西还重要；他为了临时保管几件历史博物馆的藏品，以致牺牲了自己的休息和睡眠。鲁迅日记：

"11月20日，历史博物馆送藏品十三种至部，借德人米和伯持至利倖瑟雕刻展览会者也，以其珍重，当守护，回寓取毡二枚，宿于部中，夜许季上来谈，九时去，不眠至晓"。（1913年），

鲁迅先生这种爱护祖国文化遗产，小心翼翼、认真负责和以身作则的工作精神，是我们今天每个从事博物馆工作的同志努力学习的榜样。

今天的北京历史博物馆，在党和政府的领导下，已完全改变了在旧社会时的面貌。

今天，我们作为博物馆科学工作者来纪念鲁迅先生，应该继承与发扬鲁迅先生对祖国博物馆事业的无限忠诚与热爱，使博物馆事业在社会主义建设中起到应有的作用。

附录：

鲁迅夫人许广平最近把保藏了多年的鲁迅的部分手稿和书刊等，赠给新建成的北京鲁迅博物馆。

这批文物中有鲁迅为纪念1931年被反动派杀害的五个青年作家而写的《为了忘却的纪念》，1933年为萧伯纳访问我国而写的文章和《两地书》《鲁迅书简》等现存的手稿，还有鲁迅青年时期在日本学医的笔记等。

北京鲁迅博物馆到目前为止，已经搜集到了很多有关鲁迅生平的资料。

这些资料除许广平赠送的以外，还有从绍兴鲁迅纪念馆、上海鲁迅纪念馆等处借来的鲁迅手稿、鲁迅早年阅读的书籍和鲁迅收藏的民间美术品等。鲁迅的老友许寿裳的家属也把许寿裳留在北京的包括有许多鲁迅编著的书刊的全部藏书赠送给了博物馆。在馆公开征集来的文物中，还有鲁迅早年在日本求学时发表文章的《浙江潮》和《河南》等杂志以及他在中国左翼作家联盟时期主编的左联机关刊物《前哨》等。

原文刊于《文物》1956年第10期

鲁迅先生对历史文物的研究

鲁迅先生对学术的爱好是多方面的，他在研究中国文化艺术方面，从文字声韵到戏曲小说，从秦汉石刻到近代木刻信笺，在各个方面，都有很大的成绩。这里只是简短地介绍一下他对历史文物的研究。

鲁迅先生很早就重视用古代的器物结合历史文献进行科学研究。他在北京教育部工作的时期，公余之暇，经常到琉璃厂的书店和古玩店搜集与他研究有关的文物资料，以辅助他的科学研究。

在北洋军阀盘踞北京的时期，琉璃厂是达官贵人们消闲游乐的地方，这里许多重要文物都被达官贵人们当作货财收购去了，一般人员是看不到的。但是有些具有高度学术价值的文物，因为商业价值不大，就少人问津，这些文物，正是鲁迅先生搜集的对象。据鲁迅先生当年的"厂友"李庆裕同志说："鲁迅先生到琉璃厂，必到云松阁去谈谈。他常向我父亲询问古物的名称、年代和用途，有时他比我父亲知道得还多。那个时候，他好像要利用出土的古物，编一部历史图谱。每逢他从琉璃厂回家的时候，总是看见他在怀里抱着几大包书籍碑帖，有时也从云松阁买些陶器土俑回去。"

是的，我们翻开鲁迅日记看一下，鲁迅先生在琉璃厂或小市买到的文物，没有"三代铜器"或"宋元名画"，多半是些古砖、瓦当、陶俑、瓷碗、铜镜、弩机、钱币等物，至于铜器、字画，他只买拓片或印本，书籍也没有"宋元善本"，而是买些"用功的"参考书。

鲁迅先生在古代石刻上，曾用过很长的研究工夫。关于这件事情，胡冰同志已有专文介绍，我就不再多写了。总之，他研究历史文物，不是像过去一些金石家们，专从事古器物文字的研究，而他是从历史学、考古学、民族学三方面进行研究，以期了解中国历史的真正面貌。他用汉画像石上面的神仙、怪物和人物故事来研究山海经和古代人民的风俗习惯等；从石刻的艺术风格，研究历代雕刻的变迁和发展。他在1913年就写了一篇《拟播布美术意见书》，着重地说明了雕刻的艺术价值，这与他后来对于木刻艺术的提倡、西洋版画的介绍，是密切关联着的。

我国的版画艺术，能有今天的良好成就，首先应该归功于鲁迅先生。

鲁迅先生遗留下的文物、图书、拓片等，现在大部分保存在北京鲁迅故居。希望工作人员早日把这些文物进行分类整理，印成目录或出版专集，作为广大的人民学习鲁迅、研究鲁迅的参考。希望整理时不要以为其中有些书籍、拓片是极为普通易见的，就不予以重视，应该认为这都是鲁迅先生当年辛勤得来的心爱之物，每件东西上面，都存有先生的手泽。

原文刊于《文物》1956年第10期

中国历史博物馆正式开馆

在首都天安门广场新建的中国历史博物馆，已于党的成立四十周年纪念日正式开馆。

中国历史博物馆同中国革命博物馆合建于天安门广场东侧，对面为庄严雄伟的人民大会堂，北面是壮丽的天安门，与南面耸立的人民英雄纪念碑，构成了天安门广场的建筑整体。

1958年10月，党中央决定在祖国的首都天安门前建中国历史博物馆，历时不到一年，历史博物馆就完成了建筑工程和陈列工作。这标志着它是我国社会主义建设大跃进的产物。

在中国历史博物馆建馆的过程中，党和国家领导人给予了极大的关怀和重视。并承全国兄弟单位、专家的大力支持和指导，各省、市、自治区提供了三万多件文物和资料。这些文物，多数是建国以来考古发掘和征集所得的珍品，对反映我国历史的各个方面，具有代表性和典型性。此外，国内个人收藏家和许多兄弟友好国家，也热情地提供了不少重要的文物和资料。

中国历史博物馆从1959年国庆节开始预展，到开馆前夕，共接待了国内外观众130多万人次（其中国外观众涉及69个国家，5678人次）。在此期间，曾根据群众意见和建议，又对陈列不断作了修改和充实。

现在的中国通史陈列，总面积为8000余平方米，从50万年前的原始群居时起，到1840年鸦片战争止，既按社会发展史分期，又按中国历史朝代排列，分为原始社会馆、奴隶社会馆和封建社会馆。

原始社会馆陈列从50万年前原始群居时期到4000多年前原始氏族公社解体

时期的文物。代表原始时期的文物中，陈列着中国猿人的头骨化石（模制）和打制的石器以及遗留下来的灰烬和烧骨、烧土等，充分地证实了"劳动创造人"的伟大真理。这里还陈列了比中国猿人较晚的约十万年前的丁村人阶段的人类化石，它们是在广东韶关马坝、湖北长阳下钟家湾、山西临汾丁村等地发现的。这有力地证明了毛泽东同志指出的"从很早的古代起，我们中华民族的祖先就劳动、生息、繁殖在这块广大的土地之上"的确切论断。

在原始氏族公社形成时期的陈列中，有四五万年前山顶洞人头骨化石、骨针和石器。从这些实物中，证明山顶洞人的体质形态，已具有现代人的特征。与山顶洞人同一阶段的人类：柳江人、资阳人、麒麟山人、榆树人的有关材料，也作了适当的陈列。

在原始氏族公社发展时期的陈列中，有各地出土的一万年到五六千年前的石镞、骨镞和陶制、石制的渔网坠，证明当时已发明了弓箭和渔网。在黄河流域发现的谷粒和长江流域发现的麦粒和稻粒，说明在五千年前农业已普遍出现。纺轮的使用，证明纺织已经开始。西安半坡和宝鸡村落遗址的发现，是定居生活开始的明证。

四千多年前原始氏族公社解体时期，石镰和石铲的普遍使用，轮制陶器的出现，家畜种类和数量的增多，男子在氏族公社生产中起了主要作用。馆内陈列的1959年甘肃武威皇娘娘台出土的齐家氏族使用的红铜工具，标志着生产力有了一定程度的发展。1959年山东宁阳大汶口出土的原始社会末期的大、中、小三个墓葬，其随葬品的多寡悬殊，说明了私有和阶级已经出现，这些都是原始氏族公社逐渐解体的例证。

奴隶社会馆陈列着从夏代到春秋期间的许多文物。夏代除表现了大禹领导人民治水以外，通过文献、图表、汉画等，说明了私有制的形成和国家的萌芽。

从商代甲骨文字中的黍、稷、麦、稻和蚕、桑、丝、帛等字以及许多有关天文历法的记载，可以看出商代农业已相当发达。

青铜器是这个时期手工业的重要生产部门，陈列中有河南郑州、安阳等地出土的青铜工具。安阳出土的"司母戊"大方鼎，重达875千克。其他如制作精巧的龙虎尊、四羊尊等，都显示了青铜冶铸技术的高度发展。郑州二里岗出土的商代釉陶，已经具有瓷器的特征。

1950年在安阳武官村发掘的商代贵族大墓，殉葬的奴隶有45人。奴隶主残酷地屠杀奴隶，阶级矛盾十分尖锐，经过牧野之战，奴隶倒戈，商代灭亡了。

西周奴隶制还在继续发展，盂鼎和曶鼎铭文，详细地记载了奴隶主赏赐和买卖奴隶的真实情况。春秋铁器的出现，使社会生产力有了新的发展。1955年安徽寿县蔡侯墓出土的大批成组的铜器，说明了春秋时期奴隶主所过的"钟鸣鼎食"的奢华生活。由于奴隶主的剥削压迫，各地人民不断起来进行反抗斗争。新兴地主的出现和孔子封建思想的产生，可以看出这个时期封建制已在孕育中。

封建社会馆陈列着从战国到鸦片战争期间大量重要的历史文物。表现封建制确立和商鞅变法的文物，有商鞅镦和商鞅戟、商鞅量（拓片）等。从吕不韦戈、上郡守戈、高都令戈、虎符、鄂君启节等文物，可知当时国家政权的组织和王权的加强以及对地方封君的控制。

秦始皇统一中国后，第一次建立了中央集权的封建国家。从秦末到鸦片战争，爆发过大小数百次的农民起义，每次较大的农民起义和农民战争，都打击了当时的封建统治，对社会经济的发展，起了推动作用。馆内重点突出地陈列着有关历代农民起义军铸造的钱币、印章、使用过的武器以及古战场遗迹照片和起义军军纪的拓片等，反映了农民战争对封建统治的沉重打击，以及对我国社会经济发展所起的作用。

战国时期，我国出现了许多冶铁业中心，铁农具已普遍使用。汉代铁的冶炼技术和农具的创造有新的发展，我们从河南巩县汉代冶铁遗址发现的未烧尽的煤块，可以看出我国在2000多年前即已用煤冶铁，这是世界冶铁史上的一个重要纪录。江苏宜兴出土的西晋时期的铝带饰，是我国冶金史上的新发现。

铁器的广泛使用，使进一步改进生产工具和大量开发水利成为可能。战国的都江堰、郑国渠水利工程，汉代的鼓风冶铁和纺织机（画像石），三国的翻车，唐代的曲辕犁、高转筒车以及宋代的秧马、水转连磨，明清的穿斗式水车等，都表现了生产工具的进步，和对开发农田水利的促进作用。同时，这里还陈列了绚丽多彩的手工艺品，有战国的错金银器，汉代的丝织、漆器，唐代的三彩陶器、染织品，宋代的缂丝和明清的锦缎、瓷器等。

陈列中的许多典籍、画像、手札、墨迹等，介绍了我国历史上许多思想家、政治家、军事家、文学艺术家的经历和成就。从陈列中还可以看到我国历史上的重要发明。西安灞桥出土的西汉的纸和宋代完成的三大发明：火药、指南针、活字印刷术，都作了比较系统的介绍。其中敦煌莫高窟发现的元代古维吾尔文木活字，是我国现存的最早的有关活字印刷术的实物。

丰富的历史文物说明，我国是一个历史悠久的以汉族为中心的统一的多民族国家。各族人民通过经济、文化的亲密交往，逐渐地融合在一起。陈列的历代各族人民的丰富多彩的文物，说明了祖国的历史是各族人民共同创造的，因而祖国各族人民有着不可分割的血肉关系。

我国历史上对外的经济、文化交流和相互影响，从西汉开始，已经开辟了通往中亚的"丝绸之路"，从唐代以后，中国和朝鲜、越南、缅甸、日本、印度、阿富汗、尼泊尔、柬埔寨、印度尼西亚、非洲诸国经济、文化交流，更加频繁。馆内陈列了许多有关中外友好往来的文物。这里陈列的郑成功收复台湾、林则徐虎门销烟和广州三元里人民抗英的有关文物，表现了中华民族各族人民反对外来民族压迫的英勇斗争。

中国历史博物馆的通史陈列，是向广大工农群众进行革命传统教育、爱国主义教育和历史唯物主义教育的场所。全部陈列，反映了建国以来历史科学、考古学和博物馆学多方面的研究成果，因而比较系统地展示出中华民族绵亘不断的悠久历史和辉煌灿烂的文化。

中国历史博物馆为了加强学术领导，今年三月正式成立学术委员会。馆内今后的工作任务是开展对历史、考古、文物和博物馆学的科学研究，不断地提高陈列质量，充分发挥馆藏文物、资料的作用，加强编辑出版工作，宣传祖国的伟大可爱，并为历史学、考古学、科学、文学、艺术研究提供必要的科学资料。

原文刊于《历史研究》1961 年第 4 期

博物馆藏文物的鉴定和研究

历史文物是古代劳动人民智慧和血汗的结晶，对于了解、研究古代历史具有重要的科学价值。1954年，毛主席视察了"全国基本建设工程中出土文物展览"。1958年，毛主席视察了安徽省博物馆，并作了重要指示："一个省的主要城市都应该有这样的博物馆，人民认识自己的历史和创造的力量是一件很要紧的事。"

1961年，周总理到上海博物馆视察，对文物保护、研究等工作作了重要指示："这些东西（文物）要好好珍藏、保管。要使它们发挥应有的作用。鉴定古物的年代，专家是需要的，但听说西方已经有了科学鉴定的方法，这方面也要加强科学研究。"

在毛主席为首的党中央的方针路线指引下，在周总理的亲切关怀下，新中国成立三十年来，文物、考古事业有了很大的发展，取得了丰硕的成果。对全国重要的文化遗迹、遗址和古墓葬进行了调查、保护和发掘，出土了大量文物；对流散在社会上的传世文物开展了广泛的征集，不论是持有者主动捐献或国家收购，也都取得了很大的成绩。考古发掘和征集工作的开展，大大地丰富了国家博物馆的收藏，为全国各博物馆的陈列、研究工作提供了坚实的物质基础。博物馆的文物研究工作，已成为一种专门学科，从根本上改变了过去那种单纯地鉴定真伪或年代，以及从个人兴趣爱好出发，用欣赏古董的眼光对待文物的旧习惯，转而为研究我国历史上阶级斗争、生产斗争、科学技术、民族关系、中外关系、文化艺术等问题添砖加瓦，不断丰富着祖国历史研究的新内容。

在藏品鉴定和研究的基础上，全国各博物馆结合各自的特点，举办了许多陈列、展览，对普及历史知识，提高人民的科学文化水平，宣传辩证唯物主义和历史唯物主义，起到了很重要的作用。

关于举办历史陈列或临时展览（包括出版），对于历史文物的鉴定、选择和研究，我和一些同志在平日工作中初步体会到，应该注意四项原则和八个重点。

先谈四项原则。

1.以马列主义、毛泽东思想为指导，运用辩证唯物主义和历史唯物主义的观点，贯彻"古为今用"、"百家争鸣"的方针，确定文物的价值。

2.掌握鉴定重点（见后），对文物各方面的价值，要进行全面的研究。应特别注意文物的政治内容，同时对文物的时代早晚、遗存数量、完残程度、是科学发掘品或传世品、属于边疆地区或中原地区、中国或外国等因素，作具体分析，力求政治性和科学性的统一，防止主观片面性。

3.对传世品的真伪、年代，要求鉴定确切；对其来源与流传经过，力求考证清楚。缺乏科学记录的纪念性历史文物，要加强调查研究，实事求是地确定其价值。

4.对一件文物或一组文物，不要孤立地进行研究，而要研究其产生的社会历史背景及当时的生产关系。其他如有关的生产工具、生产过程也要加深了解，以利于作出科学的判断。

再谈八个重点。

1.有关阶级斗争、生产斗争、科学技术等方面的文物。

2.有关被压迫人民和民族的革命领袖以及历史上著名的思想家、科学家、发明家、政治家、军事家、文学家、艺术家的文物。

3.有关民族社会历史和民族团结以及反侵略、反压迫斗争的文物。

4.反映中外友好往来和经济、文化交流的文物。

5.反映不同历史阶段的经济基础、上层建筑以及社会生活方面的文物。

6.与重大历史事件有关的文物。

7.具有高度艺术价值的文物。

8.有极大揭露作用的反面材料和有关反面人物的重要罪证的文物。

为了掌握好这些原则和重点，必须在日常工作实践中不断学习和提高，学理论，学业务，出成果，出人才。在全国各兄弟博物馆及文物、考古单位之间，如能经常开展一些学术交流活动，互通情报，互相学习，互相提高，则能更多地收到相得益彰之效，把博物馆的藏品研究和陈列、展览工作不断推向前进。

原文刊于《文物》1979 年第 10 期

业务学习经验谈

约在二十年前，中国历史博物馆为了培养和提高业务干部的学识水平，请了一位年老的研究人员谈当初个人是怎么进行业务学习和学术研究的，这位同志说，当年在学校读书和毕业以后工作，每天除了完成本职工作以外，仍是读书和思考学术问题，作笔记，写文章。同事、朋友相见，也都是互问近来看什么书？有什么新的学术动态，很少闲谈外务。解放后，学习马列主义，有了正确的指导思想，业务学习的目的明确了，所取得的效果就更为显著。他并认为作为博物馆的业务干部，首先必须完成自己的岗位工作，正是为了更好地完成工作，就应该努力学习专业知识，不断提高自己的工作能力，做到工作和科研的密切结合，也可以说是工作科研应该双丰收。

我认为这位专家的谈话不仅对文博干部有用，对从事其他学科的同志来说，也有一定的参考价值。实际上说，工作不能离开科研，科研是为了做好工作，进一步还要把本学科的学术水平不断提高，以促进本学科的前进和发展。

为了更好地培养干部，我们馆除了选送一些年轻的同志到大学或专业培训班学习以外，根据一些同志的经验，我们提出了一个博物馆业务干部自学三字诀——读·摸·写。

读是读书，摸是摸文物，写是写文章。这三字诀在"文化大革命"中曾受过批判。认为这样做是不让学马列主义。我们认为，全国解放，在党的领导下，马列主义是干部的必修课，是我们工作的指导思想。研究任何问题，都应有马列主义的立场、观点、方法。但是，为了精通本部门、本领域的业务，必须根据实际需要，认真地、刻苦地学习。读、摸、写是许多同志几十年的实践经验，是文博干部在日常工作中自学提高业务水平的一个行之有效的好方法。

一、读书

读书这件事，每个人都有自己的经验。自幼入学，不论小学、中学，所读的所学的都是一个公民的文化基础知识。到了大学，除了学习基础知识以外，还要学习专业知识。今天有的大学设置了考古系，有的在历史系设置了考古专业或博物馆学专业，设有许多与我们业务有关的课程。但是，能上大学读历史系或考古系的人总是少数。如果未学过这类专业的同志而有志于文博工作，在读书方面就应该有所偏重和选择。

我认为作为一个文博工作者，必须先通目录学。图书文献是几千年来历史和科学文化发展的记录，从中可以获得丰富的知识，以便于我们继承前人的研究成果。目录学就是指导我们读书的门径，历来的中外学者都十分重视书目对指导读书的作用。清代学者王鸣盛在《十七史商榷》第一条目下说："目录之学，学中第一紧要事。必从此问途，方能得其门而入。"现在我们国家设有书目文献出版社和辞书出版社，出版目录、索引、字典、辞典，其意义是非常深远的。

文博业务干部应用的书目或索引，如《四库全书总目提要》《清史稿艺文志及补编》《贩书偶记》及《贩书偶记续编》《书目答问补正》《八十年来史学书目》《中国史学论文索引》《中国考古学文献目录》《中国古代史论文资料索引》等，应该是常备的一部分工具书。通过这些目录、索引，大致可以掌握我国历史及有关文物、考古论著情况。当我们在工作中遇到问题时，除了向师友请教以外，多数要向前人和今人的论著中求索。如果学会利用目录、索引一类的书（包括字典、辞典），可收事半功倍之效。

读书的范围，要力求宽一些，并应根据需要随时作笔记或写卡片，这叫积累材料。什么问题应该记，什么问题不需记，这全由一个人的学识和业务需要而定。南宋赵与时有《宾退录》一书，这是他在接待宾客时的谈话记录，但不是当面所记，而是"宾退或笔之牍"。所以说，我们不但要作读书笔记，就是平日有关学术见闻，也要记录下来，学一点赵与时宾退录的精神，不断丰富自己的常识和见闻。

至于外国出版的有关书刊，也应有所参考。及时掌握国内外与自己有关的信息情报，为我所用。

二、摸文物

摸文物就是接触文物。一个文物工作者是离不开文物的。"藏品是博物馆业务活动的物质基础"。因此，我们要想提高业务水平尤其是文物鉴定水平，就更要多多接触文物，包括参观博物馆、展览会的文物和阅览文物图录、图谱在内。如果能参加考古发掘、文物调查、陈列展览、登记编目等工作，就有更多接触文物的机会，可以收到直观效果。但是必须识别真伪，鉴定确切。胆大心细，保证文物的安全。

长期以来，各种文物图录、考古美术刊物对我的学习和研究有很大帮助，给我以很多知识。如《神州国光集》《故宫周刊》《艺林旬刊》《艺林月刊》《湖社月刊》等，其中都有大量文物图像和考证、研究文字。至于罗振玉和广仓学窘所编印的各种珂罗版图录，商务印书馆、中华书局、有正书局出版的金石碑帖，故宫博物院出版的书画图录等，至今仍在受到重视，时时从中找到所需文物资料，十分有用。

解放后，文物考古事业空前发展，各种考古报告、文物图录以及《文物》《考古》《考古学报》《文物天地》等皆为必读之书，工作不能脱离。这些书刊内容丰富，新义层出，嘉惠士林，功德无量。

我自幼热爱祖国历史文化，读书问学，广求名师。从余嘉锡、赵万里先生治版本目录学，从刘盼遂、孙人和先生治经学，从陈垣、朱师辙先生治史学，从梁启雄、张鸿来先生治诸子，从郭则沄、顾随先生治词章。至于古文字学则受业于沈兼士、于省吾先生，古声韵学则受业于戴君仁、周祖谟先生，金石书画则受业于周肇祥、启功先生。深知研究历史、文化、艺术，必须改变那种只重文献而忽视文物的现象，应该做到"言之有物""遇物能名""见物见人"。总的一句话，就是文物与文献一定要结合研究。像某君所说的那种"老去无端玩古董"，那是玩物丧志，非我所取。

三、写文章

写文章不只是写论文、考古报告、专著，写文物说明，建藏品档案，写陈列、展览计划方案，都属于"写"的内容。古今中外人们的论文或专著既是某一学科发展的记录，也是某专业或某学科专题研究的成果。文物学（过去叫古器物学）和博物馆学都是实践的科学，有正确的理论，还要付诸实践。把文物保护好，管理好，使用好，这需要我们做大量的实际工作，并且在实践过程中，总结提高。对本学科做到"有所发现，有所发明，有所创造，有所前进"。写论文就要围绕着这个标准去写。如有新的发现，当然可以撰写文章，公之于众。至于评价一件文物或综合研究某类文物，介绍给广大群众，为社会提供资料，也是我们文博工作者一项十分光荣的任务。

由于我在中国历史博物馆工作时间较长（1945年辅仁大学毕业，1947年来馆），接触的人和物较多，使我头脑中积累了很多的问题，也可以说是研究的题目。但是，每天坚持上班，许多日常工作须亲自处理。写作时间多安排在夜晚。兼以接待同志们来信、来访，虽然影响读书写作，但往来并无"白丁"，解答问题，提供资料，交流心得，大可"博我以文"，实为至乐。

当一个人在研究某个问题时，往往都有材料不足之感。向人求教固然是一个方面，但是仍要回过头来，查目录，查索引，充分利用各种工具书，了解前人研究的成果和所达到的水平。如果我们的研究成果比前人有所提高，即便是解决了工作上或研究中一个很小的问题，也算有了几分成绩。至于像《中华人民共和国文物保护法》所提出的"开展科学研究工作，继承我国优秀的历史文化遗产，进行爱国主义和革命传统教育，建设社会主义精神文明"。这应是我们每个文博工作者责无旁贷的光荣任务。

因此，当我们围绕文物作文章时，就应本着建设社会主义精神文明这一方针，小至一件器物，大至一项陈列展览方案，都要体现这个原则，正确地理解和处理文物保管和使用的关系。

原文刊于《文物天地》1986年第2期

博物馆保管工作的意义和要求

河北省的同志让我来讲一讲博物馆保管工作的意义和要求，要从宏观上讲，我们所从事的博物馆工作是文物工作的一大分支，文物藏品是博物馆活动的物质基础，是国家的文化财产。所以博物馆和整个文物工作一样，应是体现"保""用"二字，保是保护和管理，一个博物馆藏品的数字必须一清二楚，然后是文物的修复、装裱、鉴定、科学化验、科学管理等都是贯彻"保"字；陈列、出版、宣传、为社会提供资料，发挥文物的应有作用，为人民服务这是"用"，我们作为保和用的工作是光荣的任务。

刚才开班式上讲话的几位领导人是谁？赵德润副厅长、是主管文物的，李晓东是文物局局长，还有正定县宣传部纪永年同志，给我们讲了话。我根据几十年的经验，研究学问、做工作，必须牢记历史人名。这是根本的，读书也得记人名。"名单学""人名学"是非常重要的学问。研究书画你不记人名行不行？打开书画一看人名不知道何许人，什么也不知道。研究古代的青铜器也得记人名，司母戊鼎，母戊是谁？研究历史必须记人名、记作者，"人名学"太重要了，研究文物要见物见人，是很重要的一点。因此头一次见面，要先来一个自我介绍。我叫史树青，河北乐亭县人。生在乐亭，我父亲在北京做买卖，我在北京上小学、中学、大学，现在还有乡音。1945年我大学毕业后，教汇文中学、贝满中学，工作两年后就到历史博物馆工作。从1947年到今年（1986年）已有40年了，没有离开保管部，我经常跟文物接触，经常跟保管工作接触，从征集到鉴定、登记、编目、排架、提供使用，整个藏品的流动过程，我的体会比较深，而且每年文物局召开的保管工作会议、博物馆工作会议都让我参加。积四十年的经验，我有体会，我们应有个"我要一辈子做保管工作"的思想，安心做这工作，只要领导不调动我。不断提高自己的政治思想水平和业务水平，提高自己的政治素质和业务素质，不断地为祖国的博物馆事业、文物事业，为中华民族的文化事业作贡献。我现在这个兼职，那个学衔，主要还是博物馆工作，我的档案还在历史博物馆。国家文物鉴定委员会（副主任委员）也是虚的，真正的工作还是在博物馆。我与博物馆有感情。刚才领导同志谈博物馆工作是非常光荣的，保管、收藏这些文化遗产，应很好地完成这一任务，所以河北这次办文博系统保管工作短训班，也是这个意思，由于形势的发展，旧藏品、新征集品、普查品很多，我们怎样做好这项工作呢？得不断地努力，把这项工作当作自己的终身事业来做，不断地学习提高政治水平，业务学习无止境。刚才赵厅长说的，这工作不同于一般的仓库保管员，很有道理。我们原来有句口号：保管员要学大庆。大庆有个保管员叫齐莉莉，很过硬，库房没有灯，她能摸黑马上拿出所需物品来，但她那是工具保管，我们是文物保管，是不一样的，我们不提倡摸黑拿文物、摸瓷器，万一失手怎么办？但她的这种精神是值得我们学习的。

近百年来，我国开始有博物馆，解放后发展很快。真正从理论上讲，关于博物馆学的专著，解放前我国可说是没有，解放后出版了有关博物馆学的专著，最近马上要出版的文物局编的《博物馆学概论》，前几年傅振伦先生出版的《博物馆学概论》，还有黎先耀同志的《博物馆学新编》，都讲到博物馆学，从理论到实践，到征集、保管、陈列、群工，包括科研都很详细，最近出版的《文博专业基础课纲要》，是南开大学历史系博物馆专业编的。

根据我的体会，博物馆学是门应用科学，不是空讲理论，是指导我们工作的科学，是实践科学。包括自然科学都要为社会主义建设服务，不要空讲理论，懂得博物馆学后必须付诸实践：征集、保管、陈列、群众工作。有的同志认为博物馆学，如夏鼐说博物馆学，是属历史学的一个分支。现在南开大学、武汉大学、复旦大学都成立博物馆学专业，都把博物馆学看作一门独立的学科。要讲分支的话，我感觉保管学是一个分支，陈列学是一个分支，博物馆学是社会科学的一个独立学科。一个学科，有本身的发生、发展的规律，解决社会实践中的一些问题，因此有研究工作，不是单纯保管文物，要研究藏品、研究保管学的问题，包括保管技术、方法、藏品的内涵。什么是研究？从哲学理论上讲，研究就是解决矛盾、解决本学科在发展过程中存在的矛盾。解决矛盾后，新的矛盾又出现，不断解决矛盾，不断推动本学科的发展。也就是毛主席讲的，对本学科有所发现、有所发明、有所创造、有所前进。只有这样才能推动本学科的发展，推动社会的发展。任何事物都是发展的，改革就是推动本学科的发展。我们每个干部要学习马列主义，用马列主义来指导我们的研究工作。也就是讲"藏品公开"，这有个"保"和"用"的问题。博物馆保管工作应有所发现，有所发明，有所创造，有所前进。

什么叫文物，恐怕文物工作者几十年都没有很好解决，《辞海》中有解释，《辞海》是我们的老师，昨天我看到石家庄河北省文物商店有一块砚台，有铭"环溪"刻字，是蔚县清初魏象枢用的砚台，一查《辞海》他的名字已收入。我劝每个同志省吃俭用要买本《辞海》，它是一百多个专家劳动编成的。我们还应有本年表、地图。我的老师陈垣五十岁时年表翻烂了四本。研究学问离不开年表，具体年代都得查年表。文物这名词，你先查《辞海》，看《辞海》是怎么写的。1982年我出席上海复旦大学中国文化史讨论会，主持人周谷城，大家对"文化"二字进行讨论。什么叫"文化"？辞海中也有。从中央文化部讲文化，到毛主席发动的"文化大革命"都提到"文化"，现在文化部管的是戏剧、电影、音乐、舞蹈、艺术院校，包括文物，这范围太窄了，戏剧、电影、音乐、舞蹈又是艺术领域的。我认为，自人类以来（190万年以来）从事劳动、生产就有文化，文化的对言是愚昧，文明的对言是野蛮。宗教是文化，衣食住行是文化，凡是眼睛看的、耳朵听的都是文化。吃饭叫"食文化"，中国饮食文化占大部分，煎炒烹炸。全世界都有中国菜馆，真是像许慎在《说文解字序》中所讲的，"古者包羲氏之王天下也。"穿衣：从原始的纺轮到原始的纺织机，河北省保定保存的清代方观承的棉花图：种棉、织布。住：各种建筑、寺庙、塔幢。行：交通，各种车、船、轿、马。宗教归宗教局，属统战部管，穿衣归纺织工业部门管，杭州、苏州成立丝绸博物馆，南通成立棉纺织博物馆。博物馆管理也是个问题，外国有博物馆管理局，各类博物馆都管，中国的文化部文物局，只管社会科学的、历史的、革命的文物，民族文物它都管不了，中央办一个民族博物馆，由国家民委管。北京地质博物馆，由地质部管，北京自然博物馆属市科委管。博物馆保管工作系统不一样，其实都属文化。文化分类别、时期概念，例如：当代的文化、商代的文化、西周文化、汉代文化……有民族的概念：汉族文化、藏族文化、蒙古族文化等。还有地区概念，东南沿海文化、西北高原文化……文化含义是相当深的。人类征服自然取得生存的资料，就是有文化的历史，我国有文化的历史是190万年，文明的历史是五千年，文明的标志主要是有了文字，有了城堡，有了阶级，有了私有财产，有了国家。所以什么是文物？就是五个字："文化的遗物"，或说是"文化的产物"也可以。历史文物是不能再生产的。我们中国的文明史是从夏商周以来的历史，文明是有阶段性的，有封建社会精神文明，有封建社会物质文明，今天是建设社会主义的物质文明和精神文明。文物既是精神文化，又是物质文化的遗存。

博物馆的三大职能：第一是文化教育宣传机构，第二是科学研究机构，第三是精神文化与物质文化遗存的收藏机构。胡耀邦同志在1982年党的十二大报告：《全面开创社会主义现代化建设的新局面》第三部分，谈到努力建设高度的社会主义精神文明。谈到精神文明大体分为文化建设和思想建设，这两方面是互相促进、互相渗透的，文化建设包括教育、科学、文学艺术、新闻出版、广播电视、卫生体育、图书馆、博物馆等各项文化事业的发展，群众知识水平的提高，是建设物质文明的重要条件，也是衡量人们思想觉悟、道德水平的重要条件。

《中华人民共和国文物保护法》很清楚，第一章第一条，一是国家文物保护单位，二是散存文物，后者多数在博物馆保存，有的保护单位也有收藏散存文物，有藏品。事实是保护单位的保管工作更重要。文物有动产、不动产。动产家底清楚很重要，动产易丢失、损害，动产最值钱，经济价值很高。现在国家改革开放，容易走私，文物的国内外差价很大，造成藏品的不安全，不断发生文物被盗。最近山东、四川、云南丢东西，因为这是属于文化财产。

什么叫文物？什么叫藏品？藏品必须是文物，所以保护法里称为文物藏品，文物不一定全是藏品。北京文物商店有特许出口，这在外省没有。特许的原则是"细水长流，少出高汇"。历史博物馆有藏品，自然博物馆有标本，一般鸟、鱼、兽类复制的动物标本不算文物，算藏品。北京猿人化石算文物。地质博物馆矿石标本算藏品，文物是经过先民们加工制造的，矿石也经过加工，算博物馆藏品，"旧石器""新石器"是文物。古树、松树、柏树一般也不算，如果随着园林可以统一算保护单位内的，曲阜孔庙、孔子的大成殿是国家文物保护单位，孔子种的树，原属于附属品，易县县衙有两棵唐槐，也没算文物，泰山下的汉柏也没算文物，不过是自然的东西，够历史价值，古代的稀有生物、植物也应保存下来……

文物的价值和意义。保护法说得很清楚：具有历史价值、科学价值、艺术价值，经济价值也要考虑。文物出国展览，很注意保险。对国际的行情要留意，今年《文物天地》第2期赵力华有篇文章，到香港对文物拍卖行的行情作了调查。最近在荷兰阿姆斯特丹拍卖南海沉船内瓷器，这瓷器大概是乾隆年间的中国瓷器，文物局派冯先铭、耿宝昌两位专家带三万美金外汇去，见机行事。我们现在不要过多地宣传经济价值。

历史价值、科学价值、艺术价值有个鉴定标准。去年十一月份在福州开了一个博物馆保管工作会议，讨论了两个文件，一是《博物馆藏品保管条例》已发给你们，一是《博物馆一级藏品鉴选标准》。这两个文件到现在还没最后通过。还有一个《限制文物出口的鉴定标准》，这个鉴定标准也是贯彻文物法的内容。文物保护有两个标准：一是《博物馆一级藏品鉴选标准》，由文化部文物局博物馆处起草；一是《限制文物出口的鉴定标准》，由流散文物处起草。这两个文件要由国家文化部报国务院批准，国家文物鉴定委员会正在审查，准备今冬在江西婺源开会审查《博物馆一级藏品鉴定标准》。1962年时，全国战备，怕文物被轰炸，当时国务院通知要求各博物馆精选珍品造册、装箱、转入第三线，那时我们连夜忙。所以那时把一级品称为"珍品"。日本人叫国宝，重要藏品为"文化财"。从博物馆学的角度说博物馆藏品是业务活动的物质基础，过去还提是"一切业务活动的物质基础"。

保管工作职责、要求。贯彻"二十四字方针"：制度健全，账目清楚，鉴定确切，编目详明，保管妥善，取用方便。这太重要了，是几十年经验的总结。《条例》第三条讲，"博物馆对藏品负有科学管理、科学保护、整理研究和提供使用"的责任。什么叫科学管理，科学就是一点不乱，还要科学保护。周信芳的儿子在美国买了一个西周时的银马具，给文物局来信问白银在中国是什么时候出现的？白银的化学性质怎样？为什么没有商代的白银、西周的白银，战国才有银器。这跟它的化学性能有关系，西周白银易炼不易炼？白银和铅都容易氧化怎么办？就应研究，要有所发现，有所发明……提供使用。关于"保"和"用"的关系，有的博物馆一说提供使用，保管员就不乐意干，主任、副主任也不乐意提供使用，这个问题吕济民同志有个讲话，外单位对我们博物馆有意见，说我们博物馆变成藏书楼、变成收藏单位。提供使用是很重要的。去年十一月在福州会议上，上海博物馆拿着电子计算机来实验给我们看，把博物馆藏品都输入电子计算机了，一按钮资料就出来了，这就是为了提用方便。如果两小时藏品找不着，怎么查检方便呢？或者藏品不在、丢了，你的目录编不出来……我感到，目录卡片发了，但卡片到现在能提供大家使用的不多，软件不齐只能内部使用，不能对外，你带介绍信去查，也不对外，这不是刁难人吗？怎么为社会服务呢？博物馆藏品不但自己博物馆使用，还应让兄弟馆和有关单位使用。有的东西很娇嫩，有的不一定很娇嫩，看一看是看不坏的，提供使用是我们的责任，光荣职责，当然要有手续。这样往往对我们工作有好处，人家来看东西了，我们请都请不来，可以带来很多信息、知识。来了后懒懒散散、不耐烦，怎么提供方便呢？陈列部需要提供方便。有人说：知识分子私心太重，学问得留一手。我老感觉这种说法是极大的错误。知识分子总想把自己的全部知识掏出来交给大家。

"二十四字方针"的第一是制度健全，很不容易。保管部必须有制度，是根据文物保护法定的，没制度会造成混乱，定了制度就要遵守，最近文物局要编一本书叫"保管工作手册"，文物定名怎么定，来源、号码怎么写，都应有个工作制度，库房怎么管，排架怎么排。

第二账目清楚，这是起码的要求，账目一定要清楚。现在有的账外有物；有的有账无物，借出东西找不着了。应设有借出文物账和借入文物账，入馆的账，入库的账，总账。我认为，去年福州会议上安徽省博物馆保管部的发言是实事求是的。现在就怕上欺下，下欺上。她说"我们馆长、主任、保管员一起动手根据二十四字方针，账、卡、物相核对，经过清点：第一纠正了错号、重号、账卡不符问题。第二，核销历年因调拨的未经注销的文物。核对了各地借用文物。"不过这后一句话不清楚，究竟是借出还是借入？必须有两本账，借入多少，借出多少。第三，对库房没有登记号的文物组织鉴定，把可入藏部分重新入库，办理登记入藏手续。第四，对过去入库以前未经鉴定或登录过于简单的藏品逐步补全、编目"。在福州会议闭幕式上让我讲话，我说，大家都应很好地学习安徽省博物馆的精神。

文物与藏品应如何理解？博物馆性质很多，我们主要是属于历史博物馆，没有包括民族博物馆，文物保护法没有谈到保护自然界的动植物标本、矿物标本。文物包括历史文物、革命文物，也包括民族文物、外国文物。没有包括动、植、矿物。自然博物馆、地质博物馆的藏品不算文物，动物园的动物不算文物，公园除著名的园林和烈士陵园是保护单位。园林系统，不算保护单位，园林系统和文物系统有密切关系，但有些园陵不算保护单位。正定的梁清标花园保存好的话，倒可以作为保护单位。康熙时正定出了个大收藏家，有个书库叫蕉林书屋，他收藏古代的书法，并刻帖，叫《秋碧堂帖》，原石还在大佛寺内，他是研究文物、书画的大家。我带的一位南开大学研究生，就让他研究梁清标。西晋大书法家陆机的平复帖，是当年梁清标的收藏，张伯驹献给毛主席，现在故宫博物院。如梁清标花园保存好的话，可作为保护单位，比修荣国府、宁国府的意义还大，这就是正定的名人。最近吉林《社会科学战线》袁行云就写了梁清标。（注：吉林《社会科学战线》1986年第1期331页，袁行云："清人诗集叙录（上）"）

文物保护法中包括远古的动物化石，虽没叫文物，是禁止出口的，其他标本都没提。自然博物馆都是标本性藏品，历史馆、纪念馆是文物性的藏品。

去年十二月四日联合国教科文组织订了个公约，各国要保护自然遗产（即标本保护区）和文化遗产（即文物），是很清楚的，这公约非常重要，我国也正式参加了这个世界性公约，为人类作点贡献。我们在博物馆学方面主要是保护文化遗产，博物馆藏品除文物外还很多，是不是都是文物，登不登？账目要清楚，文物藏品要登入账，复制品不要登入文物账，沙盘、模型、布景箱、美术品、图表等辅助陈列品千万不要登入文物账。

藏品处理要慎重，拿故宫说，清朝小孩的衣服即皇太子的衣服都处理了，历史博物馆有的东西也处理了，今天想起来也不应该处理，东西既然进馆了，要处理它，一定要慎重。处理东西应给文物商店，博物馆处理文物，任何同志不要拿，这是职业道德问题。处理东西，我们自己不要，要避嫌。所以鉴定问题情况是很复杂的，尤其对文物藏品不能偏爱。

山西太原成立煤炭博物馆，是属煤炭部的，自然博物馆、地质博物馆，文化部管不了，有人建议成立国家博物馆管理局，把博物馆统一管理起来。博物馆管理学，首先是归谁领导，不知石家庄烈士陵园归文化厅管吗？（答：没有）邮电部准备办邮票博物馆，现在文化部对自然科学还是科盲。

制度健全问题，我感到制定制度不要太烦琐了，《博物馆保管条例》都包括了，能如此，博物馆工作也就能做好了，你这个博物馆不用再定了。根据条例结合具体情况，考虑应怎样补充？

再说说账目清楚。我感到县馆、保管所就搞一本总账就解决问题了，再搞一套管理卡片，此外还应有一套藏品分类目录卡片。我们历馆有分类总账、分考古发掘品、货币、民族文物各一本账，传世品中铜器、瓷器、书画……各一本账。不是各类整个一本账，是分类总账。问题牵涉到分类学问题，怎么分？是几本账还是一本账，1号至无限号，大流水，那是一股道，账就可能有积压。就跟铁路一样，如果从这到石家庄一股道就挤不开，如果有几条道，那就安全了，畅通了。以分类账代替总账行不行？这问题需要研究，虽然条例上规定非要总账不可，一般中等馆有几万件藏品，我感到一本账可以，另有分类卡片目录。故宫有一百万件藏品，一个总账能行吗！这个问题要了解一下，革博很多账，现准备登一本账，改了三四年了，还没改完，号码也很乱，一件文物好几个号码。所以账目清楚，不是那么容易的。哪个老博物馆都有本老账，又建新账，旧的和新的，账本的格式、号码都定了，名称都得改，我们感到改一次乱一次，各馆都有陈规了，定型了，用新办法，整个返工，从头来？谁也干不起这个，人力、物力，就浪费得不得了，条例是去年十一月定的，但他的工作二十年以前就定型了，重立新账，怎么办？建新馆好办，但老馆都定型了，改革要慎重。历博如果建总账等于抄各个分类账，这是"做账"，形式主义。我向馆长说总账千万建不得，分类账就可以了，建总账等于人力物力的浪费。有一天，国家文物局胡骏同志问我：你看全国博物馆死气沉沉，怎么才能动起来，开展新局面？我说是省地市各级博物馆开展一次文物大检查，看看账、物是否相符？既在工作中培养了干部，又搞清了家底。老干部快退了，青年接班人不了解家底太危险。清查完后，每个博物馆的藏品目录用铅字排印出来，到1986年底搞出全国的总目录。

1949年北京刚解放，那时军管会接管国民党旧机关，我们历史博物馆当时欢迎接收，来的是王冶秋，对全部文物藏品进行一次检查，六个月之内造藏品目录报军管会，工作由韩寿宣馆长负责，当时大家非常积极，谁也不敢怠慢，两个月弄得一清二楚，造册上报，一式三份全体同志受到表扬。到今天看解放前历史博物馆有什么文物，看册子一清二楚。从解放到现在三十多年，人称三十年为一代，加上文物事业发展很快，文物收入很多，各单位账目都不甚清楚，应不应来个点查，点查一次，又培养了新一代。年老的都要退休了，年轻的来接班，通过点查，你们都清楚了，否则我们一退一死，你们是一点办法都没有，给国家造成很大损失，应该全国来个大点查，不是找哪个同志的碴，这是工作需要，点查完了，清册造出来，铅字排印，这是国家宝贵财富。王冶秋当时宣布大清查，这太英明了！人家百货公司还一月一次盘点，咱们文物库房为什么就做不到一年一次盘点？从"文化大革命"到今天，系统的盘点一次都没有。一说盘点就说："没错！你们老不相信我们，我们不干了，你们来。"那怎么办？有句话叫"疑而不用，用而不疑"。我不是说保管员问题，而往往是工作疏忽大意，容易造成事故。

第三鉴定确切，对文物、藏品要首先看，是文物或非文物，文物商店，够文物应特许出口，如不够文物，我们博物馆就不入藏。划文物与非文物的界限，不太好划，估价也不一样，文物要定一级、二级、三级。最近河北省文物局问国家文物局：河北省能不能成立省文物鉴定委员会，跟国家局什么关系？能不能定一级品？定的一级品是否全国通行？回答说你们河北省可以成立文物鉴定委员会，你定的一级品要国家文物鉴定委员会来复查认定。这就像全国粮票和地方粮票一样。

鉴定首先要分清是文物、非文物、真伪、年代，这是起码要求。下一步是鉴定历史、科学、艺术价值。鉴定年代、真伪也不那么容易，有些老先生来做这工作，现国家鉴定委员会有些老同志原是在文物商店工作的，经验很丰富，有同志说，这类同志应称专家，不算学者。专家是懂时代、真伪、好坏、价格的。文物商店有不少专家，学者是像张政烺和李学勤这样的。文物鉴定委员会是专家、学者的大结合。能评价历史价值、科学价值、艺术价值，这是学者。

福州会议定了鉴定标准和鉴选文物出口标准，是鉴定文物的依据。

《博物馆一级藏品鉴选标准》

一、原则：

根据中华人民共和国文物保护法第二条和第二十二条以及《博物馆藏品保管条例》的有关规定，博物馆必须对藏品进行鉴定，区分等级，采取相应措施，确保藏品的安全，一级藏品鉴选工作必须根据以下原则：

第一条：坚持辩证唯物主义和历史唯物主义观点，贯彻"古今为用""百家争鸣"的方针。

第二条：藏品必须具有重要的历史、艺术和科学价值。

第三条：兼顾时代、民族、地区、品种和数量方面的差异，忌片面性，力求不宽、不漏、不偏爱。

第四条：对重大历史事件和重要历史人物的有关藏品以及重要的考古发掘集品要注意精选。

二、标准：

第一条：反映中国历史各时期的生产关系、阶级斗争、政治制度以及全部有关社会历史发展的代表性文物；

第二条：反映生产力的发展，生产技术的进步和重大科学发明创造的代表性文物；

第三条：反映各民族社会主义发展的和促进民族团结，维护祖国统一的代表性文物；

第四条：反映劳动人民反抗历代统治阶级经济剥削和政治压迫的革命斗争以及著名起义领袖的代表性文物；

第五条：反映中外关系、友好往来，在政治、经济、军事、教育、科学技术、文化、体育各方面相互交流的代表性文物；

第六条：反映中华民族抵御外侮，反抗侵略的代表性文物；

第七条：反映著名民族英雄、爱国华侨，著名的思想家、科学家、发明家、政治家、经济家、教育家、文学家、艺术家以及其他社会知名人士、著名工匠的代表性文物；

第八条：反映各民族生活习俗、文化艺术、宗教信仰和具有重要历史、艺术和科学价值的文物；

第九条：反映有关国际共产主义运动中的重大事件和马克思、恩格斯、列宁、斯大林等革命实践活动以及为中国革命作出杰出贡献的国际共产主义战士的代表性文物；

第十条：反映中国共产党历次代表大会以及有关重大历史事件、老一辈无产阶级革命家、党和国家领导人革命实践活动的代表性文物；

第十一条：反映有关中国各党派团体和重大事件和重要人物的具有重大历史价值和历史见证作用的代表性文物；

第十二条：反映有关不同时代典型风格的具有历史、艺术、科学价值的外国文物。

这是初稿，将来还要报国务院审批。

目前的鉴定还主要是"眼学"、目鉴，这是很宝贵的，有的年轻人瞧不起，说这是望气派，看来今后还要配合科学鉴定。鉴定书画，脑子应有书画家的名字，有人跟我学鉴定书画，我说你先背五百个书画家的名字，你不背，打开书画就眼生。记人名都得在自己青年时期。思想家、教育家、科学家、艺术家……这些家的名字都得背，历史上著名的民族英雄都有谁？（答：岳飞、郑成功、林则徐）对这些人物就要很好地研究，现在分为两派，一派以邓广铭先生为首，一派以李一氓先生为首，邓广铭认为岳飞是民族英雄，李一氓先生说岳飞、文天祥不算，郑成功可以算，郑成功代表了中华各民族打退了荷兰殖民者，收复台湾，岳飞是代表了汉族，打退了金朝（女真人），不算民族英雄，只有像郑成功、戚继光、林则徐，这样的是民族英雄。我们历博同意李一氓观点。黄继光、罗盛教是现代的民族英雄。我们把岳飞称作抗金的将领，文天祥是抗元的将领，鉴定文物得有一定的学问，一定的眼力、经验。故宫有个老先生杨宗荣，当年十七八岁考入故宫，就听老先生讲，现在对文物鉴定很有经验。国家鉴定委员会承办国内外的文物鉴定工作，外国文物也鉴定。到外国鉴定文物，你要知道文物背景怎样，如果一个人花了很多金钱，买了一件文物，你鉴定后说是假的，他就很懊丧，讲时应慎重一点，如果还牵涉许多家族，账务纠纷，鉴定时就更慎重些，不然会出问题。国内鉴定文物，首长（包括专家、馆长、局长、厅长）先不要发言，那样容易先有框框。要先让群众讲。鉴定文物鉴定好了，能发挥文物的很大作用，往往鉴定结论，就是一篇很好的论文。现在各单位就是缺乏鉴定人才，年轻的更接不上，应跟专家多看点书、多看点文物，写点东西。读书、摸文物、写文章，是培养人才的好办法。过去我们称"读、摸、写"。我们应在文化史、文物学、历史、考古、文学艺术这方面读点书，大有好处。工具书、辞源、辞海、地图、年表、考古学文章、目录都必须有，怎么接受利用前人和今人研究成果，索引最有用了。少看点小说，多看点文物和考古杂志。第二要见物，要接触文物、直观。第三要写文章，提高思维能力，锻炼怎样掌握材料，怎样应用材料，怎样深入问题，现在不要求大家写高论，大文章，就是要求在写文物说明、编目时下点功夫。小文章可发表，小文章慢慢积累就是大文章，带着问题去查材料，鉴定工作就是这样不断循环，以至无穷。我感到国家文物鉴定委员会组织一个巡回鉴定组很有必要。到各县、各市走一下，看有什么好东西，博物馆很多都是散存文物，不同于考古发掘。铜、瓷、陶、玉、书画最多了，大量都是传世品，需要鉴定，鉴定最好不要空谈，就是看东西，能提高大家认识。原来我自己想编一本《文物鉴定学》，后来国家文物局出《文博基础课纲要》把文物鉴定提纲整理一下，收进去了，叫"文物鉴定学"，本来想附照片，没附。最近耿宝昌先生出了一本《明清瓷器鉴定》，加了照片。鉴定知识应宣讲，包括文物保护法，一首唐诗都得宣讲才行。我们应见物见人，言之有物，遇物能名，这三句话古代叫"名物学"，给一藏品定名，这是很难的，昨天看的河北省文物商店的砚台应定名为"魏象枢自铭云凤砚"。鉴定要确切，不能失误。我在二十年前和今天比，鉴定水平就不一样，这跟年龄、实践、知识有关，要多看文物，多听老先生讲。

第四是编目详明，编目工作是博物馆、图书馆工作的一个重要环节。我知道当前图书馆编目工作做得很好，博物馆做得很差，有的根本没有做，有的做了也不公开。图书馆的目录卡片不但对内，还对外，还应有书本式的目录。周恩来总理曾指示要出全国善本书联合目录。出版来卖，国内外都可以用。故宫博物院保管部主任郑求真同志曾编过《博物馆藏品保管》一书，有次找我去了，说："你说编目工作的目的是什么？"我说："一是便于保管，二是便于馆内外使用。"他说："现在我们有登记账了，保管就很清楚了，再要我们搞编目，馆内外还来使用。我们不编目每天已应接不暇。如果编目了，人来更多，这不影响我们工作吗？"我说："现在编目应接不暇，这不是好事情吗？博物馆观众越多越光荣，应接不暇这是我们最高兴的事情，人家来找材料，博物馆就应该热情。要为科研服务，提供使用。真正为人民服务。周总理1956年在知识分子问题报告中就提出了博物馆、图书馆、档案馆要为科研服务，要为知识分子服务，总理指示难道我们能忘吗？搞编目就是为查材料快些。"我说："展览没观众时，讲解员不是还主动找观众讲吗？我们保管员就没这种精神啦。找上门，我们冷淡，这不是博物馆自相矛盾吗？"到现在认识不一致，编目究竟是干什么，不就是为了供使用方便吗？今天国泰民安，文物不发挥作用还等待何时？当然一级品要注意，可提供照片，编目卡片应贴照片。我常说，到一个博物馆去，应听到两种声音，一种是照相机的声音"咔咔"，一种是拓文物的声音"拍拍"，这个博物馆就搞活了，包括文物商店也是这样。凡是陈列品，每件文物都应有照片，如果被盗要破案，公安部门就拿照片去找。凡是藏品，一级、二级、三级都应拍照片，底版应有专人保管，底版的管理很重要，用时可以马上提（要有底版、无底版照片和无底版旧照片三种登记册）。博物馆搞展览，照片是非常重要的，辅助陈列品，见物见人，人就是照片，平面陈列是文物，立面就是图表、照片。底版的管理也是非常重要的，冲洗放大照片是大量的工作。

照文物有很多学问，照杯子应把柄放在右侧，这样看文物才是正面，照铜镜等平面文物，不应斜放靠墙照，应俯视照，不然下面有一道黑影。

文物的著录，有哪些文章要作些索引，以便于使用。编目工作者的确是无名英雄，埋头苦干为大家提供使用。编目室应是个研究室，接待来访，这才是我们的光荣事业！

库房是应保密的，闭路电视怎么安也应是保密的。但藏品不是保密性的，卡片目录就可以公开。1985年9月1日全国档案工作会议上田纪云副总理的讲话中在谈到档案的管理和运用时，提出要研究档案管理工作如何适应新形势需要。他说，"对那些没有机密性的历史档案和已经失去机密性的档案要向机关、团体、学校、研究部门开放，有的还可以向社会开放。"这个精神非常重要。很多人听后都说好！周总理指示编全国善本书联合书目。有人说这不是大的泄密吗？而且还要发行，这不是抖搂我们家底吗？外国人都知道，这不是泄密吗？这书目马上要出版了，周总理指示很正确。善本书是国宝，一级品。要怎么理解为社会服务，为四化服务？博物馆编目工作既有卡片式目录，也应有书本式目录，便于在馆外用。我和王冶秋同志去日本东京博物馆参观，馆长说你们需不需要看看我们的藏品？现在把我们馆的全部藏品目录、卡片给你们拿来。于是一位先生推出来这么多铅字目录册给我们看。我们说就看一下"针灸铜人"吧，是否和我们的一样。他让我们到库房外屋等着，一会儿就推出来了，看完后，卡片马上用复印机复印出来送给我们。

编目卡不但要一套，还应有两三套，分类使用。排书画可按姓氏笔画或按类排：山水、人物、花鸟，太方便了，图录就是带图的目录，每天新做成的编目卡应立即插入卡片柜内。

第五，保管妥善，有许多问题，主要是防火防盗。藏品一是自然损坏，一是人为损坏，过去是四防，还有防特。防损坏，长沙一个小孩叫齐反帝，偷博物馆马王堆展品，判死刑缓期执行，连他妈也进去了。现在大连、山东、泰安都有闭路电视，但还要有人看着，不然还是要丢东西的。现在文物值钱了，要注意防损坏，拿文物怎么拿？防自然损坏、防虫、防白蚁，防阳光照射，注意温湿度等。

第六，取用方便，也叫查验方便。库房要分类排架，管理卡片要齐全，一个博物馆库房怎么排架，文物号码怎么写，就能看出管理水平来了。有了管理卡片，查验才能方便，管理卡片是供内部使用的，我始终认为有分类账就可以了，不用总账，但必须有管理卡。目录卡片是跳号的，登记册（总账或分类账）是连号的，是财产账。

二十四字方针各博物馆馆长不要忘了，这是国内、国际保管工作的总结，是必须做到的。有的博物馆工作人员到另一个馆看东西，按道理五分钟就可提出来，为什么一定要人家等两三天呢？这就是官僚主义。博物馆出事，往往不是礼拜六就是快下班时。出事故，千万别破坏现场，要保护现场，不然就是好心人办坏事。另外有的古画经明裱或宋裱，虽然破旧可以修补，有的好心人就整个揭裱，这也是破坏了原装。书画、文物要保存原装，这是保的"二原"，要注意。

文物未经登记、编目，千万不要提出展览陈列，否则一定会造成混乱，有的单位征集来的文物直接拿到陈列厅，这不行。凡入馆的藏品，一定要通过征集部门，出馆口也要通过一定部门，统一把关。入馆藏品必须经过初步的鉴定，该不该入藏，够哪一级？可分一级藏品和二级藏品或三级藏品，但登账时应统一在一个账上。另外，还应设参考品账。有的博物馆参考品数量比基本藏品数量还大。统计时参考品算不算？到现在也其说不一。南京博物院保管部入藏方面管理得比较严，考古品没写完报告的也不入库。

文物鉴别不容易，要多看、多跑、多问、多听，有比较才能有鉴别。保管工作也应按这句名谚："今日能办的事，勿待明日，自己能办之事，勿求他人。"登记工作应抓紧，而且应该复查一下过去的工作。卡片、账册应写规范化的字。

藏品提出库房，用完之后应及时归库。

《文物工作人员守则》大家都应执行。

（下面是介绍《博物馆藏品保管条例（会议修改稿）》的修改意见。从略。）

注：1986年5月2日至11日河北省文化厅文物局和省博物馆学会在正定县（后

转至定州市）举办河北省文博系统保管短训班，参加者有地、市、县级博物馆、文物保管所、革命纪念馆、烈士陵园、师院历史系共36个单位，39名学员。5月3日，首先请史树青先生作了这个讲话。由姚苑真负责整理。

附录：史树青先生答学员问

1. 什么是革命文物？怎样分类？

答：革命文物应包括旧民主主义到新民主主义革命时期的文物。革命文物，纪念性文物，必须是见物见人，没有人就大大降低了它的科学价值，要写清楚时间、地点，与人物、事件的关系。还要写明征集人征集的时间和地点。分类方法可按时代、事件或文物性质。

2. 纺轮的起止年代？

答：纺轮是新石器时代早期有的，与畜牧业、农业的发展有关，开始是纺牛毛、羊毛，后来纺麻，纺丝比较晚了。古代把纺轮称"专""纺专"。纺轮到现在农村还用。

3. 印有吉祥语的砖是否是墓砖？

答：什么吉祥语？（答："富贵吉祥"），砖古代称"甓"为"砖"。土坯叫"胡墼"，（胡墼）经火烧成的土坯称砖。用于包镶在夯筑墙之外，类似今天的瓷砖。古文称为"甓"。汉朝，尤其是东汉有许多砖室墓。北方也有作建筑用的砖。保定莲池有个"君子长生馆"，为什么起名"君子长生馆"呢？当年在河间出土过"君子长生"砖，是河北省的重要考古发现，在嘉庆道光时发现的。当时肃宁县苗仙露分送朋友拓片，西汉河间献王刘德，礼贤下士，设了君子馆，宁津县李浚之（响泉）编了本《君子长生图》专讲君子砖的问题。汉以后的花纹砖有的是墓砖，有的是铺地砖，有的作建筑用。要看具体情况。纪年砖往往是墓砖。

4. 釉陶起于何时？

答：釉陶是硬陶，火候较高，表面施釉，唐三彩属软陶，景县封氏墓出的莲花尊属瓷器。西汉、东汉已有出土。原始青瓷商朝就有了。

5. 陶俑陪葬起始的年代？

答：关于人殉，商朝奴隶社会就有"生时用人为奴，死后杀人殉葬"。战国陶俑较多，河南辉县陶俑、湖南长沙木俑，南北朝隋唐时期的陶俑更多，宋元以后少些，清朝变成纸人纸马。

6. 三稜铜铁带血槽是什么时候的？

答：是战国的。战国的兵器很锋利，燕下都出土的铜矛也带血槽，到西汉带血槽的就不多了。解放前燕下都有个收藏家陈子蓬大量收购燕国文物，这批文物后转到北京流散了。那时天津市市长周叔弢买了他的500多方印，解放后赠给天津艺术博物馆收藏，现已出书。

7. 破四旧时的文物是登旧账还是登新账？

答：根据党的政策，人民内部矛盾，都应该退还本人，账就别登了。

8. 外八庙有的法器、供器、底座是原物，上面的花，后修补的，登记时算文物还是非文物？

答：应算文物，残缺后修复。

9. 喇嘛念的蒙文经、藏文经应怎样管理？

答：如果版本不够就作图书管理，如果是明版以上，够版本价值可作善本书，属文物。各博物馆，包括县博物馆、文管所都应有个图书资料室。

10. 请您谈谈宣德炉？

答：明宣德年间作的宣德炉，本是宫廷用的，是文房、书房的香炉。宋朝有部书叫"香谱"。我老想让研究生写篇文章《古代的香料》。凡"大明宣德年制"的香炉都是造办处为宫廷做的，有的铜里面加金粒，上有"吴邦佐监制"等字样。后来不断仿制，看宣德炉很难的，必须看书，看形状，看铜质，看工艺。

11. 周朝与战国的青铜剑的区别？

答：商周没有剑，有也很短。"周朝"，这种问法就不对，是西周还是春秋？战国是长剑，《考工记》中有，是战国时人写的，当时贵族屈原等都佩剑，"宝剑赠予壮士，脂粉赠予佳人"。东北曾出土青铜短剑。汉朝剑都较长，以铁剑为多，汉以后剑就少了，东汉时尚有铁剑，往往有错金文字或纹饰。

《中国文物保护传统技术资料辑要》序

　　文物是人类的历史文化遗物。1982年11月19日第五届全国人民代表大会常务委员会公布的《中华人民共和国文物保护法》第一章第一条首先就讲文物保护的意义，原文是："为了加强国家对文物的保护，有利于开展科学研究，继承我国优秀的历史遗产，进行爱国主义和革命传统教育，建设社会主义精神文明，特制定本法。"从《文物保护法》看，概括起来说，文物可分两大体系，一曰文物保护单位；一曰散存文物。散存文物包括从墓葬、遗址或窖藏中出土的和博物馆等单位的文物藏品，以及私人收藏的文物。其内容包括古器物、古书画、古文献三大部分。

　　我们讲文物保护工作，不论是文物保护单位，还是散存文物，除了从管理方面加强保管外，还必须采用科学技术方法进行妥善的养护。

　　文物的保管养护工作，类同医家治病，一曰防，二曰治。管理保护，防也；修复装池，治也。医家之术多端，而中医西医宜相结合。

　　文物保管养护之法，在我国有悠久的历史传统。近年来，国内外多提倡科学保养，分析化验，以求其结构及病源所在，然后对症下药。由于许多方面仍在试验之中，用之尤宜格外谨慎。其有成效者，固可推广，其收效甚微者，当以保存文物现状，徐徐图治，方为上策。

　　吾友胡君继高，早岁留学欧洲，复东渡日本，致力于文物保护科技之研究，朝斯夕斯，成绩甚著。我尝谓文物、博物馆学，皆为应用科学，不论文物保护单位或散存文物，皆国家重要文化财富，必须妥善保护管理。继高所学，在于致用。数十年来，各地每有重大发现，继高多应邀指导。如1972年湖南长沙马王堆汉轪侯墓、1984 年安徽马鞍山三国吴将朱然墓，出土大量器物，其腐朽者，皆经继高亲手处理，真正做到了文物的"起死回生"；类似事例甚多，皆载入所著《文物医案》，流布人间，其书盖亦文物之《肘后备急方》也。

继高学通古今，歉然若有所不足。复于业余搜集整理有关祖国文物保护传统技术资料，积久裒然成帙。此项资料，皆前人经验之总结，亦犹医家之验方，用之可以济世。惜文字记录多散见于各书，其已有专书者，又往往仅集一类，未能周遍。继高此书分十八类，凡九百余条，条分缕析，蔚为大观。手此一编，可以为用，用之得当，自可通神。

余与继高相交三十余年，而所学相近。寒斋所藏有关文物保护技术之书，继高皆得寓目，迻录无遗，二人每于灯下检书，夜深不倦，论学谈艺，益我新知不少。今继高书成付印，略书所感，不足以言序也。

原文刊于《中国文物报》1987 年 10 月 1 日

《中国博物馆赏珍》序

钟炜先生博学多识，殚见洽闻，以其近年参观访问各地博物馆之作二十五篇，辑为《中国博物馆赏珍》，行将出版，嘱为撰序。书中诸作，我曾先读，所记各地博物馆多数我曾参观，有些并参加过陈列设计或藏品研究。因此，读到各篇佳作犹如亲历，浮想联翩，再次受到祖国悠久历史文化的熏陶和哺育。

中国的博物馆事业是近代形成和发展起来的。清光绪二十一年即公历1895年，上海强学会曾明确提出建立博物馆的主张，"凡古今中外、兵农工商各种新器，如新式铁舰、水雷、火器及各种电学、化学、光学、重学、天文、地理、医学诸图器，各种矿质及动植物，皆为备购，博览兼收，以为益智集思之助。"十年之后，即1905年，张謇所办南通博物苑建立，苑内所藏文物、标本分为天产、历史、美术三部，并种植花木，饲养动物，这是中国最早的博物馆。

1912年1月，中华民国临时政府在北京成立，教育总长蔡元培先生大力提倡"美感之教育"，在蔡先生倡导下，民国政府以"京师首都，四方是瞻，文物典司，不容阙废"，遂于同年七月成立历史博物馆筹备处，至1926年10月正式开馆。我于1947年到馆（即今中国历史博物馆前身）工作，致力于博物馆事业的发展已四十余年。

1949年新中国成立，亲见博物馆事业发展得日新月异，博物馆已成为国家科学文化事业中的一个重要组成部分。据1989年的统计，全国现有各种类型的博物馆近千处，藏品近一千万件，其中属于国宝级的文物甚多。不论是社会科学体系的博物馆还是自然科学体系的博物馆，其业务活动都是以文物、标本为基础而开展的。历年以来，在大专院校和业务实践中，培养了大量从事博物馆事业的人才，为藏品的征集、鉴定、保管、陈列、研究、宣传等方面作出了成绩。

钟炜先生的《中国博物馆赏珍》，从全国博物馆说是很少的一部分，但所选的博物馆，都是各具特色的博物馆，从品种类型说是很有代表性的。如故宫博物院的文房四宝馆、钟表馆；上海博物馆的青铜器陈列，虽然都是全馆陈列的一个部分，但是小中可以见大，详细地叙述了其中丰富多彩的文物，有声有色，见物见人。

本书除了重点介绍社会科学类型的博物馆外，对自然科学类型的博物馆也有所选择地作了介绍。在所记的博物馆中，多数是近年新建立的，如四川自贡恐龙博物馆、广西柳州白莲洞洞穴科学博物馆。此外，书中对在沟通中西方文化的丝绸之路上的甘肃省博物馆的介绍，亦有助于人们对中国西北地区历史文化的理解。

如果说此书有何美中不足，我将很直率地说，书中对我所在的中国历史博物馆，未遑述及。在此，我向读者邀请，当您到北京的时候，务请到历史博物馆参观，我愿作一名讲解员，热情接待，热烈欢迎。

总之，我认为《中国博物馆赏珍》是一部好书。一个读者不管你是否踏进博物馆的门槛，定将从该书中得到许多启示和享受。

原文选自《中国博物馆赏珍》，香港南粤出版社，1991 年

《内乡清代县衙》序

我国古代地方行政机构郡县的设置，起源于春秋末季，秦并六国，集权于中央，设守、令以掌郡、县，有秩而不食封，法令一统，分天下为三十六郡，郡县之制遂为我国历代地方行政之基础。

今日欲稽考历代县政历史，首宜明确朝政与地方政治之关系；次宜明确县之组织，上自令长，下迄乡村，以见其机构所属；继则关于县衙职权，若教化、赋税、徭役、刑讼之事，以明其职掌；复稽其铨选、课绩，以见出身、迁黜、用人之权衡；并考其仪制、印绶、舆服、禄秩、赐赉，以见国家之待遇；末考与郡之关系，以见上下之联系。明乎上述科目，则县政之微细庶乎可以察见矣。

间尝论之，县官政绩之考核，端绪繁杂，不易爬梳。尤以清末以来，迄民国时期，县政腐败，过于前朝。试入县署而观其案籍，则杂乱无章；问其职掌，则莫得而详；署中所有，公私不分；署中诸人，来去不明。甚而营私舞弊，上下其手，草菅人命，时有所闻。窃以为自古以来，有关县令箴铭之书不少，而记述县署真实情况之书则未多见。

1991年4月，我出席了河南省"内乡县衙学术研讨会"，在会上得识周星邻同志，星邻博学多闻，娴于内乡历史，相与参观内乡县衙建筑，指点详明，了如指掌，并知有研究县衙论文多篇，正在整理修订之中。

今年元月接星邻来信，谓所写有关内乡县衙专著，在慧邻协助下，已经完成初稿。书名定为《中华独绝——内乡清代县衙》，以余粗知内乡历史，嘱为撰序。由于我琐事羁身迟迟未能报命，近又寄来书稿，言辞恳切，坚求序言。

余以为长期以来，星邻同志不懈努力，勤奋著书，为研究清代县衙，搜集了大量历史资料，并走访普通人，不断丰富著作内容。书中围绕县衙建筑，系统地概括了内乡县建置沿革、机构设置、典章制度、职官、选举、公务、司法、赋税、县属机构等，文图并茂。它不同于《内乡县志》，而具有自己之特点，许多内容是县志无法包罗的，可以说这是一部带有全国性的研究清代县政的新著作。以内乡县衙为例，小中见大，重点突出，星邻、慧邻在这方面作出了有益的探索。

内乡县衙是中国大陆目前仅存的一座清代县署，它以其特定的历史内涵形象地揭示了历史的本来面目。内乡县衙是一处国家保护的文物单位，我感觉还应本着研究文物的方法，见物见人，密切结合历史文献，进行深入研究，使名胜古迹与历史人物事件在我们的时代起到宣传爱国主义和教育广大观众（包括读者）的作用。

1991年4月10日，我在"内乡县衙学术研讨会"上写了一首小诗，星邻还要把它收入本书，征求我的意见。我认为这首诗首先肯定了县衙是封建社会必然的产物，而重点是结尾两句："邑令催科无去处，班头衙役俱逃亡"，这是我借内乡县衙的咏史诗，有"俱往矣，数风流人物还看今朝"之意。全诗借本书出版机会发表出来，希望得到读者指正。

原文选自《内乡清代县衙》，中州古籍出版社，1994年

《中国历史博物馆藏捐赠文物集萃》概述

　　博物馆的文物藏品是业务活动和科学研究的物质基础，亦是国家的珍贵文化遗产。中国历史博物馆自1912年在北京国子监成立筹备处至1917年馆址定为午门、端门之间，1926年10月在午门城楼正式开馆。馆藏文物即以国子监文物、清内阁大库文物、洛阳采集的出土文物及鲁迅先生捐赠的几件文物等为主要陈列品，多年无大变化。

　　新中国成立后，由于中央的重视和考古事业的不断发展，博物馆入藏了许多重要出土文物，另一方面广大的文物收藏者出于对祖国的热爱及对博物馆事业的关心和支持，向本馆捐赠了大量文物，充实了陈列，丰富了馆藏。

　　1949年3月2日北平军事管制委员会正式接管北平历史博物馆，同年3月25日北平中国大学中文系教授、北平市文物保管委员会委员贺孔才先生首先捐赠本馆各类文物5371件，其中有：铜石图章、中外钱币、墨类、陈设玩物、书画、名家成扇、碑帖拓本、名人信札、墨迹手稿等。北平市军管会对贺孔才捐赠文物的盛举十分感谢，指示由本馆选择其中一部分重要文物，在午门楼上举办了《贺孔才先生捐赠文物展览》，受到群众的欢迎。在贺孔才先生的影响下，北京收藏家霍明志、裴振山、张钧孙诸先生相继捐赠了大量文物。

　　新中国成立之初，政务院副总理董必武同志捐赠我馆明代忠臣赵南星夫妇诰命及铁如意各一件；范文澜同志捐赠春秋铜匜一件，此匜为刘伯承将军转战中原时期群众所献。伯承同志以范老为史学名家，故转赠之。范老又赠送我馆，使物得其所。为了纪念这件铜匜的流传经过，同志们皆以"刘公匜"名之。

　　考古学家尹达同志早年参加革命，转战南北，留心考古事业，历年在陕北各地采集陶片一箱，多为原始社会、商周时期遗址所出土，这批陶片可以认为是抗日战争和解放战争时期尹达采集的文物标本，在我国考古学史上占有重要地位。

又佟柱臣先生是最早发掘红山文化遗址的人之一，旧存石器、陶器、陶片等，全部捐赠本馆作为陈列研究。

此外，傅振伦先生、沈从文先生、浦任先生、启功先生、傅忠谟先生、黄静涵先生、孙鼎先生、樊尔乾先生、姚鉴先生、王书庭先生、乔六易先生、陈大年先生、傅惜华先生都捐赠了重要文物。

1959年国庆十周年大庆，中国历史博物馆和中国革命博物馆在北京天安门广场成立，为了支援本馆陈列，上海博物馆、故宫博物院、山东省博物馆等兄弟单位调拨了大量文物。其中吴县潘氏旧藏西周大盂鼎，合肥刘氏旧藏虢季子白盘，潍县陈氏旧藏春秋曾伯桼簠，就是潘达于先生捐赠上海博物馆、刘肃曾先生捐赠故宫博物院，陈郭祖珍女士捐赠山东省博物馆的珍品，再由三馆支援我馆。盂鼎、虢盘、曾伯桼簠，向为三家世宝，国之重器，历史价值极大，使得我馆通史陈列大为增色。又上海博物馆支援的谭敬先生捐赠的春秋子禾子釜和故宫博物院支援的朱启钤先生捐赠的明初岐阳王李文忠文物，丰富了我馆陈列内容。其间广大群众及爱国人士也为支援本馆征集工作捐赠了大量文物。其著名者有张少铭先生捐赠的召伯虎簠、西汉石洛侯金印；叶恭绰先生捐赠的《清代学者像传》初二辑稿本及三续稿本、《明代名人书札册》及战国陶文拓本；张伯驹先生捐赠的清初马雄镇《汇草辨疑》未刊稿四册、宋代侧理纸一纸；章伯钧先生捐赠的朝鲜画家郑麟趾梅花轴。邓拓先生捐赠的清代京西门头沟煤窑执照及清人绘李清照画像。章立凡先生遵先人乃器先生之嘱捐赠大量铜、瓷、玉器等，对陈列研究大有裨益。此外林伯渠先生、董纯才先生、黄克诚先生、侯外庐先生、冯友兰先生、王献唐先生、邓以蛰先生、溥杰先生、高智怡先生、夏莲居先生、周绍良先生、杨世寿先生、商承祚先生、李汉民先生、高名凯先生、何真先生、李章汉先生、戴葆庭先生、吴空先生、傅世亨先生、乐守勋先生、资耀华先生、吴羹梅先生等皆捐赠了许多重要文物。

至于历代货币的征集多赖于南北各大收藏家的捐赠，解放之初，在贺孔才先生的捐赠品中，即有中外钱币3853件，其后上海罗伯昭先生、沈子槎先生、郑家相先生、张开济先生、张华联先生、康际武先生、徐梦华先生、缪继珊先生、杨铭修先生等诸家藏品多赠我馆，其中珍稀之品甚多，使我馆钱币藏品不论在质量或数量上，皆为全国之冠。

十年浩劫，诸家收藏多被抄没，落实政策，物归原主，许多藏家自愿捐赠所退还文物。著名收藏家苏宗仁先生生平所藏北宋"百一端石砚"一方，为宣和内府旧物，砚背鸲鹆眼大小的长短柱 101 枚，在古今端砚中所未见，此砚经抄没退还后，苏氏已逝，其子苏燕孙等遵先生遗愿捐赠本馆。济宁孙照先生落实政策后，诸物退还，仅古书画一项数达一百五十余件，其子女念台、念增、念坤先生将书画全数捐赠我馆，其中元倪瓒设色山水水竹居图轴、明文徵明真赏斋图卷等，皆为罕见精品。为感谢孙照先生累世收藏之功，我馆将编辑出版《兰芝馆藏书画集》以资纪念。此外孙照先生家藏清代旧墨一批，为研究清代徽州制墨工艺的重要成品。唐复年先生捐赠唐兰先生所藏敦煌写经、旧拓碑帖，丁淑贞、周德蕴二女士分别捐赠大量家藏铜器、书画及明清瓷器，工艺品等，瓷器中不少官窑制品，极富历史艺术价值。

已故中共中央办公厅副主任田家英酷爱书画，生前有编写《清史》之志，平时购藏清代学者书法墨迹甚多，十年浩劫，均被抄没，落实政策，多被发还，家英同志夫人董边同志及女儿曾自、曾立，将所藏清代著名书家作品一百二十幅捐献我馆，我馆编成《小莽苍苍斋藏清代学者法书选集》，已由文物出版社于 1996 年出版，完成了家英同志之遗志。

长期以来，许多爱国华侨和国际友好人士关心博物馆事业，对我馆文物的入藏十分关心，捐赠许多重要文物。旅居印尼华侨谢政邻先生捐赠了传为三宝太监郑和遗存在当地的铁矛。旅美华侨简慕善先生捐赠了康有为行书大同书四屏。日本陶瓷专家东京小山富士夫捐赠了伊朗尼沙布尔出土的宋龙泉窑瓷碗及日本镰仓海岸出土的宋元瓷片。京都不言堂主人阪本五郎先生捐赠的南宋花式漆盘。东京淑德大学教授西林昭一先生捐赠的明代遗民独立和尚（戴笠）在日本所书自作诗轴，都是具有重要历史艺术价值的文物。

新西兰国际友人路易·艾黎先生从惠灵顿市上购回一批有关义和团的旗帜和服装捐赠我馆。这批文物是当年侵华英军从中国劫夺去的，路易·艾黎先生不远万里运回中国，体现了一个国际友好人士对中国人民的深厚友谊。

五十年来，本馆收到各方私人捐赠文物一万五千余件，这种化私为公的精神在历史博物馆的馆史上是仅见的。为了纪念建国五十周年并感谢各位捐赠人士对国家博物馆事业的贡献，本图录选择其中一部分呈现给国内外读者，再一次表示我们诚挚的感谢和敬意。我们深知收录的捐赠文物，必有遗珠之憾，且编写多有不周之处，希望读者多提宝贵意见，以助我们改进工作。

原文选自《中国历史博物馆藏捐赠文物集萃》，长城出版社，1999 年

二 考古学

长沙仰天湖出土楚简研究

以上四十三简系依照《文物参考资料》1954 年第 3 期排列顺序，此种排列顺序，有无脱简，非我所知，而错简一定是不可避免的。原简现藏湖南省文物管理委员会。

一、历史上楚简的发现

我国古代文书，自商周以来，就是以简册作记录的工具。《尚书·多士》："惟殷先人，有册有典。"甲骨文有"再册""示册""册至""工典"等记载。金文多载册命的事情，所以当时的史官也称"作册"。我们的考古工作者，在河南安阳发掘中，往往发现一种似"团扇柄形"的玉器，俗名"琴拨"，北京故宫博物院的陈列说明，就肯定它是商代的玉册。天津历史博物馆藏有一件刻有"乙亥王锡小臣𤛭𤯓在太室"的玉器，此物是现在仅存的有文字的商代玉册[1]。

晚周战国时期，造纸术还未发明，记载文字的主要工具，还是竹简、木简或绢帛，那时的铜器叔弓镈的铭文有"弓簨其先旧"的记载，这个簨字就是典字的别体。楚国虽然处在南方，当然也不能例外，《孟子·离娄下》所说的"楚之梼

---

[1] 见《殷契佚存》考释，唐兰序文，及《河北博物院月刊》第 30 期商玉七饰。又于省吾：双剑簃吉金文选附录著录，称为玉佩。中国科学院考古研究所 1950—1952 年间辉县发掘出土战国玉册无文字，见《新建设》1954 年第 3 期，郭宝钧：辉县发掘中的历史参考资料。又该院 1952 年唐山发掘出土玉册无文字，见《考古学报》第 6 册，安志敏：河北唐山贾各庄发掘报告，原报告称小石片，实即玉册。

第十九简

第十八简

第十七简

第十六简

第十五简

第十四简

第十三简

第十二简

第十一简

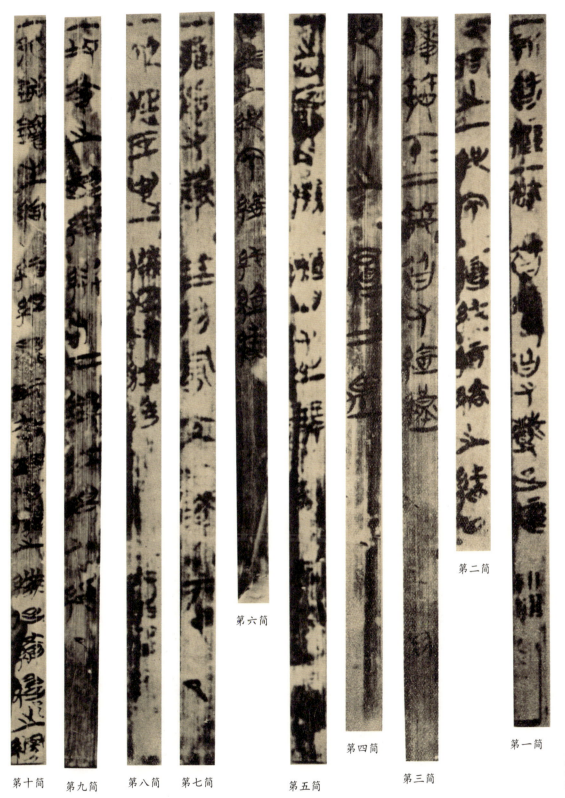

第十简　第九简　　第八简　第七简　　　第五简　　　　第四简　　　第三简　　　　第一简

第六简

第二简

第三十五简

第三十一简

第二十九简　第二十八简

第三十二简

第三十四简　第三十三简

第三十简

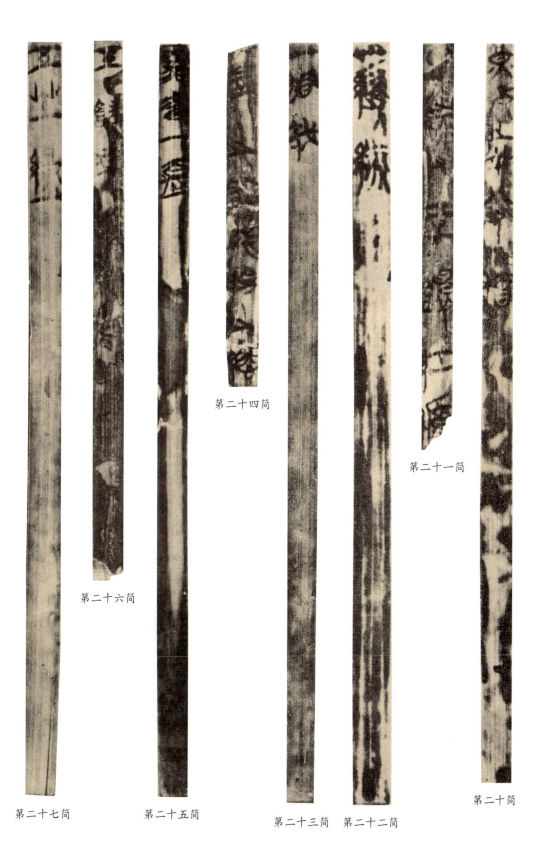

第二十四简

第二十一简

第二十六简

第二十七简　　　　　第二十五简　　　　　　　第二十三简　第二十二简　　　　　第二十简

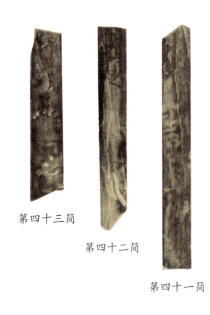

第四十三简

第四十二简

第四十一简

第四十简

第三十八简

第三十九简

第三十六简

第三十七简

杌"，就是用简册记载的楚史。

我国历代简牍的发现，古代如"壁中书""汲冢竹简"，近代如"敦煌""居延"等地所出，世所熟知。至关于楚简的发现，据我们所知道的已有四次：

第一次是南北朝时期，《南齐书·文惠太子传》有这样一段记载："时襄阳有盗发古塚者，相传云是楚王塚，大获宝物：玉屐、玉屏风、竹简书、青丝编。简广数分，长二尺，皮节如新，盗以把火自照，后人有得十余简，以示抚军王僧虔，僧虔云是科斗书考工记、周官所阙文也，是时州遣按验，颇得遗物，故有同异之论。"无疑地，这批竹简，我们不可能见到了。

第二次是1952年1月，长沙五里牌出土竹简37片，长短不一，文字漫灭，很难辨认，其中可辨识的有"金戈八""鼎八"数简，原简现藏中国科学院考古研究所[2]。

第三次就是本文所介绍的竹简。

第四次是1954年8月，长沙杨家湾出土竹简72片，其中27片无文字，有字的每简只有一至二字，并因水土浸蚀，字迹模糊不清，长约13.5厘米，宽约0.6厘米，较之本文所介绍的竹简为短小，字形及笔法也不相同，从墓的形制、结构及随葬品看来，其相对年代，至早不出战国末年，至迟也在西汉初年[3]。

所以本文所介绍的这批竹简，要算是现存的最早、最清楚、最典型的一批竹简了。南齐王僧虔所见仅十余简，而这批竹简已超过数倍，这是有史以来楚简最重要的一次发现，也是我国现存的最重要的一批竹简。

随着祖国建设事业的前进，和考古工作的开展，地下埋藏的重要文物，还要继续不断地大量出土，"楚简"还要一次再次地被我们发掘出来，让我们大家共同努力吧！

二、仰天湖楚简出土经过

1953年7月，湖南省古墓葬清理工作队在长沙南门外仰天湖湖南省工程公司

---

[2] 见《科学通报》3卷7期：夏鼐：长沙近郊古墓发掘记略（《文物参考资料》1952年第2期转载），及《文物参考资料》1952年第4期，赵万里：中国印本书籍发展简史。

[3] 见《文物参考资料》1954年第12期，长沙杨家湾M006号墓清理简报。

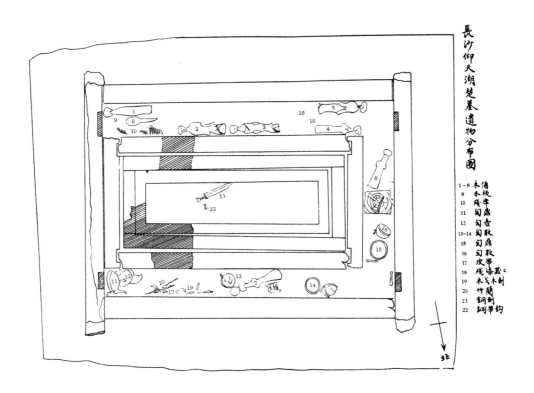

長沙仰天湖楚墓遺物分布圖

1—8 偶俑牵鼎壼
9 木本
10 殘匈鼎鼓
11 匈带
12 匈
13—14 匈皮殘戈漆器
15 木竹簡
16 銅帶
17 銅鉤
18 玉
19 木劍
20 竹劍
21 銅帶
22 銅鉤

建筑工地，清理了战国时代土洞竖穴墓葬一座。墓壁及墓道已被破坏，墓东端有盗坑两个，填土有扰乱痕迹。

墓为长方形，残存墓道为斜坡式，墓葬填土下层铺有较厚的白色膏泥，由于白色膏泥的防腐性强，葬具都得以完好保全。葬具共有四层，有外椁、内椁、外棺、内棺，形制很大，木质厚重，在内棺底部上，放有一块长180厘米，宽四五厘米，厚四厘米的雕花木板（即《左传·昭公二十五年》所称的"楄柎"，注称为棺中笭床），上面雕刻盘龙图案，构图复杂，雕工生动精致。

此墓的随葬品估计大部分过去已被盗走，但在清理时，仍发现许多有价值的遗物放置在外椁与内椁的空间，计有铜剑、铜带钩、残破铜鼎、铜洗、铁铲、木俑、木梳、木戈、木剑、竹简、陶鼎、陶敦、陶壶等。其中铜剑的漆木剑鞘，犹完好如新，鞘末端有镶嵌玉珌，鞘身环节上缠绕的丝带，尚未腐蚀。木俑七件，身上都用墨彩绘制了斜领大袖、衣长遮足的古装，服装上并饰以精细的花纹。竹简共四十三片，是用较细竹管，一管剖成数简[4]，完整的全长约22厘米，宽约1.2厘米，厚约0.1厘米，四角为方形；文字就用墨笔写在竹黄一面（竹心的光面），竹背的青皮，还未除去；每简所书文字，由二字至二十一字不等。有的个别文字，也因年久沉霾，漫漶不清。全部出土物品，曾在1954年文化部举办的"全国基本建设工程中出土文物展览会"陈列，竹简的照片，曾刊载于《文物参考资料》1954年第3期，同刊第9期发表了罗福颐先生"谈长沙发现的战国竹简"一文，对我国简牍沿革和这批竹简在历史研究上的价值，说得很详细，并且对少数文字也作了释文。但罗先生说："简上记载的是什么事，现在我们还不能认识。"因此，引起了我的研究兴趣。

首先，我对罗先生的文章，提出了一些不同的看法，发表在《文物参考资料》1954年第12期[5]。我的文章发表后，许多朋友都希望我把全部竹简，作一篇考证，因此写出这篇小文。这不过是对晚周战国时代的文字，尝试着作初步的理解，必然要有许多错误，希望得到读者的指正。

三、原简临本、释文及考证

第一简

"新智縟" 喿智縟，皆又蔓足縟。新縟句。

縟字不见于《说文》，但《诗经·召南》有"何彼襛矣"的句子。《说文》有襛字，解作"衣厚貌"，朱骏声《说文通训定声》说襛字古写作縟。《后汉书·崔骃传》有"纷縟塞路"，李贤注引《方言》："縟，盛多也。"今本《方言》卷十云："南楚凡大而多谓之魏，或谓之縟。"即李贤注所自出，则縟、魏原为一字。此简的縟字应该作"厚的衣服"解。蔓就是缦字的同音同义字，《说文》："缦，缯无文也，从糸曼声。"汉律："赐衣者缦表白里。"足字是促字的初文，足縟就是短促的厚衣，穿短衣是楚人的风俗，《史记·叔孙通传》："服短衣，楚制。"索隐孔文祥云："高祖楚人，故从其俗裁制。"新智、喿智的智字，字形与辉县出土的智君

---

[4] 汉王充《论衡·量知篇》："截竹为简，破以为牒，加笔墨之迹，乃成文字。"此种说法，与长沙出土竹简完全相合。又傅振伦：简策说，论简策制度甚详，载《考古》第6期。

[5] 见《文物参考资料》1954年第12期，史树青、杨宗荣：读1954年第9期文物参考资料笔记。

子鉴铭文相近[6]，智字疑是地名，耑字《说文》所无，《说文》有痤字，又《礼记·曲礼》："介者不拜，为其拜而菱拜。"释文云："菱挫也。"都作短小解释，此处的耑字，就是矬字的古体。此简应解释为："一件新的厚衣，一件短的厚衣，都是用素缯制的既短而厚的衣服。"最后三个字是"新繴句"，就是说："新繴是楚王的后赠送的。"后字原简写作句，句后二字古声纽同属舌根音，古韵同属侯部，是可以通用的[7]。

第二简

市佑之一绖衣，缋纯疴缟之绪。句。

市字是黼的古字，《诗经·唐风·扬之水》："素衣朱襮"，《尔雅·释器》："黼领谓之襮"，孙炎曰："绣刺黼文以褾领"，清郝懿行《尔雅义疏》以为"褾即缘也"。黼文的形状向来都以为如斧形，《尚书·益稷》："宗彝、藻、火、粉米、黼、黻、絺绣"，传："黼若斧形，黻为两己相背"。这种说法，是值得考虑的。我们根据考古学上的材料，可以看到战国时代丝织物的花纹，有些是黼纹[8]。缋字作穗带解，因为斿的本义就是旌旗上面的飘带。疴、缟都是古代细薄的绸名，《广雅·释器》："绹、缟、致、豹、练也"。《玉篇》："绹，细缯也。"绹即疴字。《尚书·夏书·禹贡》："厥筐玄织缟。"传："白缯"。诗《郑风·出其东门》："缟衣綦巾"，传："缟衣，白色男服也"。《史记·李斯列传》有"阿缟之衣，锦绣之饰"的句子，《集解》引徐广曰："齐之东阿县，缯帛所出"，但《文选》李斯上书秦始皇（即《谏逐客书》）引此二句称："此解阿义与子虚不同，各依其说而留之，旧注

右侧竹简摹本释文：

『新繴繻』耑智繻，皆又蔓足繻。新繴句。

市佑之一绖衣，缋纯疴缟之绪。句。

第二简　　　第一简

---

[6] 见《辅仁学志》7卷1、2合期，唐兰：智君子鉴考。

[7] 见《历史研究》第1期，朱德熙：寿县出土铜器铭文研究，王句考。

[8] 见《新建设》1954年第3期，郭宝钧：辉县发掘中的历史参考资料，图版2之一（即辉县出土器物图案第23页漆棺花纹），又《考古学报》第6册92页易县燕下都平瓦花纹，都是丝织物的黼纹图案。

既少不足，称臣以别之。"《史记集解》把阿字解作东阿，《文选》注只是"各依其说而留之"。现在由于这片竹简的出土，校正了两千年来"阿缟之衣"的迷解，"阿缟"正是"牁缟"的简写，《史记》的"牁缟之衣"与"锦绣之饰"为对文，《楚辞·招魂》："蒻阿拂壁，罗帱张些"，王逸注训蒻为蒻席，阿为曲隅，很难解释。"蒻阿"应该就是"弱牁"的简写。牁、缟都应解作"细软薄缯"。第十九简有"缲缟"这个名词，当然就是较硬的薄缯了。缲字应该是孔子所说的"春服既成"的"春服"简称。此简应该解释为："黼纹的一件短衣，带穗的细薄的春衣"。最后一个字虽然残缺，还可看出是一句字，与第一简同是他人对王后的称呼。

第三简

銕筽一十二筽，皆又绘缲。

此简铁字的写法在古文字中是第一次发现，鏠即铁字的初文，《说文》铁字的古文从金从夷，现在我们写铁字有时还写作銕。为什么说峯就是夷字呢？《说文》夷字作夷，解释为"东方之人也，从大从弓"。其实峯字就像一人背弓形，或说像一人被绳缠绕形，上部都是头上的装饰，这些装饰我们从其他古文字中可以找到。例如商代金文中有𡴀字，即人字，周代金文中有𡴀字，即妻字，这些字的头上装饰与峯字头上装饰完全相同，所以说峯就是夷字。段玉裁《说文解字注》说："铁字古文从夷，盖弟之讹"。齐思和先生说："铁字古文从夷，与少数民族有关"[9]。其实古文夷弟二字，音形相近，是可以通用的。我国对铁的应用，是始于西周时期[10]，在春秋战国时代的文献如《墨子》《管子》《韩非子》等书中，我们可以看到很多的铁器名字，当时已有了"陶铁徒"的名称[11]，《荀子·议兵》说楚国"宛钜铁釶，惨如蠭虿"，1953年在北京举办的楚文物

鏠筽一十二筽，皆又绘缲。

第三简

***

[9] 见《历史教学》1953 年第 7 期，齐思和：少数民族对于中国文化的伟大贡献。

[10] 见《文史哲》1955 年第 2 期，杨宽：试论中国古代冶铁技术的发明和发展。

[11] 见薛尚功《历代钟鼎彝器款识》卷七，齐侯镈钟（即叔夷钟），其铭文中有"陶铁徒"三字，旧释"造国徒"不可信。

展览中，陈列有铁足铜鼎[12]，这说明楚国对铁的使用，不但用于工具和兵器，而且与青铜器占了同等的地位，也用到礼器上来了。铁筮就是铁制的供器，铁筮一十二筮，古人记数文法惯例如此，如小盂鼎铭文："只馘四千八百十二馘，孚人万三千八十一人……孚牛□百□□牛，羊卅八羊。"不娶殷铭文："田十田。"都是这样的记数方法，也是古代汉语语法"量词"的最初形式。筮最初应是以竹编制，所以从竹共声，一十右下方有两个小点，是两字"合文"的符号，这也是古人书法的惯例[13]。而每片竹简上都有数字，更是这类竹简的通例。绘字是锦字的初文，《说文》以之为衿字的古文，是不对的。绻字应作环绕解。此简应该解释为："铁筮一十二个，都是用锦带绕起来。"

第四简

绖布之罗二墨。

绖布是狭面的布，罗是纱罗的罗，《说文》："布，枲织也。"古无棉布，但有麻布及葛布，墨是偶的别体，一墨就是两件。此简应该解释为："狭面的罗四匹（即二墨）。"

第五简

一齿屈齿，又□□齿，又芏彝。

此简所记三事，第一句"齿屈"即"齿疏"，《释名·释首饰》："梳，言其齿疏也。"《史记·匈奴传》引《仓颉篇》云："靡者为比，纚者为疏。"《急就篇》云："镜籢疏比各异工。"疏比即梳篦。此简疏字写作屈字，或写作屄字，都是从正得声，正即疋字，不过字形稍有不同。此墓出土物中有木制梳子一把，可为此简有力的物证。𠤏，《说文》以为齿的古文，一齿疏齿，与第三简"铁筮一十二筮"句法相同，第二个齿

一齿屈齿，又□□齿，又芏彝。

绖布之罗二墨。

第五简　第四简

---

[12] 见《楚文物展览图录》第 68 图。

[13] 见《历史研究》第 1 期，朱德熙：寿县出土铜器铭文研究，刚币考。

字是"量词"。第三句芏字，清史恩絵《说文易检》附录，谓即土之繁文，芏彝疑即土色的彝器。

第六简

□□之绖衣，绘纯绘绪。

此简上端模糊，首二字或释何马，上句说是短促的衣服，下句说是织锦的纯丝的春服。

第七简

一罢徙，又蔓笄，钫骨交□□于市。

此简第一句罢字，疑即麾字的省文，《尔雅·释器》："旄谓之藣。"《周礼·乐师》有旄舞，郑众注："旄舞者，犛牛之尾。"则旄可与犛通，但全句文意仍不能明。第二句应解释为有缦缯装饰的簪笄。第三句钫骨交下二字模糊，骨即绢字的省文，《说文》："絹，结也。"《楚辞·九思》："心结絹兮折摧。"《庄子·徐无鬼》作"颉滑"。以古字省文假借之例推测，则骨字当作结字解，骨交就是结交起来，"钫骨交"可能就是铜钫用丝带缠绕起来的意思。最后二字是于市，因为上二字不清楚，句读难明，就使全句无法通读了。原简下面还有一个小字，作"弓"形，第九、十、十三、十七、二十、二十五、三十、三十四、三十七、三十八各简，同样都有此字，字形与盂鼎的巳字相近，疑是赠物人的名字。

第八简

一□柜玉见，一襟柜，又绘绣。六禁柜□。

此简第二字模糊，《说文》："柜，木也，从木巨声。"朱骏声《说文通训定声》谓："俗作榉，似柳，皮可煮作饮。"《孟子·告子》说："性犹杞柳也。"注："柜柳也。"《山海经·大荒西经》："有方山者，上有青树，名曰柜格之松。"注："木名

□□之绖衣，绘纯绘绪。

第六简

一罢徙，又蔓笄，钫骨交□□于市。

第七简

一□柜玉见，一襟柜，又绘绣。六禁柜□。

第八简

也。"玉见疑即玉砚，襟柜是祭祀用的木制祭案，清末陕西省宝鸡县斗鸡台曾出土铜�禁[14]，汉《礼器碑》也有"笾柜禁壶"的句子。此简应该解释为：一玉砚，一木柽禁，又有锦绣。最后一句六禁柜□，较原文略小，禁字简书作 𥅆。

第九简

一坂郤之繢綍，又二録红组之绶。

此简上句坂、郤可能都是地名，郤或写作㕔，疑是洛邑的合文。繢綍是这些地方所产的丝织品。《说文》："綍，帛苍艾色也，从糸綍声。"《诗经·郑风·出其东门》："缟衣綦巾。"传："綦巾，苍艾色女服也。"綦，《说文》綍字下引诗作"綦"，綦、綍二字，音近义同。下句值得我们注意的红组之绶，据《礼记·玉藻》："玄冠朱组缨，天子之冠也。"又："玄冠丹组缨，诸侯之齐冠也。"所以"二録红组之绶"就是冠缨一类的丝带。红组可以认为是朱组，也可认为是丹组，那么由这片简上的文字看来，结合第一第二两简上所记的"句"字，我们可以断定此墓一定是楚国高级贵族的葬处。

第十简

一阤镐鐻，生絢细组，龙□□□□之缘促祶缝之缫。

此简第一句第二字，与越通，作地名解。镐，《说文》解释为温器，也就是高足鼎，鐻字邻醴尹句鑃作钥，是鑃字的别体，此墓出土物中有铜剑一柄，就是很好的物证。第一句应解释为："一件吴越产的铜镐和一件铜剑"，相传干将、莫邪铸剑的故事，正好给此句作为注解。第二句"生絢细组"，就是"青絢细组"。《释名·释采帛》："青，生也，象物生时色也。"《周礼·天官·屦人》："青句。"注云："絢谓之拘，著舄屦之头，以为行戒。"《仪礼·士冠礼》："青絢繶纯。"

第九简

第十简

---

[14] 原物被美帝国主义盗去，今北京故宫博物院历代艺术综合陈列馆陈列模型。

注云："絇之言拘也，以为行戒，状如刀衣，鼻在屦头。"《春秋·谷梁传·襄公二十七年》云："织絇邯郸。"则絇是用丝麻织成的，细组是密针细缝的意思。长沙往年曾有革屦出土，商承祚先生谓原附帛面，缀珠玉以为饰，即《士冠礼》的青絇[15]。袗字《说文》解释为"衣张也"，繆即缪字或体，促袗缝之繆，就是既短而宽的有穗带的麻布衣服。

第十一简

一纠绘之簪，缤缒大縬之纯。

此简第一句是纠锦缠绕的簪饰。第二句缤缒大縬是形容丝衣的颜色式样，缤字从系从黄，犹绿字从系从录，最初都是丝织物颜色的专用字，黄里大穗的丝衣，是极华贵的服饰。

第十二简

皆赟□，一笛之市，一。

此简文字模糊，又有二字如赟、笛，均不可释，简下并有脱文，或谓臧字即脏字，笛即钿字，但文义仍不得确解。清郑珍说文新附考谓："汉以前字书无钿。"则此笛字或是古文钿字，即簪笄一类的头饰。

第十三简

一纯绥簪，一组簪。

右侧竖排（从右至左）：

一纠绘之簪，缤缒大縬之纯。

皆赟□，一笛之市，一。

一纯绥簪，一组簪。

第十一简

第十二简

第十三简

[15]　见上海博物馆《文物周刊》第14期，童书业：从长沙楚墓出土的革屦说到"履""屦""舄"的区别。

此是头簪上的饰件，一簪上有丝带，一簪上有组缨。

第十四简

一华□之绿缃绘纯，又□□笋第。

华字克鼎作筆，仲姬匜作筆，古鉢作筆，此简之筆字，当是华字，惜华下一字模糊不清，绿缃绘纯就是锦绣的衣服，绿色的衣里。此句和第十一简第二句的句法与《诗经·邶风·绿衣》的"绿衣黄里"，有些相近。第二句的"笋第"，《尔雅·释器》："簀谓之第。"笋第或称筵簀，就是竹席一类的用具，此墓曾发现残席，是其物证。

第十五简

□□绘大**缫**□□缞纯，又绘组之绥，又骨耳。

此简第一句有四字模糊，现在我们还可看出绘大缫缞纯字样，当然就是衣上的花纹和形状，《释名·释衣服》："襈、缘也。"当即缫字。绘组之绥是缨组一类的丝带。骨耳应该是"绢耳"，就是"结耳"，《史记·李斯传》所说的"傅玑之珥"，可能就是这类物品。近年长沙、广州等地，也有出土的琉璃耳饰。

第十六简

□□□□金之□□，角金之铚，鲁钣。

此简文字模糊，但第二句有一个很重要的字，就是"铚"字，《诗经·周颂·臣工》："庤乃钱镈，奄观铚艾。"钱、镈、铚都是当时的生产工具，《说文》："铚、获禾短镰也。"《释名·释用器》："铚，获禾铁也。""角金之铚"就是"恶金之铚"，《诗经·召南》"麟之角""谁谓雀无角"等句，角字均音禄，与族、屋等字叶韵，又角字古音属见母、牙音，恶属影母、喉音，牙喉音古通，故角恶二字古音相近，可以通假，"角金"就是"恶金"，《国语·齐语》和《管子·小匡》都

第十六简

第十五简

第十四简

有："美金（青铜）以铸剑戟，试诸狗马；恶金（铁）以铸锄、夷、斤、斸，试诸壤土"的记载，"恶金之铚"就是"铁铚"了，不过这座墓曾被盗掘，所以这次并未发现"铁铚"，但是在墓中发现了一个宽约5厘米的铁铲，可见古代的农具，除了用以从事生产外，也是殉葬的物品。第三句鲁钣二字，就是当时的一种货币，《尔雅·释器》："鉼金谓之钣。"鲁钣疑即齐鲁一带通用的鉼金。

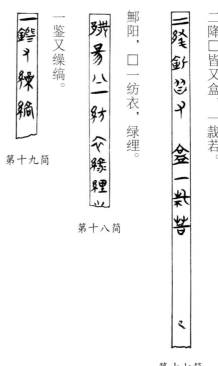

二降□皆又盒，一裁若。

鄩阳，□一纺衣，绿缲。

一鉴又缲缟。

第十九简

第十八简

第十七简

第十七简

二降□皆又盒，一裁若。

此简第一句第二字降疑是地名，第三字模糊，故全句不得确解。第二句"一裁若"，疑即祭祀用的香草，若就是"杜若"的简称，《楚辞·九歌·云中君》："华采衣兮若英。"注："若，杜若也，饰以杜若之英以自洁清也。"则杜若可以佩带作衣饰用。

第十八简

鄩阳，□一纺衣，绿缲。

此简第一句鄩阳当是地名，即许阳。第二句一纺衣，就是一件缟绢类的衣服，第三句绿缲下文字残缺，不可通读。

第十九简

一鉴又缲缟。

《礼记·檀弓》："布幕，卫也，缲幕，鲁也。"郑注云："缲，缣也。"《说文》："缣，并丝缯也。"缲应读为缲，就是较硬的薄缯，此简应解释为："一个铜镜和较硬的薄缯丝衣。"

第二十简

黄□之牢八，又桧。

此简第二字未可识，牢是祭牲的通称，黄□之牢八，就是黄色的祭牲如牛羊等八个。桧，《说文》说是柏叶松身的树木，这种木材有香气，当时贵族们用以随葬，可能是一种风尚。

第二十一简

□缘，又□鐏，红缦。

《说文》："缘，衣纯也。"即今之花边，鐏是一种食器，可写作𣪵，或写作敦，此简鐏字写法，与陈侯午鐏相近，墓中出土陶敦三件，是很好的证据。红缦就是红色的无文缯帛。

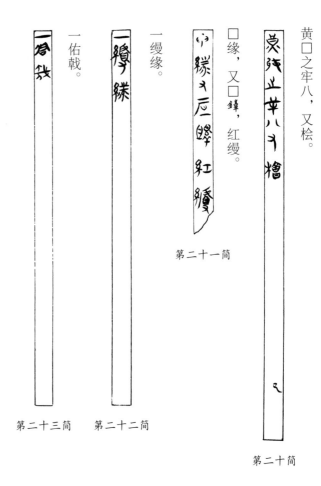

黄□之牢八，又桧。

□缘，又□鐏，红缦。

一缦缘。

一佑戟。

第二十一简

第二十三简　第二十二简

第二十简

第二十二简

一缦缘。

此简缘应作褖，就是沿花边的衣服。《仪礼·士丧礼》："褖衣。"注云："黑衣裳，赤缘，谓之褖。"一缦缘就是一件素缯的沿边衣服。商承祚先生《长沙古物闻见记·卷上》，有"楚缯衣缘"一则，就是记载袷衣的花边。

第二十三简

一佑戟。

此简第二字或释侚字，可能是当时的单位名称，应该解作一件铜戟。

第二十四简

□金之鉈，绥组之缥。

此简第一字模糊，鉈是短矛。第二句缥字就是裴字繁文，缥字从糸悲声，裴字从衣非声，两字音近义通。《说文》："襄，长衣貌。"绥组之裳，就是有组穗的长衣。

第二十五简

龙觥一壘。

此简第一字未得确释，或释龙字，第二字应释觥字，觥是饮酒器，此处写作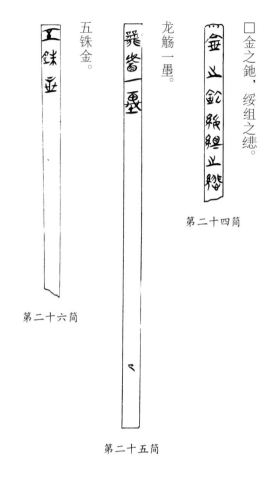，把角字放在下面了。龙觥就是绘有龙文的酒觥，一壘就是一偶。本组第四简有"绖布之罗二壘"、第三十简有"羽觥一壘"的记载，五里牌出土的竹简也有"也（匜）一壘"的记载，禺下还无土字的痕迹。

第二十六简

五铢金。

《说文》："铢，权十絫黍之重也。"又"锱，六铢也。"又"两，二十四铢为一两。"段玉裁谓《说文·禾部》："十二粟为一分，十二分为一铢。"《律历志》曰："权者铢、两、斤、钧、石也，……本起于黄钟之重，一龠容千二百黍，重十二铢。"以上都是汉代的重量单位。汉武帝铸五铢钱，通行全国，所以铢也是货币单位。不过战国的五铢金，究竟是什么形状，它的重量以及货币价值或比后来的五铢钱如何，尚有待于我们继续研究。但是，我们从《礼记·杂记》知道锱铢都是当时微小的货币单位。我们今天还可见到秦"两锱"圆钱，两锱即十二铢；战国圆足布钱，背有十二铢字样，蚁鼻钱也有"各六朱"字样的一种。相传的蚁鼻钱，应该是铜贝的高级形态，历年以来，江淮流域，多有出土，钱币学家认为是楚国通行的货币[16]。则此简所记"五铢金"，就是当时的货币名称，后来通

（第二十四简）
□金之铏，绥组之缁。

龙觥一壘。

五铢金。

第二十四简

第二十六简

第二十五简

---

[16] 彭信威：《中国货币史》第一章"中国货币的发生"。

用的"五铢圆钱"，或是从这里演变出来的。

第二十七简

五芏繏。

第五简有芏字，即土字的繁文，应作土黄色解释，五芏繏是当时的五件土黄色丝织物。

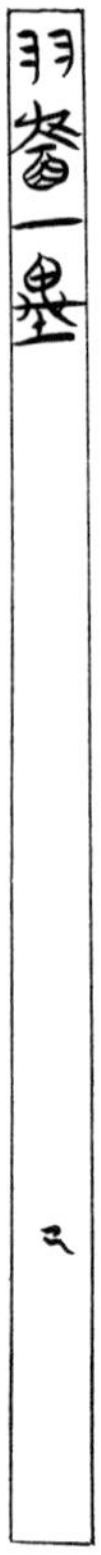

第二十八简

墿布之口。

墿就是泽的别体，汉简从石从睪，写作磿[17]，从水从土或从石，都有光泽的意思。布或作练，吴承仕先生《三礼名物·布帛篇》五谓布有绣的意思，墿布应是光亮的丝绣，第四字模糊，不得确解。

第二十九简

一结衣。

结当作髻字解，《说文》无髻字，《仪礼·士冠礼》："将冠者采衣紒。"注："紒，结发也。"髻、结、紒古文并通。《楚辞·招魂》："激楚之结，独秀先些。"注："头结也。"古人结发施簪，结衣当是头巾，或叫首巾，又名包头。

第三十简

羽觞一墨。

羽觞一墨。

第三十简

一结衣。

第二十九简

墿布之口。

第二十八简

五芏繏。

第二十七简

---

[17] 见张凤：《汉晋西陲木简汇编》图版第38《急就篇》"贲薰脂粉膏磿筩"一简。

羽觞即后世所称的耳杯，长沙所出耳杯，多以木胎彩漆为之。此简觞字写法，与第二十五简写法相同。《楚辞·招魂》："瑶浆蜜勺，实羽觞些。"就是这种酒器。此墓出土物中，有朱绘龙文羽觞残片，与第二十五简龙觞可作比较研究。

第三十一简

□巫□之□。

此简缺文甚多，全文不能确解。

第三十二简

□又□袼。

此简上端残缺，仅袼字尚属清晰，袼字说文解作"袨袼"，段玉裁以袨袼为联緜字，今可作袷字解，就是袷衣。

第三十三简

一绽衣，絵□□□。

绽衣是短促的衣服，絵仍作锦字解。

第三十四简

一铊。

铊就是有流的鼎，俗名匜鼎，郭沫若先生《两周金文辞大系图录》补遗，有楚王忎肯鼎，称重七百余斤，就是一件铊鼎。唐兰先生《寿县出土铜器考略》一文中也有"铊鼎之考证"。

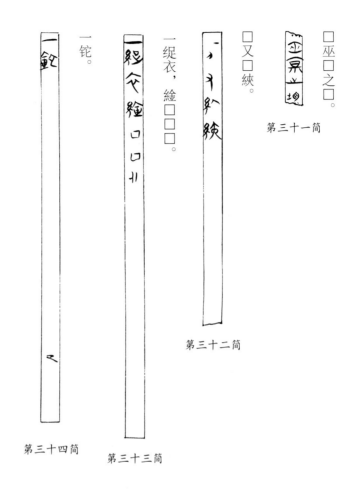

一铊。

一铊。

一绽衣，絵□□□。

□又□袼。

□巫□之□。

第三十一简

第三十二简

第三十三简

第三十四简

第三十五简

□缛□□。

此简缺字太多，仅一缛字可辨。

第三十六简

一□綝纯綝绪。

此简裂残，仅存一半，尚可看出一綝纯綝绪五字，就是一件织锦的纯丝春服。文句与第六简第二句同。

第三十七简

□緻綑。

此简与第九简文意同。

第三十八简

一镐。

镐就是镐鼎的简称，寿县出土的楚王酓忎鼎铭文有镐鼎二字，就是一件高足鼎。

第三十九简

□之□衣。

此简文字残缺，第三字或释虡字。

第四十简

□孝般亡年。

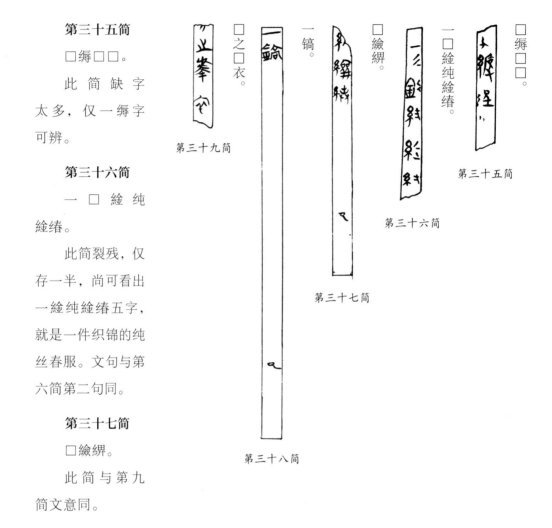

第三十九简

第三十八简

第三十七简

第三十六简

第三十五简

此简第一字模糊，孝般疑即《诗经·卫风》的考槃，孝、考古通，般、槃、盘古通，考槃二字，自朱熹以来就未得到正确的解释，由于此简的出土，给我们增加了对《诗经》研究的参考资料，亡年与孝般文义相联，或即"长乐无疆"的意思。

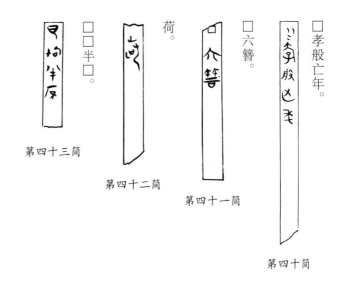

第四十三简

第四十二简

第四十一简

第四十简

第四十一简

□六簪。

六件头簪。

第四十二简

荷。

此简仅存一荷字。

第四十三简

□□半□。

此简仅一半字可识。

从以上四十三简的初步考释，我们可以看出这些竹简都是写的各种器物名称，其中大部分都是衣衾锦绣之属，还有少数的铜、铁、竹、木器具。根据《仪礼·既夕礼》，关于生人赠送死者，有这样一段记载：

"……所知，则赗而不奠……书赗于方，若九、若七、若五。书遣于策……主人之史请读赗。"

"书赗于方，若九、若七、若五"的意思，照《仪礼》注说："书赗、奠、赙、赠之人名与其物于板，每板若九行、若七行、若五行。""书遣于策"的意思，照《仪礼》注说："策、简也，遣犹送也。"贾公彦释曰："云策简者，编连为策，不编为简，故《春秋左氏传》云：南史氏执简以往，上书赗云方，此言书遣于策，不同者，《聘礼》记云：百名以上书于策，不及百名书于方，以宾客赠物名字少，故书于方，则尽遣送死者。明器之等并赠死者玩好之物名字多，故书之于策。"古人所说的方策，就是我们现在所说的书册[18]，策就是册，两字古书中通用，因此，我们可以把这批竹简叫作"遣册"，就是生人赠送死者的物品清单[19]。

《礼记·檀弓》有一段读赗的记载，原文这样说："读赗，曾子曰：非古也，是再告也。"大概就是在死者封墓的时候，除了把生人所送的礼物随葬外，还要有"主人之史"向送丧人朗读"遣册"上的文字，因为册上既写了物名，就不需再朗读了，但是后人"为了给活人看"，所以受了曾子的讥讽，他说这是不合于古礼的。

《礼记·丧大记》说："小敛……君锦衾，大夫缟衾，士缁衾，皆一衾十有九称。""大敛……君陈衣于庭，百称。……大夫陈衣于序东，五十称，……士陈衣于序东，三十称。"这就是《墨子·节葬》说的"王公大人有丧者，曰棺椁必重，葬埋必厚，衣衾必多，文绣必繁……"的意思。《吕氏春秋·节丧》也有这样的说法。又《仪礼·士丧礼》有"君使人禭"、《左传·襄公二十九年》有"楚使公亲禭"的句子，这里所说的"禭"字，也是生人向死者赠送衣服的礼节。

晚周战国时代，我国的封建制度已渐形成，统治阶级"制礼作乐"以维持它的封建统治，是必然的事实，所以当时就有了"礼不下庶人，刑不上大夫"的论调[20]，它的意思就是说："礼制不行到人民中间，刑罚不加到大夫身上。"这是很明显的封建社会阶级对比，事实上，一般的平民，过着吃不饱、穿不暖的生活，当然就不可能讲求这些礼节了。

礼和刑的分别使用，充分表现了封建社会的阶级对立。我们过去对三礼（《周礼》《仪礼》《礼记》）的内容，多少地要抱着怀疑态度，现在由于这批竹简的发

---

[18]　《礼记·中庸》："文武之政，布在方策。"又见蔡邕《独断》。

[19]　古人的"遣奠"，在发引日举行，后世都把礼物写在封套或礼单上，由丧家保存，就是古人"遣册"的遗留。1951年长沙徐家湾西汉长沙王室墓中出土有"被绛函"木简一片，应该叫作"方"，就是包装绛色寝衣的函套标签。图片见《科学通报》3卷7期。

[20]　见《礼记·曲礼》。

现，证明《仪礼》和《礼记》所记的文字，是研究封建社会礼制的可靠资料。

我们今日可以看到的先秦文字，有金文、甲骨文、陶文、玺印文、货布文等，还有《说文解字》所载的古文，《三字石经》的古文，《汗简》《古文四声韵》和《摭古遗文》等书，前面是直接看到的古文字，后面是间接辗转记载的古文字；间接辗转记载的古文字，当然不可避免地要有一些错误。由于这批竹简的发现，我们可以直接看到了先秦的墨书文字，大大地丰富了我们对于古代文字的研究内容。

我国的古代字书，如许慎的《说文解字》，是汉代字书中最完备的，虽然有些地方对古代文字的解释，近于穿凿附会，但保存了不少的重要的文字史料，仍不失为一部研究我国文字发展历史的重要参考书。其书所载重文和古文共七百余字，现在看来是不够的，晚近学者如吴大澂、丁佛言、强运开诸人，已作了补证[21]。由于这批竹简的出土，我们又可看到《说文》所无，和吴、丁、强三家书中未载的新文字。我国文字的变迁，到战国时期，奇诡纵横，已不守商周旧范，在文字学史上占极重要地位。战国文字不明，则文字演变脉络中断，这样就提供了我们研究文字变迁的新材料。

战国文字见于楚器的约有三类。一为"鸟虫书"，如楚王子比戈、楚王酓璋戈等，此种书体，多施于兵器，并多嵌金，为当时的美术字体[22]。至秦时列为"秦书八体"之一。二为"科斗书"，此种书体，通行于晚周战国，《春秋正义》引王隐《晋书·束皙传》说："科斗文者，周时古文也，其头麤尾细，似科斗之虫，故俗名之焉。"我们现在所见的墨迹，如楚简、缯书、百字铜矛[23]等，就是这种书体，铜器上的铭刻，如曾姬无邮壶、楚王酓忎鼎、王命传[24]等，也是这种书体，与《说文》古文相近，这是当时的正书。三为"草书"，通行于民间或用于文书

---

[21] 吴大澂著《说文古籀补》，丁佛言著《说文古籀补补》，强运开著《说文古籀三补》。

[22] 见燕京学报第 23 期，容庚：鸟书三考。

[23] 缯书见郑振铎：《中国历史参考图谱》第一卷图版 16 第 100 图。百字铜矛见《楚文物展览图录》第 77 图，原物现藏湖南省文物管理委员会。

[24] 曾姬无邮壶及楚王酓忎鼎铭文见郭沫若《金文丛考》"寿县所出楚器之年代"。王命传即俗称之龙节，见唐兰《王命传考》，载《北京大学国学季刊》第六卷第 4 号。湖南省文物管理委员会藏王命传一件，甚精。

起草，今所见廿九年漆奁及铁足铜鼎铭刻[25]，都是草书，《史记·屈原列传》："怀王使屈原属草稿未定。"屈原的文稿，应该就是这种字体。

我国毛笔的起源，相传是秦将蒙恬发明的。这种传说似乎起源于晋崔豹《古今注》，五代马缟的《中华古今注》，也有蒙恬造笔的记载，不过南宋史绳祖对蒙恬造笔，就发生了怀疑。他在所著的《学斋占毕》卷二说："纸笔不始于蔡伦、蒙、蔡……但蒙、蔡所造精工于前世，则有之，谓纸笔始此二人，则不可也。"关于蔡伦造纸的问题，袁翰青先生已有论述[26]，我们在这里不谈，现在只谈一谈毛笔的问题，《说文》："聿，所以书也，楚谓之聿，吴谓之不律，燕谓之弗。"又："笔，秦谓之笔。"可见战国秦汉之际毛笔已经普遍地被人使用了。我们在安阳发掘的甲骨文，有的写而未刻，再上推到新石器时代的彩陶，也是用毛笔一类的工具描绘的，可见毛笔的发明，是劳动人民生产实践的成果。由于这批墨书竹简的发现，更可证明蒙恬造笔说法的不可靠性，真正发明毛笔的人，应归功于无数的劳动人民。1949年2月长沙陈家大山楚墓出土的龙凤人物帛画，它的绘画工具应该是使用毛笔的[27]。1954年6月长沙左家公山楚墓发现毛笔一支[28]，用兔毫制成，笔杆细圆精巧，长约五寸，笔锋长约一寸，与现在描花的细笔相似，只是略为长一些。形状与汉"居延笔"不同，时代比"居延笔"又早了五六百年，这批竹简，我们可以断定就是用这种毛笔写的。由于这些竹简和左家公山战国毛笔的发现，对文献记载作了有力的更正，并说明了蒙恬造笔的记载，是封建统治阶级一贯剽窃劳动人民创造文化成果的例证。

春秋战国时代，是诸侯割据的早期封建社会，这时的城市经济，是以手工业为基础的，手工业的工人，大多数是隶属于封建主，《墨子·辞过》说："女

---

[25] 廿九年漆奁见蒋玄佁《长沙——楚民族及其艺术》卷一图版9。铁足铜鼎见《楚文物展览图录》第68图。

[26] 见《科学通报》1954年第11期。

[27] 见《人民文学》1953年11月号，郭沫若：关于晚周帛画的考察。又据友人孙作云谓此画应名"疏头"，见于《潜夫论·浮侈》。

[28] 见《文物参考资料》1954年第12期，长沙左家公山战国木椁墓，毛笔模型曾在"全国基本建设工程中出土文物展览会"陈列。

工作文采，男工作刻镂，以为身服。"这就是说："女工们从事纺织彩绣，男工们从事刻玉镂金，都是给封建主们制作穿的用的。"我们从历史遗物中所见到的错金银器、玉器等，可以看出战国时期的高度工艺成就，而从这批竹简中，更可看出当时的许多织物名称，如："纕""绽衣""缞纯""枆缟""绪""锦""绽布""罗""锦纯""红组""绥""青绚细组""缘""袚缞""缪""纠锦""纗缍大缞""绿缍锦纯""笱第""大籑""锦组之绥""纺衣""缲缟""红缦""缦缘""绥组之裴""纙""墿布""结衣""袂""缛""缬绷"等，其中不但有丝麻织物，而且还有竹编物，有的表示形状，有的说明颜色，其中不少的名称，我们还是第一次看到。此墓出土的一部分丝织物，曾在"全国基本建设工程中出土文物展览会"陈列，虽然年久腐朽，与泥土相混，看不出原物的形状，但是经纬纤细，纹理清楚，颜色未褪，我们应该与那些刻玉镂金的作品，同样看待，都是不可多得的工艺美术作品。当战国时期，由于冶铁技术的发展，和铁工具的普遍使用，提高了农业的生产，繁荣了当时的经济，我国的纺织工艺就在这种基础上，创造了高度的技术水平，这的确是祖国物质文化史上的光荣业绩，值得我们自豪的。

文化部从 1954 年 5 月 21 日到 11 月 8 日，举办的"全国基本建设工程中出土文物展览会"，陈列了自 14 万件出土文物中精选出来的文物 3760 件，在观众面前展开了一幅具体生动而又复杂的画面，使人们看了之后，受到了深刻的爱国主义教育。上面所介绍的这批竹简，不过是展览会中长沙仰天湖一个墓葬出土文物的一部分，全国其他各地，出土的重要文物还很多，它们的照片，已经在 1954 年各期《文物参考资料》中陆续发表出来，这样，对我国文化的研究，就提供了十分丰富的新资料，也向历史学家提出了新的研究问题。同时，还生动有力地说明了国家保护文物政策的正确性和重要性，指出了国家在大规模经济建设中，保护地上地下的文物，是全国人民的一项政治任务。

史树青：《长沙仰天湖出土楚简研究》，群联出版社，1955 年

新疆文物调查随笔

我于1958年8月至1959年4月由中国历史博物馆指派参加中国科学院民族研究所新疆少数民族社会历史调查组，进行民族调查和民族简史的编写工作。在工作中，并为中国历史博物馆征集少数民族文物。在调查组领导下，于1959年1月至4月，专门组成文物调查征集分组，参加的调查人员除我以外，还有新疆维吾尔自治区博物馆的刘长源、北京大学历史系考古专业的吉发习二同志，并由新疆语言学院维语系吕永福同志任翻译，在南疆进行了一次比较全面的文物调查征集工作。总计九个月中，在南疆、北疆各地二十余县市，共收集古代、现代民族文物2973件，全部调查征集报告，将由调查组正式发表。本文仅就个人在文物调查征集中的见闻和在工作中的体会写出几点，供研究新疆各兄弟民族的社会历史的同志们参考。

一、七角井和雅尔湖的细石器遗址

七角井在兰新公路上，属哈密县（今哈密市）。自哈密去乌鲁木齐，到七角井后，可分两路，南路经鄯善、吐鲁番二县，北路经木垒、奇台、吉木萨尔等县，地势极为冲要。遗址在七角井汽车站东300米，公路北侧，范围约6000平方米。因为很早就知道七角井细石器遗址是新疆石器时代重要遗址之一，所以当我们去新疆途中，即与北京大学参加少数民族社会历史调查的几位同学，利用在这里停车午饭后的半个小时休息时间，采集了不少刮削器、石核、石片等物。

雅尔湖在吐鲁番县（今吐鲁番市）西15千米，又名雅尔和图，维语崖岸的意思，汉语称为雅尔崖。细石器遗址在雅尔湖三道沟与四道沟之间的平原上，其北为墓葬区（高昌时代墓葬），遗址范围约1000平方米，地面上散布许多碎石，调查组在地面采集到刮削器、尖状器、石核、石片等物。遗址的地面，有一道干涸的水泉遗迹，现在水泉遗迹的旁边，还生有两株矮小的胡桐树，这说明了在干燥的戈壁中，地下仍然保存有一定的水分。

二、新源县青铜器的发现

新源县旧名巩乃斯，位伊宁市东南100千米，滨伊犁河上游的巩乃斯河。1958年新疆军区生产建设兵团农四师在巩乃斯河上游的布哈河开渠，发现铜刀二件。大的一件，长23.3厘米，柄部作羊头形，生动有致。小的一件长19.8厘米，柄部有斜线纹。伊宁、新源一带，汉时为乌孙地，乌孙的赤谷城就在这里。《汉书·西域传》说，元封元年（公元前110年）乌孙王派使者到汉，贡良马千匹，愿与汉和亲，脱离匈奴，武帝把江都王刘建的女儿细君作为公主，嫁给乌孙王，张骞出使西域，也曾见过乌孙王。由于汉与乌孙和亲及出使的关系，双方的交往就更为密切了。

《汉书·西域传》记载："乌孙……不田作种树，随畜逐水草与匈奴同俗。"则知乌孙的铜器铸造技术应是从汉族地区传入的。今新疆哈萨克族中尚有玉逊部落（哈萨克族人民的部落观念已逐渐消灭），疑即乌孙之后。我们读"乌孙"二字，正音应读为"于孙"，这两件铜刀，当是乌孙的遗物，也就是哈萨克族祖先的遗物。今哈萨克斯坦中央国家历史博物馆所藏伊犁河流域出土青铜大釜（锅）甚多，据陈列说明称是乌孙遗物，我国伊犁河流域出土的这两件铜刀，显然与哈萨克斯坦出土的青铜大釜是一个文化系统。

三、北疆石刻人像

新疆伊犁哈萨克自治州所属昭苏、霍城、阿勒泰地区布尔津各县，野地均有石刻人像，尤以昭苏、霍城二县较多，其主要图像已在《文物参考资料》1954年第3期《介绍新疆文物调查工作组发现的几种文物古迹》一文中发表，《考古》1960年第2期黄文弼先生所写的《新疆的考古发现》一文中，也有较详细的论述。这种石刻人像，多立于水草肥美的地区，附近有的用卵石铺成方阵。昭苏县小洪海的一个石人，正面腰下衣褶间刻有窣利文字（即粟特文，1930年北京《女师大学术季刊》第1卷第4期冯承钧译《窣利语字母之研究》插图误以古波斯文为窣利文，此文又载入冯先生《西域南海史地考证译丛八编》，1958年中华书局出版）。这类石人，在哈萨克斯坦和蒙古国等地也有发现，据苏联学者叶甫琴赫娃研究阿尔泰山区石刻人像的结果，肯定它们的年代在7—10世纪，并指出是出自阿尔泰的鄂尔浑突厥人（ＪＩ·波塔波夫《南阿尔泰人族源概述》载《民族史译文集》，1959年2月科学出版社出版）。她所发表的石刻人像照片载《苏联考古学、资料和研究》第20号，《苏联民族学》杂志1959年第一期发表了Ｋ.Ｂ.伏亚特奇那同志的《蒙古人民共和国的古物》一文，对这类石刻进行了系统的研究，新疆维吾尔自治区博物馆筹备处李遇春同志也进行了全疆石刻人像的调查工作，初步断定它是7世纪前后突厥民族墓地的一种石刻。

四、岩画

南疆、北疆的山麓岩石上，往往有刻绘人像、故事画等。过去已发现的，有南疆皮山县桑株镇昆仑山口的岩刻画（见《文物参考资料》1954年第10期，武伯纶：《新疆天山南路的文物调查》），北疆昭苏县科培雷特刻绘、叶森培孜尔刻绘、霍城库鲁赛脱（干沟）岩画、特克斯县的唐姆洛克塔什刻绘、阜康县（今阜康市）天池岩画等。桑株镇昆仑山口的刻绘，较为原始，其内容有狩猎纹、人像等，科培雷特刻绘主要是佛教艺术内容，《文物参考资料》1954年第3期《介绍新疆文物调查工作组发现的几种文物古迹》所发表的科培雷特刻绘，其内容是一释迦坐像，右侧并刻有突厥文字，可以看出这是伊斯兰教未传入时期的作品，更可证明当时突厥人是信仰佛教的民族。

调查组这次在塔城瓜尔本设尔达斡尔族自治区北10千米塔尔巴哈台山口和阿勒泰县（今阿勒泰市）东30千米唐古拉山口都发现岩画，其内容多为狩猎故事，这种作品当与古代游牧民族有关，与新源县出土的铜刀和各地现存的石人，同是研究新疆古代民族社会生活的重要资料。

这类岩画，在苏联柯斯文同志所著的《原始文化史纲》（张锡彤译，1955年三联书店出版）第七章中称为"线雕画"，因为他不把"线雕"作为一种雕刻看待，而是把它作为一种图画看待。这种见解是值得我们研究美术史的同志们重视的。

五、和阗县（今和田市）约特干遗址出土文物

约特干遗址在今和阗县西10千米约特干村，现属该县五区（比增区），为春华人民公社第二大队第二中队所在地。全部遗址范围以约特干村为中心，包括村北的海勒其村和村南的卡尔谢村，面积约10平方千米左右，全部文化层被掩盖在很厚的洪积层下，距今地面约3—6米。表面全是耕地，不见任何形迹，仅在喀拉喀什河支流沟谷断崖和沟谷内稻田水渠边，看到很多坍下和冲积的红色、灰色陶片。调查组在一处泉水附近的断崖中清理坍下的土块，发现小金鸭一件，并发现"乾元重宝"一枚。斯坦因《西域考古记》第四章所述过去曾有人在约特干淘洗金叶子，大概就是指的这个地方。

当我从新疆回北京时途中曾到敦煌千佛洞参观，发现唐代壁画中的许多鸭子与约特干遗址出土的金鸭形态相似，因而摹绘了第172窟盛唐《西方净土变》中的水鸭一只，俾与约特干出土的金鸭比较。榆林窟第25窟中盛唐《弥勒经变》壁画中的水鸭，与此也同，可见约特干遗址金鸭的发现，实与佛教艺术有关。

此外，还在约特干搜集了一些人面形陶片和陶器残口、残柄等。

六、洛浦县阿克斯比尔古城出土文物

洛浦县阿克斯比尔古城又名其力玛庆，汉语白城的意思。古城在和阗县东玉龙喀什河东岸沙漠中，属洛浦县巷沟牙区，自巷沟牙村向北完全为沙漠地带，古城距巷沟牙尚有两天路程。黄文弼先生于1929年曾至其地（见黄先生所著《塔里木盆地考古记》第五章，1958年科学出版社出版）。并认为这座古城是于阗都城（见《史地》季刊第一期，于阗国都考）。关于阿克斯比尔古城的情况，黄文弼先生已有较详细的记录。现在我仅将1958年洛浦县人民在大炼钢铁运动中从这座古城发现的文物作一个简单的介绍。

1958年秋季，全国开展了大炼钢铁的运动，洛浦县各族人民热烈地响应了党和政府的号召，踊跃地找矿、报矿，在找矿、报矿的过程中，巷沟牙烽火人民公社的社员们，从古城中发现了许多文物。调查组通过洛浦县委会收集的，有五铢二件、货泉二件、汉文于阗文小铜钱一件、剪轮五铢一件、榆荚钱一件、唐代铜钱四件、宋代铜铁钱十三件、黑韩王朝（11世纪）铜钱四件、老维文铜钱（即《塔里木盆地考古记》所称的喀什铜钱）二件、单耳红陶罐一件、红陶小象一件、

红陶马头残片二件、红陶小猴五件、红陶蚕一件、红陶人物残片六件、青瓷四耳罐一件、绿釉莲座人形陶盖残片一件、各色釉瓷片二十件、红陶纺轮六件、残琉璃片八件、各种小琉璃珠一包、骨雕小狮一件、错金小铜象一件、铜环一件、铜器耳一件、铜器七件、铜簪一件、铜马饰二件、契丹文小铜印一件、铜铁残片等。

在阿克斯比尔古城所发现的这批文物中，如陶象、错金铜象、骨雕小狮等物，都与当时佛教艺术有关。磨朗废址古代佛寺保存的古代壁画，有皮珊多罗王子本生故事的行列（见斯坦因《西域考古记》第七章"磨朗的遗址"）。这个故事是释迦牟尼前生有名的故事之一，壁画中表现了皮珊多罗王子将自己的白象施舍给人的故事。敦煌壁画中也有不少关于狮象的画面。错金铜象高1.4厘米，骨雕小狮高1.7厘米，象身有上下穿孔，狮身有左右穿孔，都可以证明这是当时佩带的装饰品。

绿釉莲座人形陶盖残片，系红色陶胎，盖纽有一人自莲花中生出，又似坐于莲花中心，可能是原始的莲座形式。华严经称"一切诸佛世界，悉见如来坐莲华宝狮子之座"，则盖纽人物或即佛像。故说此陶盖残片与佛教艺术关系极为密切，其时代应是汉晋间的作品，同时还可以看出当时这里的烧陶技术。青瓷四耳罐与隋卜仁墓出土青瓷相近，又似景县北朝封氏墓出土的青瓷。《考古》1959年第10期发表了冯先铭同志在河北磁县贾壁村调查隋青瓷遗址的经过，因而才知道这类青瓷是河北磁县的产物，当时被由内地去于阗的人带去的。新疆过去未闻发现青瓷，此为第一次出土。

阿克斯比尔古城出土的陶蚕，长5.2厘米，与今日所见之蚕形象相同，头部较大，身有轮节，作平卧状。按《大唐西域记》卷十二瞿萨旦那国："昔者此国（按即于阗）未知蚕桑，闻东国有之，命使以求，时东国君秘而不赐，严敕关防，无令蚕桑种出也。瞿萨旦那王乃卑辞下礼，求婚东国，国君有怀远之志，遂允其请。瞿萨旦那王命使迎妇，而诫曰：尔致辞东国君女，我国素无丝绵蚕桑之种，可以持来自为裳服。女闻其言，密求其种，以桑蚕之子置帽絮中，既至关防，主者遍索，惟王女帽不敢以验，遂入瞿萨旦那国，止鹿射伽蓝故地。方备仪礼，奉迎入宫，以蚕种留于此地。阳春告始，乃植其桑，蚕月既临，复事采养。初至也，尚以杂叶饲之，自时厥后，桑树连荫，王妃乃刻石为制，不令伤杀，蚕蛾飞尽，乃得治茧，敢有犯违，神明不佑。遂为先蚕建此伽蓝，数株枯桑，云是本种之树也。故今此国有蚕不杀，窃有取丝者，来年辄不宜蚕。"《新唐书·于阗传》也记有此事。斯坦因在洛浦东北50千米的丹丹乌里克古庙遗址得到的木质画板，有一公主画像，并有一贵妇坐于其间，贵妇头戴高冠，有女郎跽于两旁，长方画板的一端，有一篮，其中充满形同果实之物，又一端有一多面形物，左侧侍女左手指贵妇冕，冕下为公主偷运之蚕种，画板一端篮内所盛之物，当为蚕茧，又一端则为纺丝所用纺车（见斯坦因《西域考古记》第四章在"沙漠废址中的第一次发掘"，并附图版）。关于于阗为先蚕建鹿射伽蓝事，当玄奘过于阗时还曾亲至该处，可见于阗对蚕桑事业的重视。

宋秦观著《蚕书》，引唐史，也以治丝而不伤生为可法。其文称："世有知于阗（按即于阗）治丝法者，肯以教人，则贷蚕之死，可胜计哉！余作《蚕书》，念蚕有功而不免，故录唐史所载，以俟博物者。"由此可知，唐宋时期于阗的养蚕事业已相当发达。但是值得我们注意的是《大唐西域记》所说的："昔者于阗未知蚕桑"，玄奘自印度回国事在唐初，故公主出嫁应在唐代以前或在南北朝时。当然这也许是一种美丽的传说故事，它反映了中原地区养蚕事业向于阗传播的情形。

隋唐以前，新疆的丝绸，多仰赖内地供给，当地人民的服用则以毛织物为主，由于阿克斯比尔古城出土的这件陶蚕，说明了汉族人民的生产技术，促进了边疆各族人民纺织事业的发展，丰富了边疆各族人民的物质文化生活。

七、民丰县尼雅遗址出土文物

尼雅遗址在民丰县北150千米的沙漠中，自从1901年、1906年斯坦因两次来此，盗走大批文物以后，我国考古学者尚未来此进行正式调查或发掘（1959年10月新疆博物馆南疆考古队曾来此发掘，发现木乃伊、五铢、于阗文木牍等物，见1960年2月4日《人民日报》：《南疆发现一对木乃伊》，又《文物》1960年第3期转载）。

1958年，新疆石油管理局塔里木勘探大队的各族青年队员们，在党的社会主义建设总路线的鼓舞下，把世界闻名的塔克拉玛干沙漠（大戈壁）的普查工作提前一年胜利完成。这片拥有48万平方千米的沙漠面目，已开始被揭破，勘探队员们在沙漠里发现了原始森林、古代居民点和奇异的动物。

北京八一电影制片厂为了记录这支英勇的革命干劲十足的青年突击勘探队的

活动，特拍摄了一部大型纪录片《征服沙漠》，其中古城考查，也是主要镜头之一。当勘探队和电影制片厂的人员到达民丰县的时候，正和我们相遇，乃决定共同进入沙漠工作。一切事项准备妥善后，于 2 月 19 日离开民丰县，向北行 4 日到达尼雅遗址。

尼雅遗址的范围很广，房舍散布在沿着干涸的尼雅河两岸，南北长约 10 千米，东西宽约 2 千米。有的房舍比较集中，有的比较分散，每幢房舍包括三间、五间以致数十间不等，由于历代风沙的侵蚀，房舍附近地形洼下，已多非原来的形状。由于房舍地基用麦草、羊粪等和泥铺墁，厚约 30 厘米，所以起到了固沙的作用。今日看来，仿佛这些房舍是在土墩上建筑起来，房基已高出现在的地面三四米以致六七米不等，实际这些地带原来是黄土层，千百年来，房基四周风化之后，才成此形。有的房舍虽然室内和周围为流沙所掩盖，但梁柱和墙壁尚保存完整（一般的墙外侧都用红柳编成再墁泥土，而编苇为内壁）。

这里的房舍，大部分都曾被盗掘，室内四周散布着许多陶片，有的沙面上还偶尔发现五铢钱。

在尼雅遗址范围内，以一座土坯建筑的、一半已埋在一座圆锥形的高沙丘中的窣堵波（即佛教灵塔，现存高度约 4 米）为中心，一部分同志在其北 3 千米的地区拍摄《征服沙漠》影片并采集文物，一部分同志在其南 2 千米地区进行一幢房舍的清理和附近遗迹、遗物的调查、搜集工作。

这幢房舍共 20 多个房间，在房舍一侧流沙的表面首先发现了一块文字已十分模糊的于阗文木牍，附近还有许多碎陶片，因而推测这是过去已经破坏过的房舍之一。经用砍土镘在一室内试掘，在被扰乱的沙土中，发现了丝绸残片和一块细纹的红纱，继又发现一块文字很清晰的于阗文木牍。靠近此室的西侧一室内，把积沙清除以后，在搅乱的灰层中，发现了麦子、青稞（燕麦）、糜谷、干羊肉、羊蹄、雁爪、干蔓菁、铁斧、木箸、木匕、苇制炊帚、残萝圈、穿牛鼻用的木针、马绊、木钩、木钉、揉皮革用的木擦子、木箱上的涂漆木鼻等物。

从出土的遗物看来，这幢房舍是古代一个贵族的住宅，发现多种食物和用具的一室，则是贵族吃饭的厨房（或家庭食物用具的储存室），靠近厨房东墙建成的炉灶，虽然已被破坏，但烧土尚存，还可隐约看出当时的形式。但是由于受到工作时间和人力的限制，清除房舍积沙较为困难，其他房间则未试掘，仅在一室地面下发现一个缺底的红陶大罐，现高约2米，罐口向下，罐底向上，口下以木板承之。埋在室内地下，此罐当年可能用以存储食物或用物，经清除罐内淤沙，并未发现任何物品，仅在附近发现碧色琉璃残器口一件，估计罐内存物，已被盗去。

在这幢房舍附近的其他房舍内，也发现了一些粮食，其中有麦子、青稞（燕麦）、穄谷等，还有不少的丝织和毛织物残片、残陶器、残木器、各色琉璃珠、贝饰以及铁镞、指环形铜印章和银戒指等。有一件铁镞还插在一幢房舍的红柳墙壁下部，似是自远方射入的箭镞，但未发现箭杆的在地。此外，有些房舍附近，还发现了陶质或木质的纺轮以及砺石等物。

从发现于阗文木牍的住宅向东约400米，有一处炼铁遗址，南部为炉址，北部为居住址，附近沙面有许多烧结铁和矿石，并发现一个制造首饰冶铸银铜的小坩埚。炼铁炉仅存一部分痕迹，高度不详，径约30厘米，附近沙层中并有一些炭渣。在炉址稍北，有连接的一排房屋，当是冶铁工匠的住处，这排房屋建筑十分简陋，北端已被流沙淹埋。在炼铁炉与房屋之间为一垃圾堆，在垃圾堆中，发现了许多毡鞋残片和毛布残片以及毛绳、羊骨等物。

在佛塔的西北部，除了在居住遗址采集了一些陶片、毛织物残片、革履残底、琉璃珠、贝饰、木盘、木盆、五铢钱、铜马饰、铁镞等物以外，还在已被风蚀的地面上，发现了砺石、石球、白石凿、铁渣、矿石、残铁铲等物。在这一带居住遗址的北部为墓葬区，一座墓顶由于风蚀的结果，棺木破碎散置在沙面上，其棺木似用独木挖空，因在地面暴露日久，并因风化较重，尸体已腐烂风蚀，在其附近积沙下，发现毛织物残片、绸片、毡鞋残片等，并在棺木附近得到木杯一件、木碗二件、三足圆形木盘一件、长方形四足木俎一件、椭圆形四足木俎一件、方格纹红陶破罐一件，疑是当时的随葬物品。

玄奘赴印度回长安途中，曾到过这个地方。《大唐西域记》称："沮沐（且末）西千余里，有尼壤（尼雅）城，为于阗东境之关防，往来者莫不由焉"，则其地之重要可知。调查组在民丰县还收集到一方用炭精刻的"司禾府印"，从字体和纽式（复瓦纽或称桥纽）看来，是汉代的遗物，它可能是汉代屯田田官的印章。"司禾府"不见于前后汉书和有关当时文献。《汉书·地理志·敦煌郡》广至县注和东汉《右扶风丞李君通阁道》记（见《金石萃编续编》卷一）都有"宜禾都尉"的名称，因司禾而设府，可见这里农业的发达情况。结合过去这里出土的汉文木简、于阗文木牍和有关遗物（见斯坦因《西域考古记》）看来，推断这里是汉精绝国的故地，似有一部分道理。

八、洛浦县阿其克山和库车县阿艾山两处汉代开矿冶铁遗址

洛浦县和库车县在1958年秋季全民大炼钢铁的高潮中，都发现了蕴藏丰富的铁矿，在矿区都发现了古代的开矿、冶铁遗址，出土了不少当时的遗物。

洛浦县县南30千米的阿其克山，过去是无人知道的一个荒山，自从1958年秋季全县在找矿报矿运动中发现赤铁矿以后，全县大批工人、农民、学生和机关干部在这里开展了轰轰烈烈的大炼铜铁运动，因而在山坡下发现了许多古代的烧结铁和残破的陶制鼓风口，并在附近一个封闭已久的小洞中发现了一堆石凿和石锤，石凿和石锤的表面敷满了赤铁粉末，拿在手里就把手染成了红色。经大家研究的结果，这些石器是与烧结铁和鼓风口有关的一批很原始的开矿工具。

根据当时找矿的同志在阿其克山与洛浦县城之间发现的汉代五铢和唐代大历通宝钱，证明这是一处汉唐之际于阗的开矿炼铁遗址。

库车县是汉代龟兹都城的在地。1958年冬季大炼钢铁高潮中，县北120千米的阿艾山为全县的炼铁中心。在炼铁的同时，发现了古代炼铁的小坩埚、铁渣、矿石、陶等，并在距地面约20厘米深处，发现了一件灰陶三耳罐，从陶罐看来，是汉代的遗物。陶长26厘米，内径4.5厘米，与传世的汉代的"霸陵过氏"形制相同（霸陵过氏现在中国历史博物馆陈列，《文物》1960年第1期，周菶生：《汉代冶铸鼓风设备之一——䤾》一文介绍甚详），因而推测这是一处汉代的炼铁遗址。

北魏郦道元《水经注》河水篇引释氏《西域记》说："屈茨（按即龟兹的转音）北二百里有山，夜则火光，昼日但烟。人取此山石炭，冶此山铁，恒充三十六国用。"从这段记载可知当时龟兹已用石炭（煤）冶铁，而且冶铁和采煤的规模都相当大。现在这里冶铁也是用煤，以其地理推测知《水经注》所指的就是这里。不过汉代冶铁的燃料，也许还是木炭，但到北魏就大量用石炭了，这是生产技术上的大进步。至于这处遗址在什么时候荒废，仍有待于继续研究。

《汉书·西域传》说："自宛以西至安息国……不知铸铁器，及汉使亡卒降，教铸作它兵器"。汉代中原地区冶铁技术的向西传布，是汉族人民对西域人民的

具体友好表现，是促进西域各族人民经济发展的一件大事。

九、白雀元年物品清单新释

黄文弼先生于1928年在吐鲁番考查时，得古文书写本甚多，其中的一件，黄先生定名为"白雀元年物品清单"，已收入黄先生所著的《吐鲁番考古记》中。今重释其文如下：

"……归蒿里　　……行不得

……雀后玄武　　……领

……二枚　　　　……铜钱全副

……绀綪　　　　……故绀綪结发……

故绢复面二枚　　故碧梳一枚

故木疏一枚　　　故绢衫一枚

故绢小裈一枚　　故绢大裈一枚

故绢被一领　　　故杂录百……

丝五十斤　　　　故兔豪五十支

白雀元年九月八日　条衣裳

留难时现在

黄先生在遗物说明中说："白雀元年为姚苌在北地称秦王时年号，白雀三年取长安称皇帝后，即改元建初。白雀元年即秦苻坚建元二十年（公元384年），时苻坚虽败于肥水，但河西犹属于秦，凉州刺史梁熙、高昌太守杨翰，犹奉秦苻坚正朔。时吕光统大军在龟兹……白雀二年吕光回师取凉州，白雀三年得秦苻坚死讯，乃改元太安，是吕光改元以前，河西及高昌均奉前秦正朔，姚苌与西域尚未发生关系，高昌似不应有姚苌年号之记录。故疑此纸为姚苌白雀年间北地难民或商人，逃难至高昌时，将所携带物，备地方官吏查询者。观于所写物品，皆日常所需，如碧梳、结发、绢衫、绢裈、绢被、丝、兔毫等，皆非军用物资，而丝五十斤、兔毫五百支（按应作五十支）似有一部分商品。末尾称'留难时现在'，即言当查询时，实有物品具如上开……"

今按黄先生这段考证是不对的。我们细审原件的图版及文字内容，实为一件随葬的衣物券，它与1953年长沙桂花园出土晋升平五年周芳命妻潘氏衣物券内容基本相同（见《考古通讯》1956年第2期拙作考释）。此券出自高昌，更可证明肥水战争（公元383年）以后，高昌一带已不奉苻秦正朔，而姚苌建号之始，即与西域发生了密切的关系。

白雀元年为公元384年，而长沙出土的周芳命妻衣物券为升平五年，即公元361年，可见后秦时期高昌的风俗与两晋有许多相同之处。同时也可说这是汉族、羌族地区人民文化融合的实物例证。

十、新疆的古代宗教

印度佛教在阿育王朝时代（公元前264—227年）开始兴盛，其最初传入中国边疆，大约在秦汉之际。而传入中国内地，则在汉武帝通西域以后。佛教传入中国，过葱岭向东，首先以于阗为中心，所以今天和阗专区（今和田地区）各县保存的佛教遗迹比新疆其他各地如拜城、库车、吐鲁番以及甘肃敦煌等处的佛教遗迹，其时代要早。但是唐代以后，伊斯兰教传入中国，陆路首先传入的地方就是新疆，而以南疆的喀什喀尔为中心。于阗的佛教，被以喀什喀尔为中心的伯古拉汗所灭，所以今天和阗专区的古代的伊斯兰教的大玛扎（坟墓）如洛浦县的巴格达提、民丰县的依玛木扎法沙狄克，传说都是当年为伊斯兰教事业与和阗佛教战争的牺牲者的坟墓（又一传说依玛木扎法沙狄克为穆罕默德女儿的第四世孙，公元699—765年，墓在麦地那。新疆的坟墓，或系后人伪托）。

维吾尔族（回纥）由信仰摩尼教、佛教而改信了伊斯兰教（见冯家升：《回鹘文写本"菩萨大唐三藏法师传"研究报告》，中国科学院考古研究所1953年出版），当时，对许多旧的佛教寺庙进行了破坏，因而推测许多佛教寺庙的荒废与伊斯兰教的传入有一定的关系。

新疆在唐代和北宋初年，还有祆教流行在于阗一带。《新唐书·于阗传》称："于阗……喜事祆神浮图法"，《宋史·于阗传》称："建隆二年十二月，（于阗）圣天遣使贡，……本国摩尼师贡，……俗事祆神（祆教）"。古代新疆除了摩尼教、佛教、祆教、伊斯兰教之外，还有景教流行。景教主要流行时期是蒙元时代，今伊犁哈萨克自治州的霍城县（霍尔果斯）常发现元代景教信徒的墓葬，墓旁往往有用叙利亚文刻成的大石子，石子中央并刻有十字架，这种墓葬，疑是久居中国的叙利亚人的墓葬。关于新疆古代的宗教遗物，除祆教外，过去发现的很多。调查组在这次工作中，特别留心有关祆教文物，但无所获，也许因为知识的限制，即使发现了，还未辨识出来，也有可能。近年来新疆吐鲁番高昌故城、河南陕县刘家渠、西安韩森寨和西安玉祥门外、青海西宁城隍庙街、太原金胜村、新疆乌恰等地，所发现的波斯萨珊王朝银币上面，都印有拜火教祭坛和神像等物。

或谓祆教是一种比较原始的宗教，以拜火为主，遗物较少，此说也有相当道理。总之，关于当时祆教在中国的传布情况，也是我们文物工作者应该注意的一个问题。

十一、记和阗绸

南疆丝织业历史悠久，《新唐书·于阗传》称："人喜歌舞，工纺绩（唐书作纺织）。"千百年来和阗一带所织的绸子（夏夷绸或称霞衣绸），质料柔软，光泽晶莹，最为各族人民所喜爱。但是，近百年来，由于各族广大劳动人民受帝国主义和封建势力的压迫，生产得不到发展，销路日趋停滞，使手工业工人处于不死不活的境地。

解放后，据1953年统计，和阗（今和田）、墨玉、洛浦三县共有织绸工人4600余人，其中妇女占30%，三县共有织绸机760余架，每架织机平均二日织绸一匹（长6.67米，宽0.4米）。1956年合作化以后，生产有了很大提高。1958年社会主义建设大跃进以来，在党的技术革新的号召下，生产技术不断改进，产量逐日提高。新建的和阗缫丝厂和绸厂，已走向机械化生产。由于维吾尔族人民生活不断改善，和阗绸已成为广大劳动妇女节日或歌舞宴会时所穿的服装。

我们参观了和阗绸的旧式生产情况，也参观了和阗的旧式织布和印染情况，知道这些生产在和阗还保留了汉唐以来的特征。花纹、形制仍富有传统的式样。

维吾尔族织绸、织布时，用以分别经线打纬用的木板，极似汉族地区出土的周汉时代的玉璋（或称玉刀，吴大澂《古玉图考》谓之笏，范文澜先生《中国通史简编》修订本第一编，插图有周朝青玉笏一件，实系仅存一半的残璋），两端各有两个圆孔，以便连线，维吾尔语称这个器物叫"夏达"，意谓木刀，正与汉族古代的玉刀相合。因而知道古代的玉刀（璋或称笏）实系一种纺织生产工具，或谓之刀杼。《考工记·玉人》："大圭长三尺，杼上终葵首"，还保存了圭、璋等玉器是早期纺织工具的原始涵义。这种工具是贵族妇女举行"亲织"典礼时用以分别经线打纬用的。（古时天子"躬耕籍田"，皇后"躬亲蚕事"见《春秋谷梁传·桓公十四年》，及《周颂·载芟》诗序，这只是一种仪式，天子、皇后并不真正从事耕织劳动。）

因为它可以分别经线，打纬以织成纹章，所以应称为璋。贵族妇女行礼时用玉璋，而实际生产的工具则为木璋，即俗称的机杼。这类机杼，不但维吾尔族织绸、织布如此，而彝族、黎族各族织布，也是如此。

十二、哈萨克族的游牧生活

哈萨克族人民在1958年大跃进中，结束了数千年来的游牧生活，全部实现了定居。在未定居时期，哈族人民以牧业为主，有春、夏、秋、冬四季牧场，冬则山南，夏则山北。这种情况，极似马总《意林》引应劭《风俗通义》所说的："上古之时，草居露宿，冬则山南，夏则山北"。应劭指的是中原地区上古的情况。这就可以充分证明古代处在中原地区的民族和各兄弟民族一样，都有过畜牧生活的历史阶段。

十三、阿里汗家藏哈萨克族文物

托里县副县长阿里汗同志，他的家庭，世代都是哈萨克族上层人物。其父黑孜尔，其祖父玛木勒别克，均曾世袭千户长，因之，家中用具多为百年以上物。他得悉中国历史博物馆从北京派人来托里县征集文物后，连忙把我找到他家，把所藏的古老的桦木嵌银饰马奶子盆（哈萨克语谓之特克内）并附嵌银饰木勺一件、红地绣花外衣、绣花皮裤、镶银饰皮带、绿皮镶银饰食具袋（哈萨克语谓之阿牙哈甫）等捐献给中国历史博物馆。

马奶子盆的银饰片上，有阴刻哈文，译为"南给我们的长官、和加的儿子贾吾库夫千户长。献者居马拜的儿子苏来曼，制作者：达吾鲁拜、白瓦克"。皮带三条，其中一条在带钩上阴刻哈文，译为"玛木勒别克，制作人乌他鲁拜"。这条皮带，带钩并嵌有绿松石，形状极似中原地区出土的汉代带钩。至于桦木马奶子盆、绿皮食具袋等的镶嵌银饰，也与鄂尔多斯式青铜饰件相似。由此可以推想古代带钩和铜饰片等的用法。

阿副县长说："捐献这些东西给北京，说明了这是家中历代剥削人民的罪证。但是，今天作为历史文物说，它是哈萨克族劳动人民的艺术创作，因而今天应该还给劳动人民，并且希望毛主席在北京能看哈萨克族劳动人民的手工艺。"阿里汗同志这种热爱领袖和化私为公的共产主义作风，是值得学习与表扬的。

十四、新疆考古，大有可为

新疆面积辽阔，历史悠久，汉唐以来，即为我国西北重地。境内保存古代遗址、古代城址，汉唐石刻、石窟、古墓等甚多。仅以被沙漠淹埋的古城而言，在和阗专区已发现的就有二十余处。由于气候干燥，大部古物，保存都很完好。近百年来，虽经帝国主义分子大量盗劫，但地下仍有极为丰富的文化遗存。随着全国社会主义建设事业的开展，沙漠已完全被我们所征服。过去帝国主义分子如斯坦因、斯文赫定等所形容的沙漠阴森可怖以及出入困难等等，无非是炫耀他们的盗劫"成绩"，骇人听闻而已。今后全疆的综合考察和工业建设，将不断地向前跃进，各地的固沙工作，已有具体措施并已开始进行，这些工作，就给考古调查带来了许多有利的条件。沙漠考古工作，必须与这些工作取得紧密联系，发扬集体主义和互助协作精神，破除迷信，解放思想，紧紧地依靠各级党的领导和各族人民群众的大力支持，新疆的文物事业和考古工作一定会很快地放出共产主义的光芒。

原文刊于《文物》1960 年第 6 期

论新疆民丰尼雅遗址

尼雅遗址在新疆维吾尔自治区民丰县城北约150千米的沙漠中。自和田乘汽车沿公路东行，经洛浦、策勒、于田共行10小时，过了尼雅河即达民丰县城。这里所说的县城，只是县人民委员会的驻地，实际并无城墙，民国初年这里还叫尼雅巴扎（巴扎，维吾尔语集镇的意思），后改民丰县，现在维吾尔族老年人仍旧称这里为尼雅。

民丰以东，过去曾辟公路，通且末、若羌等地。但因塔克拉玛干流沙南移，公路路基常被流沙掩盖，因而，目前交通仍以驼马代步。

自民丰县城骑马或骆驼沿尼雅河北行，两天后，到达一处名叫伊玛目扎法沙狄克村，这个村是因有伊玛目扎法沙狄克的玛扎而得名（玛扎，维吾尔语坟墓的意思），所以这个村又叫大玛扎村。它是一处有名的伊斯兰教圣地，现在是尼雅人民公社帕西木生产大队的所在地。

自大玛扎村北，尼雅河水渐渐干涸，向北穿过高大的胡杨林和一片一片的红柳丛，即见干涸的河床，开始进入了塔克拉玛干大沙漠。

沿干涸的河床两侧，还保存着许多干枯的胡杨。带路的尼雅人民公社社员尼牙孜库叶和买买提尼牙孜，不时地用砍土曼（维吾尔语铁锨的意思）在枯树上砍成记号，作为返回时认路的标志，自上午六时从大玛扎村出发，当日下午六时，即到达尼雅遗址的南端。

由于当时的居民都是沿尼雅河居住，所以称为尼雅遗址。遗址范围很大，南北长达10千米，东西宽约2千米，四周多被沙丘、沙岭所包围。现存的建筑物多在岛屿式的台地上，可见多年以来，建筑四周被风蚀的情况。因而借着现存的建筑物，我们可以知道遗址地面原来的高度。遗址内的房舍建筑，有的比较集中，有的比较分散，看不出有任何城墙痕迹。其分布情况颇与今天吐鲁番胜金口以南的二堡、三堡沿河一带居民相似。

自从1901年、1906年英国斯坦因两次来尼雅遗址，盗劫了大批文物以后[1]，数十年来，我国尚未进行全面调查。1959年2月，新疆少数民族社会历史调查组曾派调查小组前往调查，并搜集了一部分文物[2]。同年10月，新疆维吾尔自治区博物馆在这里进行文物普查时，清理了一个部分露出沙面的"木乃伊"棺葬，发现了很多汉代丝绸服饰和其他随葬品[3]。至此，新疆民丰县北大沙漠中古遗址——尼雅遗址，遂更引起了人们的关心和重视。

我于1959年2月，曾在这里工作数日，归来曾翻检过一些有关文献，结合历次出土文物，对这处遗址提出几点不成熟的看法。

一、遗址的时代和废弃的原因

据《史记·大宛传》《汉书·西域传》的记载，新疆在前汉时期，就正式划入祖国的版图，它一直是祖国疆域的一个组成部分。成书于战国时期的《穆天子传》和《山海经》，都有关于昆仑山、赤水及新疆、青海一带情况的记述。《穆天子传》说周穆王和他的随从曾登上昆仑山探看"黄帝之宫"，并会见西王母等（母

[1] 斯坦因盗劫的我国文物，最近周谷城先生给他算了一笔总账。见《斯坦因与亚洲极中部文物》，载《学术月刊》1962年2月号。

[2] 新疆少数民族社会历史调查组：《新疆文物调查报告》（未刊稿）。又史树青：《新疆文物调查随笔》，载《文物》1960年第6期。

[3] 新疆维吾尔自治区博物馆：《新疆民丰县北大沙漠中古遗址墓葬区东汉合葬墓清理简报》，载《文物》1960年第6期。夏鼐先生：《新疆发现的古代丝织品》，载《中国建设》1962年1月号。又李学华先生《塔克拉玛干探掘古城记》，载《旅行家》1960年，第5期，探掘时间为1959年10月，该文误作1958年10月。

系氏族部落的酋长）。这说明了周人已和当时新疆的居民有了接触[4]。

尼雅遗址是昆仑山北麓的一处古遗址，尼雅河与尼雅河平行的几条大河——车尔成河、和阗河（今和田河）、叶尔羌河等，都是"南出昆仑、北入瀚海"的内陆河，沿河两岸，自古就有我们中华民族的祖先在劳动生息，并且创造了悠久灿烂的历史和文化。今天伊玛目扎法沙狄克玛扎的周围，就是一处范围很大的细石器文化遗址。

我们再从这里出土的一部分木简看来，就可知道在汉代这里是楼兰（元凤四年即公元前77年改名鄯善，政治中心在今罗布淖尔附近）和于阗（即今和田，古读于为汗，与和音近。今于田旧名克里雅，古抒弥地）之间的咽喉要地。罗振玉《流沙坠简》和王国维《流沙坠简补遗》共收尼雅遗址出土汉晋木简55枚，其中8枚有下列文字（见《流沙坠简》）。

1. 王母谨以琅玕一，致问王。

2. 臣承德叩头，谨以玫瑰一，再拜致问大王。

3. 休乌宋耶谨以琅玕一，致问小大子九健持[5]。

4. 君华谨以琅玕一，致问且末夫人。

5. 大子美夫人叩头，谨以琅玕一，致问夫人春君。

6. 苏且谨以琅玕一，致问春君。

7. 苏且谨以黄琅玕一，致问春君。

8. 奉谨以琅玕一，致问春君，幸毋相忘。

---

[4] 《穆天子传》卷二："（天子）遂宿于昆仑之阿，赤水之阳。……吉日辛酉，天子升于昆仑之丘，以观黄帝之宫。"卷三："吉日甲子，天子宾于西王母。……世民作忧以吟曰：'徂彼西土，爰居其野，虎豹为群，于（乌）鹊与处。'……"《山海经·大荒西经》："大荒之中有山名曰日月山，天枢也。……西海之南，流沙之滨，赤水之后，黑水之前，有大山名曰昆仑之丘……其下有弱水之渊环之，其外有炎火之山，投物辄然，有人，戴胜，虎齿，有豹尾，穴处，名曰西王母。"

[5] 原简图版"持"字下，似有一"一"字，细审图版，乃后人所填写。

这八枚木简的文字，据罗振玉考释称："右八简隶书至精，其所致问之人曰王、曰大王、曰小大子、曰且末夫人、曰夫人春君、曰春君。其致问之物曰琅玕、曰玫瑰、曰黄琅玕。……王君（国维）谓且末夫人当是且末之女女于精绝者。"王国维在《流沙坠简序》中也说"尼雅废墟，斯（坦因）氏以为古之精绝国。案今官书，尼雅距和阗七百十里，与《汉书·西域传》《水经注·河水篇》所记精绝去于阗道里数最近。而与他国去于阗之方位道里相去颇远，则斯氏说是也。《后汉书·西域传》光武时莎车王贤，诛灭诸国。贤死（明帝永平四年）之后，遂更相攻伐，小宛、精绝、戎卢、且末为鄯善所并，故范史记西域诸国无精绝传。今尼雅所出木简十余，隶书精妙，似汉末人书，尚在永平以后，……盖后汉中叶，精绝仍离鄯善而自立也。"

王国维这种说法，有两点值得商榷。首先，木简的年代是永平四年（公元61年）以后，还是永平四年以前的问题，他根据字体"隶书精妙"，定为汉末人书，并推断后汉中叶精绝仍离鄯善而自立。实际简文中所称的王、大王（太王）、小大子（少太子）等，在永平四年以前可能性最大，也就是这个时期小宛、精绝、戎卢、且末还未被鄯善所并，故其时代可推到西汉后期。它的字体不但与《流沙坠简》所收的一部分西汉或新莽时期的水简相似，而且，若与1951年在长沙发掘的西汉后期刘骄（长沙王族）墓出土的"被绛函"木札相比较，不但字体相近，而且用途相同，所以是否应称木简，也是值得商榷的[6]。

刘骄墓出土的"被绛函"木札，长方形，扁平，长11.8、宽3.1、厚0.3—0.5厘米，上端削去两角，稍低处两侧各有一个三角形凹缺。正面光滑，有墨书"被绛函"三个字，反面粗糙，未经加工。据中国科学院考古研究所推测："这一木札系在凹缺处缚绳，并悬挂在箱函之上。"因而，证明尼雅遗址出土的这八枚木札（或称木签），也是在凹缺处缚绳，而系在致送礼物的箱函之上的标签。礼物应是美玉。这种木札的形式和使用的方法，应该是受内地的影响的。《魏书·西域传》和《北史·西域传》都说西域人多"深目高鼻"，惟于阗一带的人（应

---

[6] 见中国科学院考古研究所：《长沙发掘报告》（科学出版社1957年8月出版）《叁、西汉后期墓葬》第401号墓出土物。

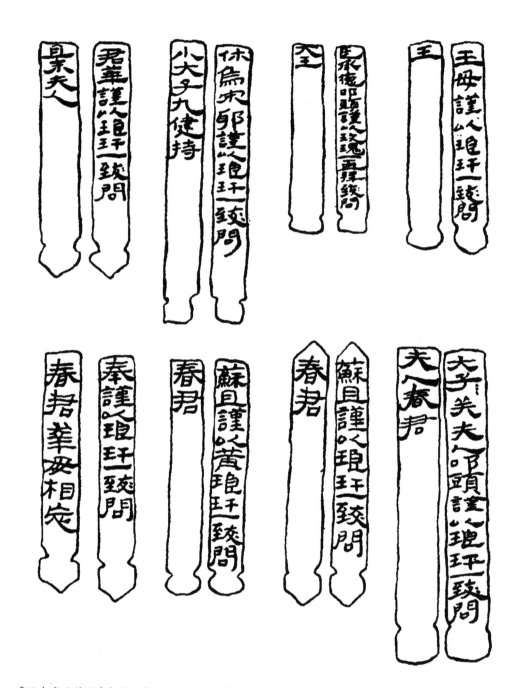

遗址内发现的"木札"八枚，正背两面（摹本，据《流沙坠简》）

"被绛函"木札

包括当时的精绝）和内地汉人面貌相似。可见这里人民和内地人民的关系更为密切。

《流沙坠简补遗》所收尼雅遗址出土木简中，尚有两枚木简，连文为：

"晋守侍中大都尉奉晋大侯亲晋鄯善、焉耆、龟兹、疏勒、于阗王写下诏书到……"

王国维云："《魏略》言：且末、小宛、精绝、楼兰皆并属鄯善，戎卢、扜弥、渠勒、皮穴（《汉书》作皮山）皆属于阗。"又云："此简所出之地当汉精绝国境，后书言后汉明帝时精绝为鄯善所并，……今此简中无精绝王，而诏书乃到此者，必自鄯善或于阗传写而来。可见精绝至晋初又为他国所并矣。自地理上言之，则精绝去于阗近而去鄯善较远，自当并属于阗，而《魏略》则云并属鄯善，然无论何属，此时已无精绝国可知，此尼雅一地之沿革，得由右简知之也。"

此外，《流沙坠简补遗》还有逮捕罪人及稽查行旅木简，稽查行旅木简，有关于"过所"的记载[7]，木简出土地为鄯善、于阗间之关隘可知。从这里出土的佉卢文木牍和上面打印的"鄯善都尉"封泥，可以看出这里和鄯善的关系是很密切的[8]。

1959年两次调查发现的文物，悉为汉晋间遗物，所以一般推测尼雅遗址是在公元3世纪时期废弃的。隋唐时期的尼壤城，应该在今尼雅遗址以南或东南。玄奘《大唐西域记》卷十二称："媲摩川东入沙碛行二百余里，至尼壤城，周三四里在大泽中。泽地湿热，难以履涉，芦草荒茂，无复途径，唯趣城路，仅得通行，故往来者，莫不由此城焉。而瞿萨旦那以为东境之关防也。"从这段记载，知唐初的尼壤四周是一片芦草荒茂的沼泽，东西来往，只有一条大道可通。以今天地

---

[7] "过所"是古时渡关所用的文书。汉以前谓之"传"，自汉至唐谓之"过所"，汉刘熙《释名》及宋洪迈《容斋四笔》均有过所条，释之甚详。

[8] 黄文弼先生：《罗布淖尔考古记》第二篇第二章《楼兰立国略述》释"鄯善都尉"封泥为"鄯善口记"，同书第四篇第九章《释简牍制度及书写》释为"鄯善印记"。

理考之，当在伊玛目扎法沙狄克村和亚通古孜村一带，这些地方常因尼雅河水泛滥而形成一片沼泽，似与《大唐西域记》所说相合。

关于尼雅遗址废弃的原因，初步推测是由于流沙南移，河水干涸，居民迁徙所致。《大唐西域记》卷十二还有一段关于和阗一带沙漠古城的神话传说，反映了流沙南移，淹没古城的情况。原文称："……罗汉将去，谓其人曰：'从后七日，当雨沙土，填满此城，略无遗类。尔宜知之，早图出计，犹其垒我，获斯殃耳。'……第七日夜，宵分之后，雨沙土满城中，其人从孔道出。……"今天在南疆一带，还流传着类似的传说。不过把故事变为由于古城的人不信伊斯兰教，胡大（维吾尔语上帝的意思）生了气，一夜沙雨，把古城埋没起来。

这些传说中的神话故事，自然不可相信，但像我们今天所说的"人进沙退"[9]，在当时的社会条件下是不可能做到的，所以古时的"沙进人退"正是给予这里人民的一个严重威胁。

二、当时的社会生活

《汉书·西域传》称："精绝国，王治精绝城，去长安八千八百二十里，户四百八十，口三千三百六十，胜兵五百人，精绝都尉、左右将、译长各一人。北至都护治所二千七百二十三里，南至戎卢国四日行。地阸陕，西通抒弥四百六十里。"这里所说的"地阸陕"值得我们重视，"阸陕"就是隘狭，是险隘要害之地。《汉书·西域传》又说渠犁和龟兹都是"东南与且末，南与精绝接。"《水经注·河水篇》也说："南河又东迳精绝国北。"可见精绝北境，隔南河与渠犁（今库尔勒市西南）、龟兹（今库车县境）为界。至于南河是今天的哪一条河，过去解释《水经注》的人以及徐松的《西域水道记》都语焉不详。以今地理证之，当即塔里木河。

从尼雅遗址历次出土的文物看来，当两汉魏晋时期，这里的农业、畜牧业都相当发达。1959年2月，这里曾发现汉代冶铁遗址，并发现铁制生产工具铁斧、铁铲等。冶铁技术和铁制生产工具的使用，可能是从内地传来的。由于铁制生产工具的使用，

---

[9] 人民日报驻新疆记者：《远征沙荒》及《昔日沙荒变绿洲，和田专区远征开荒八十万亩》，载1960年5月26日《人民日报》。又《开发沙漠，扩大绿洲》载1961年7月31日《人民日报》。

青稞

麦子 糜子

促使农业有了一定的发展。1959年两次调查，在居住遗址内都发现了麦粒、青稞（燕麦）糜谷、干蔓菁等农作物遗存。汉代，这里还设有"司禾府"，专司屯田事务。1959年从这里发现的"司禾府印"是一件极为珍贵的实物例证。南疆一带，从来雨量稀少，居民多靠昆仑山积雪融汇成的河流开渠灌田。1959年2月，从这里发现的大木棰（木夯）通长108厘米，头长46厘米，径20.5厘米，是一件相当重大的开渠筑堤工具。同时出土的木掀，长49厘米，肩宽22.5厘米，也是一件重要的农业生产工具。上述这些发现，说明当时尼雅河畔的绿洲，是一片适宜耕作的农业区。

在果树种植方面，1959年2月，在居住遗址曾发现成堆的桃核、杏核和葫芦残片。有一个杏核被磨掉了上端，大概是儿童制作的口哨，我们用嘴吹了一下，还发出清脆的响声。过去，这里还发现过葡萄园的遗址。

考古学

畜牧业生产，以牛羊马驼为主，遗址内的许多房屋地面，用麦草、羊粪等和泥铺墁。在一处贵族的厨房，还发现了干羊肉、羊蹄、雁爪等物。在一处住宅附近，还发现了牛、驼的鼻栓和马绊。由于雁爪的发现，我们可以想象，骑马射雁，是这里居民的狩猎活动之一。

在手工业方面，如搓捻毛线、织毛布、制毡、揉制皮革等，都成为当时的家庭手工业。1959年2月，在遗址的一处垃圾堆中，发现了毡鞋和麻线织鞋的残片，还有一些残毡片、残毛线、毛织物残片和残羊皮等，又在一处住宅内发现了一个揉制皮革的木擦子。至于形似算盘珠子的木制纺轮，几乎每处居住遗址，皆有发现，说明了搓捻毛线是这里一般居民的日常劳动。

这里目前虽未发现烧造陶器的窑址，但每个住宅，都有一些残破的红陶和灰陶盆罐之类的用具。有的陶器体积很大，我们在一处住宅遗址的室内正中，发现一件高约二米

木掀

木榔头

的红陶残底大瓮（不易装运，仍存原处）。许多陶片上划刻着几何纹图案，推测这些陶器，不可能是从外地运来的。

从这里发现的冶铁遗址和出土的铁矿石、铁生产工具等物，我们可以推断在两汉时期，这里已进入铁器时代，而且还建立了自己的金属冶铸业。

自汉武帝以后，中国内地的商人与葱岭以西各国进行丝绸贸易的时候，西方各国的商人也纷纷来到中国。《后汉书·西域传》说："驰命走驿，不绝于时月，商胡贩客，日款于塞下。"真实地反映了当时西域的情况。从尼雅遗址发掘出来的木简看，有不少是汉晋间的"过所"。使用"过所"的人多数是"月支国胡"，兹由《流沙坠简补遗》中选几枚简文为例。

1. 违会不还，或安别牧，私行杂买，无过所启信，各私从吏……

2. 月支国胡支柱，年卅九，中人，黑色。

3. 卅，中人，黑色，大目，有髭须。

4. 异，年五十六，一名奴，发须仓白色，著布袴褶，纻履。

此外，这里发现的佉卢文木牍，上面的文字，除了一小部分是政府的文书和私人的信札以外，还有一些是葱岭以西使用这种文字的商人遗留下来的记事、记账、草稿之类的木牍，说明当时中亚和印度、巴基斯坦等地的商人，往来贸易于昆仑山北路的情况。

汉文木简上所说的月支国，即大月支，位于葱岭以西，今阿富汗和巴基斯坦境内，大月支人原住敦煌、祁连间，公元前160年为匈奴所败西迁[10]。因为距离中国最近，当时中国的货物丝绸，多是月支人来中国购买，然后转售安息（即波斯，今伊朗），这些货物从安息向西，又可到条支（今伊拉克境内）黎轩（又作犁轩，即大秦，汉代中国人称罗马帝国为大秦，当时罗马帝国由于奥古斯都和图拉真的向外侵略，疆域包括地中海许多地方，今黎巴嫩、约旦、叙利业和埃及北部，当

---

[10]　王国维以为大月支当取道若羌、且末、于阗西迁，见《月氏未西徙大夏时故地考》，载《观堂集林别集》卷一。

考古学

时都在罗马疆域之内）等地。当时鄯善（楼兰）是中国销售和转运丝绸的重要市场，精绝（尼雅遗址）则是鄯善和于阗之间的交通门户。

我们可以设想，在当时这里的大道两旁，一定会看到一群一群的中外驼马商队，满载着沉重的货物，来往于东西大道之上。随着他们留在沙漠中的足迹，把遥远的西方和东方互相连接起来了。

《流沙坠简补遗》还收一简，文曰："去三月一日，骑马诣元城收责，期行当还，不克期日，私行无过所。"由此简文字看来，当时这里的贵族对平民是在进行高利贷剥削的。其人至元城收责（债），过期不还，而私行无过所，则收债之人当为精绝人或经过精绝者，以精绝左右之人，而与元城人有称贷之事，则元城必是精绝附近的一个地方。

在遗址范围内高大的贵族住宅附近，往往有一些矮小的房屋，如1959年2月发现的冶铁遗址的工匠住房，建筑十分简陋，在矮屋的一侧，储存着成堆的垃圾，工匠们当时的生活，由此可以想见。一般农民的生活，不问可知。此外，《流沙坠简补遗》还有10枚关于逮捕罪人的木简，其中有的是"西域长史营"发下的命令。

从出土的遗物看，这里当时使用的武器主要是弓箭，早期的箭镞是铜制的，后期多是铁制的。可见，西汉后期，这里并不是照我们所想象的是一个没有阶级和剥削的原始社会。由于内地社会的影响，它和汉族地区的社会发展水平应该比较接近，我们推断，在两汉时期，这里的原始社会已经结束，其社会形态，当属奴隶制社会[11]。

三、当时的文化艺术和宗教信仰

由于这里在政治、经济方面是一处"阨陜"之地，所以文化也有相应的发展。从历次出土的遗物看，这里的人民，主要是接受了中原地区汉族的先进文化。如农业的开沟渠、种植五谷，都是从游牧走向定居的先决条件，其他如手工业的冶铁以及丝绸的传入和文字简牍的使用等，都是受内地先进文化的影响的。

---

[11] 吕振羽先生以为张骞通西域的时期，新疆境内各民族尚处在原始公社制的不同时期。见《新疆和祖国的历史关系》，载《民族团结》1962年2月号。

彩色毛织物

　　从遗址内现存的建筑形式看，这里的建筑主要是木结构建筑，房屋墙壁内侧编苇，外用红柳编织，再敷墁泥土，地面用麦草、羊粪等和泥铺墁，起到了固沙的作用。室内有灶坑、土炕，灶坑形式和今天南疆维吾尔族人民烤火取暖或煮水用的壁炉相似。房屋梁柱的雕刻装饰似受到从大月支方面传来的希腊艺术的影响。

　　在遗址范围内，发现了许多造型优美的用白杨木制作的家具，圆形的木盘、木碗，方形的木盒，长方形的四足木俎和用藤条编制的圆形藤奁等，都是当时的生活用具。

　　贵族们所服用的一部分器物，是从内地传来的，如"万世如意""延年益寿宜子孙"锦，凤鸟纹刺绣，"君宜高官"铜镜等，都是他们最爱好的用物。贵族妇女们大都戴有项链，这种项链，是用琉璃珠、玛瑙珠穿制而成，从一所贵族住宅的遗址，发现了不少各色各式的大小不等的琉璃珠和红玛瑙珠。这种装饰品，可能是中亚的商人带进来的，同时，还发现过少量的穿孔的大然贝饰。这种贝饰，似乎不同于内地古代通用的货贝，而是一种装饰品[12]。

---

[12]　今新疆维吾尔族姑娘发辫尚有缀贝饰者。

银制的指环，铜制的耳环，铜制的指环形的铜印在这里也有发现，铜印的印面无文字，只是一种花押，可能是打印封泥的印记。

佛教艺术品在南疆一些古代遗址出土较多，但尼雅遗址独少。仅在遗址的中部发现了一座土坯佛塔（窣堵波），今维吾尔族人民称它为"炮台"，实际它是佛教僧人的坟墓，因而推测东汉、三国时期，这里有一部分人信仰佛教。

遗址的北部为墓葬区，从 1959 年 10 月的发掘情况看，这里有夫妇合葬的风俗，这种风俗，与当时内地风俗同[13]。棺木为独木棺，中间挖成空槽，上盖木板，四角各有短足，全棺形状极似木箱。贵族的衣服、袴、袜多用锦绣制作，男女均有面罩，并有毯褥、绸被铺盖尸身。随葬品多为生前用具，如陶、木、铁、藤器、印花麻布、铜镜和其他装饰品等，都随身置于棺内。菱形锦枕和绣花镜袋，外观均极精美。

从历次出土的文物看来，自汉武帝时起，这里就是"亚欧丝道"上的重地，由于内地先进文化的影响，在两汉时期，这里的社会和新疆各地的社会一样，都有显著的变化和发展。

四、尼雅遗址今后的清理发掘工作

新疆面积辽阔，历史悠久，自古即为我国西北重地。新疆境内各兄弟民族，有的很早就住在当地，有的是较后移入的，但都已有长期的历史。他们与汉族等各兄弟民族人民，共同开辟了壮丽富饶的国土，创造了祖国的历史和文化，奠定、发展、巩固了新疆和祖国的不可分割的血肉关系。因而，我们有必要进一步加强对新疆各族人民社会历史的调查和研究。近几年来，在这方面已做了许多工作，并搜集到了极为丰富的社会历史资料。但是，由于新疆境内保存的古代遗址、古代城址、古代石刻、石窟、墓葬等甚多，均须认真进行调查，以便掌握更多的历史文物资料。虽然近百年来，外国人在新疆对历史文物进行了许多劫夺，但新疆各地仍有极为丰富的物质文化遗存。兼之，新疆气候干燥，大部古物保存都很好。随着全国社会主义建设事业的开展，沙漠已逐渐被我们所征服，它不会再是

---

[13] 杨树达先生：《汉代婚丧礼俗考》第二章第十节合葬条，记当时合葬风俗甚详。

神秘的地带。如尼雅遗址的清理发掘工作，只要我们有计划地清除建筑内部的积沙，就可全部揭露当时社会生活的真实面目。有助于我国古代少数民族社会历史的研究和阐明我国与中亚、西亚及印度、巴基斯坦诸国的传统友好关系，是有一定的现实意义的。

原文刊于《文物》1962 年 7—8 合期

敦煌遗书概述

敦煌莫高窟是祖国古代文化艺术的宝库。在这座宝库里，有着无数丰富的实物资料，如石窟建筑、壁画、塑像等[1]。此外，1899年敦煌石窟尚发现有大量遗书，约3万卷。其中有年款记载的，最早为魏高贵乡公甘露元年（256年），最晚为宋太宗至道元年（995年）[2]。这些遗书，除了佛教典籍数量较多外，其他古代典籍和历史资料数仍不少，是研究我国古代经学、史学、文学、艺术、语言文学、科学、宗教等的重要文献。它可以帮助我们进一步对古代和中古时期的社会经济和文化、艺术作更深入的理解，因此，它的史料价值是极其重大的。现将遗书的主要内容简述如下，挂一漏万，希同志们指正。

经史

我国古代的儒家典籍，这里发现的有《周易》《古文尚书》《毛诗》《礼记》《春秋经传集解》《春秋谷梁传集解》《孝经》《论语》等残卷。其中《古文尚书》残卷是唐人写本，由于这个写本的发现证明宋代的传本是郭忠恕撮拾字书而伪托的，它对校正今本《尚书》有很大的功用。其他各书如《春秋谷梁传集解》为范宁撰，《春秋谷梁传解释》为麋信注，唐玄宗注《孝经》疏为元行冲

---

[1] 见潘絜兹：《敦煌艺术简介》，《历史教学》1963年第3期。又《敦煌莫高窟艺术》，上海人民出版社1957年版。

[2] 参阅周一良：《跋敦煌写本法句经及法句譬喻经残卷三种》《国立北京大学五十周年纪念论文集》，1948年。又张铁弦：《敦煌古写本丛谈》，《文物》1963年第3期。

撰，这些书都是近千年来失传的古籍，为宋元明清人所未见，而在敦煌遗书中发现了。

敦煌石窟发现的古代史书，如《史记集解》《汉书》蔡谟注，《贞元十道录》《诸道山河地名要略》《沙州都督府图经》《西州图经》《水部式》《大唐西域记》等残卷以及《寿昌县地境》等，都是重要的史地古籍。其中《贞元十道录》可补《元和郡县志》及两《唐书·地理志》的缺佚。《诸道山河地名要略》为后世地理志的先河。沙州、西州图经为研究西北地理的重要史料。《水部式》说明了唐代海运情况，文中有"沧、瀛、贝、莫、登、莱、海、泗、魏、德十州，共差水手五千四百人，三千四百人海运，二千人平河"的记载，可见唐代海运的规模，这是在其他史书中从未见到的史料。唐写本《大唐西域记》是该书现存最早的写本，书中记载玄奘出国取经讲学的事迹和有关见闻，是记载古代中国与印度、尼泊尔、阿富汗、巴基斯坦等国文化交流的重要文献。《寿昌县地境》卷末有"晋天福十年乙巳岁六月九日州学博士翟（奉达）上寿昌张县令地境一本"等字，按后晋高祖天福仅八年，十年为出帝开运二年，寿昌（唐沙州领敦煌、寿昌二县）距中原较远，改元二年尚未知道。此地境为研究敦煌史地的重要资料[3]。

除了史地古籍以外，敦煌发现的社会经济方面的资料很多，其中不少有关阶级压迫、剥削的文书契约，过去资产阶级学者对此未予足够的重视，他们对劳动人民怎样被剥削、被压迫的真实情况，讳莫如深。1961年，中国科学院历史研究所编辑了《敦煌资料》第一辑（中华书局出版），才将这些史料第一次系统地公诸于世[4]。

在敦煌发现的写本中，有1卷《东面壁记》[5]，其内容是当时设计敦煌某一洞窟或庙宇壁画的草案，分成若干格，每格开列拟画的壁画佛像内容以及应画何种

---

[3] 参阅向达：《记敦煌石室出晋天福十年写本寿昌县地境》《唐代长安与西域文明》，三联书店 1957 年版。

[4] 参阅李鼎芳：《鸣沙石室史料的新整理》，《历史教学》1962 年第 6 期；陈垣：《跋西凉户籍残卷》，《北京师范大学学报》1963 年第 2 期。

[5] 这个卷子是李盛铎盗窃的敦煌遗书之一，见传抄本《李盛铎拟售敦煌经卷价目册》。

颜色，间有佛头画稿，其中1格内文后有"金统二年纪讫"字款一行，金统是唐末黄巢起义军大齐政权的年号，金统二年是公元881年。当时敦煌画工已用农民政权的年号纪年，可见农民军的政治力量已到陇右各地，并且受到了广大人民的欢迎和拥护。

文学

敦煌发现的有关文学作品，内容很复杂，有唐人的诗，有唐末五代人的词，而最多的则是一种通俗文学作品——变文。

变文是唐代一种新的文体，最初是寺院僧人用以宣传佛教教义的，唱白并用，使听的人易于接受，后来人民舍弃了佛教内容，创造出以历史故事和反映现实生活为题材的作品。宋元以来的话本、宝卷、鼓词、弹词之类，莫不和变文有密切的关系，可以说它们都是继承了变文这一文学形式的传统。

我们现在看到的敦煌发现的演唱佛经故事的变文，应称"经变"[6]。另一种演历史故事和现实生活的变文，有说列国的，有说汉书的，这是讲史。又如《舜子至孝变》《昭君变》，这是小说传奇。有把现实人物作为讲谈材料的，如说张议潮、张怀深叔侄的变文。所以说变文为后来的民间口头文学奠定了基础。

敦煌发现的唐人的诗，如《高适诗集》《陈子昂遗集》《白香山诗集》等，都是现存最早的写本，虽然残篇断简，也可校正今本内容的异同。

由于唐代民间广泛流行着许多俚曲小调，按照曲调填写长短不等的句子，就是最初的民间词。王重民先生所编辑的《敦煌曲子词集》（1954年商务印书馆出版）共收录161首。这些词的内容非常丰富，反映面很广。

艺术

敦煌石窟发现的重要的艺术作品，几乎全被帝国主义所盗劫，从他们出版的

---

[6] 参阅孙楷第：《中国短篇白话小说的发展与艺术上的特点》《俗讲、说话与白话小说》，作家出版社1956年版。

图录中[7]，我们还可以看出大致的内容。此外，尚有一部分雕板印刷品和石刻拓本等，也具有十分重要的历史艺术价值。

唐咸通九年（868年）刻本《金刚般若波罗密经》、乾符四年（877年）刻本《历书》中和二年（882年）《剑南西川成都府樊赏家刻本历书》,晋开运四年（947年）刻本观世音菩萨像等，只是其中有年号雕版印刷品的一部分。其他无年号的刻本印刷品还有不少。咸通九年刻本《金刚般若波罗密经》卷首有精美的扉画（释迦牟尼在祇树给孤独园说法图），卷末附有"咸通九年四月十五日王玠为二亲敬造"刊语，全长约16尺（约5.3米），高约1尺（约0.3米），是现存世界最古的印本书。

我国石刻的拓墨技术，起源何时，尚未得出正式结论。不过，我们从古代的文献中，如杜甫、韩愈的诗以及封演的《封氏闻见记》等，都可看出唐代已出现捶拓技术，但是，过去却未见过唐拓实物[8]。敦煌发现的唐太宗《温泉铭》拓本，欧阳询书《化度寺碑》拓本、柳公权书《金刚经》拓本，则是唐代的原拓。这些拓本不但书法精美，而且墨光如漆，是现存的最早的拓本。由此可以推测，在唐代以前，我国的捶拓技术应有一个较长的发生发展时期，否则就不会有这样的成就。

我们从拓本的剪装形式看，唐代的装裱技术也达到了很高的水平。《唐书·百官志》有拓书手和装潢匠，过去有人疑拓书手的职责为印发批准拓本，实际唐时拓、托二字通用[9]，拓书手当即托裱卷册的匠人，与装满匠的职责相近，到后代就一律称为装潢了。

---

[7] 斯坦因：《敦煌千佛洞绘画集》，1921年伦敦出版。松本荣一编《敦煌画之研究》，1937年东京出版。国内如中国历史博物馆、甘肃省博物馆、敦煌文物研究所等单位，尚藏有少量绢本和纸本敦煌发现的佛画。

[8] 杜甫《李潮八分小篆歌》有句云："峄山之碑野火焚，枣木传刻肥失真"。封演《封氏闻见记·绎山条》："始皇刻石纪功……然而历代摹拓，以为楷则……须则拓取。"从封演所说的"历代摹拓"看，可见拓墨技术起源甚早。

[9] 1957年西安唐长安城平康场遗址出土银茶托刻有"左策使宅茶库金涂拓子"等字，可证拓、托通同。见马得志：《唐代长安城平康坊出土的鎏金茶托子》，《考古》1959年第12期。

　　至于敦煌发现的各个时代的写本，虽然后世把这种字体通称"经生体"[10]，但其中不少是南北朝、隋、唐时期的书法代表作品，字体有的朴实厚重，有的柔丽多姿，这些1000多年前的墨迹，其书法艺术价值自不待言了。

　　此外，敦煌还发现有大曲谱、舞谱、曲辞等，都是我们研究祖国古代文化艺术、戏曲舞蹈的好资料。

语言文字

　　敦煌发现的有关语言文字方面的资料，主要的有字书、音义、韵书及吐蕃、西夏语文书籍等。其中如《尔雅》《千字文》《蒙求》《开蒙要训》《字宝碎金》《俗务要名林》等，是教人写方言俗语中的文字的字典。《周易释文》残卷、《尚书释文》残卷、《毛诗音》残卷、《礼记音》残卷、《楚辞音》残卷、《文选音》残卷和一些佛经音义等，是有关文字读音的书籍。南北朝、隋、唐时期，佛教经典大量输入中国，翻译要以梵音为准，印度声韵之学，也随之输入。中国学人，整理中国旧籍尤为重视音读，声韵之学不断发展，韵书日渐增多，敦煌还发现了《切韵》残卷和其他韵书，对我国语言文字的研究都有重要的价值。

　　敦煌发现的《千字文》，其中有一卷附有藏文对音，这是藏族人为了学习汉字的便利，用藏文字母给汉字的书籍所注的读音，反映了汉藏两族历史上的亲密关系。

　　从敦煌发现的各个时期的写本，我们可以清楚地看出古代汉字字体的演变过程。其中还有不少别体字、简体字和俗体字，此又可以看出汉字逐渐简化的规律。

　　至于敦煌变文、俗曲中某些现已不易理解的难词，我们应加以考证和解释，这对研究我国古汉语的发展以及对诗词、戏曲的方言变化，都有一定的参考

---

[10]　敦煌写本若以书写主区分，大体别为：封建帝室、贵族官僚、寺院僧侣及一般信士等4类。封建统治者所施经卷，缮写人都是官家书手，他们大都隶属于门下省之弘文馆，其职名多简称"书手"，或称"楷书手"，也称"群书手"。寺院所写经典，多出自僧侣本人，或由所设"经生"代书，当时的"经生"又称"写生"，故敦煌写本的字体一般都称"经生"体。详见张铁弦：《敦煌古写本丛谈》，《文物》1963年第3期。

价值。

科学

　　敦煌发现的古代写本和刻本，已为我国的造纸术和雕版印刷术的发明提供了实物例证。此外，关于发现的古代科学技术文献，主要的有医药和历算两类。

　　古代医学、药学方面的文献，这里发现的有陶弘景《本草集注序录》（开元六年九月写）、《新修本草》和《食疗本草》等。虽然这些都是写本残卷，但史料价值很大，《新修本草》是我国第一部由政府编修的药典，唐高宗显庆四年（659年）完成，是当时最完备的一部药学著作。这些敦煌发现的残卷，可与《证类本草》等书互证。此外，在敦煌还发现了不少药方，其中有一件"疗服食药方"，详载病情、脉理、病因、治疗方法和煎药方法等，在医学史上有重要的价值。

　　敦煌发现的写绘《灸经》（有图），首记主病之交，次绘用穴之图，文图相兼，是现存最古的一部灸疗图谱[11]。此外，尚有写本《新集备急灸经》下题："京中李家于市东印"，由此，我们可以推知它是根据印本抄写下来的（背面为咸通三年写本《神灵药方》），这是敦煌发现的唯一记载印本针灸的书，由于它是据刻本抄写，可见其书当时盛行情况。根据这个抄本的记载，"京中李家"所印的《新集备急灸经》，应是我国最早的刻本医书。

　　敦煌发现的日历，有的是写本，有的是刻本，多为七曜历。以七曜定日名，是佛教入中国后，由佛教徒传入的，对中国的历法有所提高。日历以外，还有《星占》残卷，这是唐初人的著作，备载甘（德）、石（申）、巫咸3家内外官星总283座，1464星，与《晋书·天文志》陈卓的星图相合，是今存星书的最早写本。

　　敦煌发现的《算经》《算书》，是我国现存算书的最早写本。《立成算经》中有"九九图"，始九九，终一一，和汉代木简上写的"九九图"一样。但是敦煌发现的"九九图"，每行末尾是用筹式记出的，如屾（81）、屵（72）等等，这是最早应用算筹记数（俗称"数珠码"或"苏州码"）的痕迹。

---

[11]　参阅马继兴：《唐人写绘灸法图残卷考》，《文物》1964年第6期。

宗教

（1）佛教文献

敦煌石窟是佛教典籍的书库，这里发现的大量的从5世纪到10世纪（东晋到宋初）的写本和少数的刻本，95%以上是佛教典籍。其中有今天久已失传的佛经，如《大乘四法经论》《佛说延寿命经》《萨婆多宗五事论》等。有附有梵文原来的《金光明经》《无量寿经》《法华经》等。此外，还有记载佛教事迹和寺院经济的史料，如吐蕃占领沙州时有关佛教源流史实的写本，敦煌佛寺规制、寺僧名册和许多写本上的题记等，都是研究我们佛教历史和寺院经济的真实材料。

其他大量的可供校勘之用的佛教经典，无一不是整理古籍的重要凭借。每种佛经的内容不但在研究佛教思想方面有重要的价值，而且它对中国古代社会文化的影响和作用也是很大的。我们需用历史唯物主义阶级分析的方法对它加以充分的利用。

（2）道家文献

敦煌写本除了佛教经典外，要以道家经典为最多。因为唐代统治者姓李，尊老子为李唐鼻祖，所以敦煌发现了各家注疏本的道德经。如想尔注《老子道德经》残卷[12]、唐明皇《道德真经疏》残卷等，都是久佚的秘籍，也是宋元人所未见到的古书。此外，还有河上公注《老子道德经》残卷，李荣《老子道德经注》残卷等，都可校补《道藏》本的缺佚和讹误。

其他方面的道家经典，例如3世纪时王浮《老子化胡经》，实际是道教宣传小说，是道家驳斥佛家的著作。它反映了晋惠帝时道教和佛教之间的斗争。道士王浮因作此书捏造老子西行教化释迦的故事，是研究当时社会思想的重要资料。

（3）景教文献

---

[12] 唐陆德明《经典释文序录》有"想余《老子注》二卷"，注云："不详何人，一云张鲁，或云刘表"，知"想余"即"想尔"之讹。如果"想尔"其人就是张鲁，则此书是早期道教的重要经典。

景教就是基督教[13]。公元635年（贞观九年）叙利亚人阿罗本携其经文来中国，唐太宗在长安西市义宁坊为建大秦寺，教徒自称为景教。德宗建中二年（781年），景教徒在陕西周至建立纪念碑，名《大秦景教流行中国碑》，碑文书以汉字，碑下及两侧用汉文和叙利亚文刊刻大秦（东罗马）僧名70人[14]。过去关于景教的史料发现很少，自从敦煌发现藏经后，其中保存的景教的经典如《景教三威蒙度赞》残卷、《一神论》《序听迷失所经》《志玄安乐经》残卷等，都是有关景教的重要文献。《景教三威蒙度赞》是七言诗，共43句，类似佛经的偈语。后附景教译经目录30种，更是可贵的史料。

（4）摩尼教文献

公元3世纪，波斯人摩尼以其国祆教为基础，又参以佛教和基督教教旨，创立摩尼教。隋时传入中国，唐玄宗时始有汉人信奉，玄宗虽加严禁，但不禁回纥人信仰。后来汉人信仰者日多，代宗时，复为在长安的回纥人建摩尼寺（又名大云光明寺）。唐武宗会昌五年毁佛寺，摩尼教同在消除之列。到了宋代，却成了一种秘密宗教，明代所禁的明尊教，实印摩尼教的异名[15]。

敦煌发现的有《摩尼教经》残卷，仅存寺仪及出家仪两篇，是有关摩尼教教规的文字记录。

敦煌遗书的发现，到今年已65年。先后被英、法、日、俄等帝国主义分子所盗劫，国内所存的数量尚不及全部遗书的一半。这是我国历史文化遗产的严

---

[13] 基督教最初由巴勒斯坦传入欧洲时，有公教、正教诸称，不尽称基督教。明季耶稣会士来中国传教，为了使中国人易于了解，称其教为天主教，其时在欧洲并无此称。唐时，基督教的教士称他们的宗教为景教，也是使中国人容易了解。《诗·小雅·小明》"介尔景福"，毛传．"介、景皆大也"，景教是大教的意思。当时传入中国的基督教是聂斯脱留斯一派。参见齐思和：《中国和拜占廷帝国的关系》第34页，上海人民出版社1956年版。

[14] 《大秦景教流行中国碑》原碑现在陕西省博物馆。碑文见王昶《金石萃编》卷102。原碑可能是唐武宗会昌五年（845年）下诏，勒令佛教、景教僧尼还俗时埋入土中的。到了明天启五年（1625年）才被农民掘出，出土始末见《金石萃编》卷102所附各家考证。

[15] 参见梁思成《正定调查纪略》，《中国营造学社汇刊》第4卷第2期，1933年。

重损失[16]。

　　建国以后，党和政府对敦煌遗书的搜集、整理工作，投入了相当的人力。北京图书馆、中国历史博物馆、北京大学图书馆、上海市文物保管委员会等单位，新入藏了一定数量的流散的经、史、子、集四部书的卷子。最近，北京图书馆又入藏了斯坦因全部汉文卷子的显微胶片，还有旧有的斯坦因、伯希和劫去的90%以上的四部书照片和比较重要的历史文献、经济史料、科技史料和古佚佛经、道经以及一些最重要的佛教、道教等史料照片。现在北京图书馆所藏的敦煌卷子、照片、显微影片等已经超过了全部敦煌遗书三分之二以上，成为研究敦煌学的最重要的基地了。

　　在编辑出版方面，十年来有不少关于敦煌壁画、彩塑、遗物、遗抄、遗书以及介绍敦煌历史、文学、艺术的研究专著出版。并且已经开始有计划分门别类地校印敦煌遗书中的经济史料、文学史料，经、史、子、集四部书的写本以及佛经、道经的古佚本等，供学术界研究参考。值得我们更高兴的事，是1962年由商务印书馆编辑的《敦煌遗书总目索引》的出版。这部目录是我们自己的专家们积累了50多年的经验，根据我们的需要编成的。它对于我们利用丰富的敦煌资料，开展敦煌学和有关历史、文化、艺术的研究有极重要的现实意义。

原文刊于《历史教学》1964年8期

---

[16]　1907年斯坦因来敦煌，盗劫写本卷子和册子6980件，内有50多件梵文、藏文、粟特、回纥、于阗等文的卷子。此外，还有2000多件藏文写本和绢本、纸本的刺绣、绘画等美术品。1908年伯希和来敦煌盗劫了最精华的经卷、绘画等约6000件。

在长沙马王堆汉墓帛书座谈会上的发言

古代的帛书，在过去也可能发现过。不过，由于当时不是科学发掘，即便有帛书出土，因在地下埋藏年深日久，泥污水浸，残断粘连，即或偶然发现，谁还去抢救它？更谈不到揭裱、修复、妥善保管了。只有在解放后，由于党和政府对祖国文化遗产的重视，考古工作者的细心发掘和对出土文物的科学整理，这些古写本和其他文物一样，才一同被保护下来。我曾亲见故宫博物院修复工厂裱画室的老师傅们很耐心地把粘连在一起的污软如泥的帛书，一层一层地揭开，一块一块地洗净，一字一字地拼缀，这种认真细致、一丝不苟的负责态度，是值得我们学习的。

马王堆出土的帛书，每行都有极细的朱丝栏，从形式看，很像编联的简册，可见帛书出现的时期，要晚于竹书，帛书的行格是模仿竹书的形式。

"竹帛"是我国古代对书籍的别称，但有时也称"竹素"，因此，联想到《素书》和《素问》来。相传《素书》是秦末张良的老师黄石公所著，书中多言治术，宋人张商英作注。根据今本《素书》前的张商英序，谓"晋乱，有盗发子房（即张良）冢，于玉枕中获此书。"可见这部《素书》也是古墓出土的帛书。因其写在缣素上，所以就称之为"素书"了。后世有人怀疑《素书》是张商英所伪造，由于这次马王堆帛书的出土，可见伪造之说，未必可信。如果《素书》确是西晋出土，那么，它就是埋藏了500年的帛书了。又《列仙传》记载："女丸者，陈市上沽酒妇人也，遇仙人过其家饮酒，以素书五卷为质。"可见"素书"比竹书便于携带，易于保存。至于《素问》一书，清周中孚《郑堂读书记》谓医家"不解所以名'素问'之义"。此书书名虽然始见于东汉张机《伤寒论》，我想也是战国秦汉时期医家写在缣素上的假托黄帝歧伯等关于医药卫生方面的问答之辞，与《灵枢》合称《内经》，又称《黄帝内经》，今原书尚在。这次马王堆同出的竹书中，有一部分竹简，记载："黄帝问于容成"、"黄帝问于天师（即歧伯）"等，都是有关医药养生之道的内容，有的同志认为它与《汉书·艺文志》所著录的《黄帝外经》有关。

由于马王堆帛书的出土，我们联想银雀山的竹书，可以看出春秋战国时期出现的一种著书体例，即用问答体的形式以叙事。例如：银雀山竹书中的《孙子兵法》有为吴王阖庐与孙武问答之辞，《孙膑兵法》多为齐威王、田忌与孙膑问答之辞，《六韬》托言太公与周文王、武王问答之辞，《晏子春秋》多为齐景公与晏婴问答之辞，《尉缭子》多为梁惠王与尉缭问答之辞等等。马王堆帛书中的《黄帝外经》《十大经》《伊尹》等，也都是用问答体，可见这种文体在当时的风行。

马王堆出土的帛书中，《五星占》几次见到"张楚"的年号，而且紧接秦始皇三十七年，说明西汉政权是继"张楚"而建立，这是西汉初年有关秦末农民革命政权的一个重要记录。过去有的同志认为《史记·陈涉世家》："陈涉乃立为王，号为张楚"，是农民起义的口号。帛书的出土，证明"张楚"是秦末农民革命政权的国号。而且还说明陈胜吴广失败后，刘邦继续领导农民军推翻了秦二世的统治，因此不承认二世政权，刘邦继承了秦始皇的法家路线，因此，"汉承秦制"就是势所必然了。"张楚"国号的发现，为研究我国历史上第一次农民大起义，提出了新问题。

原文刊于《文物》1974 年 9 期

座谈曾侯乙墓

随县（今随州市）曾侯乙墓的发掘，解决了历史、文物研究中的不少问题。这次在北京举行的《湖北随县曾侯乙墓出土文物展览》，为国内外人士提供了参观、学习的机会，躬逢其盛，略谈所见。

一

郭沫若在四十多年前撰写的《两周金文辞大系考释》，把曾伯秉簠、曾伯陭壶、曾子斿簠、曾子迈簠、曾子□簠、曾子仲宣鼎、曾太保盆定为山东姒姓之曾器；把曾侯叔姬簠、曾侯乙钟、曾姬无卹壶定为汉水姬姓之曾器。曾毅公《山东金文集存》除收录郭老所列的姒姓曾器外，尚有曾子白□匜、曾□□簠、曾诸子□鼎、曾子子奠白鬲、曾中盘诸器。自从曾侯乙墓出土曾侯耾、曾侯迈铭兵器后，证明郭老对曾器的分国、断代是存在一些问题的。例如郭老解释曾子迈簠说："曾子迈之行簠，此器字体与叔夷钟、齐章钟等相似，盖春秋中叶前期之器。《春秋·襄公六年》书：'莒人灭鄫。'又《昭公四年》书：'九月取鄫。'盖鄫灭于莒，降为附庸。后复叛而归鲁，故又取于鲁也。器或作于襄公之世，唯不得在昭四以后。"曾毅公《山东金文集存》中的曾器，也由于随县曾侯乙墓的发掘，有重新考订的必要。

刘节在《寿县所出楚器考释》（载《古史考存》）中说："史家皆以鄫为姒姓，然在古器之中取之，若曾伯陭壶、曾太保盆、曾子仲宣鼎、曾诸子鼎，皆无直接证据可断定为姒姓之国。反之，若曾伯秉簠、曾侯簠，其与楚国的关系则显而易见。"按曾伯秉簠出土地无记载，最早见于阮元《积古斋钟鼎彝器款识》卷七，后归陈介祺，陈氏以得此簠名其斋，今藏中国历史博物馆。由于曾侯乙墓的发掘，证明曾伯霏簠确是姬姓曾器，观其薄薄的黑色氧化层，就是江汉地区出土古代铜器一大特色。刘节的推论应予肯定。

关于曾伯霏簠铭文的解释，也有许多不同见解，今据诸家释文，并参以己意，简释如下：

> 隹王九月初吉庚午，曾伯霏哲圣元武，元武孔黹。克狄淮夷，抑燮繁汤，金导锡行，具既卑方。余择其吉金黄铝，余用自作旅簠。以征以行，用盛稻粱，用孝用享，于我皇祖文考。天赐之福，曾伯霏段不黄耇，万年眉寿无疆，子子孙孙，永宝用之，享。

铭文中重要的地方，是"克狄淮夷，抑燮繁汤，金导锡行，具既卑方。"柯昌济《韡华阁集古录跋尾》丁篇谓"克狄淮夷"是曾伯霏有征治淮夷之功，"抑燮"即协调，"繁汤"即版荡。"抑燮繁汤，金导锡行"谓协调乱世，使江南金锡北运之道畅通。此与《诗经·鲁颂·泮水》："憬彼淮夷，来献其琛。元龟象齿，大赂南金。"相印证，即指南金北运而言。"具既卑方"谓完全得到了夷方之地。鲁国在淮夷之北，曾国在淮夷之西。《鲁颂·泮水》注："南金，南谓荆扬也。"荆扬的铜锡，自古有名，近年发掘的湖北大冶铜绿山铜矿遗址，证明自商周以来，这里就是一个著名的矿场，其地处于荆扬之间。曾侯乙墓许多铜器的原料，亦当取自大冶。

二

读了张振新在《文物》1979年第7期发表的《曾侯乙墓编钟的梁架结构与钟虡铜人》，想起了日本考古学家原田淑人先生四十多年前写的《秦の金人形体に就いて》（载《市村博士古稀纪念东洋史论丛》，又收入《东亚古文化研究》，1940年东京座右宝刊行会出版）。原田先生对《史记·秦始皇本纪》所记始皇二十六年统一中国后，收天下兵器铸造"钟镶金人十二"的有关问题，作了深入的探讨。据《文选》卷一所载班固《西都赋》："列钟虡于中庭，立金人于端闱"，李善注引《毛诗》：'设业设虡'，毛苌曰：'植曰虡，与镶古字通'。知钟镶即钟虡。在原田先生以前，日本历史学者藤田丰八写过《钟镶金人につまて》（载《狩野教授还历纪念支那学论丛》），白鸟库吉写过《匈奴の休屠王の领域と其の祭天の金人とに就いて》（载三宅博士古稀祝贺纪念论文集》）。他们对钟镶金人的有关记载，作了很多征引，对金人的形象，作了种种推测。原田先生有一种推测是金人两手高举，上承钟架，这与随县曾侯乙墓钟镶金人的形象完全相合。

在有关钟镶金人的研究中，多引用《世说新语·文学》注引《汉武故事》："昆邪王杀休屠王，以其众来降，得其金人之神，置之甘泉宫。金人皆长丈余，其祭不用牛羊，惟烧香礼拜，上使依其国俗事祀之。"（《魏书·释老志》略同）考《史记·匈奴列传》及《卫将军骠骑列传》，皆言得匈奴王"祭天金人"，并未言置之甘泉宫，《汉武故事》所言置之甘泉宫，完全是因甘泉宫有钟镶金人而误传，金人更不是铜佛或金佛。

《汉武故事》，旧题班固所撰。其书根据民间对汉武帝的种种传说写成。由于汉武帝是著名的政治家、军事家，通西域，讨匈奴，其事迹人所共知。《汉武故事》把宫中的钟镶金人，写成得自匈奴王。又因编钟是宫中礼器，祭祀所用，把钟镶金人写成匈奴王祭天金人，把金人与祭祀联系起来。后世佛教徒又把金人与佛像联系起来，事出有因，但都不足置信。

钟镶二字，在古文献中亦作钟虡或钟簴，于省吾在《释簨》（《考古》1979年4期）中，认为兴即举的本字。虡字从虍从兴，当为形声兼会意字。1954年河南洛阳中州路战国早期墓（M2717）出土铜戈二件，戈身皆有错金"镶钟"二字（见《洛阳中州路》）。按镶与虡通，虡钟即镶钟，疑此戈为墓主人生前所用，其身份或为东周王室掌礼乐之事，故名镶钟。

原文刊于《文物》1980年第2期

麟为夷兽说

麒麟是我国传说中的一种神兽，自古以来，就以它作为吉祥和幸福的象征，远在周秦时期的古籍中，多单称为麟，麒麟是稍后出现的名称。《诗经·周南》有《麟之趾》篇；孔子作《春秋》，绝笔于获麟；《礼记·礼运》以"麟、凤、龟、龙，谓之四灵"都是单称为麟。综合古代记载，如《尔雅·释兽》《说苑·辨物》《左传正义》引《京房易传》等书，可以约略推想麟的形态，其躯体大致像鹿，但也有认为像马者，故麒麟又可写为骐驎。不过最主要之点，各家均无异词，谓麟独角，前端戴肉，以示"设武备而不为害。"（《公羊传》何休注、《诗经·麟之趾》郑笺）另有记载则未提角端有肉。所以在古代一些雕刻或绘画中，麟的形象不但鹿身、牛尾、一角，而且有的在它身上装成鳞甲，甚至有的还插上翅膀，有鳞有羽，变成了会飞的兽类。

从科学角度看，这种奇形怪状的动物，人们并未曾见过。故《公羊传·哀公十四年》记称："麟者，仁兽也，有王者则至，无王者则不至。"把麟神秘化了。不过，我们从麒麟两字看，是形声字，可知古人见到的所谓麒麟，应是与鹿科近似的动物，很可能就是变形或畸形的鹿科动物。

吾师于思泊先生于1947年1月29日在天津《大公报·文史周刊》发表《释人、尸、仁、尼、夷》，谓古代仁、夷二字往往混淆不清，且多通用。在师说启发下，当时曾以麟为仁兽即夷兽之说请教于先生，先生甚韪余言。1983年2月，余赴四川凉山彝族自治州考察文物，于昭觉县四开区好谷乡发现东汉光和四年邛都安斯乡石表一座并石阙麒麟画像石残石一方，乃手拓一本携回北京，适先生来北京开会，见麒麟拓本，极赞画像雕刻之美，当时余又谈及麟为夷兽之说，先生力

麒麟残画像石拓片

促早日写成文章，因循至再，未能成篇。今先生逝将期月，撰为短文，藉广先生
之意，以志师恩并作纪念云尔。

1985年5月受业史树青谨识。

一、50年前关于"获白麟"的争论

1929年11月28日，殷墟小屯出土大兽头骨一个，长54厘米，宽22厘米，厚
13厘米。头骨额部，刻有两行纪事文字，内容已经不全，释文为：

"于倞田，□□获白豖，祭于□，

在九月，唯王十祀，肜日，王来自盂□□。"

大意是商王在倞畋猎，捕获白豖祭于先王，祭祀的时间是王十年九月，王从
盂回来时。这里纪事已很清楚，但对猎获的动物在研究上发生了分歧。董作宾先
生首先写了《获白麟解》，他认为这个豖字是麟字，并结合古代文献说："麟、麐

在经典中是通用的。"《尔雅》只举麐，说"麐、麕身，牛尾，一角。"《说文》把麟、麐分为二物，也有牝牡之别："麟，大牡鹿也（《玉篇》：'麟，大麕也。'），'麒（麟），仁兽也，麕身、牛尾，一角'，'麐，牝麒也。'"

此处，《尔雅》只说麟是"麕身、牛尾，一角。"《说文》又添上了"仁兽"的徽号，其说应是源于《公羊传》。《公羊传·哀公十四年》说："麟者，仁兽也。"何以把麟说成仁兽？何休《公羊传注》说："状如麕，一角而戴肉，设武备而不为害，所以为仁也。"何休为了解释一个"仁"字，不能不把可以抵触伤人的角上，戴了肉，以申明"刑措不用，设武备而不为害。"于是麟的"仁德"又进了一层。

以上关于麟德的解释，可以说都是受孔子作《春秋》，"绝笔于获麟"的影响。所以麟为仁兽之说，在我国流传了两千多年，影响甚大。

在董作宾先生《获白麟解》发表以后，唐兰先生提出了不同的看法，并认为白麟应是白兕，他在《获白兕考》中说："1929年11月，河南安阳殷墟出土的巨兽头骨，额间刻辞两行。……同时同地又出土鹿头骨，其上也有刻辞两行：'己亥王田于羌（下缺），在九月，佳王（下缺）。'有人认为𡊁即古代麐（麟）字，而此巨兽之骨，也即白麟之首。然而此兽头实附数牙，经古生物学家鉴定，定为牛牙，故此兽为牛类无疑。……麟之为兽，自古相传为鹿类，如《尔雅》《说苑》《说文》《毛诗·草木虫鱼鸟兽疏》等，皆以为麕身，可谓如麕，而东汉柳敏碑阴刻麟图及山阳麟凤瑞像图之麟，并与鹿形近似，但独角为异，知古人所谓麟，实与鹿相近。……由骨文有𡊁字，似鹿而角异，从吝省声，殆即麐字。"

唐兰先生还说："麕为麒麟之合音。《诗经》非一人一时一地之作，故有《麟之趾》及《野有死麕》实皆一物也。"

按董、唐两先生的见解，当时曾引起学术界的极大重视。至今50余年，唐兰先生谓古人所说的麟与鹿相近，应是合乎客观实际的见解。

在历史上，汉武帝在雍州举行郊祀时，有"获白麟"的记载。《汉书·武帝纪》："元狩元年，冬十月，行幸雍，祠五畤。获白麟，作白麟之歌。"唐颜师古注："麟、麕身、牛尾、马足、黄色、圆蹄、一角，角端有肉。"《汉书·郊祀志》记载武帝获麟："郊雍，获一角兽，若麃（颜师古注：麃，鹿属也，形似麐，牛尾，一角。）然，有司曰：'陛下肃祇郊祀，上帝报享，锡一角兽，盖麟云。"《汉书·终军传》对此事也有记载说："野兽并角"是祥瑞之兆。由于终军的对奏，武帝改元为"元狩"，并铸金作麟足形，称"麟趾金"。关于"麟趾金"的问题，从宋代沈括《梦溪笔谈·异事》所记，及近年陕西咸阳、北京怀柔等地出土的实物看，形状似马的角质蹄壳，武帝所获的"白麟"，似是奇蹄类动物。

汉代以后，如江苏丹阳南朝齐景帝萧道生陵左右石兽，左二角者是天禄（鹿），右一角者是麒麟。河南邓县南朝画像砖墓出土有麒麟画像砖。至于北京元大都遗址出土龙凤麒麟纹石雕，天津杨柳青清代木板年画麒麟送子图，麒麟的形象，缘因时代而异，无疑是经过历代艺术家的幻想和不断加工演变的结果。

二、麟是夷兽，不是仁兽

《春秋》记鲁哀公"十四年春，西狩获麟。"但此事在《左传》《公羊传》《谷梁传》记载中，详略各有不同。《左传》说："春，西狩于大野，叔孙氏之车子 钼商获麟，以为不祥，以赐虞人。仲尼观之曰：'麟也'。然后取之。"《公羊传》说："西狩获麟，何以书？记异也。何异尔？非中国之兽也。然则孰狩之？薪采者也，薪采者则微者也。曷为以狩言之？大之也。曷为大之？为获麟大之也。曷为为获麟大之？麟者，仁兽也，有王者则至，无王者则不至。有以告者曰：有麕而角者。孔子曰：孰为来哉？孰为来哉？反袂拭面，涕沾袍，曰：吾道穷矣。"《谷梁传》说："非狩而曰狩，大获麟，故大其适也。其不言来，不外麟于中国也。其不言有，不使麟不恒于中国也。"

我们从《左传》所述对麟先弃后取，知获麟一事对孔子刺激甚大，故此事记载在他所作的《春秋》上，而《公羊传》《谷梁传》都说麟不是中原地区的产物，这对我们研究春秋、战国时期人们对麟的认识，有重要参考价值。

《左传》虽然未曾直言麟非中国之兽，但从钼商获麟以为不祥，并送给了虞人这一点看，是因为这种兽在中国（中原地区）罕见，所以才认为不祥。经孔子看后，认为是麟，人们就把不祥之物变成了吉祥之物。而在《公羊传》中出现了"麟者，仁兽也。有王者则至，无王者则不至"之说。这种说法，历代从无异词，窃以为仁兽当是夷兽之误。

于思泊先生在《关于古文字研究的若干问题》（《文物》1983年2期）中，论述"用古文字来纠正典籍的谬误解释"时，对仁、夷通用又作了进一点阐述。于先生说："《汗简》引《尚书》古文夷字作尸。《汉书·高帝纪》的'司马尸'，颜注谓'尼古夷字'。又尼与仁形音并相近，故《说文》古文仁作尼。《论语·子罕》称'子罕言利与命与仁'。按《论语》中记孔子言利与命者，各有数章，可谓之罕言，至于孔子言仁者，有几十章之多，如何能称为罕言呢？自汉魏以来，异说纷纭，莫衷一是，实则仁当读作夷。《论语》中言夷狄和蛮貊者，仅有四章，故也称之为罕言。"由此可以认为仁兽实为夷兽，非中原之兽也。

至于麟一角问题，也是后来的记载，孔子所见到的麟未必是一角，推测是中原地区稀见的麋鹿，如果确是一角，则应是变形或畸形麋鹿。麋鹿今称四不像，哺乳纲，鹿科，偶蹄类，体长两米余，肩高一米余，毛色淡褐，背部较浓，雄有角，人们认为其角似鹿非鹿，头似马非马，蹄似牛非牛，身似驴非驴，故名四不像，是我国特产动物，喜水草，野生种已不可见，清代北京南郊南海子鹿苑曾有畜养。

关于公谷二家说孔子在鲁哀公十四年因"西狩获麟"不再写《春秋》，其实这是一种巧合。古今人常以大事记时，这在民族学上是常见的。哀公十四获麟，孔子卒于哀公十六年，晚年辍笔，正是获麟之年，但是后人把孔子作《春秋》绝笔的原因，归于获麟，这就是倒因为果了。

三、明代以来，长颈鹿曾经被视为麒麟

宋代沈括在《梦溪笔谈·异事》中，记载关于"交阯献麟"事"如牛而大，通身皆大鳞，首有一角"。当时就认为此兽与麟不类，也有人说是山犀，因为名称无定，故只称之为异兽。

明代初年，我国与亚非各国经济文化交流较前大有发展，非洲长颈鹿开始传入我国。由于长颈鹿与古籍记载的麒麟形状有相似之处，故当时中国以长颈鹿为麒麟，而且长颈鹿皆外国所赠送，"有王者则至，无王者则不至。"故视为国家祥瑞之征。《明史·外国传》说："麒麟前足高九尺，后足六尺，颈长丈六尺，有二短角，牛尾，鹿身，食粟豆饼饵。"联系到今天非洲称长颈鹿为奇拉夫（Giraffe），或即当时中国称长颈鹿为麒麟的音译。

明初与郑和访问亚非30多个国家和地区的马欢，在所著《瀛涯胜览·阿丹国》说："麒麟，前二足高九尺余，后两足高六尺，头抬颈长一丈六尺，首昂后低，人莫能骑，头上有两肉角在耳边，牛尾，鹿身。蹄有三跲，匾口，食粟豆面饼。"

此记载较《明史》为详，并称产于阿丹国，阿丹是红海口亚丁，其地距非洲甚近，长颈鹿应是从非洲传至亚丁的。

由于郑和的出使，不少国家也派使臣回访。其中有几个国家，如榜葛剌（今孟加拉国）、麻林（或称麻林地、马林迪，今属肯尼亚）和苏门答腊（今属印度尼西亚）等，都以麒麟作为回赠的礼物。《明成祖实录》永乐十二年九月，"榜葛剌国王赛弗丁遣使奉表，献麒麟，并贡名马、方物。"永乐十三年"麻林国及诸番国进麒麟，天马、神鹿等物。"明朝政府并为此举行了盛大的欢迎仪式。《明史·外国传》宣德八年，苏门答腊派人来赠麒麟，正统三年，榜葛剌新王嗣位，又遣使来进麒麟等物。

按榜葛剌及苏门答腊本土并不产长颈鹿，其所赠长颈鹿当是从非洲东北部得来，又转送我国。

明代中期，祝允明在《野记》中称："先公说，正统中，在朝，每燕享，廷中陈百兽，近陛之东西二兽，东称麒麟，身似鹿，灰色，微有纹，颈特长，殆将二丈，望之如植竿，其首也大概如羊，颇丑怪。绝非所谓麋身，牛尾，有许多文彩也，乃永乐中外国所献。"当时外国赠送"麒麟"，都引起朝廷的很大重视。永乐十二年，榜葛剌第一次赠送时，明成祖朱棣"命工图画，传赐大臣。"今所见沈度所绘《瑞应麒麟颂图》就是为此次赠送"麒麟"而绘制的图像。明代谢肇淛见过此图，他在《五杂俎》卷九说："其身全似鹿，但颈甚长，可三四尺耳。可谓麋身，牛尾，马蹄者近之。与今俗所画绘迥不类也。"可见明代关于麒麟的形象有两种看法，一是谢肇淛所说的世俗所画的麒麟，一是长颈鹿。我们可以认为前一种是幻想出来的，后一种是牵强附会定出来的，因而受到祝允明、谢肇淛的怀疑。

四、小结

东汉王充在《论衡·讲瑞篇》中说，"儒者之论，自说见凤皇、麒骥而知之。何则？按凤皇、麒麟之像。又《春秋》获麟文曰：有麿（麋）而角（獐而角者）则是麒骥矣。其见鸟而像凤皇者，则凤皇矣。黄帝、尧、舜、周之盛时，皆致凤皇。孝宣帝之时，凤皇集于上林，后又于长乐之宫东门树上，高五尺，文章五色。周获麟，麟似麋而角。武帝之麟亦如麋而角。如有大鸟文章五色，兽状如麋，首戴一角，考以图像，验之古今，则凤麟可得审也。"王充认为欲得麒麟并不难，

仿沈度麒麟图轴

麕（獐）就是近于麒麟的动物。这可以说是试图揭开麒麟之谜的第一人。

我国古代有一句成语，叫"凤毛麟角"，用以比喻稀有的人才或事物。事实上，麟凤在古人心目中并无标准的形象，因各个时代的记载不同，人们的认识也有差异。但是，《春秋》三传所记的麒麟不是中原鲁国所产，而是夷兽，则是不容置疑的。

原文刊于《古文字研究》十七辑，中华书局，1980年6月

北魏曹天度造千佛石塔

1979年9月，奥地利格拉茨大学艺术史学院海因里希·格哈德·弗兰茨教授应文化部邀请来我国访问，在北京期间，曾到中国历史博物馆参观。我有机会和他进行了亲切的交谈。临别时，他把近年所著《中国塔及窣堵婆》（《PAGODN TURMTEMPEL STUPA》，1978年格拉茨）和《从犍陀罗到蒲甘》（《VON GANDHARA BIS PAGAN》，1979年格拉茨）二书赠给中国历史博物馆。当时我看到《中国塔及窣堵婆》中，收有我国山西朔县崇福寺弥陀殿原存北魏平城石塔的照片，很感兴趣。因为这件石塔是抗日战争时期被劫往日本的，日本出版的《世界美术全集》卷7第76页及《世界文化史大系》卷16第96页曾经著录。这次又在弗兰茨教授的书中见到，始知石塔是在1945年抗战胜利后，归还了中国，解放前运往台湾，原物现存台北历史博物馆[1]。

弗兰茨教授在他的著作中，对此塔有较详细的说明，大意是：

"这是中国的早期造塔，方形，高约2米，共9层，底座刻有题记，据题记知此塔造于公元466年，属北魏时期。石塔每层都有浮雕小佛坐像，其中最下1层为4排，第2层、3层为3排，其余各层为2排。总计第1层佛像为264尊，第2层为196尊，第3层为169尊，第4、5、6层各为120尊，第7、8层各为116

---

[1] 弗兰茨教授去台湾参观时，得到石塔的照片和题记拓本。从书中的照片，可以看出塔身和塔座安装错了。塔身正面为主尊，即一佛二菩萨，背面为释迦、多宝二佛。塔座正面为狮子，背面为题记，不应把主尊装在题记的方面。

尊，第9层为112尊。此外，最下层每侧尚有一中型佛龛，龛内有较大的佛像。石塔四角有柱，各层皆有浮雕小佛坐像。塔的底座正面，浮雕两个供养比丘，奉献摩尼宝珠，宝珠置于莲花盘中，两侧有莲花吼狮，狮子象征护法振威。底座左右有浮雕供养人像，男女各10人，其中小人在后，似是家属幼辈。背面题记两端，各有一供养人像。从这些可以看出北魏时期，华北一带由中亚传入的佛教迅速中国化的过程。""塔顶原来应有一个小塔（塔刹），这种推测，也为5—6世纪云冈石窟内的塔型所证实。一层层的塔檐，也可看出此塔与石窟塔洞的方塔有密切关系。另一方面，也表明中亚佛寺遗迹中的多层塔建筑，对它有一定影响。此塔的重要意义，在于它是公元5世纪的唯一石塔，因在中国内地尚未见有公元6世纪以前的佛塔建筑，它对我们研究中国早期佛教和造塔史，具有不可估量的价值。"[2]

当我和弗兰茨教授谈到此塔时，他除了介绍上述内容外，还抱歉地说，因不了解塔座上的题记，在书中没有谈到题记问题。制图版时又误把题记下部裁掉一部分，使读者看不到全部题记内容。他答应回国后，一定寄来全部题记照片，希望我能有所考证。不久，我很高兴地接到弗兰茨教授的来信，并附来了石塔底座的图片，其中题记文字除了原拓本照片外，还有原石的照片，这对于互相校勘文字，提供了许多方便。现根据拓本的照片，把释文写出来，并用今语简译，藉供参考：

夫至宗凝寂，弘之由人。圣不自运，畅由来感。是以仰慕者悲叹不如，功务者因莫不果。乃感竭家珍，造兹石塔，饰仪丽晖，以释永或[3]。愿圣

---

[2] 译文略有删节。详见《中国塔及窣堵婆》第26页。按古代雕造的石塔，以东晋兴宁二年（公元364年）沙门慧力于瓦官寺所造多宝石塔为最早，见《弘赞法华传》卷一。现存实物以甘肃省博物馆藏北凉圆形石塔五座为最先，但不如此塔雕造精致，见王毅《北凉石塔》，载《文物资料丛刊》第一期，文物出版社，1977年。

[3] "以□永或"，"或"疑"惑"字的省写，"以"下缺文，疑是"释"字。"以释永惑"，谓解除众生的疑虑。

主契齐乾坤，德隆运表[4]。

皇太后、皇太子延祚无穷[5]。

群辽百辟，存亡宗亲，延沈楚炭[6]。有形未亥[7]，菩提是获。

天安元年，岁次鹑火，侣登蕤宾，五日辛卯[8]，内小曹天度为亡父，颖宁、亡息玄明于兹平城造。

这篇题记，实为塔主曹天度的发愿文。文中的缺字，是我尝试着补入的。全文试译如下：

"佛教的精义本是凝静安寂的，但是需要人宣扬佛法。圣教不主动运行，但因感人而畅通。仰慕佛教的人，都恐怕自己能力太小，而修行功德的人，自然会有好的果报。所以我用全部家财，造此石塔，把塔装饰得光辉美丽，供奉起来，以解除众生的疑虑。祝愿当今皇帝寿与天地相齐，德业运化八方，皇太后、皇太子永享福祚，我的同僚和已故、现存的宗族亲属，免于涂炭，大人婴儿都能得到佛果。天安元年岁次丙午五月五日辛卯，宫内小臣曹天度为亡父颖宁、亡子玄明在平城（今大同）造。"

天安是北魏显祖献文帝拓跋弘的年号，天安元年即公元466年。在曹天度

---

[4] "契齐乾坤，□□运表"，"坤"字作"ZZZ"，是坤卦写法，像水形。下句缺文，疑是"德隆"二字。"德隆运表"是赞扬皇帝功德隆盛。

[5] "皇太后、皇太子□□无穷"，此句残缺二字，疑是"延祚"。龙门石窟北魏《比丘法生造像题记》有"上为皇帝延祚无穷"句。1950年雁北文物勘查团在云冈石窟山上发现北魏"传祚无穷"瓦当，疑即当时皇帝行殿用瓦。见《雁北文物勘查团报告》，文化部文物局1951年出版。

[6] "存亡宗□，延沈楚炭"，"宗"下缺文，疑是"亲"字。"楚炭"意为痛楚涂炭。

[7] "有形未□"，"未"下缺文，疑是"亥"字。"未亥"即"未孩"、"未咳"，见《老子》二十章："如婴儿之未孩"，谓婴儿还不会发出笑声。《魏书·释老志》："献文帝览诸经论，好老庄，每引诸沙门及能谈玄之士与论理要"，此为当时佛教与玄学相结合的一例。

[8] "岁次鹑□，侣登蕤宾，五日辛□"，按天安元年丙午，岁次鹑火，侣登蕤宾即律登蕤宾，十二律蕤宾在五月。据陈垣先生《二十史朔闰表》，天安元年五月五日为辛卯。

的发愿文中，所指的圣主即献文帝拓跋弘，文中"弘"字作"弘"，当为避讳。皇太后即高宗文成帝拓跋浚后——冯太后，事见《魏书·后妃传·文成文明皇后冯氏》。皇太子当指献文帝子拓跋宏，即孝文帝元宏。按《魏书》及《北史》的《显祖献文帝本纪》《高祖孝文帝本纪》皆谓元宏生于皇兴元年（467年）八月，而石塔造于天安元年（466年）五月，疑《魏书》《北史》所记元宏生年有误。

天安元年，献文帝拓跋弘登极，时年十二岁，国事皆由冯太后执掌。曹天度以一个宫廷的汉族小臣，"罄竭家珍"，为亡父、亡儿造此石塔，就是受北魏皇室开凿云冈石窟的影响。

弗兰茨教授认为石塔与云冈石窟的浮雕塔、塔柱有密切联系，是完全正确的。我看此塔的雕造，就是出于开凿云冈石窟的工人之手，与云冈第21窟5层出檐方塔很相似。而题记文字与1966年大同出土的太和八年（484年）《司马金龙墓表》书体十分相近，为研究北魏的书法艺术提供了一份珍贵的资料[9]。

云冈的早期石窟是北魏一位著名的和尚昙曜奉文成帝拓跋浚之命于兴安二年（453年）创建的。此塔造于天安元年（466年），距云冈开凿时间甚近，属云冈石窟第一期，其与昙曜5窟（今16—20窟）的关系，自不待言了。

弗兰茨教授认为塔顶原有小塔，也是很对的。现在把中国历史博物馆保存的50年前在朔县崇福寺弥陀殿内的石塔全形照片发表出来，可以看到石塔的原来情况。据说，当年石塔被劫装箱时，塔顶（塔刹）一段被一位工人出于爱国的热忱藏了起来。所以，业经归还而现存台北历史博物馆的北魏曹天度造的石塔，才少了塔顶。这里可以使人欣慰的，就是此石塔原有的被藏了起来的塔顶（塔刹），现仍完好，并妥善地保存在朔县文物保管所内。

本文所用的材料，系根据弗兰茨教授从奥地利格拉茨远道寄来的照片。因此，对题记的释文，肯定有误。当我提笔写这篇文章的时候，深以未能见到原物为憾。如果能亲眼见到实物，对题记的释文，将会减少一些错误。

---

[9]　山西省大同市博物馆：《山西大同石家寨北魏司马金龙墓》，《文物》1972年第3期。

从这一石塔的曲折的经历，我们可以看出祖国近代历史的一个侧面。塔身在台湾，塔顶在山西，身顶异处，不能璧合，实在是一件憾事。

我们热切地盼望台湾早日归回祖国的怀抱，千佛宝塔早日恢复原来的形状。这不仅是大陆和台湾文物、博物馆工作者的一致要求，也是热爱中国文化艺术的国际友人的殷切希望。

原文刊于《文物》1980 年 1 期

北魏幽州光林寺尼静妃造像记

　　光林寺是幽州早期的佛寺之一，建于北魏。其名初见于唐释道宣《续高僧传》卷三十六《宝岩传》："释宝岩，幽州人。……住京下仁觉寺。守道自娱，无事交厚。仁寿下敕，召送舍利于本州宏业寺，即元魏孝文之所造也。旧号光林，依峰带涧，面势高敞，多挟征异，事遵清肃，故使行僻之徒，必致惊悚，由斯此众，滥迹希过。自开皇将末，舍利到前，山恒倾摇，未曾休止，及安塔竟，山动自息。"另据道宣《广弘明集》卷十七载《庆舍利感应表》，记此事在仁寿二年三月二十六日。我们从上述记载看，隋仁寿间，幽州弘（宏）业寺建立的佛塔是贮藏长安送来的舍利，其地"依峰带涧，面势高敞。"虽然有些异征，近于怪诞，但其地依峰带涧，应是真实可靠的。

　　清康熙间，励宗万撰《京城古迹考》，根据明代刘侗、于奕正《帝京景物略》的记载，认为"天宁寺建于元魏，旧号光林，隋仁寿间名弘业寺，唐开元中改额天王寺，金大定二十一年改为大万安禅寺。元末兵火荡尽，明文皇（宣德）潜邸时重修，宣德间敕更今名。"从这些记载看，元魏之光林寺即隋之弘业寺、亦即今之天宁寺。其后《日下旧闻考》卷九十一《郊坰》《宸垣识略》卷十三《郊坰》《畿辅通志》卷一百七十九《古迹类·寺观》皆从此说。直至1979年北京市文物工作队编辑、出版的《北京名胜古迹》，论述天宁寺沿革亦相沿未改。不过《北京名胜古迹》根据梁思成、林徽因《由天宁寺谈到建筑年代之鉴别问题》（《中国营造学社汇刊》五卷四期），论述天宁寺塔时说："到了辽代，在寺的后院添建了这座高塔。元末，寺院毁于兵火，高塔独存。"可见，天宁寺塔是辽代添建，既非隋建，亦非在隋塔旧基上所重建。历来相传天宁寺尊胜陀罗尼经幢为隋开皇年物，孙星衍《京畿金石考》卷上已辨其误，并考为辽重熙十七年所立。

那么，励宗万所说的天王寺又是何时所建呢？《永乐大典》卷四六五〇"天"字引《元一统志》："天王寺在旧城延庆坊内，始建于唐，殿宇碑刻皆毁于火。"这与励宗万所说的唐开元中弘业寺改额天王寺出现了矛盾。

根据目前所见的一些文献，天王寺确在辽、金旧城的延庆坊，而弘业寺则在别处。

1974年山西应县佛宫寺木塔发现的辽咸雍七年（1071年）刻本《释摩诃演论通赞疏》和《释摩诃衍论通赞疏科》题记，其中有天王寺的位置。题记的全文是："咸雍七年十月日，燕京弘法寺奉宣校勘雕印流通。殿主讲经觉慧大德臣沙门行安勾当、都勾当讲经诠法大德沙门方矩校勘。右街天王寺讲经论文英大德赐紫沙门志廷校勘。印经院判官朝散郎守太子中舍骁骑尉赐绯鱼袋臣韩资睦提点。"题记中说明了天王寺在辽燕京的右街，延庆坊当为右街一坊。而弘业寺据《续高僧传》所说则是"依峰带涧"之地。

由此可知唐代始建的天王寺，与元魏的光林寺即隋之弘业寺无关。

这里再提出一点证明，在木塔内，与《释摩诃衍论通赞疏》同时发现的统和二十一年（1003年）刻本《称赞大乘功德经》题记中有弘业寺之名。题记称："燕台圣寿寺慈氏殿主讲法华经传菩萨戒忏悔沙门道撰，曾阅前经，备闻故事。……道撰遭逢圣代，幸偶遗风，敢雕无上之经，溥示有缘之众。所愿见闻随喜者，舍小根而趣大机，读诵归依者，得清凉而除热恼。时统和贰拾壹祀癸卯岁季春月蓂生五叶记。弘业寺释迦佛舍利塔主沙门智云书。彭咸宁、赵守俊、李存让、樊遵四人同雕。"从这段题记中，可见弘业寺在辽时尚存，并且释迦佛舍利塔尚在，故有塔主之名。这位塔主智云是一位书法家，所写的经字体很端正，与欧阳询相近，可以说他是一个有学问的僧人。

我们结合咸雍七年刻本《释摩诃衍论通赞疏》题记、统和二十一年刻本《称赞大乘功德经》题记，天王寺、弘业寺之名同见于辽代，知两寺同为幽州名刹。关于这个问题，《日下旧闻考》曾露出一点消息。该书卷九十一引《析津日记》称："盖此寺（天宁寺）本名弘业，而王元美（世贞）谓幽州无弘业寺，刘同人（侗）谓天宁之先不为弘业，皆考之不审。"王世贞所谓幽州无弘业寺，只是提出一个疑问，而刘侗所说天宁寺之先不为弘业寺，应是正确的。

中国历史博物馆旧藏北齐天统四年光林寺尼静妃石造像1件（出土时地不明，1925年收购），残高10.4厘米、宽36厘米、厚15.6厘米。虽然主像已缺，仅存像座，但座前所刻摩尼宝珠、双狮及金刚力士二人尚存。座之两侧，各有浮雕供养人二，前一人皆手执长柄香炉作行香状，后一人皆作献花状。座背刻题记9行，每行4字，末行2字，共34字。文曰："天统四年三月一日，光林寺尼静妃为亡姊造玉像一区，皇帝陛下，一切众生，居同成佛。"这里特别提出一点，就是北魏、北齐时的光林寺是一处尼寺，可能到了隋朝才改名弘业寺。为什么改名弘业寺呢？就是因宝岩自长安来幽州建造舍利塔而改名，并由尼寺改为僧寺。至于弘业寺所在地，则有待在"依峰带涧"之地来考查。

北京现存最早的佛教石刻，传为海淀区车耳营（旧属昌平县）北魏太和二十三年（499年）阎氏造像。据陆增祥《八琼室金石补正》卷十四记载："造像在昌平西南五十里石佛寺。光绪庚辰，潞河张翼所访得者。石颇漫漶，异体字如式录之，字用分隶法。闾即阎，爰即爱，僌当即仆，歔即严，黄不可识，疑即黄字，毗邱即比邱。"我对这件造像抱有两点怀疑：一、此造像是原地旧物，还是后世从外地移来？二、造像题记真伪问题，需进一步研究。问题的提出是京郊所存如此巨大石雕造像何以未见前人著录？偏于光绪间为张翼访得。车耳营是进妙峰山通道北路必经之地，如果造像在此已久，必然为众人所知。张翼字燕谋，通县人，家赀殷富，收集金石书画，不惜重金，是否有人对他蒙骗，而有意作伪？尤其造像题记中有"毗邱"二字，其中邱字显系清代雍正二年以后为避孔子讳，丘字改写作邱（详见陈垣《史讳举例》卷一），故疑造像题记为清代雍正以后所伪刻，如果这种推断不误，则天统四年光林寺尼静妃石造像就是目前所见到的幽州早期的佛教造像了。

附记：《文物》1984年9期，萧村《辽朝别有一五台山》，指出弘业寺在蔚州境内。希参阅。

原文刊于《中国历史博物馆馆刊》1984年总6期

大統四年
三月一日
光林寺尼
靜妃為上

姊造王像
區皇帝
陛下一切
群生咸同

成仏

光林寺尼靜妃造像座（四面刻）拓片

《中国饮食谈古》序

  自从"人猿相揖别"之后，人类就开始使用生产工具创造赖以生活和生存的物质，取得生活资料，然后凭借发达的大脑创造出灿烂优秀的文化。作为人类文化史来说，衣食住行虽然属于物质文化范畴，但也包含精神文化内容，所以说饮食和烹饪是文化的一个重要组成部分。

  人类在不会使用火以前，对食物是生吞活剥，既生吃植物，也生吃飞禽走兽和鱼虾。中国历史上传说的庖牺氏（即伏羲氏），反映了原始社会畋猎畜牧的出现，豢养牺牲以充庖厨的开始。

  古代熟食的方法很多，最原始的办法是烧和烤。古人把烧烤称为炮，或写作炰。《诗经·小雅·瓠叶》有"有兔斯首，炮之燔之"；《六月》有"饮御诸友，炰鳖脍鲤"等记载。《礼记·内则》"炮"郑玄注："炮者以涂烧之。"所谓涂者，就是以土涂生物，炮而食之。因此，凡烧烤食物的处所就称为庖，或称为庖厨。《周易·系辞》称："古者包（庖）牺氏之王天下也，……作结绳而为网罟，以佃（畋）以渔。"可见中国文化源远流长，各民族在历史上都经过生吞活剥阶段，而又由生吞活剥发展到熟食，这是人类发展史上的大事。

  人类在学会制陶以后，能制作陶质的炊煮工具，生活有了较大的改变。谯周《古史考》称："黄帝作釜甑。"根据考古发现的资料，距今七八千年前的河南裴李岗文化时期，陶器已成为主要的饮食用具。随着农业的产生和发展，引起了饮食的巨大变化，调味品酸、甜、苦、辣、咸更为人们所注意，米酒、果酒、马奶酒在全国各个民族中分别出现了。

  商周时期贵族的食具、炊具，除了陶器外，青铜器有的是礼器，有的是用器，制作都非常精美。从现存的商周青铜器看，约有下列各种：

烧烤器：铲

烹煮器：鼎、鬲、甗、甑、釜、鼎、鬻

黍稷器：簋、簠、敦、彝、盨、盂

酒器：尊、罍、壶、卣、觥、盉、爵、觚、觯、角、斝、勺、钫、枓

脯醢器：豆、笾、锜

载鼎实之器：匕

切肉之器：刀、俎

盛酒器之案：禁

盛冰之器：鉴

盥洗之器：盘、匜、缶

至于金、玉、陶、瓷、漆、木、骨、角、象牙、竹器等饮食用具，更是品种繁多，体现了中国各族人民食具的丰富多彩。

烹饪是熟食的一种技艺，是取得美味食品的一种手段，掌握美食技艺的人，在《周礼》中称为"庖人"或"膳夫"。从古代文献和有关文物中可以看出他们备受尊重，例如商代奴隶出身的名庖伊尹，相汤伐桀，成为贤相。西周的善（膳）夫克铜鼎，出土于陕西省凤翔县，铭文二百九十字，记述周孝王赏赐管理膳食的克以土地和"臣妾"等。只是到了战国时期，才出现"君子远庖厨"的不公平现象。他们虽然这样说，但君子还是要"食不厌精，脍不厌细"，这种"见其生，不忍见其死；闻其声，不忍食其肉"的思想，与后世某些人的"禁屠"主张，有异曲同工之妙，非我所取。

我在访问欧美日本等国时，所到之处，见中国餐馆鳞次栉比，"闻香下马，知味停车"，亲见各国人士喜食中华菜肴的盛况，使我领会到"庖牺氏之王天下"竟于今日见之。

王仁兴同志从事食品历史研究工作，并关心饮食历史掌故，对中国北方风味饮食掌握了精湛的烹饪技艺，结合实践写过不少风味隽永、脍炙人口的文章。近日汇集一部分作品，著为《中国饮食谈古》一书，即将出版问世，希望我写一篇序言。我对全书，有幸先读，觉得内容虽多谈古，但对现实饮食文化的传播，实有重大意义。

我是一位考古工作者，又是一位博物馆工作者。在平日工作中，接触的有关古代饮食的文物、文献很多。仅以近年长沙马王堆西汉轪侯夫人辛追墓出土文物为例，即有多种饮食器，并有大量食品原物保存下来。至于简册上所写的食品名称近一百种，简直就是一份轪侯家宴的菜谱。据唐兰先生依照《仪礼·既夕礼》的分析，食物中有肉食、粢食、枣梅等；谷物中有米种等；菹醢中有鱿、鲊、紫鱼、醢、酱、菹、梅、笋等（详见《文史》第十辑《长沙马王堆汉轪侯妻辛追墓出土随葬遣策考释》）。

人们阅读唐诗，都很欣赏王建的那首《新嫁娘词》："三日入厨下，洗手作羹汤。未谙姑食性，先遣小姑尝。"诗中描写新妇的心理，可以说是情景交融，细致入微。但是，过去一些研究唐诗的人都把羹汤解释为一种食物，而马王堆简册中记有太羹（纯肉羹）、白羹（用米糁和的肉羹）、巾羹（有芹菜的肉羹）、逢羹（有莐菜的肉羹）、苦羹（用苦菜做的肉羹）五类。太羹九鼎有：牛羹、羊羹、狗羹、豕羹、豚羹、雉羹、鸭羹、鸡羹、鹿羹。白羹七鼎有：牛白羹、鹿肉芋白羹、小菽鹿胁白羹、鹿肉鲍鱼笋白羹、鸡白羹加瓠菜、鲜鳜藕鲍白羹、鲫白羹。巾羹三鼎有：狗巾羹、雁巾羹、鲫肉藕巾羹。逢羹三鼎有：牛逢羹、羊逢羹、豕逢羹。苦羹二鼎有：牛苦羹、狗苦羹。以上二十九简所记仅肉羹一项，已足使人眼花缭乱，其他食品的名称就不一一列举了。马王堆简册所记载的羹说明，古代的羹汁主要是用肉制成的。汤则与后世相类似，荤素皆有，为常人所食用。

从马王堆简册所记食品，应属"大官之馔，天人之供"，若能选择其中一部分进行仿制，较之仿清宫御膳房的"仿膳"、仿《红楼梦》中出现的"红楼肴馔"，当更别具一番风味了。

这里，我还想到在中国饮食古籍方面如《黄帝内经》，已有饮食医疗的记载。《周礼·天官·膳夫》的八珍，可以认为是最早的食谱。其后，论述饮食、烹饪的专书如食经、食谱、茶经、酒谱之类，数量不在少数。这说明自春秋战国以来，饮食技艺被一些人视为"鄙事"的观点，是站不住脚的。"民以食为天"，人类的进步不能离开"食"。目前许多有关饮食的古籍，国务院古籍整理出版规划小组已列入了规划，组织专家，进行整理，这无疑是一件大好事。由于马王堆的各种发现，使我联想到除了饮食专书以外，如《楚辞》的《招魂》和"大招"中所记各种丰美的食品，以及《盐铁论·散不足篇》所说的富者与庶人的衣食住行情况，若能结合考古资料进行比较研究，一定会更加丰富中国文化史的内容，并可以起到多方面的借鉴作用。

中国是一个多民族国家，各族人民都有本民族的美食。人民之间互相往来，以礼相待，好客之风，播为美谈。但由于语言不通，需要语译。《东观汉记》及《后汉书·西南夷传》记有居住在四川西南的筰都夷首领献给东汉皇帝的歌辞，以字记音和译意，辞中有"推谭仆远"四字，译成汉语为"甘美酒食"。我还记得幼时曾见北京正阳门外一家饭馆的壁上，挂有清代山东莱阳书家王塿所书"推谭仆远"横幅，观者无不交口称赞王塿的才华。这仅是从饮食方面反映出的古代西南少数民族与中原地区的亲密关系的一个例子。

王仁兴同志曾向我说，人们都知道饮食是生活，是艺术，是文化，也是文明。过去从事文物考古工作的同志，注意美术考古者多，近年有不少同志又从事音乐、舞蹈以及农业、地震、水文、科技等考古，出现了新的分支学科，并且做出了不少成绩。但是饮食考古则尚未列入日程。有的同志偶尔谈到古代饮食，也多以欣赏的眼光来对待，从文化史或科技史的角度进行研究者甚少。仁兴同志的这些意见，我认为是正确的。我衷心希望从事文物考古工作的同志们，努力兴起饮食考古这门新的学科，弘扬悠久的中国饮食文化，丰富我们饮食的花色品种。更希望仁兴同志继"谈古"之后，再接再厉，自强不息，写出一部文图并茂、具有中国特色的《饮食考古》来。

原文选自《中国饮食考古》，轻工业出版社，1985 年

北京图书馆新址考略

北京图书馆是中国的国家图书馆。其前身为京师图书馆，京师图书馆继承了五百年前皇家图书馆文渊阁的收藏，其中少数罕见善本可以推溯到南宋缉熙殿所藏书。京师图书馆是在宣统元年清政府废止科举制度后所设立，馆址在今地安门外什刹海广化寺。当时全部藏书不到十万册，其中包括国子监南学藏书、内阁大库藏书、归安姚氏（觐元）咫进斋和南陵徐氏（乃昌）积学斋部分藏书，以及敦煌写经八千余卷。至民国四年（1915年）六月，全部藏书迁移至安定门内方家胡同南学旧址，又将热河避暑山庄文津阁《四库全书》运京，充实馆藏。民国十五（1926年）年，租用北海公园内庆霄楼、悦心殿、静憩轩等处建筑，十七年成立北海图书馆，京师图书馆改名为国立北平图书馆。民国十八年两馆合并为国立北平图书馆，并选定北海西岸兴建馆舍。其地为元兴圣宫，明玉熙宫，清御马圈旧址，因馆内收藏文津阁《四库全书》，其街遂定名文津街。文津街馆址全部建筑于民国二十年（1931年）落成，同年七月一日，正式接待读者，公开阅览。

1949年10月1日新中国的建立，北京图书馆得到了新生。目前拥有藏书1200万册，工作人员1300百余人，16个阅览室，700多个座位，每天平均接待读者2000人左右。

近年来，随着社会主义文化建设事业的发展，馆舍紧张，人员不足，设备落后，成为发展中的难题。1975年在周恩来总理主持下批准了北京图书馆扩建方案，作出了"原馆保留不动，在城外找一个地方，解决一劳永逸的问题"的决定。1980年5月26日中央书记处讨论图书馆工作的同时，讨论了北京图书馆新馆建设，决定按原来周总理批准的方案，列入国家计划，由北京市负责筹建，并作为国家重点工程之一。1983 年 9 月 23 日在北京西直门外白石桥路新址举行了隆重的新馆奠基典礼，两年多来，工程进展顺利。

白石桥为北京西郊高粱河上一处著名的石桥。桥北沿京颐公路两侧，科研单位密集，大学院校林立，为首都文教中心区。馆址位于白石桥稍北路西，南侧与西侧隔高粱河与紫竹院公园相接，北侧与中央民族学院为邻。

新馆是一座十二幢既相对独立又紧密联系、具有中国民族特色的宏伟建筑群，建筑总面积 14 万平方米，是按照 2000 万册藏书、3000 个读者阅览座位和 2500 个工作人员的规模设计的。规模宏伟，中心突出，楼舍对称严谨，端庄和谐，体现了传统的民族建筑特色和鲜明的时代风貌。现在占地面积 7.42 公顷，尚留有发展用地。

明清以来，在今北京图书馆新址范围内，皆为农田，唯在东南角近白石桥处有左右并列高大银杏树二株，老干挺拔，枝叶茂密。于早年访古西郊，时见其下尚存瓦砾，询之故老，稽之文献，知其地为元大护国仁王寺旧址。

元程钜夫《楚国文宪公雪楼程先生文集》卷九《大护国仁王寺恒产之碑》称："初，至元七年秋，昭睿顺圣皇后于都城西高良（粱）河之滨大建佛寺，而祝厘焉。"《元史·世祖纪》："至元七年十二月，建大护国仁王寺于高良河。……十一年三月，建大护国仁王寺成。……十六年八月，置大护国仁王寺总管府，以散扎儿为达鲁花赤，李光祖为总管。……二十二年正月，发诸卫军六千八百人给护国寺修造。"《元一统志》（辑本）卷一："大护国仁王寺。按《大都图册》：'国朝都城之外西，建此寺及昭应宫，寺宇宏丽雄伟，每岁二月八日，大阐佛会，庄严迎奉，万民瞻仰焉。'"又同卷称："通惠河之源，自昌平县白浮村开道神山泉，西折南转，循山麓，与一亩泉、榆河、玉泉诸水合。自西水门入都，经积水潭为停渊，南出文明（门），东过通州，至高丽庄入白河，上下二百里，凡置闸二十有四，护国仁王寺西，广源闸二，西水门外，会川闸二。……"由以上诸书记载，可知高粱河是通惠河的上游，玉泉诸水汇入瓮山泊后，经高粱河入都。大护国仁王寺在高粱河广源闸东。今广源闸南通苏州街，闸北沿岸迤西为延庆寺及万寿寺，沿岸迤东近白石桥处为大护国仁王寺旧址。程钜夫所称其寺位高良河之滨，则寺门南向，明矣。

高粱河又称闸河，亦称长河。其名始见于《水经注》卷十三："湿水，又东南，高粱之水注焉。水出蓟城西北平地，泉东注，迳燕王陵北，又东迳蓟城北，又东南流入湿水。"《辽史·景宗纪》："乾亨元年七月癸未，（耶律）沙等及宋兵战于高粱河。"《大清一统志》引旧志："高粱河在西直门外半里，上有高粱桥。高粱河今为玉河上游，即玉泉山水所经，别曰高粱者，存古名也。"

元代著名水利工程家郭守敬主持的白浮渠引水工程，使白浮堰引水渠形成一条水量丰富的大川，通过高粱河与通惠河相连。此项工程始于至元二十九年（1292年），至三十年秋工竣。《续资治通鉴》卷一九一谓："先是，通州至大都五十里，陆挽官粮，岁若千万石，民不胜其悴，至是皆得免。帝自上都还，过积水潭，见舳舻蔽水，大悦。"《析津志》（辑本）关于河道走向称："（白浮堰）自西水经护国仁王寺，始广源闸二，在寺之西，会川闸二，在西水门外，水由北方入城，万亿库泓渟，东出抄纸坊。"关于高粱河上设高粱闸，《日下旧闻考》卷九十八引《水部备考》也说："高粱闸在西直门外迤北一里，至元二十九年建，名城西闸。"按高粱闸及其西三里之广源闸并闸桥规模甚壮，至今仍保存完好。而高粱轿为元、明、清、民国时期自城内赴香山乡必经之地。

白石桥位大护国仁王寺之前稍左。由于寺在高粱桥与广源桥之间，河南行人入寺十分不便，乃于至元二十九年在寺门外偏左建此小桥，桥身白石，故称白石桥。桥北小路可通维吾尔族聚居之畏吾村，即今之魏公村。《日下旧闻考》卷九十八引《水部备考》："白石闸（桥）西至青龙桥二十里，至元二十九年建。"朱彝尊按曰："白石闸之桥今尚存，又有小白石桥，在白石桥稍西。"按小白石桥址，当在今紫竹院公园内。紫竹院旧为西域双林寺之一院，据《帝京景物略》卷五，双林寺建于万历四年。"寺后一土山，山前一塔，傍皆朱樱。"今寺塔皆无存，唯紫竹院辟为公园。

白石桥之北，明代有万驸马白石庄。《燕都游览志》："驸马都尉万公白石庄，在白石桥稍北，台榭数重，古木多合抱，竹色葱茜，盛夏不知有暑，附郭园庭，当为第一。"《帝京景物略》卷五称："万驸马白石庄有爽阁、郁冈亭、翳月池诸胜。"按万驸马名炜，尚神宗同母妹瑞安公主，见《明史·公主传》。其庄久废，遗址具体位置待考。

元明以来，白石桥北迤东，高粱河北岸，有极乐寺，至元间建成。又有大真觉寺（五塔寺），永乐间建成，寺内金刚宝座塔成于成化九年（1473年），见《帝京景物略》《天府广记》《日下旧闻考》诸书。《天府广记》卷三十八称："极乐寺成化中建，寺有牡丹园，春日游屐恒满。"《日下旧闻考》卷九十八"朱彝尊谨按：'寺为至元间建，《春明梦馀录》谓成化中建，当是重修。'"清末张之洞《广雅堂诗集》卷三《题潘伯寅侍郎极乐寺看花图》诗有句云："南直贝子园，北眺西涯墓。哲王珠牓书，经师松禅句。"自注："洪稚存诗在壁上。"《天咫偶闻》卷九："极乐寺东有国花堂，成邸所书。后牡丹渐尽，又以海棠名，树高两三丈，凡数十株。国花堂前后皆海棠，望之如七宝浮图，有光奕奕，微风过之，锦裀满地。"至于张之洞诗所称之贝子园为乾隆堂兄贝子弘景（敬一主人）之邻善园。弘景于乾隆四十二年（1777年）卒，嗣子永珊（红玉）以赠其甥明义，改名环溪别墅。其后，园屡易主，至光绪三十二年（1906年）与其东之乐善园合并为农事试验场。西涯墓即明大学士李东阳墓，东阳字宾之，号西涯，湖南茶陵人，墓在白石桥东北魏公村之大慧寺侧。《李东阳集·诗后稿》卷六有《复畏吾村旧茔志感》十首，第十首有"都城西下石桥东，十里川原四面通"之句。法式善《存素堂文集·明大学士李文正公畏吾村墓碑文略》："尝欲寻公墓所，属同年宛平令章君访于畏吾村不可得。又属武进胡君及大兴令郏县郭君访之，有大慧寺老僧云，识一古墓，相传为前明显宦，不敢遽定为文正墓也。……余周览而谛视之，慨然曰：此为文正曾祖墓，文正墓从可知矣。……文正集中有《复畏吾村旧茔》及《合葬告诸姊文》，是文正曾族暨祖俱葬畏吾村。文正父改葬树村，地不吉，乃迁葬畏吾村。文正子兆先卒，附葬于此，文正卒，亦葬畏吾村，五世昭穆班班可考。墓在大慧寺西，距寺三十步，墓之西为畏吾村，抵村口一里许，小径北通石道，白塔庵在焉。"《天咫偶闻》卷九："明李西涯墓在西直门外畏吾村大佛（慧）寺旁，久废。至嘉庆中，法石帆先生偕胡蕙麓大令往寻，适有老人知其处，乃得之。爰为之植树建祠，倩翁覃溪书石记之，又各赋诗刻于碑阴，招人守祠，至今庙貌如新。"按大慧寺今尚在，张之洞作诗、震钧撰《天咫偶闻》在清光绪间，至今未及百年，西涯祠墓均废。魏公村旧有湖南义园，1957年齐璜（白石）逝后，葬其地。

程钜夫生当元初，所撰《大护国仁王寺恒产之碑》详细记载了寺院的组织及恒产数字，为研究元代寺庙经济重要文献。碑文略称：

"物众事繁，建总管府统于内，置提举司、提领所分治于外。岁滋月积，府之政日以懈，田失故额，租赋不登，寺之赖日以削。至大元年，皇太后翼服明圣，慨然思述祖宗之德。念昭睿顺圣经始之仁，罢总管府，建会福院，以平章政事宣政院使安普忽马儿不花为会福院使，综核名实，遣官分道约部使者，集群县吏，申画疆场，树识封畛，历四载始仍旧贯，视常岁之入相倍蓰焉。

凡经隶本院若大都等处者，得水地二万八千六百六十三顷五十一亩有奇，陆地三万四千四百一十四顷二十三亩有奇。山林、河泊、湖渡、陂塘、柴苇、鱼竹等场二十九，玉、石、银、铁、铜、盐、硝、黼、煤、炭之地十有五，栗为株万九千六十一，酒馆一。隶河间、襄阳、江淮等处提举司、提领所者，得水地万三千六百五十一顷，陆地二万九千八百五顷六十八亩有奇，江淮酒馆百有四十，湖泊、津渡六十有一，税务闸坝各一。内外人户总三万七千五十九，实赋役者万七千九百八十八，殿宇为间百七十五，灵星门十，房舍为间二千六十五，牛具六百二十八。江淮牛之隶官者百三十有三。经界既正，版籍既一。皇帝以为能称孝养志，进封安普秦国公，辞。上曰：'尔遽事世皇，乃累朝旧臣，封以此，毋庸辞。'出制书亲授之。皇太后乐其有成功也，命词臣载文勒石，以垂永久。"

我们从碑文内容推断，撰写时间当为仁宗皇庆元年（1312 年）。

元朝的都城大都是中央统治机构所在地，皇帝及其亲族常把大量土地赏赐给臣属。在皇帝之下，大小贵族和官僚除了得到皇帝赏赐的田产外，还凭借政治特权，巧取豪夺，占有大量土地。此外，由于元朝崇尚佛教和道教，佛道寺观通过各种途径，占有大量土地和生产资料，有的还经营商业和高利贷，寺院的上层僧侣掌握着财产支配大权，其中不少人由元朝政府授予各种官爵和称号，是贵族、官僚的组成部分。大护国仁王寺是世祖昭睿顺圣皇后所建，从寺产看，是一处仅次于皇家的官僚地主，或以为其寺即元宣政院所在地。

元朝政府设有专门机构宣政院管理西藏事务。《元史·百官志》："宣政院，掌释教僧徒及吐蕃之境而隶治之。"又，"至元初，立总制院而领以国师。二十五年，因唐制吐蕃来朝见于宣政殿之故，更名宣政院。"说明宣政院既管理全国释教事务，又管理西藏行政事务，因此，宣政院是僧俗并用，军民通摄。其最高统治者为帝师，帝师实质上是皇帝的最高顾问。元朝第一任帝师八思巴，为忽必烈帝师，其后帝师皆任宣政院首长，而宣政院使则是喇嘛以外的主要办事人，故平章政事宣政院使安普忽马儿不花得为大护国仁王寺总管，并受到元朝皇帝的封爵。可见大护国仁王寺与宣政院有密不可分的关系。

程钜夫在碑文中谈到"皇帝命词臣载文勒石"，推想这方石碑在元朝灭亡之际，与宣政院、大护国仁王寺同样受到了毁灭的命运。今天我们仅能从《雪楼集》中得到大护国仁王寺的梗概。至于有关大护国仁王寺的遗迹遗物，多年以来遍访无得。三百年前，《日下旧闻考》撰人朱彝尊曾有"护国仁王寺今无考"之叹，当时毁灭之彻底是可以想象的。

昔见日本关野贞、竹岛卓一《辽金时代建筑及其佛像》（东方文化学院东京研究所昭和十年出版）下册第111—114图版，著录辽多宝千佛幢一件，未得目验。及至1982年赴日本访问，在京都国立博物馆亲见原物，并承友人东山健吾赠送该馆出版《辽代多宝千佛石幢》一册，始知此幢为辽大康十年（1084年）涿州广法院之物，于元至元十三年（1276年）从涿州被移至大护国仁王寺建立。元朝灭亡后，至明永乐三年（1405年）又由涿州在城众善人移回涿州安置。约在清末，被运至日本。

多宝千佛石幢高5.54米，整体分顶盖、幢身及基坛三部。顶盖八角形，盖面呈瓦垄状，各角有孔，以悬风铎。盖中立覆钵，上有联珠圈及宝瓶状宝顶。幢身以八角形中台相隔，八面各雕不同形态飞天一人。中台以上幢身较小，呈八角短柱状，两个宽面龛内，各雕坐佛一躯，其他六面龛内，各雕比丘立像一人。其下为八角形幢身立体，宽面龛内雕坐佛二列，共十六躯，狭面一列，八躯。幢身八面，合计九十六躯。诸佛衣着、印相各异，藉此可知佛名。莲座三台，近承幢身者呈八角仰覆莲形，三台之间界以八角短柱两段，每段各面分雕伎乐人物共十六人。最下莲台八面，分刻伽陵频伽各一躯，持花飞舞，状极生动。

幢身题记，除了双钩梵字《大宝广博楼阁善住秘密陀罗尼经》为元代所刻外，汉字题记可分辽、元、明三个时代。

甲 辽代（在幢身第二面）

大康拾年岁次甲子拾贰月丙寅朔月建乙丑捌日癸酉坤时建 广法院大众 首座讲

经沙门得澄　讲经律论沙门义谞　讲经沙门得明　讲经沙门德思　讲经沙门法开　持念沙门得常　持念沙门得颜　现院□主讲经沙门法晖　讲经沙门法恩

乙　元代（在幢身第一面）

多宝千佛幢　释迦佛舍利　净光佛舍利幢阿育王所造天上人间八万四千宝塔　大元帝师堂上　胆巴八哈赤位下　叁宝提点吴中兴路人氏　西僧了常　睹思麻路人氏　重建

又（在幢身第四面）

宣授大都等路诸处采石提举杨□□

南白里施主□□　南白里施主□□

南白里施主□□　南白里施主□□

在州施主□□

又（在幢身第六面）

护国仁王寺住持僧圆众　敦武校尉范阳县达鲁花赤兼管诸军奥鲁官不兰溪　敦武校尉范阳县尹兼管诸军奥鲁官毕□□　在州施主王积忠　在州施主高从祐妻阿玉　将仕佐郎范阳县主簿张□　县尉艾得□

又（在幢身第八面）

伏以涿州东街路侧，千佛石幢，年代弥久，前后积聚粪秽，过往诸人，无不叹息。今有西僧常公迁于护国仁王佛殿前建立。鸠兹胜利，上报四恩三友，十方檀越，永增胜福，然愿遍法界师长父母，一切众生，同登觉岸。

西郭里王和奉为存□父母□□里施主故殿中监男宇庸文庸大元国至元十三年八月初七日庚时建立

武略将军涿州达鲁花赤兼管诸军奥鲁麻速忽　武略将军涿州知州兼管诸军奥鲁范天祐

交道里施主承事郎同知涿州事赵潃　进义校尉涿州判官冯得用　场市郭通书丹

丙　明代（在幢身第二面辽代题记后）

大明国顺天□涿州在城众□人等重修建立石幢壹座□□三李□安□□□匠人重伯□永乐三年二月十一日立

　　管城里施主张同空为一过母　管城里张师献奉为现在父母

　　从上面辽、元、明三个时期的题记看，元代至元十三年（1276年）题记记事最多。除了大元帝师胆巴八哈赤、叄宝提点吴、西僧了常外，还有护国仁王寺住持僧圆众及涿州、范阳县主要官员的职务和名字。题记叙述了石幢移至护国仁王寺的原因，是由于在涿州时前后积聚了粪秽，所以西僧了常把它迁到护国仁王寺殿前。我们可以看出护国仁王寺如无相当大的权势，石幢就不会从涿州移到大都来，并且在幢身刻上了"大元帝师胆巴八哈赤"等字，这是一个十分值得重视的问题。

　　至元十三年迁幢时，宣政院尚未建立，其称胆巴为帝师，可见总制院时期，胆巴曾为帝师。八哈赤是蒙古语先生之意，今蒙语称老师曰八哈 ，是同音异译。按《佛祖历代通载》卷二十一称："至元七年，诏请胆巴金刚上师住持仁王寺，普渡僧员"。上师在当时即帝师之意，题字的了常很可能就是胆巴的弟子，故称胆巴为八哈赤。

　　《元史·释老传》称："八思巴时，又有国师胆巴者，一名功嘉葛刺思，西番突甘斯旦麻人，幼从西天竺古达麻失利传习梵秘，得其法要。中统间，帝师八思巴荐之。至元末，以不容于时相桑哥，力请西归。既复召还，谪之潮州。……大德七年夏卒。皇庆间，追号大觉普惠广照无上胆巴帝师。"桑哥是著名奸相，为胆巴弟子，胆巴反受其害。钱大昕《潜研堂金石文跋尾》卷十九称："《敕赐龙兴寺大觉普慈广照无上帝师碑》，帝师者，胆巴也。《元史·释老传》载皇庆间加号，与此同。惟普慈作普惠，乃《传》之误。碑文称武宗皇帝、皇伯晋王及今皇帝、皇太后皆从受戒法。……仁宗初元赠胆巴谥，松雪尝奉敕撰文并书，刻石大都，至是僧选瓦八乞刻石本寺，复命松雪撰文书之，今真定原石久失。"按今所见赵孟頫《松雪斋文集》两碑均未收，1982年文物出版社影印本《元赵孟頫书胆巴碑》墨迹作"普慈"，知《释老传》作"普惠"有误。

　　关于元朝任命的帝师，据《元史·释老传》为十一人，王尧先生在《黄河源上两大湖——扎陵、鄂陵名称位置考实》（《社会科学战线》1979年3期）增补三人为十四人，今又增加胆巴一人，则元代帝师共为十五人。可见由于种种原因，《元史》的记载造成许多遗漏。

大护国仁王寺的建立，不但受到万民的瞻仰，而且元朝的皇帝时来巡礼。《元史·苗盖传》："文宗幸护国仁王寺，泛舟玉泉。苗进曰：'今频年不登，边隅不靖，政当恐惧修省，何暇逸游，以临不测之渊乎？'帝嘉纳之。"由此可以概见大护国仁王寺自初建到元朝中后期一直受到皇帝的崇奉，并不是偶然的。

大护国仁王寺的被毁，是随着元朝的覆灭而来的。洪武元年，朱元璋在南京建立了明朝政权，命大臣至北平毁元旧都，见萧洵《故宫遗录》卷前洪武二十九年（1396年）吴节《序》。又万历四十四年（1616年）赵琦美《序》称："万历四十四年丙辰十一月，于金台与刘元岳纵言，至于燕京往迹，一无可稽，闻有元耶律楚材《燕山志》及国初《北平志》，但耳其名，未目其文也。……金台芜灭，基构不存，耶律、完颜二氏经营亦落荒草，铁木真氏幸有此编，稍不堕地。"可见元都被毁之惨重，大护国仁王寺自不能免。不但恒产全失，即原由涿州运来之多宝千佛石幢亦复于永乐三年由涿州在城诸善人移回本州，重修建立。一座石幢的命运，反映了许多历史上的重要问题。

今北京图书馆新址工地入夜灯火通明，施工不减白昼，馆舍建筑与室内设备计日程功。行见石渠美备，策府缥缃，琅嬛福地，近悦远来。不为无益身心之事，尽读有关家国之书，中华振兴，文明大启。猗与盛哉！

后记

1985年为吾师狷翁先生逝世三十周年之期，士琦同志征文纪念。因念先生盛名垂世，著书满家，《四库提要辨证》为一生精力所萃，博学约取，新义连篇，嘉惠士林，靡有涯涘。文津阁《四库全书》为北京图书馆所藏善本，先生当年撰写《辨证》，屡来检阅库藏，是先生与北京图书馆书缘不浅也。今值馆址新建，文化传播，再展宏图，先生有知，当为含笑。因稽有关文物、文献，为《北京图书馆新址考略》，藉以弘扬先生之盛德，兼志怀念之思焉。

原文选自周祖谟主编《余嘉锡先生纪念文集》，湖南教育出版社，1989年

明清进士题名碑考略

我国科举取士，肇端于隋，至唐始盛，历朝相沿，成为制度。封建朝廷选拔人才，胥赖于此。所设科目，有秀才、明经、进士、明法、明字、明算等，其中，最重进士科。唐赵儋《李奕〈登科记〉序》云："进士者，谓可进而授之爵禄也。"其语盖出于《礼记·王制》注，称"进士，谓可受爵禄也"。李肇《唐国史补》卷下称："进士为时所尚久矣。……既捷，列书其姓名于慈恩寺塔，谓之题名会。……进士中之位极人臣，常十有二三，登显列，十有六七。"又据五代王定保《唐摭言》卷三《慈恩寺题名游赏赋咏杂纪》："进士题名，自神龙之后，过'关宴'后，率皆期集于慈恩寺塔下题名。"

按长安慈恩寺塔又名雁塔，唐人雁塔题名故事又见于《南部新书》《嘉话录》诸书，可参阅。

从《唐国史补》及《唐摭言》诸书所记，可知后世进士题名，始于唐初慈恩寺塔（雁塔）题名故事。至于当时好事者据慈恩寺塔所题进士姓名、郡望，以致年龄、行第编辑成书，应是后世《进士题名录》之滥觞。

唐初的进士题名，以及随之而出现了书卷式的题名录，稍后，加以整理扩充，遂发展成为记载科第的专书《登科记》。由于举进士，授爵禄，《题名录》《登科记》遂受到了士大夫的重视。唐自宣宗时起，由于朝廷的提倡，大中十年（856年），郑颢奉敕进《诸家科目记》十三卷，即官编各家所记《题名录》之汇编，事见唐裴廷裕《东观奏记》卷上，惜原书已失传。

唐贞元间，赵儋任校书郎，其所撰《李奕〈登科记〉序》，可窥见唐科目取士之一斑：

"于是献艺输能，擅场中的者，榜第揭出，万人观之，未浃旬而名达四方矣。近者佐使外藩，司言中禁，弹冠宪府，起草纷闱，由此与能，十恒七八；至于能登台阶，参密命者，亦繁有徒。所谓选才授爵之高科，求士滥觞之捷径也，不其然欤。"唐制，每岁皆有进士科试，宋初亦然。至和二年定间岁一举，英宗时乃定三岁一科，元、明以后，沿以为例。清代科目，举人会试，中试者曰贡士，经殿试获隽，始称进士。

宋、元迄明、清时期，科举题名，相沿未改。《北京图书馆善本书目》的《史部·传记类·贡举》中所著录的《宋元科举题名录》七卷（清抄本），包括《绍兴十八年同年小录》一卷，《延祐甲寅科江西乡试录》一卷，《山东乡试题名记》一卷（元毛元庆撰），《山东乡试题名碑记》一卷（元孙翯撰），《至正十一年进士题名记》一卷，《至正庚子国子监贡试题名记》一卷（元张翯撰），《至正丙午国子监公试题名记》一卷。至于宋代《宝祐四年登科录》、金代《元统元年进士题名录》等书，都是传世保存下来的孤本秘籍了。

雁塔题名，不是把姓名刻在碑上，而是墨笔写在塔内的墙砖上。今所见《雁塔题名帖》，乃是北宋宣和二年（1120年）柳瑊把塔内仅存的题名摹刻上石，详见宋陈思《宝刻丛编》卷七樊察《慈恩雁塔唐贤题名序》。柳瑊所编刻的《慈恩雁塔唐贤题名》共十卷，原石在宋末即已亡佚，拓本传世甚稀，仅见宋拓卷八、卷九二卷，末有清翁方纲长跋，今藏中国社会科学院考古研究所，是海内仅存的孤本。

《宝刻丛编》卷七，载有柳瑊关于《慈恩雁塔唐贤题名》的跋，谈到宋代进士题名碑的一些问题，略谓："国朝赐燕琼林，立碑太平兴国寺，乃用唐之遗典。故凡歌、诗、启、叙纪述同年契者，引雁塔为故事。"此类碑刻，大约在宋末即已毁弃，拓本亦未见保存下来。

今所见进士题名碑，当以金代正大元年（1224年）《女真进士题名碑》为最早。它是考取女真进士的记录与题名，面刻汉文，背刻女真文，额书"进士题名刻石"，碑原在开封曹门外宴台河，后移至开封文庙内。

北京孔庙先师门内、大成门外两侧，是元、明、清三朝进士题名碑林。元代自皇庆元年（1312年）开科取士，中试者姓名都据《金榜题名录》刻碑立石，明代多把元代进士刻名磨去，刻上当科的进士姓名，因而元代刻石保存下来者极少，现存的三座碑，是清代康熙间国子祭酒吴苑掘地得到的。

孔庙现存的三代进士题名碑，自永乐十四年（1418年）丙申科至崇祯十六年（1643年）癸未科，共77座。清代自顺治三年（1646年）丙戌科至光绪三十年（1904年）甲辰科，共118座。元、明、清三代总计198座，共载进士51624人的姓名、籍贯及名次，实为研究我国科举制度的珍贵实物。

关于进士题名碑的建立，都是由礼部刻石。但是，到了清末光绪二十九年（1903年）癸卯科和光绪三十年甲辰科两科的题名碑，由于当时政局动荡，迟迟未立。辛亥革命，民国成立，才由各该科进士集资建立起来。我保存一份光绪二十九年癸卯科立碑史料，是癸卯会务值年王大钧主持立碑以后，叙述立碑经过，分送在京同年捐款的《知启》，可以定名为《光绪癸卯科进士题名碑建立知启》，原文如下：

"启者：太学进士题名碑，自元明以来，相继不绝，惟我癸卯一科，尚付阙如。大钧于辛亥春与在京同年议及斯事，当向琉璃厂龙云斋讲定价目，计购石、镌刻、建立等项共京足银二百六十两，椎拓之费在外。同时，甲辰科亦仿照办理。时在京酿款仅有六十余金，并王次笺同年邮寄百元，先付该铺采购碑石。核计款项，所短尚多。本拟驰书外省同年，乞为将助，适遭改革，中外倥扰，只能暂作缓图。惟碑石早经购齐，并由陈紫纶同年精楷书就。近已镌刻完竣，定于本月初旬建诸太学。该款约计尚短二百余元，为数匪巨，拟请在京诸同年力为佽助，俾资凑付，以竟盛举。兹送上墨拓一份，即祈詧收（墨拓收到，请书明是幸）并希认书捐款，掷交来人，是为至祷。此启。王大钧谨启。"

原件为宣纸折装，纵27.4厘米，横11厘米，封面书"知启"二字，加盖"癸卯会务图记"朱文方形红印。文末王大钧名下加盖"臣王大钧"白文方印。

各捐款人皆亲书姓名、捐款数目及"墨拓收到，款已付讫"等字样。捐款人为：郭则沄、邵章、夏寿康、王世澂、陈国祥、叶景葵、朱寿朋、张家骏、陆鸿仪、吴璆、林步随、陈敬第、章钰、田步蟾、任承沆、单镇、徐彭龄、胡骏、何启椿、史宝安、解荣辂、张书云、顾承曾、顾准曾、王承垣、关文彬共26人。其中捐10元者六人，5元者十八人，3元者一人，共捐款153元。

按发起《知启》人王大钧字伯荃，号荐庵，浙江秀水人。由进士入翰林院，散馆授编修。民国成立，任清史馆纂修。据朱师辙《清史述闻》卷二所载《清史稿·礼志·凶礼》乃王大钧所撰。又卷三称："纂修王大钧（伯荃），佐夏闰老任嘉、道列传，第一期曾撰《选举志》之《制科》《荐擢》。"《知启》中所说"邮寄百元"的王次箓即本科状元王寿彭，精楷书，书碑的陈紫纶即陈云诰，新中国成立后，任中央文史研究馆馆员。至于其他捐款人，不少在民国时期或新中国成立后担任重要公职或从事著述，多有成就，其中尤以陈敬第为最著名。敬第字叔通，后以字行，新中国成立后，任中央人民政府委员，全国人民代表大会常务委员会副委员长，政协全国委员会副主席等职，与新中国成立后出任中央人民政府委员、最高人民法院院长、全国人民代表大会常务委员会副委员长、政协全国委员会副主席的甲辰科进士沈钧儒，同为清代进士出身的新中国政府领导人。风流人物，炳耀千秋，为我国研究科举史者平添一段佳话。

后记

1941年秋，余考入北平辅仁大学国文系，时兼士先生任文学院长、国文系教授。校中规定，凡校长、院长、系主任均须担任课时，兼士先生所设课，一为声训论，一为文字学史及说文讲读。予心仪先生久矣。至1942年秋，始从先生受业，习文字学史及说文讲读，未久，先生间关历险，南下抗敌，此课遂由戴静山先生任之。静山先生早年毕业北京大学，曾从兼士先生受业，经子小学，俱有专长，北平沦陷，著书授徒，亦时之彦也。

1945年，兼士先生复员回北平，予方攻读硕士研究生课程，方期先生讲学授课，重聆教言，而先生竟于1947年8月2日逝世，停枢嘉兴寺，及门往吊，莫不衔哀。犹记于思泊先生挽以联云："黉舍谈经，太学题碑才几日；档房考古，故宫话旧感经时。"词情真挚，写实之作也。

兹值兼士先生百年冥寿之期，同门学长征文纪念，谨以所藏有关进士题名碑资料，撰为小文。回忆母校受业，老大无成，有愧师门教诲多矣。

原文选自葛信益、朱家溍主编《沈兼士先生诞生一百周年纪念论文集》，紫禁城出版社，1990年

《孔望山造像研究》序

　　1980年6月，文化部文物局在江苏省无锡市召开了一次《历史文物鉴定·编目概论》编写工作座谈会，会后，我与出席会议的姚立信、石志廉、刘东瑞三同志应连云港市博物馆与会代表李洪甫同志之邀，到连云港市作文物考察。6月6日，在参观江苏省级文物保护单位孔望山汉代摩崖画像的过程中，提出了石刻内容不像是过去所说的孔子七十二弟子等古圣哲画像，更不是俗说的"秦王乱点兵"，也不属于世俗内容的人物石刻，而是一处用汉画像石雕刻技法以佛教题材为主要内容的早期宗教造像群，它的开凿时代，要早于敦煌石窟200年。

　　我对孔望山摩崖造像的上述看法，引起了博物馆馆长李洪甫及连云港市学术界的重视，当时，在连云港市社会科学界联合会作了一次简短的报告，并围绕着徐、海地区的历史及造像内容进行了座谈。后来，连云港报社记者刘长征同志于1981年1月31日在该报以《国宝的发现者》为题，对我在连云港的考察活动，作了专题报导，3月6日《光明日报》全文转载了刘长征同志的文章。随后，人民日报社记者陈志同志亲赴连云港拍照，并对这处摩崖造像在4月8日《人民日报》作了整版报道，使这一发现引起了国内外学术界的极大重视。国内许多专家俞伟超、金维诺、陈兆复、汤池、步连生、信立祥等，先后来到连云港现场考察，日本著名美术史家宫川寅雄先生来函，认为这处佛教遗迹可能与海上交通有关，并撰《最近的中国考古美术发现》，发表在日本出版的《世界美术》1982年第1卷。

　　1981年4月6日，国家文物局邀请各方面专家在北京举行了一次连云港孔望山摩崖造像学术讨论会，会上，就摩崖造像的题材内容、艺术特点及时代等问题进行了广泛而热烈的讨论。《文物》杂志1981年7期发表了连云港市博物馆写的《连云港市孔望山摩崖造像调查报告》，根据专家们的意见，认为："我国佛教艺术的始源，一般认为是在汉末。但像孔望山这样规模的东汉佛教摩崖造像，人们却从未见过。它不仅是我国佛教艺术的早期形式，也是我国佛教艺术的重要起点。它的发现，打破了佛教研究方面许多新的课题，对于我国佛教史、艺术史和中外关系史等方面的研究，都具有很重要的意义。"

自1981年以来，国内外发表了许多有关孔望山摩崖造像的论文，虽然在年代、内容、题材等方面存在一些不同看法，求同存异，大多数意见基本还是比较一致的。

国家文物局文物出版社、连云港市社科联、连云港市文化局和连云港市博物馆为了进一步研究孔望山摩崖造像，于1987年8月邀请专家在连云港举行了一次学术研讨会。收到了多篇论文，洪甫同志受本文集的编辑单位连云港市社科联、文管会、博物馆的委托，希望我写一篇序言。这次研讨会我因事未能出席，看到会议的简报，读到许多重要论文，我认为这次会议对孔望山摩崖造像的研究是一个很大的提高。尤其关于摩崖造像的道教内容问题，许多论文作了探讨，把造像内容的研究，向前推进一步。

1988年1月13日，国务院公布的第三批文物保护单位，关于《孔望山摩崖造像》的说明文字称："孔望山位于连云港市西2.5千米，锦屏山东侧，是我国迄今发现最早的东汉末期的佛教石刻艺术。佛龛共105个，可分为18组，与佛教有关的12组，与道教有关的6组。佛教内容有佛、菩萨、弟子、力士和供养人等图像，故事以释迦牟尼佛本生和本行故事为题。道教内容主要表现道教的崇拜形象。雕刻以平面浮雕为主，风格古朴。附近还有石像、'馒头'状巨石、石蟾蜍等石刻。"这段说明，简单扼要，如果说道教内容表现的主要是道教崇拜的形象，应该离不开黄帝、老子以至张道陵的形象。因此，使我联想起1982年4月在日本东京与宫川寅雄先生所谈的顾恺之《画云台山记》这篇名著，是否与孔望山摩崖造像有一定的关系？近些年来，傅抱石先生以及日本的小野胜年、米泽嘉圃诸先生，都对《画云台山记》进行过研究，各有专论发表，一致认为《画云台山记》不仅是顾恺之自身创作体验的记录，而且是山水画的一篇设计文字，作为中国山水画论的发端，在绘画史的研究上是极为珍贵的文献。

顾恺之是东晋时期的著名画家，江苏无锡人。他所撰《画云台山记》描写天师与诸弟子在云台山中对话故事。研究者认为云台山是指位于四川苍溪县东南18千米的山，又名天柱山，其天师应是天师道开山祖张道陵。宫川寅雄先生认为《文物》1981年7期第二页发表的汤池绘《孔望山摩崖造像实测图》与傅抱石《晋顾恺之画云台山记之研究》（上海人民美术出版社，1960）所载傅抱石复原绘制的《云台山图》十分相近，宫川先生并提出云台山的地点很可能就是连云港市云台山，孔望山是否当年包入云台山？顾恺之足迹未到四川，连云港在江苏境内，顾氏吴人，所作《画云台山记》是否指孔望山摩崖造像而言，都是值得研究的。

论文集付印在即，洪甫同志屡来督书，谨将个人观感及宫川寅雄先生对孔望山摩崖造像的一些看法写出来，供同志参考。宫川先生本拟早日到孔望山参观，由于身体不适，未能成行，不幸于1984年12月25日逝世。回忆1982年4月在东京与宫川先生论连云港东汉史迹，曾写诗二绝纪事，今将原诗录下，作为本文的结束，兼以纪念先生。

"锦屏山下草萋萋，孔望岩头望欲迷。
省识佛陀浮海意，群雕汉刻复奚疑。"
"海上丝绸路有无，摩崖法相未模糊。
相期同上云台路，尽揽瀛洲山水图。"

原文选自王其泰等：《孔望山造像研究》，海洋出版社，1990年

关于车王的问题

《简报》第246期发表了《清蒙古车王府曲本影印出版》，谈到："原稿乃是清代北京车臣汗王府所收藏的戏曲、曲艺的手抄本"，并谓："车王系出车臣汗部，康熙时归附清廷，光绪二十六年（1900年）车盟郡王多尔济帕拉穆加亲王衔。曲本自民国间散出，分两批被孔德学校购得"等事。这里所云车王系车盟郡王多尔济帕拉穆有误。按清代制度，蒙古王爵无论亲王或郡王，向无封号，一般称谓即以王爵本人名之首字称为某王，如与多尔济帕拉穆同时的喀喇沁札萨克郡王贡桑诺尔布，民国时期曾任蒙藏院总裁，称贡王，不称喀王。多尔济帕拉穆时任临时参政院参政，人称多王。石继昌同志《谈车王府曲本》（《燕都》1991年1期）对此问题举了很多实例，讲得很清楚。石同志认为"车王名之首字必为车，其府遂称车王府"。

中国历史博物馆所藏近代档案中，有民国初年蒙古喀尔喀土谢图汗部人鄂多台民国七年（1918年）、民国十一年（1922年）日记残本二册，保存了当时北京蒙古王公的一些史料。鄂多台字庚元，民国六年任临时参政院议员，民国七年任参政院议员。他在日记中谈到车王事不少，据民国七年日记所录车王简历："车林巴布，五十五岁，喀尔喀图什业图汗部落后路中右旗人，同治七年预保授为头等台吉，光绪二十一年承袭札萨克郡王，授乾清门行走，民国七年九月十三日晋封亲王。三代：曾祖多尔济拉布坦，祖那逊巴图，父鄂特萨尔巴咱尔。"

我们再从日记所记民国七年八月二十四日车王呈北京蒙古王公联合会的呈文中，还可知道"车王于光绪三十四年（1908年）告假回旗养病，现在病痊销假，时值民国成立，恳请谒见总统"，此事请蒙古王公联合会办理，呈文如下："驻京喀尔喀札萨克多罗郡王车林巴布为呈报转陈事，窃查本爵于清光绪三十四年因病请假回旗医治，今已痊愈，应即来京报到，听候谒见大总统，理合恳请大会据情转陈蒙藏院查照，转呈候示，只遵，为此谨陈蒙古王公联合会。"此呈上陈未久，大总统就于八月三十一日接见，日记云："下午五时，车王觐总统在居仁堂，蒙藏院总裁贡、副总裁治格，带领入新华门，并无院内招待员，幸哉！大爷同去，指点一切。训词问路程、年景、地方宁靖等语，答复如仪。"

据鄂多台日记，车王有二子，长名车林端多布，字伯山，任参议院议员；次名车林桑多布，字仲山，任众议院议员。民国十二年一月九日，大总统令：车林端多布晋封为贝子，车林桑多布封为镇国公。

鄂多台与车王都是喀尔喀土谢图汗部人（车王简历作图什业图汗），关系非常密切，车王府在河北蓟县、乐亭有大量田产，均由鄂府经管。日记所记民国十二年二月七日："王启来，云车王因病借钱，并云要蓟县租洋过年。交王启代回洋五十元，云借给用，并未答复租项事。"可见车王晚年家境已渐衰落。

关于车王府地址问题，从鄂多台日记中，只见到"至三巷会车王"句，三巷是否三条，不敢肯定。石继昌同志的文章谈到颜家驹先生说"车王府在北京西四北大街红罗厂"，实则鄂多台住大红罗厂，中国历史博物馆所藏鄂府档案就是四十年前从大红罗厂鄂家散出的。

原文刊于《古籍整理简报》1991 年 11 月 10 日

《附》谢车王惠菊花青马

敬禀者，上月二十八日，蒙赏骑马一匹。有柳叶新归之色，非菊花浪得之名，舞效骖行，感深驷结。伏维王爷岐山凤德，渥水麟宗，朝天领桓侍之骢，班超立鹄，悦士受招王之骏，价倍登龙。征屡枉于荒陬，驹萦频歌夫永夕。曾陪策塞，看屯牧之山，忽拜鸣驹，出上方之厩。船真如稳，据鞍殊觉其从容，舆不妨悬，揽辔深衔夫体恤。何图下吏，得服上襄，良咏诗人，胜逮干旄之子子，勉遵前法，愿加鞭策于时时。合肃禀谢，仰祈垂察。

　　偶读《留茹盦尺牍丛残》（清归安严籍士著，道光二十三年刊），该书卷三有《谢车王惠菊花青马》一文，车王就是本文车王之先人，特附本文之后，以作参考。1999年12月史树青记。

《楼兰出土文书》序

自清代末年以来，在我国西北地区甘肃、新疆两省的汉代和魏晋时期城址及边塞等遗址，陆续出土了许多汉代及魏晋时期的简牍。汉简以甘肃敦煌、居延两地出土者为多，都是木简。魏晋简主要出土于新疆民丰尼雅遗址和罗布淖尔西北的楼兰遗址，也是木简，其中纪年者较多，所记年代由曹魏晚期延续到东晋初年。

楼兰为汉代西域城郭。汉武帝通西域，使者经此至大宛等地，常受攻击。元封三年（公元前108年）归汉，改名鄯善。王治扜泥城（在今新疆若羌附近）。魏晋时期，楼兰一带曾设鄯善郡，为西域长史治所，其后荒废，城址大部为风沙夷平。所出遗物除木简及其他杂物以外，还有魏晋时期文书残纸，时代与同出简牍相近。残纸纪年最早者为三国魏嘉平四年（252年），最晚为西晋永嘉四年（310年），有书信、公文、簿籍、杂记等，内容十分丰富。

楼兰文书残纸是清代末年两个外国人先后来我国发掘出土的。

1899年至1902年，瑞典人斯文赫定在楼兰遗址发掘的文书残纸曾委托德国汉学家希姆莱进行研究，后因希姆莱病逝，研究工作由另一德国学者孔好古完成。1920年，出版了德文本《斯文赫定在楼兰发现的汉文写本及零星物品》（简称《楼兰残字及遗物》），将这批文书残纸和木简全部公布于世。

1906年，英国人斯坦因第三次来新疆考察，主要目的是踏着斯文赫定的足迹，重点放在楼兰遗址。他以前在尼雅遗址所得木简及此行在楼兰遗址所得木简并一些文书残纸，曾委托法国汉学家沙畹进行研究。1909年，罗振玉从沙畹处得到斯坦因所得的一部分木简及文书残纸，与王国维共同研究，于1914年合著《流沙坠简》，书中所收楼兰文书残纸编入《简牍遗文》部分。

1917年，沙畹逝世，斯坦因所委托的研究工作未能完成。由沙畹学生、法国人马伯乐继续研究。马伯乐研究成果，于1953年得以发表，书名为《斯坦因第三次中亚考古所获汉文文书》（英文本），将木简及文书残纸公诸于世。

本书所选楼兰文书残纸42片，见于《斯文赫定在楼兰发现的汉文写本及零星物品》一书，该书所收汉文文书残纸共151片，由于有些文字模糊不清，有些文字字数太少，故未入录。在所选的42品中，纸背有文字者3纸，共45片。在背面文字的3纸中，孔好古书漏收2纸背文（C26.2，C32.1[1]；林134，182[2]），另一纸多出6字（C31.1；林172，173，174），为孔书所未收。以上情况是近年用实物与原书校对所发现的，弥足珍贵。

我国新疆古代文化，大致可分为几个中心：以吐鲁番为中心，属高昌文化；西行以库车为中心，属龟兹文化；昆仑山北麓以和田为中心，属于田文化；于田东北，罗布淖尔以西地带属楼兰文化。其中楼兰文化地近河西，从出土遗物可以看到楼兰文化受中原汉族文化影响，比其他地区更大一些。

关于楼兰、尼雅出土木简和文书残纸的研究，过去许多学者有专文论述。他们比较注重于东汉至前凉时期西域历史、地理、社会经济、文化、生活等各方面。至于对语言文字、书法艺术的研究，则是近年的事。一般都认为楼兰简、纸文字是魏晋时期日常所用文字，除有比较规整新隶体及章草向今草过渡之草书之外，尚有不少字体风格介乎二者之间，在字形构造方面与新隶体相近，书体已渐脱离章草，比规整的新隶体活泼多姿，具有一种独特的时代风格，其笔画写法及文字结体，都明显地比新隶体更接近楷书，可以称得上是一种"风流婉约"的新体。有人仍称此种字体为章草体，近来有人认为这应是早期的行书。行书古代叫"狎书"，南朝宋时羊欣《采古来能书人名》论钟繇书谓"钟书有三体：一曰铭石之书，最妙者也；二曰章程书、传秘书，教小学者也；三曰行狎书，相闻者也。"这里行狎书或作行押书，即后世行书之得名。行书用于书启"相闻""相问"，今

---

[1]　孔好古魏晋残纸文书编号，见德文版《斯文赫定在楼兰发现的汉文写本及零星物品》。August Conrady,Die Chinesischen Handschriften und sonstigen Kldinfunde Sven Hedins in Lou Lan. Stockholm,1920.

[2]　林梅村编号，见《楼兰尼雅出土文书》文物出版社1985年第一版。

所见西晋陆机《平复帖》，与楼兰文书书体极为相近，此类书体，当是行书。

明董其昌跋《平复帖》称："右军以前，元常（指钟繇）以后，惟此数行，为希代宝。"王羲之《孔侍中帖》开首"九月十七日"与楼兰文书残纸之"九月十一日"字体如出一人之手。而羲之《十七帖》所收三十八帖，皆书启闻问之类，其书体已近今草，当是行书向草书演变过程中形成的一种书体。

启功先生在《论书绝句》中称："楼兰文书无缘展怀，所以为叹也。残纸，笔法极似馆本《十七帖》。"又称："楼兰出土残纸甚多，其字迹体势虽互有异同，然其笔意生动，风格高古，绝非后世木刻、石刻所能表现，即唐人响拓，亦尚有难及处。如残纸中'展怀'一行，下笔处即如刀斩斧齐，而能转折又绵亘自然。乃知当时人作书，并无许多造作气，只是以当时工具作当时字体，时代变迁，遂觉古不可攀耳。张匀圃丈旧藏馆本《十七帖》，后有张正蒙跋，曾影印行世，原本今藏上海图书馆，有新印本。原本为宋人木板所刻，锋铎略秃，见此楼兰真迹，始知右军面目在纸上，而不在木上，譬如画像中虽须眉毕具，而謦欬不闻，转不如从其弟兄以想见其音容笑貌也。"这是对楼兰文书残纸的最好评价。

本书所选文书残纸中，有1件《战国策》残片，字形接近于汉代的新隶体，有人认为它的时代还要早些；也有人认为不是在当地写成的。无论如何，它可与敦煌出土的《史记》写本残卷、吐鲁番出土的《三国志》写本残卷并驾，反映了当时汉族文化对楼兰地区的深远影响。

我们对楼兰文化残纸的认识，还很肤浅，加之原件未在国内，故只能通过印本、参考其他资料进行研究，才会逐步领悟到"右军以前，元常以后"书法发展的背景和脉络。这对弘扬我国历史文化、继承和发展优秀的书法艺术传统，都是具有重要意义的。

原文选自史树青主编《海外藏楼兰文书简牍残纸晋人纸本墨迹》，天津古籍书店，1991 年

河姆渡遗址为姚墟说

　　浙江历史悠久，远在 7000 年前，培育了古老的河姆渡文化，继而发展为马家浜文化、崧泽文化、良渚文化，以致吴越文化。我们还可以说余姚河姆渡文化遗址是中国江南新石器时代最悠久、最丰富的文化遗址。她位于姚江之边，历史上认为姚江之得名是以五帝之一的虞舜之姓而命名的，故姚江又称舜水，北流至上虞县。自秦汉以来，余姚便以人杰地灵、物华天宝称誉浙东。

　　在中国历史上，关于虞舜的事迹，《史记·五帝本纪》中，有许多记载，虽然其中有不少是古代的传说，但反映了许多历史的影子。《史记·五帝本纪》张守节《正义》引《括地志》云："越州余姚县，顾野王云：舜后支庶所封之地，舜姚姓。故云余姚，县西七十里有汉上虞故县。《会稽旧籍》云：舜上虞人，去虞三十里有姚丘，即舜所生也。周处《风土记》云：舜东夷之人，生姚丘。《括地志》又云：姚墟在濮州雷泽县东十三里。《孝经援神契》云：舜生于姚墟。又《正义》引《括地志》云：越州余姚县有历山、舜井，濮州雷泽县有历山、舜井二所，又有姚墟，云生舜处也，及妫州历山、舜井，皆云舜所耕处，未详也。"可见在唐代撰写《括地志》的时期，舜诞生地仍存在许多分歧意见。

　　清代著名学者梁玉绳关于帝舜有虞氏的研究，在《汉书人表考》中，提出了许多早期的史料："帝舜，始见《书·舜典》，有虞氏屡见《礼记》《国语》，五帝之五也。舜又作俊，亦曰帝舜氏，亦曰虞帝，亦曰虞舜，亦曰大舜，亦曰重华，亦曰都君，亦曰仲华，亦曰黄帝，姚姓，父瞽瞍，母握登，感大虹而生舜于姚墟。"

　　至于舜又作俊的说法，这与殷人禘舜相合，见王国维《殷卜辞中所见先公先王考》。

由以上所见记载，可以提出一个问题，即"姚"是否因虞舜之姓而得名，余姚是否因舜之余族而得名，都值得进一步探讨。从文字起源看，"姚"应是源于卜兆，犹"姜"之源于牧羊，"妫"之源于服象，"姒"之源于农耕。《尚书·尧典》以舜为虞帝之名，注谓虞氏舜名，从虞字看，应是与畜牧有关的氏族。东汉应劭《风俗通义·山泽篇》关于"墟"字的解释说："据《尚书》称"舜生姚墟"，又说："姚墟在济阴城阳县"，但是，今本《尚书》无"舜生姚墟"的记载，此为《尚书大传》文。《孟子·离娄》则云"舜生于诸冯，迁于负夏，卒于鸣条，东夷之人也。"传说各异。

按："墟"本作"虚"，《说文》释为"大丘也"。《吕氏春秋·贵直》："晋侯登有莘之虚以观师。"虚即旧城、废址之意。舜生之姚墟，则是姚之大丘或姚之废址，可以认为即前引《会稽旧籍》所称"去虞三十里"之姚丘。舜生之姚墟则是舜以前其地即以姚命名了。至于余姚之名，则是姚前冠以余字，此余字应是古越语之发语词，为所发之声，今所见冠以余字的古地名如余杭、余干，古人名如余善、余祭、余昧，冠以句字的古人名如勾践、句亶等，皆百越族之一支也。详见周振鹤、游汝杰《古越语地名初探》（《复旦学报》1983 年 3 期）。

古代文献和传说中关于舜与东夷及南方之关系甚多，他是原始社会后期部落联盟或部落之间战争的一种反映，即舜父瞽瞍、舜、象一家人的争执，事实是一个部落内的氏族为了争夺财产进行的互相杀害。

从河姆渡遗址的年代及出土文物中的厚重黑陶，生产工具中大量的骨镞和骨耜、骨匕、象牙雕片以及稻谷和稻秸的遗迹等，可以看出当时私有制已经萌芽，与姚墟的地望及历史变化，有许多相近之点，因此，提出河姆渡遗址为古代所传之姚墟。请专家、学者指正。

原文刊于《浙东文化》1994 年第 1、2 期合刊

《木兰围场研究》序

　　我友陈述（玉书）教授生前，盛称景爱同志学问之渊博和对我国北方民族历史研究之成绩，尤其对辽金研究甚深，著述甚多，赞为是当代难得之人才。近年，景爱同志任中国文物研究所研究员，除了对历史文物研究以外，兼及历史地理考古，著《木兰围场研究》一书，嘱为弁言。

　　我认为此书除了详论河北省承德地区围场满族蒙古族自治县"木兰围场"的历史及演变以外，特别对当地的地理、沿革及生态的变化和我们如何对森林植被亦就是自然环境的保护问题，提出了中肯的意见，所以景爱同志的这部书不只是考据历史问题，还是具有重要现实意义的著作。

　　"木兰"一词，不是木兰花，而是满语，是一种用哨鹿的诱猎方式，"围场"是行围狩猎的场所。"木兰围场"是当时皇家最大的狩猎场，也是皇帝举行"秋狝"盛典的场所。"木兰围场"的面积，比现在围场县稍大，整个围场外四面有"木栏"，俗称"柳条边"，共分72个小型围场（本书考为69围），每年轮换行猎，以利环境的保护和禽兽的繁殖。

　　"木兰围场"自康熙二十年（1681年）正式设置，随之，康熙四十二年至四十六年（1702—1706年）修建了热河行宫（避暑山庄），其后，皇帝几乎每年都举行一次为期二十天的"木兰秋狝"。由于这里森林茂密，水土丰美，适于野生禽兽的生活，故引来皇家不断的围猎活动。直到道光四年（1824年）以后，朝政日衰，更由于毁林开荒，遂使围场环境遭到极大破坏，林木日稀，气候干燥，禽兽渐少，水土流失和沙漠化十分严重，故当时官府为一时之急，提出移民垦荒的措施，这种情形，直到40年代，人们的口中尚流行一句谚语："阔人避暑居青岛，佃户开荒赴赤峰"，这也是民间的歌谣。前往开荒的是佃户，就是围场一带劳动的农民。围场名存实亡，皇帝早已把这处猎场废弃了。

历年开荒，必须砍掉乔木、灌木，然后放火烧荒，故垦荒耕种对生态环境造成了极大的破坏，同时，围场移住大量农民，林木不断砍伐，风沙随之侵袭，土地沙漠化给围场的农村生产造成了巨大的损失，这种情形，日益严重，至今围场仍是河北省著名的贫困县之一。

"木兰围场"的沙漠化对邻近地区包括北京、天津，均有很大的影响。北京春天的沙尘，一部分来源于沙漠化地区，天津引滦入津，滦河发源于承德坝上，上游的水土保持，至关重要。景爱同志最近出版的《中国北方沙漠化的原因与对策》，从学术研究方面，探讨解决沙漠化的途径。这是学术研究与科学实践的统一，非常重要。今后除了加强当地的绿化以外，还应逐步改善包括"木兰围场"在内的北方地区的生态环境，是我们的任务。

拜读既讫，始信老友陈述之言为不虚耳。

原文刊于《中国文物报》1997 年 12 月 21 日

《沙漠考古》序

　　我国北方有许多沙漠，这些沙漠严重危害了当地居民的生活。滚滚的黄沙常常将耕地、草场掩埋，造成社会的贫困和落后，成为妨碍社会主义经济建设的大敌。因此，研究沙漠的产生、演变以及与人类社会的关系，无疑是一个很重要的课题。

　　景爱先生的新著《沙漠考古》一书即将出版，请我作篇序言，我欣然答应，因为我也接触过沙漠。1958年秋冬之际，我曾进入塔克拉玛干沙漠中的尼雅废墟作过考察。尼雅废墟是汉代精绝国故地，当时著名的绿洲国家，古丝绸之路南道的必经之地。在这里我目睹了河流的枯竭，颓圮了的古代民居，采集了许多珍贵的文物，从中不难看出古代的尼雅经济文化相当辉煌。然而现在的尼雅却完全被流沙掩埋，成为塔克拉玛干沙漠的一部分。这使我感慨万千，如此巨大变化是怎样产生的？不能不使人深思和忧虑。

　　景爱先生在本书中，根据实地考察所见和多年的研究结果，对我国北方许多地方沙漠的危害和演变，作了仔细的介绍。作者指出，我国北方草原地区的沙漠化，主要是汉代以来不断开荒耕种的结果。我认为这种论断是很有根据、很有道理的。开荒耕种就要砍伐林木、破坏草场，引起流沙出现，这种现象在许多地方都可以看见。例如北京春天多风沙，在延庆出现了流动沙丘，即与北京周围地区森林植被破坏有关。近二三十年以来，由于大规模地植树造林，北京的风沙有所减缓。

　　本书取材广泛，均是作者所亲见。既介绍了沙漠知识，也介绍了有关的地理知识、历史知识和考古知识。读过以后，令人开阔视野，增加了见识，有如在沙漠中遨游了一番，很值得一读。

住在大城市的人，由于没有接触沙漠，可能会觉得沙漠离我们甚远。其实不然，沙漠与我们的生活很近，北方地区常见的浮尘和泥雨（古称"雨土"），往往影响人们的出行，即沙尘作祟的结果。中国大陆的沙尘，甚至可以远渡重洋，飞往日本列岛和朝鲜半岛，影响那里的生活。

我国北方的沙漠，主要是在历史时期逐步产生演变而来的，这在本书中有所介绍。历史是现实的镜子，我们应当吸取历史的教训，才能避免重蹈覆辙。我想作者撰著此书的目的即在于此。因此，《沙漠考古》一书的出版是很有意义的。没有接触过沙漠的人，可以翻阅一下，肯定会受到教益的。

原文选自景爱：《沙漠考古》，百花文艺出版社，2000 年

考古研究必须与现代科技相结合
——在科技考古研讨会上的发言

　　我参加这次会，是来学习的，从心里说我真是来学习的，因为我是科盲，不懂科学，我在博物馆工作了 50 多年，接触文物也有多少万件，我们看文物就是看文物成品。文物的原料、文物的生产工具、文物的生产过程、甚至生产关系都注意不够，到了解放以后我才从历史学方面学到了文物的生产关系和资本主义萌芽等等。过去对文物就是研究成品，欣赏成品，而且还只是从艺术角度。研究文物是从历史价值第一，艺术价值第二，科学价值第三，但是对科学价值研究不够，作研究也多是科学史的问题。夏鼐先生当时研究考古，晚年才研究科技考古，这些问题在当时就是这样。我在国家文物鉴定委员会还兼了个职务，我们鉴定文物是眼学为主，有 60 多位委员，全是眼学为主，用眼学角度，不是用现代科学方法，眼学与科学是相辅相成的，不能说眼学没有用，眼学是凭经验，凭比较，也是很有用的，这是中国的传统。

　　现在国家提出了科技兴国，科技兴国并不是完全指教育界说的，搞社会科学的也要注意科技兴国，昨天晚上 7 点钟，看电视，李铁映同志有个讲话，铁映同志是中国社会科学院院长，他公开这样讲，说社会科学应与自然科学相结合。铁映同志是第一次讲这样的话，他主张要与自然科学相结合，我们过去与社科院联系较多，他们过去工作做了不少，社科院考古所过去做 C14，凡有含碳的物质用 C14 来测定，不含碳的像陶瓷用热释光。解放后，我学到一点东西，知道一点情况，但怎么做还不清楚，我心中对鉴定文物，研究文物的质地，有关化学问题、化学成分、自然科学的问题，从原料到生产成品等等，研究都不够。我们鉴定文物应先从原料到成品包括生产过程、生产关系、生产工具，应是鉴定文物把握的原则。

今天我特别要谈个大问题，1990年我们办"中国文物精华展"，在故宫博物院内的文华殿，我也去参加了，在一个晚上，江泽民同志在参观展览时说到一个很重要的问题，我的印象很深。他说你们鉴定文物要利用科学技术，不要净用眼学，这种老传统的办法，要结合科学技术。这句话在我脑筋里记忆很清楚，真是终生难忘。江泽民同志他不研究文物而他理解文物情况，鉴定文物要用科学技术方法，他说他是搞过科学技术的，不是研究文物的，不是研究文物本身价值的，而他理解文物情况，他认为鉴定文物的传统方法要结合科学技术。这句话我们在座的同志应当牢记，江主席的话一定是有根据的。他很关心文物事业，那天在文华殿，天都快黑了，我陪他参观，从后殿到前殿时就说这个问题。我们怎样搞科学技术呢？过去没这种好条件。我们博物馆设有科技组主要是为了修复文物、化验文物、保护文物也做了一些工作，做得很不够。我们总结过去50年文物工作，建国以来做出了不少成果，在科学技术方面我们也做了一些。可是今天我们来开会，来研讨、交流经验，科技与考古文物结合，社会科学与自然科学相结合等等问题，这是个学习的好机会。这次会可说是全国性的，有上海、南京、厦门，江西等地的同志，都是为了工作而来，不管怎样，对文物界是个大事情，对我自己来说，怎么学、怎么做，是有益的，我已70多岁了，还能干几年工作。我对大家说这件事情，我们的文物界，搞社会科学的，怎么跟搞自然科学的搞技术科学的相结合，今后也是我们不断学习的课题。谢谢大家！ 1998年10月8日。

原文选自沙因主编《考古文物与现代科技》，人民出版社，2001年

三 器物

关于"桥形币"

从前一般研究古钱的人，往往把一些与钱币无关的铜器认为是古钱，或说是压胜钱。最近广州市西北郊晋墓的发掘，已证明"棘币"不是钱币，而是砚台的附属品。有一种形似长方铜牌，柄有龙纽，两面或一面有小米粒状凸起的铜器，历来许多人都说为压胜钱，清代李佐贤已是怀疑，但未能说明它是何物。我认为这应是古代的工具——铜锉。

关于"桥形币"，也有不少说法。例如清代冯云鹏、云鹓兄弟所编的金石索卷四说："此钱如磬，相传为压胜钱"，又有一钱解释说："钱如磬，无穿孔，面文甚简，中有一'十'字，背正平无文。"

李光廷在他所编的《吉金志存》卷一也说："磬币五品，铜质甚薄，不知年代。"

日本古钱学者三上香哉，在他所著的《货币》第三章中，更说这是周初的磬币，或叫桥币，是从装饰物演变来的。

近来，由于这物出土日多，大家对它有了更进一步的理解，下面引述一下两年来发表了的有关材料：

一、安金槐同志说："桥梁币为半圆形，弧的中间有一圆穿，两头有刃形与兽头形两种，多数为重叠堆放着，位置在手或头附近，随葬时似用绳贯穿着的……，玛瑙环，圆形，多与桥梁币放在一起"。

二、王仲殊同志说："璜形饰共六件，素质，无纹饰，正面平齐，反面沿边沿略为折起，顶端有穿孔一个，其中左侧近尖角处，有小圆孔一个，出土时错杂相叠，穿孔附近，遗有绳的痕迹，当系用绳互相串联，位置在人骨架的头部，下面压玉髓环一件，料珠一件，可能是一种佩戴用的装饰品，以往或认为是货币，称为'磬币'或'桥梁币'，似乎欠缺足够的证据，长8.9、厚0.06厘米。"

三、畅文斋同志说："铜璜即桥梁币，有带纽、不带纽及两端作兽形的三种，都有简单的云纹。"

四、沈仲常、王家祐二同志说："桥形币：根据出土的情况，可以分列出一些具体的理由，认为它是一种货币：

1.出土时是叠成一堆，并用绳穿成串的，甚至其穿有完全重复的现象。

2.出土数量各墓不同，由二枚至八枚不等，无相同数者，若为佩，当有数量定制。

3.出土部位是在出现半两钱的同等位置，即骨架的腹部，不似饰品。又第50号的桥形币，已远在尸脚下，更不可能为佩，若为装饰品，当有一定部位，不会在腹、脚下各处乱放（如料珠等饰品，总必在上身位置，不会乱置）。

4.桥形币的形制，似磬似璜，但磬璜等装饰品，实皆由古石工具演变而来，因其衍生来源相同而形近（或尚有一定关系），但不可因形近而断为璜形饰。战国币形，皆由古工具演进而成，决不能以圆形币作为璧形饰，但钱币可能引用作装饰品，而古玉亦常有交换价值。

5.在墓坑中各器物相连关系中，桥形币并不与玉料物发生相连关系，在49号墓中琉璃玑珠及金色陶珠附近，并无桥形币，在50号墓中，桥形币附近，亦无珠。"

根据以上几位同志的意见，大家一致认为这种物品的时代为战国末年到西汉初年，这是正确的。不过，关于它的用途，意见还不一致，因为对它的用途看法不同，所以名称就各异了。

要分析它是否钱币，首先要看一看战国或秦汉所通行的货币。我们知道，战国时期通行的刀钱、布钱、圆钱甚至铜贝，上面都是有文字的，有的记载地名，有的记载重量或货币单位，从未发现这个时期无文字的铜币。秦汉以后的货币更是如此，并且还有一定的尺度和重量。但是桥形币却有多种多样的形式，有的带花纹，有的素面无花纹，从未见有带字的桥形币。桥形币上面的花纹，如云纹（谷纹或涡纹）、龙纹（兽纹或螭纹），都与当时的装饰图案作风相同，也未见过以云纹或龙饰作图案的古代钱币。

桥形币上的穿孔，有的从弧中穿透，有的无穿孔，有的另在弧上铸有环纽，这种无孔的或环纽的桥形币若作为钱币，前者不能穿串，后者环纽很容易磨断。沈仲常、王家祐二同志说："桥形币是置于西部人头以下，正与东部人头侧面的半两币对称放置。"这也正说明了在已出现半两钱的时候，不可能再有桥形币和它并存，因为半两钱是秦代统一以后的货币。

假如桥形币真是一种货币，当时通用地区之广，从现在的河南、山西以至四川，那么应见于当时或较晚一些的文献记载。即便说是一种"冥币"，也应是仿照实物制造的。我们今日所见战国或西汉"冥币"，如长沙、寿县出土的"陶郢爰""陶一两"（多数都是十六块在一起，即一斤），都与实物相似，只是质料不同而已。

第四届考古工作人员训练班在郑州二里岗发掘战国（晚的可能到西汉）土坑竖穴墓及空心砖墓共89个，其中半数以上都发现了这种东西，形制、花纹多不相同，各墓所出的数量也不一样，都是重叠堆放着，位置有的在骨架的头部，有的在臂部，有的在胸部，有的在腰部，有的在足部，也有的头部、足部都有，更有的在墓四角，还有的和玉髓环、料环、彩色料珠放在一起，这种发现情况，就说明了它绝不是货币。

在这里，我们也可以提出一件有趣的旁证来：甲骨文有"出□饮于河"的记载，郭沫若先生释为蜺，于省吾先生释虹，李亚农先生释桥。其实，商代还无陶砖，河上不可能架设这样券顶砖桥（或石桥），木桥更是不能久存，大水就要冲毁，所以这个字还是蜺虹的虹字，像璜的形状，因此，古书中常以璜和虹互相比喻，例如：

1.《太平御览·天部·卷十四》引《搜神记》说："孔子修春秋，制孝经，既成，孔子斋戒，向北斗星而拜，告备于天，乃有赤气若虹，自上而下，化为玉璜。"

2.《释名·释天》："蝃蝀，其见每于日在西，而见于东，啜饮东方之水气也。"

3.《汉书·燕王旦传》："是时，天雨虹，虹下属宫中，饮井水，水泉竭。"

4.《初学记·天部》引《异苑》："晋陵薛愿，义熙初，有虹饮其釜，须臾，翕响便竭。"

以上都是古书中记载的"虹饮"的传说故事。《说文》："璜，半璧也"，而半璧正像虹形，近世出土的玉璜，两端多雕成龙形或兽形，与文献所称"虹饮"的说法相合，与甲骨实物的刻辞也是相合的。郑州二里岗所出的桥形币，较精的是两端龙首，与璜相似，这说明它是铜制的璜。

战国末年以迄西汉初年，玉料价值逐渐高贵，因此，琉璃（料）、玉髓（玛瑙）、水晶等，渐渐地代替了玉器，所以这时期的墓葬，尤其是中小墓葬，往往有琉璃璧、玉髓环等物出土，于是商周以来玉璜随葬的风俗，就采用了其他代用品。

铜制的璜，其成本要比玉璜低很多，因此一般中小墓主，也可以使用，较富的还可以买花纹较精的铜璜，并且多量使用，或增加玉髓环、料珠等，无所谓数量定制，只是作为殉葬点缀品而已。我们知道，讲究数量定制的，不是一般的平民，而是高级的贵族阶级。

因此，我以为这种所谓"桥形币"，正如畅文斋同志所称，叫它为"铜璜"是比较恰当的。

原文刊于《文物参考资料》1956 年第 7 期

对"五省出土文物展览"中几件铜器的看法

1956年5月初,故宫博物院举办的"五省出土文物展览"中,陈列的各地出土的两周铜器,郭沫若、李亚农、唐兰、陈梦家、陈邦福、岑仲勉、李学勤诸先生,已经都有专文论述,对我国历史的研究,作了很重要的贡献。这里,把我对展览会中几件铜器的看法写出来,如果没有错误,就算是一点补充。

一、蔡侯■的问题

要解决安徽寿县蔡侯墓的年代问题,首先应该知道蔡侯■是谁,为了分析■字,应先看这个字的组成部分:■即系字,《说文》系籀文从爪丝,甲骨文作■或■。■《说文》称:"治也,读若乱同,古文作■"。吴大澂《说文古籀补·司字下》谓:"■像两手理丝形,理则治,否则乱。"金文多以"■"作"司",古钵"大司乐钵"作"■","司工"作"■",毛公鼎■字,孙诒让释■,依照古文字省减笔画的通例,不论从■、从■或从幺,都是一样的。同墓出土一戈二簠,■字均省作■,上缺爪字,这可看出当时文字形体不定,和笔画随意增减的情形。■即甫字,为圃的初文,甲骨文、金文都如此写法,蔡侯名从■从四甫,其实就是从■从甫,四甫是为了字形上的整齐美观。我们再看一下■字是从■、司声,此字是从■、甫声,隶定应作■,也就是缚字,■字就是缚字的繁体。

《史记·管蔡世家》:蔡成侯名朔,缚与朔谐韵,古音同在鱼(模)部,可以通假,证以现在的方音,安徽颍上亳州一带以及陕西、甘肃等地,读"水"为"匪",读"树"为"富",读"说"为"拂",都是以舌音变为唇音,《史记》成侯名"朔"可读为"缚",则此缚字,当即蔡成侯名(公元前490—472年),即朔字的音转。

证以同墓出土的吴王光鉴，吴王光（阖庐）在位十九年，其元年当蔡昭侯五年，卒年当蔡昭侯二十三年（公元前496年），吴王光嫁叔姬于蔡，鉴铭曰："虔敬乃后孙"，"后孙"应该解作"后代子子孙孙"，则叔姬当即蔡昭侯之子成侯之妃，再证以蔡侯申尊铭文，元年为大孟姬作媵器，大孟姬当为蔡成侯之长姊，"敬配吴王"指吴王夫差。

蔡成侯元年为大孟姬作媵器，当即成侯即位时，为其长姊所作的纪念品。蔡成侯之长姊嫁吴王夫差，夫差之三妹嫁成侯，是两国互通婚姻之证。

此外，同墓出土镈钟、编钟各若干件，上面都有蔡侯的名字，铭文短的作："蔡侯𦎧之行钟"，铭文长的达82字，但蔡侯名都被挖掉，无从辨释，从铭文中看有"轪右楚王"的句子，当系蔡昭侯十年以前，朝楚时所作器，与蔡侯缚无涉。此种情形，与寿县所出楚王酓忎鼎盖内补刻太子"集脮"名字，用意相同，或挖去祖先的名字，或补刻自己的名字，都是以祖先遗物用来殉葬。

二、铜鉴的用途

关于铜鉴的用途，从来说法不一，朱瑜同志在他所编的《铜镜的故事》中说："我们的祖先把井水或河水取回家里，用大盆子盛起来，一方面用来作饮料，一方面当作镜子，这盛水的大盆叫做鉴，……我们只要到上海博物馆去参观，就可在陈列室里看到两只大鉴，那是可以用来作浴盆的。"朱瑜同志并引《庄子·则阳》"灵公有妻三人，同滥（鉴）而浴"的故事作证，说明铜鉴可以照脸，可以洗澡。

但是，我们从现在所见到的铜鉴看来，最主要的用途，应该是夏天用以盛冰，寿县出土的吴王光鉴（见本刊1955年第8期，35页图版九），腹内器壁，中部稍低，有对称四个环状铜纽，可以肯定地说，就是为承受"屉箄"用的（同出土的蔡侯方鉴也同），"屉箄"可能用木制成或用竹编成，上面置冰，冰水可以从孔中漏下，与现存的旧式冰桶用途相似，既可储存食物，又可散发冷气，是古代贵族们夏日必备的用具。这与《周礼·凌人》注："鉴以盛冰，置食物于中以御温气"的说法完全相合。吴王光鉴内各附小匜一件，当是防备鉴内积水过多，冰易溶化，用以淘水的器具。

至于鉴为浴盆的说法，从出土的铜鉴看，如吴王夫差鉴、智君子鉴、水陆攻战纹鉴以及吴王光鉴、蔡侯方鉴等，口腹都不算大，大概不能用以洗澡，只能沐浴手足而已。

三、鈃和鉋

寿县出土铜器中，有一器形状扁圆，长方口，两环耳，器面腹颈之间有铭："蔡侯■之鑑"，其中鑑字或省作鉋，均不见古代字书，按应即鈃字，《说文》作鈃，谓"似钟而颈长"，又"鉼、甖也，瓶或从瓦"，其实鈃、鉼系一字，以铜制则从金，以陶制则从缶，此铭鈃字从金从皿从二人，二人可释为从，又可释为并，篆文作并像二人相并形，也可写作併，鉋字应是从并得声，当即鈃字，释鉼似较不妥。《博古图》著录一件"弘鈃"，铭为："乐大司徒子兔之子弘作旅鉼，其眉寿子子孙孙永宝用"，自铭为鉼，写作鉼，器形与此相同，则此器不应名鉋，当名为鉼。

四、匕和鼎、鬲的关系

寿县出土的铜鬲四件，内均有铜匕，体作扁平椭圆形，柄端微曲。又蔡侯大鼎内也有铜匕一，从器形上看来，只能用以取饭，不能用以盛汤，当是饭匙，或名饭槮（见《仪礼·少宰·馈食礼注》），由此可以推知春秋时代，吃饭尚未用箸，而是用匕，这种发现，和《中国古铜器精华》第83图所著录的铜卣里边附有铜勺（枓）一样，都是研究古器物相互关系的重要资料。

五、角状铜器

江苏丹徒出土铜器中，有两个角状铜器，三棱中空，一端细尖，尖端有围绕弦纹四道，中插铜制扁平小管。全器长约30厘米，器口边宽约3厘米，通体弯卷，颇似牛角。尖端所插小管，一管中心还存一孔，另管因已折残，原孔情况不明，因此器形似牛角，故陈列说明定为角状铜器。今从上述特点看来，此器当是乐器，当吹奏的时候，尖端需要有竹木或皮革圈套，以使人口与器口吻合。这种乐器，似与周代西北民族有关。器面斜条花纹，在两周铜器中也未多见，尤其在江苏出土，使人殊费理解。至于名称应叫什么？还有待于考古专家和音乐专家们的继续研究。

六、释戟

山西长治出土的铜器中，有铜戟数件，有的铭文作"宜乘之戟（赍）"，有的铭文作"虞之戟"，宜乘和虞，应是人名，惟最末一字均作戟，与"敬之造戟"写法相同，当是戟字。关于铜戟的问题，郭沫若、郭宝钧两先生在殷周青铜器铭文研究中，讲得都很清楚，长治出土的铜戟，都是"柲"端有"刺"，一器而兼刺兵、击兵、勾兵、割兵之用，这次发现，有力地补充了两位郭先生说法的正确，并给郭沫若先生所说的"戟字于金文仅一见"的说法，提供了新的文字资料。

原文刊于《文物参考资料》1956 年第 8 期

漆林识小录

《史记·老庄列传》："庄子者蒙人也，名周；尝为漆园吏"。《周礼·载师》："唯其漆林之征，二十而五"，从这两段文字中，可以看出周代的漆林，其生产主要已归国家掌握，漆园置吏，以司其事；而民间产漆，政府则征收四分之一的赋税。这的确是一种很沉重的剥削。但是，虽然如此，到了汉代的时代还流传着："陈夏千亩漆，与千户侯等"的谚语（见《史记·货殖列传》）。这与我国的民谚："家有百株桐，一世永无穷"的说法，是一个道理，同是说明了漆树或桐树的生产，自古以来在社会经济上的重大意义。

三千年来，漆器的制造，为我国主要工艺之一，近年由于考古事业的发展，各地出土漆器日渐增多，在我国物质文化史的研究中，已成专门之学。爰辑平日有关漆器的琐闻琐见若干条，为漆林识小录，借正于当代专家。

一、释漆——从七到漆的演变过程

漆字的本意是漆水，《说文解字》水部谓："漆水出右扶风杜陵（阳）岐山，东入渭，从水桼声"，因此，这个漆字应是水名。《诗经·绵》："民之初生，自土沮漆"，《尚书·禹贡》："漆沮既从"，《汉书·地理志》以为漆水在漆县西，王引之《经义述闻》卷六谓："漆县为唐之新平"，就是现在陕西省的邠县。

至于漆的本字，则应写作桼，《说文》桼部："桼、木汁也，可以髤物，从木象形，桼如水滴而下也。"现在我们分析一下这个桼字，上部从木，左右各一撇，像用刀切破树皮，以竹管外道，下部从水，像木汁流出状。现在我国产漆的地方如河南、安徽、浙江、湖北、陕西、四川、贵州等地，取漆的方法，还是将漆树切口，用竹管外道，使漆液流入桶中。

我常常想，甲骨文或金文的七字，写法作"＋"，中画稍短，这个字的起源，应该比桼字更早，它很像取漆时，在树干上所作的切口（现在产漆的地方取漆时有的切口作三角形，较古人作＋字形已有进步）。

汉时，七桼二字，也往往互相通用，如《太玄经》卷七："运诸桼政，系之泰始"，《方言》卷二："吴有馆娃之宫，秦有榛娥之台"，和许多铜器、铜镜的铭刻，常以桼代七；还有枀字，见于李翊夫人碑；柒字，见于《山海经》卷二《西次四经》："刚山多柒木"，清毕沅校本《山海经》谓："柒当作桼"（《四部丛刊》影印傅氏双鉴楼藏明成化本《山海经》"柒木作柴木"，非是）。因此，柒字就变成了后世七字的"大写"了。

七字的解释，自汉代许慎到孙诒让、丁山、郭沫若、于省吾诸先生，都各自立说，争鸣未已，我则认为七字就是枀、柒、桼、髹、漆等字的初文。

二、商代漆痕

考古工作者在发掘安阳商代帝王陵墓的时候，往往发现漆器残痕。中国科学院考古研究所1950年殷墟发掘工作中，在武官村大墓发现了很多"雕花木器印痕"——原有的木器已朽，现存的只是雕刻花纹，印入夯土中的痕迹，南京博物院陈列品画片第一集，有商代的"木器雕刻的泥土印纹——虎"，这是现存最古的漆器纹饰，是值得我们珍视的。

三、漆匏

长沙、广州等地，出土的葫芦勺，其时代应属战国晚期或西汉初期，有的髹漆彩绘，有的施以单色漆，按其名应名"匏"，匏字见于《说文》，谓"桼垸已，复桼之"，段玉裁注："垸者以桼和灰，垸而髹也，既垸之，复桼之，以光其外也"。今从字形和字音看来，此字当解作桼匏，合文即髹字。

四、汉代漆绘铜器

内蒙古自治区南部和陕北、晋北一带，当周、汉之际，为我国北方冲要之地，这些地方，历年出土铜器、石玉器、陶器、印章、货币等甚多。1938年，伊克昭盟（今鄂尔多斯）伊金霍洛西南地方，曾出土彩色漆绘铜器鼎、壶、钫、甑等物，为北京古玩商王栋庭所得，这些铜器的漆画，多作山中狩猎纹或凤纹等，其中有一铜壶壶底有漆书匈奴"右贤王第八子"的字样，是极重要的古代北方民族的文物。古代彩绘陶器和漆器，各地出土较多，但汉代漆绘铜器，各地尚不多见。

五、《盐铁论》记汉代漆器

桓宽《盐铁论》，是一部研究我国经济史的重要参考书，该书"散不足"篇，记载了多种多样的物件。其中关于漆器的记载："富者银口黄耳，金罍玉钟；中者野王（原书误作舒玉）纻器，金错蜀杯"，又说："一杯棬用百人之力，一屏风就万人之功"，还说："一文杯得铜杯十"，从这些文字中可以看出一件绘有花纹的漆杯（即文杯），可与十件铜杯等值，制作一件漆杯，需百人的劳动来完成，制作一套屏风，需万人的劳动来完成。

六、《齐民要术》论种漆

后魏贾思勰《齐民要术》卷五，论种漆。细读其文，并未讲种漆，而是一段保管漆器的方法。录之如下："凡漆器不问真伪，送客之后，皆须以水净洗，置床箔上于日中半日许，曝之使干，下晡乃收，则坚牢耐久；若不即洗者，盐醋浸润，气彻则皱，器便坏矣。其朱里者，仰而曝之，朱本和油，性润耐日故，盛夏连雨，土气蒸热，什器之属，虽不经夏用，六、七月中，各须一曝使干；世人见漆器暂在日中，恐其炙坏，合着阴润之地，虽欲爱慎，朽败更速矣……"这里须要说明的，就是文中所说的漆器，是指当时使用的漆制器皿而言，今日考古发掘出土的古代漆器，和新的漆制器皿，其保管方法当然有所不同，但是齐民要术这段记载，在我们总结历代漆器保管经验的时候，仍然是值得研究和重视的。

七、《辋川图》中的漆园

唐代大诗人王维，有辋川别业。《王右丞集》卷四，有《辋川集》凡二十题，原序云："余别业在辋川山谷，其游止有孟城坳、华子冈、文杏馆、斤竹岭、鹿柴、木兰柴、茱萸沜、宫槐陌、临湖亭、南垞、欹湖、柳浪、栾家濑、金屑泉、白石滩、北垞、竹里馆、辛夷坞、漆园、椒园等，与裴迪闲暇各赋绝句云尔。"
今所传宋郭忠恕所绘《辋川图卷》，系从唐本所出，图中漆园、椒园等，都是经济作物，我们从其中可以看出唐代地主庄园的经济面貌和漆园、椒园的种植情况。明郭世元有摹绘郭忠恕本《辋川图卷》，万历丁巳（1617年）刻石，今所传有墨拓本。

八、宋代民间漆器文字

我国现存最早的带有文字的漆器，应是战国时代的漆耳杯和二十九年漆奁的底部铭刻。稍后则为汉代纪年的漆器（见梅原末治：《支那汉代纪年铭漆器图说》）；又《太平御览》卷七五六引《晋令》，凡作漆器物出售，必用朱署制作者姓名年月。但是我们今天还未见到晋代的实物，而宋代民间书写年月及作者姓名的漆器，我们今天还可以看到不少，如1925年北京历史博物馆在河北省巨鹿县故城发掘得到的黑漆残器底，上有朱漆草书"辛大郎祖铺"的字样，这与1953年杭州老和山出土的写着"壬午临安府符家真实上牢"字样的漆碗和1954年无锡宋墓出土的写着"杭州元本胡七郎"字样的漆杯（见《文物参考资料》1956年第4期，朱江：《无锡宋墓清理记要》，漆杯原释文胡七郎误释胡如虎，应更正），都是当时商铺的售品。

九、宋政和雕漆盒

袁励准先生为近代研究古器物的专家，收藏甚富，在漆器中有宋政和雕漆小盒一件，邓之诚先生《骨董琐记》卷三政和雕漆条赞为"平生所见雕漆，此为第一"。按宋代雕漆多以金银为胎，见张应文《清秘藏》论雕刻条，此盒金胎，通高约一寸，上刻云龙，《骨董琐记》称："鳞鬣筋肉，骨角爪牙，夭矫飞动，宛若生成……迥非明漆可比，底刻'政和年制'四字隶书，刀法圆劲，必出当时名手，盖里刻'宫宝'一印篆文，似后来加款，或永宣造器时，曾征入九禁，审其精美，为镌此二字，以为宫中之宝器也，则尤足贵矣。"

十、宋姜夔笔斗

陈莲生旧藏姜夔制棕竹笔斗，周图阴刻梅竹，上有姜夔题字，旁有明代文彭及文震孟题诗，器高24.5厘米，口径26.5厘米，底部内外敷漆，有断纹；此笔斗近归北京历史博物馆。按姜夔为我国历史上有名的音乐家，他能作曲制词，并精于书画，生于绍兴二十五年（1155年），卒于端平二年（1235年），笔斗题曰"丙辰秋"，当是庆元二年，即公元1196年，时年42岁。

十一、明代的漆器工业

明政府对漆的生产，极为重视，洪武初，曾在南京东郊设漆园、桐园、棕园，以示提倡。近人王焕镳《首都志》卷三引方舆纪要称："洪武初，以造海军及防倭战船，油漆棕缆，用繁费重。乃立三园，植棕、漆、桐树各千万株以备用，而省民供焉。"今南京孝陵卫东，尚有明代三园的遗址，它的规模，是相当宏大的。

明隆庆间，漆工黄成撰《髹饰录》，这是一部漆器的制造方法，很有系统的著述。天启时，杨明为《髹饰录》作序说："新安黄平沙（成），称一时名匠，复精明古今之髹法。"高濂《燕闲清赏笺》论剔红倭漆雕刻镶嵌器皿条称："穆宗时，新安黄平沙造剔红，可比果园厂"，这正说明他们生产的漆器，不是像"果园厂"制造的专为皇帝享用，相反地却是一种出售的商品。《髹饰录》中所述各种漆器的制法极为详尽，书中记载一件漆器的制作过程，需十八道手续，为了完成这样烦琐的手续，工人必须有简单的协作和分工，黄成写书的目的，就是要把他的技术传授给其他的工人，因此这部书当时并无刻本，只是传抄而已，而黄成可能就是一个参加实际劳动而占生产资料的作坊主。

此外，山西省南部各县的民家，往往藏有明代金漆、彩漆、雕填、螺钿的大屏风，大木箱或大立柜这种漆器多数是用洪洞县一带所产的漆作涂料，立柜高约八尺、一丈不等，柜门多作山水、人物、花鸟等图画，极富民间工艺价值。从前北京古玩商人每赴晋南一带买其柜门，在北京配制柜身出售。今北京历史博物馆尚藏有霍明志先生捐赠的这类髹漆柜门数百对并漆柜、漆箱、屏风等共二十余件，其中有少量的作品可能是清初制作，其时代至迟也在乾隆以前。这类漆器，由于现存数量较多，可见当时已有大量生产。

十二、乾隆漆棺残片

1928年，军阀孙殿英盗挖清代东陵，当时参加赴东陵调查的徐埴，曾拿回乾隆（弘历）裕陵被劈毁的朱漆棺板一块，长约10厘米，宽约7厘米，这种漆板，就是陈毅《东陵道》诗注所说的"金髹卍字朱棺"（载《东陵盗案汇编》及邓之诚编《旧闻零拾》中）。古代贵族的"朱寿器"，从近年的发掘中，知是内朱里、外黑漆的棺木（如1952年长沙五里牌战国墓出土的漆棺），而弘历（乾隆）的棺木，外周有厚约三厘米的描金卍字红色雕漆保护，其豪华程度，可谓"空前绝后"了。

十三、记北京大学中国漆器展览会

1948年12月，北京大学庆祝成立50周年，该校博物馆举办中国漆器展览会，会上陈列大量国内外现存漆器图片并有许多重要的实物材料，如陕西宝鸡斗鸡台出土的周代车饰漆皮（北平研究院借展）、寿县出土耳杯（清华大学借展）、辉县出土残漆木器（方清霖借展）、汉金铜扣漆奁（马衡借展）、唐松风高节琴（冯大生借展）、南宋古琴（袁荃猷借展）等，都是世不经见的漆器。其中还陈列了沈从文先生于抗战时期在昆明收集的西南少数民族用的漆盒多种，这种漆器，以形态论，小形的与长沙出土的汉代漆奁极为相似，以色彩花纹论，朱黑为主，间以黄绿二色，其内容多以车马人物故事为主；其质料多编竹为胎，与木胎、皮胎、夹纻胎，均不相同，在漆器工艺史上或其他美术著录上，尚未见记载。其中的"墨地朱漆划刻楼阁人物圆盒"高23厘米，盖径27.5厘米，底径27.3厘米，口径26厘米，器身有划刻人马行列，器盖划刻车马人物，车中坐一人，上有伞盖，车前有开路仪仗，车后及两侧有象、鸟等物，一端有楼阁高起，四周有短墙围绕，楼内四人，楼外四人，皆作歌舞状。

原文刊于《文物参考资料》1957年第7期

齐彦槐所制的天文钟

齐彦槐（1774—1841年）是清代中叶一位伟大的科学家，他对天文学和农田水利的研究，都有卓越的成就，曾制作过天文钟。几年来，稍稍留意我国历代测天计时仪器[1]，陆续发现了一些有关天文钟的资料。目前全国正在开展轰轰烈烈的技术革命运动，为了丰富我们的科学技术知识，像齐彦槐这样的一位敢想敢做的科学家，是值得我们学习的。齐彦槐所制的天文钟，原物遗留到现在已一百余年，尚完好如初，仍可供我们使用，这不能不说是我国科学史上的一种奇迹。

我国古代的记时方法，跟天文学是分不开的，年、月、日、时都脱离不了天象，最早的圭表、漏壶等，就是用在晴天或阴天、日间或夜间的计时工具。北京历史博物馆陈列有内蒙古自治区呼和浩特出土的汉代玉盘日晷，广州博物馆陈列有元延祐三年铜壶滴漏[2]，这都是遗留到现在的重要的古代计时仪器。

汉代的大科学家张衡，运用铜壶滴漏的原理，制造了水力天文仪器——浑天仪，虽然这套天文仪器没有流传下来，但是，利用齿轮系的配合是可以肯定的。

关于近代钟表的起源，就是从唐宋时代的浑天仪发展起来的。西洋机械时钟的发明和发展，也是受到我国唐宋时代时钟方面发明的影响。1956年3月11

---

[1] 计时仪器古人称为仪象或称测天仪象，详见陈遵妫：《清朝天文仪器解说》，1956年6月中华全国科学技术普及协会出版。又见钱宝琮：《盖天说源流考》，载《科学史集刊》1958年1期。

[2] 胡继勤：《我国现存惟一完整的一件元代的铜壶滴漏》，载《文物参考资料》1957年第10期。清曾燠：《赏雨茅屋集》"拱北楼刻漏歌"误作延祐五年。

日，英国出版的杂志《自然》，发表了英国"皇家学会"会员李约瑟博士等所写的《中国的天文钟》一文，文中讨论了有关钟表的起源问题[3]。此外，刘仙洲教授的三篇论文：《中国在原动力方面的发明》[4]、《中国在传动机件方面的发明》[5]、《中国在记时器方面的发明》[6]，对一些与钟表有关的问题，作了较深入的研究。他们一致认为中国唐宋时代的天文钟，是现代钟表的嫡系祖先。

中国关于机轴、关捩、齿轮等机械的发明和应用，至迟在战国末年已经开始了。近年在西安、衡阳、永济等地，都从地下发现了秦汉时代的铜制齿轮，据畅文斋同志说："永济所发现的一批铜器中，其中比较特殊的是类似机械部件，有四五种不同形式的齿轮和几件同现代汽车轮上滚珠架一样的东西。"[7]又据李文信同志说："永济县薛家崖出土大批战国到汉的铜器中，出现了铜制轴承三件，它是一种环状槽子，内分四格或八格，每格中都有铁珠的残遗。齿轮五种，有正齿轮、棘齿轮，有片状三角形一侧有三齿的，有五个长齿或短齿的，也更有圆管的一头或两头有齿的。类似这种机械的铜件，在长沙等地也有过不少发现（长沙尚无发现，应是衡阳）。这就有力地证明祖国远在二千年前，机械科学的成就，已经很高了，这可以粉碎了机械都是西方人发明的谬说。"[8]

宋代苏颂的《新仪象法要》，详细地叙述了一座三丈高的"水运仪象台"。这种"水运仪象台"，就是用水力和齿轮系推动的天文钟。《吉安府志》也叙述了宋代曾民瞻制作天文钟的事情，因原书无图，所以不能确定天文钟的全貌，大约与苏颂叙述的天文钟不会相差太远的。

苏颂所叙述的天文钟，目前王振铎同志正在设计复原，不久就可试制成功，将有论文发表，这里就不多谈了。

清梁章钜《浪迹丛谈续编》卷八自鸣钟条，引宋人袁褧《枫窗小牍》说："'太

---

[3]　该文已由席泽宗同志译为中文，载《科学通报》1956 年第 6 期。

[4]　《机械工程学报》第一卷第一期，1953 年 10 月。

[5]　《机械工程学报》第二卷第一期，1954 年 7 月。

[6]　《天文学报》第 4 卷第 2 期，1956 年 12 月。

[7]　畅文斋：《山西永济县薛家崖发现的一批铜器》，载《文物参考资料》1955 年第 8 期，并附插图。

[8]　李文信：《让考古科学在祖国社会主义建设高潮中壮大》，载《文物参考资料》1956 年第 3 期。

平兴国中，蜀人张思训制上浑仪，其制与旧仪不同，为楼阁数层，高丈余，以木偶为七直人，以直七政，自能撞击钟鼓。又有十二神各直一时，至其时即执辰牌，循环而出。'此全与今之自鸣钟相似。吾乡福州鼓楼上，旧设十二辰牌，届时自能更换，相传此器是元时福宁陈石室先生（普）所制，流传至康熙间，为周栎园方伯取去，则亦中土人所造巧捷之法，又岂必索之外洋人哉。"这是有关宋元计时仪器的记载。

清初以来，广州、苏州等地都能制作自鸣钟，俗称"广钟"或"苏钟"。嘉庆间，松江人徐朝俊写了一部有关天文地理的书，叫做《高厚蒙求》。这部书第三集是钟表图说，他在书中总结了元明以来钟表的类别、功用、制造方法等，是一部研究科学史极重要的参考书。齐彦槐跟徐朝俊同时，他用钟表原理，以"钢肠"（钢肠就是现在所说的发条）作原动力转动齿轮，就制成了我们所见的这座天文钟。

天文钟制成后，引起了当时许多人的注意，他们对天文钟都给予很高的评价。梁章钜《浪迹丛谈续编》卷八自鸣钟条说：

> "齐梅麓太守彦槐，以精铜制天球全具，界以地平，中用钟表之法，自能报时报刻，以测星象节候，不差毫厘。"

钱泳《履园丛话》卷十二说：

> "……而近时齐梅麓员外，又倩工作中星仪，外盘分天度为二十四气，每一气分十五日，内盘分十二时，为三百六十刻，无论日夜，能知某时某刻、某星在某度，毫发不爽，令天星旋转，时刻运行，一望而知，是开千古以来未有之能事，诚精微之极至矣。其法日间开钟，对定时刻，然后移星盘之节气线，与时针切（如立春第一日则将时针切立春第一线），则得真正中星，如夜间开钟，对定中星，然后移时针，与星盘之节气线切，则得真正时刻。"

安徽省博物馆所藏的这座天文钟，就是梁章钜所说的天球，钱泳所说的中星仪，实物与记载完全相合。

这座天文钟通高33.4厘米，天球表面阴刻星象节候，和北京古代天文仪器陈列馆的天体仪外表极为相似。但是中部偏下有一圆孔，可以插入一个扁柄的圆形钥匙，把里面的"钢肠"（发条）上紧而产生动力。极轴的下端刻有四行题款："时上章摄提格仲吕月婺源齐梅麓监制"，每行四字，共十六字。上章摄提格仲吕月就是庚寅（道光十年）四月，也就是公元 1830 年 5 月。

据缪荃孙《续碑传集》卷七十七引方浚颐所撰《齐梅麓先生墓表》称："究天官家言，发乡先辈梅氏江氏未尽之蕴，尝制中星仪、自动浑仪二器，并著说以示用者，又造龙尾、恒升二车，其用一车当翻车之五，以一当十，迅捷奔腾，靡有渗漏，林公则徐，试之于塘，塘完十亩深二尺，戽干七寸，视晷甫三刻，林公奇之，谓有益于农田水利……先生有龙尾车歌，可得其制。"又据《清史稿》卷四九二《齐彦槐传》称："曾制浑天仪、中星仪，并各为之说，及龙尾、恒升二车，便民运水，又著北极星纬度分表、海运南漕丛议、梅麓诗文集等书。"

从上面可以看出，齐彦槐不但对天文科学有伟大的贡献，而且对农田水利的技术改革，在当时就受到了林则徐等人的重视和推崇。他所设计的水车效力大，用人少。我们应根据他的"龙尾车歌"进行研究，除了补充程溯洛同志的"中国水车历史底发展"一文外[9]，主要还应要它起到"古为今用"的作用。

原文刊于《文物参考资料》1958 年第 7 期

---

[9] 李光璧、钱君晔：《中国科学技术发明和科学技术人物论集》，1955 年 12 月三联书店出版。

漫谈新疆发现的汉代丝绸

丝绸是中国的伟大发明之一，丝织工艺在中国有悠久的历史传统。近年来，由于考古事业的发展，晚周战国之际的丝织物，在寿县、长沙等地发现了不少，殷墟出土的青铜戈上，也发现了丝织物的印痕。

汉代丝织物在新疆维吾尔自治区和山西的阳高等地，出土数量很多。朝鲜民主主义人民共和国平壤附近的古墓和蒙古国诺颜乌拉山的古墓中，也发现了不少汉代丝织物。

新疆所发现的汉代丝织物，多数被英、法、日等帝国主义盗去。国内保存的，除了黄文弼先生在他所著的《罗布淖尔考古记》（1948年12月北平研究院出版）中著录一些外，北京历史博物馆尚有一部分。这部分丝织物，是1935年在新疆各地发现的，发现地点多在楼兰古城遗址和附近的一些墓葬中。其中除了汉代的丝织品外，尚有少量魏晋时代的遗物。

汉武帝时，中国和西域（玉门关、阳关以西，中亚细亚乃至欧洲，汉时统称西域）的交通，出玉门、阳关有南北两条大道。南道从楼兰（即鄯善，在罗布淖尔南）沿南山（昆仑山）北坡西行，过葱岭南，往西可到大月支（今阿富汗）、安息（即波斯，今伊朗）、身毒（今印度），从安息向西，又可到条支（今伊拉克）、黎轩（义作犁靬，即大秦，汉代中国人称罗马帝国为大秦，当时罗马帝国由于奥古斯都和图拉真的向外侵略，疆域包括地中海沿岸许多地方，今黎巴嫩、约旦、阿拉伯联合共和国叙利亚和埃及北部，当时都在罗马疆域之内）等地。汉代有大批的货物，从这条道路运到西方，因为运去的货物主要是丝和丝织物，所以这条道路被称为"丝路"。楼兰曾是转运和销售中国丝的重要市场。北道沿北山（天山）南坡西行，过葱岭北，可到大宛（今乌兹别克斯坦共和国费尔干纳）、康居（阿姆河以北，咸海与巴勒喀什湖之间）、奄蔡（今高加索地区）以至黑海欧洲地区，这条道路，主要是从西方运来毛皮，所以又叫"毛皮路"。

自从张骞两次通使西域以后，汉武帝每年都派遣许多使者到西方各国。这些使者，既是政治官吏，又是国家的商队。据汉书西域传说，张骞出使带去的货物"牛羊以万数，赍金币帛直数千巨万"，可见国家的商队和西域各国进行贸易的繁盛情况。因之，中国文化随着这些使官，广泛地传播到遥远的西方。同时，由于各国和中国通商贸易，因而促使西域各国和中国在经济、文化方面进行交流。今天在新疆、甘肃一带的遗址中所发现的窣利文、怯卢文、印度文所写的书简和毛织褐（阿拉伯语称氍毹，波斯语称毺毺），都是当时各国传入中国的遗物。而在新疆汉代遗址或墓葬中发现的丝织物，则是当时被当地人使用，所遗留下来的一小部分。

在这些丝织物中，有锦、绣、罗、绮、绫、绸、缎、绢、缯、纱、縠、帛等。它们上面，多有彩色花纹，其种类可分自然天象、鸟兽、植物和几何图案等，有的还织有吉祥文字，如万年益寿、新神灵广、长乐明光、登高明望四海、万岁宜子孙等，有的织有工匠的名字如"韩仁"，有的织有花纹的名字如"群鹄"。这些丝织物除了用以制作衣被外，还用以制作鞋、帽、带、囊、幕饰等物。

晋陆翙《邺中记》所记当时"织锦署"所织锦名，有："大登高、小登高、大明光、小明光、大博山、小博山、大茱萸、小茱萸、大交龙、小交龙、蒲（葡）桃（萄）纹锦，斑纹锦、凤凰朱雀锦、韬纹锦、桃核纹锦，或青绨（地），或白绨，或黄绨，或绿绨，或紫绨，或蜀绨，工巧百数，不可尽名也。"现在所见的汉代古锦，确与陆翙所记相合，可见汉代丝织物的花纹，到晋代还在继续不断地发展着。汉代丝织物，虽然距今两千余年，颜色仍然未褪，由此更可看出汉代染织工艺的高度成就。我国的丝绸，受到当时各国的普遍欢迎和重视，绝对不是一件偶然的事情。

汉代和西域的交通，推动了我国和西亚各国经济、文化的交流，不仅丝绸和毛皮的来往贸易日有增加，而且西域的马匹、葡萄、苜蓿等，在中国的土地上开始繁殖和栽种了起来。西方的音乐舞蹈，丰富了中国的文化艺术。同时，中国的凿井技术和冶铁技术，也传到西域各国，对当时西域各国的社会生产，起了不少的促进作用。

中国和西亚各国和平友好的历史关系，是源远流长的，几千年来，未曾间断，在经济上和文化上的交流，为人类作出了重大的贡献。

原文刊于《文物参考资料》1958年第9期

古代科技事物三考

平日杂览群书，颇留心与古代科学技术有关资料，日久渐积，更参以现存实物，得若干事，摘录三则，希同志指正。

一、陶砭

砭石原是古代用石料制作的一种医疗器具。旧说是按病者的经络穴道，刺以针石。《战国策·秦策》："扁鹊怒而投其石"，高诱注："石砭所以砭弹人臃肿也。"清朱骏声《说文通训定声》谓今法失传。其实我国古代文献，往往针砭并举，可见砭并不是针石。《史记·扁鹊传》："扁鹊乃使弟子子阳厉针砥石以取外三阳五会。"《素问·异法方宜论》："……其病皆为痈疡，其治宜砭石。"我们从这些文字记载中，知道砭石须要磨平，砭石可以治肿疡，这就是在我国民间今天灸病还在沿用的石块，把它烤热或在火灰中烧热，灸病者患处，相当于今天医疗方法上的热敷法。古代除了石块以外，还用砖块，近来则多改用热水袋了。

其实，古代只要是一件光滑的较大的天然石子，不需砥砺，就可作为砭石，所以在考古发掘中不易引起我们的注意，即或偶有发现，我们也很难识别，竟或认为是天然石块。

自从安志敏同志在《考古学报》1957年第4期发表了《古代的糙面陶具》以后，我们看他所举的几件实例中，如河北易县燕下都遗址出土的三件战国陶器和雁北文物勘察团在山西山阴古邑村发现的汉代蛙形陶器，似乎不应称为"陶瓶"，而应是陶制的砭石。

易县燕下都遗址出土的一件陶砭，残长18.3厘米，宽6.7厘米，厚1.6厘米，

凤和壁虎纹陶砭碗

两面都有不同的图案，都以圆形凸点作地纹，正面近柄处有一侧身人像，头戴双叉尖状冠，双手上举，各系一怪兽（龙？），两兽皆回首倒立，一足踏冠上，张口吐舌，状极生动。顶端为六角星圈，似是光明的象征。背面为龙形纹饰，张爪卷尾，首部残缺。

按《山海经·海外东经》有关于雨师的一段记载："雨师妾在其北，为人黑，两手各操一蛇，左耳（疑是手字之讹）有青蛇，右耳（手）有赤蛇。"郭璞注："雨师谓屏翳也。"吴任臣《山海经广注》引《金楼子》曰："虞吏虎也，雨师龙也，雨师盖龙伯痴龙之类。"《韩非子·十过》："师旷曰：'黄帝合鬼神于太山之上，风伯进扫，雨师洒道。'"从这些文献看，这个陶砭上的人物形象，就是雨师。《山海经》所说的操蛇，也可说是操龙，龙可以作雨，所以这个操龙的人被人尊称为雨师。

把雨师操龙的形象用在陶砭上，正是古代巫术的遗留。《论语·子路》尚有关于巫医的记载，可见当时巫医的普遍存在。

由于古代阴阳五行学说的影响，"水能克火""水能既济"，人们就认为雨师可以降火（今人尚称患病为“上火”），所以把他的形象施于医疗器上。

又安志敏同志文章中所举易县燕下都遗址出土圆饼形陶器，中国历史博物馆最近又收集一件，也为燕下都遗址出土，两面地纹都无凸点，一面作二兽相斗纹饰，兽身微有凸点，另面只有凤鸟纹饰，凤鸟是吉祥的象征，这也是古代的陶砭（径8.2厘米）。

由于这件陶砭的发现，安志敏同志文章中所举的文物实例，如蛙形陶器等，就不能全部认为是“陶甐”了。

二、磨镜

镜是人们生活中常用的东西，从春秋时的铜镜到现代的玻璃镜，其形态、制作、花纹、铭文等，随时都在不断地发展着。关于描写铜镜的文章，北周时期大文学家庾信的《镜赋》已详言之。当时玻璃镜虽已出现，但使用并不普遍，明代以后玻璃镜才广泛使用，因此，铜镜的地位，遂被玻璃镜取而代之。所以有关铜镜的一些知识，我们日渐生疏了。这里仅就古代新铸铜镜和旧镜磨光的技术，简略地谈一谈。

新铸造的铜镜，并无光泽，使之发光的技术，最早见于《淮南子·修务训》：“明镜之始下型，曚然未见形容，及其扢（道藏本作粉）以玄锡，摩以白旃，鬓眉微豪可得而察。”《吕氏春秋·达郁》篇高诱注：“镜明见人之丑……而扢以玄锡，摩以白旃。”这些记载，对我们研究古代铜镜的制作有很大帮助。

当铜镜始铸出范以后，“粉以玄锡”（水银），然后再以白旃磨光，方可照人。所以说铜镜的光泽是水银受热在镜面所起的化学变化。袁翰青先生说我国对汞（水银）的利用至晚在公元前2世纪就开始了，我国古代对汞的制造是将硫化汞（丹砂）加热，而分解出汞来。证以出土的古代铜镜，所谓“黑漆古”“水银沁”等名称，都应该是汞在镜面所起的化学作用。

关于旧镜磨光的问题，是因铜镜使用日久，镜面昏花，再行重光。因此，古时的磨镜便成了一种专门职业。这在我国古代文献中，有不少记载。

《世说新语补·德行》：“徐孺子尝事江夏黄公，后黄公殁，孺子往会葬，无资以自致，赍磨镜具自随；所在取值，然后得前。”唐阙名《聂隐娘传》：“……忽值磨镜少年及门，女曰：‘此人可与我为夫。’白父，父不敢不从，遂嫁之，其夫但能淬镜，余无他能。"范摅《云溪友议》卷下，祝坟应条："里有胡生者，性落拓，家贫，少为洗镜、锼钉之业。"宋吴自牧《梦梁录》卷十三，诸货杂色条："若欲唤锢路钉铰、修补锅铫、箍桶、修鞋、修幞头帽子、补修魫冠、接梳儿、染红绿牙梳、穿结珠子、修洗鹿胎冠子、修磨刀剪、磨镜，时时有盘街者，便可唤之。"

可见古时除了磨镜以外，还有淬镜、洗镜种种技术。而从事这种职业的人，就和现在磨剪子、磨刀的工匠一样，沿街售艺。在里巷间售卖妇女用品的货郎，有时也附带从事这种技艺。

清人磨镜图轴

新镜的开光和旧镜的磨光，明代有两部书作了科学的记录。

第一部书是相传刘基所著的《多能鄙事》，该书卷五，有三条关于磨镜药的记载。

一、磨古镜：以猪、羊、犬、龟、熊五物胆，各阴干合和为末，以水湿镜，粉药在上，复向地上，不磨自明。

二、磨镜：鹿顶骨（烧灰）、白矾（枯）、银母砂各等分，为细末和匀，镜磨净后，即以此磨令光，一次可过半年。

三、磨镜药：白矾（六钱）、水银（一钱）、白铁（即锡，一钱）、鹿角灰（一钱），将白铁为砂子，用水银研如泥，淘洗白净，入鹿角灰及矾，研极细始可用，如色青，再洗令白。

再一部书就是明代冯梦祯《快雪堂漫录》所记的铸镜法。此法首先谈到铸镜，然后又谈开光，内容颇为完备。不过，我们要注意他所记的方法，是得自他的朋友谈述的经验，不能认作是隋唐以前铸镜的古法。

他说："凡铸镜炼铜最难，先将铜烧红，打碎成屑，盐醋捣荸荠拌铜埋地中，一七日取出，入炉中化清，每一两投磁石末一钱，次下火硝一钱，次投羊骨髓一钱，将铜倾太湖沙上，别沙不用，如前法六七次愈妙，待铜极清，加碗锡，每红铜一斤加锡五两，白铜一斤加六两五钱，所用水，梅水及扬子江水为佳，白铜炼净，一斤只得六两，红铜得十两，白铜为精。铸成后开镜（按即开光），要好锡一钱六分，好水银一钱，先熔锡，次投水银取起，入上好明矾一钱六分，研细听用。若欲水银古，用胆矾、水银等，分入新锅烧成豆腐渣样，少许涂镜上，火烧之。若欲黑漆古，开面后上水银完，入皂矾水中浸一日取起，诸颜色须梅天制造。"

《多能鄙事》和《快雪堂漫录》两书有关磨镜、铸镜的资料，是值得从事古代科学技术研究的同志们注意的。

中国历史博物馆收藏一幅清代无款《磨镜图》立幅，绢本设色，纵81厘米，横52厘米，磨镜老叟双手握毡团（又似发团）正在镜面磨来磨去，旁有药瓶、药罐等物，其磨镜方法与古代文献记载相合。

我们看了这幅《磨镜图》，不禁想起清代谢堃《书画所见录》所记载的明人郭诩画的一幅《磨镜图》来。他记载郭诩这幅画是："一人坐凳上作磨镜状，旁立一翁、一妪、二少妇，一妇持镜自照，镜中之容逼肖。郭诩自题一诗：'团团古青镜，久为尘垢羞，磨括回青光，背有双龙浮，美人投其好，欲介金凤求，此镜千金不易得，此镜一览露九州，我欲献君置殿头，照见天下赤子皆穷愁。'"

我们读到后面四句，会觉得画家作画，是有寓托的，即所谓"画外有画"。

《书画所见录》著录的郭诩《磨镜图》不可见了，而现存的清代《磨镜图》，似是郭诩原画的一个摹本。

三、被中香炉

中国人民一向重视利用熏烟的办法灭虫或消毒。因为除了所使用的药物具有灭虫、消毒的作用以外，烟的本身对空气中的与表面上的微生物病毒，也具有显著的杀灭效能。

根据《周礼》的记载："翦氏掌除蠹物，以攻禜攻之，以莽草熏之，凡庶蛊之事。""庶氏掌除毒蛊，以攻说桧之，以嘉草攻之，凡敺（驱）蛊则令之比之。"这里所说的"攻禜""攻说"虽然带有一定的迷信舞蹈仪式，但它真实地记录了古人的熏烟灭虫工作。尤其所使用的"莽草""嘉草"可以看出都是古代杀虫消毒用的熏蒸药物。因之，古代就把带香气的草称为熏草了。香气的科学作用是解秽，看来燃香就是空气消毒。

古人燃香是用香料在炉中焚烧，并不像后代用香料和泥作成细条条的炷香。

我国在春秋时期，已出现了专供室内取暖的铜炭炉，现存最早的实物，要算河南新郑出土的"王子婴次炉"了。汉代，由于神仙方士思想的影响，出现了铜制的和陶制的博山炉，博山炉或简称熏炉（晋代又出现了青瓷熏炉），它不是取暖的用具，而是室内熏香除秽的器具。《三国志·吴志·孙策传》注引《江表传》："时有道士琅玡于吉，先寓居东方，往来吴会，立精舍，烧香读道书。策曰：'昔南阳张津为交州刺史，尝着绛帕头，鼓琴烧香，读邪俗道书。'"这是有关汉末道士焚香的文献记载。

博山炉的盖部表面，一般都有山峰禽兽和神仙故事等。《文选·雪赋》有"燎熏炉兮炳明烛"的句子，同书《景福殿赋》注引刘向《熏炉铭》曰："雕镂万兽，离娄相加。"这种描写正可与今日所见汉代博山炉的装饰花纹相印证。

博山炉上罩一件竹笼，叫做篝，《说文》："篝，笿也，可熏衣。"《方言》："篝，郭注云：今熏笼也。"《颜氏家训·勉学》篇说梁朝贵族子弟多"熏衣剃面"，可见熏衣的风俗在汉晋以后是很流行的。

古代的贵族们，不但经常熏衣，而且还用熏炉熏被。《古文苑》卷三司马相如《美人赋》："金鉔熏香，黼帐低垂"，章樵注："鉔音匝，香毬，衽席间可旋转者"（按鉔字不见于古代字书，清陈元龙《历代赋汇外集》卷十五所收此赋，误改作炉，鉔为被中香炉之专字）。《西京杂记》卷一："长安巧工丁缓者，……又作卧褥香炉，一名被中香炉，本出房风，其法后绝。至缓始更为之，为机环转运四周，而炉体常平，可置之被褥，故以为名。"唐、五代词家如温庭筠《更漏子》："垂翠幙，结同心，待郎熏绣衾。"韦庄《天仙子》："绣衾香冷懒重熏。"牛峤《浣溪沙》："枕障熏炉隔绣帏。"《菩萨蛮》："熏炉蒙翠被，绣帐鸳鸯睡。"都是指被中香炉而言。元代陈樵《鹿皮子集》卷一，有《卧褥香炉赋》言之尤详。

明田艺蘅《留青日札》卷二十二香球条说："今镀金香球，如浑天仪然，其中三层关棙，轻重适均，圆转不已，置之被中，而火不复灭，其外花卉玲珑，而篆烟四出。"也是指的这种器物。今日本奈良正仓院收藏的唐代文物中，尚有被中香炉。

中国历史博物馆收藏的一件被中香炉，铜质球形，高12.8厘米，遍体镂空，雕镂成六个大团花和八个小团花图案。球身中部有子母口，可以开合。内有两层双轴相连的同心圆机环（即《留青日札》所说的"三层关棙"），大的机环有双轴与球壁相连，小的机环有双轴承以灰盂，以备焚香。灰盂的重心在底部，由于这种平衡装置的作用，球身辗转，灰盂永保平衡。从花纹及制作上看，这件被中香炉应是明代的制作。

近承王振铎同志见告："从国内外发表的有关这种香炉的报道和图录来看，数十年来各地出土很多，可惜多流出国外，美国搜集的就不少。这种特有的机环装置，除古代用在香炉上外，如近代民间的绣球灯、架灯壶都是这个原理的滥觞。如西洋船舶上的磁性罗盘所用的持平环的结构也是这个原理。记忆中文艺复兴时期，伟大的画家、机械学家达·芬奇，也曾有过这种持平环的设计，而比我们晚了数百年，从科学技术史上来看，这个持平机环的出现应该说是一项重要的发明。"

通过历史文献和现存的实物，我们可以充分看出古代劳动人民的聪明智慧和在工艺美术方面的光辉成就。

原文刊于《文物》1952年第 3 期

汉代独轮车

刘仙洲先生在他所著的《中国古代农业机械发明史》中，曾研究过《三国志·蜀书·诸葛亮传》上所说的"木牛""流马"。书中引用了很多材料，证明"木牛""流马"就是独轮车，并用机械原理说明"木牛""流马"不会自动行走。

为什么把独轮车叫木牛、流马呢？我们从后汉晚期应劭著的《风俗通义》中，可以得到一些线索。应劭称："……乘牛马者，剉斩饮饲达曙。今乘此（鹿车）虽为劳极，然入传舍偃卧无忧，……无牛马而能行者，独一人所致耳。"（《太平御览》卷七七五，引《风俗通》），可见鹿车（辘车）使用便利，远途运输，无夜起铡草喂料之苦，不用牛马而能行走，一个人就可以推运。所以俗间称这种车为不吃草的牛（木牛），能流转的马（流马）。这正如过去我们把摩托车叫做"电驴子"（或简称"电驴"）是一样的。如果我们问一问今天的儿童，这个名词作何解释，可能十之八九答不出来。何况裴松之为《三国志》作注时已后于诸葛亮二百多年，且诸葛亮的地域是四川，裴松之的地域是江苏，两地社会风土不同，所以裴松之注《三国志》，就很难正确解释木牛、流马的含义了。

关于鹿车的鹿字，有无偏旁是一样的（古人用字，偏旁常任意增减），应作辘辂解，是轮轴类的引重器。自战国迄今，我国井上汲水多用辘辂，或书作鹿卢、槐栌。《方言》卷五"繀车，赵魏之间谓之辘车，东齐海岱之间谓之道轨"。辘或作历鹿，钱绎《方言笺疏》谓即《诗经·秦风·小戎篇》毛传的历碌，重言则曰历历碌碌。可见这些字的偏旁可增可减。传世汉代铜器中，有一种活轴铜灯，灯碗可仰可盒，俗称辘辂灯，意也取此。所以辘车就是一个轮轴的车。因此，可以肯定应劭《风俗通义》（《太平御览》卷七七五引）"鹿车窄小裁容一鹿也。或云乐车，……"的说法，是望文生义的解释。

关于董永故事中的辘车，见于句道兴《搜神记》引刘向《孝子图》，而干宝《搜神记》虽有董永故事，则未注故事的出处。但《太平御览》卷四一一引刘向《孝子图》则与句道兴《搜神记》引刘向《孝子图》有些不同，它开头便说："前汉董永，千乘人。"后面并未提到"辘车推父于田头树荫下"。今以武梁祠画像和渠县汉阙浮雕证之，句道兴《搜神记》所记与之均相符合，故应是刘向《孝子图》董永故事的全文。而《太平御览》引文称"前汉董永"，这显然不是刘向的口气，因刘向是西汉人，他本人不会知道后来又出现东汉（西汉、东汉或前汉、后汉是汉代以后的人用的，以示对两汉有所区别），这说明了《太平御览》引文有随意增删的地方。而句道兴《搜神记》引刘向《孝子图》则称"有董永者"，最后句道兴本人说："前汉人也"。这个例子，充分地说明了敦煌遗书的可贵。

据《汉书》卷三十六《刘向传》称，刘向生于昭帝元凤四年（公元前77年），卒于哀帝建平元年（公元前6年），他的《孝子图》记载了董永的故事，可见董永是西汉时人（《孝子图》今佚，原书应是图文并列，今仅能从其他古籍中见到佚文，颇疑武梁祠及渠县汉阙浮雕董永故事，即以《孝子图》为蓝本）。不但董永故事中有辘车，而西汉后期鲍宣妻的故事中，也有夫妻共挽鹿车归乡里的故事（夫妻共挽的意思，从文字表面看是共同拉车，现在可以解释为一人推车一人拉车，犹北京拉排子车的工人，不论是拉车的人还是推车的人，我们都同称之为拉车的人）。据《汉书》卷七十二《鲍宣传》及《后汉书》卷五十九《鲍永传》称宣卒于平帝元始三年（公元3年），其妻年岁应与之相当，这就完全证明了西汉时期独轮车已经出现。

中国历史博物馆通史陈列东汉部分，有"栈道的修复和交通工具的改革"场面，在陈列品中有辘车复原模型，它是利用王振铎先生二十多年来研究的成果复原制作的。二十多年前，王先生曾根据东汉画像资料和历史文献亲手复原制作东汉车多种，如驷马安车、辀车、轩车、辎车、大车、鹿车六种，在原北京历史博物馆秦汉陈列室陈列。1959年中国历史博物馆建馆期间，由于陈列了长沙出土的汉车，故撤陈了五种，保存在历史博物馆模型资料室。并将辘车复原模型进行了部分修改，是二十年前制作的，是1959年制作的，现在陈列说明片上写着："独轮车在当时是一种极经济而应用广的交通运输工具，在交通史上是一种极其重要的发明。"据王先生介绍鹿车复原的情况说："由于复原中根据的几种画像石,都是东汉中、晚期的资料,这个初步复原的模型,仅能说是东汉中期以后形制的综合复原,仅就两汉车制来说就有很多的演变,该模型并不足说明鹿车的早期形式,并且在车辕结构的细节上,还进一步有待考古资料的证明。"

本来,刘先生的文章和王振铎先生复原的陈列品,把辘车从文字到形象都已讲得很清楚了。现在我只是把平日与两位先生常谈的一些个人看法写出来,供同志们参考。

原文刊于《文物》1964 年第 6 期

西汉朱庐执刲银印小考

《人民日报》4月28日发表了海南岛出土"朱庐执刲"银印的消息，谈到汉代"执刲"爵位的印章，这是首次发现。这方印章是海南黎族苗族自治州文化局文物普查组于今年一月在乐东县鉴定文物时发现的。1984年5月乐东县志仲区潭培乡黎族农民刘清高在山坡种植橡胶树，从距地面约30厘米处掘出，他立即把印章送到县文化馆，并受到应得的奖励。印高1.9厘米，边长2.4厘米，纽作兽首蛇身形，印面铸阴文"朱庐执刲"四字。

据《汉书·地理志》及《贾捐之传》，武帝平定南越王，于元封元年（公元前110年）在海南岛立儋耳、珠厓两郡。昭帝始元五年（公元前82年）儋耳并入珠厓。元帝初元三年（公元前46年）罢珠厓郡，置朱庐县，隶合浦郡。《后汉书·郡国志》合浦郡下，朱庐作朱崖。《南齐书·州郡志》合浦郡下尚有朱庐之名。

自东汉至南齐，朱庐县时废时置。此印从印纽看，与1956年云南晋宁石寨山出土西汉"滇王之印"金印，1784年日本福冈县志贺岛出土"汉倭奴国王"金印皆为蛇纽，三印文字书体也甚相近。"执刲"或作"执圭"，也作"执珪"。《吕氏春秋·知分》《淮南子·道应训》皆以"执圭"为楚国爵位名，凡功臣赐以"执圭"。西汉沿袭古制，功臣曹参、夏侯婴、灌婴等，皆赐爵执圭。"朱庐执刲"银印即西汉朝廷对一个立有功勋的军政首领封爵朱庐县"执圭"时的赐印。其用蛇纽制印，很可能这位勋爵是一个海南岛上的少数民族人物。

朱庐旧址，过去一般皆认为在今海南岛琼山县东南。而银印出土地乐东县志仲区潭培乡，其地旧属崖州，从而推断汉代珠（朱）厓或朱庐的治所应在今海南岛三亚市的崖城一带。

此印的发现，对海南岛古代历史、地理的研究，无疑是具有重大意义的。

此文与陈高卫同志合作。

原文刊于《人民日报》1965 年 6 月 10 日

西周蔡侯鼎铭释文

中国科学院考古研究所沣西考古队写的《陕西长安张家坡西周墓清理简报》（《考古》1965年9期），叙述了墓葬出土的九件铜器，计鼎三件，盨四件，壶二件。铜鼎一件（编号7）有铭文二行十二字，《简报》释为"敊侯隻巢，孚厥金，□用作犨鼎。"铜盨四件各有对铭，《简报》释为"唯王元年，王在成周，六月初吉丁亥，叔尃父作郑季宝钟六金，隣盨四，鼎七，郑季其子子孙孙永宝用。"《简报》认为"就九件铜器的形制、纹饰而论，它们的时代有早有晚：7号鼎可能属于西周初期……而四件铜盨属西周晚期。自然，墓葬本身当不早于西周晚期。"我完全同意《简报》的这种看法。

关于铜鼎的释文，《简报》说是采用陈梦家先生的考释。陈先生的释文显然还有不够的地方，我细审拓本，认为这件铜鼎的铭文应释为：

"蔡侯获巢，孚厥金，赏，用作犨鼎。"

《简报》把第一个字隶定为敊，实际此字是字矛的繁体，也就是**秉**（蔡）字。第八字《简报》未释，细审字形、笔画，当是赏字，同赏。

欲解释敊字，应先从彖字说起。彖《说文》解为"修豪兽，一曰河内名豕也。从互，下象毛足，读若弟，**秉**古文。"又《说文》互部"彖，豕也，从互从豕，读若驰。"严可均《说文校议》、王筠《说文句读》均谓彖、彖同字。是正确的。又《说文》杀字的古文或作**秉**，与彖之古文**秉**形同。金文中蔡大师鼎、蔡子匜的**秉**字，旧释作龙，容庚先生《金文编》据魏三字石经古文定为蔡字。郭沫若先生《卜辞通纂》谓蔡、杀字古本通用，蔡人以𥝆为其族名，盖以𥝆为图腾也。又见古文蔡、杀是一个字。

卜辞还有以𥝆为地名的：

𡧊贞于𥝆黍受年（于省吾先生藏拓本），此即西周初蔡叔所封的地方，可以知道这个地方是商的旧地。卜辞又有"子𥝆"，此当是人名。

卜辞另有𥝆字：

辛未贞，今日告其步于父丁，一牛，在𥝆卜。

壬辰卜，𡧊贞，雀𠦪𥝆任辰卜，𡧊贞，雀弗其𠦪𥝆，三月。

贞雀𠦪𥝆方。

𥝆即祭，《春秋·隐公元年》："冬十有二月，祭伯来。"《国语·周语》"祭公谋父谏曰"，韦昭注："祭，畿内之国"，《穆天子传》作郐。

《说文》："郐、周邑也。"在《春秋》经传中，凡周邑字作祭，凡陈蔡字作蔡。实际蔡、祭（或郐）在古代文献中也是一个字。王引之《经义述闻·国语下·惠慈二蔡》条说：

"蔡读为祭公谋父之祭……祭与蔡古字通。《吕氏春秋·音初篇》：'周昭王及蔡公陨于汉中。'僖四年《左传》正义引作祭公。《古今人表》也作祭公。《墨子·所染》'幽王染于蔡公谷'。《吕氏春秋·当染》作'祭公敦'。《春秋》'郑祭仲'。《易林·既济之鼎》作'蔡仲'。汉安平相孙根碑'祭足'作'蔡足'。皆其证也。《逸周书·祭公》《礼记·缁衣》引作'叶公'，亦是借蔡为祭，因讹而为叶也。"

因此，我们可以知道周邑的祭（郐）古可作蔡，陈蔡的蔡古写也可作祭。其后祭、蔡乃分，犹郾、燕，虞、吴在古文献中通用是一样的。也犹西虢、东虢同称为虢，是一个道理。

这里需要指出的，就是𥝆字为什么加一个幺字？我们看幺字与𥝆字的头部紧相连接，像以绳索系𥝆之形。甲骨文的𥝆字，自孙诒让《契文举例》释𥝆以后，郭沫若、于省吾诸先生从之谓假为祟、或假为杀、或假为煞，都是很正确的。这件铜鼎的𥝆字加幺，正可看出西周初期个别铜器文字与甲骨文的区别。后期蔡器的蔡字省掉了幺字，而写作𥝆，犹如早期𦍋字作𦍌，后期隶定作羌（姜），这都是文字逐渐趋于简化的实例。

从蔡侯鼎的铭文结合《史记·周本纪》和《管蔡世家》看，这个蔡侯是周初经营南国时所封的。其封地当今河南上蔡县。武王伐纣，奴隶起义，商代灭亡，但商在东方还有实力，为了镇压武庚，武王乃使管叔、蔡叔、霍叔居于邶、庸、卫三地为三监以监殷。所以说这个蔡侯应是周初所封的蔡侯，以金文侯鼎、康侯爵、康侯斧即《尚书·康诰》的康叔例之，这个蔡侯很可能就是蔡叔。

巢本是殷的诸侯。《说文》："鄛，南阳棘阳。"（此据段注本，大徐本作枣阳），棘阳故址在今河南新野县东北。《尚书序》："巢伯来朝，芮伯作《旅巢命》。"《周礼·象胥》序官《正义》引郑玄注："巢伯殷之诸侯，闻武王克商，慕义而来朝。"《尚书·仲虺之诰》"成汤放桀于南巢"，疏引郑玄云："巢，南方之国。"《路史·国名纪》丁："巢，子姓。"今蔡侯鼎铭记载蔡侯隻（获）巢，孚（俘）金，受到周王的赏赐，说明他伐巢对周室曾立下过战功。

《西清古鉴》卷二七有簋铭：

"唯巢来段，王令东宫追以六自之年。"

陈梦家先生《西周铜器断代》（二）认为此是西周初期器。与蔡侯鼎铭对照研究，可见周初对汉水流域的巢，曾进行过多次的战争（春秋以后的巢或称居巢，在今安徽巢县）。

周初虽然分封了几十个诸侯，但是我们在考古发掘中很少见到周初诸侯的遗物。蔡侯鼎的出土，无疑是周初分封诸侯的一件重要文物。它比1954年江苏镇江出土的宜侯夨簋、1955年辽宁凌源出土的郾侯盂的时代都要早，历史价值也相当大。从它的简朴的造型和粗率、奔放的字体，我们可以充分地看出当时侯国的经济、文化发展，不是很落后的。

原文刊于《考古》1966年第2期

元末徐寿辉农民政权的铜印

一

元末红巾军领袖徐寿
辉农民政权"管军万户府
印"铜印，1965 年 6 月，
河南省光山县向庄公社王
店大队一位社员捐献给中
国历史博物馆。据称此印
为其祖父早年耕地发现，
在家长期保存，因印柄全
缺，不知何物，经人辨识，
才知是一件铜印，故捐赠
中国历史博物馆保存，供
陈列、研究之用。

"管军万户府印"铜印

这件铜印厚 1.2 厘米，
径 13 厘米，重 560 克。印面外圆内方，四郭为对称云纹，印文六字篆书"管军
万户府印"，印背一侧刻"管军万户府印"，一侧刻"中书礼部造，太平年月日"。

二

关于徐寿辉农民政权的铜印，据我们所知道的，曾有三方：一是"统军元帅府印"，直径13厘米，大小与"管军万户府印"相同，印背刻"统军元帅府印，中书礼部造，治平四年月日给"[1]。还有两件"管军万户府印"，仅见于清代汪中《述学》一书的记载，未见到实物或拓本。此外，关于徐寿辉农民政权的铜印则无所闻了。

徐寿辉（？—1360年）是元末农民起义的领袖之一，又名真一，一作真逸，湖北罗田人[2]。1351年（至正十一年）与安徽颍州（今阜阳）的刘福通起义军相呼应，在湖北蕲州、黄州一带和彭莹玉、倪文俊等起义，并被推为长江流域的红巾军领袖，于1351年9月在湖北蕲水（今浠水）建立了农民政权，国号天完[3]，建元治平。所部数十万人陆续攻克湖广、江西大部，东及江浙，西及四川等地。

当徐寿辉建立农民政权以后，第四年即1355年，刘福通在亳州拥立韩林儿为小明王，国号宋，建元龙凤。至1366年冬，朱元璋迎韩林儿入应天（今南京），韩林儿在瓜州渡江，溺死，韩林儿政权才告结束。明初，朱元璋站在封建统治阶级的立场追记当时红巾军起义的情况说：

"昔当辛卯（至正十一年，1351年），……邪术者（白莲教）倡乱，遂致王纲解纽，天下纷纭。其年汝、颍、蕲、黄民皆为逆。次年，徐、宿炽然盗起，蔓及钟离、定远，民皆弃农业，执刃器趋凶者数万，当时贪官污吏，莫敢谁何！"[4]

这可以清楚地看出元末南北两支强大的红巾军就像广大劳动人民的一双巨掌，沉重地打击了当时的反动统治阶级。

据有关文献和各种历史年表记载，徐寿辉的天完政权，自1351年建立到1359年结束，其间共有治平、天启、天定三个年号，未闻以"太平"纪年。而此

---

[1] 此印见于罗振玉《隋唐以来官印集存》，罗福颐、王人聪《印章概述》。

[2] 叶子奇《草木子·克谨》，陆深《续停骖录》均称徐寿辉原籍为湖南。

[3] 天完的完字是完备无缺的意思。颇疑"天完"二字来源于"大宋"，"天"字是大上加一，"完"字是去木增元，有宋朝覆灭元朝之意。考宋濂《宋学士文集·銮坡前集》有《故怀远大将军同知鹰扬卫亲军指挥使司君墓志铭》称："今元政大乱，天下兵动，江东西北为盗区，分宁徐寿辉建伪号曰宋，都九江。"可见徐寿辉曾揭出宋的国号。从文中看，徐早期曾都九江，这是文献上仅有的一条记载。宋濂生当元末，此说似应可信。

[4] 《明太祖文集》卷十四《纪梦》。

印背刻"太平年月日",是值得重视的一个问题。

汪中所见到的徐寿辉农民政权两方铜印,其中一件也有"太平"年号。汪中《述学·补遗·释印》称:

"黄山民治地获铜印二,外圆内方,围某寸,径某寸,文曰:'管军万户府印',其背曰:'中书礼部监造',二印同,一治平三年月,一太平三年月。……曰治平三年者,罗田人徐寿辉据蕲水为都,国号天完,僭称皇帝,改元治平,其三年当至正之十三年,当在丙戌(按应作癸巳)也。元诸帝及僭伪诸国无以太平纪年者,印既同制同文,则寿辉固尝以是改年欤?……寿辉以至正十一年十月僭号,十三年十二月为江浙行省平章事伯彦帖木儿等所败,弃蕲水遁走,十五年(按应作十六年)正月其将倪文俊建伪都于汉阳,迎寿辉据之,其改元必在是时,史无文以知之矣。"[5]

我看汪中关于"太平"年款印章时代的推测是可信的。

在历史文献上有关农民起义的记载都很简略,即便有一些记载,也多是封建统治阶级对革命农民的攻击、造谣和污蔑,起义军的许多真实情况,确实是像汪中所说的"史无文以知之。"所以,我们必须对新发现的有关历代农民起义的文物和旧的历史文献进行阶级分析,正确地阐明农民起义的历史和作用。《明太祖实录》虽然记载彭莹玉牺牲十三年后,罗田县农民"铸印章,设官吏"反抗朱元璋的统治,

---

[5] 元末徐寿辉起义军的将领中,称万户而见于记载者颇多。赵汸《东山存稿》卷五《代举留沙元帅状》曾称"蕲黄贼首彭万户"。元制,诸军路或称元帅府、或称总管府、或称万户府,见《元史·百官志》。汪中《述学·补遗·释印》关于管军万户府的解释说:"管军者,元诸路号也,万户府元官,有上万户府,管军七千人之上,达鲁花赤一员,万户一员,俱正三品,副万户一员,从二品。中万户府,管军五千之上,达鲁花赤一员,万户一员,俱从三品,副万户一员,正四品。下万户府,管军三千之上,达鲁花赤一员,万户一员,俱从三品,副万户一员,从四品。其官皆世袭,有功则升之。……寿辉所置官,若邹普胜为太师,陈友谅为平章事,皆沿元制,其置万户,无足异耳。"

又,汪中文中所记获铜印地方"黄山",在岳州安乡县(今湖南省安乡县),见《读史方舆纪要》卷七十七岳州卫条。徐寿辉农民政权曾辖其地。这两方铜印,当是当年徐寿辉政权遗留下来的。

但为时很短[6]，不可能有三年时间，因此，这方"太平"年款的铜印不可能是他们所铸的印章。

我们从光山出土的这件"管军万户府印"和黄山出土的两件"管军万户府印"，结合传世的治平四年"统军元帅府印"进行考察，其字体、形制、款式完全相同，充分地证明徐寿辉所建立的天完政权曾用过"太平"的年号。而此印所刻的"太平年月日"当是太平元年□月□日，"太平年"应是太平元年的简称（颇疑起义军为了抗元，而不用元字，元年又不得称一年，故称太平年），即1356年。而"太平"二字的由来，绝不同于宋初的太平兴国，更不是对"太平盛世"的歌颂，而是自汉末黄巾起义的太平道到清代太平天国革命者所要求"杀尽不平方太平"的真正太平[7]。

如上所述，太平年号既为徐寿辉天完政权于1356年迁都汉阳时所改元，所以治平年号只能有五年即1351至1355年，不得有七年。而太平年号，从汪中所见到的"太平三年"铜印，可以断定至少应有二年半的时间，即1356至1358年7月。天完农民政权于1358年8月改元天启，1359年4月改元天定，同年冬迁至九江。1360年5月陈友谅改元大义，天完政权才告终结。

三

徐寿辉所建立的天完政权，不但铸了印章，而且发行了货币。据钱币学家的研究，徐寿辉政权所铸的货币有"天启通宝"和"天定通宝"两种。

"天启通宝"分小平、折二、折三三等，都是铜铸，楷书，另有篆书一种是折三钱。

"天定通宝"分小平、折二、折三三等，都是铜铸，楷书。

天启、天定两个年号，都是徐寿辉末年所改，据《豫章漫钞》所记，这时徐

---

[6] 《明太祖实录》卷十五："乙巳（1365年）八月辛亥，罗田盗蓝丑儿诈称彭莹玉，造谣以惑众，铸印章、设官吏，……麻城里长袁宝率乡人袭捕之。"

[7] 陶宗仪《辍耕录》卷二十七《扶箕诗》："天道魔君杀不平，不平人杀不平人，不平人杀不平者，杀尽不平方太平。"诗中反映了人民希望彻底推翻封建剥削制度的迫切要求，应是元末农民起义时提出的一种口号。

寿辉农民政权的实权，已由陈友谅所掌握了[8]。

那么徐寿辉农民政权于1356年迁都汉阳的时候，在天启、天定以前，是否曾铸过钱币呢？我们从两件"太平"年号的铜印，结合1933年湖南衡阳出土的"太平通宝"，可以充分说明徐寿辉的天完政权在汉阳曾铸过"太平通宝"钱。而徐"太平"钱与宋代的"太平"钱截然不同，我们平常所见到的"太平通宝"铜钱、铁钱很多，都是宋初太平兴国年间（976—984年）所铸，字体近于隶书。徐"太平"则字体近于楷书，和"天启"（徐"天启"钱和明"天启"钱也截然不同，有关徐"天启"和明"天启"的问题，见丁福保《古钱大辞典》和《钱币杂志》第二十八期罗伯昭《篆文徐"天启"钱先后发现史》）、"天定"相近，流传到今天的十分稀少。

彭信威《中国货币史》在《两宋的货币》中，列举了几种宋代"太平通宝"金银钱，一种是隶书，另一种银太平是瘦金体，还有几种宋体书的银太平。关于后者，他说："一种小平，一种折二大小。小平狭穿细缘，斜体宋字，十分精美，重三公分七五。看制作和文字同绍熙元宝相近，大小厚薄也一样，只是字体稍有区别，绍熙钱的字体平正，太平钱的字体稍斜，同现代印刷上用的聚珍体一样。时代应当是在12世纪后半，因为西夏的乾祐钱和金人的大定钱也是这样的形制和字体。折二大小的太平钱，制作不大精美，据说在衡阳出土几枚，但未见实物。有人说是李婆备所铸，尚待考证。"[9]

关于隶书和瘦金书的银太平，和徐"天启""天定"书体相异，且存而不论。而所谓宋体书的银太平，曾见到衡阳出土的原物四枚[10]。据当时收集者戴葆庭先生函告："太平通宝1933年秋冬之间在衡阳城区收得五枚或六枚，已记不清，据云当时离出土时间不远。携沪后，归罗伯昭、张季量等收藏。是否李婆备所铸，无

---

[8]　陆深《豫章漫抄摘录》（《纪录汇编》本）称："按元至正十二年（1352年）壬辰正月，红巾破九江，闰三月，蕲、黄、沔阳红巾破江州，江州即九江。……戊戌（1358年）红巾徐真一下陈友谅始据江西时，改元天启，明年己亥为天启二年，四月又改元天定，五月陈友谅自称大义元年。"

[9]　彭信威：《中国货币史》，上海人民出版社，1965年11月第二版。

[10]　原物现藏中国历史博物馆，罗伯昭捐赠。

器
物

225

从证实。《历代古钱图说》131 页所列大小二种，完全一手所造，一个作风，均是正用品，非压胜之类。……此项大小二种太平，质地、色泽光彩完全似银，若含锡较多，则只有变成白色，不会有银光闪耀。抑或白铜还是铜质含锡较多入土后起化学变化为白水银古欤？"

这四枚"太平通宝"近经中国人民银行同志鉴定，其中折二的一枚（狭边的）完全是铜质，折二的两枚（宽边的）含银 2—3 成，小平的一枚含银 4—5 成。所以衡阳出土的太平通宝钱并不能算是银钱，而是铜内含有银的成分。

这种太平通宝钱既是正用品，所以程文龙首先提出它是南宋初李婆备所铸造[11]。他说："检《玉海》，建炎间，李婆备反，年号伪建太平。字体固应如是，余因定为南宋寇钱。"按：李婆备的名字，只见于《玉海》卷十三《改元》，在"太平"年号下有"李婆备"三字。罗振玉《重校订纪元编》定为建炎间，程文龙称建炎间，当是据罗振玉的说法而定。[12]

李婆备的事迹虽无可考，但其在南宋初年起义反对宋朝的统治是可以肯定的。《玉海》虽然记下了他的政权年号，但政权建立时间，可能十分短暂，故其他文献无载。一般情况是农民政权相当稳固后，才能自铸货币，因此，李婆备政权自铸货币是不可能的。所以衡阳出土的"太平通宝"与李婆备联不上。且这类"太平通宝"的字体并不类似宋字，而与元至正通宝及元末农民政权所铸钱币如龙凤通宝、天启通宝、天定通宝、大义通宝的字体、形制、大小相近。

还有一条证据，就是当徐寿辉迁都汉阳之前，其将倪文俊已攻占湖广诸地。《草木子·克谨》称："至正乙未冬，湖广雨黑雪，是时倪文俊陷湖广，威顺王妃主子女皆为所掳。"《新元史·徐寿辉传》称："（至正）十五年，寿辉将倪文俊败威顺王宽彻不花，纵横湖湘间，官军屡为所挫。五月，文俊陷中兴。自兵兴以后，湖南北州县相继陷，独茶陵州坚守数年，至是亦为文俊所陷。……是年（十六

[11] 程文龙《银质太平通宝墨本跋》载《古钱大辞典·下篇补遗》。

[12] 关于李婆备的名字，仅见于《玉海》卷十三。罗振玉《重较订纪元编》称："建炎间反"，不知何据。按建炎间，钟相、杨幺起义前后，各地农民起义此伏彼起，相继未断。如李心传《建炎以来系年要录》、李纲《李忠定公集》及《奏议》、薛季宣《浪语集》、徐松《宋会要辑稿》等书，对农民起义领袖记载甚多，独无李婆备之名，可见李婆备建立政权时期不会太长。

年），文俊连陷常德、沣州、衡州，又分兵陷岳州。"太平通宝钱在衡阳发现，说明衡州当时正是天完政权范围内的一个重要城市。

<h1 style="text-align:center">四</h1>

从两方刻有徐寿辉天完政权太平年号的铜印，证明天完政权迁都汉阳后曾改元太平，由此推断衡阳出土的太平通宝钱，不是南宋李婆备所铸，应是天完政权在汉阳所铸的货币。

因此，我们可以充分地看到，徐寿辉所建立的农民政权不但有强大的军事力量和正规的政治制度，而且铸钱、铸印，社会经济有一定程度的发展，并成为当时长江流域的主要革命力量。元朝的统治终于在强大的农民起义的打击下，遭到了彻底覆灭。

原文刊于《文物》1972年第6期

中国古代的金错工艺

　　我们今天所见到的古代青铜器中，有一种金错铜器。所谓金错，或称错金，就是在铸造的铜器上用金丝或金片镶嵌成各种华丽秀美的纹饰或文字，然后用错石（应作厝石）在器表磨错光平。这是春秋战国时期青铜工艺方面出现的新技术，其艺术特征是用隐嵌的技法形成金线图案或文字，改变以前铜器模铸纹饰的呆板和拘束，突破传统的图形表象对称格式，出现了许多故事题材的片断描写，具有比较丰富、活泼的内容。这种精细青铜工艺的出现，与春秋战国时期生产力发展、铁工具的广泛使用有密切关系。

　　关于金错的文字，其书体多为鸟篆虫书，这是当时一种图案化的美术字，在我国汉字形体学和书法艺术史上也是一项新的成就。

　　金错工艺近世多称错金，加银则称错金银。《汉书·食货志》称："错刀以黄金错其文。"《盐铁论·散不足》称："富者银口黄耳，金罍玉钟，中者野王（今本误作舒玉）纻器，金错蜀杯。"张衡《四愁诗》："美人赠我金错刀，何以报之英琼瑶。"《北堂书钞》卷一三六引曹操《上杂物疏》："御物有尺二寸金错铁镜一枚，皇后杂物用纯银错七寸铁镜四枚，皇太子杂纯银错七寸铁镜四枚。"诸书所记汉代金错器物皆不称错金，故本文仍遵古称，谓之金错，加银则称之金银错。

一、探源

　　我国古代有两句成语，叫作："它山之石，可以为错""它山之石，可以攻玉"。最早见于《诗经·小雅·鹤鸣》。关于这两句话的含义，历代解释《诗经》的人都以为是指攻玉而言，实际后者是指磨玉，前者主要是指错金。我们从文献和文物都可看到商周以来的铜器，在铸成以后，表面都是经过磨错的，否则器身不能光洁。

《说文解字》："厝，厝石也，从厂昔声。诗曰：'佗山之石，可以为厝。'"段玉裁注："厝石各本作厉石，今正。《小雅·鹤鸣》曰'它山之石，可以为错。'传曰：'错，错石也（今本少一错字）……错古作厝，厝石谓石之可以攻玉者。'……金部炉下云：'错铜铁也，错亦当作厝，谓划磢之。'"《说文》又说："甂，磋垢瓦石"，《广雅·释诂》："甂，磨也。"郭璞《江赋》："奔溜之所磢错"，都是把甂或磢作磨错解释。

清胡承珙《毛诗后笺》谓："错本磨错之义。"《广雅·释诂》："错，磨也"，王念孙《广雅疏证》谓："《小雅·鹤鸣》：'佗山之石，可以为厝'，今本作错。……《卫风·淇奥》：'如琢如磨'，《太平御览》引韩诗作'如错如磨'，束晳《补亡诗》：'粲粲门子，如磨如错。'用韩诗也。"可见错的本字作厝，《诗经》的"佗山之石，可以为厝"，今本作错，原意是厝石的厝，就是细砂岩，所以《说文》解释厝为厝石，是很对的。作为动词用，则写作错或削。

但是，《说文》金部在解释"错"字时，说是"金涂也"。金涂是后世的鎏金；段玉裁解释金涂是"以金措其上，……"好像是把错字作措施解，以金施铜器上，而不磨错，从这点看，段玉裁是把鎏金误为错金了。

1972年河北邯郸出土了一件东汉鎏金铜酒尊的承盘，上面有刻铭："建武廿三年，蜀郡西工造乘舆大爵酒尊。下者室铜工堂、金银涂章文工循、造工业、萨工卒（史）恽、长氾、令丞泛、掾曾、令史涪主。"所记"金银涂章文工"就是担任鎏金银的工人（有些汉代漆器上的铭文称从事漆器铜附件鎏金的工人为黄涂工）。由此可知，错是嵌金而磨错之，涂是把金泥涂在铜器上。金泥的制法是把金箔剪成碎片，装入坩埚（砂罐）内在火上炼红（约400℃左右），然后按一两黄金加七两水银（汞）的比例，使金箔溶解成为液体，把液体倾入冷水盆中，即下沉成为泥状固体，这种黄金和水银的混合物叫作"金泥"。涂金时用牙刷柄形的铜棒先蘸盐、矾等混合液体，然后轻抹金泥涂器上，用无烟炭火温烤，使水银蒸发，金泥即固于器上，这就是古代的鎏金，也就是后世的火镀金[1]。上述题铭证明

---

[1] 温廷宽：《几种有关金属工艺的传统技术方法》，《文物参考资料》1958年第3期。

《说文》所说的："错，金涂也"是不够全面的。

1968 年河北满城中山靖王刘胜墓出土"楚大官糟"铜壶一件，器底阴刻："楚大官糟，容一石，并重二钧八斤十两，第一。"通体施鎏金银蟠龙纹[2]。这件铜壶确是"金涂"（鎏金），但又经过磨错，其异于一般金错的地方，主要是不用金丝或金片嵌入凹槽，而是在凹槽内涂以金泥。金泥可以随意加厚，经过几次可以把凹槽涂平。然后再以厝石磨错，故仍可称为金错，这是金错工艺的一个发展。《说文》所说的"错，金涂也"，可能就是指鎏金以后加工磨错而言，一般的平面鎏金是不能磨错的。同墓出土金银错鸟虫书铜壶（甲壶），壶身及盖均为金银丝镶嵌，然后磨错，盖上铭文有"为盦盖，错书之，……"等字，这是"金错"的本意。

1956 年河南陕县出土铜匜、铜盘各 1 件，两器都有铭文："盧金氏孙作宝匜（盘）子子孙孙永宝用"[3]。《汉书·人表》有鑢金，梁玉绳《人表考》云："鑢金惟见定四，本作鑢氏也，金名。《释文》古廬、盧通用，故史、汉隆廬县亦作隆盧。"今检《左传·定公四年》作"鑢金"，杜预注："鑢本又作盧。"从这两件出土的铜器铭文看，并非如梁玉绳所说的"鑢氏也，金名"，而是鑢金氏。这个鑢金氏，应是春秋时期以磨错铜铁器为职业的手工业者，以职为氏，故称鑢金氏，"盧（鑢）金氏孙"当是祖孙三代从事这种官手工业，当然，他们不可能是直接生产者，而是这种官手工业的管理者。

《初学记》卷三十引晋刘欣期《交州记》，说鲛鱼皮可以鑢物。《玉篇》说鑢与铝同。鲛鱼即沙鱼，其皮可以错物，类似砂纸的作用。

综上所述，我们今天所见到的金错铜器，就是指用厝石磨错而成的嵌金铜器。金涂是鎏金的古称，与金错是两种不同的工艺。

二、考工

我国古代的冶铸技术，远在奴隶社会时期的商代就有了高度的发展，当时已经可以铸造重达 875 千克、高 137 厘米的大铜鼎——"司母戊"鼎，这个大鼎是

---

[2] 中国科学院考古研究所满城发掘队：《满城汉墓发掘纪要》，《考古》1972 年第 1 期。

[3] 中国科学院考古研究所：《上村岭虢国墓地》，科学出版社，1954 年。

商王文丁祭祀其母所作之器。到了春秋时期，根据考古发现和文献记载，冶铁术已经发明，齐国和晋国首先出现了鼓风用的冶铁风箱，春秋中叶齐国的铜器"叔夷"钟的铭文，有"造（铁）徒四千，为汝敌寮"的记载，这是使用奴隶从事冶铁的真实记录。当时采矿、冶铁的奴隶，有些是"犯人"或"战俘"，被称为"造铁徒"。

郭沫若同志在《管子集校·海王》说："铁官之职，疑春秋末年已有之。《考工记》有'段氏为镈器'，惜职文适缺。然镈器为铁制耕具，毫无可疑。"最近，郭沫若同志又在《班簋的再发现》中说："彼（齐"叔夷"钟）'造践徒'余以为当是冶铁工人。此'践人'与彼字形相近，颇疑也是冶铁工人。如果可信，可见周初已有铁矿的冶炼和铁器的使用了。这是一项关系重要的史料，但不敢轻易肯定，留待更多的证据出现。"[4] "叔夷"钟是山东临淄出土的齐国铜器，其铭文是铸造在钟上的。而春秋中期的一件晋国铜器"栾书"缶，则是金错铭文。栾书是晋国的大夫，一称栾武子，亦称栾伯。这件铜缶的肩部有部铭文5行共40字，全部金错。在春秋时期的金错铜器中，以吴、越、楚、蔡的兵器为较多，其他地区造的带有金错文字的铜器则较少见。

到了战国时期，在铜器上使用金错的装饰技术有了新的发展，又出现了银错和铜错，其施用的范围，不只是在兵器、礼器和用器上，而车器、符节、玺印、铜镜、带钩和漆器的铜口、铜耳等，也多有精细的金、银错纹饰。

为什么春秋战国时期在铜器的制造技术上突破旧的传统，出现了金银错的精细手工艺呢？这应是随着冶铁炼钢的出现而出现的。

根据郭宝钧同志在《中国青铜器时代》一书中的统计，在考古发掘中，各地出土的春秋战国以前的手工工具多为铜制，如郑州、安阳发现的商代铜刀，郑州发现的商代铜钻，安阳、浚县、汲县、辉县、寿县发现的铜凿，安阳、汲县发现的铜锥，汲县、寿县发现的铜错，安阳、汲县、寿县发现的铜锯，郑州、汲县发现的刻镂铜刀等[5]。随着冶铁的出现，春秋中期出现了锻铁（即《考工记》

---

[4] 《文物》1972年第9期。

[5] 郭宝钧：《中国青铜器时代》图版二，三联书店，1963年。

器

物

231

所说的段氏，古代段与锻通用，段氏即从事锻铁，以职为氏）和用作刻镂铜器的"刚铁"工具，这种"刚铁"并不与今天的钢铁相同，只是含碳量比生铁略少而已。

《国语·齐语》所说的"恶金"，《管子·海王》所说："今铁官之数曰：一女必有一针、一刀。……耕者必有一耒、一耜、一铫。……行服连轺辇者必有一斤、一锯、一锥、一凿。"可见斤、锯、锥、凿是成套的铁工具。《荀子·议兵》说："宛钜铁钝，惨如蜂虿。"这可能是战国时期的事，但所说的"钜"，根据《说文》的解释就是"大刚"，古代无钢字，汉人所说的"刚"就是钢铁的钢字。

江苏六合春秋晚期吴国的墓葬中，曾发现一件铁器，可惜锈蚀过甚，已不能辨认器形[6]。长沙的早期楚墓中，也发现铁削和铁口锄，这类早期楚墓的年代，可定为春秋末叶，最晚也不过战国初年[7]。

战国时期的铁工具：斧、削、凿、小刀、锤、锉、夯锤等，在考古发掘中曾有出土，这种情况反映了当时铁工具的广泛使用。至于早期铁工具少见的原因，可能是由于早期的钢铁实物比较名贵，在地下保存较少，更因小件的钢铁手工工具在地下容易腐朽，这里举一个例子就不难明白。1953年在河北兴隆的一个战国晚期的冶铁遗址中出土了大量铸铁范，范上有"右廪"二字铭文，证明是燕国的官手工业工场遗址。这些铁范经过金相学和化学考察，证明是用"高温液体还原法"制造的。说明当时已经掌握了铸铁和金属型的冶金、铸造技术。用金属型铸造铁工具，既可大量生产，又可广泛使用，但是，我们迄今连一件用这些铁范铸造的铁工具都未发现。由此可见，古代各地铸造的铁工具能保留到今天是很不容易的。

正是由于铁工具和原始钢的出现，才出现了刻镂铜器的技术。否则，用铜刀刻镂铜器是十分困难的。因此我们可以说金错铜器的技术是和钢刀、钢凿、钢錾的使用分不开的。

根据初步研究，金错铜器的制作工序，可分下列几个步骤：

---

[6]　江苏省文物管理委员会、南京博物院：《江苏六合程桥东周墓》，《考古》1965 年第 3 期。

[7]　湖南省博物馆：《长沙楚墓》，《考古学报》1959 年第 1 期。

1.铸器：春秋以前，青铜器的器形、纹饰和铭文都是用陶范铸造的，所以陶铸并称，《墨子·耕柱》有："昔者夏后启，使蜚廉采金于山川，而陶铸之于昆吾"的记载，陶谓作范，铸谓熔金。铸造金错铜器，大多数是在作范时，先把母范上的纹饰预刻凹槽，待器铸成后，以便在凹槽内嵌金。有的少数精细的金错纹饰，其金丝细如毫发，则是只铸器形，然后在器表錾刻凹线，以便金丝嵌入。

2.錾槽：铜器铸成后，凹槽还需加工錾凿，精细的纹饰，需在器表用墨笔绘成纹样，然后，根据纹样，錾刻浅槽，这在古代叫作刻镂，也叫镂金。这种浅槽要略呈"△"形，底面不宜过于平滑，需有一些麻面，金丝或金片才能镶嵌牢固。

3.镶嵌：镶嵌金丝或金片时，金丝、金片都要用火适当加温，金丝需截作点线，然后捶打，使之嵌入浅槽。

金丝、金片都比较细薄柔软，富有延展性，金丝可根据需要拉细延长，金片可根据需要捶展。

春秋战国的金错铜器，一般都是胎质软薄，形体较小，如果遇到这类器物，在嵌金时不宜捶打，需用玉石或玛瑙制的工具把金丝或金片挤入槽内，这种工具大小如手指，硬度较高，故能压制金铜，后世称为"压子"。

4.磨错：金丝或金片镶嵌完毕，铜器的表面并不平整，必须用错（厝）石磨错，使金丝或金片与铜器表面自然平滑，达到"严丝合缝"的地步。然后在器表用木炭（椴木烧制的磨炭）加清水打磨，使之光滑平整。若用皮革反复打磨，光泽更强。

金银错铜器的制造，表现了我国古代劳动人民的聪明和智慧。但具体制作这种精细工艺品的匠师，其姓名则很少流传下来。1966年陕西省博物馆在西安收集到一件前凉金错泥筩[8]，铭文中有"错匠邢苟"和"铸匠王虏"的职名和姓名。关于"错匠"的记载，文献和文物中都极少见，这件金错铜泥筩的发现，结合1956年河南陕县出土的两件春秋时期"卢（鑪）金氏孙"铜器的铭文和许多出土的金错铜器来看，自春秋战国以来，这种手工艺就是官手工业的一个生产部门。

---

[8]　秦烈新：《前凉金错泥筩》，《文物》1972年第6期。

三、释器

宋代以前出土的古代金错铜器，有一些见于《博古图录》和《历代钟鼎彝器款识》。宋人所称"钿紫金为文"，应该就是指金错文字而言。不过，他们把金错说成钿金是不对的。近代的一些金石图录，对于金错文字的铜器多有著录，至于仅有纹饰而无文字者，则沿宋人遗风，著录甚少。新中国成立以来，文物考古工作有了很大的发展，各地出土了不少金错、银错铜器，为我国古代劳动人民所创造的青铜工艺增添了新的光彩。现就《中华人民共和国出土文物展览展品选集》（文物出版社，1973年）中几件重要的金银错铜器从其文字、图像方面作些说明，供研究参考。

1. 金错夔纹铜豆　战国韩

高19、口径17、底径11厘米。深腹带盖，腹间两侧有环形耳，通体金错变形夔纹、垂叶纹、三角云纹等。

1965年山西长治分水岭出土[9]。

2. 金银错鸟虫书铜壶　西汉

两件，甲壶高44.2厘米，乙壶高39厘米。均长颈有盖，腹部两侧有对称铺首衔环，盖、颈及腹部用金银丝错成鸟虫书。

甲壶铭文：

"为盍盖，错书之，有言三，敷金鲦。"（盖）

"羲尊成壶，盖园四叕。"（颈）

"心佳都凯，盛况盛味。"（肩）

"口味充间，益肤延寿谷病，万年有余。"（腹）

乙壶铭文：

"□□盖。"（盖）

---

[9]　边成修：《山西长治分水岭126号墓发掘简报》，《文物》1972年第4期。

"口味充间，益肤延寿谷病。"（腹）

颈、肩铭皆与甲壶同，不录。

1968年河北满城西汉中山靖王刘胜墓出土[10]。

3. 金银错狩猎纹铜车饰　西汉

长26.5、径3.6厘米。竹管状，中空，原按木心，似车伞盖柄。表面有凸起的轮节，把器面分为四段，各段除金银纹饰外，并用黑漆填补空隙，磨错光平。四段纹饰虽然不尽相同，但其内容都与畋猎有关。各段并嵌有圆形和菱形绿松石，纹饰精细，色彩辉煌，金银丝有的细如毫发，真可称之为"鬼斧神工"。

第一段：在缭绕山峦、花树的云气中，有三人骑在一个行走的大象背上，并有羽人、龙、马、熊、兔、奔鹿、翔鹤、飞鸟等，象的后边地面上还有一个伸出长颈的龟在爬行。

第二段：在缭绕山峦、花树的云气中，一骑马猎人，反身射虎，并有熊、鹿、狼、猴、山羊、羚羊、野牛、野猪、飞雁、飞鹰、鸱鸮、飞鸟等。

第三段：在缭绕山峦、花树的云气中，有一人骑在骆驼背上，并有羽人、熊、虎、狐狸、野猪、鹿、兔、立鹤、飞鸟等。

第四段：在缭绕山峦、花树的云气中，一孔雀正在开屏鸣叫，距其较远处还立有较小的孔雀一只，并有羽人、熊、虎、野牛、野猪、獐、兔、飞雁、翔鹤、飞鸟等。

这些丰富多彩的西汉金银错纹饰，使人很自然地就会想到西汉大辞赋家司马相如和扬雄等人在他们的作品中所描述的声势浩大的畋猎景象。

畋猎是汉代贵族的一种豪华的娱乐，扬雄曾随从汉成帝刘骜游猎，对实际生活体验很深。他在《羽猎赋·序》中说："武帝广开上林，东南至宜春、鼎湖、御宿、昆吾，旁南山，西至长杨、五柞，北绕黄山、滨渭而东，周袤数百里。……泰液象海水，周流方丈、瀛洲、蓬莱。"可见当时的苑囿是仿照东海神山而建造的。这件车饰的图案用云气纹衬托，不但在内容上反映了当时统治阶级的升仙思

---

[10]　同 [2]；萧蕴：《满城汉墓出土的错金银鸟虫书铜壶》，《考古》1972 年第 5 期。

想，同时也增加了图中人物的流动效果。

扬雄的《长杨赋》是继他的《羽猎赋》而写的。《汉书·成帝纪》称："（元延）二年……冬，行幸长杨宫，从胡客大校猎。"《长杨赋·序》所说的"……张罗网罝罘，捕熊、罴、豪、猪、虎、豹、狖、玃、狐、兔、麋、鹿，载以槛车，输长杨射熊馆，以网为周阹，纵禽兽其中，令胡人手搏之，自取其获，上亲临观焉。"图案中的骑马、骑象、骑驼人物，深目高鼻，正是当时胡人猎手的形象，这些纹饰内容很可能与《长杨赋》描写的校猎有关。

在成帝以前的汉代统治者，也曾不止一次地游猎，司马相如《子虚赋》，虽然托言楚王，实则是说当时的事。"……其上则有……鹓、雏、孔、鸾，腾远、射干，其下则有白虎、玄豹，蟃蜒、貙犴，兕象、野犀……于是乎乃使剸诸之伦，手格此兽。"还有他在《上林赋》所说的："其南……兽则㹠、旄、貘、犛、沈牛、麈、麋、赤首、圜题、穷奇、象、犀，其北……兽则麒麟、用端、駒騟、橐驼，蛩蛩、弹騱、駃騠、驴、蠃。"汉代无名的艺术匠师们，把这些奇禽异兽和狩猎者的形象用艺术夸张的手法，综合表现在一件不满一尺的车饰上，使人们感到它是一幅既有实际生活，又富于神话意味的精美罕见的艺术作品。

1965年河北定县第122号墓出土，同时出土的金银错铜车饰还有軎、轭角、衡冒等，发掘报告待发表。

4. 金银错铜牺尊　西汉

高27.4、长41.8厘米。牺昂首、竖耳、瞪目、口微张。周身金银错云纹图案，头、尾和盖面嵌绿松石，眉嵌金片，以口为流，颈部铸出项圈，背上有盖，盖有机钮，可以开合。它与1963年陕西兴平出土的金错铜犀尊造型十分相似。

1965年江苏涟水三里墩出土[11]。

5. 金错虺纹铜钫　西汉

高61.5、口宽16、底宽19.5厘米。方口、方圈足，器身两面有对称铺首衔环，通体金错变形虺纹和勾连云纹，并有银错云纹边饰。

---

[11]　南京博物院：《江苏涟水三里墩西汉墓》，《考古》1973年第2期。

1964年陕西西安西关出土[12]。

四、余论

1. 考古发现的错石

金错工艺所用的错石（厝石），在考古发掘中往往被认为是砺石，即俗称的磨刀石。错石是拿在手中用以磨错器物的工具，有似今之砂纸，两者用法根本不同。

1965年湖北江陵望山楚墓出土一个木制工具箱，箱内有粗细石工具各1件，粗者长19、宽4.6、高2.2厘米；细者长15.7、宽4.6、高2.9厘米[13]。这两件石工具，我曾见到原物，应属于错石一类。这种错石不一定是专门用于磨错铜器，但古代磨错铜器用的错石，应该就是这类石头（细沙岩）。

2. 铜错铜器

金银错铜器以外，还有铜错铜器。这类铜器以铜错纹饰者为较多，而铜错文字者尚未见到。有人认为宋人所说的"钿紫金"就是铜嵌铜器，未必可信。1935年河南汲县山彪镇出土铜错水陆攻战纹铜鉴一对，一高29.6、口径54.6厘米；一高30.1、口径54.5厘米。两鉴纹饰图案略同，皆分上中下三层，满饰水陆攻战纹。这种纹饰皆预铸为凹槽（凹槽接缝有上下错落处，故推知为预铸），再以紫色金属（紫铜）镶嵌之[14]。

1955安徽寿县蔡侯墓出土的大量铜器中，蔡侯尊缶和大孟姬盥缶，通体都是铜错鸟兽纹饰。这些铜器，都是春秋晚期的作品，是目前所见的最早的铜错铜器[15]。

战国时期铜错的青铜器，1951年在河北唐山贾各庄曾出土铜错狩猎纹铜壶、

[12] 西安市文物管理委员会：《西安市发现一批汉代铜器和铜羽人》，《文物》1966年第4期。

[13] 湖北省文化局文物工作队：《湖北江陵三座楚墓出土大批重要文物》，《文物》1966年第5期。

[14] 郭宝钧：《山彪镇与琉璃阁》，科学出版社，1959年。

[15] 安徽省文物管理委员会、安徽省博物馆：《寿县蔡侯墓出土遗物》，科学出版社，1956年。

铜错兽纹铜豆各 1 件[16]。1957 年河南陕县后川出土铜错狩猎纹铜壶、铜错涡纹铜匜各 1 件[17]。

3. 石错铜器

绿松石是古代常用的一种装饰品，汉代的一件嵌松石鎏金铜斛铭文中，称绿松石为"青碧闵（玫）瑰"[18]。商周时期镶嵌绿松石的铜器，所嵌绿松石多是片状或块状，其嵌槽则是预铸而成。细审所嵌的绿松石是用漆液粘附，然后磨错，可知春秋战国时期金错工艺的出现并不是凭空而来的。1965 年湖北江陵望山楚墓出土的"越王勾践"铜剑，剑腊正面兽面纹嵌碧琉璃，背面兽面纹嵌绿松石。嵌琉璃的一面未在琉璃上磨错，嵌绿松石的一面磨错痕迹十分清晰。

1964 年山东临淄商王庄出土金银错绿松石三钮大铜镜，径 29.8、厚 0.7 厘米。这面铜镜为三环钮，"在粗线条的云纹上错以金丝，地嵌绿松石，……花纹风格与传世'错石斜方云纹方壶'相近。"[19] "错石"这个名词是容庚同志在《商周彝器通考》中提出的。这件铜镜上面的金丝、绿松石均经磨错。因此使我们联想到今天建筑上的"水磨石"与古代的石错技术有着许多共同点。古代嵌松石的铜器，多是经过磨错的，应与金错并称。容庚称之为"错石"（正名应称"石错"）是有道理的。

4. 漆错铜器

商周时期，我国漆器手工艺已很发达。漆液性黏似胶，不但可以用它粘物，而且是保护木器的最好涂料。战国至两汉时期的一些铜器，往往在錾槽内不嵌金银，而填以黑漆。有的既嵌金银，又在未嵌金银处填漆（或在漆内掺以银粉），然后磨错光平，以增加纹饰的色调。1965 年湖北江陵望山楚墓出土变形龙纹铜尊，高 17.1、口径 24.5、底径 21.5 厘米，圆口有盖，盖心突起成圆饼状，周围有鸟形钮四个。腹部两侧有铺首衔环，腹下有兽面蹄形足三个，腹部及盖面均有錾刻变

[16]　安志敏：《河北唐山市贾各庄发掘报告》，《考古学报》第 6 册，1952 年。

[17]　黄河水库考古工作队：《1957 年河南陕县发掘简报》，《考古通讯》1958 第 11 期。

[18]　方国锦：《鎏金铜斛》，《文物参考资料》1958 年第 9 期。

[19]　齐文涛：《概述近年来山东出土的商周青铜器》，《文物》1972 年第 5 期。

形龙纹，刻线内全部填漆，经过磨错，极似金银错，故《湖北江陵三座楚墓出土大批重要文物》[20]一文，误称此器为"错金银铜盉尊"；《新中国出土文物》（外文出版社，1972年）也误认为是"错金银铜尊"。同墓出土的铜缶（《简报》误称壶），腹部的圆涡纹，也是这种做法。

5. 金错铁器

春秋时期铁器已经出现，这种新出现的金属，和铜器一样，同是被人们珍视的，甚至被用来制作精细的工艺品。例如1957年河南陕县后川出土的春秋时期的铁剑，虽腐蚀十分严重，但金质的腊、首，仍保存完好。同年信阳长台关楚墓出土的金错嵌玉铁带钩、1965年江陵望山楚墓出土的金错凤纹铁带钩，都很巨大，后者长达46.3厘米，这样大的带钩，也是前所未见的。

1968年河北满城西汉中山靖王刘胜墓出土的金错卷云纹铁匕首，虽锈蚀较重，而金光仍闪闪耀目，在西汉铁兵器中是很少见的。

1958年四川成都天回山出土的金错铁书刀，1969年甘肃武威雷台出土的金错铁镜，都是东汉晚期的制品。金错书刀是削治竹简的工具，四川成都出土的东汉画像砖上所刻的书生腰间所悬的环柄刀，正是这种物件。《汉书·文翁传》："买刀布蜀物。"如淳曰："金马书刀，今赐计吏是也。作马形于刀环内，以金镂之。"晋灼曰："刀、书刀，布、布刀也。旧时蜀郡工官作金马书刀者，似佩刀形，金错其柎（柄）。"东汉李尤《金马书刀铭》："巧制练刚（钢），金马托形，黄文错镂，兼勒工名。"这件成都天回山出土的金错书刀，环首鎏金，刀柄一面有金错铭文："光和七年，广汉工官□□□。服者尊，长保子孙，宜侯王，□宜□。"和李尤所说的大致相符。只是曾庸同志《金马书刀》[21]一文称这类书刀都有马纹，而这件书刀的刀柄另面却为金错云鸟形纹饰，并非马纹。

武威出土的金错铁镜，由于纹饰为铁锈所掩，直到最近才把腐锈剔清，露出了金银错八凤纹饰。这种铁镜在东汉、三国、两晋时期的墓葬中时有发现，与曹操《上杂物疏》中所记相合。

---

[20]　同[13]。

[21]　《考古》1959年第7期。

6. 金错玉器

北京市玉器厂潘秉衡老师傅（1906—1972年）发明金错玉器。他利用传统的金错工艺技术，在制成的玉器上碾成细线纹饰，然后嵌以金丝或银丝。这种玉器仍须经过磨错，因此，虽然俗称嵌金，实为金错。

我国古代以"雕玉""镂金"为最精细的手工艺，根据东汉李尤和三国如淳的说法，"黄文错镂"和"金镂"也是金错的别称，所以金错又可称为镂金。金错玉器是"雕玉"和"镂金"的结合，是金错工艺的又一发展。

原文刊于《文物》1973年6期

李自成大顺农民政权的铜印

　　明末农民战争是中国封建社会后期一次大规模的阶级斗争。由于黑暗腐败的明朝政府和封建地主阶级不顾农民死活，大搞敲骨吸髓的经济剥削和残酷的政治压迫，激起了广大农民的武装起义。这次农民战争，从天启七年（1627年）开始，到崇祯十六年（1643年），农民军愈战愈强，已成燎原之势。这时，李自成在农民军中已经过了十多年武装斗争的锻炼，更坚定了要解救贫苦农民的意志，敢做敢闯，英勇善战，治军严明，艰苦朴素，能纳人善言，与下属同甘共苦，因此，深得广大革命群众的拥护，被推举为闯王，改当时的襄阳为襄京。

　　崇祯十七年（即甲申年，1644年）正月，李自成改西安为西京，正式建立大顺政权，年号永昌。大顺政权在西安建立后，举起"均田""免赋"的旗帜，平物价，没收皇族、勋戚、宦官和反动官僚、地主们搜刮来的财物，赈济灾民，采取了一系列有益于贫苦农民的革命措施，受到了广大劳动人民的热烈拥护。他们从永昌元年的"正月初八日，西安府起兵，至破京城才七十日，所过七十余州县，无不开门迎降，偌大（北）京城，一日便破。"（赵士锦《甲申纪事》）但他没有建立比较稳固的根据地，总是东流西窜，攻入北京以后，不久，为明将吴三桂勾引清兵联合进攻而失败。

　　关于大顺农民政权留下的文物中，有一方山西"临县学正之记"铜印。1973年12月乐守勋先生捐赠，现存中国历史博物馆，尚未见于著录。印呈长方形，椭圆形长柄，通高9.8厘米、长7.7厘米、宽4.2厘米。印背刻有印名和铸造时间，为大顺永昌三年造，未刻月日时间。印侧刻有编号"宇字肆百伍拾号"。这是起义军自西安进军北京途中颁发的。

"临县学正之记"铜印

永昌元年正月，李自成遣将率农民军自河津东渡，分路进军，夺取山西。当时，山西农民苦于地主阶级和明朝政府的黑暗统治，广泛传播着欢迎李闯王的革命歌谣，农民军又大张告示，大造革命舆论，宣布革命军纪，实行革命政策，因此，农民们日夜盼望自己军队的到来。在山西农民的热烈拥护下，农民军进展神速，州、县皆望风迎降。据山西《长治县志》卷之八记载："自明季闯'贼'煽乱，衣冠之祸深，而豪民之气横……伍佰侵凌于阀阅，奴仆玩弄于主翁，纲常法纪扫地无余……甲第田园肆并兼之策……"

从这段封建文人污蔑性的追忆中，我们仍然强烈地感到：在大顺农民政权的专政下，敢于革命的豪民（农民）、伍佰（士兵）、奴仆们，意气豪雄，向封建地主阶级及其经济基础和上层建筑，展开了猛烈的阶级斗争。什么"衣冠""阀阅""主翁"等世族地主，都在打倒之列；什么封建主义的"纲常法纪"，都在扫荡之列；什么"甲第田园"，都在"均田"的纲领下予以没收、重新分配。这真是大快人心！就在永昌元年的农历二月十二日，农民军克汾州府。临县属汾州府，大约就在这前后临县为农民军所克。不久，大顺政权向攻克的地方派遣官吏，颁发印信。"临县学正之记"铸于永昌元年三月，这在时间上是吻合的。

李自成大顺农民政权"学正"一官，始设于建立襄京政权的时候。据管葛山人《平"寇"志》卷六称："自成……号襄阳府曰襄京，……设立'伪'官，……府有尹，

州有牧，县有令，有学政，有武政，……"当时，由李自成任命的在河南的地方官中，就有若干名担任"学正"的官员。

明制，府设教授、州设学正、县设教谕，掌管地方学校、教诲和考课生员的事务。农民军对明朝旧制有所改革，一是府、县都称学正；一是并设武政。这是适应农民军从事革命战争、提倡武事的需要而设立的，由其负责掌管和考课武生的事务。这是农民军在教育方面的一项重大改革。"临县学正之记"铜印，证实了大顺农民政权设置"学正"、掌握教育大权的制度，意义十分

重大。

此外，还有已见于著录的李自成大顺农民政权的铜印七方，为了便于今后进一步进行研究，列简表如下：

印的名称	印背镌刻的铸造时间	印侧镌刻的字号
辽州之契	癸未年十二月 日造	天字贰百伍拾壹号
通政司右参议之记	永昌元年正月 日造	天字叁百伍拾陆号
金乡县契	永昌元年二月 日造	宇字贰百贰拾伍号
工政府屯田清吏司契	永昌元年四月 日造	宇字伍百贰拾捌号
夔州防御使符	永昌元年四月 日造	宇字陆百肆号
仪陇县契	礼政府造永昌元年九月 日	天字伍百陆拾肆号
三水县信	礼政府造永昌元年十二月 日	安字壹百号

注：据《尊古斋集印》，尚有"商洛防御使信"和"清源县契"，仅见打本。

从上述简表中可以看出几个问题：

一、"仪陇县契""三水县信"均有"礼政府造"字样，显见大顺的地方印信均统一分批铸造于中央，所以印背所刻的时间和各地方政权建立的时间，很难一致，甚至印已铸造，而该地尚未接管。如"夔州防御使符""仪陇县契"皆铸于永昌元年，但永昌元年两地皆属张献忠大西政权范围。因此，不能完全依靠印背所刻年月而确定地方政权的建立时间。

二、"辽州之契"铸于癸未年。这时，永昌年号还未建立，所以铸印用甲子纪年。可以推想，当时其他文书必然也是用甲子纪年。

三、据《小腆纪年附考》卷四，记李自成农民政权在北京"改印曰符、曰券、曰契、曰章，凡四等。"从现存的铜印看，有契、记、符、信，只是券、章还未见于实物。而实物中有用"信"字的，又有称"记"的，可补前人文字记载的不足。又从各印所记年月，证明改"符、券、契、章"是农民政权在西安制定的。

四、同为"县"印，有称"契"的，有称"信"的。同为"防御使"印，有称"符"的，有称"信"的，而且有正方形的，有长方形的。可能是政权初建，在进军期间制度尚未划一的缘故。

五、关于铜印的编号，有的同志认为是按《千字文》开头几句，即"天地玄黄，宇宙洪荒"的顺序排次。此说不确。如"仪陇县契"是永昌元年九月所铸，仍按"天"字编号，为什么在"宇"字之后，又回到"天"字号？而"三水县信"又为"安"字，可见不是按《千字文》开头几句的文字顺序编号，而是另有寓意。

原文刊于《光明日报》1974年1月6日

秦始皇二十六年诏书及其大字诏版

公元前221年，秦始皇统一了六国，结束了诸侯割据的局面，建立了我国历史上第一个统一的多民族的封建国家。为了维护新兴地主阶级的阶级利益，巩固新的国家政权，秦始皇在政治、经济，以至文化思想等各方面进行了一系列重大的改革。诸如中央和地方行政建制的整顿；度量衡、货币、文字的统一；对奴隶主复辟势力的镇压等等。这些改革还用法令的形式固定了下来，颁布全国。在将近2200年后的今天，我们还能够见到秦始皇在当时颁布的刻着这个法令的诏书。

一

我们今天所见到的秦始皇二十六年用小字刻、嵌在权量上的诏书，全文如下：

> 廿六年皇帝尽并兼天下诸侯，黔首大安，立号为皇帝。乃诏丞相状、绾，法度量则不壹，歉疑者，皆明壹之。

这件诏书颁布的时间是秦始皇二十六年，即公元前221年，正是秦始皇"尽并兼天下诸侯"，统一六国的事业完成之初。"黔首"系指当时的人民。"状"即丞相隗状，"绾"是丞相王绾，"法度量则"是指法律、度量等制度。在秦始皇统一六国以前，各国都只有王，没有称"皇帝"的，秦始皇把"皇"、"帝"两字结合在一起，才开始有了皇帝的称号。这件诏书的意思是说：秦始皇二十六年，完成了统一六国的事业，老百姓得到了安定，因此就立了皇帝的称号，下诏书给丞相隗状和王绾，把全国不统一而混乱不清的法律、度量和各种制度都明确统一起来。秦时学童读书，首先接受的就是有关统一的思想教育，所以李斯《仓颉篇》有"幼子承诏"的字句。汉代许慎的《说文解字》无"诏"字，而有"诰"字，段玉裁注说："秦造诏字，惟天子独称之"，并引《文选》卷三十五潘勖《册魏公九锡文》注引蔡邕《独断》："诏犹诰也，三代无其文，秦汉有也。"证秦以前无诏字。可见诏书也是从秦始皇开始的。

这件秦始皇二十六年诏书，最早的著录见于《颜氏家训·书证》，说是在"开皇二年五月，长安农民掘得秦时秤权，旁有铜涂，镌铭二所（段）。"书中并录了秦始皇二十六年和秦二世元年的诏书全文。这类嵌铜诏版的铁权，1957年在山西左云亦曾发现过1件[1]。现在所见到的秦权，皆为秤锤。宋吕大临《考古图》著录秦权1件，上刻秦始皇二十六年诏书和秦二世元年诏书共100字，外有"平阳斤"3字。薛尚功《历代钟鼎彝器款识》著录秦权2件，都是两诏权，其一铭文与《考古图》所著录者相同。

春秋战国时期，正是我国历史上从奴隶制向封建制过渡的大变革的时期。当时各国的社会发展很不平衡。尤其到了战国时期，各国的法律制度，除了秦、魏大致相同以外，其他地区都不相同，非常混乱。这对当时社会的发展十分不利。秦国任用商鞅实行变法时，基本上采用了魏文侯相国李悝的《法经》作为秦国的法律，从法律上否定奴隶制。作为法家思想的实践家和新兴地主阶级的政治家的秦始皇，在即位以后，不断强化法治和王权。在统一中国后，又把秦国的法律制度在全国颁布推行。

恩格斯在论述欧洲中世纪的历史时，曾经指出："在这种普遍的混乱状态中，王权是进步的因素，……王权在混乱中代表着秩序，代表着正在形成的民族而与分裂成叛乱的各附庸国的状态对抗。"[2]秦始皇加强法治和王权的措施，正如恩格斯所说的那样，包含着进步的因素。新的法律制度在全国的确立和推行，不可避免地会进一步打击残余的奴隶主势力，加强封建制度，维护刚刚建立起来的统一

---

[1] 吴连城：《山西左云出土的秦权介绍》，《文物参考资料》1957年第8期。

[2] 《马克思恩格斯全集》第21卷，第453页。人民出版社出版，1965年。

的多民族的国家。这对社会发展是起了一定的促进作用的。

商鞅变法以后的秦国，度量衡制度虽然得到了统一，但其他各国之间的度量衡却无法统一，不仅计量单位不同，计数单位也不相同。以量来说，秦国以升、斗、桶（斛）为单位，齐国以升、豆、釜、钟为单位，魏国又以半斗、斗、钟为单位。秦始皇统一中国以后，下令在全国范围内统一度量衡制度，其目的在于建立统一的封建地主阶级的赋税制度和封建官吏的俸禄制度，但在客观上，度量衡制度的统一，对于商业、手工业的发展，和全国各地区之间政治、经济和文化联系的加强，是有积极作用的，也是符合历史发展的要求的。

1964年3月在西安市西郊秦阿房宫遗址的北部，还曾发现过1件战国时期秦高奴铜石权，通纽高17.2、底径23.6、腹围76厘米，重30.75千克，前后两面均有铭文，共分三段，一面阳文铸"□三年，漆工熙，丞诎造，工隶臣、禾石。高奴。"另一面阴刻秦始皇二十六年诏书和"高奴石"三字并刻秦二世元年诏书。

这件铜权，郭沫若同志认为"开头一字残损，从残痕看来似乎是'卅'字。可见这个铜权是秦昭王三十三年铸发给高奴县的。秦始皇统一六国以后，把铜权调回来刻上刻辞，秦二世即位以后又调回来补刻，但未及发还高奴，秦朝就灭亡了，故禾石被留置在西安。"[3]"禾石"的禾，是指此权为秤谷物所用，秦制120斤为石。此权重30.75千克，可知秦制一斤应重256.25克。

与此铜权的情况相似的秦商鞅量（方升），是秦孝公十八年（公元前344年）商鞅变法时所铸造的标准量器，应用于重泉（今陕西蒲城东南）地方。到秦统一中国后，又把它作为统一全国量器的标准。商鞅量侧面刻有商鞅铸造时的铭文：

十八年，齐遣卿大夫众来聘。冬十二月乙酉，大良造鞅爰积十六尊（寸）

五分尊（寸）一为升。重泉。

底部并刻有秦始皇二十六年诏书。根据这件铜量（方升）计算，秦制一升约合今0.2公升，一尺约合今0.22米。

---

[3] 郭沫若：《古代文字之辩证的发展》，《考古》1972年第3期。又见《奴隶制时代》，人民出版社出版，1973年。

这件铜量（方升）是秦统一中国前120余年铸发的。高奴"石权"的制作，也应在秦统一中国前数十年。铜量和铜衡（权）都是战国时期的秦器，皆补刻秦始皇二十六年诏书，可见秦始皇在统一度量衡时，仍然采用商鞅所制定的标准，所以就把秦国原用的标准器，加刻一道诏书，颁行全国作为统一度量衡的标准。所谓废六国之法而行秦法，也可以在这里得到证明。

二

我们今天所见到的秦诏版中，有两件特别值得注意，就是正反两面都有诏文的诏版。一件现藏中国历史博物馆，在刘喜海《长安获古编》、刘心源《奇觚室吉金文述》、陈介祺《簠斋吉金录》、吴大澂《愙斋集古录》和容庚《秦金文录》等书中都有著录。这件诏版在上述著录中或称"铜权诏版"，或称"始皇诏版"，或称"秦铁权铜版"，也有称"秦量"的。还有一件"廿六年诏版"，也见于《愙斋集古录》和《簠斋吉金录》，称为"始皇诏版"或"秦铁权铜版"，《秦金文录》还称："四十一字，背有大字"。

中国历史博物馆所藏的这件诏版，高11.2，宽13.3、厚0.3厘米，上端半圆径6厘米。清代道光年间在陕西西安出土，归刘喜海。最早的著录见于他的《长安获古编》。这件诏版正面刻有秦始皇二十六年和秦二世元年诏书，背有阴文反书大字，现存完整的"帝""兼""诸"三字和残损的"廿""尽""首"等字，可以看出它是从1件大铜版截下的。而另1件背有大字的"廿六年诏版"，从《秦金文录》看，背面现存阴文反书"丞相绾法"4大字，也是从1件大铜版上截下的。原来的大铜版应是秦始皇二十六年诏书（阴文反书）的全文，根据中国历史博物馆所藏铜诏版背面所存的几个大字我们把诏书的全文进行了复原。

经过复原，可以知道这件阴文反书诏版高约30、宽约65厘米。如将第二件诏版大字复原，则"廿六年诏版"全文的读法是白左而右的，这是秦代文书中的特例。从这两件反书的大字诏书铜版看，由于它的文字是阴文反书，而另面未显露阳文正书，可知它们原是两件铸造大字诏版的铜范。大字诏版铸造完毕，铜范不再保存，便截成若干小块，在背上又刻诏书。

当时用这类大字铜范铸造的诏书，并不是嵌在度量衡上的，而是悬之国门或

始皇·二世两诏版

布之郡县，作为秦始皇颁发的布告全国的诏书。

　　这种大字诏版或称金版，金版即国之典策，《逸周书·大聚解》叙述周公旦营邑建都之制，别阴阳之利，相水土之宜，命曰大聚。武王"乃召昆吾冶而铭之金版"。《庄子·徐无鬼》载："女商曰，……横说之则以诗书礼乐，从（纵）说之则以金版六韬。"秦始皇的诏书，今所见者多为度量衡器上的刻文，即刻、嵌在权量上的不满三寸见方的诏版。而更重要的诏版应是中央铸造的大字铜版诏书，虽然这种诏版的实物还没有被发现，但从现在传世的这两块诏版残范来看，可以断定在当时确实是有这样的诏版的。

　　大家所熟知的，春秋时期新兴地主阶级所铸造的"刑书"，可能也是这种形式。

三

《史记·秦始皇本纪》所说的二十六年统一六国之后，李斯奏定："一法度衡石丈尺，车同轨，书同文字。"和《说文解字·叙》："秦始皇帝初兼天下，丞相李斯乃奏同之，罢其不与秦文合者。斯作《仓颉篇》，中车府令赵高作《爰历篇》，太史令胡毋敬作《博学篇》，皆取史籀大篆，或颇省改小篆者也。"等记载。从现存秦代文字考察，秦颂功刻石文字笔画线条圆转庄重。而权量诏版文字，形体多方，字多潦草，风格迥然不同，应是新兴的俗体，即《颜氏家训·书证》所说的古隶，也是元人吾丘衍《学古篇》所说的秦隶。正由于它与庄重圆转风格的字体不合，所以被加上"隶"的卑称。因为秦始皇和秦二世东巡郡县有李斯等随从，所以晋人卫恒在《四体书势》中认为泰山刻石、琅玡刻石等小篆是李斯所书。此外，秦代陶量诏文，笔画与秦颂功刻石书体相近，疑其亦属小篆之列。

上述的这种秦隶则是出自民间劳动人民之手，并且在秦始皇统一以前就在秦国存在着。这种秦隶在秦始皇统一以后仍得以继续通行发展，表明它是和秦的"书同文字"是一致的。同时也证明了秦的统一文字，确是"罢其不与秦文合者"。由此可知，所谓"书同文字"，乃是以李斯等人的小篆为官方的规范字体，而民间秦隶同时流行。所以秦始皇的"书同文字"不仅废除了六国杂乱的异体字，使文字趋于整齐简易，而且接受、采用了由民间创造、发展着的秦隶。显然，这是秦始皇顺应历史潮流，在文化上的一个贡献。

恩格斯在《法学家的社会主义》一文中曾经指出过："马克思了解古代奴隶主，中世纪封建主等等的历史必然性，因而了解他们的历史正当性，承认他们在一定限度的历史时期内是人类发展的杠杆。"[4]这段精辟论述有力地批判了历史唯心主义，并且能够帮助我们充分认识到秦始皇顺应历史潮流，建成我国历史上第一个统一的多民族的封建国家所起的历史作用。

原文刊于《文物》1974 年 12 期，与许青松合作

---

[4]　《马克思恩格斯全集》第 21 卷，第 557 页。人民出版社出版，1965 年。

北宋磁州窑"陈桥兵变"图瓷枕

磁州窑是我国古代著名的瓷窑之一，它位于河北省邯郸地区磁县、彭城一带，早在10世纪时，这里已出现了许多民间瓷窑，迄元、明至今而未衰。古磁州窑烧制的瓷器，大部分是当时的日常用品，它的装饰色彩以黑白对比为主要特点，尤以白釉褐彩（俗称铁锈花）最为突出。它以人们喜闻乐见的绘画或书法作装饰内容，如山水、人物、花鸟、虫鱼以及书写诗文词曲，无不朴实生动，遒劲雄浑，于宋代瓷器的装饰艺术上，别具一格，充分反映了时代的气息。在他种瓷器中，唯河南鹤壁窑产品与之接近。磁县、鹤壁仅隔漳河，磁州窑、鹤壁窑都是研究陶瓷史者所定的名称，实际是一个系统。两地的产品，不但受到当时广大群众的欢迎，而且也为后世人们所宝爱。

1969年，磁县文化馆收集到一件北宋磁州窑瓷枕，是当年磁县城西30千米观台镇出土的。这件瓷枕是古代磁州窑瓷器中的一件珍品。

枕为长方形，高15.2厘米，面长38.5厘米、宽17.7厘米，底长36.7厘米、宽12.5厘米。白釉绘褐彩，中空。枕面四周绘五道直线花边，内有弧形开光。弧外两侧各有榴花两个，中心绘人物故事。枕侧四面主要纹饰在弧形开光内，前绘竹枝，后绘牡丹（上有一孔），左右绘花朵各一个，底部有压印"古相张家造"荷花荷叶长方牌子。

枕面人物故事，出现在一座桥上。柳荫长堤，桥头岸上立有前道四人，分举金瓜、钺、斧、朝天。桥上骑马前进者，为首一人，中年，面微胖，头戴软脚幞头，在黄罗伞下伫立，结合前道仪仗分析，此人身份当为帝王。其后有二人骑马随行，旁有一人举伞，并未开张。帝王的马前，有一老者，长须满面，举剑作陈事状。桥两侧有栏，桥端有双柱，柱上端有二横木相连。前道四人中，后一人右手指老者，似有所言。

按此图人物情节，应为公元960年宋太祖赵匡胤"陈桥兵变"故事。当兵变时，赵匡胤虽然还未登上皇帝宝座，但在后世画家的心目中，他已是一个皇帝了，所以图中见到了曲柄黄罗伞、金瓜、钺、斧、朝天……这些皇帝的"大驾卤簿"（仪仗），在宋元以来是人们所共知的。著名的元曲作家睢景臣，在他的名作《哨遍·汉高祖还乡》中，描写汉高祖刘邦返回原籍时，所执的仪仗中，就有这类器物。他说：

> "红漆了叉，银铮了斧，甜瓜苦瓜黄金镀。明晃晃马枪尖上挑，白雪雪鹅毛扇上铺。"

又说：

> "辕条上都是马，套头上不见驴。黄罗伞柄天生曲。"

这些，正可与图中赵匡胤的身份和其仪仗相印证。赵匡胤"陈桥兵变"的故事，在后世民间流传甚广，磁州窑枕面上有所反映，并不是偶然的。

陈桥驿在汴京（开封）城北二十里，因陈桥而得名。公元960年（建隆元年）元旦，赵匡胤与赵普、石守信等策划由镇（今河北正定）、定（今河北定县）二州谎报辽朝和北汉兵南下，后周宰相范质、王溥派赵匡胤领禁军出城抵御，赵匡胤兵到陈桥驿，发动了历史上著名的"陈桥兵变"。枕上所画的就是"陈桥兵变"的一段历史情节。画家把赵匡胤突出地画在桥上，其马前举剑陈事的老人，当为军中知星者苗训。

《宋史·太祖本纪》说：

> "（显德）六年，（周）世宗北征，……在道阅四方文书，得韦囊，中有木三尺余，题云：'点检作天子'，异之。时张永德为点检。世宗不豫，还京师，拜太祖检校太傅，殿前都点检，以代永德。恭帝即位，改归德军节度、检校太尉。

"七年春，北汉结契丹入寇，命出师御之，次陈桥驿，军中知星者苗训引门吏楚昭辅视日下复有一日，黑光摩荡者久之。夜五鼓，军士集驿门，宣言策点检为天子，或止之，众不听。迟明，逼寝所，太宗入白，太祖起。诸将露刃列于庭，曰：'诸军无主，愿策太尉为天子。'未及对，有以黄衣加太祖身，众皆罗拜，呼万岁。即披太祖乘马，太祖揽辔谓诸将曰：'我有号令，尔能从乎？'皆下马曰：'唯命。'太祖曰：'太后、主上，吾皆北面事之，汝辈不得惊犯。大臣皆我比肩，不得侵凌。朝廷府库、士庶之家，不得侵掠，用令有重赏，违即孥戮汝。'诸将皆载拜，肃对以入。"

上面这些生动的记载，就是赵匡胤"陈桥兵变，黄袍加身"的前后经过。图中所描绘的，就是军中观星者苗训见赵匡胤陈述"日下复有一日，黑光摩荡者久之"的紧张场面。它与"点检作天子"的韦囊之木，都是为"陈桥兵变"制造"天意民心"的，与秦末农民起义时大泽乡中的"鱼腹丹书""篝火狐鸣"如出一辙。这种舆论，虽有浓厚的迷信色彩，但在当时的政治斗争中，是十分必要的。苗训是望气观星的道士一类人物，七星宝剑为道士所佩用，故图中绘其举剑陈事。军中能举剑见赵匡胤的人，非苗训莫属，他在"陈桥兵变"中，给赵匡胤壮胆打气，起了积极的作用。

赵匡胤在五代十国混乱之后，登上历史舞台，当时社会经济初步有了转机，社会各阶层都渴望实现统一。中原经过后周柴荣的改革整顿，也具备了统一全国的条件。赵匡胤把握着这个历史条件，建立了代表地主阶级利益的政权，基本上统一了南方各地。与此同时，他强化了中央集权专制统治，革除五代遗下的秕政，实施了一系列经济改良措施，奠定了宋朝开国的根基，结束了长期分裂割据的混乱局面。宋朝经济文化，获得高度的发展，和上述社会历史条件有密切的关系。

宋代经济的发展，在农业、手工业方面表现十分突出。在瓷器手工业中，磁州窑的产品和其他名窑的产品一样，除供国内各地使用外，并远销朝鲜、日本等国，磁州窑著名的"古相（古代相州的简称。磁县一带，清以前属河南彰德，古为相州地，故称古相）张家造"器物，则是当时陶瓷工业中的著名产品，凡印有"张家造"而无"古相"二字的牌子，则是与"古相张家造"相竞争的窑场。此外，还有"刘家造""赵家造""漳滨逸人"等牌号。北宋时期手工业和商业的发展，这件瓷枕就是一个很好的例证。

　　磁州窑绘瓷的笔法，豪迈奔放，活泼自然，充满了生命力，对后世绘瓷艺术（如元代青花、明代五彩）等影响很大。从这件瓷枕看，枕面绘"陈桥兵变"故事，人物、军马栩栩如生。枕侧前面所绘竹枝，寥寥数笔，作宋人文同墨竹看待，略无愧色，后面所绘折枝牡丹，也具宋人写生意趣，这在宋代院画中，是见不到的。在此，建议研究美术史和工艺美术史的同志们，对宋元以来各种瓷器上的绘画，应进行全面研究，在我国绘画史上，开辟一块新的园地。

原文刊于《历史教学》1979 年第 1 期

宋磁州窑"仁和馆"双耳瓶

余近赴河南大学，为《孙作云全集》补送文稿，路过郑州，于河南省雕塑书画院化建国院长家中见他收藏的宋"仁和馆"瓷瓶，该瓶高10.2厘米、口径4厘米，瓶身上部施白釉，下半部施黑釉，白釉部分黑笔斜书"仁和馆"三字，明显地可以知道是磁州窑产品，与《中国陶瓷史》第56图著录的故宫博物院藏"仁和馆"四系瓷瓶是一致的，此件只是双系，形体略小而已。

明陈继儒《妮古录》称："余秀州买得白定（原文误为锭）瓶，口有四组，斜烧成'仁和馆'三字，字如米氏父子所书。"可以确定这件瓷瓶就是陈继儒所记的同类酒器。据知，山东省博物馆收藏另一件书有"太平馆"的瓷瓶。

"仁和馆"应是宋代馆驿的名称，宋周淙《乾道临安志》卷二馆驿条中称："仁和馆在清湖闸之南，绍兴十九年郡守汤鹏举重建"。临安府辖九县，仁和县为九县之一，有人认为仁和馆似今天的招待所。但是，也有人认为此瓶烧造于河北南部磁州，流行于河南（化建国同志购于郑州古玩市场），仁和馆可能是一般茶楼酒肆的名称，未必是临安府仁和县委托磁州窑所烧造的。山东省博物馆所藏"太平馆"瓷瓶，亦应如此。

〔附记〕:《文物天地》2001年第一期发表了《柳枝隋唐大运河遗址的发现》，称汴河故道出土了一件磁州窑仁和馆四系瓷瓶，进一步证明仁和馆是汴京一带的酒肆。

原文刊于《中国文物报》2001年4月1日

"陆离"新解

陆离一词，古籍习见，诸家训释，未探本源。今依据文字、声韵，结合出土文物，知陆离即琉璃，引申为色彩光亮；作《陆离新解》，以就正于方家。

此词最早见于《楚辞》，据初步统计，凡七见：

高余冠之岌岌兮，长余佩之陆离。（《离骚》）

纷总总其离合兮，斑陆离其上下。（《离骚》）

灵衣兮被被，玉佩兮陆离。（《九歌·大司命》）

带长铗之陆离兮，冠切云之崔嵬。（《九章·涉江》）

叛陆离其上下兮，游惊雾之流波。（《远游》）

长发曼鬋，艳陆离些。（《招魂》）

薜荔饰而陆离荐兮，鱼鳞衣而白蜺裳。（《九叹·逢纷》）

东汉王逸在《楚辞》注中，除最后一条外，几乎把陆离都解释为参差众貌、分散等等。南宋洪兴祖《补注》引许慎说："陆离，美好貌。"并引颜师古说："陆离，分散也。"望文生训，与王逸的解释无大差别。只有最后一条"薜荔饰而陆离荐兮"，王逸注："陆离，美玉也。"他认为陆离为名词，是美玉。这种解释就与琉璃相近了。

《楚辞》所见陆离，从读音和解义方面看，如"长余佩之陆离""玉佩兮陆离"为琉璃佩饰光彩；"带长铗之陆离"为琉璃剑饰；"斑陆离"即"叛陆离"，斑、叛音通，为彩色琉璃；"艳陆离"为鲜艳的琉璃，等等。这种解释，文从字顺，无一不通。

琉璃，汉人多写作流离或璧流离，稍后，或写作琉璃。《说文》："琊，石之有光，璧琊也，出西胡中。"段玉裁注："璧琊即璧流离也。《地理志》曰：'入海市明珠、璧流离。'《西域传》曰：'罽宾国出璧流离。'璧流离三字为名，胡语也。犹珣、玗、琪之

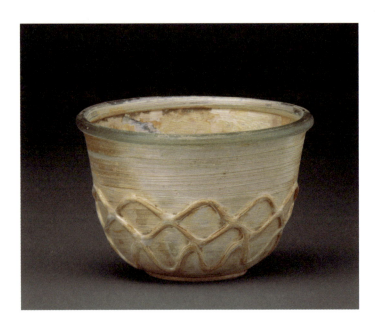

网纹琉璃杯

为夷语。汉武梁祠堂画，有璧流离曰：'王者不隐过则至。'吴《国山碑》记符瑞，亦有璧流离。梵书言吠流离，吠与璧音相近。《西域传》注：孟康曰：'璧流离青色如玉。'今本《汉书》注无'璧'字。读者误认正文璧与流离为二物矣。今人省言之曰流离，改其字为琉璃，古人省言之曰璧琊。琊与流、琉音同。"又曰："西胡即西域也，……《魏略》云：'大秦国出赤、白、黑、黄、青、绿、缥、绀、红、紫十种流离。'"

按许慎把"琊"字释为璧琊。段玉裁谓"璧流离"为胡语，是很正确的。琉璃在我国史籍中虽有各种不同名称和写法，[1]但其起源多数人认为是希腊语 $\beta\eta\rho\nu\lambda\lambda os$ 及拉丁语 Bērullos（璧流离）的对音。[2]《汉书·地理志》："黄支国，

---

[1] 见章鸿钊《石雅》卷上《琉璃》。

[2] 此说日本考古学家原田淑人先生论之甚详，见《夜光の璧に就いて》及《古代玻璃器》（载《东亚古文化研究》，1944 年，东京）及《玉の道》（载《东亚古文化说苑》，1973 年，东京）。按拉丁语 Bērullos，源于希腊语 $\beta\eta\rho\nu\lambda\lambda os$。今英文作 Beryl。见 Ch. T. 刘易斯编《拉丁语基础词典》，牛津大学出版社，1958 年重印。

民俗略与珠崖相类，其州广大，户口多，多异物。自武帝以来皆献见，有译长，属黄门，与应募者俱入海市明珠、璧流离、奇石异物，赍黄金、杂缯而往。"[3]《汉书·西域传》也记载罽宾国出璧流离。[4]《魏略》还记载大秦国出十种琉璃。[5]直到西晋潘尼的《琉璃椀赋》，尚有"济流沙之绝险，越葱岭之峻危"的句子。可见我国古代曾有携黄金、杂缯到国外购买琉璃的专使，和外国向我国来售琉璃的商人。东汉武梁祠画像石的祥瑞图及吴《国山碑》所记符瑞，皆以外国进献琉璃是祥瑞之征，可见两汉时期，外国琉璃曾输入我国。

春秋战国时期，外国琉璃传入我国，虽未见于文字记载，但从陆离之得名，以及我国各地古代墓葬出土的与中亚、西亚出土的相同的琉璃珠（俗称蜻蜓眼），说明曾有外国琉璃传入我国，是可以肯定的。从这一外来语转译之不规范，也可得到证明。

我国考古发掘所得到的琉璃，最早者为西周时期。1972 年河南洛阳庄淳沟西周早期墓出土一件穿孔白琉璃珠。1965 年湖北江陵出土的越王勾践剑上，有蓝色琉璃装饰。1978 年湖北随县战国曾侯乙墓出土了大量琉璃饰。1976 年河北平山战国中山王墓曾有彩色琉璃珠出土。至于历年以来，长沙、广州、辉县等地出土的战国至汉代琉璃璧、琉璃杯、琉璃珠、琉璃剑饰、琉璃印等，数量就更多了。

在上述出土的琉璃中，有不少与我国传统的器物形制相同，应该是我国自制或用外国原料按照我国需要制作的。[6]我国古代制造琉璃，东汉王充有所论述。《论衡·率性》说："《禹贡》曰璆琳琅玕者，此则土地所生真玉珠也。然而道人消烁五石，作五色之玉，比之真玉，光不殊别。兼鱼蚌之珠，与《禹贡》璆琳，

---

[3] 黄支国位置，多数学者认为在今印度马德拉斯西南康契普腊姆附近。

[4] 罽宾国在今喀布尔河下游流域及克什米尔一带。

[5] 大秦国一名海西，即罗马帝国。汉和帝永元九年（97 年）西域都护班超遣甘英使大秦。至条支，临海中止。桓帝延熹九年（166 年）大秦皇帝安敦遣使来中国。又晋武帝太康年间（280—289 年）有大秦使节来与中国通好。

[6] 详见于福熹、黄振发、肖炳荣《我国古代玻璃的起源问题》，《硅酸盐学报》6 卷 1、2 期，1978 年。杨伯达《关于我国古玻璃史研究的几个问题》，《文物》1979 年 5 期。黄支国的琉璃原料多来自罗马，国外考古发现证明，康契普腊姆附近，曾发现罗马钱币和琉璃原料。

器物

皆真玉珠也。然而随侯以药作珠，精耀如真，道士之教至，知巧之意加也。"[7]这里所说的道人消烁五石，作五色之玉，甚至说随侯珠是琉璃珠，都是我国自制琉璃的重要记载，尤其关于随侯珠的问题，更不容忽视[8]。清赵翼《陔馀丛考》卷三十二《琉璃》条，引《论衡》曰："'阳燧之取火也，五月丙午日中时，消炼五石以为器，仰以向日则火至。'蓋即琉璃也。"赵氏引文分见《率性》《乱龙》《定贤》诸篇，以为《论衡》所述阳燧为琉璃所制。1977年安徽亳县东汉曹氏宗族墓出土聚光玻璃器二件，一件扁圆形，径2.4厘米，凸高0.6厘米；一件扁桃形，长2厘米、宽1.8厘米、凸高0.65厘米。与《论衡》所记阳燧相合[9]。此外，《后汉书·西南夷传》说哀牢"出铜、铁、铅、锡、金、银、光珠、琥珀、水晶、琉璃、轲虫、蚌珠、孔雀、翡翠、犀、象、猩猩、貊兽"。哀牢在今云南境内。

已故的广州市文史研究馆馆长陈大年同志，是一位著名的文物鉴藏家，生前在广州、长沙等地搜集战国、秦、汉时期的琉璃器物百余件，于1959年捐赠中国历史博物馆。其中有浅青色琉璃棒和柱状琉璃，皆长十厘米左右，应是制器的原料。其他如琉璃琮、琉璃剑饰等，当为在国内所制。琉璃珠艳丽多彩，光泽如新，疑多数来自海外，当即《楚辞》所说的"斑陆离"或"叛陆离"。

附带谈一点意见。即"离娄"的问题。《孟子·离娄》："离娄之明"，赵岐注："离娄者，古之明目者。盖以为黄帝时人也。黄帝亡其玄珠，使离娄索之。离朱

---

[7] 陆树勋在所著《流离及颇黎》（《古学丛刊》第5、6期，1939年）一文中，说到"液石铸器，始见于《穆天子传》"。按《穆天子传》原文是："庚寅，至于重□氏，黑水之阿。……爰有采石之山，……五日丁酉，天子升于采石之山，于是取采石焉。天子使重□之民，铸以成器于黑水之上。"这里所说的"液石铸器"，疑是金属冶铸，不是制作琉璃。详见顾实《穆天子传西征讲疏》卷四。《禹贡》所言璆琳，长期未得确解，启功先生见告，璆音缪，璆琳也是琉璃的音转。颇黎（玻璃）则是璧流离的急读。

[8] 章鸿钊《石雅》卷上，认为《魏书·大月氏传》："世祖时，其国人商贩京师，自云能铸石为五色琉璃，于是采矿山中，于京师铸之。既成，光泽乃美于西方来者。乃诏为行殿，容百余人，光色映彻，观者见之，莫不惊骇，以为神明所作。"为中国自铸琉璃之始。按此为建筑用琉璃，并非琉璃器，北魏烧造的琉璃瓦，已在山西大同方山行宫遗址发现。湖北随县曾（随）侯乙墓出土大量琉璃珠。据《论衡·率性》所记，其中当有我国自制者。

[9] 见安徽省亳县博物馆《亳县曹操宗族墓葬》，《文物》1978年8期。

即离娄也，能视于百步之外，见秋毫之末。"从这段文字看，颇疑"离娄"即"陆离"，皆来母字一声之转。今山东、河北许多地方，把琉璃读作璃琉，古代把陆离转读离娄是很有可能的。由于璃琉透明，遂与传说中的人物相傅会，因而称其人为离娄，出现了"离娄之明"的故事。并谓其人目光如陆离之明。至于赵岐所说的离朱，则又是琉璃朱（珠）的省写，在古代"能视于百步之外，见秋毫之末"，除了琉璃之明，恐怕再无其他东西可以比拟了。

原文刊于《文史》1981 年第 11 期

"五谷满仓"与"六畜蕃息"瓦当

　　我国古代建筑用瓦，有板瓦、筒瓦之别。板瓦是仰瓦，筒瓦是覆瓦。屋檐最前面的筒瓦前端，多有一块半圆形或圆形的下垂部分，称为瓦当，一作瓦瞢，俗称瓦头。瓦当有当前之意，其作用是蔽护屋檐，同时也遮挡两行板瓦之间的缝隙，除了增加建筑物的牢固外，还有装饰屋檐的作用。

　　古代的瓦当，有的带有纹饰，有的带有文字，都是用陶范制成的。战国时期的瓦当为半圆形，纹饰以鸟兽纹或几何纹为主；秦汉时期的瓦当，半圆形渐少，多为圆形。纹饰除了少数带有云纹或鸟兽纹外，多数带有文字，从一字到十数字不等。依照瓦的使用，约可分为五类：

　　一、宫殿类：如"甘泉""兰池宫当""石渠千秋"等。

　　二、官署类：如"卫""盗瓦者死""樱桃转舍"等。

　　三、祠墓类：如"长陵东瞢""长陵西神""永奉无疆"等。

　　四、吉语类：如"延年益寿""长生无极""与天长久"等。

　　五、其他类：如"文明""单于和亲""单于天降"等。

　　长期以来，每到新年，民间常见一副春联："汉瓦当文延年益寿，周铜盘铭富贵吉祥。"上联的"延年益寿"，就是由汉代瓦当文字而来。

　　正值我们欢庆1983年全国工农业生产所取得的伟大成就，喜迎1984年新年到来的时刻，选取了汉瓦当文二种，作为向新年奉献的礼品：一为"五谷满仓"、一为"六畜蕃息"，前者是仓瓦，后者是厩瓦，文意通俗易懂，字体结构整齐，具有较高的艺术价值，能看见古代艺术之一斑。两瓦皆陕西省淳化县甘泉宫附近出土，为西汉武帝时期之物。

原文刊于《人民日报》1984 年 1 月 3 日

"五谷满仓"瓦当拓片

波斯萨珊朝鎏金人物银瓶

　　李贤字贤和，《周书》《北史》均有传。历仕北魏、西魏、北周三朝。先后随宇文泰和独孤信立有战功。到西魏恭帝元年（554年），进爵河西郡公。北周保定四年（564年）武帝宇文邕率师东征北齐，授李贤河州总管。李贤死后，"特赠柱国大将军，泾、原、固、秦、河、渭、夏、陇、邠、灵十州诸军事，原州刺史。"其弟李远、李穆以及子侄辈都是西魏、北周的显贵。隋文帝杨坚长女乐平公主之女娥英公主，下嫁李贤之孙李敏，生李静训。静训墓于1957年在陕西省西安市发掘，出土文物中也有不少波斯文物，因知李贤子孙到了隋代，有的仍居要职，而且世代保存波斯文物。此银瓶于1983年宁夏回族自治区固原县北周李贤夫妇墓出土。

　　银瓶鉴全，高37.6厘米，瓶口似鸭嘴，瓶颈呈瓦棱形。长腹圆凸瓦棱形，高圈足座。颈腹间、圈足、足座上端与瓶身相接处均有凸起的连珠纹环绕。柄两端各有兽头与瓶身衔接，其上铸一深目高鼻戴帽人头像。瓶腹部周围有凸起的浮雕人像三组，各有一男一女调情，组成一幅连续的故事图画，人物发饰衣纹用细线刻划，线条流畅细腻，似是描绘凯旋归来的战士受到女子爱慕的情景。

　　银瓶造型优美，人物生动，是罕见的珍贵文物。根据出土的李贤墓志记载，其入土年代为北周武帝天和四年（569年），此瓶当为6世纪传入中国。

原文刊于《历史教学》1984年第8期

商无敄鼎的发现及其意义

在我国历史上的商周时期，东方的山东、苏北、皖北一带，被称为夷方。商王帝乙、帝辛（纣）时的卜辞和晚商时期的金文，把夷方多写作"人方"，而古文献中有时写作"尸方"。夷方在商代中期还是臣属于商朝，到帝乙、帝辛时，曾多次反抗商朝的统治。帝辛征东夷，取得了胜利。安阳殷墟第五期卜辞，多有"王来征人方"的记录，商代的丁巳尊、小臣艅犀尊，亦有同样的铭辞。

帝辛时的般甗铭文，是一篇极为重要的关于商王伐夷方取得胜利的文献，全文是：

"王■人方无敄，咸，王赏作册般贝，用作父己障，来册。"

此甗原为陈宝琛所藏，陈氏《澄秋馆吉金图》著录，现藏中国历史博物馆。铭文曾经王国维考证。《观堂集林·别集·般作父己甗跋》称："■乃俎之古文，当读为俎。昔人释俎为宜，并名此甗为王宜人甗，失之矣。"今按■字仍以释宜为是。宜，祭名，祭社称宜。其祭法可能是把人刀俎成块，故其祭曰宜。《书·泰誓》："类于上帝，宜于冢土。"《传》："祭社曰宜。冢训大也，社是土神，故冢土，社也。"由此可知，"王宜人方无敄"就是商王杀了人方的无敄，其目的是用以祭社。无敄是夷方的首领。至于把无敄解释为"无侮"[1]或"舞矛"[2]，皆与当时历史情

---

[1] 日本赤冢忠称此鼎为文父甲鼎，释"无敄"为"无侮"，见所著《中国古代の宗教と文化》，角川书店，1977年。

[2] 李白凤释般甗"无敄"为"舞矛"，见所著《东夷杂考·令矢簋斠斟》，齐鲁书社，1981年。

况不符。

殷墟出土的人头骨刻辞，有"……且乙伐……人方白（伯）……"，李学勤同志认为它可能是人方无敄的头颅[3]。沈之瑜同志在上海博物馆收藏的甲骨中，发现一块很小的牛胛骨残片，刻辞中有"人方白髳"之名，认为"人方髳即网簋铭文中的人方髳"，并指出这片卜辞与网簋、小臣艅犀尊是帝乙十祀征人方时物[4]。

近年来，李白凤同志撰《东夷杂考》，对夷方的文化已有专论。但夷方的文物留存下来的不多，或者确是夷方的文物，我们尚未识别出来。1984 年 8 月 10 日由文化部文物局和中国历史博物馆为庆祝建国三十五周年而举办的

无敄鼎拓片

全国拣选文物展览，展出了上海市金属供应站于 1969 年在废品中拣出的铜鼎一件，此鼎高 23.5 厘米、口径 17.3 厘米，重 2450 克，直耳，圆腹，三直足，略有分裆。身饰兽面纹，足饰垂叶纹，造型规整，通体呈暗绿色。鼎内壁铸铭文三行，共十一字：

"无敄用作文父甲宝障彝𤮃"。

此鼎《尊古斋所见吉金图》卷一、《三代吉金文存》卷三著录，《尊古》称为"文父鼎"，《三代》称为"文父甲鼎"。另外《贞松堂集古遗文》卷二、《小校经阁金文拓本》卷二著录另一件铜鼎，铭文字体较无敄鼎铭略大，仅存"无、文、彝、𤮃"四字。据《遗文》称："热河行宫藏，文皆为锈掩，可辨者仅此四字。"此鼎铭

---

[3]　李学勤：《殷代地理简论》第二章《帝乙十祀征人方路程》，科学出版社，1959 年。

[4]　沈之瑜：《介绍一片伐人方的卜辞》，《考古》1984 年第 4 期。

文三行，虽与无敄鼎有异，但字体相近，为一人同铭之器无疑。因知无敄鼎已有两件。至于《三代吉金文存》卷十四所收敄觯之敄是否与无敄为一人，则有待进一步研究。

无敄鼎铭文第二字作，为敄字的反书。在商周金文中，敄字的写法，今举数例：

敄觯

毛公鼎

都公簋

这里所举的三个敄字，皆与无敄鼎的敄字形体、结构一致。至于般甗中的敄字作"　"，与无敄鼎的敄字也很接近。

乍册般甗拓片

无敄鼎铭最后的"　"，多见于商末周初的金文。于省吾先生在《释　》一文中[5]，把它释为"举"字，是很正确的。于先生生前曾对我说，它是商朝一个很大的部落（氏族）的族徽，后来这个氏族投降了周朝，到西周仍然是一个重要的、有一定地位的氏族。今从无敄鼎的铭文看，它应是人方氏族的族徽。推测其氏族首领被商朝杀掉后，大部成员归服了商朝，商朝灭亡，他们又归服了西周，在西周初仍是一个较大的氏族。故此氏族的铜器在山东、河南、陕西等地皆有出土。

总的看来，无敄鼎是夷方首领无敄为父甲所做器。通过此器可以看出夷方受商朝文化影响很深，冶铸技术相当发达，文字结构和称谓都与商朝无大差异。但铭文中未见"人方"二字，可能"人方"是商人对夷方的称呼，不是夷方的自称。

原文刊于《文物》1985年第1期

---

[5]　于省吾：《释　》，《考古》1979年第4期。

忽雷为侗族乐器说

在我国乐器史上，有一种类似琵琶的弹拨乐器，叫做忽雷。根据唐段安节《乐府杂录》、宋钱易《南部新书》记载，这种乐器出现在晚唐时期。当时韩滉在朝，奉使入蜀，以枒栌檀木制胡琴二，名曰大、小忽雷，进入内府。文宗时，郑中丞（宫中女官名）善弹胡琴，内库二琵琶号大、小忽雷，郑善弹小忽雷，偶以匙头脱，送崇仁坊南赵家修理。后以中丞忤旨，命内官缢杀，投于河中。权相旧吏梁厚本临河重钓，见之，令家僮接得就岸，口鼻尚有余息。及苏，遂垂泣感谢，厚本即纳为妻，言其所弹琵琶今在南赵家，厚本贿赂乐匠购得之。每至夜分，方敢轻弹。有黄门放鹞子过其门，私于墙外听之，识得是郑中丞琵琶声，文宗得情，即令宣召，乃赦厚本罪，并加恩赐。这段史实虽然夹杂一些故事内容，但说明韩滉确有在蜀中制作大、小忽雷之事。

大、小忽雷自宋元以后不知因何分散。清末，大、小忽雷均为贵池学者刘世珩所得。刘氏寓居北京，以"双忽雷阁"名其斋，并于宣统三年辑印有关诗文词曲为《双忽雷本事》，书前有大、小忽雷图版，标明大忽雷长营造尺二尺八寸五分（91.2厘米），小忽雷长一尺四寸七分（47厘米），大、小忽雷后归庐江刘体智，新中国成立后，刘氏捐赠国家，今两忽雷归故宫博物院收藏。

从忽雷的制作看，其形虽似琵琶，但琵琶音箱为梨形，有五弦、四弦、三弦之别。而忽雷为龙首，螳螂腹（音箱），二轴二弦，制极古雅。据刘世珩所记，由琴师张瑞山弹之，较琵琶之声"清越而哀"，当然，这是刘氏的领会，与杨维祯诗中所形容的"怒裂龙门石"不尽相同。

关于忽雷之得名，自唐到清皆以为与琵琶得名同为胡语对音，并认为是胡人马上乐器。孔尚任题小忽雷二绝句之一称:"古塞春风远,空营月夜高,将军多少恨,应是问檀槽。"檀槽就是我们今天所说的桫椤檀木音箱。吴嵩梁题四绝句之一称:"谁伐桫椤树,将军破蜀归。衰朝无雅乐,持汝献宫闱。"李葆恂题四绝句之一称:"龙头风臆式殊精,迤逻尘沙百感生。想见风流画牛暇,晋公手制字分明。"小忽雷项间有嵌银正书"臣滉手制恭献,建中辛酉春"十一字,有人(清赵申嘉)疑其为伪添,但原物为唐制是可以肯定的。

最近,由贵州省文管会、省民委、省文化出版厅和民族文化宫举办的《贵州侗族建筑及风情展览》介绍了侗族的悠久历史和丰富多彩的文化生活,是一次具有历史意义的展览。在这次展出的侗族乐器中,有"雕龙头牛腿琴"二件,一件附有弓擦,知其用法既可弹奏,也可擦奏。琴身用杉木挖空,二弦,形制略小于大忽雷。其所异者,"牛腿琴"音箱皆为木制,忽雷音箱(檀槽)下端半蒙蟒皮。关于弓擦法擦奏乐器,在我国起源较晚,而弹拨乐器加弓擦用为擦奏乐器,在乐器中则是常见的。明田汝成《行边纪闻》记载峒(侗)人吹芦笙、木叶,弹二弦、琵琶。可见二弦(牛腿琴)当时仍是弹拨乐器。

侗族"龙头牛腿琴"是汉语今名,侗语则称之为"果离",因而推想"忽雷"很可能是侗语"果离"的音转,如果这种推断不错,则忽雷应是侗族的乐器,为侗族先民所发明。韩滉在蜀中见而仿之,并微有改进,献之宫闱,于情理完全相合。

忽雷虽是小器,实为侗族文化影响汉族之一例。

原文刊于《贵州日报》1985 年 7 月 2 日

文房四宝

　　文房之名，起于中国历史上的南北朝时期（420—589年）。当时所谓文房，指国家典掌文翰之处。唐、宋以后，文房则专指文人书房而言。南唐后主李煜（937—978年），雅好文学，收藏甚富，今所见其所藏书画，皆押"建业文房"之印。北宋雍熙三年（986年）翰林学士苏易简以笔、砚、纸、墨"为学所资，不可斯须而阙"，撰《文房四谱》五卷，分笔谱二卷，砚、纸、墨谱各一卷，各卷分述：叙事、制造、杂说、辞赋诸事，博收约取，内容详赡。由是，文房有四谱之名。南宋初，叶梦得撰《避暑录话》，谓"世言徽州有文房四宝"，故《文房四谱》又称《文房四宝谱》，以笔、砚、纸、墨为文房所宝用。

　　笔、砚、纸、墨皆中国古代发明创造，具有优良的民族文化传统和独特的艺术风格。中国的悠久历史和文化，都赖其功能而传播。尤其是促进书写与绘画艺术的发展，起到了一定的作用。同时四宝本身也在不断地改进和提高，发展成为中国独具特色的工艺美术品。四宝品类繁多，丰富多彩，历代皆有名品及著名艺师。长期以来，浙江吴兴（旧属湖州府治）之湖笔，广东高要（旧为肇庆府治，古名端州）之端砚，安徽泾县（旧属宣城郡）之宣纸，歙县（旧属徽州府治）之徽墨，至今仍享盛名。

　　毛笔用羊毫、狼毫、兔毫等制作，毛细而尖，劲健有力。杆用竹、木、象牙等为之，使束毛处饱满。其特点在于运笔酣畅，来去自然，便于书写或绘画。东晋时，王羲之盛赞宣州陈氏笔，唐宋时期，宣州诸葛氏笔为时所重，白居易诗有"每岁宣城进笔时，紫毫之价如金贵"之句。南宋以后，湖州制笔，名师辈出，流风余韵，迄今不衰。

端砚质细而润，发墨不滞，细匀无滓。其他名砚尚有歙砚、洮砚、鲁砚、澄泥砚、砖瓦砚等。砚宜纹饰精致，辅以文人学士题铭，尤为名贵。唐刘禹锡《唐秀才赠端州紫石砚，以诗答之》诗，有"端州石砚人间重，赠我因知正草玄"之句，可见端砚自古为文人所宝爱。

纸为中国四大发明之一。因产地、种类、品名、制作而异。宣纸以皖南青檀树皮及沙田稻草为主要原料，经过多道工序制成。不蛀不腐，搓折无损。薄软轻韧，润墨性强，南唐李后主文房所造澄心堂纸，实沿其制。宋诸名人作字及李公麟作画多用之。自宋以后，由于稀少名贵，故多仿制。宋诗人梅尧臣以"有钱莫买金，多买江东纸，江东纸白如春云"诗句，盛赞宣纸之美。明清又有各种施胶、加矾、上蜡、染色、加粉、洒金、描金、暗花、压花等加工技法，尤为称绝。

墨有松烟、油烟两种，松烟墨用松木烧烟，墨色浓黑。油烟墨用桐油烧烟，墨色光洁。皆以质地细腻、胶轻、味香、色泽浓黑泛紫光者为上品。舐笔不胶，入纸不晕。另有五色墨，多为文房勘书、评阅文章所用。凡属名墨皆有小品书画及墨家名款，由于传世稀少，向为收藏家所珍赏，具有重要工艺价值。

四宝之外，笔有笔筒，砚有砚匣，纸有卷桶，墨有墨床，至于水丞、笔架、笔洗、臂阁、图章、印泥、镇尺、裁刀、绫绢之类，既为文房所用，应与四宝同珍。洗笔滴砚，日以为常。笔砚精良，自得佳趣。

文房四宝不仅在中国国内享有盛名，在国外也久负盛誉。这里展出的北京荣宝斋收藏文房四宝名品，反映了中国悠久历史文化的一个侧面。必将引起日本朋友的极大兴趣，受到朋友们的欢迎。

原文刊于《人民政协报》1986 年 12 月 29 日

唐代宫廷精品荟萃

　　著名文物鉴定家、国家文物鉴定委员会副主任、中国历史博物馆研究员史树青先生，前不久曾先后与赵朴初、季羡林、周绍良等知名专家、学者飞赴陕西，考察了扶风县法门寺塔基地宫出土的唐代重要文物，对这批文物的修复、保护等问题提出了初步意见和建议。史先生回京后，记者就读者关心的有关问题访问了他。

　　记者：最近一个时期，报纸、电台都对法门寺塔基地宫出土的文物做了较多介绍，有的说这是我国考古工作的又一重大收获；有的说它把我国古代文化最灿烂时期的最高工艺水平集中展示了出来；还有的说，它辉映古今，光耀中外，再次显示了中华民族非凡的创造力……您能否谈谈这批文物的价值和意义？

　　史树青：我在扶风只看了半天，许多文物也仅重点选看。大量的唐代重要丝织品还有待揭开修复，所以说要了解全部出土文物，尚需时日。不过，仅据目前所见，这批出土文物在我国考古发现史上的确是一件大事，在世界考古发现史上也是一件大事。特别应当指出的是，这批文物包括金银器121件，玻璃器17件，珠宝玉器约400件、颗，瓷器16件，石器12件，漆木杂器19件，铁器16件，以及大量的丝织品，共1000余件，是互为依存的成组文物，保存完整，时代明确，历史背景十分清楚，且多是宫廷精品，从这几个方面说，堪称前所未闻，世所罕见。

　　记者：您的介绍，使我想起了本世纪初在敦煌莫高窟藏经洞发现的5万多件珍贵文物，导致在社会科学领域里形成了一门新的学科——"敦煌学"。法门寺塔基地宫文物的出土，可否与之相比？

史树青：法门寺文物的出土，有似敦煌文物的被发现。这批文物对唐史、佛教史、科技史、美术史、中外文化交流史等多个领域的学术研究，将产生巨大的影响，现在可以说已经震动了全世界，引起了国内外学者的关注，它同敦煌藏经洞的发现一样，也将产生一门新的国际研究学科。

记者：据我所知，法门寺的砖塔是明万历七年所建，为何明代建筑内藏有大批唐代宫廷珍品？

史树青：1981年，法门寺塔因地基下沉而半边倒塌。这座塔是明代建筑的。唐宋时期那里是座木塔，明隆庆时木塔倒毁，万历年间重建。今年为重建寺塔，对塔基进行发掘和清理时，发现了塔基地宫。在地宫隧道内有《大唐咸通启送岐阳真身志文》碑和《监送真身使随真身供养道具及金银宝器衣物帐》碑。碑文记载：法门寺塔始建于东汉桓、灵时期（公元2世纪），也就是说，1800多年前已有寺塔了。此塔不同于一般的塔，一般塔基地宫是容积有限的竖穴，此塔地宫很大，犹如一座大墓，有门、隧道、前室、中室和后室。据《志文》记载，佛指舍利一向藏在地宫，从北魏到隋代、唐初，曾几次打开地宫，请出供奉。唐王朝每30年开地宫一次，将"佛骨"迎至长安宫廷、寺庙供奉，以此祈福。迎"佛骨"耗资极大，皇帝、王公大臣等都要以珍宝事佛。唐懿宗于咸通十四年（873年）迎"佛骨"，第二年即驾崩。唐僖宗继位，忙把"佛骨"送回地宫。当时唐朝已危机四伏，政权难保，此后不再迎奉"佛骨"。据今所知，地宫自咸通十五年（874年）后未曾被扰乱过。

物帐碑开列了地宫所藏佛事供品的名称、数量。经初步清点，现存文物与碑文不完全相符，如碑文记载有两个水晶枕，现仅见一个，但从地宫现状看，无扰乱的痕迹，也就是说，自公元874年之后未曾被盗。既然如此，为何实物与碑文记载不完全相符，这是个值得研究的问题。

记者：据您所见，这批文物中哪些学术研究价值最高？

史树青：文物中有4个"佛指舍利"，其中一个是指骨，3个是"影骨"，即用玉石做的复制品。"佛指舍利"及有关文物对研究唐代佛教史提供了珍贵的实物资料。

地宫的金银器，多为唐宫廷内库的藏品，有的器物上刻有"内库"字样。还有一个很大的金花银盆（初步判断是澡盆），制作之精，以前还没见过，外底刻有"浙西"二字，浙西是唐代浙江西道的简称。唐代金银手工艺久负盛名，这批金银器可说是唐代精品的荟萃，它的价值不言自明。

需特别一提的是丝织品、瓷器、玻璃器。物帐碑说：唐懿宗、唐僖宗和惠安皇太后供奉各种丝织品700余件，其中还有武则天的"绣裙"。这些文物对中国纺织技术史和服饰史研究都有很高的价值。可惜千年藏于地下，现已粘结成块，有的霉变严重，须经科学保护措施处理后才能展现出它们的风采。不过其中的蹙金线、捻金线制品，是将极细的金片与丝线结合制成的丝织品，因而至今仍金光闪闪，有的丝线本身已朽烂，而金丝片尚呈细小弹簧形状，这从一个侧面反映了唐代丝织和金银加工技术所达到的高超水平。

这次出土的16件瓷器，物帐碑明确记载是"秘色窑瓷"，这就解决了千百年来众说纷纭、莫衷一是的历史之谜——秘色瓷的釉色问题。这些秘色瓷，釉色以灰青色、浅青色为主，造型优美，温润可爱。从胎和釉看，我认为是越窑青瓷，也就是说，"秘瓷"并非因是"专为皇家所造，配方、造型、釉色、成器均秘不示人，故谓秘色"。前几个月，天津《历史教学》杂志让我审阅一篇关于"秘色瓷"的稿件，那篇文章说"秘色"是"蜜色"的通假，即蜂蜜的颜色，我看此说亦有道理。这篇文章最近就要在该刊发表，请同志们认真看看。

多年来，研究中国陶瓷史的不少同志，常说吴越王钱镠向唐朝进贡秘色瓷，实际当时钱镠尚未称"吴越国王"，而是唐朝的一个节度使，我们怎能称之为"王"呢？1980年在浙江临安县发现的钱镠母亲水丘氏墓，根据出土的墓志记载，其母于昭宗天复元年薨于浙西府，由此可知前述刻有"浙西"二字的金花银盆与秘色窑瓷器，同是钱镠向唐皇室的贡品。至于大批丝织物的来源，亦应是江南地区绫锦院所造。由此可以想见，隋唐时期沟通南北的大运河所起到的重要作用。

记者：过去说我国明代才会制造玻璃，听说这次出土的玻璃器皿，使我国制造玻璃的历史大大提前，是这样吗？

史树青：地宫出土了17件玻璃器皿，有16件来自古代西亚；有一素面玻璃茶盖和茶托，从造型看应是我国所制，技术和工艺水平均不低于外来品。由此可见，在唐代我国玻璃制造技术已臻成熟。过去一直说我国在明代才会制造玻璃，现在看来并非如此。我一直认为对"光怪陆离"一词的传统解释值得研究，我统计过，《楚辞》中有7处谈到"陆离"。如《九叹·逢纷》称："薜荔饰而陆离荐兮，鱼鳞衣而白霓裳。"王逸注"陆离"为"美玉"，看来"陆离"不一定是"美玉"，很可能是"琉璃"。汉代以前玻璃都写作琉璃、流璃、琉璨、璧流离等，都与陆离同音。《说文解字》以琉璃为"胡语"，可见琉璃是在汉代或汉代以前由西亚传入我国的。法门寺塔基地宫出土的各种琉璃碗，多是从西亚传入的宫廷内库之物，这是关心古代东西方经济、文化、科技交流的同志值得研究的一个问题。

　　总之，这次重大的发现为我们提供了多学科的研究内容，它必然引起世界的重视，将来要展览，还要出版专书，一定会在国内外兴起研究法门寺塔基地宫文物的热潮。

原文刊于《科技日报》1987 年 7 月 22 日、29 日

唐代"胡腾舞"铜人像

　　1987年12月27日晚，从电视里传来了伟大的国际主义者、新西兰杰出的社会活动家路易·艾黎同志在北京逝世的消息，我心中十分悲痛。

　　由于教学工作的关系，最近有机会看到"艾黎捐赠文物陈列馆"所藏的一件唐代"胡腾舞"铜人像。这件铜像身高10.5厘米，连座高13.4厘米，出土地不详（推测是甘肃一带早年出土），红铜雕铸。舞蹈者高鼻深目，头戴一顶尖顶蕃帽，穿的是窄袖长袍，束腰，脚着尖头上翘的靴子，身后背着一个盛水的葫芦，这种装束是典型的西域胡人的形象。铜人舞蹈者足下踩一莲花形圆座，他右臂向前提举，左臂下垂前伸，左脚踏地，右腿前屈上提，作腾跃状。这是一个正在进行中的舞蹈动作，动态极强。

　　关于我国古代胡腾舞的形象，在《全唐诗》中李端所作的《胡腾儿》诗中有过具体动人的描写："胡腾身是凉州儿，肌肤如玉鼻如锥，桐布轻衫前后卷，葡萄长带一边垂。……扬眉动目踏花毡，红汗交流珠帽偏，醉却东倾又西倒，双靴柔弱满灯前。"在《全唐诗》中还有王言史作的《王中丞宅夜观舞胡腾》诗："石国胡儿人见少，蹲舞尊前急如鸟。织成蕃帽虚顶尖，细氎胡衫双袖小。……跳身转毂宝带鸣，弄脚缤纷锦靴软。四座无言皆瞠目，横笛琵琶遍头促。乱腾新毯雪朱毛，傍拂轻花下红烛……"对胡腾舞者的服饰和舞蹈动作、观舞者的表情和伴奏乐器都做了更加细致生动的描述。

　　艾老捐赠的唐代胡腾舞铜人像值得注意的是，舞蹈者身后背有一盛水葫芦，这应该是当时西域劳动人民的形象。由此可见，这种腾踏自如、活跃生动的舞蹈，在当时民间是广泛流行的。

我国历史上的南北朝时期，由于当时各族人民之间生活上的融合和国内外之间文化交流的增多，使我国音乐舞蹈艺术在吸收各民族和国外的艺术特色中，有了许多新的发展。胡腾舞是流行于甘肃、新疆一带的西凉乐舞，在西凉乐中，以"胡腾舞"最为流行。这种舞蹈，原出于西域石国（中亚塔什干一带），北朝末年传入内地。关于"胡腾舞"的舞姿，长期以来，我们只能从唐诗中见到文字记载，而从未见到具体形象。近年来，只是在河南安阳北齐的范粹墓中，出土过一件黄褐釉瓷扁壶，壶身有由一个舞蹈者和四个伴奏乐人组成的乐舞纹饰。还有在陕西西安唐代苏思勖墓壁画中有一幅乐舞图，舞蹈者高鼻深目，满面胡须，头包白巾，身穿长衫，腰系黑带，脚穿黄靴，两旁有九个弹奏各种乐器的身着汉装的伴奏乐人，还有两个伸臂高唱的汉装歌者。看过这幅唐代乐舞图的同志认为，虽然不敢肯定这是胡腾舞，但至少是研究胡腾舞的重要资料。路易·艾黎同志捐赠的这件唐代胡腾舞铜人像，给我们提供了一件唐代胡腾舞的实物形象，填补了唐代舞蹈重要实物形体的空白。

原文刊于《光明日报》1988年3月5日

重印《故宫清钱谱》跋

在中国货币史的研究中，我深感清代货币的历史最为复杂。尤其清代中期以后，货币制度异常紊乱，无论是银两、银元、制钱、钱钞、铜元等方面，都有急剧的变化。黄鹏霄先生认为"清代钱制之繁复，可谓超越前古，且每一币之兴革，莫不关乎当时之国政财用"，可以说这是国人共同的认识。

清朝宫廷是当时的政治中心。故宫博物院所藏清代制钱，多为京、省各局进呈内府的正品。其中有祖钱、母钱、样钱、呈进钱、库储钱等，均属钱币中之精品。

五十年前，吾师沈兼士先生任故宫博物院文献馆馆长，鉴于"清代制钱日就销毁，恐若干年后将较刀布之属为难得，食货简略，补阙莫由"，因嘱馆员黄鹏霄先生就宫中所藏清钱二百八十四品，辑为《故宫清钱谱》一书，且就各钱沿革、形制、类属等，予以注释，加以考证，文物幸存，典制攸关，为货币史研究作出了贡献。

《故宫清钱谱》今已成稀见之书，购求不易。北京市钱币学会与北京大学图书馆文献部有鉴于此。继影印出版《药雨古化杂咏》之后，影印出版此书，以满足钱币研究者与爱好者之渴望，当是一件大好事，定会受到广大读者之欢迎。

原文选自黄鹏霄编《故宫清钱谱》，北京大学出版社，1989 年

《国宝大观·竹木牙角器》概述

　　竹木牙角器在工艺美术品中虽然多是小器，但一器之微，往往穷工极巧，考工考史，源远流长。《礼记·玉藻》："笏，天子以球玉，诸侯以象，大夫以鱼须文竹，士竹，本象可也。"由此可见，古人在礼器的制作上，除了玉笏以外，牙笏、竹笏是仅次于玉笏的礼器。

　　在考古发掘中，由于历史和自然环境等因素，古代竹木器不易保存，故发现甚少。就竹器而言，目前所见到的较早的竹雕器是湖南长沙马王堆西汉墓出土的雕有龙纹的彩漆竹勺。《南齐书·明僧绍传》记载齐高帝赐明僧绍竹根如意笋箨冠。北周庾信《奉报赵王惠酒》诗有"野炉然树叶，山杯捧竹根"的诗句，可知当时雕竹制器的概况。唐代竹刻见于宋郭若虚《图画见闻志》卷五，所记当时竹刻技艺及作品与金银器镂錾、石刻线雕同一意趣。并已出现"留青"的刻法。

　　竹刻成为专门艺术，应自明代中期开始。清嘉庆间，嘉定金元钰在所著《竹人录·凡例》中说：竹艺"雕琢有二派，一始于金陵濮仲谦，一始于吾邑朱松邻，濮派浅率不耐寻味，远不如朱"。其实，明末朱松邻（鹤）创为嘉定派竹刻，子朱小松（缨）、孙朱三松（稚征）三世相传，声名已著，且朱氏三代俱工书画，兼雕犀角、象牙。清初名师吴之璠为三松之后第一高手，与之璠同时稍后者，有嘉定封锡禄字义侯，封氏一门皆精刻竹，康熙四十二年（1703年），与兄锡爵、弟锡璋同时入京，以艺入值养心殿造办处。与锡禄同里之周颖，字芷岩，精绘事，幼曾问业于王石谷，兼擅刻竹。嘉定竹派延续到清代中期，后继者有数十人之多。而所谓的金陵竹派濮仲谦则不然，得其亲授或直接受其影响者殆无一人。金氏分派，不过是有意制造一种对立派，借以提高本乡竹刻艺术身价而已。

器
物

279

乾隆、道光间，潘西凤、方絜诸家，以浅刻见重，成为清代竹刻的殿军。

历代竹刻艺术，大体有圆雕、浅雕、浮雕三种。康熙、乾隆间，造办处创竹黄雕刻，以黄杨木为胎，用竹之内皮雕成各种纹饰，贴于器外，名曰"贴黄"。稍后，江苏嘉定、浙江黄岩、湖南邵阳、四川江安、福建上杭等地均有制作。

当乾隆间清宫所藏青铜器编成《西清古鉴》《宁寿鉴古》以后，造办处创仿青铜器竹雕，刀法毕肖古铜器形状和纹饰，装柄、提梁诸器，尤见巧思。

木雕器物与竹雕有类似之处。甘肃武威出土的汉代木猴，刀法简练，自然生动。唐宋以后各种木雕如佛像、人像、鸟兽、杂器等，不断发现。明清时期，民间木雕主要分布在浙江、福建、江苏、广东各地，浙江东阳木雕以浮雕见长，产品多为床饰、柜架、挂屏等。黄杨木雕以小件圆雕为主。广东金漆木雕以镂雕精细见称。福建龙眼木雕饰以髹漆，古朴浑厚，多具重要艺术价值。

硬木器具，首推紫檀，次为黄花梨和红木。明代所制家具，多有精美的雕饰。清代制品并有嵌犀角、象牙、螺钿者。品种大者有书案、几子、方圆桌、屏风等，小者有笔筒、镇尺、杯、盘、碗等。此外，尚有鸡翅木、桦木、楠木等，均可制为小器，除宫廷造办处外，都城市肆有"小器作"作坊，为能工巧匠集中之地。

核雕是在桃核或橄榄核上进行雕刻，这种微雕艺术在明代就已达到了很高的水平。一些上层人物把精致的核雕视为珍宝，并和玉串饰挂在一起，作为装饰佩件，有的还可作为扇坠、佛珠，因而核雕工艺风行一时。

明人魏学洢写有一篇《核舟记》，记述了当时常熟的一位核雕艺术家王叔远在不足一寸的桃核上刻出苏东坡《赤壁赋》中的人和景物，惟妙惟肖，誉为神技。

清代及近代出现了不少核雕艺术家，他们因材施艺，缜密布局，有不少精心之作。

牙、角制器，起源甚早。在旧石器时代居住在周口店的山顶洞人，以穿孔兽牙作为装饰品随葬，标志着人们审美意识和原始艺术的萌芽。同时，我们的远古祖先还用兽骨、兽角制造工具，从事狩猎活动。到了新石器时代，骨、角、象牙器的制作，已很普遍，有的器物上面还刻有精细的纹饰。浙江余姚河姆渡出土的新石器时代双鸟朝阳纹象牙雕刻及蚕纹象牙雕圆形器，山东宁阳大汶口出土的新石器时代象牙梳及嵌松石骨筒是原始社会具有代表性的牙骨器。大汶口墓葬出土的象牙器物共十九件，除象牙梳二件外，尚有象牙琮七件，象牙筒十件，器物周身多雕刻不同的纹饰，十分精美。

河南安阳商代妇好墓出土的嵌松石兽面纹象牙杯和兽面夔凤纹带流象牙筒，在商代象牙器中，是仅见的。

河南陕县春秋虢国墓中，出土有象牙鞘铜剑，鞘用整块象牙雕制，外壁满布蟠螭纹，是春秋时期工艺价值极高的牙雕工艺品。

唐宋时期的象牙器，流传下来的除牙笏外，上海博物馆藏唐镂牙尺一支，寸格内分刻花卉、鸟兽、亭宇等纹饰，镂刻线条细如毫发，反映了唐代高超的牙雕技术。此类象牙尺传至日本甚多，奈良正仓院藏有唐红牙拨镂尺六支、绿牙拨镂尺、白牙尺各二支。是当时日本遣唐使或唐朝使者从中国带去的。

明清时期，象牙多来自国外。雕刻分宫廷手工艺与民间手工艺二类，宫廷制作者精工细腻，人物、花鸟纹饰多仿照绘画笔意，着色填彩具有一定章法。广东牙雕以多层象牙球、龙船、宝塔、梳妆盒为有名，外观纤细玲珑。至于牙箸、牙簪、扇股、杖首等，在各地多有制作。一些较大手工业城市，象牙虬角制品成为专门的行业。

角制品自古以来多以鹿、羊、牛角为主要原料，在考古发掘中，有不少角器出土，但未发现犀角器物。犀角为珍贵兽角，色黑褐或黑红，不但可以制器，且为名贵药材。《汉书·南粤王传》有南粤王赵佗献文帝"犀角十"的记载。长沙马王堆西汉墓出土物中，有装满竹笥的木制象牙、犀角模型，同时出土的竹简记为："木文犀角、象齿一笥。"以显示墓主人生前的财富。这足以说明犀角（或称文犀角）、象牙在古代是十分难得的宝物。至于犀、象制品，就更为珍贵了。

明代初期，郑和航海，增进了中国与南亚、非洲各地的经济、文化交流。犀角、象牙自远而至。犀、象雕刻艺术与竹、木、金、玉同为艺林珍赏之品，虽有宫廷手工艺与民间手工艺之别，但雕刻并无严格分工。明鲍天成以治犀著称，而濮仲谦则是多方面高手。乾隆《太平府志》载："濮澄字仲谦，有巧思，以镂刻名世，一切犀、玉、髹、竹器皿，经其手即古雅可爱。"明清时期，犀角器十分稀贵，犀角杯被称为"兕觥"。明代礼部尚书赵用贤家中一件犀角杯被盗，几经辗转，后为曲阜颜氏所得。乾隆间，赵用贤的后人通过翁方纲的关系，用一件玉杯从颜衡斋家中换回了犀角杯，翁方纲作《兕觥归赵歌》以纪其事，当时，此事传为艺林佳话。

　　清代的犀角、象牙雕刻，和其他工艺品的发展一样，在乾隆时期达到了高峰。

　　清代中、后期，由于犀角来源稀少，仅有少量作为药材进口。因而虬角成为犀角的代用物。虬角即海象牙，断面无纹，中心呈脑状，体小于象牙，多经染沁呈绿色，所制多为小品器物。

　　上述各点，是我对竹木牙角器的一些粗浅看法，以为青年读者欣赏本类珍宝时提供参考。

　　　　　　　　　原文选自梁白泉主编《国宝大观》，上海文化出版社，1990 年

《中国文物精华大全·金银玉石卷》序

《中国文物精华大全》所收文物范围主要是历史文物中的精品，全书共分四卷，每卷各成一个分册，前三卷为青铜、陶瓷、书画三类，凡不属于上述三类的文物，均归入本卷范围。大致包括玉石器、金银器、织绣品、漆木器、石刻、砖瓦、货币、印玺、竹木牙角器、文献等十多类。兹分别概述如下：

玉石器

石器的制作，起源于旧石器时代。一般旧石器时代遗址，常发现打制石器、原始骨器以及用于装饰的动物牙齿、贝壳、人和动物的骨化石等物。

中石器时代为旧石器时代向新石器时代过渡的时期，当时已使用弓箭。因此，在打制、磨制的混合石器中，常有石箭头。已发现的遗址主要分布在东北三省、内蒙古和新疆地区。

新石器时代农业和畜牧业的出现，是这个时期的主要特征，生产工具以磨制石器为主，并发明了陶器，出现了纺织技术。新石器时代的石器以生产工具为主，有石斧、石锛、石铲、石刀、石犁、石镰、石磨盘等。

新石器时代，人们在加工石器的过程中，发明了磋磨、钻孔等加工新技术。当时人们除了磨制砂岩、页岩、变质岩的农业、手工业、狩猎工具外，还磨制蛇纹石、透闪石、石英岩、硅质石等彩石玉器。故东汉学者许慎在所著《说文解字》中称玉是"石之美者"。

玉器是中国古代文明的一项重要内容。当新石器时代晚期，玉器的制作可能已发展为独立的手工业部门。在河姆渡文化、大汶口文化、良渚文化、红山文化、龙山文化的遗址中，均有精美的玉器出土。其中如玉斧、玉铲、玉兵器等，当有一定的实用价值。东汉袁康撰《越绝书》，书中记风胡子语，将人类使用的工具分为石、玉、铜、铁四个阶段，可能在一定程度上反映了实际发展的程序。

当时，已有人根据考古中的玉器遗存，认为距今约四千至五千年的"铜石并用时代"，玉器已彻底脱离石器，不仅是当时人们财富与权力的象征，而且还是人们制造生产工具、生活工具、兵器乃至宗教礼器的主要材料品种之一，因而提出了"玉器时代"的命题。当时的玉簪、玉环、玉璜、玉玦一类是装饰用玉，为人所共知；而玉龙、玉鸟等可能为图腾神物；玉琮、玉璧等为宗庙礼器，具有宗教或权力的象征意义。在良渚文化遗址中，随葬玉璧、玉琮等礼器的墓主，应是有特殊地位的人物。

红山文化的动物群玉雕，有龙、鸟、虎、龟、蝉、狗、蚕、鱼等，与商代玉器的主要题材相同，而与良渚文化的玉器群如玉琮、玉璧、玉璜、玉玦等，显然是两个系统。但良渚文化的玉器群，同样在商、周得到继承和发展。如前面提到的玉璧、玉琮等，亦属商、周宗庙的礼器。

春秋、战国迄秦、汉时期的玉器，礼玉渐少，而佩玉增多。春秋、战国是中国古代玉器发展的高峰时期，镂空、浮雕等手法普遍应用。当时，带有政治、道德与迷信色彩的成组佩配列玉器盛行，称为组玉，玉璧、玉环、玉龙、玉璜、玉管等皆成为组玉的一部分。根据近年的考古发掘，关于各类组玉的组合形式与《三礼》所记的玉器制度，多有不符，因此，尚须从古代社会礼仪制度、习俗等方面，探索有关组玉的种种问题。

汉代玉器引人重视的是当时不断有大量的金缕、银缕玉衣和生活用玉制作。三国、两晋、南北朝、隋、唐时期，玉器风格基本继承两汉传统，但实物流传甚少，墓葬出土数量不多。宋明时期，玉器制作以生活使用器皿为多，其中仿古之作极为丰富。

清代为玉器制作的振兴时期。当时，经济繁荣，宫廷手工艺与民间手工艺都有较大发展。新疆玉料源源开采，所制玉器多为陈设器物或生活用品，大至"大禹治水"玉山，小至龙钩、搬指，雕镂精细，异彩纷呈，在中国玉器发展史上写下了光辉的篇章。

金银器

黄金性能稳定，延展性强，在自然界中以游离态存在，其特性早为古人所认识。

在考古发掘中，河南安阳殷墟有金箔出土，郑州商代遗址出有夔凤纹残金饰件，北京平谷商墓出有金钏和金耳环。平谷县金矿丰富，迄今三千余年，矿源未绝。

春秋、战国时期，河南陕县上村岭春秋墓出有金泡；河北易县、唐山均有春秋至战国时期金饰出土；湖北随县曾侯乙墓出有金鼎、金杯等，金鼎器形虽小，但在考古发现史上仅此一见。河北满城西汉中山王刘胜墓有金兽及医用金针出土，定县有西汉螺丝金饰出土，新疆汉代乌孙墓出土有金指环、耳环及各种形式的金箔饰件。内蒙古凉城出土的一批西晋时期的金银器，其中有兽形金饰牌、金饰件，有的金饰刻有"猗㐌金"三字，当是西晋时期拓跋鲜卑人所用。江苏宜兴周处墓出土金器多件，内有一枚金顶针和一个螺丝金篮，南京东晋王氏墓群出土有金铃、金环、金钗、金簪和镶金刚石的金指环。据专家考证，当时的金刚石是从外国传入的。

隋、唐时期，金银器制作水平大有提高，西安隋李静训墓出有金耳环、指环、闹蛾金钗等物。西安何家村出土唐代金银器一百多件，有环柄八曲杯、环柄八棱杯、高足杯、提梁壶、双耳锅、熏炉、熏球等。器物成型以钣金锤揲、浇铸为主，采用切削、抛光、焊接、铆、刻、凿等制作工艺，有的器物留有明显切削加工痕迹，螺纹清晰，可以看出起刀点和落刀点；有的金盒上，螺纹的同心度很强，纹路细密，子母口密合，子口系锥面加工，说明已使用车床，部分器皿纹饰、造型，吸收了中亚、西亚文化的特点。

唐、辽、宋、金、元时期，佛教盛行，佛塔地宫，多藏有佛教文物，其中如陕西扶风法门寺佛塔地宫出土唐代法器及舍利金棺等物，为近年考古一大发现。云南大理三塔，发现有大理国明治年间金佛七尊，河北承德发现契丹文金符牌，上刻"敕宜速"三字，是传达皇帝诏令，调发兵马的信物。江苏吴县元墓出土金杯，底部刻有压印的店铺、制造匠人和金器成色的文字。

明、清金器以北京昌平明万历皇帝朱翊钧定陵出土的金冠、金盆等最为有名。金冠用金丝编制，工艺高超。江西南城明益王朱祐槟夫妇墓出土大量金饰，其中楼阁仙人金簪，簪头以金丝摆成楼阁、牌坊以及小如稻粒的人物，玲珑纤巧，反映出金属细工艺的新水平。清代金器盛行于宫廷和民间，故宫博物院珍宝馆陈列清宫所用各种金器数量甚多，为宫廷手工艺精品。民间金器多为首饰之类，生产至今不衰。

银在自然界多以硫化银存在，不易提炼，其使用历史较金为晚。目前所见春秋时期银错铜兵器，是最早用银的例证。以银制器，始于战国时期，所见实物有安徽寿县出土"楚王室客为之"银匜、河南洛阳金村出土"甘孝子"银匜。陕西西安青门村出土西汉"窦氏"银匜，流下刻铭记容、记重、记年，是少见的珍品。河北满城中山之墓出土西汉"医工"银盆、银针，为当时的医用银器。

织绣品

织绣工艺，历史悠久。根据考古发现，新石器时代的陶器底面往往显示麻布纹印痕，商代青铜器上往往带有残存的丝麻织物印痕，从中还可找出若干种织物的纹饰。

战国至隋、唐时期的织物，在湖北江陵、湖南长沙和新疆民丰、吐鲁番等地都有出土。长沙马王堆西汉墓出土的丝织物有纱、罗、锦、绮、乘云绣、信期绣等，纹饰图案，精致活泼，反映了战国以来丝织工艺技术的提高与发展。

汉、唐之际，由于"丝绸之路"的畅通，中国所产的丝绸远销中亚、西亚、地中海沿岸各地。

唐代的染织物印染技术，有蜡缬、夹缬、绞缬等，至今民间继承未绝。有些纹饰明显受到了波斯文化的影响。

宋代的织锦和其他织物，工艺之精巧，往往令人心折。"缂丝"是以五色经纬丝线织出山水、人物、花鸟等纹饰，宛然是最上乘的画幅。织工朱克柔的作品达到了当时最高技艺水平。

元、明时代的染织工艺，各有特色。元代的"纳石矢"是当时的高级丝织品，它是一种织金锦，可分两大类：一类即将金线夹在织丝中合用；再一类为捻金织，或称圆金织，用捻成的金线和丝线交织，图案有开光、丛花、缠枝莲等。明代创多彩丝绸织花新品种，俗称妆花，如妆花锦、妆花缎、妆花纱等。

清代在江南设织造府，专门督造宫廷应用染织衣料。大幅有长阔均达 1 丈以上的缂丝，作为屏风、壁饰，极尽意匠经营之能事。

明、清时期的刺绣，绚丽多彩。明代顾绣尤其闻名于世，其线痕和画面吻合无间，看不出凸起的痕迹。苏州的苏绣、湖南的湘绣、广东的广绣都各有特色，继承古老的优良传统，并有所创新。

漆木器

漆器是中国特有的工艺美术品之一。浙江余姚河姆渡新石器时代遗址已发现漆器，商代已使用朱漆绘制木器，用天然漆在青铜器上粘结绿松石。西周在建筑物木料上涂漆防腐。春秋、战国时期漆器已成为独立手工业生产部门。湖北江陵、随县和湖南长沙、河南信阳等地的战国墓，均有精美的漆器出土。各地汉墓出土漆器也很多，当时出现一种镶金、银口的漆器如漆奁、漆耳杯等，称为"釦器"，在漆器中尤为名贵。

古代漆器多为木胎，间有夹纻胎或皮革胎者。纹饰以彩绘为主，内容多为云气纹中出现人物故事或鸟兽奔驰等形象，是当时绘画艺术在漆器上的反映。

宋代出现雕漆，制作以木、铜为胎，然后在胎之内外涂漆，一般在二百至四百遍，半干以后，绘图雕刻，磨锉洁净，有一色漆、三色漆之别。

雕漆以外，有螺钿、雕填、描金、戗金、刻灰、百宝嵌等。古琴漆身多有手皴纹，俗称牛毛纹。

古漆器佳品多有款识，早期如汉代漆器多记有地名、官名和工名。晚期如明代"江千里"、清代"卢葵生"，皆著名漆工艺家，所制多小件器物，精美异常。

明、清时期，贵族文士，居室陈设，木器家具大为盛行。制作精良，形式规整，选材以黄花梨、紫檀、红木、鸡翅木为主，皆露本色，朴素人方，具有重要的艺术价值。

石刻

为了区别于文物保护单位的"石窟寺"石刻和其他不可移动的石刻，故将石刻分为两类：一为历史文献石刻，称为刻石；一为雕刻艺术为主，称为石雕。

中国刻石文字开始年代很早，目前所见最早的刻石是石鼓文，刻着秦王游猎的四言诗十首，诗的格调与《诗经》中的《秦风》和《大雅》《小雅》相近。

近年河北平山中山王陵附近发现的一块"守丘"刻石。上刻战国文字两行，石高90厘米，是极为少见的守墓刻石。

秦始皇刻石纪功，原石均经后人凿毁，今所存者，仅琅玡、泰山两处刻石残石，存字不多。此外，历代碑碣、墓志、法帖原石，不但具有历史价值，而且书法精美，亦具有较高的艺术价值。

石雕在商代已普遍发现，安阳殷墟出土的白石雕石人、石兽、石鸮、石卧牛等，皆为立体圆雕，技巧十分成熟。汉代出现平雕，有线雕、净雕两种，多用于画像石墓室或享堂建筑，内容为墓主人生前活动情况和神仙故事图像，反映了当时的社会生活和人死升仙思想。

南北朝以来，随着佛教的传播，石雕造像甚为普遍，其用意多为亡者祈福，发愿礼佛，虔心供养，题材、内容、构图、技法，各具风格。

佛教造像以外，道教造像则为道教徒所供奉。石雕造像在中国雕刻艺术史上占有重要的地位。

上述各类石刻拓本，均能传原刻之神，早期拓本，尤为名贵。

砖瓦

建筑物开始使用砖瓦，是人类物质生活的一大进步。在新石器时代，烧造陶器的技术虽然有所提高，但人们住处还是半地穴式草屋，历史上传说夏禹住"茅茨"，到了夏桀才作"瓦屋"。

根据发掘出土文物，我们知道瓦比砖的出现要早一些。近年在陕西岐山凤雏村西周前期宫殿遗址和西安、洛阳等地的西周遗址，都发现了板瓦。凤雏村四周遗址还出土了西周后期带有半瓦当的筒瓦，当时的瓦当为素面，春秋后期的瓦当开始有了纹饰。考古发现证明，各地区瓦当上的纹饰有不同之点，如燕国多为兽纹或兽面纹；齐国多为树纹或兽纹，后期则向卷云纹发展。

秦、汉时期最有代表性的是卷云纹圆瓦当。秦代遗存中有一种很有特征的葵纹，应是云纹的变体。秦始皇陵还出有变形鸟纹大瓦当。汉代的瓦当多有篆书文字，有的是吉语颂词，有的是宫苑、官署、祠墓的名称，可以清楚地看出，这类瓦当均与本类建筑物有关。汉代的四神（青龙、白虎、朱雀、玄武）瓦当，流行于王莽时期，多用于表示四方。

三国之后，随着佛教的传播，出现了莲花纹瓦当，早期花瓣尖瘦，以后花瓣逐渐宽肥。个别有文字的瓦当，字体在隶楷之间，内容多为吉语。

北朝时期的板瓦，有的刻划造瓦人名字，称为瓦削文字。当时已出现琉璃瓦，多用于寺庙建筑。

砖的出现，较瓦为晚。战国时期，始用于建筑。洛阳东周城址出土的薄砖，厚度与瓦相等。战国后期的砖稍厚，河北易县燕下都遗址出土的素面方砖，细密坚实，多用为铺墁地面或包镶夯土屋壁，故砖的本名称为"甓"，"甓"的得名即来源于屋壁。

战国空心砖多作长方扁平状，河南郑州等地空心砖墓出土的空心砖，有的长度在1米以上，砖面压印鸟兽、花树和几何纹，纹饰豪放生动。这类空心砖墓盛行于西汉时期，东汉以后遂告终止。

条砖最早见于秦始皇陵，砖上印有"左司高瓦"印记，坚实细密，制作精良，当是秦代制造砖瓦的官工业产品，有人认为"左司高"应是左司空赵高的简称。西汉时期，有些宫殿建筑方砖，砖面多有模印图案；东汉后期，四川、河南一带砖室墓的墓壁上，常砌一种模印画像砖，其图像有收获、渔猎、煮盐、酿酒、宴乐、出行等内容，甘肃嘉峪关魏晋墓出土彩绘砖，亦多为墓主人生前生活的写照，具有一定的历史艺术价值。

东汉到南北时期的墓砖，除了带有纹饰的以外，东汉后期有一种刑徒砖，是当时徒隶的埋葬标记。此外，还有吉语砖、纪年砖或一般墓主姓氏的砖。居室砖、墓砖以外，仓砖、塔砖，往往带有记事文字。明、清时期，北京的城墙砖砖面多有造砖年月、地点、窑工姓名等，这与明代长城砖一样，都受到历史学家的重视。

货币

货币是伴随着商品交换而产生的。中国古钱币的出现和发展，已有四千多年的历史。先秦时期是古代货币从孕育、产生到成长时期，由贝到金属铸币，并发展成布币、刀币、圆钱、铜贝和金钣等几种货币系统。公元前221年，秦始皇统一中国，实行金、铜并用的货币体制，并以秦"半两"统一全国的铜钱。

西汉承袭秦制，半两钱屡次减重，名称和重量逐渐分离，武帝元狩元年（公元前122年）建立了"五铢"钱制。王莽统治十余年，进行了四次复古的币制改革，较常见的货币有"货泉""小泉直一""大泉五十""货布""大布黄千"等，而"一刀平五千"及"国宝金匮直万"则极为罕见。

东汉建武十六年（公元40年），恢复五铢钱制。三国鼎立，蜀铸"直百五铢"，吴铸"大泉五百"及"当千""二千""五千"等，均不断减重，币值不稳。魏沿用"五铢"钱，币值尚较平稳。

两晋南北朝时期的货币，名目繁多，至隋文帝杨坚于开皇元年（581年）铸行统一标准的"五铢"钱，故自汉至隋五铢钱未断流通。

唐代是中国封建社会繁荣昌盛的时期，建立了新的货币体制。武德四年（621年）始铸"开元通宝"，自此不再以重量为钱币名称，此为中国货币发展史上的一大转折。会昌五年（845年）铸会昌"开元"，背文有二十余种。此外，还铸有"乾封泉宝""乾元重宝""大历元宝""建中通宝"等多种货币。五代十国时期，铜钱以外，铅、铁钱一度盛行。

宋代实行以铜钱为主，纸钞和银锭为辅的混合流通币制。北宋的"交子"是中国最早的纸币。宋徽宗赵佶亲书"瘦金体"的"崇宁通宝""大观通宝"流利多姿，为泉币家所赞赏。

辽、西夏、金、元是中国北方少数民族建立的政权，所铸货币币形都受宋朝影响。元代的统一，发展了纸币制度。

明代自朱元璋为吴王时所铸"大中通宝"钱，直至崇祯十六帝，有十帝铸有年号钱。洪武八年（1375年）曾建立纸币本位制，发行"大明通行宝钞"，钱、钞平行流通。

清代白银货币地位加强，实行银、钱并行。清入关前，铸有"天命""天聪"钱。顺治入关，清朝建立，铸"顺治通宝"。以后，各朝均以自己的年号铸有年号钱。

光绪十三年（1887年），在广东始铸"光绪元宝"银元，面为团龙纹，库平七钱二分，通称"龙洋"。

清代的纸币，始于咸丰三年（1853年）"户部官票"和"大清宝钞"。铜元是仿外国铜币并保留制钱本位的无孔机制铜币，光绪二十六年（1900年）开始在广东铸造，称为"光绪元宝"，后在天津铸造者称"大清铜币"，这种铜币到民国初期，仍在通用。

明末李自成于崇祯十七年（1644年）铸"永昌通宝"，同年张献忠铸"大顺通宝"，清代洪秀全铸"太平天国"钱，其中有一种双龙纹大铜钱，制作十分精美。

印玺

在中国历史上，造纸术发明之前，国家政令文书、私家函牍类皆书于竹帛、行文寄发则用绳捆搏，打结封缄。另制凹形木检（俗称封泥匣），绳结置于其中，封以紫泥，上盖玺印，以防私拆。据近年长沙马王堆考古发现，凡箧笥、陶瓮存有丝帛、酒食者，皆有封缄之制，封泥钤有"轪侯家丞""右尉"诸印。清代临淄出土的封泥，有汉"严道橘丞""严道橘园"之名，以马王堆汉墓封泥之制衡之，皆蜀郡严道县向齐王有关贡橘之遗物。

玺印作为凭证，由来已久，今所见古代玺印中，不论铸印或刻印，印文往往有"信玺""印信"之称，其无此两字者，亦有凭信的作用。

秦始皇统一中国，定玺印之制，天子独以印称玺，他人不得妄用。故流传古玺印中有先秦官玺、私玺之别，秦以后又有官印、私印之分。东汉以后，纸张代替简牍，封泥之制逐渐消失，而签字盖章，火漆封缄，迄未稍歇。

宋、元以后，篆刻之学应运而起，并在中国美术史上成为一门独立的学科。

考古学家论玺印之为用，约有四端：一曰寻文字之同异；二曰稽氏族之源流；三曰证舆地之沿革；四曰补职官之缺佚。玺印有铜、玉、金、银诸质，而篆刻除上述质料以外，由于石料质软，容易奏刀，故多用石印，其石以田黄、鸡血为贵，一般则用寿山石、青田石、昌化石为之。

篆刻名家如元代的吾丘衍、赵孟頫，治印得书法效果；明代文彭、何震采用汉印刀法，有所创新，清代丁敬、黄易等八人，继承古法，各具风格，游于杭州，誉为"西泠八家"，其后，邓石如、吴熙载运用汉篆笔意入印，人称皖派，与"西泠八家"形成的浙派并为清代篆刻两大派系。清末，赵之谦、黄士陵、徐三庚、吴昌硕等，各创印派，具有新意，为发展篆刻艺术作出了自己的贡献。

竹木牙角器

竹木牙角器在工艺美术品中虽然多是小器，但一器之微，往往穷工极巧，考工考史，源远流长。《礼记·玉藻》："笏，天子以球玉，诸侯以象，大夫以鱼须文竹、士竹、本象可也。"由此可见，古人在礼器的制作上，除了玉笏之外，牙笏、竹笏是仅次于玉笏的礼器。

在考古发掘中，由于历史和自然环境等因素，古代的竹木器不易保存，故发现甚少。就竹器而言，目前所见到的较早的竹雕器是湖南长沙马王堆西汉墓出土的雕龙彩漆竹勺。北周庾信《奉报赵王惠酒》诗有"野炉然树叶，山杯捧竹根"的诗句，可知当时雕竹制器的概况。唐代竹刻于宋郭若虚《图画见闻志》卷五，所记当时竹刻技艺及作品与金银器镂錾、石刻线雕同一意趣。

明、清时期，竹刻艺术达到了高峰。清金元钰《竹人录》称，竹艺"雕琢有二派，一始于金陵濮仲谦，一始于嘉定朱松邻，濮派浅率不耐寻味，远不如朱"。明末，朱松邻（鹤）创为嘉定派竹派，子朱小松（缨），孙朱三松（稚征）三世相传，声名甚著，且三代俱工书画，兼雕犀角、象牙。清初名师吴之璠为三松之后第一高手，与之璠同时稍后者，有嘉定封锡禄，封氏一门皆精刻竹，康熙四十二年（1703年），与兄锡爵、弟锡璋同时入京，以艺入值养心殿造办处。与锡禄同里之周颖、字芷岩，精绘事，幼曾问艺于王石谷，兼擅刻竹。嘉定竹派延续到清代中期，后继者达数十人，其间潘西凤、方絜诸家，以浅刻见重，成为清代竹刻的殿军。

木雕器物与竹雕有类似之处，甘肃武威汉墓出土的木猴，刀法简练，自然生动。唐、宋以后，各种木雕如佛像、人像、鸟兽、杂器等，尚多有保存。硬木家具，首推紫檀，次为黄花梨和红木，明、清所制，多有精美的雕刻，有的还嵌有犀角、象牙、螺钿等装饰。

牙、角制器，起源甚早，在旧石器时代居住于周口店的山顶洞人，以穿孔兽牙作为装饰品项链，标志着人们审美意识和原始艺术的萌芽，同时还用兽骨、兽角制作工具，从事狩猎活动。到了新石器时代，骨、角、象牙器的制作已很普遍，有的器物上还刻有精细的纹饰。浙江余姚河姆渡出土的新石器时代双鸟朝阳纹象牙雕刻及蚕纹象牙雕圆形器，山东宁阳大汶口出土的新石器时代象牙梳及嵌松石骨筒，是原始社会具有代表性的牙骨器。

河南安阳商代妇好墓出土的嵌松石兽面纹象牙杯和兽面夔凤纹带流象牙筒，在商代象牙器中是仅见的。

河南陕县春秋虢国墓出土有象牙鞘铜剑，鞘用整块象牙雕制，外壁满饰蟠螭纹，是春秋时期工艺价值极高的牙雕工艺品。

唐、宋时期的象牙器，流传下来的除牙笏外，上海博物馆藏唐镂牙尺一支，此类象牙尺当时传入日本者甚多，现藏奈良正仓院。

明、清时期，象牙雕刻分宫廷手工艺与民间手工艺两类。宫廷制作者精工细腻，人物、花鸟纹饰多仿照绘画笔意，着色填彩具有一定章法；广东牙雕以多层象牙球、龙船、宝塔、梳妆盒为有名。至于牙箸、牙簪、扇股、杖首等，各地都有制作。

角制品自古以来多以鹿、羊、牛角为主要原料，在考古发掘中，有不少角器出土，但未发现犀角器物。犀角为珍贵兽角，色黑褐或黑红，不但可以制器，且为名贵药材。《汉书·南越王传》有献文帝"犀角十"的记载。长沙马王堆西汉墓出土物中，有装满竹笥的木制象牙、犀角模型，同墓出土的竹简记为"木文犀角、象齿一笥"，以显示墓主人的财富。这说明了犀角、象牙在古代是十分难得的宝物，至于犀、象制品就更为珍贵了。

明代初期，郑和航海，增进了中国与南亚、非洲各地的经济文化交流，犀角、象牙自远而至，犀、象雕刻艺术与金、玉、竹、木同为艺林珍赏之品，虽有宫廷手工艺与民间手工艺之别，但雕刻并无严格分工。明鲍天成以治犀著称，而濮仲谦则是雕刻工艺的多面手。

清代中后期，由于犀角来源稀少，因而虬角成为犀角的代用品，虬角即海象牙，断面无纹，中心呈脑状，体小于象牙，多经染沁呈绿色，所制多为精雕小品。

文献

文献指具有重要历史、艺术、科学价值的手稿、古旧图书资料等。本书着重收录即上自有文字史料价值的甲骨刻辞和战国、秦汉以来竹简、帛书、文书契约至宋、元以来善本古籍。

甲骨文指刻在龟甲、兽骨上的文字。甲骨学是近代产生的一门新兴学科，是历史学和古文字学的分支。自1899年安阳殷墟发现甲骨文至今，出土甲骨文共有十五万片以上。保存文字约五千个，已识字在一千以上。甲骨刻辞内容涉及商代的政治、经济、军事活动及意识形态等多方面，如农业、畜牧、田猎、军队、监狱、战争、方国、鬼神崇拜、天文历法、气象、建筑、疾病等，为研究商代历史的重要文献史料。

特别应该指出的是近年各地西周甲骨的发现，如陕西扶风与岐山两县的周原遗址、山西洪洞坊堆、陕西长安丰镐遗址和北京昌平白浮，均有刻字甲骨出土，尤以周原甲骨对研究西周历史具有重要意义。

竹简、帛书的发现，如江陵、长沙、信阳墓葬出土的楚简，云梦出土的秦简，临沂银雀山出土的汉简，长沙马王堆出土的汉简及帛书，甘肃、新疆等地出土的汉简等，不但具有重要历史文献价值，而且在中国书法史研究上亦多是空前的发现。

甘肃敦煌、新疆吐鲁番等地出土的大量魏晋南北朝至隋唐时期的文书，提供了多方面的珍贵史料。其中有差科徭役、兵役文书、户籍残卷、受田文书、退田文书、高利贷契约、寺院经济史料等。宋代以后的文书、契约及各类档案，都是研究历史的重要资料，具有重要的学术价值。

中国古籍在造纸术发明以前，书于竹帛，或称竹素。造纸术发明以后，印刷术发明以前则书于纸卷，手写传抄，数量极为有限，唐代发明了雕版印刷术，宋代毕昇创造了活字印刷术，先后东传朝鲜、日本，南传东南亚各国，西经中近东传至欧洲。

唐代的雕版印刷术仅限于民间。官府雕印书籍，到五代时才开始。

宋代是中国雕版印刷的兴盛时期，刻书形成了官刻、私刻、坊刻并举的局面。当时刻本文字大多源于古写本，并经精审校勘，由于古写本日渐稀少，宋刻本成为研究古代历史文化的第一手资料。更由于雕刻十分精美，成为雕版艺术品，具有很高的欣赏价值。

辽、金、元、明、清各代，均有刻书，俱有不少善本保存下来，其中值得重视的是山西应县佛宫寺木塔发现的一批辽代刻印的佛经、书籍、木版彩绘佛像等，这是辽代刻本的首次发现，其中不少刻本是在燕京（今北京）雕版印刷的，这些发现弥补了中国印刷史上的空白。

中国古籍除了雕版印刷外，尚有抄本、稿本、名家批校本等，均属古籍中的善本。

原文选自《中国文物精华大全》，商务印书馆（香港）有限公司，1990 年

从萧公堂净水碗看明代北京的商人会馆

    北京在辽、金、元、明、清时期，为全国的政治中心，同时又是著名的商业城市。全国各地的豪商大贾多在北京经营商业，兜揽生意。明代在北京出现的工商会馆，和全国各大城市一样，都是当时社会商品经济高度发展的一个重要标志。

    北京最早的会馆，是在嘉靖、隆庆间出现的。万历间，沈德符撰《万历野获编》，该书卷二十四《会馆》称："京师五方所聚，其乡各有会馆，为初至居停，相沿称便。"其后，刘侗、于奕正《帝京景物略》卷四《嵩山会馆唐大士像》称："尝考会馆之设于都中，古未有也，始嘉、隆间。……惟是四方日至，不可以户编而数凡之也。用建会馆，士绅是主，凡入出都门者，籍有稽，游有业，困有归也。不至作奸，作奸未形，责让先及，不至抵罪，抵于罪，则藉得之耳。无迟于捕，会馆且遍，古法寝失，半据于胥史游闲，三奸萃焉。"《万历野获编》和《帝京景物略》的记载，是有关北京会馆历史的最早文献记录。当时北京的会馆，主要是各省居京者，为了敦重同乡的关系，联系彼此的感情，并为举人进京考试临时住处而设。后来逐渐发展，成了同乡人居停的下处，因此，可以认为会馆是一种地方性的同乡组织。每逢年节或每月朔望，同乡欢聚一堂，祭神祀祖，聚餐演戏，敦亲睦谊，互相帮助，虽身居异地，宛若乡里。

    明代中期，在商品经济不断发展的基础上，全国工商业发展达到了较高的程度。北京南城一带，会馆林立，开始出现工商会馆。发展到清代，则省有省馆，府有郡馆，县有县馆。据李华同志在《明清以来北京工商会馆碑刻选编》中统计，到清末为止，北京共有大小会馆392处，称"公所""公会"者，不在此数之内。这些会馆的性质，最初虽然是在于敦重同乡的关系，稍后则逐渐分化，一部分则完全成为工商业行会性质的会馆。[1]

近年来，国内外学者在研究旧中国的经济结构和社会运动时，都比较注意探索城市的工商业者、手工业者和其他职业者的情况。以同乡关系为基础的工商会馆实际情况，也是研究的重要课题。李华同志在《明清以来北京工商会馆碑刻选编》的《前言》中，详细地论证了明清以来北京的工商业的发展和工商业行会的概况及其演变、性质和作用，为进一步对明、清时期北京工商业行会的研究提供了有益的资料。

前此，日本加藤繁于1942年曾撰《清代北京的商人会馆》[2]。稍后，日本仁井田升于1942—1944年在北京搜集了五十余所会馆、公所的碑刻、行会规章等资料，并且采访了当时的会馆、公所有关人员，写成《北京工商会馆和它的沿革》。1966年，仁井田升逝世后，全部资料于1975年以《北京工商会馆资料集》名称出版，由东京大学东洋文化研究所附属东洋学文献中心作为《东洋文献中心丛刊》发行。其书内容比较广泛，也是研究明清以来北京工商业行会的重要参考书。

本文所提示的萧公堂净水碗，是上述各书所未涉及的文物。一件小小的瓷碗，成了研究明代北京工商会馆，尤其是江西会馆的重要文物。此碗为中国历史博物馆旧藏，自1959年起，在《中国通史陈列》中长期陈列，但直至最近，才对它有了进一步的认识。

此净水碗高15.3厘米，口径19.3厘米，足径7.9厘米。白地青花，周围绘山水人物，并有题字五行，字体在楷隶之间，其文为："大明国江南道南昌府南昌县信士商人萧炳，喜助净水碗壹付，供奉萧公顺天王御前。崇祯拾贰年仲秋月吉立。"[3]过去一个时期，许多同志都把这件纪年瓷碗作为研究明末瓷器的断代标

[1] 李华：《明清以来北京工商会馆碑刻选编》，文物出版社1980年。该书《前言》曾载《历史研究》1978年第4期，题为：《明清以来北京的工商业行会》，《选编》出版时，略有修改。

[2] 加藤繁：《清代北京的商人会馆》，原载日本《史学杂志》第53卷第2期，1942年2月，其为《中国经济史考证》（吴杰译）第三卷所收，商务印书馆1973年。

[3] 净水碗是佛前的供器，碗中盛净水，由净瓶发展而来，以示清净。按照惯例，明清净水碗应为高足，此碗原应有青花瓷座，故题记称为一付，瓷座失。

准[4]，而对"萧公顺天王"则未引起足够的重视。我曾向一些同志询问"萧公顺天王"其人，迄未得到确切解答，在心中蓄蕴已久。去年11月2日北京师大附中八十周年校庆之期，师大附中为清末废科举、兴学堂官办的三所中学之一，初名五城中学堂。同学有以"五城"二字来问者，乃检明人张爵《京师五城坊巷胡同集》相告。无意中在该书《南城·正东场》内，发现正阳门外东河沿至崇文门外西河沿有萧公堂之名。可以说这是一个新的发现，十分值得重视。

萧公堂的地址发现后，检阅清人吴长元《宸垣识略》卷九《外城一》，称"萧公堂在打磨厂，明万历二年建，为中城、南城分界处。"又根据吴长元当时的调查："祠内刊'洪都乡祠'四字，所居皆江西人。据云萧公生于唐时，不知其名，为临江郡船长，于太阳洲得道仙去，封顺天王感应萧公，盖鄱阳湖之神也。本朝以此祠为中、南二城分界。"《宸垣识略》的记载，与净水碗上所写的"萧公顺天王"完全相合。除《京师五城坊巷胡同集》《宸垣识略》以外，其后，朱一新《京师坊巷志稿》、李虹若《朝市丛载》以及张展云编《京奉铁路旅行指南》附《北京大观·会馆类》，皆称萧公祠在打磨厂路北。《京师坊巷志稿》卷下《外城·南城》说打磨厂有"铁柱宫，本名灵佑宫，祀许旌阳真人，萧公堂祀鄱阳湖神，均江西公所。"可见从明代嘉靖二年（1523年）建立的萧公堂，不论叫萧公祠还是叫"洪都乡祠"，都是江西商人在北京设立的会馆。崇祯十二年（1639年）南昌商人萧炳到北京经商，在景德镇为北京萧公堂定造一副净水碗，供奉萧公顺天王御前，祈福表敬，是很正常的现象。

结合《京师五城坊巷胡同集》《帝京景物略》所记北京会馆始于明嘉靖、隆庆间，可见萧公堂是目前所知北京最早的会馆[5]。其成为商人会馆，也应在这个时期。

萧炳经营的是什么商业？从他署名"南昌商人"和为萧公堂奉献净水碗看，他的身份应是从景德镇向北京贩运瓷器的商人。明代由于城市经济的发展，国内

---

[4] 赵光林、王春成：《试探青花瓷器的起源与特点》，《文物》，1979年第8期。又叶佩兰：《清代顺治青花瓷器》，《故宫博物院院刊》，1979年第2期。

[5] 雷大受：《漫谈北京的会馆》（《学习与研究》1981年第5期）认为北京最早的会馆是嘉靖三十九年建立的安徽歙县会馆，初名崇义。而萧公堂建于嘉靖二年，故为最早。

外市场不断扩大，商品货币关系发达，为手工业、商业的发展创造了有利条件。宋元以来，景德镇瓷器已行销国内外，明代景德镇除了为宫廷烧造官窑产品外，主要是大量烧造民间用瓷，并出口外销亚非各地。当时景德镇是四方商贾贩瓷者萃集之地，"其所被自燕云而北，南交趾，东际海，西被蜀，无所不至，皆取于景德镇，而商贾往往以是牟大利，无所复禁"。[6]傅衣凌同志据《明故太学生潘次君暨德配王氏合葬墓志铭》，认为明代徽州陶商不但运用其资本的力量，支配景德镇陶家，也支配着陶工，这是商人掌握生产的一个具体例证[7]。就在上述各种条件下，明代商人资本获得了较快的发展。

无独有偶。与萧公堂净水碗相类似而早于它143年的弘治九年（1496年）程彪献给北京关王庙的青花瓷花瓶[8]，在瓶口外有一周题字，每行二字（其中两处一行三字），共三十五行，其文为："江西饶州府浮（梁）县里仁都程家卷（巷）信士弟子程彪，喜拾（舍）香炉花瓶三件，共壹付，送到北京顺天府关王庙永远供养，专保合家清吉，卖买亨通。弘治九年五（月）初十吉日，信士弟子程存二造。"从上述题字看，程彪是景德镇里仁都程家巷人。程存二可能是他的同族，是具有高度技术的景德镇瓷工。程彪到北京做瓷器生意，由程存二烧造三件供器，献给北京关王庙，祈求保佑合家清吉，卖买（买卖）亨通，这也是很自然的事。

关于萧公堂和关王庙的情况，最近我作了一些调查。结果是今打磨厂中间路北的打磨厂小学，就是江西会馆铁柱宫的旧址。原来的清代建筑，均已拆改为教室，虽未见任何碑碣，但临街门楼尚保存清代建筑原貌。萧公堂在其西二百米处，建筑早已不存，今为新建商店。程彪献给关王庙三件供器的时代为弘治九年，当时打磨厂萧公堂尚未建立，程彪到北京做瓷器生意，经鄱阳湖、长江，沿运河北上，由通惠河直达北京，只能住在南城崇文门外的旅店。关王庙在北京的何处？

---

[6] 王宗沐：《江西省大志》卷七《陶书·后语》，明嘉靖间刻本，北京图书馆藏。

[7] 傅衣凌：《明清时代商人及商业资本》，人民出版社，1956年。

[8] 此青花瓷花瓶一般陶瓷学家称为"青花缠枝菊象耳花瓶"，原物在英国，见英国霍蒲孙编《大维德所藏中国陶瓷图录》132图，1934年伦敦出版（英文本）。其形制与元至正十一年张文进献给星源祖殿"青花云龙象耳瓶"大致相同，见范冬青《试论元代制瓷工艺在我国陶瓷发展史上的地位》，《上海博物馆馆刊》第一期，1981年。

在正阳门瓮城内[9]。程彪到关王庙求福，也是旅京客商的惯例。此庙在北京南城，历来香火甚盛，至北京解放后，建筑还保存完好，1970年展宽前三门大街时，才把这处清代重建的关帝庙拆除。

明代由于江西瓷业商人到北京多住南城崇文门外一带，故自明代初年起，北京崇文门外形成了一处瓷器交易中心——瓷器口。此处瓷器"零整批发"，为北京及北京附近商人萃集之处，转运贩卖，达辽东、蒙古各地，为"江西瓷"的远销，创造了有利条件。

综上所述，明代嘉靖间，北京的会馆已经出现，而且多是以祠堂（乡祠）

"崇祯十二年"青花山水人物纹瓷净水碗

的形式出现的。但遗留到今天的碑碣、实物，已寥若晨星。而萧公堂净水碗实为明代北京江西会馆的重要遗物。此馆成立于嘉靖二年，有洪都乡祠、萧公顺天王祠等名，但长期以来，随着北京工商会馆的发展，很早它已成为北京的江西商人会馆，并且是以瓷业商人为主的会馆。这是由崇祯十二年南昌商人萧炳所献净水

器物

299

碗的存在而证明了的。

沈德符《野获编》称北京会馆始于嘉、隆间，萧公堂成立于嘉靖二年，应是北京最早的会馆，并且是北京最早的商人会馆，从现存史料和实物看，是无可置疑的。因之，萧公堂净水碗的存在，不但为研究明代景德镇制瓷手工业的发展，保存了有年工可考的实物，而且对研究北京工商会馆的起源和发展，也具有重要的意义。

原文选自《纪念顾颉刚学术论文集》，巴蜀书社出版，1990 年

《古玉研究文选》序

玉器是中国古代文明的一项重要内容，它起源于新石器时代。目前考古发现的最早的玉器距今已7000年左右。当新石器时代中、晚期，玉器制作可能已发展为独立的手工业部门，在河姆渡文化、大汶口文化、良渚文化、红山文化、龙山文化的遗址中，均有精美的玉器出土，其中如玉斧、玉铲、玉兵器等，当有一定的实用价值。东汉袁康撰《越绝书》，书中记风胡子语，将人类使用的工具与兵器分为石、玉、铜、铁四个阶段，在一定程度上反映了实际发展的程序。

吾友曲石先生，多年以来，研究古玉，根据考古中的玉器遗存，认为距今约4000—5000年的"铜石并用时代"玉器已彻底脱离了石器，不仅是当时人们财富与权力的象征，而且还是人们制造生产工具、生活用具、兵器乃至宗教礼器的主要材料品种之一，因而提出了"玉器时代"的命题，撰《中国玉器时代》，对中国玉器文明的研究取得了许多新的成果。关于"玉器时代"的提法，目前虽然有学术界尚存在一些不同看法，我认为"求同存异"，这是一种十分可喜的现象。古人所云"学如积薪，后来居上"，我还认为曲石先生关于"玉器时代"的许多学术见解，对尹达先生名著《中国新石器时代》、郭宝钧先生名著《中国青铜器时代》上接下连，作了许多有益的补充，其意义是很深远的。

曲石先生继所著《中国玉器时代》之后，又汇辑近年所著有关古玉研究论文18篇，为《曲石古玉研究文选》，书中除少数为史前玉器的研究和传世玉器的鉴赏外，多数为周秦以后玉器的研究。曲石先生治学方法，向以考古学资料为主，辅以文献及传世文物，综合论证各个时代玉器工艺的发展、类型、功用诸问题，不仅使读者较全面地了解各个时代玉器的工艺特点和出土情况，其重要意义还在于通过出土的玉器与传世的玉器进行比较研究，对玉器的鉴定和识别方法，提供了许多有益的借鉴。

历年以来，我不断读到曲石先生关于玉器研究的论著，收获是很大的。现借《曲石古玉研究文选》出版的机会，再谈几点个人的感受。

现代古玉研究是建立在科学的考古发掘所揭示的大量实物资料基础上的。近年来，在特定文化和特定年代的古玉发掘和研究，有突破性的发展。在全面、系统地整理已出土的古玉资料，并力图从总体上揭示其发展规律和文化内涵，曲石先生是先行者。从已发表和将出版的曲石先生著作看，其研究范畴涵括古玉研究的各个方面，时代则自原始社会直到清代。特别是在新石器时代红山、良渚、龙山诸文化玉器的综合比较研究；晚周战国玉器，尤其是秦、楚玉器等的分区域研究；汉晋至两宋、辽、金玉器的断代研究等方面，曲石先生对弥补国内研究的空白，启迪后人以新知，是有许多贡献的。

曲石先生的玉器研究方法，是以考古类型学和标型学为基础的，在测定玉器准确年代的基础上，归纳出每个时代的典型器物，进而结合历史文献和其他材料，全面探讨古代玉器的质材、工艺、用途等问题，这一方法是科学的；它对中国古玉学的建立与健全，具有重要意义。可以认为曲石先生在中国古玉学的基础性研究中，已迈出了有益的一步，在学术界起到了带头作用，其实践的意义，实际大于研究成果的意义。

中国古玉在汉代以前一直是社会主流文化的一种重要载体，研究玉器实是研究中国文化，玉器学属文化学的范畴，亦可说是文化学的一个分支，如果单纯地把它列为工艺美术的一个分支，是很不够的。曲石先生在新石器时代玉器研究中，从原始宗教、原始社会组织方面入手，结合考古遗址特点，器物形制、纹饰及民族学资料，阐述玉器在当时社会中的含义，提出了许多新的观点，为中国现代古玉文化学的研究指明了发展的方向。

我十分钦佩曲石先生在古玉研究中勇于探索和勇于进取的精神。其在各篇论著中，引用了大量地矿资料，对考证古代玉器的质料、产地，提出了许多新的研究成果。解决了章鸿钊先生《石雅》《古矿录》中长期存在的许多问题。至于曲石先生采用实验考古学的研究方法，动手模拟以研究古人的制玉工艺技术，亦都是值得我们重视的。

本书所收论文中，有《中国历史博物馆藏古玉精品赏析》，文中介绍的精品，只是馆藏传世古玉的一小部分。历史博物馆所藏古玉，多数为近年考古发掘的名品，而馆藏传世古玉，旧藏新收，数目不少，且多未经著录。几年以来，经曲石、石志廉、易苏昊、史希光诸先生鉴定研究，均已编目就绪，现正着手编辑一部馆藏发掘品及传世品古玉图录，为古玉文化学的开展和研究提供一批新的资料。

曲石先生书成付刊，嘱为撰序，谨书拙见，希方家有以教之。

原文刊于《文博》1994 年增刊第 2 号

史树青半日谈

一、沈阳访古

1945年，我从辅仁大学中文系毕业，又在历史系当研究生，并兼任汇文中学的语文教员，后来在沈阳东北中正大学先修班当了一年讲师。1947年回到北平。由我的老师余嘉锡先生介绍，参加了北平历史博物馆工作。在沈阳时，闲暇中，有时与傅振伦先生一同考察沈阳名胜古迹，并常到古玩店、旧书店浏览。当时曾写赠傅先生一首小诗，现在原稿尚在，录之以见二人行止。题目是《喜傅维本先生至自蜀中》："自入秦关岁月侵，栈云陇树苦低吟。归来驿骆八千里，谁识兵荒入蜀心。行李一肩惟著述，瓷陶只手定辽金。来朝访古从君后，夜雪不辞三尺深。"

二、伪宫书画

1946年前后，沈阳市上出现了不少宋元明清书画，多数是从伪满洲国长春宫中流出，原为北京故宫旧藏。一时，国民党将军郑洞国等人及北平、上海画商多到沈阳收购，国宝流散，使人痛心，傅振伦先生为此事很着急，给故宫博物院马衡院长写信，请马院长向国民政府行政院请款，以便买回。马院长回信称上级无钱，结果故宫失去了一次很好的藏品回归的机会。

三、中国博物馆协会

1945年抗战胜利后，北平历史博物馆是南京中央博物院筹备处的一个下属机构。北京大学历史系教授余逊先生曾短期兼任馆长。1947年，韩寿萱先生自美返国，作为北京大学副教授、博物馆系主任兼任历史博物馆馆长。由于他刚从美国回来，致力于宣传世界各国的博物馆及各国博物馆收藏的中国文物。并积极奔走，恢复了中国博物馆协会。该协会1935年成立，抗战期间中断，此时经韩馆长的努力得以恢复。会长马衡，副会长袁同礼，韩寿萱任秘书长。

四、陈紫蓬藏印

北平解放前夕，易县人陈紫蓬先生到历史博物馆找韩寿萱馆长，带来几百方燕下都出土的战国印章，铜质，想卖给历史博物馆。韩寿萱因历史博物馆无钱收购，介绍给故宫，故宫也无钱，结果经唐兰先生介绍卖给了天津收藏家周叔弢先生，周先生用重金买了下来。其中官、私印都有，很珍贵，历史、艺术价值很高。解放后，周叔弢先生将这批印章捐给了天津艺术博物馆。艺术博物馆出了一本《天津艺术博物馆藏古印选》，收入了这批印章，但前言中未交代这批古印的流传和入藏经过，应做补充。

五、邓拓赠陈紫蓬诗

解放初期，傅振伦先生到历史博物馆工作，陈紫蓬先生是傅先生当年在易县燕下都考古团时的旧友，来到馆里，拿着一封邓拓同志写给陈的信，附有邓拓赠给他的一首诗，欲到人民日报社，找邓拓社长，联系工作。这首诗是邓拓在边区阜平县写的，当时陈紫蓬也在阜平。诗题是《民国三十五年腊月初一日赠陈紫蓬先生》："公爱文明非爱宝，身为物主不为奴。山村小住行将别，珍重前程万里途。"陈紫蓬家藏许多燕下都出土文物，筑"燕陶馆"藏之。其中曾捐献给边区政府一部分。邓拓诗中的"君爱文明非爱宝"，即指燕下都文物而言，解放后，边区政府保存的"燕陶馆"文物均由华北人民政府拨交历史博物馆收藏。

六、武梁祠之行

1950年，文物局郑振铎局长有意将山东嘉祥县武梁祠石刻全部运到北京，成立专馆。派谢辰生、王世襄和我三人到嘉祥去调查、接洽。当时嘉祥属平原省，我们先到平原省省会新乡（今河南新乡）见省长晁哲甫、文管会主任裴毓明、文教厅厅长王振华等人，他们对文物局的意见表示赞同。我们便绕道郑州、徐州、兖州，来到嘉祥。见武梁祠石刻都镶在一室内砖墙上，一些雕刻已有剥落，我们认为如果运到北京，再有剥损，损失太大，不如就地保管，重新修建高台房屋。后向郑振铎汇报，郑表示同意。此次平原之行，平原省上交了一批文物，有商周青铜器、漆器、银器等数十件。多数由文物局拨交历史博物馆收藏。

七、曹植墓文物

1951年，平原省东阿县曹植墓被盗。发现了一批陶器及少量玉器、玻璃器。这批文物也由文物局拨交历史博物馆。由于陶器上多印有"丹药"二字，有人认为未必是曹植墓，可能时代稍晚。70年代，当地文物部门清理墓地，发现一块三面有字的铭文砖，上刻"太和七年陈思王陵"等字，以此与文献记载相结合，可以证明确为曹植墓。此墓出土文物不多，大概因三国时随葬较简。三国墓葬在考古发掘中发现较少，此墓对三国墓葬的研究，很有价值。

八、巧遇宣德大盘

1951年，我在华北大民革命大学学习，"五一"劳动节大游行，因革命大学远在北京西苑，游行队伍都在西直门外集合，然后到天安门开会。我在西直门外集合处，发现附近一个饮食摊，用明代宣德青花大盘盛放凉粉，盘径约40厘米。乃与同学王世襄共同鉴定，认为不是伪物，以人民币五万元（合今5元）买下，二人在游行队伍中交换捧拿，人以为怪。进西直门后，正值裴文中先生在西直门大街路北宿舍门前看游行盛况，遂面交裴先生暂存，后此盘捐赠故宫博物院，一时传为文物界佳话。

九、关于帝后礼佛图石刻

美国人普爱伦勾结中国古玩商岳彬，指名要洛阳龙门宾阳洞珍贵的北魏浮雕"帝后礼佛图"及其他一些著名石雕。岳彬指使地痞在夜里将石雕砸成小块，运到北平和平门外炭儿胡同自己家中，岳彬见石雕已被砸成碎块，不好向外国人交代。就在家中找人先拼起来，拓成拓片，连夜据拓片重新雕刻，帮助其拼拓的，都是他的徒弟。为其重刻的，可能是东华门的胡九斋。雕刻完毕，在背面凿出破碎状。这套复制品当作原件卖给了美国人，现藏美国堪萨斯纳尔逊美术馆。原物碎块留在岳家。解放后，岳彬作为文物奸商，盗卖祖国珍贵文物，受到人民政府的制裁，家藏文物被没收，原物碎块下落不明。这是当时参加这项抽梁换柱工作的程长新同志和几个人说的，其他经手的人多已不在，只有高英国同志或能知道一些情况。

十、陶氏博物馆

北京市南河沿路西解放前住有古玩商夏锡忠，与西什库后库的大古玩商霍明志多有生意上的交往。二人专做法国庄。解放前夕，夏锡忠的政治嗅觉比较灵敏，将许多文物转手卖给了霍明志。北京解放后，霍明志将所有文物捐献给国家文物局，文物局转拨给历史博物馆。包括历代石刻百余件，青铜器、瓷器、书画、玉器等几千件，报纸曾予表扬。霍明志曾得到了端方的一些藏品，这次也一道捐献给国家。

端方（1861—1911年）是清末金石学家，大收藏家，历任工部主事、陆军部尚书、湖广总督等职。曾赴欧美考察政治，兴办新政，督办过川汉、粤汉铁路。宣统三年（1911年）镇压四川保路运动，在资州因兵变被杀。

端方一生嗜好金石书画，大力搜集收藏青铜器、石刻、玺印等文物，多属珍品。他还是中国收购外国文物的第一人。赴欧美考察政治期间，在德国柏林见到新疆出土的北凉沮渠安周造寺碑，亲自手拓回国，拓片现存中国历史博物馆。端方还在埃及买了许多文物，如木乃伊木棺，上有精美的绘画。现仍存中国历史博物馆。50年代，埃及开罗大学教授费克礼来京，专门请他看过，评价很高，端方还买回许多埃及石雕（复制品）。现存历史博物馆尚未整理。

端方还创立了北京第一家博物馆——陶氏博物馆。端方藏宋拓本西岳华山庙碑，因名其斋曰"宝华庵"。此拓本自乾隆、嘉庆以来，名家题跋殆遍。其中有志锐（伯愚）题字二行，文曰："宣统辛亥二月二十六日，赵尔巽、荣庆、赵尔萃、陶葆廉、刘师培、赵世基同观于海王村陶氏新建之博物馆。"可资佐证。

原文刊于《中国文物报》1994年7月31日、8月7日

鲍家春灯

老友姜纬堂同志今年1月在《北京晚报·五色土》连日发表的《灯笼史话》，内容精彩，引征弘博，文章如能剪辑成册，附以插图，就是一部专著，这对我国灯笼的历史研究是有参考价值的。

由于纬堂同志的文章，引起了我的一段回想：故宫博物院原文献馆研究人员鲍育万、鲍采苹兄妹，其父是解放前北京大学、燕京大学史学系讲师兼故宫博物院文献馆专门委员鲍奉宽先生。奉宽先生字仲严，号远鹤，是元太祖成吉思汗三十世孙，家藏图书文物甚富，所藏清代高鹗《高兰墅集》盖有"仲严珍藏子子孙孙永宝用"及"元太祖三十世孙奉宽印"。原书现藏北京大学图书馆。奉宽先生清末曾任兵部笔帖式，民国时期从事历史研究，对满、蒙文字造诣甚深，并任北平研究院史学研究会编辑、古物保管委员会干事等职，著《清理红本记》《元国书字母表解》《元国书官印考释》等书。

育万、采苹兄妹，继承家学，娴熟北京历史掌故。1960年曾以家藏清代纱灯40盏捐赠国家文物局。这些纱灯，每灯均由四幅木框灯扇组合，平时拆卸保藏，每扇立装入箱；用时四扇插销相连，合成方形纱灯。纱面绘画多为《三国演义》《西游记》《聊斋》《红楼梦》等故事。每年春节、上元期间，鲍家在自宅花园张灯，任人观赏。解放前曾在北京历史博物馆举行纱灯展览一次，引起人们的重视。

1960年，国家文物局秘书罗福颐同志把鲍家的灯箱接收后，拟拨交故宫博物院收藏，据说故宫以各灯皆近代民俗文物，未予入藏。罗福颐同志又与历史博物馆面谈，准备拨交历史博物馆，当时馆内有些专家认为纱灯绘画多出自清代打磨厂、廊坊二条画匠之手，艺术价值不大，故未办接收手续。最后，接受罗同志的委托，作为临时存放，代为保管。迄今30余年，鲍家春灯仍在历史博物馆完好存放。

我认为30年前认为不够文物标准的"旧货"，今天看来是有一定历史、艺术价值的文物了，时近上元佳节，应该拿出来展览一次，让广大群众看看明清时期北京流行的纱灯，看看灯绘故事，对增进历史知识的学习和对民间艺术的欣赏，将会有一定的启发作用。

原文刊于《中国文化报》1995年2月12日

《琉璃厂杂记》序

琉璃厂是北京一条古老的文化街。自清代乾隆年间修《四库全书》，全国文人聚集北京，这里开始兴盛起来，仅书籍店铺就达三十余家。当时，李文藻在所著《琉璃厂书肆记》中说："桥居厂中间，北与窑相对，桥以东，街狭，多参以卖眼镜、烟筒、日用杂物者。桥以西，街阔，书肆外，惟古董店及卖法帖、裱字画、雕印章，包写书禀、刻版、镌碑耳。"这种情况，到清朝末年还无大变更。

1917年，在桥东新辟海王村公园。这处公园实际是一座宽敞的大院，园中东、西、南三面为书籍、古玩、字画、照相、琴室；北面为楼房，清末曾由端方设为博物馆。海王村公园成立后，这座楼房改为工商业改进会陈列所。

琉璃厂的古玩业，主要是出售金、石、旧瓷、名人书画。清戴璐《藤阴杂记》记程晋芳移居，以诗寄袁枚，有"势家歇马评珍玩，冷客摊钱问故书"之句，袁枚笑曰，此必琉璃厂也。可见当时的珍宝古玩，多售势力之家，一般人仅能在冷摊买些旧书而已。

由于在琉璃厂出售或购买古玩字画的人须凭个人眼力鉴别真伪优劣，所以这里的店铺从业人员不少是文物鉴定专家，同时与各店铺交往的顾客中，除势家以外，亦多为名驰中外的学者，主客关系互在师友之间，相处十分融洽。近代著名书画家、鉴赏收藏家周肇祥先生便是琉璃厂的常客之一，先生美须髯，人称"周大胡子"。

周肇祥（1880—1954年）字嵩灵，号养庵，别号退翁，又号无畏，浙江绍兴人。清末举人，肄业京师大学堂，为优等生。民国成立，任四川补用道，奉天劝业道，署理监运使，临时参政院参政，葫芦岛商埠督办。一度任湖南省长，旋辞归北京，任清史馆提调，北京古物陈列所所长。晚年任团城国学书院副院长，以金石书画授诸生。先生工诗、古文辞，书法有晋唐人意，所作山水、花鸟，继承传统，直追明人。西山之寿安山退谷（樱桃沟）为清初孙承泽退翁书屋旧址，先生爱其地风光，遂就其地置别墅一区，号"鹿岩精舍"，内有"水流云在之居""石桧书巢""党山亭""水源头"诸胜，春秋佳日，少长咸集，为西郊一大景区。

先生生平笃嗜古物，广搜精选，研讨有年。名公硕士，多与交游。出任古物陈列所时，由于执掌所司，古器名画，多所寓目。并对所中古物鉴别组成古物鉴定委员会，聘罗振玉、李盛铎、宝熙、颜世清、郭葆昌、陈汉第、邵长光、肖愻、徐鸿宝、容庚、马衡、王禔、陈浏、庆宽、徐宝琳、陈时利、陈承修、余棨昌、邵章、张伯英、梁鸿志等人为委员，委员会内分为书画、陶瓷、金石、杂品四组，别其真赝，评其甲乙，编有《古物陈列所书画目录》13卷，附3卷；又编《书画集》6册。青铜器则由容庚先生编为《宝蕴楼彝器图录》及《武英殿彝器图录》。各书之成，先生擘画尤多。复于陈列所内成立国画研究室，摹绘古人名迹，培养绘画人才，杨令茀女士、于非庵先生在所内曾长期从事临摹工作。凡此种种，皆由所内提供临摹研究资料，受到社会人士的好评。

先生为了在全国培养绘画人才，于民国十六年（1927年）在北京与绘画界友人组成中国画学研究会，该会宗旨为："精研古法，博采新知，先求根本之稳固，然后发展本能。对于浪漫伧野之习，深拒而严绝，以保国画特殊之精神。"先生自任会长，会员多为当代画家，达300余人。该会每年举行会员成绩观摩展览，以资借鉴提高。会内设编辑二人，自民国十七年一月一日起，出版《艺林旬刊》，先生在发刊词中说："《艺林旬刊》者，中国画学研究会所主办。不曰画学研究会旬刊，而曰艺林旬刊何也？示不敢私也。不以画名，而以艺林名何也？广聚众才也。中国为东方文明先进之国，政俗日偷，而艺术遂奄奄无生气，不有倡导，孰从而振起之？"由于旬刊受到广大读者的欢迎，继于民国十九年一月一日起改为《艺林月刊》，内容充实，文图并重，至民国三十年（1941年）七月停刊，共出版旬刊72期，月刊114册，成为民国时期重要的文物艺术刊物之一。

为了沟通中国和日本两国的文化，养庵先生以中国画学研究会会长身份，广泛与日本绘画界往来，并在中国和日本分别举办"中日绘画展览会"多次。先生为了筹办画展，开展民间文化交流，曾两度赴日本访问，撰《东游日记》以记其事。

先生山水之情根于天性，与老友傅增湘、江庸、邢端、凌文渊诸先生结为游侣，南北名山，联袂出游，游必有记、有诗，历年游踪所至编为《艺林月刊·游山专号》，可以备掌故，征信史。明《徐霞客游记》成书于一人，而《游山专号》为集体撰述，在近世旅游书刊中，特色十分鲜明。先生尝刻一印，文曰"游山访古，人生一乐"，此为先生访古实践之体会，也是一个从事文物考古事业者之精神享受，与今天所谈"旅游文化"有很多相似之处。

民国二十四年（1935年），养庵先生应溥心畬先生之邀，游房山县云居寺，偶于佛殿见一奇异铜香炉，长筒直立，大口向上，细看"炉"身，刻有"绥边讨寇军至顺三年二月吉日，第叁百号，马山"。先生于无意中发现了这件刻有文字的元代铜火炮，询问来历，寺僧皆称不知。先生略施"布施"，遂将铜炮携归。当时只知其为铜炮，直至新中国成立后，经过专家研究，一致认为此是我国发现的最古的火炮，也是世界上已发现的古老的铜炮之一。此炮现藏中国历史博物馆。

先生生平收藏文物，不同于当时豪富之家，动用重金，而藏品来源虽有些得自琉璃厂，价昂之品却往往望而生畏，归而记之，以示不忘。由于先生博通文史精于鉴别，故冷摊小市常见先生足迹，披沙拣金，往往得宝。先生曾刻一收藏印，文曰："周肇祥小市得。"寄托辛苦搜求，得来不易也。

先生精于金石书画题跋，不论鼎彝名品，镏铢小器，书画、碑帖，一经品题，顿生异彩。记得先生用砚中，有山东长岛产鼍矶砚一方，刻铭曰："鼍矶石，坚老胜。譬诸直谅苦且硬。好置座隅药我病。乙丑正月，肇祥。"其长篇短记，大多类此。

《琉璃厂杂记》是先生以琉璃厂为主的见闻随笔，兼及游山访古之作，文字清醇，事皆亲历，以视李葆恂《海王村所见书画录》、孙殿起《琉璃厂小志》、王冶秋《琉璃厂史话》、邓云乡《厂肆志略》内容丰赡，尤有过之。

先生生平著述甚多，已发表者，有《东游日记》《补正宋四家墨刻簿》《山游访碑目》《故都怀古诗》《游山》《鹿岩小记》等。未发表者，有《琉璃厂杂记》（即发）《辽金元古德录》《寿安山志》《娑罗花树馆题跋》《辽金元官印考》《重修画史汇传》《百镜庵镜异录》《石刻汇目》《退翁墨录》等。

先生一子名周璿，字持衡，毕业青岛大学，早岁参加革命，10 年前自辽宁来书，有出版先生遗著之意，因循未果，而持衡竟于 1986 年逝去。今北京燕山出版社从北京市文物研究所假得先生手定《琉璃厂杂记》清本，点校付印，以余曾从先生受业，嘱为撰写序言，因据所知，拉杂书之，供读先生之书者参考。

北京燕山出版社繁荣学术研究，丰富文化积累的爱国主义精神，是应该表彰的。

原文选自周肇祥：《琉璃厂杂记》，北京燕山出版社，1995 年

在英山毕昇墓碑研讨会上的发言

我从读书的时候就开始注意毕昇。前几年发现毕昇墓碑，我在北京看到一些报刊，看了各方面的材料，出现了不同的意见，关键的就是在碑的纪年上。我这次来时，彭卿云同志特地跟我打电话，说王素同志和任昉同志也去，你也去吧。参加这次会议我很高兴，收获很大。彭局长说，你们去参加这个会是很有意义的。我来以前不知道国家文物局馆藏文物认定小组对墓碑已经作了鉴定，这是马局长直接抓的。我们单位很多同志说，你去了之后，不要看别的，注意看看年款那地方，是不是英山的同志用刀子剔了，争论的就是那个地方，别的都是小问题，就是看他们动刀没动刀。刚才曹之同志说了，不管是哪个毕昇，年代不会走题。这次来，看了墓地，看了原碑，首先我就注意这个问题，是动手了，不是我们，而是相当早的别人动的手，用斧把文字给斧凿了，古碑的斧凿是常见的事情，这个碑斧凿痕迹很清楚，这不奇怪，在古碑刻上是常见的。这样，就觉得原来推测的摩尼教问题，任昉的文章谈到摩尼教问题，也就是明教的问题，我就越来越感觉到这个问题的重要性。信仰摩尼教的人不全是外来的，跟国内的秘密宗教结合起来，它以张角为祖师，是老百姓信的秘密宗教，从宋朝起就开始闹事，到明朝成功，建立了明朝，旗号就是"明"，明朝的得名跟明教有关系。关于摩尼教的研究，我的老师陈垣先生在80年前就有文章，任昉同志提到这个问题，我在这儿发挥一点。在唐宋以后，农民起义靠的就是宗教，湖南有个老教授，名字我记不清了，他出了一套书：《两宋农民起义资料汇编》，大家可以查一查这书。我们这个地方，旧时是淮南，摩尼教首先就流行于淮南，然后是江浙。这是个新问题，不要马虎，这个碑被斧凿，就是明教起义对皇权的反抗，反对皇权，仇恨皇权，这是个历史问题，跟我们这个碑有一定的关系，其他没有砸，就是年号给砸了，这是反抗封建、反抗皇权的一种象征，就碑而言，这就是大的事情。对其他的历史大家都谈了，我就不谈了。

这次来参加这个会，我作了四首诗，其一，"名姓昭昭见梦溪，千年行迹至今谜。英山考古有新获，识得淮南老布衣。"这是赞扬英山的考古工作、文物工作。毛主席说过，要有所发现，有所发明，有所创造，有所前进。我们有所发现就不得了，希望将来有所发明，我们这个墓在毕昇研究中就有所前进。刚才曹之同志谈到，毕昇是不是见过沈括，这个问题很重要，我感觉也是，因为文章中两个字"昇死"很重要，在研究毕昇的时候，对《梦溪笔谈》要反复地读几次，对语气、口气、用字、轻重缓急要推敲，如果是朋友的话，他不会写"昇死"，这样写好像没有什么直接关系，在古时候很少用"死"，这对人不太客气，沈括用"死"字，一字褒贬，很重要。

第二首诗："神主毕昇伴妙音，模糊岁月尚堪寻。纪年皇字仍留白，一字分明值万金。"这是个关键性的问题，我同意这是个"皇"字，不会是重字或别的字。将来还要对碑精拓、细拓一下，目前还是粗拓。妙音可能不是名字，神主恰好是招魂葬。要进一步深入地研究和毕昇有关的资料，过去我没有参加，材料我都看过，成绩还是不少。第二首诗的意思是："神主毕昇伴妙音，模糊岁月尚堪寻。半边皇字尚留白，一字分明值万金。"

第三首诗："一颗摩尼不染尘，双圆日月字轻分。皇权帝号同仇忾，斧凿还应是义民。"是说他信摩尼教，砸碑的是义民。

第四首诗："一石广招万口传，披荆斩棘共跻攀。读碑我慕杨观海，雕字分明是宋刊。"杨观海是杨守敬，如果他在，比我们会更积极，他很重视碑的研究。碑的字是北宋刻字，刻的字也可能与摩尼教有关。

总之，这次开的会是深入了一步。我只能作几首诗代替我的发言。宗教词典上，摩尼教释义说，它混合道教、佛教，并以张角为首领，两宋流行于淮南、江浙一带，借助农民起义。

1995 年 12 月 18 日

《中国历代珍宝鉴赏辞典》序

中国是世界文明古国之一，有着悠久的历史和丰富的文化遗产，中华民族创造的光辉灿烂的文化，为人类的进步作出了巨大的贡献。今天我们认真整理、研究乃至介绍、宣传中国的传统文化，有着深远的历史意义和现实意义。

在漫长的岁月中，我国有大量的文化遗产积淀下来。它们作为历史的载体，不仅从多方面反映和折射出人们的意识形态、心理素质及各种实践活动，而且具有强烈的感染力。在大量的历代遗物中不乏巧夺天工、绚丽多彩的艺术珍品，被人们誉为"国之珍宝"，特别受到国内外人士的青睐。

我们了解和掌握一些历代著名宝物的有关知识，是大有裨益的，因为它不仅使人们认识到中华民族的聪明才智，认识祖国光辉的历史，而且还能起到美化生活、陶冶情操、提高素养的作用。

我从事文物研究近半个世纪，一向以探究、弘扬和保护祖国历史文化遗产为己任。近几年来，我非常高兴地看到广大文物工作者，为满足社会的需要和提高全民族的文物意识，编著了一些有关文物鉴赏知识的辞书，受到广大读者的欢迎。这里，我愿推荐我所熟识的几位同志齐吉祥、刘桂英等，用几年的时间编著的《中国历代珍宝鉴赏辞典》，承他们的好意，叫我写点介绍文字，仅就该书的丰富内容和文字说明的特点，写几点看法。

此书在已出版的同类书籍中，其特色首先是取材较新。书中尽量选取了近几年的一些考古新发现和新的研究成果。难得一见的故宫藏品，书中亦有不少入录。如刻乾隆诗句碧玉盘、碗，是一套珍贵的茶具，在清宫秘藏二百多年，制作精美，原物稀有，过去发表过的一些文字，仅称"上刻乾隆题诗"，却未记录两首七言古诗的原文。此次，在故宫博物院专家的帮助下，从乾隆《御制诗》二集卷三检得原诗，同时，发现原诗以外，尚有乾隆自注之文，对当时和阗所产山玉、水玉之别，官采、私采之例，以及回部贡玉、商贾违禁情况，记载甚详。本书将诗、注一并公诸于世，为读者提供了有关古玉研究的重要史料。

其次是该书丰富精致的图版。我国历来文人学士有"左图右史"的优良传统，文图对照，互为补充，鉴赏名宝尤为重要。书中一文一图，甚至一文两图，极便阅览。尤其彩图多达近四百幅，这在同类书籍中是少见的。故本书不仅有可读性，还具有收藏价值。

这里还要指出的是，本书的编著者大多长期从事博物馆的教育工作，他们熟悉读者要求，在文字叙述方面，紧扣主题，文章简明扼要，通俗易懂，一改过去对文物叙述难懂的文风。

我相信，本书的出版一定会对弘扬祖国历史文化，保护国家文物，振奋民族精神，作出新的贡献。

原文选自齐吉祥：《中国历代珍宝鉴赏辞典》，文心出版社，1996 年

笔谈《中国文物学概论》

　　《中国文物学概论》第四章《文物鉴定》文中，对文物鉴定的意义、文物鉴定的必要性、文物鉴定的内容与要求和文物鉴定方法等，都作了详细具体的论述。着重指出文物鉴定是文物学的分支学科，进行文物研究，首先要研究文物的价值和作用。因此，必须做好科学分类和文物的科学鉴定等一系列的工作。这是构成文物学的基础和支柱。作者还认为揭示文物的价值并不是一件容易的事，文物作为历史文化的载体，其价值并不都是直观的，许多文物的价值隐藏于实物遗存的深层结构之中。因此，对文物价值的揭示，只有通过对文物的深研究，而文物鉴定就是揭示文物价值的重要手段之一。

　　关于文物鉴定的方法，作者认为宜用比较的方法和综合考察的方法，找出同类文物的标准器，或与标准器相近的同类文物，分析各种矛盾和联系研究有关资料，以求得科学的判断。至于不同类别的文物，应各有不同的鉴定方法，每一类文物的鉴定研究，都是一项专门的学问。所以说鉴定文物必须对一件尚未认识到的文物作出综合考察，通过对文物本身的调查和对文献记载的考证，进行全面分析，就可以得出一个比较正确的结论来。这种方法，是行之有效的，同样适用于文化史迹的鉴定。

　　作者在本章中，关于铜器、铁器、瓷器、漆器、纺织品、钱币的鉴别方法，都作了比较详细的说明，通俗易懂，深入浅出，从理论上和实践上提高了读者对文物鉴定问题的认识。《中国文物学概论》第四章的《文物鉴定》可以视为一册简明的《中国文物鉴定学纲要》，只要认真地阅读一次，就有许多收获。

原文选自《中国文物学概论》，文物出版社，1996

论蔡侯墓的年代

1955年5月，安徽省寿县西门内偏北处，因动工掘土，发现了一座古墓，经安徽省博物馆前往清理，获得了大批的、精美的出土文物。其中各类铜器100余件，大多数都有铭文，可以说明当时蔡与吴、楚两国的关系。这是继1933年寿县朱家集楚王酓忑（熊悍）墓出土大量铜器以后，最大的一次收获，也是解放以来在全国范围内，最重要的出土铜器群之一。

最近，安徽省博物馆所编辑的《寿县蔡侯墓出土遗物》一书，由科学出版社出版了。这批宝贵的材料，在发掘清理以后，很快地公布了出来，它一定会对历史科学的研究起到很大的推动作用。安徽博物馆这种及时公布材料的精神，我们应该表示热烈的欢迎（同时，也是我们考古工作者学习的榜样）。

关于这批遗物的研究工作，据我所知，有郭沫若《由寿县蔡器论到蔡墓的年代》，载《考古学报》1956年第1期；陈梦家《寿县蔡侯墓铜器》，载《考古学报》1956年第2期；李学勤《谈近年新发现的几种战国文字资料》，载《文物参考资》料1956年第1期；孙百朋《蔡侯墓出土的三件铜器铭文考释》，载《文物参考资》料1956年第12期。孙百朋先生还有一篇《关于蔡侯的考证》，载《蔡侯墓出土遗物》一书中。各家对这批遗物的研究，均有独到的见解。不过，因全部铭文中，蔡侯名字的写法作"▨"，字形非常奇怪。同时伴随出土的铜器有"吴王光鉴"和"蔡侯为大孟姬作媵器"等，互相牵涉，以致对墓主人蔡侯的解释就各不相同了。

郭沫若先生释▨为䌛字，谓即产字之异文，史记蔡声侯名产，因而断定为蔡声侯墓。

陈梦家先生释▉为纞字，谓又或是《说文》的綌字，其音都与卯字相近，史记蔡世家昭侯名申，小篆卯、申形近，当是卯字之讹，因而断定为蔡昭侯墓（陈文又见《人民日报》1956 年 7 月 18 日，《六年来的考古新发现》，该文与《考古学报》所载，均断定为蔡昭侯）。

李学勤先生谓："铭文中的蔡侯名，和昭侯申、成侯朔、声侯产、子侯齐，都不相似，如推定为蔡元侯是有可能的"。

孙百朋先生释▉为缵字，谓或即昭侯之名。

从上面看来，蔡侯到底是谁，至今尚无定论，所以蔡墓的年代问题，还值得大家仔细地研究一下。

这里我想提出我的看法来：

为了解决蔡侯墓的年代问题，首先必须弄清"蔡侯▉"这个名字，这是一个关键性的问题。因为蔡侯的名字，在铜器上的写法奇古难识，所以对这个奇字的解释，就使人如堕五里雾中。

我们要想解决这个奇字，应先分析这个▉字的组成部分。

▉即系字，《说文》系字籀文从爪丝，甲骨文作▉或▉。▉《说文》称："治也，读若乱同，古文作▉"，吴大澂《说文古籀补》司字下谓："▉象两手理丝形，理则治，否则乱"。周谷城先生释▉为丝结，作动词用为打结或结合。丁山先生谓▉所以从H，与▉、▉、▉诸字相同，确有束缚的涵义（见周著《古史零证》：乱为乐之结，及《附丁山先生来信》）。金文多以嗣作司，古鉢"大司乐鉢"作▉，"司工"作▉。毛公鼎及叔向殷▉字，孙诒让释緟（见《古籀余论》卷三第十二页），郭沫若先生谓孙氏"▉字释緟，可为定谳"（见《金文丛考》，《毛公鼎之年代》）。

依照古文字省减笔画的通例，▉字不论从▉、从乡或从幺，都应该是一样的，中间所从的▉字，应该释为丝结，同墓出土铜鼎、铜簠、铜戈，铭文有的作▉，上缺爪字，这也可以看出当时文字形体不定和笔画随意增减的情形。

▉即甫字，也就是圃字的初文，甲骨文、金文都如此写法，蔡侯名▉，▉字从▉从四甫，其实就是从▉从甫，四个甫字完全是为了字形上的整齐美观，这个字必须以甫字为声符，不能以▉字作声符，从▉甫声，隶定应作▉，或作▉，就是束缚的缚字。

这个奇字既然获得了解决，那么，蔡侯的名字就容易解决了。

史记蔡世家称蔡成侯（昭侯之子，声侯之父）名朔，缚与朔谐韵，古韵同在模部，二字可以通假。再以今日安徽寿县、颍上一带，山西省南部、陕西、甘肃等地的方音证之，舌音、唇音往往通用，如水读为匪，说读为沸，树读为富，书读为夫，朔读为缚，都是以舌音变为唇音；又如豹字、本是从豸、勺声，就读为勺，勺是舌音，而我们却读豹为报音，这也是舌音变为唇音的例证。

因此，蔡成侯名缚，自然在文献记录中可以写成朔字了。所以史记所记载的成侯名朔，就是缚字的同音假借字，古人所说的是假借字，就是后世所说的写白字。

证以同墓出土的吴王光鉴，吴王光（阖庐）在位19年，其元年当蔡昭侯5年，

"蔡侯缚"鼎

卒年当蔡昭侯23年（公元前496年），吴王光嫁叔姬于蔡，鉴铭曰："虔敬乃后孙"，"后孙"应解作"后代子孙"，则叔姬当即蔡昭侯之子成侯之妃。再证以蔡侯盘铭文，"元年为大孟姬作媵器"，大孟姬当为蔡成侯之长姊，"敬配吴王"，当即阖庐之子吴王夫差，"成侯元年为大孟姬作媵器"，应是成侯即位时为其长姊所作的纪念品。

蔡成侯之长姊嫁吴王夫差，吴王夫差之三妹嫁蔡成侯，是两国互通婚姻之证。

此外，蔡侯甬钟、编钟各若干件，铭文短的作"蔡侯缚之行钟"，铭文长的达82字，但蔡侯名都被挖掉，无从辨认，从铭文中看，有"轶右楚王"的句子，当系蔡昭侯十年以前朝楚时所作器，而非蔡成侯所自铸。这与寿县朱家集出土的楚王酓忎鼎盖内补刻太子"集脰"名字，用意相同，或挖去祖先的名字，或补刻自己的名字，都是以祖先遗物用来殉葬，这种例子，不论古代近代，都是很多的。

本文对蔡侯墓的推断，已定其为蔡侯缚之墓，即蔡成侯，则其年代不能早于公元前472年，或其后三二年间所建。

原文刊于《文史哲》1997年第8期

笔谈《文物》创刊 500 期

1997年11月，是我经余嘉锡先生介绍到中国历史博物馆（原称北平历史博物馆）工作的50周年，正逢《文物》杂志1998年第1期出刊到500期，这是意想不到的巧合。我从到中国历史博物馆之前，就读到像故宫博物院出版的《故宫周刊》和大公报出版的《文物周刊》中刊出的文章。新中国成立后，郑振铎、王冶秋二同志主持全国文物、博物馆工作，他们关心祖国的文物、博物馆事业，热心培养祖国优秀文博人才，于1950年创办了《文物参考资料》（后改名为《文物》），内容十分丰富，学术性和资料性很强，全国文博工作者有了自己的园地。

《文物》自1950年创刊以来，受到了广大读者的欢迎，多年来，国内发行量在同类刊物中一直保持第一。自1950年至现在，我不但是《文物》的忠实读者，还是《文物》杂志的撰稿人，有时还作为《文物》杂志的审稿人。记得1959年新中国成立十周年国庆，党中央决定在天安门广场建中国历史博物馆和中国革命博物馆时，筹建组征集全国新的出土文物和新捐献的、新收购的文物，该组同志们主要依据三个杂志——即《文物》《考古》（包括《考古学报》）和《历史研究》，并把《文物》列为主要参考刊物，按图索骥。中国通史和中国近代革命史陈列，得以按时胜利完成。在检索三大杂志的过程中，丰富了许多人的业务知识，提高了许多人的文物、考古水平，仅此一点，在两馆筹建工作中，《文物》和其他有关杂志之功，实不可没。其后，屡次修改通史陈列和革命史陈列，至今仍以《文物》杂志为参考蓝本，未能片刻离去。

我曾暗自统计，我馆收发室个人订阅《文物》杂志的同志共14人，是各类杂志中个人订阅最多的。

50 年来，我在党的培养、教育下，业务学习未曾离开《文物》杂志，许多业务知识，多源于《文物》杂志的提供。我身边最全的书是《文物》杂志，从创刊号起，一期不缺。这与我的《考古》杂志和《历史研究》是一样齐全的书。

兹当《文物》月刊出刊 500 期的吉庆日子里，我想到这份杂志不知培养了多少国内外的文物、博物馆工作者和文物爱好者，他们为国家的文物保护工作作出了无比的贡献。

我谨祝《文物》杂志本着当初的办刊宗旨，不断加强学术性、资料性，愈办愈好，为培养广大文博工作者服务，为培养社会主义建设人才服务。

原文刊于《文物》1998 年第 1 期

明监察御史王忬象牙腰牌

广东省收藏家郑礼文先生，敏学好古，所藏书画甚精。其家藏明代山东巡抚都御史王忬象牙腰牌一件，颇为稀有。牌作圆形，高6.3厘米，径5.6厘米，上有獬豸相对，中有圆孔作纽，以便系带。下有乳丁微凸，正面浮雕行龙纹一条，张口怒目，甚为生动。背面刻篆书"给监察御史王忬佩"双行八字，布局严正，十分工细。

王忬（1507—1560年），《明史》卷二〇四有传，字民应，号思质，江苏太仓人，父倬，任兵都右侍郎，以谨厚称。王忬嘉靖二十年进士，才学通敏，为时所重，授行人，迁御史。劾罢东厂太监宋兴，有政声。继巡按湖广，二十九年，复巡按顺天，筑京师外郭（永定门城），修通州城，筑张家湾大小二堡。当年，鞑靼部首领俺答进犯古北口，以御史巡按顺天疾驰御之。三十一年，出抚山东，甫三月，以浙江倭寇告急，出任提督军务，巡抚浙江及福、兴、漳、泉四府，任用俞大猷、汤克宽等，立有战功。

未几，王忬进右副都御史，巡抚大同，加兵部右侍郎，代苏辽总督，不久，进右都御史。而忬子世贞复失欢于严嵩子世蕃，值忠臣杨继盛死，世贞又经济其丧，严嵩父子大恨之。三十八年，俺答进犯潘家口长城，滦河以西，遵化、迁安、蓟州、玉田告急，以俺答进犯潘家口为名，被严嵩父子所陷害。

穆宗即位，隆庆元年，王忬子世贞、世懋伏阙为父论冤，得以昭雪，王忬得复原官，并受到抚恤。世贞字元美，号凤洲，又号弇州山人，嘉靖二十六年进士，累官至南京刑部尚书，著《弇山堂别集》《弇州山人四部稿》等，《明史》有传。世懋字敬美，嘉靖三十八年进士，官太常少卿，名亚其兄，著《王奉常集》《艺圄撷馀》等，《明史》有传。

无独有偶，去年我见到这件腰牌后，考虑王忬事迹与北京有关，曾于12月31日在《北京晚报》写了一篇介绍小文，并附腰牌拓片，未想到甘肃对外贸易经济合作厅阚建彬同志4月29日来函，称他从四川成都买到一对同样的王忬象牙牌，和我在北京晚报介绍的基本一致，这对腰牌，不但有一件是龙纹，还有一件是虎纹，都是王忬所佩，并附两牌照片。我看后很惊讶。这对腰牌，明显是新做，仿《北京晚报》拓片形象的伪品。其理由：

1.伪品质地不是象牙，更不是出现裂纹的明代象牙，而是新驼骨。

2.伪品的两面图文和大小，是根据《北京晚报》发表的拓片仿制的。

3.王忬虎纹腰牌，未曾见过。作伪者以为有龙纹，必有虎纹，主观臆造猛虎下山图像，多做一件伪品，蒙骗买主。

4.监察御史是文官，虎纹是武官所用，与制度体例不合。

5.伪品颜色新涂，显出黑旧颜色，与做伪古玉方法相同，俗称"染旧"。

6.伪品雕刻技法拙劣，与真品相比，有"形似神不似"之感。

当今文物市场真品不多，新旧混杂，千奇百怪，层出不穷。在市场经济"打假"的形势下，文物、艺术品宜加强鉴定工作，是刻不容缓的事情。我的报道发表未及三个月，市上已出现仿制，冒充真品，希望收藏家提高警惕，引以为戒。

原文刊于《收藏家》总第26期，1998年

汉译《文房百科事典》序

文房之名，肇自唐代，南唐李氏（昇、璟、煜）有建业文房，以收藏书画古器，今所见古代书画，凡钤有"建业文房之印"者，皆自南唐内府流出。稍后，宋人苏易简撰《文房四谱》五卷，凡笔谱二卷，砚谱、墨谱、纸谱各一卷，殿以辞赋诗文，而笔格、水滴附焉。易简因阅书秘阁，深感文房之必备，集成此谱，真读书之有心人也。

明尤袤撰《遂初堂书目》收《文房四谱》作《文房四宝谱》，书目又有《续文房四宝谱》。宋洪迈《歙砚说》跋称："揭苏氏《文房谱》于四宝堂"，当由是而俗呼四宝，故《遂初堂书目》因之。此外，尚有四友、四君子、文房清玩等名，要皆文人书房之具也。

中日两国，一衣带水，风月同天，文化交流，历史悠久。日本著名金石书法家、每日书道会理事、大东文化大学教授、奎星会会长宇野雪村（1912—1995年）先生是日本著名的文房四宝收藏家，师事日本前卫派书家上田桑鸠先生，在中国传统书法基础上，发展日本书学，60年来，逐渐成为日本书道界之新风。

日本具有权威的每日书道会（每日新闻社财团每日书道会）年年举行大规模书法展览，在宇野雪村先生主持下，影响甚大。1983年，宇野先生在北京举行个人书法展，并为北京庆云堂碑帖店书写匾额，法书高悬，观者如堵，增进了中日两国书法界的深厚友谊，博得了广大群众的好评。

1987年我国书法大师启功先生任中国书法家协会主席，为了庆祝中日关系正常化十五周年，由日本新闻社、中国人民对外友好协会主办"启功、宇野雪村巨匠书道展"，在北京和东京先后举行，时二君年皆七十五岁，同年同庚，珠联璧合，交相辉映，亦两国艺林佳话也。

宇野雪村先生著述甚多，所著《文房古玩事典》（档书房，1980年）类目周详，包罗宏富，为其关于文房四宝之重要著作。文房四宝皆中国发明，为独具特色的中国文化瑰宝，并影响于海外，而宇野先生一生致力文房四宝研究，成一家言，书中尤多胜义。

宇野先生致力书法研究，收藏文房四宝极为丰富，所撰《文房古玩事典》为一生精力所聚，成绩超迈前人，且于《书后之路》自述收集文房四宝及碑帖善本之经历，舟车徒返，不辞辛劳，言之真切，风趣感人，不啻一篇访"宝"日记。我国青年学者刘晓芳女士发奋译书，供国人之关心文物者之参考，余深感文房术语译文之难，今读晓芳译本，字斟句酌，文理畅通，治学精严，深为钦佩，真有利于广大读者且有利中日文化交流之作也。

吾友东京淑德大学教授西林昭一、玉村霁山二先生，研究中国文房四宝多年，对中国历年新出土有关文房遗物及其他传世文房文物（包括印章、水盂、水注、砚屏、笔架、笔筒、墨床、纸镇、臂格、墨盒等）并日本奈良正仓现所藏有关文物，广为搜集，汇为一书，撰《文房具》（《书艺术全集》第十卷，东京雄山阁出版公司，1992年），文图并重，蔚为大观。

西林昭一、玉村霁山二先生之书，引用参考书十分丰富，其中主要参考宇野雪村《文房古玩事典》及《文房清玩》（平凡社，1986年）二书，皆一一注明。

学如积薪，后来居上，晓芳先生现译宇野雪村之书，其有意译西林昭一、玉村霁山之书乎，如承同意，吾将以垂暮之年，努力协助完成，并再撰序，以记译书缘起云。

最后，须作补充者，北京故宫博物院收藏旧纸甚丰，五色花笺，柔薄兼具，昔沈从文先生，曾撰《金花纸》一文，后即中辍，仍待有识之士深入研究也。此外，宇野先生书中未言墨汁，即古人所说墨海金壶者，余读近人郭家声先生《忍冬书屋诗续集·后厂甸诗》云："一滴金壶焕宝光，发明新式利文房。谢家墨汁张家盒，相得真成美益彰"。注云"谢崧岱太学所制殿试考试墨汁，设一得阁于厂东门内，有《咏墨诗册》行世。又张樾丞创刻墨盒盖上书画，今亦兼金古董品矣"。墨盒装墨汁源于太学生谢崧岱（字祐生），谢氏于文房之功，实不可没。谢著《南学制墨札记》一卷（《涉园墨萃》丛书本），亦不朽之著作也。

译者注：宇野雪村著《文房古玩事典》，本文译为《文房百科事典》。

原文选自宇野雪村：《文房古玩事典》，燕山出版社，1998年

中华民国建国纪念墨

　　1911年10月10日武昌起义，各省纷纷响应，12月29日，光复各省派代表在南京筹组中华民国临时政府，孙中山先生被推为临时大总统，于1912年1月1日在南京宣誓就职，宣告中华民国成立，宣告了两千多年封建帝制在中国历史上的终结，这是孙中山领导的资产阶级民主革命胜利的重要标志，也是近代中国人民反帝反封建斗争的一个胜利成果，符合全国各族人民的共同愿望。孙中山在就职宣言中宣布反对民族压迫，要坚持民族团结，反对分裂割据，坚持全国统一的政策，受到各族人民的欢迎和拥护。

　　今年五一节假期较长，我到浙江普陀山旅游，途经舟山市，在市内观海堂艺术馆见到一件中华民国建国纪念墨，长12.8厘米，宽4厘米，厚1.6厘米，重110克。正面上端有五色国旗和五色五星军旗交叉，中部有隶书"纪念墨"三字，下有"胡越一家，开我民国，文德武功，造此幸福"十六字，四句字头横读曰："胡开文造"。背面上端在日光普照下，一古装武士执钺立于地球上，以示捍卫国家独立，中华民族立于世界民族之林。下端长方格内有隶书"大汉奋兴，云龙风虎，神人攸赞，统一寰宇"，下有长方"苍佩宝"篆文小印，苍佩宝是制墨者徽州胡开文的标记。墨侧一面隐约有楷书"徽州休城胡开文按易水法制"十二字，另侧楷书"中华民国元年"六字，故知此墨为中华民国建国纪念墨。

　　观海堂主人冯中干先生是舟山市一位著名的收藏家，他认为中国历史博物馆的中国通史陈列中，辛亥革命是重点陈列，慨然将此墨捐赠中国历史博物馆，嘱我代交，因撰此文，以作表彰，兼有公私感纫之情焉。

原文刊于《中国文物报》2000年6月25日

成吉思皇帝圣旨金牌考

1998年12月，河北廊坊文物商店大城县收购站购到盐山县农民旧藏成吉思皇帝圣旨牌一件。牌银质，文字鎏金，故称金牌。长方板状，四角抹圆，右上角残缺。上端中部有一圆形穿孔，孔两侧各镶凸起箍环，经穿带磨光，微有遗痕。牌长21.7厘米、宽6厘米、厚0.3厘米，正面刻双钩汉字："天赐，成吉思皇帝圣旨，疾。"背面牌心刻双钩契丹文"虎圖"二字。此契丹文见于《燕北录》及《书史会要》，译为宜速、走马或快马，皆急疾之意。牌表面原浮有黑色薄锈，经轻磨后，两面鎏金文字始得显露出来。

关于蒙古早期符牌记载，见于宋孟珙（王国维考为赵珙）《蒙鞑备录》。该书"官制"称："太师元帅所佩金牌，第一等贵臣，带两虎相向，曰虎头金牌，用汉字曰：'天赐，成吉思皇帝圣旨，疾。'又其次，乃银牌，文与前同，如成吉思亦行诏敕等书，皆金虏叛臣教之。"

《蒙鞑备录》是今存记载蒙古事迹的专书，孟珙所记未必都是亲眼所见、亲耳所闻，但大致是可信的。

这与李志常编《长春真人西游记》卷上所说："无何，成吉思皇帝遣侍臣刘仲禄悬虎头金牌，其文曰：'如朕亲行，便宜行事。'及蒙古人二十辈传旨敦请，师趑趄间，仲禄曰：'师名重四海，皇帝特召仲禄，逾越山海，不限岁月，期必至之。'"按刘仲禄所悬金牌，实为虎头银牌，此类银牌曾有出土。牌之正背，上部均刻虎头纹，文字尚为畏兀文，见羽田亨《元朝驿传考》。至若圣旨牌之为皇帝至高无上的一种象征，见牌如见皇帝，用于朝廷颁发诏敕，而具调发军旅等多种特权。

张星烺先生译《马可波罗游记》（燕京大学图书馆印，1929年9月）卷一记载成吉思汗授马可波罗兄弟二人金牌，要求罗马教皇送耶稣信徒一百人来，须精七艺，善辞藻，能答辩如流者。亨利·玉尔注文附图有兄弟二人接受金牌情形，图中金牌与圣旨牌相似，真巧合也。

成吉思皇帝为元太祖铁木真称号，当其建国初期，蒙古族尚无文字，曾用畏兀字记蒙古语。《长春真人西游记》记载，当成吉思谈话时，虽然有译者作翻译，但成吉思的左右，多以汉字记之。又《蒙鞑备录》称："因金国叛亡，降服之臣，无地容身，愿为彼用，始教之文书，与全国往来，都用汉字。"彭大雅《黑鞑事略》徐霆《疏证》称："鞑人本无字书，然今之所用，则有三种：行于鞑人本国者，则只用小木。……行于回回（畏兀）者，用回回

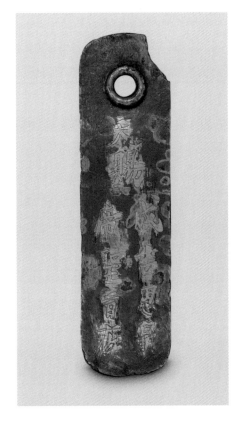

成吉思皇帝圣旨金牌

（畏兀）字，（田）镇海主之，……行于汉人、契丹、女真诸亡国者，只用汉字，移剌楚材（耶律楚材）主之。……契丹、女真，原自用字，皆不用。"

罗常培、蔡美彪二先生在《八思巴字与元代汉语》中，"论八思巴以前蒙古人所有的文字"称："当时蒙古人所谓汉人，实指北方契丹、女真等民族及其统治下的汉人，而不专指汉民族。而当时所说的汉字，是否包括契丹、女真民族的文字在内，颇可怀疑。关于此点，我们虽还不能完全肯定，但徐霆所说的契丹、女真，原自用字，皆不用，则并不可靠。热河山土的圣旨牌（见岛田贞彦《考古学上所见的热河》图版51、52）正面写汉字'天赐，成吉思皇帝圣旨，疾。'与《蒙鞑备录》所记之金牌文字相同，但背面所写的都是契丹文'走马'二字，可知当时蒙古人在北方辽金旧地，汉字与契丹字确已同时使用。"据上所述，蒙古人民自己中间仍然保存着刻木结草的同时，而与其他民族之间，则使用着畏兀字、汉字、契丹字，可

能还有女真字。

贾敬颜先生在《民族历史文化萃要》（吉林教育出版社，1990年）中，论"成吉思汗御署符牌"称："热河某地出土成吉思皇帝圣旨牌，一面契丹文二字'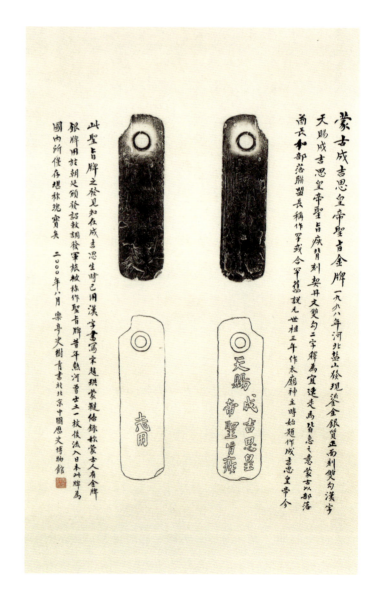'，复见于《燕北录》及《书史会要》，然两书所记乃阿保机署名之符牌（金人符牌为阿骨打署名），蒙古人何以复用契丹字之符牌，究其原委，不外：一、出于耶律楚材之制造，而帝认可者，以楚材曾习学契丹国书于西辽之郡王李世昌也。二、取辽亡符牌，加刻'成吉思皇帝圣旨，疾'八字，旧物新用也。"按贾敬颜先生对成吉思皇帝圣旨牌背面契丹文二字的推测亦有一定道理，姑存其文，以待考古发现。

铁木真于金泰和六年（1206年）在斡难河（今额敏河）畔召开忽里台大会，建蒙古国，自1206至1259年曰大朝，加号成吉思，一般认为成吉思有海洋或强大之意。汗是蒙古语，突厥语又译罕，或合罕，原意为"父主"，大部落首领，多用此称号。故成吉思建蒙古国时，汉文称为成吉思皇帝，是有道理的。旧说元初汉文称号习用此称，世祖至元三年（1266年）作太庙神主，题成吉思皇帝，由于此圣旨牌的发现，知成吉思皇帝之称，在太祖生时，已用汉字书写。

至于汗一名，见于拉史都丁《史集》、术外尼《世界征服者史》等波斯史籍，为后世所习用。但未见于元代汉文文献。《元朝秘史》蒙文音译作成吉思合罕，旁译太祖皇帝，此圣旨牌的发现，可见铁木真在世时，已称成吉思皇帝，这是值得重视的事实。

据目前所知，关于成吉思（或成吉思汗）的文物甚少，尤其是与他直接有关的文物只知在数十年前旧热河某地出土与此牌文字相同的圣旨牌一件，现藏日本，见岛田贞彦《考古学上所见的热河》，又见《蒙古族简史》（内蒙古人民出版社，1985年），并称"成吉思圣旨牌为世界所仅有"。

今此圣旨牌的发现，为国内仅存的成吉思文物。"天赐，成吉思皇帝"，真"一代天骄"之"天子"也。

原文刊于《北京文史》2000年第1期

"笃恭殿宝"玉印小考

《中国历史博物馆藏法书大观·玺印卷》第214图为"笃恭殿宝"玉印，坛纽，高5.6、宽3.1厘米，重216克，朱文篆书，玉质青纯，印背雕云龙纹，1968年，市立女一中郝玉兰、夏进平、杨京京交来入馆。该书说明文字称："笃恭殿，明藩府殿名，具体待考。"

按笃恭殿为盛京（沈阳）大政殿原名，《清实录》记："天聪十年四月，定宫殿名，中宫为清宁宫，东宫为关雎宫，西宫为麟趾宫，次东宫为衍庆宫，次西宫为永福宫，台东楼为翔凤楼，台西楼为飞龙阁，正殿为崇政殿，大门为大清门，东门为东翼门，西门为西翼门，大殿为笃恭殿。"在《太宗实录》中，崇德以后，崇政殿、笃恭殿之名多见，常朝在崇政殿，而笃恭殿则是举行重大活动的地方，如太宗称帝大典、世祖福临登基皇位皆在此举行。崇德八年（1643年），顺治帝即位，翌年赐多尔衮大将军印，发布进军中原命令，都在笃恭殿举行。

又《中国建筑艺术全集·沈阳故宫》引《黑图稿》："乾隆十年《来京档》：'国初建大殿于盛京，殿制八隅，左右列署凡十，为诸王议政之所。'又于大殿西建正殿，殿后有楼，大殿为笃恭殿，正殿为崇政楼。"

由此可知笃恭殿是沈阳故宫大政殿最初汉名，始于天聪十年四月，清入关后，笃恭殿名消失，只称大政殿了。

原文刊于《中国文物报》2001年2月18日

"笃恭殿宝"白玉印

宋白玉"封"字印考

曩为《乐氏藏古玺印选》撰序，嗣承乐守勋先生惠赠该书未收、文字不可识玉印一方，并云为其父绍虞先生购藏多年，以余粗通古文奇字，故赠之以志感谢。

张苑峰先生是中国历史博物馆学术委员会委员，又是国家文物鉴定委员会委员，学养深醇，久为社会所尊重，我们遇到学术问题，多向先生请教，往往得到满意的教诲。这方玉印的考释就是一例。

玉印系纯白羊脂玉，高2.2厘米，边长1.2×1.4厘米，坛纽，略作长方形。张先生见到后，首称印文极似宋代贾似道收藏书画钤用的"封"字印，并称研究贾似道用印多年，随即见示其摹写的字样。

近见徐邦达著《古书画鉴定概论》（江苏古籍出版社，2000年）、杨仁凯著《中国书画鉴定学稿》（辽海出版社，2000年），皆认为宋人贾似道藏画印中的单字印字为"长"字或"封"字，莫衷一是。

张先生并告知昔年在中华书局标点《金史》时，《金史·礼志》中有关于宋、金用印的记载。我们遵照张先生的指示，查了原书。

按《金史》卷三十一《礼志·宝玉》称："金克辽、宋，得宝玉及本朝所制，今并载焉：获于辽者，有……'御封'、不辨印文宝一。获于宋者，有……'封'四，并玉；'封'字一、'御画'一，二面并玛瑙。本朝所制，礼信之宝用铜，岁赐三国礼物缄封用之，明昌间更以银。"

由这些记载，知金所获宋印中有"封"字玉印四方，知寒斋所藏玉印，印其中之一，都应释为"封"字，不得释为"长"字。这种玉印或铜印，都是礼仪用印，当时称为"礼信之宝"，即岁赐礼物或封缄文书的用印。贾似道收藏书画用

"封"字，可以视为"秘藏"书画。

《辽史》卷五十一《礼志》记宋辽之间贺正旦、贺生辰、祭奠、吊慰一切礼仪书匣，包括致皇太后、皇帝者，均需加"封全"印记，在抵达对方后，对方也要经一定礼仪，验讫奏闻，始由枢密开封，宰相读文。当时，宋辽之间这种礼仪是对等的，《宋史》记进受书匣等仪，由宰臣、枢密进呈，内侍拆封。

李焘《续资治通鉴长编》：真宗景德元年"十二月庚辰朔，（辽使）韩杞入对于行宫之前殿，**跪**授书函于阁门使，使捧以升殿，内侍省副都知阎承翰受而启封，宰相读讫。"

这是澶渊结盟时，在行宫接见辽使，授受书函的仪节，也仍由内侍省副都知启封，与平时在京城的仪节相同。

《文物》1977年4期，发表了黑龙江金上京会宁府发现的两方"封全"铜印，就是宋、辽、金之间聘问来往的物证。

我国古代历史上所用的"封泥"，初为用于印章封缄简册，后用于封缄箧笥等物。造纸术发明以后，则用印章钤印红色印泥，以防私拆，而昭郑重。明清时期，公私文书、信函，加盖的"弥封""护封"等印，即沿唐、宋时期的遗制。

原文选自《庆祝张政烺教研60年论文集》，中国社会科学院文献出版社，2001年

《石鼓文新解》序

1996年伏天，一个绵绵细雨的傍晚，山东赵经都先生手执其所著《石鼓文新解》初稿缩印本来访，委托我为之评鉴。

当我第一次打开这本复印稿时，立刻被吸引住了，秀雅工致的楷书字迹，形神兼备的鼓文摹写，简练确切的语言，明晰精辟的论述，使我赏心悦目，不忍释手。

赵先生自叙其写书动机，他早年就学于北平京华美专，从名师吴镜汀先生学山水画。一生虽历尽坎坷而初志不移，为了增进艺术修养，长期坚持读书、游历、学习书法绘画。1995年临写《石鼓文》时，因原石残缺严重，难识难解，不能通读、通写，而且制作年代迄未定论。于是对其进行了深入的探究，历时经年，竟将十鼓全文补齐，加以注释。并确定其制作年代及作者。因意识到这一研究成果颇具学术价值，故克服了种种困难写成此书。

接着，他扼要地论述了关于石鼓的制作年代及作者的考证。他说：自唐迄今，诸家关于石鼓制作年代一切论定都存在一些问题。民国以前各家多主周宣王之说，当代有秦襄、文、穆、灵等数说。但事实上它的制作是在秦国称王以后的时间里，鼓文中"来嗣王始"句应是确证，"王始"就是"称王开始"的意思。秦国称王开始是在惠文王十四年，所以周宣、秦公诸说皆有可商。

以往诸家另一个共同的问题是，以为鼓文所记乃国君之事，事实上鼓文所记，不是国君之事，而是惠文王太子嬴荡，即武王或称武烈王，《史记·秦本纪》所谓"武王即位，韩、魏、齐、楚、越皆宾从"。鼓文所记即嬴荡在旧都雍城期间，由傅师辅佐，学文学武之事。"来嗣王始"意思是从雍京到咸都来接受太子的嗣封，是在天子称王开始的时候。

赵先生论据确凿，论述明晰，论断中肯，否定了以往各家关于石鼓制作年代的推断，确定了石鼓的制作年代和所记之事。因而我当场就认定了此书的研究成果，较之以往各家，包括我所尊敬的前辈马叔平（衡）、郭沫若、唐立庵（兰）先生著作，有较大的突破，后来居上，见解甚新，确有出版价值，同时我也欣然应诺为此书撰写序文，并推荐出版。

此书既为一本学习篆籀书法的很好的参考资料，又是一部研究古文字的卓有成就的考古专著。

在此书《鼓文补全》部分，读者既可以凭字角的楷书释文、音韵和标点，通读十鼓全文，又可凭借详细的注释深入浅出地通解全文。十鼓籀文（古文字）或称大篆，使用剪贴方法，最大程度上采取了宋拓原字，余下小部分不能剪取者，由作者摹拟补全。因而此书不仅可以作为初学石鼓文的案头良师，也堪作为书家的研究范本。

作为一种考古学术专著，我认为此书有三大特点：一、解决了千年百家聚讼不休的"年代"问题。二、明确地注解了鼓文中所有的疑难字。三、补全了十鼓全文。以上三点成就，为石鼓文的研究，作出了许多新的贡献。

此外，赵先生在此书还提出了石鼓文的历史价值和文学价值：

在历史方面，它可以补《史记》的阙疑，证史论的不足。《史记》中较详尽地记载了秦惠王东向争雄，南北扩张的战略战绩，但忽略了太子嬴荡巩固后方，发展经济这一个重要方面。在此书中，作者提出了惠文王所以能在东、北、南三方面，顺利得手，其重要原因之一，是有一个由太子嬴荡直接控制的巩固安定、物产丰富、兵源充足的后方，在这一战略要点上，此书认为鼓文所记，可以补史书记载之阙。

此书通解中，作者着重提示出秦国崛起和统一天下的主要历史原因是：一、孝公以至嬴政（秦始皇）的历代执政君主，有一个共同的坚强的"复古"意志，这一点是其领导意识中的主观能动力量。二、秦国统治家族中，有一套卓有成效的、政治、经济、军事全面结合的、从实践中学习的教育方法，使其继承人既有坚强的图霸意志，又有全面的政治、经济、军事才能。这一点使秦国形成了一个持续数百年不断的、强有力的统一领导核心力量。三、开发高原经济，开辟农垦地区，是秦国充分利用其得天独厚的可开发的高原和荒地，借以充实其军需物资，保证其国民生活需要，也是其繁殖人口扩大兵源的成功国策。这些政策措施，为秦国提供了雄厚的物质力量。以上三点，是秦国献公崛起，以致嬴政统一六国的主要原因。

但是《史记》太史公在六国年表篇首中认为：秦国卒有天下，从"德义""兵力""险固""形势"各方面都不能说明，因而只好用"殆为天助"和秦国发祥"西北"方位的唯心论和五行学说来解释。就此而论，此书可以在辩证唯物论的历史发展观点方面补史论之不足。

在文学方面，此书的功绩在于发掘出了十首完整的先秦纪事诗，并且进行了精心的整理，使其既可以朗朗上口，又可通解全文，为今后在《石鼓文》的文学艺术方面进一步探讨上做出了有益的工作。

至于在政治、经济、军事和教育等方面，此书都有其一定的意义，可以供作研究的参考资料。另外，作者发现鼓文中生动地描述了可爱的大熊猫的形象，生物学家们可以在这残缺难懂的石刻上面，找到我国古代文献上最早的关于大熊猫及其产地的记载。

我开始无法理解赵先生在农村资料缺乏的条件下，何以取得了如此独到的成就和见解，当我看到了1996年9月10日《中国书画报》上连载他的三篇文章后，才得到了一点启示。

他说："复原"工作十分艰巨复杂，既需要有相应的古籍、古文、古代历史知识，又需要有谨慎、周密的科学态度和艰苦认真的工作作风，如果失之毫厘，必致失之千里。

为了考定《霝雨》篇中的"霝雨奔流"上句的一个残字，他作了周密细致的考证研究工作，首先举出了世传《东坡本》，唐兰、郭沫若和李铁华定为"东""癸""命"的失误，然后根据宋拓原字残迹将此字定为"堠"字，并根据"堠"字的音义，又验证"堠"与下句的"流"字的谐韵，验证"堠台"与巡察要塞的本篇内容相符，然后肯定此残字确为"堠"字。从此残字的考定，可见其治学方法一例。

历来缺字较多的《天虹》篇，由赵先生首先补全了，十几个残缺不全、互不联系、莫名其妙的鼓文，复原成了一篇描述草原射猎的绝妙好辞。但是赵先生却把它看作一道寻常的填充题，得心应手，愉快地填充完成了。

他首先将宋拓《安国本》和世传《东坡本》中残存字拼合起来，并将其"合文"进行了分段、断句、释文、释义等一系列工作，明确了全篇内容和段意、句意。然后应用自己的广泛知识和素养，逐字推敲，逐句揣摩地进行填充，终于再现出一篇十分精练的纪事古诗。

近世，学术界对世传《东坡本》的真伪和价值，颇有争议，作者在篇末对此问题作了简短的评说。他认为：世传《东坡本》所据原本，早于《安国本》，但拓工欠精。所以《东坡本》中有些字（如：惟我师氏、宪宪文武等）为《安国本》所无，这些字是极其可贵的。因为拓工欠精，所以《安国本》中有些字（如：天、虹等），在《东坡本》失落，此见甚确。对《东坡本》的价值，作者肯定了两点，所论亦甚中肯。

赵经都先生是一位文化很高的农民，本着百家争鸣的精神，全凭他广泛的知识学问和严谨的治学态度以及艰苦的工作作风，写出了这本专家所未能的学术著作。我在晚年得遇这位益友，书信往来，旧学商量，新知学习，文字因缘，十分相得。承嘱撰写序文，也算是一件快事了。

原文选自赵经都：《石鼓文新解》，紫禁城出版社，2002 年

读《石鼓文新解》兼论白泽即熊猫

最近出版的赵经都著《石鼓文新解》，读后有几点收获：

一、该书纠正了鼓文"来嗣王始"的断句，王始为秦之称王开始，秦之称王在惠文王十四年，鼓文所记为惠文王太子嬴荡（武王或称武烈王）在旧都雍城接受太子之嗣封是天子称王开始的时候，石鼓是他当时在雍都由傅师辅佐学文习武，留在雍都的纪念刻石。

二、按石鼓残字及缺字，遵照内容、句例、声韵，补齐了十鼓全文，明确地注释了鼓文中的疑难字。作了注释和句解。

三、理顺了十鼓顺序：

1.戎车（献获受嗣），原第十鼓而师。

2.吾跻（巡察边戍），原第六鼓灵雨。

3.吾水（亲察垦区），原第五鼓吾水。

4.宣猷（宣猷作原），原第一鼓作原。

5.虞人（安置虞人），原第四鼓吴人。

6.汧殹（汧水观渔），原第一鼓汧殹。

7.吾车（苑囿围猎），原第八鼓车工。

8.驾彼（丘陵骑射），原第九鼓銮车。

9.田车（高原持射），原第三鼓田车。

10.鸢翔（草原殄禽），原第七鼓天虹。

四、田车鼓文中有"其戎索夜，越出各亚（亚，白垩），悉率臭襗，执而勿射"之句，译成语体是："武装士兵，夜间搜索，跑出一个白色东西，是满身白衣的白泽兽，只是捕捉，没有射杀。"

我认为"臭襗"就是"白泽"的初文，《说文》卷十下："臭，大白泽也，从大从白，古文以为泽字。"从字音字义看，臭与泽无关，二字必须连用，而成一个名词。臭同白，择同泽，《诗·秦风·无衣》："岂曰无衣，与子同泽。"泽借为襗，内衣也。白泽即熊猫，今陕西西南山区，仍为大熊猫保护区。

我国古籍皆以白泽为神兽，能言语，达于万物之情。并有《白泽图》《白泽旗》诸书流传，皆作狮形。今见《石鼓文》中《臭襗》，应是《说文》记载中之白泽，也是大熊猫的最早文献记载，更正了长期认为大熊猫是神兽的传说。

原文刊于《收藏家》2003 年第 8 期

四 印章

清怡亲王田黄对章

中国文房四宝——纸笔墨砚之外，印章是文房清玩。古代印章质料以铜为主，金、玉、银、石次之。镌石治印，创于汉晋时期，自元代王冕始以石章用于书画。其后，石章成为篆刻主要用材。印章所用石料，矿物学名"叶蜡石"，浙江青田、昌化，福建福州皆产，而以福州寿山石最为有名。寿山石质地脂润，品料繁多，色彩瑰丽，柔而易攻。因产地在福州北郊寿山乡，故名。属珍贵彩石。

寿山石种属及石名，有以产地名者，有以坑洞名者。依传统名称，分田坑、水坑、山坑三类。田坑指寿山乡溪旁水田底埋藏之独石；水坑指寿山乡南部坑头矿脉，其中冻化部分，俗称水冻；山坑则泛指寿山周围所产，最易开采。而寿山石之最名贵者为田坑，田坑中之至精品为田黄，白田、红田、黑田次之。

田石产于田中，无脉可寻，呈天然块状，沉积田底，采掘极难。多为当地农民掘田偶然发现。得者视为至宝，故稀有而见珍。向有"石帝""石中王"尊号。在清代，其重与黄金等价，所谓"一两田黄一两金""黄金易得，田黄难求"。今则田坑久绝，黄金有价，田黄可以无价矣。

田黄石表皮多具有微透明黄色层，肌理玲珑透澈，有黄金黄、桔皮黄、枇杷黄、桂花黄、熟栗黄、杏黄、桐油黄等，其中以黄金黄、桔皮黄最为名贵。在田黄中，有透明如新鲜蛋黄者，名田黄冻，其质地最佳。

以寿山石治印，至清而大盛。朱彝尊、查慎行、黄任均有《寿山石歌》。但明代以前田黄并不为贵，称为黄石。康熙、乾隆时期，文化随着经济的发展，王公巨卿，雅尚文玩，田黄身价，一时顿起。毛奇龄《后观石录》谓："每得一田坑，辄转相传玩，顾视珍惜，虽盛势强力不能夺。"可见当时对田黄之见重。

荣宝斋收藏清怡亲王田黄对章，正方形同大，高8.5厘米，边长7厘米，古旧苍润，若云斑水晕。上端天然随形，一刻白文篆书"和硕怡亲王宝"，一刻朱文篆书"冰玉道人之章"。据寂园叟陈浏《说印·说田石》称："余旧藏冰玉主人怡贤亲王田黄双凤章，古旧苍润，世无其比。"又谓："尚古斋有怡邸田黄六方，其两方成对者，大如皇帝之玺，上镌'怡亲王宝'四字，狮纽极诙奇，高四寸半，图径尺四寸半，真巨观也。"

陈浏旧藏冰玉主人田黄章，不是康熙第十三子怡贤亲王允祥，而是允祥之子怡僖亲王弘晓。《清史稿·皇子世表》："弘晓，允祥第七子，雍正八年袭怡亲王，乾隆四十三年薨，谥曰僖。"恩华《八旗艺文编目》："《明善堂集》十二卷，怡僖亲王弘晓著。王别字秀亭，号冰玉道人。……谥曰僖，怡贤亲王允祥第八子。"弘晓生于康熙六十一年（1722年），卒于乾隆四十三年（1778年），与曹雪芹大体同时。今传己卯本《石头记》即弘晓怡府所抄，为现存抄本《石头记》底本中最早之本。

吴恩裕、冯其庸在《己卯本散失部分的发现及其意义》中说："曹家与怡亲王允祥可能有较好的关系。所以在雍正二年，雍正在曹頫的'请安摺'上批示：'若有人恐吓诈你，不妨你就求问怡亲王，况王子甚疼怜你，所以朕将你交与王子。'现在弄清了己卯本就是怡亲王府的原抄本，那么他们抄写时的底本直接来自曹家或脂砚斋等人之手，是很有可能的。"雍正批示中之王子，就是弘晓。

与弘晓同时的曹雪芹生前好友敦诚（1734—1792年）在所著《四松堂集》卷一，有《上冰玉主人怡亲王用少陵赠汝阳王韵》五言古诗一首，诗中对怡亲王政事、文章、藏书、写字都作了赞颂。赞其藏书："只能披芸蠹，何尝歌野鹰。牙签通四部，眼藏彻三乘。"赞其书法："染翰蒙君宠，挥毫对客能。文心留浩瀚，书腕急奔腾。"赞其人品："体为吟诗瘦，怀因观道澄。……长才放四海，藻鉴辨淄渑。"此诗题为"上冰玉主人怡亲王"，知弘晓在当时诸王中，风流儒雅，为人们所尊重。

怡亲王田黄对章，久无下落，颇疑流至国外，今喜尚安然保存国内，是一件值得庆幸之事。

过去曾见一些古旧石章，往往为无知者磨去印文，遂使佳石为之减色。而此对章，见物见人，益之以田黄上品，洵为艺苑奇珍矣。因考怡王生平梗概，略述田黄印史，博雅君子，幸而教之。

原文选自荣宝斋编《荣宝斋三十五纪念》，1985年，与夏玫云合作

《效丞印草》序

40年前，山阴寿石工先生著《论印绝句》，其《咏张樾丞子幼丞少丞》有句云："三十年来同古堂，印人父子一军张"，盖篆刻之学，父传子受而能继美者，前有黄士陵、黄石父子，后则张氏一家耳。时余肄业团城书院，与少丞为同学，尝至琉璃厂同古堂谒樾丞先生，观所藏西汉铜鼓，并拜《士一居印存》之赐。稍后，又蒙贤乔梓赠刻用印，见者咸谓印章法度谨严，典雅深厚，如对端人正士。一艺之微，可觇时运，樾老父子，实张一军。

1949年10月1日，中华人民共和国成立，樾丞先生以垂暮之年参与铸造"中华人民共和国中央人民政府之印"铜印，盛世宏业，引为殊荣。文孙效丞，天资颖敏，英年好学，篆刻治印，艺林蜚声。因忆老友罗君子期福颐，17岁时有《待时轩印草》之作，而效丞14岁习篆，又得父祖之传，十年成印，蔚为巨观。近选印草，汇为一书，以求教正。余谓篆刻之学与古文字学虽近，实非同科。篆刻治印，艺术也；金石文字，史学也。习刻必先识篆，此根柢之学也。近年来，玺印出土日夥，参考资料无比丰富，治印识篆，种种条件皆优于前。效丞年少才高，勤学刻苦，其于印学之继承发展，自不可限量。覃研印学，弘扬篆刻艺术，重任在身，吾喜樾老之有孙矣。爰略改石工先生诗句，以赠效丞，其勉之哉！

六十年来铜鼓堂，印人三代一军张。

曾侯钟峭牆盘诡，宫瓦西京艳未央。

原文刊于《燕都》1987年第2期

《乐氏藏古玺印选》序

我国造纸术发明之前，国家政令文书，私家函牍类皆书于竹帛。向外寄发，则用绳捆缚，打结封缄，另制凹形木检（俗称封泥匣），绳结置于其中，封以紫泥，上盖印章，以防私拆。据近年长沙马王堆汉墓考古发现，凡箧笥、陶瓮存有丝帛酒食者，皆有封缄之制。封泥钤有轪侯家丞、右尉等印。昔见临淄封泥文字，有汉严道橘丞，严道橘园之名。今以马王堆汉墓封泥之制衡之，皆蜀郡严道县向齐王贡橘之遗物也。因知玺印用为凭信，其来已久。故印文往往有信玺印信之称。其无此二字者，盖有所省略耳。秦始皇统一中国，定玺印之制。天子独以印称玺，他人不得妄用。故流传古玺印中，有先秦官玺、私玺之别，又有秦以后官印、私印之分。东汉以后，纸张代替简牍，封泥之制，逐渐消失。而签字盖章，火漆封缄，迄未稍歇。由此篆刻之学应运而起，并在我国美术史上成为一门独立之学科。吾友乐君守勋，燕京佳士，竺古敏学。以家藏古官、私玺印，集为一书，嘱余为序。余学殖荒落，老大无成，今见打本，心目顿快。藉知其中不少出自守勋亲钤，足征物存所好，乐此不疲，为可羡耳。40年前，与老友柯昌泗、罗福颐论玺印之学，皆谓玺印之为用，可以考史，可以考工。究其大者，约有四端。一曰寻文字之同异，二曰稽氏族之源流，三曰证舆地之沿革，四曰补职官之缺佚。今守勋尽出所藏，以流传玺印为志职。余观其中战国小玺，秦汉魏晋私印，多未见于著录，其有助于学术研究，实非浅鲜。惟冀识者探赜索隐，于书中求之，庶不负守勋传古之意云尔。

原文刊于《收藏家》1993 年总 1 期

《石言馆印剩》序

　　吾友傅君大卤辑其师周希丁（1891—1961年）先生晚年所治印220方，题为《石言馆印剩》出版印行，嘱为撰序。并谓今之攻治印者，多舍周、秦、两汉之传统，而效市井之滥制，偷其心力而厌正规，自许创新，其去艺术之旨甚远。余甚韪斯言，今观希丁诸作，源源本本，不蔓不枝，在近世篆刻家中，洵不多见。

　　希丁先生名康元，弱冠摹印，私淑丁敬（钝丁），故字希丁，晚年以字行，更字西丁。原籍江西临川，世居宛平，遂为北京人。精于篆刻及传拓古器，尤以摹拓器形，为古今第一。其生平所见周、秦、汉、魏玺印无数，动于脑而勤于手，摄于眼而会于心，继承传统，避短取长。1921年，与友人易大庵、齐宗康、孙壮、柯昌泗、林白水、马衡、寿玺、陈年等结"冰社"于北京琉璃厂，被推为副社长，以文会友，切磋金石。曾手拓故宫武英殿、宝蕴楼及罗振玉、陈宝琛、冯恕、溥伦、孙壮等公、私收藏铜器以及玉器、甲骨、陶器、玺印、封泥、砖瓦、钱币、石经、砚、墨等，察其图象、款识演变之迹，而于篆刻有所会通，故能自成一家。钱塘杨晋先生赠诗曰："雕虫曾乞八家灵，浙派开山祖钝丁，君号希丁同我嗜，从今印学振西泠。"盖当时北方"冰社"诸子提倡篆刻之字，与南方"西泠印社"媲美焉。

　　新中国成立后，希丁任职北京市文化教育委员会文物组兼首都博物馆文物鉴定委员，与余过从甚密，论学讲艺，受益良多。余所用印，除少数为其早年手制外，多数为晚年所作，边款纪事，典雅有趣，交谊之深，从中可见。希丁生前曾出版《石言馆印存》（1937年影印本），市已难得。今大卤检其未入《印存》之作，排比成书，钤红拓墨，流布人间，报师恩于未尽，示后学以津梁，其有功艺苑，自不待言。至于希丁在祖国文化艺术事业上种种贡献，余别有怀念文字，载《文物》1962年3期，故不详述云。

原文刊于《收藏家》1994年总第6期

《历代书画伪章留痕》序

印章之学由来已久。早期玺印、后世图章、封泥印信，公私所用，要皆取信于人也。

书画钤章，用于收藏，最早见于北京图书馆所藏南北朝写本《杂阿毗昙心论》所钤"永兴郡印"官印。而书画家用印应自宋徽宗赵佶始。今所见苏轼、黄庭坚书迹之名号印章，是否可信，尚有待研究。盖书画家钤章本意，以示己之所作；收藏家印章则证实本人之鉴赏与收藏。各有其用，不容混淆。

世人皆知，鉴定书画真伪从印章方面识别，是很重要的一个方面。所谓书画的内容不外诗、书、画、印，可知书画家用印或收藏家用印在鉴定书画中所占之重要地位。

明清以来，北京是全国伪造书画中心之一。有些画家或出于游戏，或出于谋利，应画商之请，专门制作伪品。画商再请些文人署写伪款，或作伪跋，然后到保存伪印店铺或私家加盖伪印。

1949年前，我认识的倪思中、倪思温兄弟就是专门伪造历代书画家印章及收藏家印章，并积累许多明清人所刻伪章的收藏者。家存各类伪章数百方，专为伪造书画的同行加盖伪印。

两位倪先生应该说都是艺术家。由于生活贫困，遂以此为副业。思中字光沂，后以字行。吴心谷《历代画史汇传补编》卷一称："倪光沂，北平人，为古画商。精鉴别，善画山水、治印。后师事白石先生，艺益进。"思中设"沂文斋"书画店，在宣武门内大街路西，1958年停业。思温，字子久。曾与其兄同主"沂文斋"，亦善治印，刻砚尤为所长。琉璃厂海王村大雅斋伪造之各种名人用砚，多出其手。光沂早卒，子久卒于1966年。

1960年，中国历史博物馆为了讲授书画鉴定知识，研究有关伪造书画方法，我提出倪子久处所藏大量伪印，曾经收费供人钤盖等事。一时，大家都认为应该作一次访问，如果印章尚在，应全部买下来，作为研究资料。

当时我与同馆姚君立信亲到宣武门内倪家，承子久热情接待。幸好所存各种伪印大小500余方完好无损，其中以石章为多，木章约占十分之一。为了节省石料，石章有的两端刻字，有的两侧刻字。书画家时代早至宋代苏东坡，晚至民国潘龄皋；收藏家早至宋宣和内府，晚至近代景朴孙（贤），名家如林，随手可取。乃征得子久同意，全部捐赠我馆。

此类伪印，本身已无任何意义，但在鉴别书画方面，尚有一定的参考研究价值。这里特别说明一点，子久曾言，所积伪印不尽用于伪造书画，古籍碑帖，亦常加盖收藏家伪印，冒充善本书帖，以增其值。此种作伪确是出乎常人意料。

同馆韩君富林，郭女士秀兰，朱女士敏，研究书画，颇多会心。近以工作之暇，依照《明清画家印鉴》编例，打印成谱，编为《历代书画伪章留痕》，将付出版，以求为书画古籍碑帖鉴定工作提供一份具有特殊价值的参考资料。我以为，读者手执一部，与《中国书画家印鉴款识》《明清画家印鉴》等有关资料相互参看，真伪对映，正是我们常说的"有比较才有鉴别"的需要与要求。

至于经过专家鉴别之伪迹，以及真迹而押有伪收藏印者，公私收藏，所在多有。富林、秀兰、朱敏如能汇集成编，其有助于书画、古籍、碑帖之鉴定自非浅显。三君仍有此意乎？余仍愿释文、考字，助其成书也。

原文刊于《收藏家》1994年总7期

对竹内实教授《金印之谜》讲演的补充讲话

竹内实教授的报告讲得很好。关于"漢"字的结构写法，是形声字从"水"从"茣"而成，古代"茣"字是上下连贯的，到了汉代就突然变成"茣"这个样子了，即上下分开，下部从"火"。"汉"字一半的"茣"，其本意是患全身皮肤发黄大肚子病，有艰难的意思。

竹内先生对"茣"字上下分割的解释，尤其是对"火"字的解释，我是第一次听到，竹内先生用"五行思想"来解释汉朝是"火德"的王朝，这是一个很重要的说法。但是"漢"字还有"氵"呢，可能是西汉初年对这一点没有太重视，到了光武帝以后汉字的写法不见火字了。

原来我对金印到底是"铸"还是"刻"产生了很大的兴趣。今天我仔细地看了一下竹内先生带来的复制品，原件我在东京的时候也看过，当时我认为金印是铸的，今天看好像还是刻的。

关于"委奴"的"委"字，我认为是从日本北海道的少数民族爱伊努族音译引申来的。又一种说法是"矮奴"，"委"从"矮"来。委字加"亻"而成"倭"字，表示中国人对委奴的尊重。倭、矮这两个字，是从音变而来的。刚才那位朱先生发言所说"委"字的"禾"与农业有关是不确切的。至于"奴"不是指奴隶的奴，而是指水道不通，水流断了的意思。现在河北武清县的"雍奴"、保定附近的"卢奴"也都是古县名，不是指奴隶的意思。关于这颗金印的许多问题还有待于进一步深入研究和考证。

竹内教授还提到的"广陵王玺"金印，由此我想到在我国山东省发现的"石洛侯印"金印，就有两个，有人说一真一假，也有人说二个都是真的，在修"宝成路"时，在四川的阳平关发现了"朔宁王太后玺"印，这也是颗金印，这位太后是隗嚣的母亲，估计这也是汉光武帝时候的印。

前几年海南岛乐东县发现了一颗银印"朱卢执刲"，这是颗海南岛第一古印，说起来还是我去海南岛时发现的，这颗银印是当地一位农民在种橡胶树挖坑时发现的，后来交给了当地的文化馆，文化馆给了这位农民一些奖金。当我在文化馆看见这颗古印时，大吃一惊，这可是国宝啊。另外，在云南发现的"滇王之印"也是一颗值得研究的古印，这些印在印纽上都有许多讲究，所以，我认为应该把这几个印综合起来研究。关于对古印的研究，应该从印的质地，是铸是刻、印纽、印式与印的关系，从古印学上来探讨、研究。玺印文字是古文字学范畴。竹内先生讲的是历史，属历史学，五行学说也属于这个范畴。

总之，我今天听了竹内先生用"五行学说"解释金印的演讲，大受启发。谢谢。

原文刊于《中日关系史研究》1995年第1期

国博名家丛书

王春法 主编

史树青 著

史树青卷 下

北京时代华文书局

五 书法

晋周芳命妻潘氏衣物券考释

　　湖南长沙北门桂花园发现晋升平五年（361年）周芳命妻潘氏墓葬的报道是值得我们注意的（《文物参考资料》，1955年11期）。这个墓葬虽然曾被盗掘，出土的文物不多，但是保存了一件极为珍贵的"墓券"，"墓券"用青白色石板刻成，长23、宽12厘米，两面均刻文字，记载了当时随葬的衣服、器物名称和一段"买地券"式的文章，这对我们了解墓葬年代和殓葬的风俗，增加了不少新内容。尤其"墓券"上面的文字，对我们汉语语法数量词的运用和"俗体字"的种种写法，提出了很多实例，在我国的书法史和汉语发展史的研究上，也提供了很重要的资料。

　　该文作者李正光同志说这是墓志，其实这是墓券，墓券是墓主人所执的"证券"，也就是"所有权证明书"。

　　我国各地出土过不少的汉代以来的"地券"，其内容可分二种：一种是实在用的地券，多铸铅为之，上面刻上某人向某人买地，钱地两清的券文，例如洛阳出土的房桃枝买地券（见《贞松堂集古遗文》卷十五）。一种是迷信用物，俗称"买山地券"，或称"地莂"，最初是把券文用朱砂写在陶罐上或砖上，后来渐渐地刻在砖上或石板上，例如会稽出土的杨绍买地莂（杨绍买地莂系会稽出土，见叶奕苞《金石录补》卷二十七，及罗振玉《蒿里遗珍》，历来金石家如钱大昕《十驾斋养新录》、叶昌炽《语石》及今人朱剑心《金石学》皆以为洛中出土，非是）。这种迷信风俗一直到明清，还未停止。1953年南京明金英墓出土地券，最后有一行字刻着："券付亡过太监金英神魂收执永为照证"，这是死者向"后土神"买地安宅（阴宅）的一种"证券"，是术家（阴阳生）假托之词。因此，叶昌炽《语石》卷五称其词："荒诞不经"，但是我们为了了解封建社会的丧葬制度和当时人民的风俗习惯，研究这些"荒诞不经"的文字，也还有它一定的意义。

这次长沙出土的墓券，既不是真实的"地券"，也不是迷信的"买山地券"，而是一种"物券"，这种"物券"的内容，除了端方《陶斋藏石记》卷十三著录了一件北齐武平四年（573年）《高侨为妻王江妃造木版》外，在石刻中，还是第一次发现。因此我们不能把它和墓志同等看待，也不能同一般的墓券看待。从前罗振玉除了编印《蒿里遗珍》外，还编印了一部《地券征存》，我们以罗氏《地券征存》的句例，根据券上刻有"随身衣物"的字样，应该是"名从主人"，把它叫作"衣物券"。

《陶斋藏石记》卷十三《高侨为妻王江妃造木版》后面，附了湘阴龚锡龄一段按语，他说："今湘俗焚寄冥物，必具物目及护照，令沿途勿得留难，观此则北齐时已然矣。"我们现在发现了升平五年的"衣物券"比北齐又早了200多年。

我感觉李正光同志的释文方面，还有补正的必要。现在把我的释文写出来：

　　故持绮方衣一要，故练梁衣一要，故绢梁衣一要，故练衫二领，故帛罗缩两当一领，故緻缩两当一领，故绛复袴一要，故紫碧复裙一要，故紫碧袄裙一要，故绛碧袄裙一要，故紫纱袄裙一要，故紫黄幙膝一要，故緤襦一领，故黄緻襦一领，故紫绫半裕一领，故紫沙緻罗一领，故真珰一双，故银锟一双，故臂珠一具，故银钲九双，故银钗二枚，故璹铧钗，□□絮巾二枚，故杂缯二边，故绮飞衣一双，故要糸一具钱七枚，故严具馥一具，故栉父母一双，故铜镜一枚衣具一，故刷一枚，故绡针缠囊一枚，故黄针缠囊一枚，故剪刀尺一具，故糸布针五枚，故布缠一氏，故糸缠二氏，故练手巾四枚，故帛绢手巾二枚，故练练一量，故斑头履一量，故白布大巾一枚，故五穀囊五枚，故黄绮枕一枚，故被一领，故灵一枚，故细笁一幡，故玉独一双，故棺材一口，故輫钉五枚，故布梁衣一要，故襟裙一要。

　　升平五年六月丙寅朔廿九日甲午，不禄。公国典卫令荆州长沙郡临湘县都乡吉阳里周芳命妻潘氏，年五十八，以即日醉酒不禄，其随身衣物，皆潘生存所服餝，他人不得忘认诋债，东海童子书，书迄还海去，如律令。

此券读法，应先读正面衣物名称，后读背面券文，我们看一下文字的行款和刻字的先后就可知道。若按李正光同志先读券文后读衣物名称，似与原意未合。现在把券上文字须要加以注释的写在下面：

一、**要领**　券上所称"衣一要""衫二领"等，要、领在此处都是数量词，《汉书·张骞传》注："要，衣要也；领，衣领也，凡持衣者，则执要与领"。此券凡裙袴之属称一要，要平声与腰同，衫襦之属称一领，唐《刘宾客集》《为京兆韦尹降诞日进衣状》，有"白花罗袴一腰"的记载，与此正合。《陶斋藏石记》所载《高侨为妻王江妃造木版》上面的数量词，也多如此。

二、**两当**　李正光同志上一字未释，按两当或作两裆，又作裲裆，《释名·释衣服》："裲裆其一当胸，其一当背也"。《南史·柳元景传》："唯着绛衲两当衫"两当写法，与此券相合。

三、**复袴**　李正光同志未释，按牟即夸字，犹如汙字写作污字，慧琳《一切经音义》卷八十五："踤，越也，度也，从足牟声"，即跨字，其偏旁夸字写法与此同。《说文》："绔，胫衣也，俗作袴"，即后世所称的裤子，复袴即厚裤子。

四、**幣膝**　膝字李正光同志释脒，《汉郎中郑固碑》膝字写法与此相近，实即膝字。《尔雅·释器》："衣蔽前谓之襜"，郭璞注："今蔽膝也。"《释名·释衣服》："韠、蔽膝也，所以蔽膝前也，妇人蔽膝亦如之。"则幣膝当即蔽膝，《陶斋藏石记》所载《高侨为妻王江妃造木版》，也有口膝的记载，端方以为应是蔽膝，一名藕覆（见《致虚阁杂俎》）。今以此券证之，端方的推断，是正确的。

五、**黄縠**　第二字李正光同志未释，《汉书·江充传》注："轻者为纱，绉者为縠"，縠即縐字，黄縠即黄色绉纹薄绸。

六、**真珰**　《文选·洛神赋》引《通俗文》："耳珠曰珰"，则真正珰应是真珠耳珰，真珠即珍珠，真珰一双，就是珍珠耳珰一对。

七、**瑇铧钗**　瑇字李正光同志未释，瑇铧或作瑇瑁又作玳瑁，皆音近义通，《太平御览》卷八〇七引《东宫旧事》："太子纳妃，有瑇瑁梳三枚。"

八、**要糸**　此二字李正光同志未释，要即腰字，糸即系字，腰系当即腰带，以丝为之，或称腰系。

九、**严具馥**　严字李正光同志未释，严具就是妆具、奁具，《后汉书·祭祀志》："其亲陵所宫人，随鼓漏，理被枕，具盥水，陈严具"，或称严器，《太平御览》卷七一七引《魏武帝疏》，有"漆画严器"的记载。严具馥就是盛香粉的匳具。

十、枙父母 《说文》："枙，梳、枇（篦）总名也"，枙父母就是梳篦的俗称。

十一、刷 《文选·嵇康〈养生论〉》："劲刷理鬒"，注引《通俗文》："所以理鬒谓之刷"，《释名·释首饰》："刷，帅也，帅发长短皆令上从也"，则刷在古代是理发用具。

十二、布缳一氏 缳字即线字的俗体，从糸从罡，和仙字的繁体从人从罡是一个道理。氏字李正光同志释子，非是，此券作互，六朝唐人氏字均如此写法，此处是数量词，布线一氏，就是麻线一扎。

十三、手巾 《太平御览》卷七一六引《晋车灌修复山陵故事》，有"白绤手巾廿枚"的记载，拭手拭面的巾叫手巾，当时的手巾和现在的毛巾用途相似，盛手巾的器具叫巾箱。

十四、练练 或写作袜，《玉篇》："袜，足衣"，《类篇》："袜，同袜"，《说文》作袜，另一解袜字为"抹胸"，今从量词看来，原句称："练练一量"，与下句"斑头履一量"同属一类（斑头履李正光同志释为斑头女腹，非是），则此券不得作抹胸解，练练一量当是细缎白袜一双。

十五、细笙 笙字李正光同志未释，按《文选·左思〈吴都赋〉》："桃笙象簟"，刘注："桃笙，桃枝簟也，吴人谓簟为笙"，又方言："簟，宋魏之间谓之笙"，则细笙就是精制的簟席，一幡当是一领，或称一卷。

十六、玉犹 犹字李正光同志未释，即豚字异体。《尔雅·释文》："豚亦作犹"，《字林》："犹，小豕也"。玉犹一双，就是玉猪一对，此墓出土物中，还有石猪一只，是很好的物证。

十七、公国典卫令 《晋书·职官志》："大国置左右常侍各一人，省郎中置侍郎二人，典书、典祠、典卫、学官令、典书丞各一人"，这里所说的大国，就是诸王的支庶所封的国，因被封的支子为公爵，所以又称公国，典卫令就是一种武官，周芳命曾任此职。

十八、生存所服饬 存字李正光同志未释，饬字即饰字异体，原文："随身衣物皆潘生存所服饰"是承上面各句的"故"字而言，"故"字就是"旧存"的意思。

十九、忘认诋债　此句李正光同志未释诋字，"忘认"释为"忌志"，均有不妥，诋字一旁作互，是六朝人氏字一贯写法，《汉书·哀帝纪》有"诽谤诋欺法"的记载，《世说新语》有《轻诋篇》，都以诋字作诋赖解，忘认诋债，就是冒认抵债的意思。

二十、东海童子书，书迄还海去　李同志释为东海童子书，一迄还海去，其实书下的"一"字是重文号，古人文字往往如此，我们不能把重文号释为"一"字，应是书字的重文，此句说写券人是东海童子，写完又返回东海去了。这也是一般墓券的通例。山东掖县云峰山郑道昭刻石有《观海童诗》当即神仙家所称的东海童子。《陶斋藏石记》所载《高侨为妻王江妃造木版》，也说："书者观世音，读者维摩大士"，则又是释家的口气了。

此外，券上的複字即复字，裙字从巾，碧字即碧字，袂字即袂字，袂字也是复字，沙字即纱字，钚字即环字，襟字即杂字，逻字即边字，绱字即缃字，翦字即剪字，幹字即幹字，襟字从糸，酧字即醉字，随字从有，卫、得、律等字作人旁。

原文刊于《考古通讯》1956 年 2 期

谈法帖中所保存的历史资料

赵万里先生用了 20 年的功夫，把解放前各地出土的自汉至隋的墓志，作了一个总结性的研究，他的巨著——《汉魏南北朝墓志集释》，已于 1956 年 1 月由科学出版社出版了。诚如大家所说："墓志上面记载着墓主的姓名、世系、籍贯、事迹、历官、封爵、年寿和葬地等，是研究这一时期和它前后的中国政治、经济、文学最有历史价值的参考书，同时志文和花纹图案，用图版影印出来，更为研究书法史、艺术史的人们，提供了不少的前所未见的富有民族风格的新资料。"

由于赵先生这部著作的出版，并读了 1956 年第四期《文物参考资料》中谭彼岸同志所写的《在考古工作中应重视反映古代生产和生产关系的碑刻资料》一文，使我想起了另外一种拓本，在文字书法和文字内容上，也保存了极丰富的历史资料，这种拓本，就是法帖。

帖是隋唐以后才有的，是把古人的手迹，摹写刻石，用黑墨拓出文字，因为它的书法精美，可以作为后世写字的法则，因此叫作法帖。把不同时代，不同人的墨迹，刻在一起，叫作丛帖，俗称套帖。

最早的法帖，要算唐太宗所刻的王羲之《兰亭序》和《十七帖》了。至于丛帖，则始于北宋初年，宋太祖淳化三年（992 年），把所存历代以来的法书，汇刻法帖十卷，称为《淳化法帖》，又称《淳化阁帖》，或称《淳化秘阁帖》，简称《阁帖》。徽宗建中靖国时，又补刻十卷，称为《秘阁续帖》，大观三年（1109 年），又刻《太清楼帖》，以秘阁续帖，改换标题，去其岁月，以为后帖，又增刻唐孙过庭《书谱》及贞观年刻的《十七帖》，总为 22 卷。《淳化帖》初为木刻，其后刻本，皆为石刻。

两宋刻帖风气甚盛，但各帖内容极为混乱，多以阁帖为蓝本，展转翻刻，任意增删，遂有《绛帖》《汝帖》《潭帖》《新绛帖》《武冈帖》等名目。因此，在各帖中都保存了不少的历史资料。

丛帖所收，多为各体书，篆、隶、真、草具备，因为帖（信札）往往占居大半，所以字体以行草为多。此外，有专集一种字体的法帖，如宋薛尚功《历代钟鼎彝器款识法帖》，是专辑古代铜器上的文字；刘球《隶韵》，则专辑汉隶；清曹载奎《怀米山房吉金图》，则专辑钟鼎图像和铭文，这些法帖的内容和形式，与后来一般所说的法帖，都不相同，而薛氏钟鼎款识，简直就是一部金文汇编了，这在法帖中应算是特殊的情形。

明清以来，收藏家搜罗墨迹，汇刻法帖，约有200余种，但由于鉴别粗疏，不免真伪互见，但是，我们今天从保存史料的角度看来，它们都是重要的参考资料。这些资料，我们应该很好地加以整理和研究。现在简要地举出几个例子来，以引起大家的重视。

一、《淳化阁帖》卷五，有不可辨认的文字两段，原题是"夏后氏大禹书"和"轩辕氏史苍颉书"，《绛帖》则把这两段文字列在卷一，标题称"古苍颉书"和"夏禹书"，但是，这两段文字，据现在学者们的研究，不是"夏禹书"，也不是"苍颉书"，而是现存最古的彝文，这在研究我国兄弟民族的历史来说，是一份极为珍贵的资料。至于这两段文字如何能在法帖中被保留下来，我想应该归功于那些古代的收藏家们，他们虽然不能给这些文字作释文、作考证，但他们首先肯定这是一种文字。因为他们受了语文知识的限制，只好认为这是"大禹"或"苍颉"的书法了。清乾隆时所刻的《淳化阁帖》释文，把这些文字从形体上释成似通不通的汉字，是极大的错误。

二、《绛帖》和《汝帖》中都刻有秦"诅楚文"，据宋赵明诚《金石录》卷十三所记，原有三石，都是北宋时出土，文字内容相同，惟告祭神名各异，一为告巫咸，一为告大沈厥湫，一为告亚驼，都是水神的名字。这是秦楚失和，秦人诅咒楚国的文辞，刻石告神，投入水中。三石出土后，不知什么原因就亡佚了，幸赖《绛帖》和《汝帖》，把它们保存下来，我们把它的字体和石鼓文相比，大致相似，至于和寿县出土的楚铜器铭文以及最近长沙出土的楚简相比，其字体也极为相近，战国时期，秦楚接触频繁，文化当然有所媾通，诅楚文虽然为秦国的作品，但是这在研究秦楚的关系上，是可靠的真实资料，因为“诅楚文”作于秦楚失和之际，这当然和屈原的抗秦主张，有密切的关系了。

三、《阁帖》卷九王献之“奉对积年”帖云：“虽奉对积年，可以为尽日之欢，常苦不尽触额之畅，方欲与姊极当年之疋（匹），以之偕老，岂谓乖别至此，诸怀怅塞实深，当复何由日夕见姊耶？俯仰悲咽，实无已已，唯当绝气耳。”宋黄伯思《东观余论》卷上《法帖刊误》下王大令书条谓：“此当是与郗家帖也”，这种见解极为正确。按《世说新语》德行篇王子敬病笃条：“王子敬病笃，道家上章，应首过，问子敬由来有何异同得失，子敬云：‘不觉有余事，唯忆与郗家离婚’”。我们大家都知道王羲之世奉五斗米道，他的儿子王凝之因笃奉五斗米道被农民革命的领袖孙恩所杀死（事见《晋书·王羲之传》），这次王献之病笃，请来道家“上章”，当然就是用五斗米道的治病法术了，当他自首所犯过错的时候，说他唯一的错误，就是与郗昙的女儿郗道茂离婚。大概他觉得这是生平最对不起郗家的事，我们从他给郗道茂的这封信中，可以看出他们夫妇的感情是很好的，但是因为选尚新安公主，终于造成他与郗家离婚的悲剧。这封信正可与《世说新语》和《晋书·王献之传》互相证明，看出封建社会的婚姻制度和王献之平时内心思想的矛盾，是极宝贵的文字史料。

四、明董其昌所刻的《戏鸿堂帖》卷五，收了一部最古的《离骚》写本，董其昌定为唐欧阳询书，据我看来，从文字的写法上说，李世民的民字不避讳，忽字写作曶，与金文相近，姱字写作姇，与1955年长沙桂花园出土的晋周芳命妻潘氏衣物券上袴字写作袪的写法同例，证明这篇《离骚》，确是比欧阳询还早的一个写本，而被收在《戏鸿堂帖》中，保存了下来，这在版本上说，比宋端平刻本《楚辞》还有重要的意义。我想，凡是研究伟大的爱国诗人屈原的作品的人，都应该看一下这份仅存的古本《离骚》，对他们的研究工作，一定有很大的好处的。关于《离骚》的拓本，除了明刻的《戏鸿堂帖》以外，清代临汾王氏所刻的《清芬阁帖》中，也收了一部米芾的写本（原石现藏故宫博物院），这当然比戏鸿堂本的时代晚多了，有些人还疑惑清芬阁本《离骚》是后人仿米芾的作品，因此，不得不说明一下，以引起研究者的注意。

五、我国古代的医方，流传到现在的，除了印在书籍上的以外，还有居延等地出土的木简，敦煌等地出土的写本，河南龙门的药方洞和陕西耀县孙思邈祠的石刻《千金方》等，这都是原始的科学记录，也是最重要的、宝贵的医学遗产。但是我们若随便翻开一部法帖，往往遇到一些有关医药卫生的记载，有的问病，有的处方，对当时的病名、药名以及患病始末、医治方法等，都有详细的记录。流传到现在的西晋人陆机的《平复帖》，就是一封问病的书信（此信最早的刻本，被清初梁清标收入他的《秋碧堂法帖》中，列为第一篇）。《绛帖》卷三所收的王羲之"头眩方"，并不见于古代任何的医书，而是民间流行的药方，今日的医学专家们，应该很好地研究一下。我想，我们的医务工作者和医史专家们，若能把有关法帖中所记载的医学资料，集中整理，进行综合研究，他们对祖国的卫生事业，一定会有一番新的贡献的。

以上就是我在平日"读帖"的时候，发现的一些问题，当然贵重的材料，不知还要多几千百倍，因此，我们可以肯定地说，法帖不仅是文字书法而已，同时还是历史资料的宝库。但是在目前来说，研究法帖的人，比研究碑碣、造像、墓志以及其他石刻如画像石的人，不知要少若干倍，这确实是一个值得使人注意的问题。据我所知林志钧、容庚、徐宗浩诸先生，研究法帖都有几十年的丰富经验，并有很大的成绩，希望他们的研究成果，能够早日发表出来，这对我国的科学研究和文化建设都是有很大的推动作用的。

原文刊于《文物》1957 年第 1 期

晋人行草书砖刻

砖的出现，是随着制陶手工业而来的。我国各地出土的最早的陶砖，有方形砖，曲形砖和空心砖。它们都是战国时期的遗物。

早期陶砖的用法是包镶墙壁、台阶或铺地面，所以古人称之为甓（也作令辟或瓴甓）。

"砖"字出现较晚（塼、甎更晚），《太平御览》卷189引东汉应劭的《风俗通义》有"甓，聚砖修井也"的记载。西晋时期的砖文上才开始见到"砖"字，如1953年江苏省宜兴西晋时期周处墓出土的陶砖，上面有"元康七年九月二十日阳羡所造，周前将军砖"的字样。当然，这一时期，"甓"字有人还在使用，如"陶侃运甓"的故事，就是一例。

最早的砖文，见于陕西临潼秦始皇陵遗址出土的长方砖，上面有用印章打印的阴文"左司高瓦""左司涓瓦"字样，可能是瓦工专用的印章。稍后西汉时期的"单于和亲"砖、"千秋万世"砖，以及东汉时期的刑徒砖、亭长砖、纪年砖等，都是篆书或隶书（分书），到了东汉后期，出现了章草书体的砖文，这种书体都带有浓厚的隶意，即后世所说的草隶。

这些砖的文字，一般都在砖面先用椎画，然后火烧，与所习见的在砖面刻字的刑徒砖和在砖侧范制的阳文隶体纪年砖有别。今所见东汉公羊传砖、急就砖、延熹五年马君兴砖、延熹七年纪雨砖（即俗称延熹土圭）等，都是草隶。刘师培《跋延熹土圭》称："书法与汉隶稍异，已开六朝瘗鹤铭之先"（见《陶斋藏石记》卷二）。实际从三国、两晋、南北朝早期的砖刻、石刻、写经、简牍等书体看来，的确仍旧未脱隶书笔意。今以中国历史博物馆收藏的几件两晋时期的行草书砖刻，就其书体以及有关问题介绍给读者，希望得到批评和指正。

　　解放前《南京古物保存所品目》和《文澜学报》三卷二期报道，南京、绍兴等地历年出土的三国两晋砖刻不少，解放后各地出土更多，如能汇合各地砖刻进行综合研究，它不只对理解当时的文字书法有一定的作用，而且对魏晋南北朝社会历史的研究也将有更积极的意义。这篇介绍不过是"抛砖引玉"而已。

一、"咸宁四年吕氏"砖

　　长方形，长34.8厘米，宽17.2厘米，厚5.8厘米。未见著录，阴文草隶。先在砖坯锥画，然后烧固。文曰："咸宁四年七月吕氏造，是为晋即祚十四年事，泰岁在丙戌"。书写流畅，颇似陆机《平复帖》。类似这样的砖刻，自清代以来就不断发现，宋经畲《砖文考略》卷二《"府君公教"行书阴文砖》引阮元《揅经室三集》曰："永和近在兰亭前后数十年，此种字体乃东晋民间通用之体，墓人为圹，匠人写坯，皆尚如此，可见尔时民间尚有草隶遗意。"又宋经畲跋称："按近

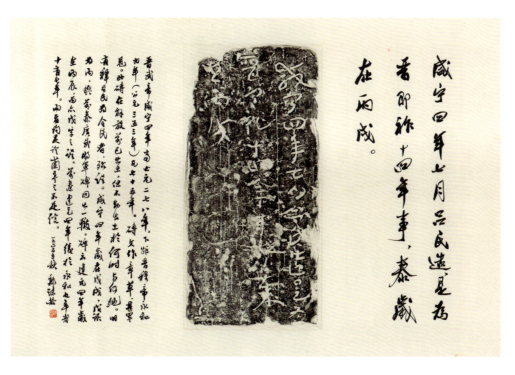

咸宁四年吕氏砖

日出土晋砖殆近千种……余所藏太康砖有阴文'七十'字，元康、隆安砖有阴文'九十'字，永和十年砖有阴文'一百廿'及'一百廿五'等字，皆属行书……朱秉中曰：近临海许姓井中有阴文砖正面两行书：'番纪闸宋鸭子令人无不知者'，凡十二字……亦晋人物也。"这件"府君公教"砖，未见拓本，不知是什么样子，而"宋鸭子"砖则见于邹安《草隶存》卷四，确与此"咸宁四年吕氏砖"书体相近，邹安题跋："是砖旧藏桐城吴氏……会稽赵氏补访碑录列晋永和，高密郑氏（文焯）推为草隶正宗，皆非无本。"邹安《专门名家》第二集，还著录了安徽凤台出土的晋砖3件（南陵徐乃昌收藏），邹安题称："安徽凤台县西北乡顾家桥出土，为乡人郑姓所得，今来沪上。"（《艺林月刊》第39期著录该砖称台氏砖，

咸宁四年吕氏砖

凤台金沟出土。）这3件砖原题"晋于府君夫人画像砖""晋台氏墓砖""草隶砖"。今细审砖文，所谓"晋于府君夫人画像砖"，其正面划刻青龙，上有草隶"青龙"二字，砖的横头阳文隶体二行"陈郡太守淮南成德吕府君夫人之椁也"。因砖文残伤一角，邹安把吕字误释于字。这不但可以从残存笔画中辨识，而且在他编的《广仓专录》中，也著录两件与此相同文字的墓砖，原题"陈郡太守砖"，砖文中吕字极清晰，故知此"于府君夫人"当是"吕府君夫人"之误释。同时可以证明《广仓专录》中的"陈郡太守砖"，也是凤台出土的文物。"晋台氏墓砖"的文字在横头，阳文隶体二行"晋咸宁四年吕氏造，泰岁在戊戌"。《专门名家》的编者，把吕字释为台字，也是错误的。

"草隶砖"砖面有草隶二行，文不易识，可识者有"岁叹息每用日久侧礼乃易"等字，砖一侧有隶体"咸宁三年七月廿日"，另侧有斜方格纹图案。鲁迅先生《俟堂专文杂集》著录一件草隶"咸宁四年周伯孙砖"，文为："咸宁四年七月六日淮南周伯孙作"，横头还有"周君作"三字。它与《专门名家》第二集著录的3件砖，《广仓专录》的两件砖，和本文介绍的"咸宁四年吕氏砖"，应该都是1918年前后在凤台县出土的。至于这个吕氏是谁，他的夫人姓什么，我们一时还无法查出，不过从砖文中知吕氏曾做过陈郡太守，是淮南郡成德县（今寿县东南）人，咸宁三年、四年间为夫人造砖修墓。其砖文有两种书体，一是隶书，一是草隶。隶书是范制的，它是传统的书体，而草隶则是当时民间普遍流行的书体。浙江绍兴历年出土了不少瓷刻，其时代为三国、两晋、南北朝时期，刻写人也是劳动群众，而书体都是草隶，可与此作比较研究（详见蒋玄怡、秦明之《中国瓷器的发明》，艺苑真赏社，1956年出版）。

晋武帝咸宁四年诏："石室碑铭，既私褒美，兴长虚伪，伤财害人，莫大于此，一禁断之。"今所见晋代墓碑甚少，而砖刻甚多，这可能是一个原因吧！

郭沫若同志近跋《咸宁四年吕氏砖》云："晋武帝咸宁四年当公元278年，下距晋穆帝永和九年（公元353年）凡七十五年。砖义作章草，甚罕见。此砖在解放前已出土，但不知出土于何时与何地。旧有释吕氏为令氏者，殆误。咸宁四年岁在戊戌，戊误为丙，与前秦广武将军碑同出一辙。碑云：建元四年岁在丙辰，丙亦戊字之误。前秦建元四年后于永和九年者十有七年。两者均足证兰亭之不足信。"

郭老跋文写成后一个月，我们把这件情况不明的砖刻弄清了出土时地，并找到了不少与它有关的材料，大家都很高兴。

二、"廿百枚"砖

长方形，长31.6厘米，宽15.7厘米，厚8.9厘米。未见著录，宋经畬《砖文考略》卷二所记晋砖有类似的纪数砖。阴文"廿百枚"，先书写，后烧造，书体草隶，极为自然。《陶斋藏砖》中的"五百廿"砖拓本文字与此相似。此为工匠制坯纪数之砖，"廿百"应读为"念百"，二十个一百即二千，"廿百枚"即二千枚，这是工匠纪砖坯两千块的一个标识。

我国古代计数的方法，很不规

"廿百枚"砖拓片

廿百枚长方砖

则，如《诗经·甫田》"岁取十千"，《诗经·噫嘻》"十千维耦"，《韩诗外传》卷十"齐王曰：'黔守徐州，则燕人祭北门，赵人祭西门，从而归之者十千余家'"。这些古书中所谈到的十千，都是指一万而言。唐义净《大唐西域求法高僧传》卷上《会宁律师传》："大乘涅槃西国净观见目云：'其大数有二十五千颂，翻译可成六十余卷'。"此二十五千颂，即二万五千颂。这种计数方法虽较原始，但作为以"百"为单位的物件，还是便于使用的。"廿百"我们说是二十个一百，还是可以的。

关于用"枚"作数量词，在魏晋南北朝时期最为普通，据刘世儒同志在所著《魏晋南北朝量词研究》（中华书局1965年出版）第二章中统计，"枚"与"个"比较起来，"个"的使用频率、适用范围还远不及"枚"，这是适应力最强的量词，除了抽象名词及个别事物它还不习惯陪伴外，几乎是无所不可适应的。当时凡一般建筑物如塔、柱和建筑器材如瓦等都可适用，可见使用的普遍了。刘世儒同志列举西晋末裴頠《陈刑法过当表》有"庙阙屋瓦有数枚倾落"之句，证明两晋时期瓦的量词是枚，今从这件"廿百枚"砖看，当时砖的量词也应是枚，结合宋经畲《砖文考略》知道这块"廿百枚"砖的时代，应是两晋时期。

罗振玉《俑庐日札》称潍县陈氏藏一砖，文二行，在正面，曰："叔孙彦卿太瓦作廿五枚"，草隶书，殆西汉物。按此砖拓本未见，从记载看，"作廿五枚"应是"伯廿五枚"之误，从量词枚字看，它的制作时代也应是两晋时期。

三、"百卅"砖

长方形，长34.7厘米，宽15.3厘米，厚9.6厘米。未见著录，是否即宋经畲《砖文考略》卷二所说的永和十年"一百廿"砖，不敢肯定。阴文草隶"百卅"，先书写，后烧造。也是工匠记载砖坯的标识。书体与"廿百枚"砖相近，或释"百女"，不确。

此砖虽仅有两字，而于草书中带有浓厚的隶书笔意，这种字体即属飞白，并且是真正工匠写的飞白。关于飞白书的起源问题，旧传创于汉末蔡邕。张怀瓘《书断》卷上称："飞白者后汉左中郎将蔡邕所作也。王隐、王愔并云飞白变楷制也，本是宫殿题署，势极径丈，字宜轻微不满，名为飞白……汉灵帝熹平年诏蔡邕作《圣皇篇》成，诣鸿都门上，时方修饰鸿都门，伯喈待诏门下，见役人以垩帚成字，心有悦焉，归而为飞白之书。……迄后羲之、献之并造其极。"又曰："卫恒祖述飞白，而造散隶之书，开张隶体，微露其白，拘束于飞白，潇洒于隶书。"张燕昌、陆绍曾合著《飞白录》，解释飞白即飞帛。此砖的"艹"字的书法，应该是早期飞白（帛）书的真实面目。

四、"独孤良良"砖

长方形，长27厘米，宽13.3厘米，厚5厘米。未见著录。阴文"独良良"，"独"疑为"独孤"之合体，良字书作"阝"。书法全为草隶，"良良"作重文符号。独孤良良应是造砖工匠的名字，独孤复姓，名良良。《通志·氏族略》："独孤氏本姓刘氏，北蕃右贤王之后。"则独孤良良是居住在中原地区的北方少数民族，而从事造砖生产者。少数民族的工匠能熟于汉字书法，这是两晋、南北朝时期北方各民族的生产斗争和阶级斗争中互相学习、互相融合的物证之一。

"独良良"砖拓片　　　　　"咸宁五年闰月"砖拓片　　　　"咸宁五年七月"砖拓片

五、"咸宁五年七月"砖及"咸宁五年闰月"砖

　　"咸宁五年七月"砖长方形,长31.1厘米,宽15厘米,厚8.7厘米。未见著录。阴文楷书,隶意浓厚,文曰"咸宁五年七月七",这是造砖工匠纪年的砖刻,当造坯的时候,划刻成文,然后火烧成砖。阿英同志藏一拓片与此砖文字同,似乎是一人书写,但少一"七"字(见《文物》1965年第10期26页图三)。所以知道此砖是咸宁五年七月七日所制造的。七月七日简称"七月七",知后世民间简称"二月二""三月三""六月六""九月九"等,来源甚早,至迟在西晋已经开始了。"咸宁五年闰月"砖,长31.7厘米,宽15.6厘米,厚6.7

咸宁五年闰月十八日长方砖

咸宁五年长方砖

厘米。与"七月七"砖大小、书体几乎完全相同。据陈垣先生《二十史朔闰表》,咸宁五年闰七月。两砖正是同时制作的。砖文"咸宁五年闰月十八日作讫",知

此砖是七月十八日完成。1960年南京西善桥南朝墓出土"竹林七贤"砖刻（见《文物》1960年第8、9合期）有一块砖的侧面划刻"向上行第卅一"六字，时代比这两块砖稍后，但书体仍极相近。

六、"元康九年中山将魏妻"砖

长方形，长33.5厘米，宽16.8厘米，厚7.8厘米。未见著录。书体带有隶意，是在砖上刻写的，文曰"元康九年十月九日中山将魏妻张"。按中国历史纪年中，元康凡两见，一为西汉宣帝元康，一为西晋惠帝元康，汉宣帝元康仅有四年，五年三月改元征和。晋惠帝元康共九年，此砖为晋砖可以肯定。砖文称"中山将魏妻张"，当是中山的将吏魏某之妻张氏的墓志砖。《晋书·地理志》称："冀州中山国，汉置，统县八，户三万二千"。中山在今河北西境，以卢奴（今定具）为国治，东晋时后燕慕容垂据此称帝，砖为元康九年（299年），可以看出西晋时期行、楷书的大致面貌。

元康九年中山将魏妻张墓砖

七、"卢奴民"砖

　　长方形，长31.5厘米，宽16.2厘米，厚8.7厘米。未见著录。书体草隶，"卢奴民"三字先画后烧。这种砖文的书体，与浙江、江苏、安徽等地出土的砖文书体相同。卢奴在西晋时属冀州中山国，为中山国所统八县之一，见于《晋书·地理志》，故城在今河北定县。《水经注》："滱水南有卢奴城，黑水曰卢，不流曰奴，故城借水以取名。""卢奴民"当即卢奴县人的自称，是制砖工匠热爱乡土的一种表现，后世避唐太宗李世民讳，凡"民"都改"人"，加之卢奴之名自北魏即已废弃，所以我们今天对"卢奴民"就有些生疏了。

原文刊于《文物》1965 年 12 期

"卢奴民"砖拓片

从《萧翼赚兰亭图》谈到《兰亭序》的伪作问题

郑振铎同志编的《伟大的艺术传统图录》、刘凌沧同志写的《唐代人物画》、何乐之同志写的《阎立德与阎立本》、潘絜兹同志写的《阎立本和吴道子》[1]，都收入了阎立本的《萧翼赚兰亭图》。何乐之同志并根据清代《石渠宝笈》，明代李日华《六研斋笔记》、宋代沈作宾、施宿（嘉泰）《会稽志》，李清照《金石录·后序》等进行了考证，证明"是一幅流传有绪的阎画"。

这卷绘画，纵27.4厘米，横64.7厘米，绢本设色，无款印，过去确如何乐之同志所说，都认为是阎立本画的萧翼赚兰亭故事。

据宋人吴说记载，此图最早存于南唐内库，他在《跋阎立本画兰亭》称："右图写人物一轴，凡五辈，唐右丞相阎立本笔。一书生状者，唐太宗朝西台御史萧翼也，一老僧状者，智永嫡孙会稽比丘辩才也。……此图江南内库所藏……太宗皇帝初定江南，以兵部外郎杨克逊知升州，时江南内府物封识如故，克逊不敢启封，具以闻，太宗悉以赐之，此图居第一品。克逊蔡人，宝此物传五世，以归其子婿周氏，周氏传再世，其孙谷藏之甚秘，梁师成请以礼部度牒易之，不与。后经扰攘，谷将远适，以与其同郡人谢伋，伋至建康为郡守赵明诚所借，因不归。绍兴元年七月望有携此轴货于钱塘者，郡人吴说得之。"[2]现见的这幅画卷，拖尾

---

[1] 郑书上海出版公司 1952 年出版，刘书中国古典艺术出版社 1958 年出版，何书上海人民美术出版社 1960 年出版，潘书中华书局 1964 年出版。

[2] 此据桑世昌《兰亭考》卷三所载，明李日华《六研斋笔记》所记据此。

有"敏德""长啸"（即沈翰，明成化进士）两跋及沈揆（宋绍兴进士）与金农观款，吴说跋文则未见。元明清的画家绘"萧翼赚兰亭"的也不少，所根据的材料无非是何延之的《兰亭记》和所谓阎立本的《萧翼赚兰亭图》，不过有的参以己意，画面有所变化而已[3]。

唐代何延之的《兰亭记》是关于萧翼赚《兰亭》的故事的最早记载，而《兰亭记》则是借唐张彦远《法书要录》流传下来的。郭沫若同志在《由王谢墓志的出土论到兰亭序的真伪》一文中，对何延之的《兰亭记》作了精辟的分析，他说："何延之的《兰亭记》叙述得十分离奇，他说《兰亭序》的墨迹'凡二十八行，三百二十四字'，这不用说是指伪造的《兰亭》了。又说'右军亦自爱重，留付子孙，传掌至七代孙智永。……禅师年近百岁乃终，其遗书付弟子辩才。……至贞观中，太宗锐意学二王书，访募真迹备尽，唯《兰亭》未获。寻知在辩才处。从此便想尽办法诱取《兰亭》，而辩才却始终推说经乱散失，不知所在。后来房玄龄推荐监察御史萧翼去骗取，费尽了苦心，终于骗到了手。……并命'赵模、韩道政、冯承素、诸葛贞四人各拓数本，以赐皇太子、诸王、近臣'。贞观二十三年，太宗要死的时候，他向高宗耳语'吾欲将所得《兰亭》去'。于是《兰亭序》的真迹便被葬入了昭陵。"郭沫若同志说："宋人王铚早就表示了怀疑"，又说"这完全是虚构的小说"。现在我在这里还可补充一点意见，即宋初李昉、徐铉等修《太平广记》，所以把何延之的《兰亭记》收入，说明李昉等人已把这事当作传奇志怪的小说看待了。

与何延之同时的刘餗，在所著的《隋唐嘉话》中，关于《兰亭序》的发现、流传经过，叙述又大有不同，他说："王右军《兰亭序》梁乱出在外，陈天嘉中为僧永所得，至太建中献之皇帝，隋平陈日或以献晋王，王不之宝，后僧果从帝借拓，及登极竟未从索，果师死后，弟子僧辩得之。太宗为秦王日见拓本惊喜，乃贵价市大王书，兰亭终不至焉。及知在辩师处，使萧翼就越州求得之（一作乃遣

---

[3] 宋元以后画"萧翼赚兰亭"故事的，有的画面完全变化，吴其贞《书画记》卷三称："《僧巨然萧翼赚兰亭图》小绢画一幅，绘萧乘马负敕而行，入寺时，又一萧翼与辩才接见。"按此画幅，也可能是其他故事，而作者冠以巨然《萧翼赚兰亭》之名。曾见近人黄节题《萧翼赚兰亭图》一幅，画面仅有二人。

清人萧翼赚兰亭图卷

问辩才师，欧阳询就越州求得之），以武德四年入秦府，贞观十年乃拓十本以赐近臣，帝崩，中书令褚遂良奏：'《兰亭》先帝所重，不可留'。遂秘于昭陵。"

故宫博物院1934年影印本《定武兰亭真本》卷后有宋侯之系（此人或名之系，姓不详，原题右序忠侯之系）一段长跋，他不但把何、刘两人的说法作了比较，而且提出了三个疑点，并认为"延之之说盖偏听于辩才之徒，曾乏考证，自然不信，如刘餗当天宝初箕裘笔削，正以著例有法，得誉青史，宜其所志，一一不妄。"可见这位宋侯之系是同意刘餗的说法的。而郭沫若同志也认为刘文比起何记来较为详实，同时他认为两说中都有智永，是一位关键性的人物，这个人很值得重视。最后郭老肯定《兰亭序》的文章和墨迹就是智永所依托。我初读郭老

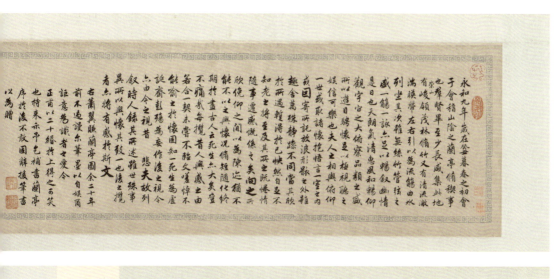

的文章，和一些同志感觉一样，觉得郭老认为智永伪托太肯定了，但是认识逐步深化，现在觉得《兰亭序》的关键性人物确是智永，这在后面再谈。

现在还是谈《萧翼赚兰亭图》的问题，从图的人物上说，全图共五人，二主三从，一僧挥麈踞禅榻坐，与客对话，而侍僧在侧，二执事者作拨炉煮酒状。据何延之说萧翼"微服至洛潭，随商舶至越，黄衫宽袖，得山东书生之体"。既是书生，而且是一个老书生，与辩才对话，似不宜末坐。从图中看，僧手执麈尾似在讲谈，而书生则拳拳服膺，如有所得，最奇的是一侧侍僧端坐，形成三人对话的局面，如系萧翼赚取《兰亭》故事，断无三人对坐之理。

我们知道"赚兰亭"的"赚"字，在这里不是作为赔赚的赚字解释，而是作为诳骗解释，读如钻石的"钻"。今俗称某人"受赚"，就是某人受骗了。萧翼骗取《兰亭》，与辩才谈话，决不会容第三者在场。而此图作三人对话，尚有二人煮酒，且画面更未见到任何书卷，主题显与事实不符。

从禅榻、麈尾、水注等形式以及书生幞头、火炉形状看，都是五代、北宋时出现的[4]，皆唐初所未见。再与阎画《步辇图》《历代帝王图》相比，笔意很少相近，此幅应是五代或北宋人所画的人物故事画，而被后人附会为阎立本《萧翼赚兰亭》了。吴说所称此图最早存于南唐内库等等，说法自然也就不可信服了。这就是后人迷信《兰亭》所造成的后果之一。至于这幅绘画到底是什么内容呢？清初吴其贞《书画记》卷五著录《阎立本萧翼赚兰亭图》绢画一页，他说："褙在宋拓兰亭记前，此是陆羽点茶图也。画是元人钱舜举之笔，所有宣和小玺，是为伪造之物，卷后宋有陆放翁、葛祐之题，元有邓文原拜观，明有刘极题跋，皆为兰亭帖也。"

从这段记载看，连元人钱选《陆羽点茶图》都被附会为阎立本《萧翼赚兰亭图》，那么只要是既有僧人又有文人的故事画，如退之（韩愈）见大颠和尚、白居易见鸟窠禅师、石勒参佛图澄等，就都可以说是萧翼赚兰亭故事了。总之，这卷画既不是阎立本画的，更不是萧翼赚兰亭故事，而是后人对《兰亭》迷信，给它戴上了阎立本"萧翼赚兰亭"的帽子。

当然唐太宗派人到越州向辩才访求王羲之的墨迹的事是可能有的。甚至辩才提供了不少的所谓羲之墨迹也是可能的。但是，萧翼赚兰亭之事不论从情理上说或从事情本身说，都是当时或后世虚构的故事[5]。

现在再谈《兰亭序》的伪作问题，首先我们必须知道唐太宗的时代，已很

---

[4] 此图禅榻已成短足靠椅，扶手天然木为宋代以后所盛行，麈尾既异于后世的拂子，又异于《高逸图》及敦煌唐代壁画中所见的麈尾，铜水注的形状，在金华万佛塔出土五代铜造像中始见，1959年北京西便门外出土辽代铜水注与此形同。后世所画《萧翼赚兰亭图》，多将麈尾改画卷轴，作老僧执卷谈话状。

[5] 除了唐代刘餗与何延之的说法有矛盾以外，秦世昌《兰亭考》卷八载晁补之《跋兰亭记》："《太平广记》载唐太宗遣萧翼赚兰亭叙事，盖谲以出之，辄叹息曰：兰亭叙若是贵耶，至使万乘之主捐信于匹夫，……其老而将传，至从其子求书从葬，亦累矣……。"

少有人知道王羲之的书法是什么样子，所谓太宗之"玄鉴"，实际上他并无任何"玄"，更无鉴别能力。我们看他用国库金帛购入的王羲之遗墨真行书2200余纸，他本人就弄不清真伪。《旧唐书·褚遂良传》称："太宗常出御府金帛购求王羲之书迹，天下争赍古书，诣阙以献，当时莫能辨其真伪，遂良备论所出，一无舛误。"后世有人把褚遂良称之为鉴裁家，又说他是赏鉴真赝的滥觞[6]，这是值得重新考虑的。我们知道隋代牛弘所说书经五厄，而齐、梁迄唐初官府收集的文物图籍损失尤甚。当然其中王羲之的书迹也随之俱亡[7]。

唐太宗收到的书迹，肯定地说绝大部分不是王羲之写的，这里边有临摹的，有陈、隋或唐初伪造的，其中有的伪造有所本，有的则凭空虚造，有的以他人的墨迹混称王羲之墨迹等，而智永及学智永书体的人，包括虞世南早年的书迹在内，最容易混入，甚至智永生前就写过许多书帖而被后人有意无意地冒充王羲之的书迹，今从褚遂良所编的《晋右军王羲之书目》（载《法书要录》卷三）看，其内容多是简牍[8]，再则唐太宗收王羲之书迹时，也可以把智永写的《千字文》收进来，甚至还不只收进一本，因为智永是虞世南老师，曾写《千字文》800本，据

---

[6] 见王竣先生《书学史》第三篇，1919年排印本。

[7] 《隋书·经籍志》称："齐末兵火延烧秘阁，经籍遗散……（梁）元帝克平侯景，收文德之书及公私经籍，归于江陵，大凡七万余卷，周师入郢，咸自焚之……，炀帝……又聚魏已来古迹名画于殿后起二台，东曰妙楷台，藏古迹，西曰宝台，藏古画……大唐武德五年克平伪郑，尽收其图书及古迹焉，命司农少卿宋遵贵载之以船，溯河西上，将致京师，行经底柱，多被漂没，所存十不一二。"关于二王书迹的损失，容庚先生在《二王墨影》（考古学社1936年影印本）中述之甚详，可参看。

[8] 褚遂良《晋右军王羲之书目》第十一有"羲之顿首快雪时晴"一目，第十四有"九月十七日羲之报且行因孔侍中"一目，前者即《快雪时晴帖》，后者即《孔侍中帖》，今所见《快雪时晴帖》原件显系隋唐人伪作（或是后人据伪本摹拓），《孔侍中帖》也为唐人摹本。"旦"字误摹"且"字，"因"字笔法也不自然。关于唐人伪造王羲之书法，可考的有孙过庭、程修己等人，见程修己墓志（陕西省博物馆藏石，金维诺同志有考证，见《晚唐画家程修己墓志》，载《文物》1963年第四期）及米芾《书史》。

说是得右军书法之传的^[9]。这样，所谓太宗命诸臣摹写《兰亭》，就是以萧翼赚得的兰亭为烟幕弹，而命欧阳询、褚遂良等，根据褚遂良鉴选的王羲之墨迹，即陈、隋以来与智永的书体相近的文字，包括智永《千字文》在内，集成"王书"《兰亭序》全文，所谓"奉旨摹塌"就是奉旨集字^[10]。因为《兰亭序》文章最早见于唐太宗亲撰的《王羲之传》（载《晋书》卷八十），这势必要造出一份《兰亭帖》，以证明《兰亭序》不是杜撰，而是有所本的。至于帖文的涂改勾抹，这是历来作伪者的贯技，是毫不足奇的。这种情况就和唐太宗生前命怀仁和尚集"王书"《圣教序》是一个道理，明郭宗昌《金石史》卷上所称"（圣教序）评者谓'偏旁凑合，大小展缩'，此固集书所不免。"因而可以看出《兰亭》和《圣教》的集字者，都是为了整齐美观，字体、书法一致，把真正的浑厚凝重的王书一概屏除不采，而采取了用陈隋以来流行的书体所造的"非王"书，包括智永的《千字文》在内。因为智永"得右军之传"，采用几个字也是无伤大雅的，甚至摹拓的人"皆用我法"^[11]。因而韩愈在《石鼓歌》中说，"羲之俗书趁姿媚"，他这种见解是很有道理的。所以郭沫若同志说"后人所崇拜的王羲之的字迹大都不是王羲之写的"^[12]。这个说法我认为十分正确，同时正可看出《兰亭》《圣教》的书体，与智永的密切

---

[9] 此据宋薛嗣昌刻智永真草《千字文》跋文，所称八百本，言其书写数量是很大的，未必准是八百本，因为《千字文》在南北朝时是启蒙之书，流传甚广，详见清谢启昆《小学考》卷十四。

[10] 今传智永《真草千字文》（上海古籍书店1964年影印本）与各本《兰亭帖》相较，知《兰亭帖》中许多文字出于智永《千字文》，如兰、流、暎、群、和……，又集王书《圣教序碑》中许多字也见于《兰亭帖》《大观帖》等，现在对照起来，它的精神面目居然完全一致。详见张彦生先生《怀仁集王书〈圣教序〉》拓本概述，载《文物》1963年第3期，可认为《兰亭》《圣教》同出于陈隋人书之一证。

[11] 宋董逌《广川书跋》称："逮褚河南、欧阳率更临《兰亭》，则自出家法，不复随点画也，《兰亭》真本，世不复知。"可见不论他们摹写或集字都是"我法"极重。近人沈曾植《海日楼题跋·旧拓圣教序跋》（载《海日楼札丛》中华书局1962年出版）称："圣教纯然唐法，于右军殆已绝缘。"

[12] 我体会郭老的意思是指唐太宗以前伪造的王羲之的书法而言，正是因为唐太宗以前（或当时）伪造甚多，所以唐太宗才请褚遂良鉴定真伪。当然王羲之书法经唐太宗提倡以后，伪造的人就更多。

关系，智永的正书、行书就是陈隋简牍的典型书体。

由此可知，褚遂良的鉴定水平是极为糟糕的，他知道唐太宗喜爱的右军书就是陈隋以来以智永为代表的一种书体，为了迎合唐太宗的意旨，他就以陈隋以来智永为代表的书体为标准，而鉴定王羲之的书迹，以定其真伪优劣。这从他的《晋右军王羲之书目》所收正书、行书就可以看出。所谓楷隶、草隶他是不收的，或者也许是太少的缘故吧！前面已经谈了，真正王羲之书迹在唐初数量极少是必然的，也是不足为怪的。由于"趁姿媚"的书法受到了唐太宗的重视和提倡[13]，而《兰亭》的集字，各本也有所不同，凡重字皆拘别体，就中"之"字最多，无一相同，这就完全暴露了集字的马脚，但无论怎样，其姿媚则完全一致。我们看今存的所谓各种摹本，其中确有不少败笔，实物具在，明书人自可指出[14]。至于《兰亭》真本殉葬昭陵之说，不论是唐太宗生前的要求，还是死后褚遂良的奏请，同样是统治阶级骗人的烟幕弹，都是统治阶级在那里故弄玄虚，这倒是十分清楚地暴露了他们在"御府"伪造《兰亭序》的活动，我看这就是李世民（唐太宗）、欧阳询、褚遂良几个搞的一套鬼把戏。

用集字的办法，集成一篇文章，在古代碑刻中是习见的。不过这种集字的办法也就成了法书、古刻中作伪的一种方法。相传南宋嘉泰二年（1202年）山阴农人在黄冈掘地，出土的王献之《保母砖》，在宋人叶绍翁的《四朝闻见录》中附有《王大令保母帖》[15]。后人辑录了宋、元、明、清许多名人如楼钥、周必大、高文虎、姜夔、王沂孙、周密、鲜于枢、仇运、龚开、汤垕、郭天锡、张雨、项元汴、高士奇等人的考证，这些人都是鉴赏名家，他们一致认为是真迹，董其昌并刻入

---

[13] 今所见唐太宗书《晋祠铭》《温泉铭》（拓本），知他"锐意"学右军书，所学到的只是姿媚而已。

[14] 清翁方纲曾集合《兰亭帖》各本互校，撰《苏米斋兰亭考》，言之甚详，可以参阅。

[15] 晋王献之《保母砖》文："郎耶王献之保母姓李名意如，广汉人也。在母家志行高秀，归王氏柔顺恭勤，善属文，能草书，解释老旨趣，年七十，兴宁三年，岁在乙丑二月六日无疾而终。□□□□□□□□□□□冈下，殉以曲水小砚，交螭方壶，树双柏于墓上，立贞石而志之。悲夫，后八百余载知献之保母宫于兹土者，尚□□焉。"清鲍廷博《知不足斋丛书》本《四朝闻见录》附录著录。

《戏鸿堂帖》，乾隆刻入《三希堂帖》，有正书局影印本[16]。但宋赵彦卫《云麓漫钞》很早就认为是"近人伪为之"，并提出有五点怀疑。而这种怀疑，在当时却受到了姜夔等人的驳难。到了清末李文田跋《保母砖志》，才进一步指出是"寺僧以此惑南宋之士大夫者也"，他根据砖文说："'在母家志行高秀'，非晋人语。……'归王氏柔顺恭勤'，子敬即不肖其父亦何致作此等语？……'兴宁三年岁在乙丑'，此语从兰亭出……'仲冬既望，葬会稽山阴之黄冈下'，此二语从瘗鹤铭出，……'殉以曲水小砚，交螭方壶'，晋人不作此语，此宋人语也，……'悲夫，后八百余载，知献之保母宫于兹土者'，此又从法帖曹娥碑后数语选出。"[17]可见作伪欺人的事，可以蒙骗一时人的耳目，终究会要真相大白，原形毕露的。王献之的《保母帖》如此，王羲之的《兰亭序》也是如此，任何人出来包庇它，给它作辩护，都是徒劳的。

由于唐宋以来，帝王将相们把《兰亭帖》称颂到了神秘化的程度，给书法、绘画以巨大的不良影响，造成了许多混乱，为了正确地理解王羲之在书法史上的地位和书法艺术成就，澄清过去的混乱现象，我们还需要更好地学习唯物辩证法，用毛泽东思想作指导，结合历史文献、碑帖墨迹、考古发掘，进行一番更深入细致的科学研究工作。

原文刊于《文物》1965 年第 12 期

---

[16] 有正书局影印本据明董其昌旧题，题曰《清内府藏晋拓保母帖》，尤为可笑。

[17] 据王藏用先生藏《金石萃编》李文田批语，欧阳辅《集古求真》也定为伪作，并称："董跋称为晋拓……自恃名高，遂欲一指掩天下人耳目，适足贻后人指摘耳。"

徐霞客《赠妙行七律二首》墨迹跋

1978年5月，云南省文物商店参加在北京故宫博物院举办的《各省市自治区征集文物汇报展览》的展品中，有徐霞客《赠妙行七律二首》墨迹，是该店最近征集所得的。这两首诗，既不见于《徐霞客游记》，又不见于其他有关记载，是很稀见的徐霞客手迹，也是有关这位伟大的地理学家的重要文物，十分珍贵。

原件纵27.5厘米，横25.4厘米，竹纸较厚，从旧有的折痕看，系用梵夹本佛经后页余纸所书，每半页横10.4厘米。书体在行楷之间，全文如下：

妙行师鸡山胜侣也，阅藏悉檀，潜心净果；穆然清风，如披慧日。爰赋二律，以景孤标，并请法正。

华首门高掩薜萝[1]，何人弹指叩岩阿。经从凤阙传金缕[2]，地傍龙宫展贝多。明

---

[1] 华首门在鸡足山顶，传为迦叶入定之处，是山中胜迹之一。担当《鸡足山二首》有句云："巍峨五岳齐名外，华首当推第一峰。"见《担当遗诗》。释禅《叩华首门》有句云："华首门封几经秋，崖前空翠碧云浮。"见《鸡足山志》卷十。大错有《华首门记》，并以华首门、玉龙瀑、传衣寺古松、华严洞为四友，见《鸡足山四友记》，皆载《大错和尚遗集》。

[2] 凤阙指北京午门五凤楼。悉檀寺藏经，见《鸡足山志》卷四《悉檀寺》："寺在满月山下大龙潭之上，后靠石鼓峰，万历丁巳丽江府土知府木增延僧释禅建。天启四年敕颁藏经，赐额'祝国悉檀禅寺'，崇祯己巳建法云阁贮之。至辛未年，其子木懿，重加丹垩，宏丽精整，遂为一山之冠。辛巳年，僧道源往朝普陀，又请嘉兴府藏经一部，归贮奉天殿中。"按霞客所云"经"，指北藏即正统藏而言。同书卷十，白绍光《悉檀寺诗》有"礼佛披龙藏，君恩到碧岑"之句。金缕见《大唐西域记》卷九，谓佛当欲涅槃时，以襄日姨母所献金缕袈裟付属大迦叶。传说迦叶在鸡足山奉佛金缕衣入定。

月一帘心般若，慈云四壁影婆娑。笑中谁是拈华意，会却拈华笑亦多。

玉毫高拥翠芙蓉，碎却虚空独有宗。钟磬静中云一塌，蒲团悟后月千峰。拈来腐草机随在，探得衣珠案又重。是自名山堪结习，天华如意落从容。

江左霞客徐弘祖顿首具薰

在名款下，钤"字振之号霞客""徐弘祖印"白文篆书方印二方。

云南大理地区宾川县鸡足山，是我国著名的佛教圣地之一。传说这里是释迦牟尼大弟子修行的地方。大错所撰《鸡足山指掌图记》谓明末清初之际，"鸡山大寺八，小寺三十四，庵寺六十五，静室一百七十余所。鸡山静室多为释子潜修之地，凡修苦行者，多来此习静，禅斋精舍，遂独冠于世"。徐霞客以长期游历的实践，深知游山旅行，除了需有当地官员、朋友支持外，同时还要依靠群众和寺庙僧人引导。他的旅游，虽然不是以拜佛访僧为目的，但与游者多僧侣，所居者多佛寺。他来鸡足山之前，在家乡即托友人陈继儒（眉公）寄书晋宁唐泰（号大来，明亡后，入鸡足山为僧，号担当），在各方面予以协助。《徐霞客游记·滇游日记四》，崇祯十一年（1638年）戊寅十月二十三日，在晋宁州署，记云："唐大来名泰，选贡，以养母缴引，诗书画俱得董玄宰三昧。余在家时，陈眉公即先寄以书云：'良友徐霞客，足迹遍天下，今来访鸡足并大来先生，此无求于平原君者，幸善视之。'"霞客到了云南，唐泰果然和他建立了深厚的情谊，从唐泰赠徐霞客"知君足下无知己，除却青山只有吾"的诗句中，可以看出二人交谊之笃。

我们从《徐霞客游记》和丁文江《徐霞客年谱》，知道徐霞客在鸡足山的时间较久，与当地的僧人来往最多。陈垣《明季滇黔佛教考》中，有一个统计，云："今欲考滇南静室及僧徒生活，《徐霞客游记》为最佳史料。其他游记，多记山水，间记寺宇，少写僧徒。惟霞客善写僧家生活，当其至鸡足山时，适在李元阳创建放光寺，木增创建悉檀寺，兴复各刹之后，为鸡山极盛时代。霞客又盘旋独久，与僧侣往还独密，计其所与游之僧，有名可籍者凡五六十人。"妙行即其中的一位，在《徐霞客游记》中可以见到两处有关妙行的记载。崇祯十二年（1639年）己卯，徐霞客五十四岁，正月二十二日，由鸡足山赴丽江，拜谒土知府木增，为木增编校诗集，木增约霞客为修《鸡足山志》[3]，并令儿子从霞客问学，"以窥中原文脉"。返游大理、永昌、腾越、顺宁、云州、蒙化，八月二十二日返鸡足山，住悉檀寺，直至九月十四日[4]。

霞客第一次与妙行相见是在悉檀寺藏经楼前。《滇游日记十三》，己卯九月十一日："余心忡忡，体极恐余忧悴，命其侄并纯白陪余散行藏经楼诸处，有圆通庵僧妙行者，阅藏楼前，瀹茗设果，纯白以象黄数珠见示（自注：象黄者，牛黄狗宝之类，生象肚上，大如白果，最大者如桃。……），坐楼前池上，征迦叶事，取藏经中与鸡山相涉者，摘一二段录之。始知经言迦叶守衣入定，有四石山来合，即其事也。亦未尝有鸡足名。又知迦叶亦有三，惟迦叶波名为摩诃迦叶。摩诃，大也，余皆小迦叶耳。"

霞客第二次与妙行会面即在翌日，由妙行导游华严寺，访野池和尚，同游各处，并至圆通庵妙行旧居。《滇游日记十三》，己卯九月十二日："妙行来，约余往游华严。谓华严有老僧野池，乃月轮之徒，不可不一晤。向以坐关龛中，以未接颜色为怅。昔余以岁首过华严，其徒俱出，无从物色。余时时悼月公无后，至是而知尚有人，亟饭而行。……乃入华严寺，……野池年七十余，历侍山中诸名宿，今老而不忘先德，以少未参学，掩关静阅，孜孜不倦，亦可取也。闻余有修葺鸡山志之意，以所录《清凉通传》假余，其意亦善。……上圆通庵，观灯笼华树，其树叶细如豆瓣，根大如匏瓠，花开大如山茱萸，中红而尖蒂俱绿，似灯垂垂。余从永昌刘馆见其树，未见其花也。此庵为妙行旧居，留瀹茗乃去。"

以上记载的妙行和尚事迹，略可窥豹一斑。至于崇祯十二年九月十四日以后徐霞客的行止，虽然无日记可查，但是他受木增委托修《鸡足山志》，逾三月而始就，则霞客自九月以迄明年正月，均在悉檀寺修志是可以肯定的。徐霞客与妙行的往来，应即在崇祯十二年居住在悉檀寺的时期。《赠妙行七律二首》，很可能就在九月十二日妙行陪他访华严寺野池回来之后。惜九月十四日以后日记全缺，

---

[3] 陈垣《明季滇黔佛教考》谓《鸡足山志》创于徐宏祖霞客、钱邦大错，皆罕传，所传者惟沈阳范承勋所修及剑川赵藩所补而已。

[4] 今所见《徐霞客游记》，全书止于崇祯十二年己卯九月十四日，以后日记，当已散佚。

赠诗之事不见于今本日记，是可以理解的。

这两首诗，第一首"笑中谁是拈华意"，"是"字或系"识"字之误；第四句、第八句结句两"多"字，前为梵语汉译，不为重复。第二首"是自名山堪结习"，"是自"疑为"自是"笔误。这两首诗，反映出徐霞客的旅行生活的一个侧面，诗也不是凡俗之作，同时也可以看出他对佛学研究的深醇。

原文刊于《中华文史论丛》1978 年 8 期

林则徐《游华山诗》手迹跋

　　自从刘九庵同志辑注《林则徐手札十则》在本刊1979年第3期发表后，杨国桢同志在本刊1980年第3期发表了《补注》、张守常同志在本刊1981年第1期发表了《林则徐手札受信人刘闻石》，都谈到林则徐手札中致刘建韶（闻石）三札，见于民国八年北京懿文斋影印长乐刘氏藏《林文忠公尺牍》，并谈到民国十三年林炳勋影印本《林文忠公手札》二通，也是致刘建韶者。他们根据有关资料，说明道光二十一年六月十六日（1841年8月2日）黄河溃决于河南开封西北十余里之祥符汛三十一堡，清廷于七月初四日（公历8月20日）命大学士王鼎、通政司慧成赴东河督办河工，林则徐在赴伊犁途中，于扬州得旨，折回东河"效力赎罪"。约于八月间（公历9月）赶到祥符工地，襄助主持河务的王鼎办理河工。

　　道光二十二年二月初八日（公历3月19日），祥符河工合龙后，林则徐奉命仍往伊犁。他的《云左山房诗钞》卷六有《留别蒲城相国（按即王鼎）》七律二首，题为"壬寅二月，祥符河复，奉命仍由河干遣戍伊犁，蒲城相国涕泣为别，愧无以慰其意，呈诗二首"。可见林则徐是二月中下旬离开开封的。

　　林则徐自开封西行途中，曾在洛阳小住，并游龙门、香山寺诸胜。四月，过华阴，华阴在华山脚下，华阴县令姜申蟠（海珊）招待他游华山，他于游山归途作七古一首，载于《云左山房诗钞》卷六，诗题是《华阴令姜海珊申蟠，招余与陈赓堂尧书、刘闻石建韶同游华山，归途赋诗奉柬》。及至道光二十五年九月，林则徐从伊犁回兰州，翌年六月在西安见到姜申蟠保存的此诗，已装裱成卷，又作了一首七绝，题于卷后。《诗钞》卷八有《姜海珊大令以余游华山诗装成长卷，属题》，原诗是："真恐山灵笑我顽，白头持节竟生还，烦君玉女峰头问，可有移

林则徐自书游华山诗稿卷

文到北山？"诗虽短短28字，却从华山之游，引起了心中无限的感慨。

林则徐游华山诗，当时除了写给姜申蟠以外，还写给了同游的刘建韶。写给姜申蟠的一卷，今不知下落，写给刘建韶的一卷，今藏中国历史博物馆。此卷纸本，纵33.5厘米、横81.3厘米，诗前有题，诗后款署"少穆弟林则徐未定草"，下钤"少穆初稿""此间不可无我吟"，皆朱文篆书方印。卷后下角有"蒲城周氏珍藏书画之章"，朱文篆书方印。林则徐在诗题中把游山的时间写得十分清楚，原文是："壬寅四月，仆西行过华阴，姜海珊大令申蟠招游华山，同游者闻石十二兄先生及陈赓堂司马也。归途赋七古一章，柬姜君，先录初稿，请十二兄削正，并邀同作。"因为此系写给刘建韶（闻石）的初稿，故诗题与《诗钞》刻本不尽相同。

按华阴知县姜申蟠，顺天府大兴县人，道光十五年进士，民国《华阳县续志》卷四："姜申蟠，进士，道光十六年任，至二十三年。"可见姜申蟠与刘建韶为同年进士，两人又同在关中分任知县，林则徐过华阴，同游华山，自是意中之事了。

据张守常同志统计，懿文斋影印长乐刘氏藏《林文忠公尺牍》二十八通，都是致刘建韶者，上款为"闻石先生年十二兄大人"。故宫博物院所藏林则徐致刘建韶手札三通，即在此二十八通之中。近代史研究所藏林炳勋影印本《林文忠公手札》一册，计二通，共16页，亦林则徐致刘建韶者。张守常同志认为："林则徐手札致某一人，而如此成批传世者不多，故此三十通致刘闻石札，不失为研究林则徐生平之珍贵资料。"今于林则徐致刘闻石手札之外，又补充林则徐写给刘闻石的游华山诗一卷，诗虽刻入《云左山房诗钞》，但刻本与手迹相校，颇有异同。为了便于同志们研究，将刻本原诗附后，并撰校记，以供参考。

《林则徐全集·日记》道光二十二年（壬寅）已佚。其游华山诗，写出了其西行途中一段经历。"此间不可无我吟"，体现了一个爱国主义者对祖国壮丽河山的歌颂。今日我们观其游华山诗手迹，正可以对他的这种思想加深理解，若单纯地欣赏其书法艺术，则不尽是撰写本文的初意了。

附：林则徐《云左山房诗钞》

（光绪丙戌福州本宅刊本）卷六

游华山诗

华阴令姜海珊申蟠，招余与陈赓堂尧书、刘闻石建韶同游华山，归途赋诗奉柬

神君管领金天岳，坐对三峰看未足。公余喜共客登临，恰我西行来不速 [1]。樱笋厨开浴佛时，暂辍放衙事休沐。灝灵宫殿访碑行（华岳庙旧名灝灵宫，昨于庙中同观石刻 [2]），清白园林对床宿（华岳麓有杨氏园林，题曰清白别墅，游山前一夕宿此）。凌晨天气半阴晴，昼永无烦宵秉烛。竹杖芒鞋结俦侣 [3]，酒榼茶铛付僮仆。云梦观里约乘云 [4]，玉泉院中闻漱玉 [5]。同侪各挟济胜具 [6]，初陟坡陀踵相续 [7]。嶂叠峰回路忽穷，谁料重关在山曲 [8]。微径蜿蜒螣旋磨，绝磴攀跻黏上竹。箭镞依稀王猛台，丹砂隐现张超谷。莎萝坪与青柯坪，小憩聊寻道书读。过此巉岩愈危绝 [9]，铁锁高垂手难

---

[1] 此句写本作"我恰西来真不速"。

[2] 此句写本作"昨于庙中同观近年补刻华山碑"。

[3] "俦侣"写本作"畴侣"。

[4] "云梦观"写本作"云台观"。

[5] "闻漱玉"写本作"听漱玉"。

[6] "同侪"写本作"同人"。

[7] "踵相续"写本作"趾相续"。

[8] "谁料"写本作"谁信"。

[9] "愈危绝"写本作"尤险绝"。

触。五千仞峻徒窘步，十八盘经犹骇目[10]。恨无谢朓惊人诗，恐学昌黎绝顶哭[11]。游人到此怪山灵，奇险逼人何太酷[12]。岂知山更怪人顽，无端蹴踏穿其腹。兹山峭拔本天成，但以骨挺不以肉。呼吸真教帝座通，避趋一任人间俗[13]。如君超诣迥出尘[14]，上感岳神造民福。荡胸自有层云生[15]，秀语岂徒夺山绿。希夷石峡应重开（谓赓堂）[16]，海蟾仙庵亦堪筑（刘海蟾修炼于华山，借谓闻石）[17]。独惭塞外荷戈人，何日阴崖结茅屋。惟期归马此山阳，遥听封人上三祝。

原文刊于《故宫博物院院刊》1981 年 4 期

---

[10]　"犹骇目"写本作"仍骇目"。

[11]　此二句写本作"高掌真疑巨灵擘，绝顶恐作昌黎哭。"

[12]　"逼人"写本作"偪人"。

[13]　"一任"写本作"每笑"。

[14]　"迥出尘"写本作"乃绝尘"。

[15]　"自有"写本作"合使"。

[16]　"应重开"写本作"为重开"。

[17]　注文写本作"刘海蟾修炼于华山，今峰顶有四仙庵，海蟾其一也，借谓闻石兄"。

顾随题沈尹默书联小记

顾随先生（1897—1960年）字羡季，号苦水，河北清河人。1920年北京大学毕业，历任天津女师学院、北平师范大学、北京大学、燕京大学、中国大学、辅仁大学等校讲师、教授。解放后，任辅仁大学中文系主任，河北大学中文系教授等职。先生一生研究古典文学，诗、词、书法，造诣尤深。著有《苦水诗存》《荒原词》《味辛词》《无病词》《留春词》《积木词》《倦驼庵诗词稿》《苦水作剧》等。

余昔年读书北平辅仁大学，尝与顾随先生论时人书法。一日，先生出尹默先生新自重庆所寄行书立幅，谓学书30年，最爱尹默先生书。盖先生昔年读书北京大学时，曾从尹默先生学习诗词书法，刻苦钻研，不断努力，在北京一些朋友中，皆称赞为得沈先生书法真传之第一人。

1943年5月，余出此联请顾先生评论，先生定为尹默先生早年在北京大学任教时（1913—1929年）所书，并谓"秀句满江国，芳声腾海隅"为集李白诗句联，在尹默先生作品中还是不多见的。为题七绝一首："腕力劲道无不宜，出唐入晋竟谁知。腾空挂角无踪迹，此是灵蛾破茧时。"

尹默先生毕生屡次强调"腕运"的重要性，并主张学魏晋人书。此联腕力劲道，纯用提笔，遵循着两晋南北朝书风，而有所独创和发展。"腾空挂角"本喻诗境超脱。严羽《沧浪诗话》："盛唐诸人惟在兴趣，羚羊挂角，无迹可求，故其妙处透彻玲珑，不可凑泊，如空中之音，相中之色，水中之月，镜中之像，言有尽而意无穷。"到此意境，正是灵蛾破茧，已臻成熟境地。顾随先生对沈尹默先生书法的评论，识者当于读此联时体会其义。

唐寅赠日本友人彦九郎诗

公元1368年，明朝建立。中国和日本的经济文化交流有了进一步的发展。为了开展正常的贸易往来，双方经过协商，于15世纪初，决定发行叫"勘合符"的特许证，只有得到这种证件的船只，才能进行贸易。"勘合"贸易是区别合法贸易与秘密贸易而采取的措施，在明朝200多年的时间里，对中日贸易起了很大的作用。

当时日本派来中国船上的成员中，正使、副使多由京都寺院中通晓汉文和熟悉中国情况的僧人充任，再则是水手和搭乘的商人。此外，还有随同前来的"从僧"。著名的日本画家雪舟就是公元1468年随贸易船到中国的。这些人员，除了商谈两国贸易事项外，顺便也参观城市，访问寺院，游览名胜古迹，和中国文人互相往来。

浙江宁波是唐宋以来中日交通的一个重要海港，也是明代从日本来中国的重要口岸。来华日人除了在宁波停留外，还要到南北二京，苏杭二州等城市。他们每到一处，就询问当地才子中的"出群拔萃者"，希望朋友之间互相介绍，拜访求教，互赠诗文。两国文人之间往往通过互访，结为好友。纵有语言不通的隔阂，但双方的感情却是相通的。1539年，日本策彦周良任副使来中国，在他赠给明朝翰林修撰全仲山的七言绝句诗中说：

莫道江南隔海东，相亲千里亦同风。

从今若许忘年友，语纵不通心可通。

表达了策彦和中国友人之间的深厚情谊。

在中日两国人民的友谊史上，中国的文人学者，曾有过不少赠送日本友人的篇章，载入有关的诗集和文集。但保存下来的诗文墨迹则甚稀少。日本东京国立博物馆收藏的明代唐寅手书《赠彦九郎还日本诗》条幅，情词并美，书法流畅，在现存的唐寅书画中，是具有重大历史艺术价值的一件作品。

唐寅字伯虎，一字子畏，号六如居士，是明代著名的书画家，并善诗文。29岁就中了乡试第一名，后绝意科举，性颇任情不羁，自号"江南第一风流才子"。别墅在苏州桃花坞，筑室名桃花庵。

正德七年（1512年），随遣明使来中国的彦九郎，由北京回国途中，路经苏州，结识了唐寅。饯别时，唐寅即席赋七言律诗一首相赠：

彦九郎还日本，作诗饯之，座间走笔，甚不工也。
萍踪两度到中华，归国凭将涉历夸。
剑珮丁年朝帝宸，星晨午夜拂仙槎。
骊歌送别三年客，鲸海遥征万里家。
此行倘有重来便，烦折琅玕一朵花。
正德七年壬申仲夏望日姑苏唐寅书。

我们从诗中可以知道彦九郎曾经两次来中国，以丁壮之年到北京，在奉天殿受到明朝皇帝的召见。他在中国住了三年，就要回国了，唐寅希望他能有机会再来。诗中表达了朋友之间依依惜别之情。正是因为这种情况，它不同于一般奉求的墨宝，而是即席写作，落款未盖图章，就被对方携回日本了。

根据日本木宫泰彦《日中文化交流史》所载，第八次遣明"勘合"贸易船，正使为了庵桂悟，副使为光尧，他们于1511年（正德六年）入明，1513年（正德八年）回国，彦九郎应是随他们的贸易船来中国的。但是《日中文化交流史》所列《入明僧一览表》中，不见彦九郎的名字，而《六如居士集》中，也未收录此诗。可见唐寅此诗不但可补种种文献之不足，且为中日两国文化交流增添了历史实物见证。

应县佛宫寺木塔发现的辽代俗文学写本

　　1974年山西应县佛宫寺木塔发现的辽代写本、刻本、绘画、版画等文物，是继1899年（光绪二十五年）敦煌千佛洞藏经洞古写本、刻本、佛画等的发现后，同类文物的又一次重大发现。

　　在木塔发现的古写本中，除了写经、科判文、戒仪、经疏杂钞、寺院经济史料以外，尚有一部分讲经文、变文、俗曲等。这一部分俗文学写本可与敦煌发现的俗文学写本进行比较研究，为辽代俗文学史增添了新的重要的内容。

　　过去，我们只知道唐代寺院的俗讲，讲经人为了劝诱听众信奉佛教，把佛教经义通俗化，取佛经中富有文学意味的故事，以寺院为表演场所，有说有唱地加以通俗演绎。讲经文、变文就是这种通俗的话本。长期以来，我们对辽代的俗文学所知甚少，也曾认为辽代寺院应有类似话本的作品。这次木塔发现的辽代讲经文、变文、俗曲等，不论内容、仪式，都可看出唐、辽时期寺院的俗讲基本无大差异。

　　在木塔发现的《大乘杂宝经》的唱词中，有"谨咨四众暂听言，休骋无明道我偏。如来上（尚）自别鞋履，凡夫那久在人间。"[1]卷后结语："已此开演，大乘圆满，修多罗藏教所资功德。奉为国主燕王千秋万岁，文武宰寮（僚），禄寿无穷。师□□□□□□□□□生，咸证解脱。"（下缺）以此卷时代考之，国主燕王系指辽天祚皇帝耶律延禧，当时尚年幼，未登极即位。《辽史·天祚皇帝本纪》："天祚皇帝……大康元年生，六岁封梁王，……后三年，进封燕国王。"从这里可以看出，讲经人不但向听众讲说故事，而且最后还要为年幼的国主燕王、文武宰僚等，诵读一段发愿文。

敦煌发现的《温室经》和《维摩经》记载俗讲的仪式，仪式结束时所讲"便发愿了。便又念佛一会了，便回向发愿取散"云云。或讲："便施主各各发愿了，便回向发愿取散。"在这里，发愿文就是讲经者散场时最后的结语，实际也是讲经文的一部分。

在敦煌发现的《长兴四年中兴殿应圣节讲经文》，是后唐应圣节（明宗李嗣源生日）百僚于敬爱寺设斋，召缁黄之流于中兴殿讲论的讲经文。木塔发现的《九圣院僧圆吟、澄鉴讲提（题）念诵》卷，是辽天祚时僧人上为天祚皇帝，下为父母、叔婶的讲题念诵。全卷共十纸，每纸行数、字数不等，前三纸原为一卷

---

[1] 唱词全文："嗟夫人世，患化非坚。被寒暑已迁移，更二轮而催促。红颜绿鬓，俄成老相之仪，雪体香肤，忽变仓黄之状。设有黄金万两，难逃生死之灾，白玉千箱，岂勉（免）轮回之限。昨见南邻公子，冀禄改而白发衰，北里豪家，昨日歌而今日哭。身如石火，命若风灯。不生觉悟之心，岂抱修崇之意，直待四肢不举，两足难台（抬），三魂归誓水之中，七魄丧幽冥之内，此时追悔，思想何及。且我大觉世尊，上（尚）自掩于双林，岂视凡夫，那能勉（免）矣。浮生似梦也非坚，电转星移候（倏）忽然。红轮西堕忙如火，玉兔东生（升）集（急）似烟。人生皆被三光烛，物景俱遭四相移（迁）。流传四生多壤壤（攘攘），轮回三界闹喧喧。虽道人身受（寿）百岁，长寿难过七十强。堪嗟愚背（辈）大无端，恣争人我骋胸（凶）顽。……谨恣四众暂听言，休骋无明道我偏，如来上（尚）自别鞋履，凡夫那久在人间。休要恋儿并恋女，夫妻漫说好相看。限到头来各努力，貌赛西施救你难。如来入灭不多年，故流（留）生死后人传。不论人间贫与富，六类三生无党偏。……陈平几信今何在，季布钟离向那边。韩信机谋能促地，张良说计解冲天，楚帝韩光为上将，汉家更有卧龙仙，庞涓为赚人和论，子武偏遭刖足愆，栾布持书来索战，问卿那个是明天。此时遂用抛金计，走归本国离迤遭，如斯无限英灵将，总被冥司闇里追（遣）。……若造恶因沉地狱，若修于善得生天。……闻身强健须修善，龙花会里愿同缘。"

（前缺），后七纸原为一卷，发现时连接为一卷。七纸中第一纸纸背标题墨书《九圣院僧圆吟、澄鉴讲提念诵壹本》，知当时卷子也可称为本。此卷文字有正书、有倒书，正背均有文字。正面所见僧名有智灯、道得、可煦、智澄、智觉、方迪、义祥。背面所见僧名有法念、法通、可遵、叔寂、可煦、义祥、可誾。全卷为念诵《无量寿佛讲题》。从全部内容看，此卷实为《□□□□寿诞念诵无量寿佛经经题》，为了保存原来所题名称，故仍用原名。

此卷（后七纸者）首为天祚皇帝、皇飞（妃）圣寿无薑（疆），念无量寿佛经。全卷所奉献的对方，除了天祚皇帝、皇飞（妃）外，尚有州尊太师、殿少司勋诸辽慕（僚幕）等、清范大师圆觉大师图悟大师校勘大师、前资僧政大师判官大德等、禀业现僧政大师、诸司院尊宿三学法师、诸寺院尼义学尊宿等、亲教和尚、本寺首座大众唯识华严并都讲唯那出疏诸座主、随喜二众、叔叔审（婶）母哥哥阿嫂诸亲眷等。

前三纸（前缺）奉献对方为诸大师、前资僧致大师判官大德等、见僧政大师、诸寺院尊宿三学法师等、当寺首座唯识花严大众等、亲师兄出疏诸座主都讲维那等、诸寺院僧尼座主等、业主并施主邑众等，生身父母叔叔婶婶（未写完），各有《讲题念诵》。

下面选录为天祚皇帝、皇妃和为叔叔婶母哥哥阿嫂诸亲眷等《讲题念诵》各一段。

若夫千年遗教，肇兴本字于能人，九会玄文，始末诠平于圣主。恭维我愿德大和仁文睿武神谋圣孝天祚皇帝，德余太毫皞，使同树以敷花，孝卖迈移棰，感白乌而应瑞。今以杂花肇启，遐沐皇威，所有圣因，并将上进。伏愿寿量无穷，将齐圣寿。奉为皇帝皇飞（妃）圣寿无薑（疆）。念无量寿佛（以上为天祚皇帝、皇妃讲题念诵）。人人和沐，唯闻父义子孝之名，各各温柔，皆传兄有（友）弟供（恭）之喻。特垂卷（眷）念助宣扬，赖此殊功酬厚德。伏愿四心胜利，资惠命以无穷，部众乘舟，泛福河而更远。奉为叔叔婶母哥哥阿嫂诸亲眷等。念无量寿佛（以上为叔叔婶母哥哥阿嫂诸亲眷等讲题念诵）。

从上列两段文字，可以看出《无量寿佛经讲题念诵》，应是所唱的经题，文虽较短，未录唱词，但它与《长兴四年中兴殿应圣节讲经文》所说的"适来都讲所唱《仁王护国般若波罗密多经序品》经题"，不论内容和文体形式都是相似的。从两者的经题看，讲题和经题也是一个意思，而这类经题应是由寺院的都讲僧来讲唱的。本卷卷末有倒书小字"应州花严院"四字，结合讲题中的州尊大师，可知卷中所书"九圣院""传经院"等，皆为应州寺院之名，因知圆吟、澄鉴二僧当是应州寺院俗讲僧。

木塔发现的一首五言唱词，前部文字残缺，实是讲解某经之后的一段唱词，存文不长，录之如下：

> □□堕泥黎。明眼无过慧，黑闇不过痴。病不越冤家，大怖无过死。有生皆有死，造罪苦劫身。当策勤三业，恒修于福智。眷属皆舍去，财货任他将。但持自善根，险道充粮食。譬如路旁树，暂息非久停。车马及妻儿，不久皆如是。……唯有佛菩提，是真归仗处，依经我略说，智者善应思。

这段唱词的内容是劝人信奉佛教，词中最后有"依经我略说，智者善应思"，可见它是依经而唱的。由于前端文字残缺，一时尚不能断定经名。

在木塔发现的写本中，尚有类似讲经文的杂钞。有一卷杂钞，其中援引儒、释经文及杂事甚多。卷背字体较小，行距整齐，后部有关于师子国人僧伽弥多罗、中天竺人功德贤、蒲州人僧道英《华严》感应故事，内容很像后世的白话小说，其文如下：

> 盥掌之水，尚拯生灵者，即僧伽弥多罗，本师子国人，来到东土，化显众生。高宗大帝，甚加尊重。此法师戒行孤高，后于清凉山礼敬文殊师利，行道求圣境。因出至太原寺[2]，时属诸僧转读花严经，乃问曰：此是何经？

---

[2] 敦煌发现《妙法莲华经》卷第六（唐咸亨三年二月二十一日经生王思深写）题记中，有太原寺大德神符、嘉尚、慧立，太原寺上座道成。原卷现藏敦煌县文化馆。

书法

答云：是花严经。多罗法师肃然改容曰：此是边国，此处亦有经耶？法师合掌，欢喜赞叹久之。言曰：此大方广功德难思，西国相传有人读此经，以水盥掌，水霑虫蚁而舍命者，皆得生天。何况受持读诵，观察思惟，获福无量。□□□□讲说则华梵通韵者，是中天竺人功德贤，诸经靡不该通，后崇佛法，深入三藏。此师欲度化众生，到来唐国。高祖神尧皇帝请得在内，供养多日。有南谯王义宣等，并师事之。集义学沙门七百余众，谯王欲请功德贤法师讲花严经，以华言未通，有怀愧叹，即昼夜精勤，行道礼忏，虔请观音，以求冥应。遂梦有人执剑，持一人首来，至其前曰：何忧？于是具陈上事，即刜劫法师头，便置新头，语令回转，得无痛耶？答曰：不痛。豁然便觉，备悟华言。遂讲华严经，至数十余遍。表要至成之心，感得菩萨来加被诸善友等。不受辛勤，又不运菩提心，只恁海神听，而时雨傍流者，即僧道英，姓陈氏，蒲州人，至年十八，二亲为娶，五载同居，誓不相触。……于并州□法师处听花严经，便落彩（发）入太行山柏梯寺修行。（下缺）

这类故事，虽然是讲《华严》感应，但是，列举了三个人的事迹。其中师子国（今斯里兰卡）人和中天竺（今印度）人是两个外国人，同时还联系到中国蒲州人僧道英。这样，就使听众感到真实生动，增加了宣讲的吸引力。其中中天竺人求那跋陀罗，汉译曰功德贤，南朝刘宋时来华，宋太始四年卒，年七十五。事迹见梁释僧祐《出三藏记集》卷十四及梁释慧皎《高僧传》卷三。唐释惠英《大方广佛华严经感应传》记其事略称："宋主请求那跋陀罗三藏讲此经，三藏恨以方言未通，不尽经旨，乃入道场，请念观音。未盈七日，遂梦易汉首于梵头，因即洞解秦言，……时号换头三藏是也。"按木塔所出此卷，与史实显有出入：一、来到南朝宋朝误为来到唐国。二、宋文帝刘义隆（卷中尚有南谯王义宣）误为唐高祖李渊。三、梦易汉首为梵头，变成了"刜劫法师头，便置新头"。推断其因：一、辽人不愿说（刘）宋朝，以免误为赵宋。二、既说唐国，就把唐朝开国皇帝高祖李渊抬出来。三、"换头三藏"本是尊称，后人讲经为了夸大事实，危言耸听，说成了"刜劫法师头，便置新头"。藉以吸引听众。

关于这种事例，敦煌发现的目连救母故事与之有相似之处。目连救母本来是印度的故事，劝人行孝，但《目连缘起》中，也谈到中国二十四孝子故事中董永、郭巨、孟宗、王祥等故事。说明讲解佛经、必须羼入中国史实，甚至夸大故事情节，进行艺术加工，才容易被人接受，达到引人入胜的地步。相反，讲经人不结合中国的具体事例，专讲玄虚的印度佛经，是不会受到听众欢迎的。

在敦煌发现的《庐山远公话》中，内容叙述的是释惠远生平事迹，全卷是一个首尾连贯的有组织有结构的故事，因为题目标明是"话"，在开端首段内有："说这惠远，家住雁门，兄弟二人，更无外族。"说明它是当时出现的话本。木塔发现的僧伽弥多罗、功德贤、僧道英故事，应该就是当时的话本，与《庐山远公话》的体裁是很相近的。

鲁迅先生在《中国小说史略·宋之话本》中说："然用白话作书者，实不始于宋。清光绪中，敦煌千佛洞之藏经始显露，……而内有俗文体之故事数种，盖唐末五代人钞。如唐太宗入冥记、孝子董永传、秋胡小说……伍员入吴故事……京师图书馆（今北京图书馆）所藏，亦尚有俗文维摩、法华等经及释伽八相成道记、目连入地狱故事也。"鲁迅先生对敦煌"俗文体之故事"认为是唐、五代人所抄，这次木塔发现的辽代俗文学写本，为研究唐、五代、辽、宋时期俗文学的发展和互相影响，是有十分重大的意义的。

关于唐代的俗讲，一般除了讲唱之外，还要有图画配合。向达先生在《敦煌变文集·引言》中说："《全唐诗》里收有唐末诗人吉师老《看蜀女转昭君变》诗一首，……诗里有'清词堪叹九秋文'和'画卷开时塞外云'两句，前一句指讲唱者一定持有话本，后一句则讲唱之际并有图画随时展开，与讲唱相辅而行。"木塔发现的文物中，有木刻彩印绢地佛说法图，全幅用半板分印，原板边侧上方刻有楷书阴文"南无释迦牟尼佛"七字。印成的说法图，其字半板为正书，半板为反书。此图共三幅，原在银盒内折叠存放，并未装裱成轴，推测是举行俗讲时，在场中悬挂的。前后听众，皆可见到图上的正书文字。这种印刷品，很像后世民间春节时所悬贴在门前的"挂钱"，也像横悬在街心的"吉祥吊挂"。

敦煌发现的通俗文学作品，因为原来是在民间流传的，兼之抄写人文化水平不高，所以俗字、别字不一而足。木塔发现的写本和敦煌写本一样，也保存了大量的俗字、别字，同时还夹杂不少错字（有些是传写时所错）。为了识别写本中的俗字、别字，必须借助于辽僧行均的《龙龛手鉴》。此书撰者行均，幽州人，俗姓于，字广济，以五年时间，于《说文》《玉篇》之外，多所搜集，并集佛经文字，以补六书所未备，燕台悯忠寺沙门智光为之序。由于清代乾隆时期敦煌写本和应县木塔写本尚未发现，当时学者钱大昕等人对此书多所指摘[3]，今以行均之书对勘敦煌写本及应县木塔写本，发现写本中不能解的字，依《龙龛手鉴》中的注释，皆可迎刃而解。

今木塔发现的辽代写本，保存了大量俗字、别字，如能与《龙龛手鉴》一一对勘，其有助于辽代俗字、别字的研究，功不可没；同时，对敦煌写本俗字的形成和演变的研究，也将会起到它应有的作用。

原文刊于《文物》1982 年第 6 期

---

[3]　钱大昕《潜研堂文集》卷二十七《跋龙龛手鉴》："六书之学莫善于说文，始一终亥之部，自字林、玉篇以至类篇，莫之改也。自沙门行均龙龛手鉴出，以意分部，依四声为次。……而皆繁征博引，污我简编，指事，形声之法扫地尽矣。"近年潘重规先生撰《龙龛手鉴新编》，把该书里新作了编排，其内容是：存俗字，存误字，以俗音存俗字。书后并附《敦煌写本俗字对照表》，对于识别敦煌写本中的俗字，十分方便。

邱逢甲诗迹

　　清末爱国将领台湾邱逢甲（1864—1912年）《岭云海日楼诗钞》最近由上海古籍出版社出版。书前丘铸昌同志写的前言，内容充实，论证精到，对邱逢甲的一生，尤其是政治抱负，文学修养，都作了扼要的评述，是一篇好文章。微感不足的是对邱逢甲的书法，只字未提。其他同志论述邱逢甲的文章，也都忽略了此点。

　　40多年前，我在北平师大附中读书时，偶于春节厂甸画棚中购得邱逢甲自书诗轴一件。从其字体看，用笔与苏东坡相近，布局署款，落落大方，若非名家，无此手笔。诗为七绝，作于光绪戊申（1908年）五月、题为《戊申五月二十八夜作》，时邱氏45岁，居广州。从诗的内容看，"海沸天翻四十年"，正是诗人从5岁到45岁之间的一段经历。儿时身在台湾，今时身在广东，夜中不寐，心绪如潮，晓星在天，残角入耳，黎明曙光即将到来。此诗载《诗钞》卷十一，题为《五月二十八夜不寐》，与本幅诗题稍异。卜款"伯阳"，为《荡寇志》作者山阴俞万春的从孙俞伯阳，"大兄世讲"为对晚一辈的称呼，或称"世兄"。下款邱逢甲名下钤方形印章：上为朱文篆书"台湾丘逢甲印"，下为白文篆书"义军旧帅起部侍郎"。义军旧帅指在台湾抗击日本侵略军，改练勇为义军，自任统帅。起部侍郎指光绪十五年中进士后，授职工部主事。起部为工部古称，据一般记载，邱逢甲未任工部侍郎，但从印章看，似曾得过工部侍郎的职衔，至于时间长短，抑或到职与否？尚待进一步考证。

　　关于邱逢甲的姓氏，近年一般人都写成丘，从这件手迹看，署名作邱。此邱字作为姓氏并未列入简化字，古与丘通用，但在姓氏中，邱与丘是有区别的。

这件《邱逢甲自书诗轴》，已于 1953 年捐赠北京历史博物馆。今日重观，倍感亲切。

原文刊于《光明日报》1983 年 9 月 24 日

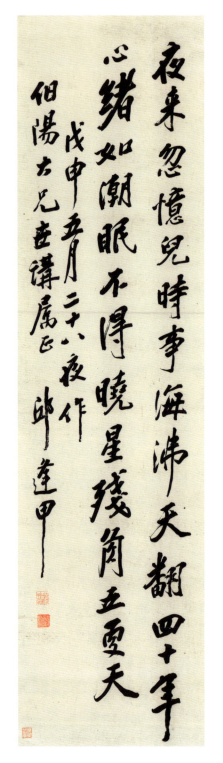

邱逢甲行书七绝诗轴

李白署书独乐寺“观音之阁”考

蓟县独乐寺是1961年国务院公布的第一批全国重点文物保护单位之一。初建于唐，重建于辽统和二年（984年），现有的山门及观音阁是辽代原构。

观音阁高22.5米，3层，是我国现存的年代最早的木结构阁楼建筑。当我们走进山门，便可以见到阁楼高悬“太白”署名的“观音之阁”四字题额。经向一些同志询问四字是否李白所书，多数抱怀疑态度。根据我近年来的认识，则以为“观音之阁”额应是李白所写，试简述其由。

观音阁重建于统和二年，即宋雍熙元年，上距唐亡仅77年，故其建筑上承唐风。唐代建筑题额多为立形，横额则甚少见，今国内所见唐寺题额，如五台山佛光寺大殿“佛光真容禅寺”立额便是一例。而日本奈良唐招提寺四字门额，也为方形立额，位置布局与观音之阁同。

故宫博物院藏张伯驹先生捐献的李白《上阳台帖》，为现存李白的唯一墨迹。启功先生撰《李白上阳台帖墨迹》一文，谓“李白字迹流传不多，在碑刻方面，如《天门山铭》《象耳山留题》等见于宋王象之《舆地纪胜·碑目》，游泰山六诗，见于明陈鉴《碑薮》，《题安期生诗》石刻和《灵隐寺》诗见孙星衍《寰宇访碑录》卷三，拓本皆俱罕见。许多明显伪托，加题‘太白’的石刻，不详举。”著录在法帖中或书本上的李白字迹，仅此《上阳台帖》而已。

《上阳台帖》书法凝重，磊落大方，内容是对庐山的名胜题评，款署“太白”。而观音阁额亦署“太白”，可见“太白”是李白署名常例。至于“观音之阁”四字书体之凝重大方，可与《上阳台帖》墨迹互参，自见风格一致。

清初宋荦《西陂类稿》卷五《独乐寺》诗云：“双林独寻寺，揽辔蓟门过，殿阁诸天迥，登临往迹多。署书传太白，遗碣有蒙哥。坐听晨钟响，将余念薜萝。"自注云："寺有李太白书"观音之阁"四字及元蒙哥帝为赛典赤所立贤牧碑。先文康（按即宋权）开府渔阳日，曾携荦来游，今三十六年矣。"宋荦是清初鉴赏大家，其对"观音之阁"题额文字称"传太白"，此"传"字不是传说，而是流传下来的意思。可见宋荦认为此额是李白所书。与宋荦同时的王士禛在所著《居易录》中称："蓟县独乐寺观音阁凡三层，其额乃李太白书"。亦提出了自己的看法。

唐代以前，我国碑刻多不署书者名氏，从唐代开始，此风大行。"观音之阁"题额有"太白"署名，并非自为炫耀，实有表敬之意。观其名字甚小且藏于阁字之下，此正是匾额落款尚未定型，犹之宋人绘画落款在树隙石缝间。故"观音之阁"太白二字不能以后世匾额落款位置衡之。至于有人怀疑"太白"二字是后人伪添，似此乃欺骗行为，亵渎神灵，在封建社会是不敢妄为的。

清代中期的书法理论家包世臣所著《艺舟双楫·论书》中称："蓟州城内有太白书观音之阁四大字，字径七八尺，整暇有永兴风，唯笔势稍抛松耳。然较逍遥楼（按在今桂林，为石刻本）颜书相去不可数计。"包世臣称李白所书此额"有永兴风"，永兴是唐初书家虞世南，至于"观音之阁"不如颜书"逍遥楼"之雄劲，这也只能是包世臣的看法而已。我们都知道李白是唐代的书法家之一，但书名不如诗名，似不必与专以书名的欧、虞、颜、柳争胜一朝，这里包世臣既未认为是伪托，则更可加重"观音之阁"四大字的认定了。

郭沫若先生，《李白与杜甫》书后所附《李白杜甫年表》，称"李白于天宝十年（五十一岁）北游塞垣，有《幽州胡马客歌》刺安禄山，翌年春游广平、邯郸等地，北游蓟门，秋抵幽州，目击安禄山之跋扈，有忧国之思，曾在边地游猎，自言一箭射穿两虎，一射并中双鸢，在黄金台上怀燕昭王而痛哭。天宝十二年春离蓟门，归魏郡。"由此可以推断李白书写"观音之阁"当在天宝十二年（753年）之际。则独乐寺的初建，亦即此时。如李白题额即为建寺之年，则自天宝十一年，至统和二年，中经232年，与梁思成先生在《蓟县独乐寺观音阁山门考》所言独乐寺初建在统和前"三百年以上"大致还是相近的。

原文刊于《光明日报》1984年11月17日

明程南云、李东阳、唐顺之三家诗卷跋

荣宝斋藏品中，有明人程南云、李东阳、唐顺之三家书诗卷各一件，承邀参观，叹为稀贵，誉为明代"三稀"可也。

一、程南云五体书韦应物诗卷

在我国书法史上，明代承先启后，书家辈出。明初书家多承元人家法，除三宋（宋克、宋璲、宋广）、二沈（沈度、沈粲）外，程南云异军突起，蔚为一代巨擘。

南云字清轩，号远斋，河北广平人，寄籍江西南城。永乐初，以能书，召赴京师，授中书舍人、经筵侍书，掌写诰敕并参与纂修《永乐大典》。宣德、正统间累官至南京太常卿。

程氏诗文奇古，书工四体。篆法得陈登之传，又擅大字，尝奉诏书长陵碑。喜画梅兼竹，于雪中者尤为尽致。事迹见《明史·英宗本纪》《书史会要》《明画录》等书。

南云篆书，过去仅散见于某些古书画引首。如故宫博物院藏顾闳中《韩熙载夜宴图卷》引首题"夜宴图"三字。辽宁省博物馆藏《陆游自书诗卷》引首题"放翁遗墨"四字。从中可以看出南云篆书中锋直下，不露锋芒，笔势圆劲，丰腴适中。后人常以其篆书与李东阳篆书相比，由于东阳多用干笔书篆，故有"程肥李瘦"之评。

此南云五体书唐韦应物诗卷，纸本，纵30厘米，横361厘米，为楷、行、篆、隶、章草五体，分书韦诗：《春中忆元二》《怀素友子西》《夏夜忆卢高》等22首，款署"右唐韦应物诗22首，录于正统壬戌夏五月之吉也"。钤朱文篆书"广平程南云之印""清轩"二印，引首钤阳文篆书"清光日近"长方印。正统壬戌是正统七年，公元1442年。

在南云书韦诗之前，另纸尚有陈文东隶书范仲淹《严先生祠堂记》，笔意苍古，当推名笔。款署："洪武癸亥秋八月初吉，谷阳陈文东隶。"钤白文篆书"陈文东印"。按明代有松江人华亭人陈文东，见朱彝尊《明诗综》卷十五。此陈文东谷阳人，谷阳即今河南鹿邑，当以后者为是。

南云书法，不拘一格。皆圆润俊秀，结构开张。元赵孟頫曾书六体《千字文》，此卷较之赵书跳跃活泼，有许多新意。并非如赵书一字六体，而是韦诗之精英。程字韦诗，心声心画，可谓相得益彰矣。

二、李东阳自书诗卷

李东阳（1447—1516年）是稍晚于程南云著名的文学家和书家，字宾之，号西涯，湖南茶陵人。相传其4岁时能作径尺书。天顺八年进士，选庶吉士，授编修，官至文渊阁大学士，预机务，多有匡正。弘治十八年（1505年），孝宗临终前，召刘健、谢迁、李东阳入乾清宫，以太子相托，遗命3人辅翼武宗。立朝50年，清节不渝。当刘瑾用事时，东阳潜移默御，保全善类，卒谥文正。有《怀麓堂集》100卷，事迹见《明史》本传。

东阳不但是明代著名政治家，同时又是著名文学家。《明史》本传谓："明兴以来，宰臣以文学领袖缙绅者，杨士奇后，东阳而已。"《明史·李梦阳传》谓："弘治时，宰相李东阳主文柄，天下翕然宗之。"由于地位高，并以诗文引后进，许多文学之士环绕其周。遂形成以东阳为首之文学流派，时人称之为"茶陵诗派"。

"茶陵诗派"论诗，出入宋元，溯流唐代。其后以李梦阳、何景明为首之"前七子"针对台阁体主张，"诗必盛唐"之说，显然受李东阳所启发。

此《李东阳自书诗卷》，绢本，行书，纵26.5厘米，横817厘米，弘治十六年（1503年）九月二日为恒叔所写。诗为《房山山房相墓道中纪事》七律八首、《复畏吾村旧茔志感》七律十首。皆见于今本《怀麓堂集·后稿》。经与《后稿》互校，文字略有异同，当以今本《怀麓堂集》为是。两组律诗，皆东阳在北京所作。一作于弘治十四年（1501年）辛酉，到房山选择新墓，一作于选墓未成之后，修复畏吾村旧茔。其在卷后题称："相墓之行在辛酉十二月，恒叔秉制以公务会我于房山之麓，时烈风寒甚，往返劳顿，极不能堪。乃畏吾迁葬，恒叔始奉命治丧事，炎埃酷日中屡枉车从。盖自癸亥五月，历秋而未竣也。予以暮年逆境，幽情苦志，发而为辞，恒叔皆与闻之，因汇录成卷，以遗恒叔，知我罪我，惟有以择之而已。恒叔早承家学，慎官守，工词翰，于是诗其有感也夫！长沙李东阳宾之书于怀麓堂，弘治十六年九月二日。"钤朱文篆书"宾之""七十一峰深处"二印，引首钤朱文篆书"长沙"印。

东阳自弘治七年至正德七年即48岁至66岁，19年中在内阁任职。第一年在内阁专管诰敕。第二年起在内阁参预机务，先后任礼部右侍郎、礼部、户部、吏部尚书，文渊阁、谨身殿、华盖殿大学士。当时，内阁大学士相当于宰相之职，故能于孝宗临终前，得受顾命。

洪武初年，东阳曾祖父李文祥在茶陵参加义兵，后随军至北京，东阳祖父李允兴在北京代父于燕王朱棣宫中服役，朱棣迁都北京后，允兴在禁卫军"金吾左卫"任制造军器官。家居北京海子西涯，东阳居此，遂号西涯。据清法式善《存素堂文集·西涯考》谓李东阳西涯在今什刹海后海西南岸之西煤厂胡同地方。《存素堂文集·赎李文正公墓田记》谓李东阳曾祖暨祖俱葬畏吾村，其地在今北京西直门外白石桥北魏公村大慧寺北墙外，今魏公村即畏吾村之音转，元代其地居民多维吾尔族人，故名。

东阳生前曾有意在房山选墓，但未能实现。故有"复畏吾村旧茔"之举。其在《房山山房相墓道中纪事》诗第一首开端称："乞得君恩暂拨忙，许从西郭看林庄。"大概是由于身为首辅，皇帝特许选建新墓，但是，新墓并未建立。正德八年至十一年，在北京度过了三年半退居生活，逝后仍归葬于畏吾村旧茔。故第八首诗结句有"病眼不禁双泪冷，自歆乌帽解纱笼"之叹，可见晚年已把生死看得淡泊了。

东阳《复畏吾村旧茔志感》十首，主要是怀念先人之作，并描述了当时北京西郊白石桥、畏吾村一带的风光景物。第十首诗称："都城西下石桥东，十里川原四面通。僧饭午钟洪庆寺，洞箫凉月静虚宫。邻多鸡犬知村近，祭有田园及岁丰。兼是白头归老地，未临丘首得相同。"这里可以看出放弃房山而愿归葬畏吾村旧茔之真实情感。

东阳之友恒叔，是帮助相墓、复旧茔的一位至友，东阳写此诗卷相赠，是对恒叔之酬答并作纪念。我们从中不但可以欣赏东阳诗篇，而且书法精美，为研究东阳文学艺术成就及北京历史不可多得之文物。

三、唐顺之自书诗卷

纸本，行书。纵 32.5 厘米，横 745 厘米。自书《嵩岳》《送樊大夫会朝长至》《龙泉寺》《咏崔后渠书屋》《赠周中丞备御关口》《从军行送吕武选募兵辽海》《同院寮观阁中红药戏题》《咏蛱蝶花》《寓城西寺中杂言五首》《奉命分祀孔庙作》共古近体诗十题十四首。款署："武进门生唐顺之顿首书呈范东刘尊师先生教"，下钤白文篆书"唐应德氏"印。

按唐顺之（1507—1560 年）字应德，一字义修，武进人。嘉靖八年进士第一。倭寇蹯江南北，以郎中视师浙江，亲自泛海，屡破倭寇。历任太仆寺卿、右佥都御史等职，谥襄文，学者称荆川先生。顺之学问渊博，留心经济，自天文、地理、乐律、兵法以至勾股、壬奇之术，无不精研。所为古文，汪洋纡折，屹然为一代之宗。有《荆川集》12 卷、《广右战功录》1 卷。事迹见《明史》本传。

在中国文学史上，唐顺之是明代中叶兴起的文学流派"唐宋派"重要人物。顺之与王慎中、茅坤、归有光等人反对"前、后七子"拟古主张，提倡唐宋散文，反对模拟、剽窃、无病呻吟。主张文章宜直抒胸臆，信手拈来，如写家书，强调真情实感，其文学见解及作品具有一定进步意义。

顺之脍炙人口名篇《信陵君救赵论》载入《古文观止》，其论信陵君功过兼备，既肯定信陵君救赵存魏，又指责其目中无君，为个人姻戚而未从六国或赵魏利益出发，擅自盗窃兵符。通过对信陵君之评论，表明反对人臣结党营私，主张加强君主权力。

顺之不但以古文著名，不少诗作可当史诗看待。本卷所书诗篇，除《龙泉寺》一诗外，皆见于《荆川集》中。诸诗除吟咏都城风物、友朋投赠以外，尚有送人募兵辽海、备御关口之作，为具有一定历史价值之诗篇。顺之书法较之程南云、李东阳更为稀有。潘承厚《明清藏书家尺牍》第一册收顺之致汝登短札一通，其他尚未之见。

此卷是顺之写赠其座师刘范东者。《荆川集》卷一有《寄刘范东提学》七律一首，诗中有"畴昔虚蒙国士待，于今樗散更无如"之句，知刘为顺之前辈座师，刘提学应天府，对顺之曾以国士赞誉，故落款书"武进门生唐顺之顿首书呈"。顺之投此诗卷，有报知遇之恩之意，故书法刚健遒劲，用笔精到。诗字俱美，应是顺之平生得意之作。

　　为了补充《荆川集》佚诗《龙泉寺》一首，现将原诗录后："宝地风尘绝，琳宫日月偏。雁来还绕塔，龙去尚留泉。户里天花落，空中梵乐传。远师休禁酒，客醉欲逃禅。"此可供研究唐顺之作品之参考。

　　卷中文字与今本《荆川集》互校，如《嵩岳》，今本作《中岳》；《赠周中丞备御关口》，今本作《寄周中丞备御关口》；《从军行送吕兵曹武选募兵辽海》；此皆有助于文字校勘。至于诗中个别文字异同处，所在多有，知古人晚年刻集定稿，于原作文字往往犹作最后之推敲。此正是字斟句酌，一丝不苟之谓，治学严谨为可敬耳。

原文选自荣宝斋编《荣宝斋三十五纪念》，1985 年

于右任书《浣溪沙·哈密西行机中作》墨迹

"我与天山共白头，白头相映亦风流；羡他雪水溉田畴。风雨忧愁成往事，山川憔悴几经秋；暮云收尽见芳洲。"

上面这首《浣溪沙》词，是1946年秋，我国民主革命先驱、国民党元老、著名爱国诗人、书法大师于右任先生与诗人卢前、画家韩乐然等赴新疆旅途中所写，题为《哈密西行机中作》。我第一次读这首词是在1947年出版的《草书月刊》第1卷第3期上见到的。最近湖南人民出版社出版的《于右任诗词集》收入。此词虽属小令，用字不多，但情景交融，确是有感而作，当时发表，即争相传诵，大家对于老的词作给予了很高的评价。但对于老此词的手迹，迄未见到。

今年5月10日至25日在北京举行的《于右任先生书法真迹展览》的展品中，有于老为高培五先生所书此词屏条四幅，款署"培五老弟正，右任"，下钤阳文篆书"右任"方印。词幅字兼行草，鹤舞龙飞，为于老生平得意之笔。

天山是横贯新疆维吾尔自治区中部的一座大山，主峰高7443.8米，终年积雪。于老一行在从哈密飞往迪化（今乌鲁木齐）途中，见到天山白雪皑皑的山峰，不由想到自己已经有了花白的头发，虽有人生易老之叹，但与天山白雪相映，天山不老，自己仍有芳华未减之心。在机中见到山下的大片沃土，终年全靠天山雪水灌溉，天山具此美德，所以受人称羡也。词的后阕写出了自己对时事的感触：风雨忧愁的时期虽然快要过去，但是，山河憔悴，仍然有待收拾，只有暮云收尽，才能见到片片的绿洲。这种情景只有当时到过新疆的人才会有更深刻的体会。

在旧中国时期，从内地赴新疆的人，多取道玉门关，经哈密至乌鲁木齐。虽然有人乘机飞行，但在机中写作诗词者甚少。当时于老新疆之行在飞机中的作品，除了《浣溪沙·哈密西行机中作》外，尚有《人月圆·迪化至阿克苏机中作》《江城子·阿克苏至喀什机中作》《浣溪沙·塔里木戈壁机中忆阿克苏温宿之游》《采桑子·九月一日迪化东归机中，时天山初降雪》《浪淘沙·哈密东归皋兰，因乌沙岭大雨，机转甘州》《浣溪沙·兰州东行机中作》《南乡子·兰州东行机中作》《减字木兰花·西安至南京机中作》等作品，皆见于《于右任先生诗词集》。乘机飞行，时间皆甚短促，机中写作诗词，在我国诗坛中，于老始开其端。其后，虽然偶于机中写作一两首诗词者不乏其人，但机中作品数量之多，能超过于老者，尚无所闻。

原文刊于《中国旅游报》1986 年 6 月 17 日

林白水卖文字办报

去年 8 月 6 日是民主革命烈士、报界先驱林白水就义 60 周年。最近，林白水烈士的纪念馆在烈士家乡福建闽侯青圃村落成。烈士的女儿林慰君教授专程从美国回来，参加纪念活动，并将包括孙中山手书在内的一些烈士珍贵遗物捐献给福建省博物馆。

林白水（1873—1926 年）原名獬，字万里，号少泉，晚号白水。早年留学日本，从事反清活动。归国后，与蔡元培在上海合办《警钟日报》，鼓吹革命，宣传爱国，先后营救过黄兴、章炳麟、邹容、章士钊等人。辛亥革命后，任大总统府秘书，众议院议员，是我国著名的革命报人，也是著名的教育家。

林白水一生为人正直，革命活动深得孙中山、廖仲恺等人的器重。就义时，年 54 岁。1985 年 7 月 30 日，被民政部追认为烈士。

林白水的文章和书法，在当时是十分著名的。他还是一位热爱金石书画的专家，收藏有红梅纹端砚，为心爱之物，在《社会日报》开辟《生春红》专版，提倡研究祖国历史文化艺术。他文思敏捷，"嬉笑怒骂，皆成文章"。其书法，大篆、小篆均有精到之处。登门求他撰文、写字的人接踵而至，日不暇给，以至不得不订一个"卖文字办报"的润例。润例或称润格，也称润笔，在我国历史上，书画家制订润例是很正常的事，但林白水为办报而订润例，以润笔收入而办报，宣传革命，打倒军阀，是少见的。

林氏在润例的开头便说："仆从事新闻已逾卅载，硁硁自守，不敢以个人私便之故，累及神圣之职业。海内知友，类能见信。《社会日报》自出世以迄今日，已满三年，耗自己之心血，不知几斗；糜朋友之金钱，不知几万。艰难缔造，为社会留此公共言论机关，为平民作一发抒意见代表，触忌讳，冒艰险，所不敢辞。然为资力所扼，发展无望，愧对读者。今则并此不死不活之状态，犹得维持。一切环境，如警吏、侦探、印刷工人、纸店掌柜，均可随意压迫，摧其生命，避免无术，如陷重围。揶揄之鬼载途，将伯之呼不应。计不得已，惟有出卖其自以为能之文与字，藉资全活。海内读吾报与表同情者，或能不吝援助，俾得共保此公共言论机关，则非惟区区私人之感幸已也。"

在军阀统治下的旧社会，警吏、侦探环伺，无事生非，动辄得咎；印刷、纸张又形成重大经济压力，文人办报，何以应付？卖文卖字得几个钱，只是部分地缓解了印刷、纸张问题，与主要的政治压迫无涉，我们从这个"卖文字办报"的启事中读到"触忌讳，冒艰险，所不敢辞"这些话，不禁肃然起敬，我们的心深深地为一个革命者无所畏惧、视死如归的革命英雄主义所打动。

润例的内容十分丰富，文例、字例各有详细价格，随后还有一句说明："以上两例，对于学界，概以八折计算。"这也可以看出林白水对知识分子的态度，无它，只好在自己的润例上给予同情和照顾。

润例最后为收件处，除了西城宏庙20号及太仆寺街72号林宅外，还有棉花头条1号社会日报社及琉璃厂几家古玩铺、南纸店，青云阁富晋书社等。从润例上所写的墨笔字，我们知道社会日报社薛茂芝是协助林白水承办收件事务的人。

《北京日报》1986年11月30日发表的张叔文《林白水故居》一文，谓故居在棉花头条1号，从这件润例看，棉花头条是社会日报社，故居两处，一在宏庙，一在太仆寺街。

原文刊于《燕都》1987年5期

文天祥书《谢昌元〈座右自警辞〉》跋

　　昔年肄业辅仁大学，从诸暨柴青峰先生（德赓）游，1943 年 12 月，先生发表《〈鲒埼亭集〉谢三宾考》（载《辅仁学志》第十二卷第一、二合期），当时北平沦陷，先生著文揭发明末遗臣谢三宾两次降清，卖友求荣，以痛斥卖国汉奸，宣传爱国主义，用意十分深远。

　　先生在论文中，多次列举全祖望《鲒埼亭集》对谢三宾异称十三处，并举同时黄宗羲《南雷文约》等书对谢三宾异称亦十三处。在《鲒埼亭集》中，除直指其名外，有谢氏、谢太仆、故太仆、谢阁学、降臣、降绅、降人、降臣夫己氏、降绅夫己氏、夫己氏、老奸、谢昌元诸名。这些异称或直著其名，或隐约其词，大抵因时代不远，子孙犹存，且文集非史传，故随手应用。至于《南雷文约》等书所称，如鄙夫、乡绅、乡老、富绅、绅某、东山、降人、降臣、降臣无己氏、逆绅、叛儿、逆竖、贼臣等，多为遗民对谢三宾之痛贬。其与全祖望同者，有降人、降臣、降绅、夫己氏数种。

　　最可使人注意者，全祖望对谢三宾的一个异称为谢昌元，见于《鲒埼亭集外编》卷八《族祖苇翁先生墓志》："苇翁讳美闲，先宗伯公之孙，二何先生子也。国变后，自以明室世臣，不仕异姓，集亲表巨室子弟为弃襦社，吾家族祖木千先生暨先曾王父兄弟皆豫焉。谢昌元闻而恶之，曰：'此辈不复求死所耶！'"

　　谢昌元名，见《宋史·文天祥传》。天祥被执至燕，"（王）积翁欲合宋官谢昌元等十人请释天祥为道士，留梦炎不可，曰：'天祥出，复号召江南，置吾十人于何地！'"即此谢昌元也。

　　中国历史博物馆藏文天祥书《谢昌元〈座右自警辞〉》长卷，纸本，纵

36.7厘米，横335.7厘米，纸三接，草书71行，其间《座右自警辞》44行，315字，字体较大，文跋27行，281字，字体较小，款署"咸淳癸酉六月吉日，后学文天祥书。"下钤"文天祥氏"篆书朱文方印。卷后有南宋王应麟书赞，元蒋岩，明万韫辉、邾智、廖驹、程启充跋，并有谢源（字孟本），小楷书渠远祖谢昌元《行实》。包首有乾隆题签"文天祥书谢昌元座右辞，内府鉴藏"，下钤"神品""乾隆宸翰"篆书朱文方印。明都穆《寓意编》，清吴升《大观录》、安岐《墨缘汇观》《石渠宝笈续编》著录。

此卷为文天祥于咸淳九年（1273年）所书以赠昌元，时昌元年60岁，天祥年38岁，故有"后学"之谦称。是年正月，天祥除湖南提刑，辞免不允，三月领事。《文山先生集》卷四有《湖南提刑到任谢皇后表》，则此时天祥、昌元皆在湖南也。昌元以东汉冀州刺史苏章公法私恩之辩，而以敦友道、扶世教为己任，斥世之卖友求荣、钓名干进者，置之座右以自警。天祥跋谓："足以树大伦，敦薄夫，救来学之陷溺而约之正"，并赞昌元为"真仁人"（此跋文《文山先生集》未收）。王应麟赞此卷："敬斋（谢昌元字）述之，矫薄归厚，文山健笔，立懦廉顽。"

此卷据《寓意编》所记，长期为谢氏子孙保存。至明初为谢源所有，据源所撰昌元《行实》："昌元字叔敬，号敬斋，资州资阳人，淳祐四年以《易经》魁蜀省，登进士第，累官至秘书少监。宝祐五年以知施州除太常博士。南宋亡后，至大都大安阁里朝见，圣旨劳问甚悉，分付平章：'他是直南好秀才，你好看觑他者。'……又奉圣旨，随驾上都。嗣是，日蒙宣问，因得历陈时政得失，无所顾忌。奉圣旨：'将谢秀才所奏各事遍行天下。'累蒙圣问，欲得何官，尚书累辞不拜，曰：'陛下安用此亡国之臣。'至当年七月，内忽承宣命；赐以前职，勾当专一讲究中书省里公事，尚书再拜。……留京十有四年，……至元二十九年卒，年七十九。葬鄞邑翔凤乡之原。"

谢昌元史无专传，除了谢源所撰《行实》外，元人袁桷《清容集》卷三十三《师友渊源录》称：'谢昌元，资州人，淳祐甲辰别院第一，守封州，提举广东常平。幼岁见刘文节公光祖，能道蜀士大夫言行，可传录，言蜀中亡事甚惨，侨居于鄞。入朝，为礼部尚书。"

又袁桷《延祐四明志》卷五称："谢昌元字叔敬，西蜀资州人，幼岁见刘文节公光祖于简州，应对敏解，为题扇赠之，且勉以学。见魏文靖公了翁，复奇之。类试四川第一，调绍庆府教授，守施州，筑城以备御。开庆元年，除太学博士，迁太常博士，知封州，新学校。提举广东常平茶盐，奏蠲盐银，以宽民力，疏入不报，卒捐俸代偿之。为沿海参议官，因家于鄞。德祐元年，以著作郎迁秘书少监。……（至元）十四年，世祖平宋，乃命子召昌元入朝，上深器之，呼为南儒，预议中书省事。……为礼部尚书。……至元浑一之际，凡所朝议，昌元诸人皆得预闻，后以老归，卒，葬于鄞。"

自《延祐四明志》后，所修四明诸志仍之。至清康熙间，邑人闻性道修《鄞县志》，始削去昌元传。观《延祐志》所载，昌元除以降臣为新朝谋治外，似无大过可议。全祖望以昌元名三宾，尚有大事可查。

《鲒埼亭集外编》卷六《陆宇鏸墓碑铭》称："夫己氏贻书定海镇将，有请杀六狂生以靖乱之语。当时六狂生皆窭儒，独先生以贵公子毁家输饷，夫己氏尤欲杀之，不料其计之不行也。先生贻之书曰：'昔德祐之际，谢昌元赞赵孟传诱杀袁进士以卖国，执事之家风也。今幸总戎不为孟传，遂使执事不得收昌元效顺之功，以是知卖国之智，亦不能保其万全也'。夫己氏得书，咋舌而已。"

谢昌元所赞赵孟传诱杀之袁进士即袁镛。《乾隆鄞县志》、陆心源《宋史翼》皆有传。万斯同《宋季忠义录》卷八："袁镛字天与，鄞人，有大志，邃于《春秋》，登咸淳进士第，以父忧未即仕。见国势日蹙，窃叹曰：'生则宋臣，死则宋鬼。顾无寸兵尺地，不能捍御以固社稷，得仗义执言，从常山、睢阳于地下，不失为宋臣，足矣。'适元将遣游骑十八骑驻西山之资教寺，镛悲愤激烈，约沿海制置使兼知庆元府赵孟传、将作少监谢昌元共出御敌。二人曰：'尔第先往，我二人当以兵继。'镛遂奋然独往，厉声言曰：'汝主无故谋起干戈，残我土宇，使我人民宛转锋刃之下，天下鬼神所不容，四方忠义之士日夜愤惋，勤王之师四至，吾恐汝北归无日也。'言未竟就执，而二人已密往车厩献版图迎降矣。元将奇镛才，胁令降，曰：'从则富贵，不从则烧戳汝！'镛骂曰：'我为宋臣，死则死耳，终不从汝也。'元将怒，纵火燎之。须发殆尽，词气愈厉，至死不稍变。其日，家人惊悼，赴水而死者十有七人。"《宋史翼》据蒋景高撰传，言"北兵闻之，疑信犹未决，明日元兵四集，孟传、昌元惧，乃以兵献于慈溪之车厩。镛失援被困，因挺身与接战，自辰至酉，力不支，为所擒。"此说与万斯同《宋季忠义录》同。谢昌元与赵孟传之降元，卖友求荣，昭然若揭。

《鲒埼亭集》卷二十三《宋忠臣袁（镛）公祠堂碑》云："呜呼！袁公之死，

盖见卖于赵孟传、谢昌元，而清容作《四明志》，不立公传。初意以为《五代史》缺韩通之例！出于嫌讳，欧公且然，又何怪乎清容。既而见其为赵、谢二降臣有佳传，乃知其党于降元之徒也。盖清容之父处州，亦降元，故清容之纪先友也，凡降元者多称之。而且作《幽兰操》以吊崖山降将吴浚，可谓失其本心也已。夫抗元者不立传，或有可原，降元者反传之，岂非党哉！吾读清容之文，未尝不爱其才，而心窃薄之。"全祖望此文，义正词严，与万斯同、陆心源皆明指谢昌元卖友求荣及袁桷不为袁镛立传原因所在。

此外，蒋学镛《乾隆鄞志稿》卷五《袁士元传》："士元一名宁老，宋忠臣镛之孙，父泽民。镛既死国，家人咸赴水死，仆沈兰出泽民水中，藏之大冢，兵退乃还。其后，赵孟传、谢昌元耻己之卖友也，复多方谋所以灭孤者，而竟得全。"蒋氏此文注云："兼采家传"，则宋末昌元之行径与明末三宾并无二致，无怪陆宇以昌元责三宾，全祖望以昌元射三宾，此四明本乡典故，史家不可不知也。

从上述事实，可知谢昌元一生，前期倡言周、孔之道，人伦之本，论文谈兵，济时捐俸，为文天祥所景仰，且书昌元所撰《座右自警辞》以赠之。并赞昌元"足以树大伦，敦薄夫，救来学之陷溺而约之正。"誉之为"真仁人"。孰料物换星移，世更事改，曾几何时，一贯以敦友道、扶世教为己任之君子，竟成为卖友求荣、钓名干进之降人。此天祥生前所未及料，昌元有负亡友多矣。

阅《书法丛刊》第二辑（文物出版社1981年），载有艾烨《宋文天祥书谢昌元座右辞卷》，谓谢昌元"累官至秘书少监，南宋亡后，不事元朝，元至元二十九年病逝故里，时年七十九岁"，对谢昌元生平历史，歪曲过甚。此有关昌元出处大节，因据师说，撰为小文，冀关心宋元之际历史者有所资考。至于文天祥生平以及书法之神采韵致，有目共鉴，故不详述云。

附：文天祥书《谢昌元〈座右自警辞〉》录文

周公谓鲁公曰：君子不弛其亲，不使大臣，怨乎？不以故旧无大故，则不弃也。孔子曰：君子笃于亲，则民兴于仁，故旧不遗，则民不偷。周公传国，孔子立言，恳恳于亲戚故旧者，皆所以厚风俗、善教化也。世远人亡，经残教弛。汉苏章为刺史，行部，有故人为清河太守，设酒肴陈平生之好甚欢，乃曰：今日故人饮酒，私恩也，明日刺史案事，公法也。不知太守谓谁，厥罪惟何？观其一天二天之说，是必巧言令色之鲜仁。而非直谅多闻之三益也。然既与之有平生故旧，适然相逢，亦当忠告善道，委曲劝勉，使之悔过迁善，或使之自作进退。何乃待之以杯酒，加之以刑责，盖卖友买直，钓名干进尔。而论章者多，亦不复用，然则何益哉？世变愈下，人心愈非，至唐韩子则叹有反眼下石，为禽兽之所不为者。宋苏子则谓争半年磨勘，虽杀人亦为之者。观韩、苏之言，则苏章杯酒殷勤之欢亦无之矣。周、孔垂训，必归之成德，君子有旨哉！

右敬斋谢先生座右自警之辞。人之所以为人者，以有人伦也。朋友居人伦之一，其视君臣、父子、兄弟、夫妇，虽其情礼有隆杀，而义之所起皆天性之不能自己者。惟其出于天性，是以均为人道之大端，亲者无失其为亲，故者无失其为故，各尽其分，所以为人也。自汉苏章有刺史故人，私恩公法之语，世以为固然，而莫知其非，传为故实，流俗雷同千余年，于此，先生本之人心，按之经义，用春秋诛心之法，以卖友买直，钓名干进，以发其微。于是知章之不可干以私，乃自私之尤者也。正使当时由是而为公为卿，外物之得，曾何足以救本心之失，况不必得乎？语曰：观过斯知仁矣！先儒谓：君子过于厚，小人过于薄，章不足云也。先生之论，足以树大伦、敦薄夫，救来学之陷溺而约之正，先生真仁人哉！咸淳癸酉六月吉日后学文天祥书。

原文刊于《中国历史博物馆馆刊》1989 年总 13—14 期

王应麟跋文天祥书谢昌元《座右辞》书后

　　1989 年 9 月出版的《中国历史博物馆馆刊》总 13、14 期发表了我写的《文天祥书谢昌元跋》，谈到《座右辞》卷后的各家题跋中，首为南宋王应麟书赞。最近接连收到几位读者来信，询问为什么图版里只见到《座右辞》本文，而未见卷后题跋，尤其像王应麟这样的重要人物，其手迹从未见过，如果这件题跋是真迹，那就是一件仅存的流传下来的王应麟手迹了，希望发表出来。我读到同志们的来信，觉得王应麟的手迹未能和读者见面，确是一件憾事，现在把它发表出来，以满足广大读者的要求。

　　王应麟（1223—1296 年）字伯厚，庆元府（今浙江东部）人。博学多识，在宋代罕有伦比。《宋史》本传说应麟淳祐元年（1241 年）举进士，宝祐四年二月试博学宏词科中选。宝祐四年五月，理宗御集英殿策士，应麟充覆考检点试卷官。考第既上，帝欲易第七卷置其首，应麟读之乃顿首曰："是卷古谊如龟镜，忠肝如铁石，臣敢为得士贺。"帝喜，遂以第七卷为首先，及唱名，乃文天祥也。王应麟累擢秘书郎，应诏极论时事。度宗即位，累迁礼部尚书。上疏不报，遂东归。后二十年卒。

　　应麟著述宏富，有《深宁集》100 卷、《玉堂类稿》23 卷、《掖垣类稿》22 卷、《诗考》5 卷、《诗地理考》5 卷、《汉艺文志考证》10 卷、《通鉴地理考》100 卷、《通鉴地理通释》16 卷、《通鉴答问》4 卷、《困学纪闻》20 卷、《蒙训》70 卷、《集解践阼篇》《补注急就篇》6 卷、《补注王会篇》《小学绀珠》10 卷、《玉海》200 卷、《词学指南》4 卷、《词学题苑》40 卷、《笔海》40 卷、《姓氏急就篇》6 卷、《汉制考》4 卷、《六经天文编》6 卷及《小学讽咏》4 卷，并行于世。

在王应麟著作中，以《困学纪闻》《玉海》为最著。《困学纪闻》是札记、考证之书，清阎若璩、全祖望、程瑶田、何焯、钱大昕、屠继绪、万希槐皆为之笺注，谓之"七笺本"，后又有翁元圻注本，最善。此书号为宋人考订书之最精核者。

至于王氏所撰《玉海》200卷，附《词学指南》4卷，体例近于《文献通考》，搜罗典故，囊括旧闻，凡天文、地理以及台阁、宫室、服食、器用等皆分门排纂，共240余类，与《太平御览》《太平广记》《册府元龟》称宋代四大类书。

从《宋史·王应麟传》可以看到文天祥为应麟宝祐四年所得士，二人有师生之谊。今所见应麟《四明文献集》《深宁先生文钞》所载有关文天祥事甚多。天祥于咸淳九年（1273年）为谢昌元书《座右辞》，年仅38岁。时昌元60岁、应麟51岁。跋文虽未书年月，但文中所称："昔唐子西，著论正友，敬斋（谢昌元字）述之，矫薄归厚。文山健笔，立懦廉顽，扶植名教，戾夫汗颜。我与二公，皆同朝旧，人亡书存，悲怀死疢。浚仪王应麟题。"浚仪，今开封，当是应麟祖籍。从题跋中的"我与二公，皆同朝旧，人亡书存"等句，知应麟这段跋文是在归老时，文天祥、谢昌元逝后，应谢氏子孙所求而书写。

应麟此跋，文辞端谨，书法工整。与天祥书法有异曲同工之妙。

由于发表在《中国历史博物馆馆刊》上的拙文忽略了王应麟题跋手迹的发表，使我联想到书画、碑帖、古籍题跋的重要意义。记得50年前，启功先生在辅仁大学美术系开设《书画题跋》课程，他认为书画的自跋或他跋，不仅见到题跋人的手迹，而且有助于研究被题跋的作品的内容，收藏家每以题跋之有无衡量原作之轻重，把题跋的内容、形式、章法、布局等，与原作视为一个整体。良以跋文可以辨别真赝，考镜源流，以至比勘各家之说，增进鉴赏学识，而书法之优劣尚属次要地位。如果题跋者是名人、学者，其题跋本身就是一件重要历史文物。

因此，对今天的文物工作者来说，《书画题跋》应列为一门必修的专业课程，不容有所忽视。

原文刊于《文物天地》1990年4期

《顾随临同州圣教序》序

　　顾随（1897—1960年）字羡季，号苦水，别号药庵，河北清河人。1920年，先生自北京大学毕业后，即投身于教育事业，曾任天津女子师范学院、北平北京大学、燕京大学、辅仁大学教授。新中国成立后，任天津师范学院教授。先生是知名的学者和教育家，对古典文学与文艺理论有湛深的研究。并把自己精深独到的见解融入讲课之中，使受教者获得益处和启迪。先生讲学之余，从事著述和创作，生平撰著甚多，近经顾之京、叶嘉莹学姊整理编订为《顾随文集》行世[1]。

　　先生之于书法研究，功力甚深，几十年中，临帖读碑，未尝间断。时贤论先生书多谓师承沈尹默先生，实际先生书法未脱晋、唐风范。

　　此册为先生所临褚遂良书同州本圣教序[2]，50年前，余得之琉璃厂集粹山房，先生跋称为1938年所书，知先生曾以欧、褚书学，列为日课，非尽学尹默先生也。1943年，以寒斋所藏尹默先生早年书联求先生跋语，先生为题七绝一首："腕

---

[1]　《顾随文集》，上海古籍出版社1986年出版。

[2]　关于同州《圣教序》的问题，顾随先生在本册中跋谓："以岁月考之，同州本非褚遂良笔。"近年来，多沿旧说，认为同州本虽刻于褚遂良卒后五年，乃据雁塔本手迹重刻，刻工甚精，两刻各有独到之处，以同州本为较优，故孙承泽《庚子销夏记》列同州本于雁塔本之前，并谓"两本字迹不同者，摹手有异耳"。或谓《圣教序》褚遂良曾书正副两本，刻于雁塔者为第一本，刻于同州者为第二本。盖第二本原未刻石，褚逝后，人们不忍弃而不用，故刻石于同州。

力劲道无不宜，出唐入晋竟谁知。腾空挂角无踪迹，此是灵蛾破茧时。"[3] 从诗中可以看出先生视尹默书法是从晋、唐人出。"出唐入晋""灵蛾破茧"全是先生平日学书、作书之体会。此诗虽是题尹默先生书，不啻是先生论书、创作之自白。因知学书从唐人入手，上追下连，实为精辟之论。

1947 年，余曾寄赠先生唐人写经残纸数种，恰经文中有一"随"字，先生以道美书法，欢快复函称："随字，小女辈皆谓与苦水平时署名笔意相似，亦可谓小小巧合也。"又先生函中欲求得日本毛笔，盖日本笔多狼毫所制，尖硬挺拔，善于书写。凡此种种，皆可见先生书学功力之深邃，堪称后学之楷模。

册后附启功、周汝昌先生二跋，并附 1947 年先生函札一通，读者于书学当从中有所启发和领悟。

原文选自刘运峰编《顾随先生临同州圣教序》，天津古籍书店，1990 年

---

[3]　沈尹默书："秀句满江国，芳声腾海隅"。见《沈尹默法书集》，上海书画出版社 1981 年出版，题诗在下联左下部，此诗《顾随文集》未载。详见史树青《顾随先生题沈尹默楷书联小记》，载《书法》1981 年第四期。

海瑞真迹重见天日

1959年春夏之交，社会上出现了一股海瑞热，据说是毛主席在4月上海会议的一次内部讲话中，谈到了海瑞生平为官清廉，打击贪官污吏，我们应该学习海瑞的精神。一时史学界纷纷传语，形成了一个研究海瑞的高潮。

当时正值中国历史博物馆落成，通史陈列须体现这个新精神。专家们一致认为：海瑞应放在明末农民大起义之前。陈列标题最后定为"海瑞揭发了明代的黑暗统治"。标题已定，就要征集陈列品了。我作为历史博物馆的一名工作人员，首先献出了家藏多年的海瑞行书大学中庸轴。短短一个月内，北京大学高名凯教授也献出了收藏的海瑞行书诗轴，清华大学梁思成教授委托吴晗同志送来了海瑞行书长卷，邓拓同志献出了海瑞拜帖，北京市文物商店送来了海瑞画像立轴，此外，还从首都图书馆借来了《海刚峰先生居官公案》《海忠介公集》等书。

清人仿海瑞书轴

以上文物经过专家鉴定，认为高名凯先生和我献出的行书轴及邓拓同志献出的拜帖很好。梁思成先生的海瑞行书长卷也很有意思，它是梁思成先生和林徽因女士结婚时，梁启超送儿子和儿媳的纪念品。卷后有启超先生长跋，大意是：思成、徽因结婚了，婚姻是人一生中的大事。你们婚后要互敬互爱，为国家民族的振兴，努力奋斗，多做贡献。在你们两人结婚的日子，我送给你们这件纪念品是很有意义的，海刚峰先生是我们广东人，他为人正直，为官清廉，是你们学习的榜样，这件字卷要永远保藏下去，传给子孙。最后署名为"启超"二字。

经专家鉴定，虽然卷后有梁启超长跋，却不是海瑞的真迹，而是别人写的一个诗卷，作伪者把原书人的名字去掉，加了一个海瑞的伪款。这是常见的作伪手法，即："去掉本款，加添伪款，小名家变成大名家。"经专家指出，吴晗同志点头称是，当即把字卷退还了梁先生。梁思成先生已逝，不知此卷尚在梁从诫同志手中否？至于文物商店送来的海瑞画像，经鉴定是一个不知名的明代朝服官人，近代作伪者题了一大篇海瑞传记，要价很高，此伪品闻被广东一位领导人买去。

1959年夏季一天夜晚，康生来馆"指导"工作，我们拿出高名凯和我所献的两幅字轴请他看。康生指出，我献的这件比高先生献的那件好（康生不知两件的献交人），并指示我献的那件可以陈列。当时在场的有北京师范大学陈垣校长和该校历史系刘乃和教授等人，大家都没有意见，后来就把我献的那件海瑞墨迹陈列出来了。

1965年10月，姚文元在上海《文汇报》抛出了黑文《评新编历史剧〈海瑞罢官〉》，制造了一场轰动全国的大冤案。一时，历史博物馆陈列的"海瑞揭发了明代的黑暗统治"亦成了配合《海瑞罢官》向党进攻的大毒草，我因捐献文物，亦受到株连，成为"三家村"的帮凶，屡遭批斗。

《海瑞罢官》冤案，早已昭雪。据我所知，海瑞真迹，国内仅有此两幅，现予公布，以飨诸公。

原文刊于《中国工商时报》1991年3月30日

《丁佛言手批簠斋集古录》序

中国近代著名古文字学家丁佛言（1888—1930年），名世峄，以字行，号迈钝，山东黄县人。清光绪间贡生，留学日本东京法政大学速成科，毕业回国，任山东法政学堂教习。民国二年（1913年），任众议院议员，北京亚细亚日报主笔。中华杂志报馆主笔。五年，充大总统府秘书长。丁氏生平服膺乡前辈吴式芬、陈介祺、王筠、许瀚、王懿荣诸家之学，耽心著述，博洽多闻。于金石文字研究，颇多造诣。

民国十年（1921年），居住在北京的一部分研究金石文字的学者和古文物爱好者，为了发扬爱国精神，继承文化传统，开展学术交流，取《荀子·劝学》"冰水为之而寒于水"之义，发起组织学术研究团体冰社，丁佛言为冰社创始人之一。丁氏广读吴大澂《字说》《说文古籀补》《恒轩所见所藏吉金录》《十六金符斋印存》诸书，鉴于吴氏《说文古籀补》成书甚善，而尚有不足，在同社陈文会、姚华、柯昌泗等人协助下，利用吴氏所未见拓本及新获金文、陶文、玺印文，撰《说文古籀补补》14卷，附录1卷。未刊稿尚有《还仓述林》《续字说》《说文抉微》《金石题跋》《松游庵印存》各若干卷。

间尝论之《说文》一书，以小篆为主，除小篆外，尚有古文、籀文，同时还有或体、奇字、俗书诸名目，吴大澂根据《说文》所列古文、籀文，断定二者皆先秦文字，遂据三代吉金、陶、玺、货布文字，撰《说文古籀补》，为研究《说文》开辟了新路。但是，学如积薪，后来居上，由于新的文字资料不断发现，继吴氏之后，丁氏《说文古籀补补》、强运开《说文古籀三补》相继而出，在《说文》研究中，均有新的贡献。吴大澂劬学嗜古，篆籀尤精，自言童而习之，积三十年搜罗不倦，丰、岐、京、洛之野，足迹所经，地不爱宝。又获交当代博物君子，相与折衷，以求其是，所得拓墨片纸，珍若球图，钩深究微，辨及毫末。潘祖荫称吴氏金石彝器文字之好，不止如吕大临、翟耆年、赵明诚、薛尚功、王俅诸家，生平集商周秦汉吉金拓本凡1140器，装为26册，并就各器详为考释，手自题跋，由于晚年病腕，遂属门人王同愈相助。先生逝后，同愈理董成书，有先生光绪二十二年（1896年）预制自序，载诸卷首，并有叶昌炽序，王同愈跋，民国六年丁巳秋，商务印书馆张元济先生又乞罗振玉一序，遂影印成书，嘉惠学林，厥功甚巨。至于此书纂辑之宏旨与校订之经过，具详吴氏自序及王氏跋尾，兹不复述。《愙斋集古录》出版后两年，商务印书馆又访得吴氏《愙斋集古录释文剩稿》影印出版，是书释文136器，与拓本释文题跋，可相互印证发明，此稿成于光绪十二年（1886年），同年十一月初十日，大澂拜广东巡抚之命，明年二月赴粤时，汪鸣銮为广东学政，叶昌炽、江标皆在幕中，同乡旧交，过从甚密，故《剩稿》首有"江标假读"小印，尾有光绪丁亥（十三年）六月，叶昌炽观款。

商务印书馆既印行《集古录》，又印《集古录释文剩稿》，初版时，两书单行，再版则《释文剩稿》附《集古录》之后，如斯美意，可谓珠联璧合，惜印数不多，读者为憾耳。

冰社成立之时正值《愙斋集古录》出版，社友罗振玉、姚华皆曾从事《集古录》出版事宜，故同社个人，皆置备一部。去年，天津市古籍书店得《集古录》丁佛言手批本，嘱为鉴定，余于商周秦汉文字，素所关心，吴丁二氏之书，多有收藏，唯此手批之本则从所未见。昔闻陈元章先生言，其家万印楼藏印及齐鲁陶文，多有簠斋先生考释，丁氏不辞辛劳，皆一一迻录，笔之于书，是可见其勤学不倦，求知如渴之心情。批校之言，自是学古有获。因知丁氏篆籀之精，渊源有自，金石文字之好，似与吴大澂相同。观其手批《愙斋集古录》可知梗概矣。

此书丁氏手批文字达百余条，其精审者，除考释文字外，尤在器物之鉴别。例如：西周矢鼎铭文拓本，丁氏手批凡八处，如剔本与未剔本之区别；李鸿裔、吴云之考订；丁麟年论铭文之倒正；江标翻刻以愚弄潘祖荫等等，均有详细记载。吾友陈连庆教授，近著《矢鼎铭文研究》，可谓精深之作，若见此本，当以为快事。惜已逝去，无从相与商榷耳。当然，批文之失，亦所难免，瑕不掩瑜，幸勿苛求于前人。

宋元以来鉴藏家访求金石书画，每以题跋之有无，衡量作品之重轻，良以题跋批校之作，可以辨别真赝，考镜源流，乃至比勘诸家之说，增进鉴别学识，推而广之，考工证史，阐发精义。至于诗文赏心，书法悦目，尚其次也。天津市古籍书店以流通善本古籍为己任，《丁批集古录》与《释文剩稿》之出版，定会受到历史文物、考古美术界之欢迎。

原文选自《丁佛言手批窸斋集古录》，天津古籍书店，1991年

《书谱字典》序

　　唐代是我国书法史上的鼎盛时期。太宗李世民雅好王羲之书，贞观六年（1633年）正月八日，命整治御府古今书钟、王等真迹，得1510卷。太宗本人书法远学王羲之，近学虞世南，皆得其要。张怀瓘《书断》称太宗"工隶书，飞白、行草得二王法、尤善临古帖，殆于逼真。"太宗不但本人善书，还极力提倡书学，于国学设书学博士，在教育、取仕、官制上，书法列为一门课程。因此，唐代书法盛行不衰。著名书家可考者达240余人，书法论著亦远胜以前各代，书家或文史学家多有书法理论传世。清代《四库全书总目提要》所收唐代书法理论著作，有孙过庭《书谱》、张怀瓘《书断》、窦泉《述书赋》、张彦远《法书要录》等。在上述诸家中，既有理论，又善书学，其著作手稿今尚存世者，唯孙过庭《书谱》而已。

　　孙过庭（648—703年），吴郡人（一作富阳人或陈留人）字虔礼。据陈子昂撰《率府录事孙君墓志铭》称："幼尚孝悌，不及学文，长而闻道，不及从事禄。值凶蘖之灾，四十见君，遭谗匿之议。忠信实显，而代不能明，仁义实勤而物莫之贵。险厄贫病，契阔良时，养心恬然，不染物累。"过庭逝后，子昂尚有《祭率府孙录事文》，两文意近，从中可见过庭出身寒微，四十始仕，遭谗失职，述作未遂，仅在率府一任录事参军（《述书赋》注为右卫胄曹参军）。唐张怀瓘《书断》下《能品》称：过庭"博雅有文章，草书宪章二王，工于用笔，隽拔刚断，尚异好奇。然所谓少功用，有天材，真行之书亚于草矣，尝作《运笔论》，亦得书之指趣也。"窦泉《述书赋》称"虔礼凡草，间阎之风，千纸一类，一字万同"。可见唐代对其书法评价并非甚高，此或由于过庭出身寒微，又以愤激遭嫉所致欤！

过庭书法，宋代以后，评价日起。米芾《书史》谓："过庭草书《书谱》甚有右军法。作字落脚差近前而直，此乃过庭法。凡世称右军书，有此等字，皆孙笔也。凡唐草得二王法，无出其右。"清孙承泽《庚子销夏记》谓过庭书"天真潇洒，掉臂独行，为有唐第一妙腕"。

过庭所著《书谱》，词简意赅，理论精辟，文中所言，皆能心追手摹，一一现于笔底，为古代书学名著之一。自唐迄今，评论《书谱》著作甚多，不但评其书论，而且兼评书法。此《书谱》手迹结体遒美，草法周详，为有唐书坛巨迹，非一般书家所能企及，故千余年来，被视为书家必读之作。

《书谱》墨迹，纸本，纵27.2厘米，横898.2厘米。由于装裱多次，中间有所断失，现存草书351行，行8至12字，衍文78字，"汉末伯英"下阙166字，"心不厌精"下阙30字。首行标题"书谱卷上"，下署"吴郡孙过庭撰"，尾署"垂拱三年写记"。前有宋徽宗泥金签题"唐孙过庭书谱序"7字，今观7字笔迹，其中"序"字明显为后人填写。此卷曾经北宋王巩、王诜，宣和内府，南宋焦达卿，明严嵩、韩世能，清孙承泽、梁清标、安岐等递藏，后入清内府《石渠宝笈》著录，今藏台北故宫博物院。

《书谱》即张怀瓘称《运笔论》，见《四库全书总目提要》。现存此卷，历来说法不一。自题曰："书谱卷上"，《宣和书谱》题作《书谱序上下二》，一般多认为是《书谱》上卷及序，亦有人认为是《书谱》全文。1964年，启功先生撰文《孙过庭考》，提出此篇序文原分装上下二轴，宣和摹勒入石则无需再分，故所传石刻俱为一卷。而墨迹二轴合装为一，则出明代严嵩之手。见解精审，可谓拨浮云而见明月矣。

《书谱》摹刻上石，最初在宋徽宗大观年间，有宋迄清，屡有摹刻，近世影印墨迹本，流传更广。吾友李君树权以读帖之余，朝夕临写，从中悟得《述书赋》所称"千纸一类，一字万同"之说，不尽可信，乃发愤著书，凡文中重复之字，逐字比较，辩其结构，审其异同，按新《辞海》部首检字法排比，分别部居，不相杂厕，编为《书谱字典》。此书之出，正如孙过庭所言："好异尚奇之士，玩体势之多方，穷微测妙之夫，得推移之奥赜"。其有功于书法艺术实非浅鲜。

间尝论之，草书在汉字长期历史发展中，由繁趋简，形体变化，优美多姿，素为广大群众所喜爱。但由于字体常常过于简化，又有章草、今草之分，一字多种写法，往往辨认为难。故汇集草字之书（字典）南宋即已出现。如宋高宗赵构集书《草书礼部韵宝》6卷，金张天锡纂集《草书韵会》5卷，明神宗朱翊钧诏集《草书辨体》5卷，清朱宗文摹集《草圣汇编》4卷，马雄镇摹集《汇草辨疑》4卷（此书稿本现藏中国历史博物馆，张伯驹先生捐赠，未曾刊印），陶南望摹集《草韵汇编》26卷，石梁《草字汇》等，皆为艺林之名著。国外如日本亦有此类汇编出版。当代洪钧陶《草字编》为最后出，共收楷字首文7900余字，草字重文9.78万余字，全部草字多从原碑帖拓本及墨迹影印本中精选，可称是一部相当完备的草书字典。

《书谱字典》与以上诸书稍异，诸书多为选字，而《书谱》阙字更据拓本补足，全文3712字，收录靡遗。手此一编，一字之微可互印证，识字辨疑，鉴赏临写，无待旁求，过庭书学三昧，由此可得梗概。故书家多以孙过庭《书谱》与智永《千字文》、怀仁集王《圣教序》并论，皆为研习王羲之书法不可缺少之法帖。

关于《书谱》的研究，启功先生《孙过庭考》博大精深，最称名著。希望读者一阅。为了说明《书谱》的有关问题及"帖学"在研究书法中的重要性，借得启功先生《论书绝句》二首，作为我读《书谱字典》引起的一段联想：

"书谱流传真迹在，参差摹刻百疑生。针肓起废吾何有，曾拨浮云见月明。"

"少谈汉魏怕徒劳，简牍摩挲未几遭。岂独甘卑爱唐宋，半生师笔不师刀。"

原文选自李树枢：《书谱字典》，天津古籍书店，1991年

爱新觉罗·毓岑楷书《孝经》跋

《孝经》十八章是儒家经典之一。旧以为孔子对曾子陈述孝道而作，近年经专家研究，认为是孔门后学所作。此书汉代列为七经之一，今通行《十三经注疏》本为唐玄宗注，宋邢昺疏，凡三卷。《孝经》内容论述古代孝道，宣扬宗法思想，是封建社会的启蒙读物。本卷楷书《孝经》是1941年毓岑所写的书法日课。

我国近代著名书画家爱新觉罗·溥儒（字心畬）有二子，长子毓岂，又名溥孝华，1924年生，1990年卒于台湾省台北市，生前任台湾空军学校国文教授；次子毓岑，1925年生，曾肄业北平大中中学，1941年患伤寒早卒，年16岁。

溥儒是清末恭亲王奕䜣之孙，贝勒载滢之子。载滢生三子，长子溥伟，久居大连；次子溥儒，三子溥僡，儒、僡二人奉母居京，怡情诗画，书法皆典雅有晋唐人风。儒教子读书，尤重习字，亲自为儿辈讲授执笔临帖之法，严为课程，故其一门多擅书法。

此卷纸本，纵29.2厘米，横378.2厘米，余昔年得于厂肆。从卷后署款"辛巳"看，为毓岑卒年所书。全卷用笔娴熟，结体工稳，大有心畬先生书风，足见功力之深。友人见之，咸谓毓岑遵循父教，已步入欧阳询、柳公权堂奥，此子不逝，书必大成。更有其者，以初中二年级学生，书法有此造诣，实可为我国书坛添一佳话，为后世青年学书树一楷模，此墨迹亦足为临池之范本。《孝经》自写风格古，书卷长留天地间。

因论心畬先生家学，略述毓岑生平，并为他日编写书家名录增一条目，毓岑为不朽矣。

原文刊于《燕都》1992年第2期

钱玄同书"平妖堂"斋额

钱玄同先生（1897—1938年）原名夏，字玄同，号疑古，以字行，浙江省吴兴县人。青年时期留学日本，毕业于东京早稻田大学文科。在东京时曾师事章炳麟（太炎）先生，为高足弟子。回国后，任北京大学国文系教授，兼研究所国学门导师，北京师范大学国文系主任，中法大学国文系教授，著《说文段注小笺》《古今音韵沿革》《说文部首韵读》《中国文学概论》等。

先生书法宗汉魏草隶，中年以后，临写西陲汉简，得其神旨，是近代学者中的著名书法家。先生很少书写金文、甲骨文。1945年左右，我从北京琉璃厂来薰阁陈济川处购得钱先生为马隅卿先生所书"不登大雅之堂"斋额、"平妖堂"斋额各一幅。后来，友人吴晓铃见之，谓昔年曾从马隅卿先生受业，自己所学以及藏书内容皆与马先生相近，极爱"不登大雅之堂"一额，因以赠之，此额至今尚悬晓铃斋中。而"平妖堂"额多年保存寒斋，亦完好无损。

此额用笔，虽是商周金文书法，却带有甲骨文韵致，尤以署款"隅卿兄教，疑古玄同，十又八年三月十又八日书于急就膏"，全是甲骨文笔意。按金文、甲骨文无"妖"字，《说文解字》亦无"妖"字，清人史恩绵《说文易检》卷末上有"妖"字，篆作"媄"，夏清贻谓"妖"为"媄艳"字，"妖孽"当作"媄"。钱先生本史氏之说，"妖"字写成"媄"字，别有一番奇趣。

马隅卿先生（1893—1935年）名廉，字隅卿，浙江省鄞县人，曾任北京孔德学校总务长，北京师范大学国文系、北京大学国文系教授，1926年8月继鲁迅先生任北京大学中国小说史课，1935年2月在北京大学授课以脑溢血病逝课堂，时年仅42岁。

马先生为近代著名古籍收藏家，所藏古本戏曲、小说甚富，其藏书中有明万历间刻本《三遂平妖传》1部，共20回。此书是一部以神怪故事的形式演述北宋仁宗时，诸葛遂智、马遂、李遂三人率兵镇压胡永儿、王则夫妇领导的农民起义的一部小说。其中不少民间故事传说，语言质朴，风格与宋元话本相近，且附有精美的插图。它与流行的由冯梦龙增改的40回本有很大不同，是海内孤本。马廉先生收藏此书，十分宝爱，因用"平妖"二字继"不登大雅之堂"之后，以名其书斋。《三遂平妖传》现藏北京大学图书馆，1983年由北京大学出版社出版。

钱玄同先生所书"不登大雅之堂"及"平妖堂"两方斋额，均未盖章，据陈济川先生谈，此二额从钱先生的一批藏书中同时购得，此幅似钱先生写出后始终未交马先生。亦可能写得不够满意，另写满意者交给了马先生，这在书法家为人题字过程中，多写几份，把一份满意的送给对方，自己留下不满意的，是常见的事。

原文刊于《收藏家》1994 年总第 2 期

康有为、梁启超屏联珍赏记

　　友人持康有为楷书楹联二副并梁启超行书四屏，请余过目，余定为康梁真迹，且为二氏精心之作。此二联皆有关金陵史迹之物，赞颂之余，欣然命笔，希方家有以教之。

　　康有为联，纸本。纵356、横47.5厘米；纵335、横47.5厘米。康有为（1855—1927年）原名祖诒，字广厦，号长素，又号更生，广东南海人。18岁受业广东著名学者朱九江先生，曾七次上书要求变法。1891年开始，在广州万木草堂讲学。1895年（光绪二十一年）考中进士，1898年与梁启超等依靠光绪皇帝，发动变法维新运动，后逃往日本。民国成立，1913年由日本回国，1917年参加张勋复辟，1918年返上海居住。在上海设天游学会，自称天游化人，生平著述甚富。此二联作于1923年6月，时康氏66岁。本年三月康氏游南京清凉山，五月过济南，登千佛山，旋赴青岛，游崂山，并在青岛、济南两地成立孔教会，会长为孔德成，以后改为万国道德会，以康氏为会长。此二联即本月应当时江苏督军齐抚万（名燮元）之请所撰写，时南京城内清凉山之北新辟碑楼公园（今名古林公园），康氏为之撰联，长联（龙门联）、短联，内容形式，各具特色，借景抒情，对仗十分工稳，于南京历史、地理、人文、景观进行了高度概括，确是康氏一生精心得意之作。款署"癸亥六月，齐抚万督军辟碑楼公园属题，南海康有为撰书"，名下钤"康有为印""维新百日、出亡十年、三周大地、游遍四洲，经三十一国、行六十万里"二方印。

　　此二联为墨本底稿，用以刻木悬挂。长期以来，战乱频仍，木联早已无存，幸此墨迹保存未失，不但名人书法借以保存，且为南京园林增加两件史料，宜什袭藏之，亦艺林一段掌故云。

梁启超屏，纸本。纵149.5、横43厘米。梁启超（18735—1929年）字卓如，号任公，广东新会人，1889年（光绪十五年）举人，为康有为弟子，是康有为领导下的改良派最著名的宣传家、政治家和启蒙思想家。民国成立后，1913年2月加入共和党。5月，共和党、统一党、民主党合并为进步党，任理事。同年9月任北京政府司法总长，1917年任财政总长兼盐务总署督办，11月辞职。自1920年起从事教学、研究、著作生涯，并任清华研究院导师，兼京师图书馆馆长，1929年1月病逝，终年56岁。

此屏书清初著名诗人王幼华所作《晓渡望鄂州》《武侯拜风台》五律二首，《送家叔季鸿先生游睢上谒后土祠》七律一首。梁氏开头书朱竹垞诗句，赞扬幼华在当时诗坛菲薄唐诗的风气下，独能提倡唐音，与竹垞观点一致。结尾称幼华所作，皆盛唐雅音，证明了竹垞诗论完全是正确的。款署"仍珠吾兄察书，时独居翠微山中，启超。"名下钤"新会梁氏伯子""启超长寿"二方印。

按王幼华名又旦，号黄湄，陕西郃阳人，弱冠举于乡，任湖北潜江县令，建传经书院，筑说诗台，迎孙枝蔚于江都，从受诗。比入都，为给事中，诗名与孙枝蔚埒，为辇下十子之一，有《黄湄集》10卷（王士禛选，康熙十九年刻，书甚少见）。枝蔚字豹人，陕西三原人，与又旦为同乡，家世富贾，李自成入关，枝蔚散家财求壮士起义，为自成所败，只身走江都，折节读书，遂以诗名，康熙中举博学鸿词，授中书舍人，有《溉堂集》28卷。

梁氏书王幼华诗是有其用意的。此屏上款"仍珠"是梁氏好友金还字（"珠还合浦"，名字相应）。金还为清末南京著名诗家金和之子，和字弓叔，号亚匏，邑贡生，与薛时雨主讲南京尊经、惜阴书院，有《秋蟪吟馆诗钞》6卷、《词钞》1卷、《文钞》1卷。还为光绪举人，1913年1月为众议院议员，5月参加进步党，任会计主任，1917年7月任财政次长。与梁氏同为进步党要人，梁任财政总长，金任财政次长，二人可谓同党同政，交谊之深，可想而知。梁氏称书此屏时，独居翠微山中，当是二人政坛失意，避居北京西山时所书。署名"启超"，以示关系之亲密。我见梁氏法书多署名"梁启超"，而署名"启超"者，仅此一见。

梁氏论诗，极推重金和秋蟪吟馆诗，盖因诗中多记鸦片战争及太平军攻入南京后所闻所见，具有十分重要的历史价值。1915年金还得到其父一部分未刊诗稿，与已刊者合为 7 卷，决定重刊，请梁氏撰序。梁氏在《秋蟪吟馆诗钞序》中称："其诗格律无不轨于古，而意境、气象、魄力求诸有清一代，未有其偶。比诸远古，不名一家，而非一家之境界所能域也。呜呼，得此而清之诗史为不寥寂也已。"从此序中可以看出金和之诗有杜甫"诗史"之誉，亦唐音也。1916 年《秋蟪吟馆诗钞》7 卷精刊成书，木版宣纸，书品宽大，一函五册，是值得收藏的善本书，1993 年 9 月北京首届稀见图书拍卖会，此书一部以 4000 元卖出。金还之刻印此书，即得力于梁启超之鼓励，书前冠以梁氏序言，锦上添花，金和诗名，愈为艺林所推重。

原文刊于《收藏家》1994 年总第 4 期

《中国历史博物馆藏法书大观》概述

汉字书法是中华民族文化的优良传统之一，它既是文化交往的工具，具有实用价值，也是一门独放异彩的艺术，具有欣赏价值。发扬书法的优良传统，普及汉字书法知识，对于弘扬中华民族的优良文化传统具有十分重要的意义。

中国历史博物馆自1912年成立以来不断地丰富馆藏。征集、保存和向大众公开各种具有历史、艺术、科学价值的藏品，是本馆的光荣职责，而编辑出版则是博物馆的重要工作之一。近年来，关于馆藏文物的研究和出版物中，有关古代书法艺术的藏品，虽然在报纸杂志上有些零散介绍，而系统编辑出版，尚付阙如。为了进一步发挥博物馆藏品的作用，满足社会需要，自1990年起成立编辑委员会，着手编辑馆藏历代与书法有关的文物资料、金石拓本，为《中国历史博物馆藏法书大观》15卷，分期分册出版。从历史方面看，全书是一部比较系统的书法史文物资料汇编，亦是一部汉字发展史文物资料汇编，每一件文物都具有一定的历史艺术价值。编辑委员会以我在馆工作时间较长，且粗通汉字书法艺术，嘱为全书作一简单介绍，以便了解全书的大致内容。

中国汉字起源甚早，在三千多年前的商代，从成熟的形体兼备的甲骨文、金文开始，就对书写有美的要求。不过甲骨文是用刀刻，金文则用陶铸。当时墨迹未能流传下来。我们所见到的先秦书写的简册、帛书，传至今天者，亦是在近年考古发掘中出土的。因此我们对先秦书法的研究，必须从文字学、史学领域，扩展到书法的领域。

甲骨文主要是商代王室的卜辞和记事。书体结构：一是早期象形字居多，晚期形声字增加；二是笔画任意增减，偏旁也不固定兼有合文；三是结字多作相向型，追求笔画肥瘦相间，形体、布局美妙协调；四是随着商王、贞人之递更，书体出现了分期分组的变化，形成了不同的流派。1937年郭沫若先生在《殷契粹编》自序中，已指出甲骨文为一代法书，原文略称"存世契文，实一代法书，而书之、契之者，乃殷世之钟、王、颜、柳也"。根据近年的研究和考古发现的实物，甲骨文的书体和字形，是确定甲骨属期或组的一项重要依据。由于郭沫若先生提出殷世钟、王、颜、柳说，人们多把甲骨文属期的书体分为：宾组，相当于商王武丁时期，一般书体挺拔雄健，类似后世颜真卿书风，是甲骨文中的精品；子组，武丁时期非王卜辞，字体细小，转折处干净有力；出组，相当于祖庚祖甲时期，字体大小偏中，行气整齐，字形端正；何组，相当于廪辛、康丁至武乙、文丁时期，笔道凝练，行气爽朗，有烂漫之致，可视为甲骨文中的行楷；黄组，相当于武乙、文丁至帝乙、帝辛时期，字体细小精致工整，一丝不苟，如钟繇、王羲之小楷。除此之外还对甲骨文的契刻方法，进行了深入的研究，认为不但是以铜刀代笔，而且玉刀亦是契刻甲骨文的工具。所以我们对甲骨文的研究，除了研究历史以外，从文字学的领域探讨文字的起源及其形体结构和书法艺术，亦是主要的内容。

本馆所藏商代甲骨，除了著录于罗振玉《殷墟书契菁华》的一部分大骨版外，尚有王国维《戬寿堂所藏殷墟文字》著录的一部分，戬寿堂其他部分现藏上海博物馆。由于当初《戬寿堂所藏殷墟文字》编者的疏忽，其中40片反面失拓文字未能收入，沈之瑜、郭若愚二先生对两馆所藏作了校对，发表于《上海博物馆馆刊》第一期，本馆所藏反面未收的3片，本书均为补入。此外何遂、于省吾、唐兰及姚华诸先生所藏甲骨，多归本馆收藏，其中何遂、姚华先生所藏虽多小片，但未经著录，是不可多得的资料。

此外，近年小屯南地考古发掘所获甲骨，本书亦收录数片，以见一斑。

书学前辈以笔代刀，用甲骨文集字为楹联，始自本世纪20年代初，继而以甲骨文集古诗或自撰句。较有代表性的专著，有1921年罗振玉《集殷墟文字楹帖》、1927年章钰、高德馨、王季烈、罗振玉合集《集殷墟文字楹帖汇编》、1937年丁辅之《商卜文字集联（附诗）》、简琴斋《甲骨集古诗联》等。这些专著在国内外流传了五六十年，具有一定的影响，为后来摹写甲骨文的人们，提供了学以致用的参考资料。1985年吉林大学古籍研究所重印了罗振玉的《集殷墟文字楹帖》，姚孝遂先生在书后校记中，对罗氏研究和整理甲骨文字的开山之功，作了正确评价。同时对《楹帖》原印本中的释文和文字书写上的一些差误，作了必要的订正。

在考释古文字的方法中，临摹书写是必要的功力，通过摹写，可以分析文字的偏旁，掌握文字的结构。至于甲骨文字释文的问题，有些古文字专家尚存在不同的意见，这是可以理解的。本书所作释文，则据通说。在图版方面，拓本照片，同时并用，以便读者见到每片甲骨的契刻方法和有关情况，利于进一步对甲骨文的深入研究。

金文是青铜器上的铭识，亦称钟鼎文。宋代薛尚功撰《历代钟鼎彝器款识法帖》20卷，著录夏器2（实系周器）、商器209、周器253、秦器5、汉器42，共511件，除著录其文字外，并加考释，此书绍兴十四年（1144年）刻石，今仅有宋拓残叶留传。50年前，中央研究院历史语言研究所曾影印内阁大库旧藏残叶十

王宾中丁·王往逐兕涂朱卜骨刻辞　正面　　　　王宾中丁·王往逐兕涂朱卜骨刻辞　反面

利簋

纸。此书名称法帖，并刻石传拓，知宋人对金文书法的临习，已十分重视。

中国在青铜器上铸铭文，始于商代，盛行于两周。商代金文的书体，与甲骨文相近，且字数很少。文字最多的邲其卣，有铭文50字，是很罕见的。当时的青铜器，除少数为贵族生前用器外，多数为宗庙祭器，其铭文有的记器主的氏族或名字，如盂鼎、妇好钺；有的记所祭祀先人的称号，如后母戊鼎；还有的兼记氏族和先人的称号，如象祖辛尊。至于少数带有记事的铭文，则多出现在商代晚期，如般甗。

西周前期（周武王到昭王）青铜器铭文逐渐加长，字的笔画多有显著的波磔，长篇铭文，气势浑厚，武王时的铭文很少，本馆所藏天亡殷铭文76字，记载武王灭商为其父文王举行大礼祀典，天亡作为陪祭人而作器。有的专家考证，此器可能是武王灭商以前所铸，如果这种意见正确，则此器就是西

利簋（铭文）

周最早的青铜器了。另一件盂鼎，或称大盂鼎，为西周初期器，铭文291字，记载康王二十三年（公元前194年）策命其臣盂，赏赐盂"邦司四伯，人鬲自驭至于庶人六百又五十又九夫""夷司王臣十又三伯，人鬲千又五十夫"的史实，字体端庄，行气规整，具有重要的历史艺术价值。

西周中期（穆王到夷王）和晚期（夷王到幽王）的青铜器，铭文更多长篇，迄今发现字数最多的一篇金文，是西周晚期的毛公鼎铭文长达497字。本书所收虢季子白盘铭文111字，李学勤先生在《古文字学初阶》指出："西周末年，有些铭文字体开始有新的变化，虢季子白盘值得注意，其文字方整，在风格上开后来秦人文字的端绪。古书载，周宣王时有太史籀作《史籀》15篇，《说文》的籀文，即以得名。现在学者都认为籀文近于秦人文字，所以虢季子白盘的字体有可能就是《史籀》同样的文字。"

西周灭亡，周王室东迁，朝廷势力衰落，诸侯器物逐渐增多，有些地方出土的金文，字形诡异，文字亦不易索解。春秋时期的青铜器以晋、郑、齐、楚等大国为多。春秋晚期，南方的徐、吴、越、楚青铜工艺发展很快。越国出现的鸟虫书，形体精美，是当时的美术字。春秋时期青铜器如晋国的栾书缶，越国的鸟虫书铜剑，皆错金丝铭文，金银错青铜器是当时出现的新技术。

战国青铜器基本是春秋晚期的继续。但是使用器增多，祭祀器渐少，铜器铭文除了随器冶铸以外，不少是铸成后所刻的。当时各国的字体不尽相同，许多器物刻有制器工匠和督造官吏名字，体现了"物勒工名"的制度。

秦始皇统一文字，以小篆为官方的标准字体，以别于先秦的大篆。关于它的由来东汉许慎在《说文解字·叙》中说：李斯"皆取史籀大篆或颇省改，所谓小篆者也"。但秦统一文字并未能在短促的十几年中完成，而是通过汉武帝以前的几十年期间逐步定型的。从我们所见到的汉人墨迹和金石文字，可见汉代的文字和战国的文字差异很大，所以人们把先秦文字称为古文，而汉代的文字称为今文。

1931年容庚先生仿罗振玉《三代吉金文存》之例，编撰《秦汉金文录》，其书收集秦汉金文拓本最为完备，但由于书成于50年前，其后出土秦汉青铜器之有铭刻者未能入录。本馆所藏除一部分见于《秦汉金文录》外，多数为近年出土器物，可补《秦汉金文录》之不足。

古陶文字始于新石器时代的刻划符号，近年西安半坡出土仰韶文化刻文陶器、陶片，山东莒县出土大汶口文化刻纹陶罐等，许多学者认为是汉字的开端。商周陶文形体已臻完备。战国陶文近世出土甚多，以齐国的临淄、燕国的下都为最富。其他如陕西咸阳所出者为秦陶，山东邹县所出者为滕、邾诸国器。顾廷龙先生《古陶文香录》称，古陶残字，齐出土者字多，鲁出土字少，器有豆、区、釜、盆、缶、罍、量等；燕陶所出，则以易县为中心，器物有豆、罐及建筑所用井圈等。战国陶文内容不分年月、地名、官名、工名、器名，行款无一定规格，除齐陶印有王国官玺外，其他官私陶业多为一般印记。晚清陈介祺、吴大澂是第一批收藏研究陶文的学者，在陈介祺给吴大澂的信中说："弟冬来无恙，唯古陶时至。选收释拓，终日从事于此，亦至劳冗。今竟至2000种，剔残尚多，谨以全份补寄"。又曰："大著《古陶文字释》4卷，两千年来古文字未发之藏，祺之世及见之，祺之友能读之，真至幸矣。"可见诸家对古陶文字研讨之精勤。

本馆收藏的陶文原件甚多，其中齐陶部分为陈介祺、刘鹗、方若递藏；燕陶部分除了易县陈云瀛燕陶馆所藏者外，1930年以马衡先生为首的燕下都考古团采集品，居于多数。其他汉代至三国时期的陶文，馆藏较少，本书尽量予以入录。

古陶文字虽然不如甲骨文、金文之多，然而有些长期不易释读。高明先生近撰《古陶文字征》，辨析精审，释文颇多可信。高先生又撰《从临淄陶文看酅里制陶业》一文，根据齐陶文中常见的鄙酅、楚郭酅、左南郭酅、王卒左酅等名称，认为酅即乡镇之乡的本字。而乡乃后来使用的假借字。高先生举齐陶文中衙字的写法，约有七种：獤、龕、龕、飝、飝、飝、飝，认为此字的解释最初吴大澂释为"畧"字，顾廷龙、金祥恒均释遷，周进释鄙，李先登释县，方濬益谓是乡字之异文，李学勤初释鄙，后改释乡，郑超从方、李二氏之说也读乡，并谓此字结构似可分析为从襄省声。高先生进一步认为吴大澂释此字为畧，基本不误，方濬益谓为乡字异文，更为精辟。但是他们皆未说明酅字的结构与乡字的关系。盖酅字从行畧声，畧字《说文》作畧，僤字古文从人畧声，也省作胖，说明僤、酅衙皆由畧得声读音相同，古为心纽元部字；乡为晓纽阳部，酅、乡不仅声纽相近，而且韵部相通，古音相同。古衙、乡是同音字可互相假，故读酅为乡，皆无可疑。高先生还认为甲骨文乡字作 鸰 为饗之本字，而陶文酅字，无论从字形、字音、字义各方面考察皆可证明为乡之本字，酅是被人忘却了的古体。本书关于衙字释文，采用了高明先生之说。至于齐陶、燕陶文字，尚有未能释出或误释者不少，仍待古文字学家的努力。

砖瓦的制作，与制陶有密切的关系。根据考古发现，中国建筑所用的砖瓦，开始出现于西周时期。目前所见砖瓦文字，当以战国时期燕下都出土印文"左宫巨佳"瓦当及刻字"韩貖"二字瓦当为最早，砖文则以临潼秦始皇陵出土印文"左司高瓦"砖为最早。从"左司高瓦"用于砖上，可以看出秦代造砖、造瓦同属左司空管理，高为人名，有人认为其人当是赵高。汉代砖文、瓦文丰富多采，可以说是一个空前绝后的时代，举凡宫殿、陵寝、官署等木构建筑，用瓦之处无不用砖。汉代吉语砖文多为范制，少数记事砖文则用锥书划刻，瓦文多为范制，少数尚有工匠在瓦背削刻名字者，仍是"物勒工名"之遗意。

关于砖瓦文字的研究，除欣赏其文字艺术之外，尚可以结合出土地点考察古代建筑的位置与规模，清冯登府《浙江砖录》，陆心源《千甓亭古砖图释》，程敦《秦汉瓦当文字》为古代砖瓦的搜集和研究作出了成绩。本馆所藏古代砖瓦甚多，一部分为端方、方若所藏，一部分为何遂先生所赠，其中有些是何先生得自西安。传为汉长安城遗址出土，具体出土地点已不可考察了。

汉砖上的文字有篆书，有隶书。汉砖多吉语，如单于和亲砖，字为篆书，体现了汉朝与匈奴的民族关系。端方旧藏延熹七年纪雨砖，锥书字体遒劲有法，为汉草隶之代表作，晋咸宁四年吕氏砖，行书流畅，一气呵成，体现了西晋时期的行草书风。

瓦文字形甚多，丰富多采，其中引人重视的应是山西大同出土的北魏宫殿"传祚无穷"瓦当，书法楷隶，保存了魏碑的结构体势。河北易县出土的"大秦龙兴化牟古圣"瓦当，是十六国时期，苻秦学宫建筑的遗物。据考证，学宫当为苻坚之弟苻融任冀州刺史时所建。瓦当"龙"作"龓"，与汉白石神君碑、北凉沮渠安周造寺碑之"龙"字相近。"兴"作"興"，与东晋王兴之墓志"兴"字相同。"圣"作"霊"，与汉樊敏碑、北魏显祖嫔侯夫人墓志、北魏栖贤寺比丘道颖造像之"圣"字相近。由此可以看出文字从汉晋向北魏过渡之痕迹。

我们当前所见到的早期墨迹，应推战国、秦汉时期的简牍、帛书，逮造纸术发明以后，卷轴墨迹不断出土，历来被书法界誉为"墨皇"的传世品西晋陆机《平复帖》，面对秦汉墨迹，已不能专擅其美矣。

本书所收历代墨迹，除在各类器物上所保存下来的书法文字以外，主要是简牍、帛书以及卷轴墨迹。其中如信阳长台关、长沙仰天湖、荆门包山战国墓出土的楚简，虽然多是"遣册"之类，但在古文字研究方面意义十分重大，在书法发展史上亦占有重要的地位。战国简册以外所收云梦睡虎地秦墓出土的竹简《编年纪》，墓主人名喜，在秦始皇时任狱吏，卒于始皇三十年（公元前217年）。《编年纪》写于秦始皇二十六年称帝以后，虽然不是秦代统一文字所用的小篆，但它是民间通用的字体秦隶。许慎《说文解字·叙》称："秦焚灭经书，涤除旧典，大发吏卒，兴成役，官狱职务繁，初有隶书，以趋约易。"证明睡虎地秦简文字，与许慎所说完全符合。结合战国秦兵器铭文，证明隶书在秦始皇以前已有萌芽。许慎在《说文解字·叙》还说"秦书八体"中有隶书，也是有所依据的。汉代通用的文字是隶书，而篆书仍在一些礼制方面使用，本书所收武威出土的东汉壶子梁铭旌，文字写在绢帛上，历时久远墨色如新。

汉代隶书为当时官方的正式书体，直到魏晋楷书广泛流行之后，才被楷书所取代。隶书在演变发展过程中，体势风格有很大变化。在秦代初创阶段，可以认为是篆书的潦草写法，用笔多带有篆书的意味，这样的隶书称为秦隶。经过两汉人的加工、美化，逐渐形成一种结体讲究、波磔雄健、体势超拔的字体，称为新隶体。到了汉末，形体由扁而方，波磔变态，演化成为楷书。本书所收甘肃额济纳河流域、新疆罗布淖尔出土的汉代简牍，以当时的公私文书为主，而出土的古籍如《论语》残简，则是西域地区诵读古书的物证。这些简牍代表了当时隶书的基本面貌。

楷书亦称真书、正书，产生于汉末，盛行于魏晋南北朝时期，一直沿用至今。楷书是由隶书经过长期发展演变，慢慢脱化出来的，在它成为一种新字体后的相

咸宁四年吕氏砖

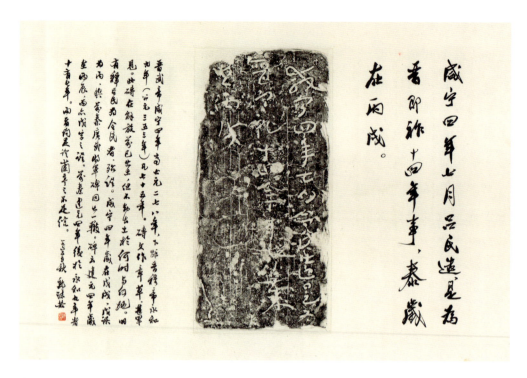

咸宁四年吕氏砖

当长的时间内，还带有一些隶书的意味，直到唐初的一些书家，还习用隶书笔法书写楷书，故楷书有时被人称为"楷隶"或"隶楷"。

草书的草字，是草率、草创、草稿的意思。是为了图快，根据汉隶或楷书的架式写成潦草的字。其中又有章草、今草、狂草之别。章草是一种伴随汉隶而产生的字体，仍是带有隶书笔意的草书。关于章草之得名，启功先生《古代字体论稿》论之甚详，当以章草的写法具有条理和法则，比较合乎章程，用于章奏，故称章草。今草是楷书流行以后人们利用章草的笔法和楷书的体势创造出来的一种草写字体，今草与章草有很大区别，即在一幅字中今草不仅可以上下字相连，而且还可以大小相间，粗细杂糅，正斜相倚等。故曰章草是隶书的快写体，今草是楷书的快写体。狂草比今草更为潦草狂放，着意力求通篇气势的畅达，笔势连绵回绕，变态无穷。这种字体出现于唐代，唐代以前是很少见的。

魏晋时期日常所用文字，除有比较规范的新隶体及章草向今草过渡的草书外，尚有不少字体介乎二者之间。其笔画写法及文字结体比新隶体接近楷书，有人称这种字体即隶书的草写，称为草隶。也有人认为这是早期的行书。行书古称"押书"，南朝宋时羊欣《古来能书人名》论钟繇书称："钟繇书有三体，一曰铭石之书，最妙者也；二曰章程之书（按即章草），传秘书教小学者也；三曰行押书，相闻问者也。"这里所论的行押书或作行狎书，即后世行书的得名。当时行书用于书启、相闻、相问，据此，今所见陆机《平复帖》、王羲之《十七帖》正名应是行书。可以认为行书是在章草向今草过渡时出现的。

至于后世所称的行书，认为是介乎楷书与草书之间，伴随楷书的流行，而产生的一种字体，"楷如立，行如趋，草如走"。可以对字体作此解释，但未得"行押书"的确解。

本书所收新疆吐鲁番、甘肃敦煌所出土的晋唐人文书残纸和写经，代表了各个时期的书法特色。这里所要提出的是新疆吐鲁番出土的文书和写经，其中除了黄文弼先生于1929年所得到的一部分见于黄氏《吐鲁番考古记》《高昌砖集》外，尚有罗惇曧及唐兰先生生前所得到的一部分，此外则是清光绪年间新疆清理财政官梁玉书（素文）所旧藏，梁氏所藏吐鲁番出土北朝人文书残纸及写经残纸，生前多经王树枏先生题识，有的见于王氏《新疆考古录》。梁氏逝后，子孙不守，一部分售于吴宝炜先生及日本中村不折，中村藏者今归东京书道博物馆。吴氏藏者，今归本馆收藏。唐兰先生及梁玉书旧藏各件原件均未见于著录，且有的附有诸家题跋考证文字，弥足珍贵。

本馆所藏敦煌石窟出的文书和写经，以唐代写本为多，较早写经无过北朝者，个别文书、写经，署有年款及有关人名，为确定原件具体年代提供了可靠的依据。

唐代书法由于唐太宗李世民的提倡，成为中国书法的一个鼎盛时期。太宗最爱王羲之书，唐代书家之盛，不减于晋。国学置书学博士，当时铨选择人之法有四，其三曰书。楷法遒美者为中程，由于唐代书家辈出，颜（真卿）、柳（公权）、欧（阳询）、褚（遂良），各擅其长，故后世学书，多以晋唐并论。由于晋唐名家墨迹流传甚少，学书者除了临习名碑拓本外，古人用笔之法从文书、写经中求之，胜于碑刻拓本多多矣。

宋代书风是唐代的继续。北宋之初，太宗赵光义留意翰墨，广罗古先帝王名臣墨迹。命翰林侍书王著摹刻禁中，成《淳化阁帖》10卷，帖中一半是"二王"的作品。故宋人书法，多宗"二王"。稍后各地翻刻，多从《淳化阁帖》出，故

文天祥书赠谢昌元座右辞卷

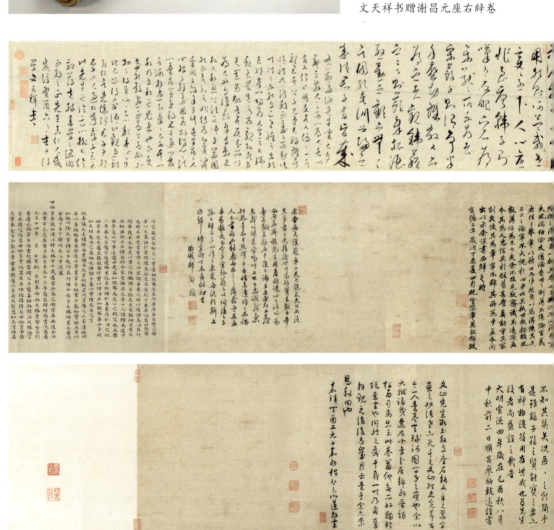

宋代帖学盛行。许多书家，临池习帖，见闻日广，书风不但有晋唐人气度，还能体现个人风格。苏（轼）、黄（庭坚）、米（芾）、蔡（襄）与唐之颜（真卿）、柳（公权）、欧（阳询）、褚（遂良）成后先辉映之势。此风延至元代，未曾稍歇。

现存宋元时期名家墨迹，见于公私收藏者为数不少。卷轴装潢，长期保存，流传有绪。本书所收黄庭坚书《青衣江题名卷》，曾经南宋贾似道、明项元汴收藏，字大径尺，是现存黄书中最大字者，此书后有庭坚所书"此字可令张法亨刻之"，似当时已刻摩崖，但刻石无存，更未见于文献著录、拓本流传，存此墨迹，可谓黄书孤本矣。冯预书《历代三宝纪》第八卷，书法端谨凝重，仍有唐人写经遗韵。冯预四明人，宋治平元年敬写此经付精严寺保藏，此可为书林增一佳话。

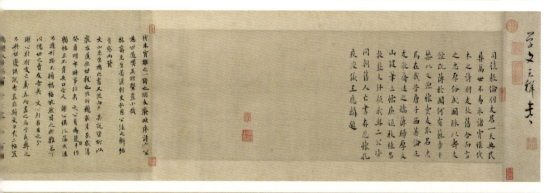

文天祥书《谢昌元座右辞》卷，书法在楷行之间，传世文天祥墨迹，今所见者有《木鸡集序》《宏斋帖》各一卷。此卷最早著录见于明都穆《寓意编》，清安岐《墨缘汇观》《石渠宝笈续编》著录。卷后有王应麟等跋。文天祥为宋代名臣，其书向为人们所宝爱。元初周密在《癸辛杂识续集》中，记载有人过河间府，见烧饼主人家中，贴有四幅文天祥诗，其人装得很随便地说："此字写得也好，以两贯钞换两幅与我，如何？"主人笑曰："此我传家宝也。虽一锭钞一幅，亦不可得。咱们祖上是宋民，流落至此，赵家三百年天下，只有这一个官人，岂可轻易把与人耶？文丞相前年过此与我写的，真是宝物也。"书以人重，于此见之。元赵孟頫致张景亮书札，纸墨精好，曾经明项元汴、清阮元收藏，是近年发现的赵书真迹。至于福德《白马驮经图跋》卷，字体完全是赵书一派，款署"主大庆寿禅源妙峰福德"，知其为大庆寿寺寺主，与赵氏同在大都。可以看出赵书对当时书风的影响。

世之论明代书法者，多谓由宋元上追晋唐，故书家辈出。当时法帖传刻，十分活跃，其著者有晋王朱奇源《宝贤堂集古法帖》，华夏《真赏斋帖》，文徵明《停云馆帖》，董其昌《戏鸿堂法帖》，诸帖所收古人名迹，真伪虽不免相杂，但内容丰富，各具特色。陈继儒刻苏轼书《晚香堂帖》，刻米芾书《来仪堂帖》，则是一人之书，刻成专帖，尤为名贵。这些刻帖的名家，不但传刻古帖，而本人多是著名书家。他们在继承传统的用笔、结字、章法、布局的基础上，写出了大量书法艺术珍品，流传至今，是十分可贵的。

由于明代帖学大行，故明人多善行草书。篆隶名家甚少，但亦有一部分书家，不墨守陈规，怪伟跌宕，突破了"二王"的范围，提供了书法创新的范例。本书所收董其昌、祝允明、陈继儒、邢侗、米万钟、陈宪章、戚继光、王守仁、张弼、陈淳、倪元璐、毛伯温诸家法书，可以看出明代书风的一个侧面。其中如陈宪章晚年作字，束茅代笔，自成一家，其笔称"茅龙"，字体古拙奇崛，而不失书卷气，为当时书坛别开生面之作。戚继光虽然不是著名书家，其墨迹极为少见，本书存其诗页，可视为凤毛麟角矣。

清代在中国书法史上是一个承先启后的兴盛时代。清代初期，承明末帖学余风，以傅山、王铎为代表的书家，名气甚著。康熙皇帝酷爱董其昌书法，一时文人学士几以董书为干禄正体，入仕捷径。但学董书者以疏淡为楷模，无天骨开张之气，至乾隆时，朝野以董字纤弱，与承平日久气象不符。于是圆腴丰润为代表的赵孟頫书体代之而起。形成了科举使用的"馆阁"书体，千人一面，一字万同，个人风格，不易发展。

乾嘉以后，考据之学大盛，金石古物出土日多。拓本流传亦广，不少学者，由考据进而学书，遂使碑学盛行，当时言碑学者，打破了晋唐帖学的局限，举凡商周金文、秦汉刻石、六朝墓志、唐人碑刻，大至山野摩崖，小至造像题记、砖瓦图文，片石只字，断碣残碑，皆为世重。包世臣《艺舟双楫》、康有为《广艺舟双楫》力倡碑学，故书家多言北碑，影响所及，至于今日。在帖学盛行之时，提倡碑学，对书法艺术的发展是有一定意义的。

世之论清代著名书法家，统称成（亲王永瑆）、铁（保）、翁（方纲）、刘（墉）为四大家。然四家成就皆得力于帖学，其得力于碑学者，当以邓石如、张裕钊为代表。而清代学者，多擅书法。本书所收如顾炎武《西岳华山庙碑书后》、黄宗羲《郑母施恭人六十寿序》、王夫之《宋论残稿》，三人皆清初著名学者，笔墨仍存明人法度。其他如张廷玉、王鸿绪、毛奇龄、宋荦、钱大昕、李兆洛、孙星衍、纪昀、沈钦韩、赵翼、林则徐、杨守敬等，诸家皆著名学者；厉鹗、龚鼎孳、钱陈群、文昭、蒲松龄、李慈铭则著名诗人、文学家。至于陈介祺、黄士陵、吴昌硕等，真草隶篆，各有所能，书法作品表现了清代晚期金石学家碑学盛行时期的书风，在近代书坛，占有重要的地位。

在本馆收藏的法书墨迹中，卷轴形式之外，尚有一部分扇面墨迹及明清人书札。团扇、折扇本为消夏祛暑所用，书画扇面又成为书家画家所专擅，此风始于宋代，至明清为尤盛。南宋诸帝题扇之作，墨迹尚存，而明清书家文徵明、周天球、王宠、董其昌、娄坚、陶望龄、吴伟业、阮元、赵之谦诸家书扇之作，本馆历年不断入藏，扬仁弘雅，载入本书，别有一番情趣。至于明清名人书札，多为友朋之间闻问函件，其中论学、议政之作，多具史料价值。而书法自然流露，并无许多造作气。本馆所藏此类书札甚多，从中选出于谦致叶盛、王守仁家书、高攀龙致东林友人、刘泽清致吴三桂、伊秉绶致钱维城、魏茂林致苏廷玉、成桂致永忠、程恩泽致祁寯藻、左宗棠致袁保恒等一部分代表作品，可以看出当时函牍书法及文字内容所反映的一些社会历史情况。

中国刻石文字开始的年代，根据现存文物，目前所知最早者为春秋秦襄公时期的石鼓文，分刻着秦国国君游猎的四言诗10首，诗的格调与《诗经》中《秦风》

和《大雅》《小雅》相近。

战国时期的刻石，亦很少见，近年河北平山战国中山王陵附近发现的一块"守丘"刻石，古文2行19字，是战国刻石的可贵实例。

秦代刻石据《史记·始皇本纪》，有泰山、琅玡台、之罘、碣石、会稽、峄山6处7次刻石。《史记》录5篇文字，现存者仅琅玡及泰山二处刻石残石。琅玡刻石原石现藏本馆，泰山刻石现藏山东泰安岱庙。秦代刻石相传都是当时大书家李斯所写，为当时的标准小篆书体。

汉代的碑刻是在一定历史条件下形成的。碑是专文勒石，为纪功表德之用。但在西汉时期未见丰碑巨碣，一般记事碑文，字皆较少。东汉碑刻盛行，尤以桓帝、灵帝时期，树碑风气甚盛，墓碑、庙碑发展很快。当时文学家、书家蔡邕曾言"吾为碑铭多矣，皆有惭德，惟郭有道（泰）碑无愧耳"。故知纪功表德的碑文，总不免有夸大失实之处。

本书所收碑刻拓本，有清拓琅玡刻石、及阳三老刻石。两件刻石原石均藏本馆，清代旧拓甚属少见。汉碑中，有宋拓《孔宙碑》《史晨碑》《刘熊碑》。明拓未断本《曹全碑》。其中《刘熊碑》宋代已经残缺，明代石毁无存，此拓残石二块，当是早期拓本，原为端万旧藏，四周有张之洞、杨守敬、缪荃孙、李葆恂、罗振玉等题跋，诸家皆誉为宋拓精品，庶乎近之。

本馆所藏北凉《沮渠安周造寺碑》拓本，原碑于清光绪间在新疆吐鲁番高昌故城出土，旋被德人劫掠，运至柏林，光绪三十二年（1906年）端方随考察宪政大臣出使欧洲，在柏林博物院获睹此碑，手拓归国，闻原碑已于第二次大战中被毁，完整拓本仅此一份，成为孤本。且拓本周围有杨守敬、缪荃孙、况周仪等人题跋，盛赞此碑对研究中国西北地区历史及在书法艺术上的价值。

隋唐诸碑，所收者除明拓《隋龙藏寺碑》以外，有宋拓《怀仁集王书圣教序》《虞恭公温彦博碑》《九成宫醴泉铭》《道因法师碑》《多宝塔碑》等。唐碑宋拓，类多草率，凡此诸碑皆拓墨精好，从中可以看到唐代碑刻书风。《怀仁集王书圣教序》镌刻于唐咸亨三年（673年），是据王羲之墨迹汇集而刻成，开后世集字的先河。原碑现在西安碑林，馆藏此宋拓本，是国内现存最好的拓本，为今天研究王羲之书法的重要资料。本书所收拓本，多附名家题跋，考证详细，论述尤精，有利于对书学的探讨和研究。

帖是摹刻前人墨迹于石或木之上的拓本，举凡诗文、尺牍皆可入帖，捶拓装册，供人欣赏临习，帖石皆横置，与碑形高耸有别。后世凡临书习字所用范本不论碑、帖，皆统名为帖，俗称则可，不宜混淆碑与帖的关系。由于法帖多选自名人法书，被书家视为学书典范，故自唐摹《兰亭序》《万岁通天帖》始，当时虽未刻石刊木，而摹本已起到流传的作用。有宋一代帖学称盛，北宋淳化间木刻《淳化阁帖》，收罗内府所藏历代帝王名臣手迹，止于王羲之、王献之，为帖10卷。其中虽不免伪品杂出，但保存、流传书迹之功，实不可没。由于《淳化阁帖》木刻原版深藏宫禁，拓本流传甚少，且漏收真迹时有发现。于是补刻增刊盛行一时，如《大观帖》《鼎帖》《宝晋斋帖》等，多以《淳化阁帖》为蓝本，或补不足，或纠讹误，为宋代官、私刻帖，开创了风气。

　　本书所收馆藏宋拓《大观帖》卷7、宋拓《澄清堂帖》卷11、宋拓《颜柳白米四家法帖》，在法帖史上都是罕见的珍品。《大观帖》是宋徽宗赵佶所制。大观初淳化阁帖版已朽毁，且标题多误，诏出墨迹，刻石太清楼下，或称《太清楼帖》，卷7皆为王羲之书牍，后叶有蔡京书"大观三年正月一日奉圣旨摹勒上石"。此帖由于原拓流传甚少，明人翻刻，形神全失。宋拓《澄清堂帖》卷11，内容虽有杂帖混入，《急就章》又被割除。但其中宋人文勋摹琅玡台刻石，苏轼《代张方平谏用兵书》《到黄州谢表》《摩诃般若波罗蜜多心经》，皆为苏书精品。此虽残卷，确为南宋拓本，明代库装，为研究法帖源流之重要依据。《颜柳白米四家法帖》系由南宋《越州石氏帖》散叶汇装而成。其中颜真卿书《祭伯父稿》《祭侄稿》《鹿脯帖》《寒食帖》都是颜书的名迹。柳公权《泥甚帖》虽是柳书随意之笔，却有无穷韵致。白居易《春游诗》本集未载，《全唐诗》以此应入《白氏长庆集》的作品，误入《元氏长庆集》中，藉此手迹应予更正。米芾尺牍6通，由于摹刻精良，神韵独到，体现了《越州石氏帖》的特点。

　　本馆所藏宋拓泉州本《淳化阁帖》是宋代地方泉、潭、绛、汝四部名帖之一。《泉帖》或称《泉州帖》，为《淳化阁帖》的翻刻本。南宋淳熙间泉州庄夏复刻石上。明屠隆《考槃余事》称"淳化初拓不可得矣，今世所有皆转相传摹者，翻刻以泉州为佳，然宋拓《泉帖》，亦不易得"。馆藏之本，10卷完整，旧为南海潘氏所藏。经新会罗天池（泩湖、一字六湖）、南海潘元永校勘题跋殆遍。惜保存不慎，后部数卷，微有虫蛀，瑕不掩瑜，识者当能鉴之。

　　墓志是埋入墓中，记载死者姓名家世和生平事迹的文字。由于在志文之后，有用韵语所作之铭词，故又称墓志铭，一般皆刻于石上，也有写刻于砖上者。中国墓志约起源于东汉时期，魏晋时期严禁在墓前立碑，故埋入墓中的小型碑状墓志增多。南北朝时期，墓志逐渐定型，志石多呈方形，志盖多呈盝顶形，也有个别作龟形者。由于志文内容叙述墓主姓名、籍贯和家世谱系，再记其生平事迹、官职、履历，并颂扬其政治德行。最后，记其卒、葬年月和葬地，铭词韵语，表达悼念哀思，故墓志文字具有较大的史料价值。

　　墓志文字，多为工整楷书，间有楷行诸体。北朝至隋，墓志皆不署撰者、书者姓名。唐代以后才于志文标题下署撰者、书者姓名和官衔，为研究墓志文字内容提供了便利条件。

　　本馆所藏墓志，最早者为河南洛阳出土的东汉刑徒砖志，此类砖志自清末以来，出土甚多。刻字多为隶体，端方收藏，著录于《陶斋藏砖》中，罗振玉据以撰为《恒农砖录》。石刻墓志以北魏景明二年（501年）元羽墓志为最早。其次则1948年河北景县封氏墓群出土北魏正光二年（521年）封魔奴墓志。此志字体与清雍正间河北南皮出土北魏刁遵墓志相同，用笔遒劲，隶意犹未尽失，是魏碑体书法的典范。除了从书法用笔和字体结构证明两志互相接近外，从时间上看，刁遵志为熙平二年（517年）所书，封魔奴志为正光二年所书，两志先后相距四年，从地域看，二人皆渤海人，同是北魏大族。刁志出于南皮，封志出于景县，两地相距百里，因知两志由一人所书是很有可能的。长期以来，书法界认为北魏《张猛龙碑》与《贾思伯碑》同出一人之手。现在又有封魔奴志与刁遵志书体相同，可谓无独有偶了。

　　其次本馆所藏隋大业四年李静训墓志，书法工整严谨，极似唐欧阳询书风，与著名的隋仁寿三年苏孝慈墓志，字体亦极相近。仁寿三年为公元603年，大业四年为608年，两志相距五年，亦很可能出自一人之手。当年康有为在《广艺舟双楫》评苏孝慈志称字体"端整妍美""笔画完好，较屡翻之欧碑易学""初入人间，辄得盛名"，此语遂评李静训墓志，应无愧色。

　　中国的古代玺印、篆刻具有历史与艺术的双重意义。造纸术未发明之前，国家政令文书，私家函牍，类皆书于竹、帛，行文寄发则用细绳捆、缚，另制凹形木检（俗称封泥匣）绳结置于其中，封以紫泥，上盖玺印，以防私拆。据近年长沙马王堆考古发现，凡篚、笥、陶甆，存有衣物酒食者，皆有封缄之制，封泥钤有"轪信家丞""右尉"等印，因知玺印用为凭信由来已久。不论铸印、刻印、印文往往有"信玺""印信"之称。故知玺印不仅是一种信物，且是权力之象征。

秦始皇统一中国，定玺印之制，天子独以印称玺，他人不得妄用，故所见古玺印中，有先秦官玺、私玺之别。秦代以后，又有官印、私印之分。东汉以后纸张代替简牍，封泥之制，逐渐消失，而签字盖章，火漆封缄，迄未稍歇。此后，篆刻之学应运而起，并在中国美术史上成为一门独立的学科。

自来论玺印之为用，约有四端：一曰寻文字之同异；二曰稽氏族之源流；三曰证舆地之沿革；四曰补史官之缺佚。其质有铜、玉、金、银、石、骨、琥珀、玛瑙、琉璃、水晶、象牙诸类。钮式变化多端，印文有小篆、缪篆、鸟虫书等。历代官私印之外，尚有烙马印、吉语印、肖形印等。至于封泥文字，多见于战国至汉代遗物，背有结绳痕迹，从中可以看出玺印的使用情况。

宋元以后，书画家用印，以石料为主，因石料质软，易于奏刀，故篆刻家多习用之。其质优者曰鸡血、田黄，一般则为寿山石及青田、昌化等石，价廉物美，为治印者所用。

历代篆刻名家中，元代有吾丘衍、赵孟頫，篆刻得书法效果。明代嘉靖、万历间文彭、何震采取汉印刀法，有所创新。清代丁敬、蒋仁、黄易等治印，承古创新，游于杭州，与当时奚冈、陈豫钟、陈鸿寿、赵之琛、钱松等誉为西泠八家，世称浙派。其后，邓石如、吴熙载运用汉篆笔意入印，人称皖派。与浙派成为清代篆刻的两大派系。清末赵之谦、黄士陵、徐三庚、吴昌硕等，各创印派，俱有新意，为发展篆刻艺术做出了自己的贡献。

本馆藏印以铜印为多，自战国官玺至辽金官印，历年多有入藏，其官玺较有名者如"君之信玺"玉玺，"阳郿邑圣迦盟之玺""枝潼都左司马""子杢子鉩""匕堤渠""安阳水"铜玺等，皆为战国之名品，其中"子杢子鉩"玺，形状甚大，出土于山东临淄。石志廉先生在《馆藏战国七玺考》中认为"鉩"当是玺节之"节"字。至于"匕堤渠""安阳水"，则是有关战国水利事业的铜玺，另有"会平市玺"，河北唐山近年出土，为研究战国时期燕国城市市场的重要文物。

秦代"公孙殻印"玉印，说明秦统一后"天子独以印称玺；他人不得妄用"的史实。

馆藏汉代官印中如"淮阳王玺"玉印、"石洛侯印"金印、"滇王之印"金印、"汉归义賨邑侯"金印皆为世之名品，而"汉丁零仟长""汉归义羌长"铜印则与"滇王之印""汉归义賨邑侯"印，都是有关边疆少数民族历史的重要文物。这里值得一提的是汉刘安意墓出土的玉印，1946年河北柏乡县农民在农业生产中发现了刘安意墓室，经当时边区政府文物部门清理，除了出土"刘安意"玉印外，尚有铜器、陶器等物，均归本馆收藏。刘安意为西汉赵敬肃王孙、臬氏节侯贺之子，元封三年（公元前108年）袭封臬氏思侯，二十七年薨，见《汉书·王子侯表》，此玉印玉质纯净，刻工精好，当是未嗣侯位时所用。

此外，还有清代"和硕醇亲王宝"金印，此印为醇亲王奕譞用印，重6.94千克。奕譞为光绪帝亲生父，五子载沣，袭醇亲王，光绪三十四年（1908年）载沣子溥仪继位，年号宣统，载沣为监国摄政王，宣统三年（1911年）十月罢去。此印为载沣之子溥任先生所捐赠。在清代亲王印中，是十分珍贵的。

清代篆刻印章，本馆收藏不多，本书选收黄易、赵之琛、高日濬、钮嘉荫、徐三庚诸家作品，以供留心篆刻者鉴赏。

为了说明古代印章使用方法，酌选馆藏部分汉、唐封泥，以见梗概。

以上简单叙述本馆藏品中有关历代法书文物概况，选录了自商代至清代各个时期的重要作品。由于各类内容、形式、质地等不同，在编写上除各卷分撰前言及图版说明体例一致外，其他文字说明体例不尽相同。内容介绍吸收了当前学术界的研究成果。由于我们学识水平所限，书中难免出现错误和不足之处，希望得到专家的批评和指正。

虽然如此，我们深愿把这部法书文物资料呈献给各位读者，希望在国内和国际文化交流中起到应有的作用。

原文选自《中国历史博物馆藏法书大观》，上海教育出版社、日本柳原书店，1994年

曾燠《拱北楼刻漏歌》墨迹跋

1990年12月11日，"纪念陈垣教授诞生110周年国际学术讨论会"在广东省江门市召开。先期，同门学长嘱为撰文纪念，因念先生于1907年居广州时，曾据拱北楼之铜壶滴漏，在《时事画报》第二十五期发表《说铜壶滴漏》一文，阐述国人之爱国思想及历史观念。并辟俗传拱北楼刻漏为诸葛孔明遗制之谬。爰据寒斋所藏清人曾燠手书《拱北楼刻漏歌》，撰为跋语，以补师说，自知尚多疏陋，幸专家学者有以教之。

中国古代刻漏计时，起源甚早。《周礼·挈壶氏》："挈壶，盛水器也，主挈壶水以为漏。"根据考古资料，先秦的刻漏，尚未见到，而西汉刻漏在河北省满城县中山王刘胜墓、内蒙古自治区杭锦旗，均有出土。但皆为单壶箭漏。东汉桓谭《新论·杂事》说：漏刻"昼日参以晷景，暮夜参以星宿"则得其正。可知当时刻漏与日晷是并用的计时仪器。

现存元代广东道宣慰使都元帅马速忽领衔督造的铜壶滴漏，是我国目前所见最早的、最完整的一套多壶铜刻漏，有日、月、星壶和受水壶。日壶外侧刻有铭文，记有监造官员及工人共20人姓名，说明为延祐三年（1316年）十二月十六日所铸造，置广州城拱北楼上，作为报时的仪器。清咸丰七年（1857年）拱北楼火灾，为人携去，移置别处，十年（1860年）冬月，两广总督劳崇光悬赏购得，月壶略有损坏，其盖与日壶、星壶两盖均有补铸处。月壶壶身补铸处铸有"大清咸丰十年冬月吉日两广总督劳崇光重修"字样，置于抚署退思轩。同治三年（1864年），拱北楼重建完成，复置原处。1919年广州拆城，漏壶由拱北楼移置于越秀山上镇海楼内，由广州博物馆收藏，1959年移交北京中国历史博物馆陈列，并定为一级国宝文物。

据清人檀萃《楚庭稗珠录》卷二记载，广州"拱北楼即唐清海楼，在番、禺二山之交，南汉主刘龑削平之，建双阙其上，宋改双门，今呼双门底（位今广州北京路青年文化宫附近），楼东偏，有元时宣慰使陈用和所制刻漏，大者高六尺余，小者递减一尺，围俱视所高而杀。时辰筹树小壶中，铜人衡壶面，遇其时则浮尺间。杭堇浦《题拱北楼》云：'荡荡双门势郁盘，危楼直北拱长安。莲花转漏铜龙咽，云叶栖檐铁凤寒。万里行完初放眼，九秋悲后独凭栏。失明气象层霄迥，可许孤臣彩笔干？'"

又仇池石《羊城古钞》卷七《拱北楼》称：楼"元季毁，明洪武七年重建，国朝顺治十年重修。巡抚李栖凤题曰'雄镇南邦'，康熙二十五年巡抚李士桢重修，题曰'拱北楼'三大字"。光绪《番禺县志》卷二十三《古迹略》、卷三十《金石略》记载略同。

继杭堇浦（大宗）之后，嘉庆间广东布政使曾燠（字宾谷）有《拱北楼刻漏歌》之作：

"延祐五年腊月始，泻此壶中一滴水。

至今涓涓流不已，一万七千余甲子。

倚楼南望波际天，沧溟屡变为桑田。

朝菌蟪蛄真可怜，摩挲铜狄谁齐年。

纷纷豪富且相竞，钟表买尽西洋船。"

50年前，余读书北京，值番禺梁鼎芬先生遗物流散入市，得梁氏所藏曾燠手书此诗，系写赠番禺张维屏（1780—1859年）者，款署："南山词兄吟正，宾谷曾燠。"名下钤"臣燠""宾谷"二方印。纸色灰暗，多处虫蛀，梁鼎芬经意装裱，并自题签："曾宾谷拱北楼刻漏歌，听松庐故物。"知此幅系梁氏自广东所得，片纸只字，皆足珍贵。

曾燠（1760—1831年）是清代后期的著名诗家。字庶蕃，号宾谷，江西南城人，乾隆四十六年进士，选庶吉士，散馆改户部主事，入直军机处，五十九年任两淮盐运使，嘉庆十二年迁湖南按察使，明年调湖北按察使，十五年升广东布政使，二十年擢贵州巡抚。先生工诗、古文辞，包世臣《艺舟双楫》卷七《曾抚部别传》称其诗"深悉民间疾苦，微言激射，绝无珠翠罗绮之气染其笔端"。张维屏《国朝诗人征略》二编卷四十一引曹振镛等人所为文，称曾凤爱才，宏奖风流，唯恐不及，前后居扬州十余年，其地当水陆之冲，先生为辟题襟馆于邗上，文人学士归之如流水之赴壑。曾燠撰有《赏雨茅屋诗集》22卷，骈体文2卷，《续金山志》12卷，又选刻《苏文忠公奏议》2卷，《虞靖公诗集》8卷，《吕子易说》2卷，《江右八家诗》8卷，《朋旧遗诗》8卷，《江右诗征》120卷，《国朝骈体正宗》12卷，皆行于世。

曾氏所作《拱北楼刻漏歌》见《赏雨茅屋诗集》卷十，诗中"延祐五年"刻本与此墨迹皆误，应据原器铭刻改为延祐三年，即公元1316年。

曾燠此诗未注写年月日，从诗的内容及书赠张维屏的关系看，当在嘉庆十五年至十九年（1810—1814年）之间，时曾燠与张维屏同在广州，二人时有唱和。张氏《听松庐诗话》称："宾谷先生开藩来粤，数有唱酬，移节抚黔，复蒙赠句。"曾氏《赏雨茅屋诗集》有《为张南山维屏题》七古一首。张氏《听松庐诗话》有《九日越秀山登高》七古一章，注称："同集者顾剑峰、胡香海、周伯恬、李绍仔、江石生、周南卿、王香谷，主人方伯曾公。"又张氏有《粤思篇呈宾谷先生》是曾燠离粤15年后寄怀之作，可见二人交谊之深。

曾燠为张维屏书《拱北楼刻漏歌》，并非为张维屏而作，而是与维屏同声相应，同气相求，二人有共同的心声。维屏是广州人，自幼亲自感受外国洋货对我国的入口，内心激发了爱国的热情，一生写出了不少歌颂广东人民反对帝国主义侵略的诗篇。而曾燠的《拱北楼刻漏歌》借拱北楼元代的铜壶滴漏，引发出"纷纷豪富且相竞，钟表买尽西洋船"的慨叹！当时停泊在广州的西洋船，大量运来外国钟表，豪富人家纷纷竞买，争奇斗富，遂致洋货进口，白银外流，严重地扼制了国内新兴的钟表制造业的发展。诗句涵义深远，并非专指钟表一种洋货而言，而是蕴含着多种洋货进口，具有强烈的爱国主义思想，是值得我们重视的。

这里借题介绍一下我国制造钟表的历史。

清康熙皇帝《戏题自鸣钟》诗云：

"昼夜循环胜漏刻，绸缪宛转报时全。

阴晴不改衷肠性，万里遥来二百年。"

诗中所咏的自鸣钟，即从欧洲传来我国的机械钟，一般认为明末万历间由传教士传入，并贡入内廷，但康熙说传入中国已二百年之久，则当在明之中叶。有人或谓"万里遥来二百年"是诗的夸张，如果写成"万里遥来一百年"诗句则显得乏力，若写成"三百年"，则得不到人们的肯定，因此写成"二百年"。但康熙原诗第四句原有自注："此器传至中国二百年矣"。可能康熙还有一定的证据，我们不必多追了。

清宫正式设厂制造钟表是在乾隆五年（1740年）造办处成立之后，建立了作钟处，制造出各式工艺精良的钟表。与此同时，广州也出现了钟表业。康熙、乾隆间，广州工匠由模仿西洋钟，逐步走上独立制造的道路，制造出具有中国民族风格及传统工艺特点的自鸣钟，俗称"广钟"。并与苏州制造的"自鸣钟"，俗称"苏钟"，同属贡品，入贡内廷。

广钟、苏钟内部结构都很复杂，一座钟的元件，要有数百个以至上千个构成，反映了我国名师巧匠接受和消化了欧洲机械钟的工艺成果，结合中国民族艺术风格，创造了独树一帜的自鸣钟，并有相当高的艺术造诣和工艺水平。

中国造的钟表，多数是以亭台楼阁为外形，人、兽形象也取自中国神话故事，如海屋添筹、白猿献桃、群仙祝寿等，装修多采用木壳，紫檀雕座，有的则采用旧式插屏的形式，俗称木楼插屏钟。

《红楼梦》第十四回，凤姐协理宁国府的首日，向宁国府的丫环、仆妇们训话，说到丧事期间，每天的办事作息时间："素日跟我的人，随身自有钟表，不论大小事，我是皆有一定的时辰，横竖你们上房里也有时辰钟。"这里所说的钟表，当然是曾燠诗中所说的"钟表买尽西洋船"中的进口洋货。

乾隆、嘉庆间，江苏松江人徐朝俊撰《高厚蒙求》，该书第三集（嘉庆十四年刻本）有《自鸣钟表图说》，自序称："余自幼喜作自鸣钟表，举业余暇，辄借此自娱。近者，精力渐颓，爱举平日所知，能授徒而悉告之，并举一切机关转捩利弊，揭其要而图之。"可见当时苏、松一带钟表制造业已经出现。

原文选自暨南大学编《陈垣教授诞生百一十周年纪念文集》，暨南大学出版社，1994年

《刘学青书法选》序

汉字书法是中华民族文化的优良传统之一，她既是文化交往的工具，具有实用价值；亦是一门独放异彩的艺术，具有欣赏价值。发扬我国书法的优良传统，普及汉字书法知识，对于弘扬中华民族的优良文化，是有十分重要的意义的。

1992年9月《刘学青书法展览》在北京中国历史博物馆举行，我应邀出席了这次盛会，参观了全部展品。有机缘得识学青先生，并时时研讨书法、绘画艺术。学青自幼习书，启蒙于柳书玄秘塔、神策军碑用笔，秉承初唐欧书九成宫、梦奠帖、褚书倪宽赞、阴符经，上追乙瑛、曹全、石门颂、元怀墓志诸碑。转益多师，正笔法、求平正、悟骨力、积学日久，严为课程。继问学于吾友魏启后学长，眼界又开，书学益进。启后学通今古，博洽多闻，论书力主继承传统，而体现个人风格，一贯主张篆本周秦；草临旭素；隶宗汉魏；真法钟王。学书者更宜浸淫于西陲简牍、文书残纸，晋唐写经名迹，博约相补，取精用弘。故学青之书，奠基于汉魏古法，融南帖北碑之长，尚意求新，相映成趣；穷极艺理，沈着雄浑。甫及不惑之年，已卓然成家，展览初开，声名鹊起，实非偶然也。间尝论之，书法、画法皆贵临摹，传摹移写，亦书家之能事，在此基础上，因其所能而有所发展，即所谓时代风格也。

此固学青在艺术理论上之一贯主张，日常工作虽然繁忙，灯下花前，犹时时吮毫弄笔，勤勤恳恳，不废所学。尝言每见时贤佳作，辄兴艳羡之心，对前辈名家学养之深醇，功力之深厚，皆钦仰不已。既爱今人，又爱古人，虚心向学，其志弥坚。吾知学青书学进益，将无涯涘矣。

今学青汇集平日书法习作，付梓行世，旨在就教于方家，以考旧课，留证他年。书来嘱为弁言，因书所感，兼示老友启后，当不河汉斯言也。

原文选自刘学青：《刘学青书法选》，南京出版社，1994 年

清李克正临汉碑册

    李克正是清代乾隆、嘉庆间著名的金石家、书法家，山东武梁祠画像石的发现者。但是其事迹不见于任何金石家、书画家、美术家词典，而在《中国人名大辞典·补遗》中有一段记载："李克正，洪洞人，字端勖，自署梅村，博雅嗜古，工词，善篆刻，尤长分隶。尝游紫云山得汉武梁祠石室画像，多洪迈《隶释》所未及者，晚所手拓古碑八十余种，颇资考核。"我们欲求进一步探索他的生平事迹，只有求之于《洪洞县志》了。

    民国六年（1917年）《洪洞县志》卷十六，有李东琪撰《文学李梅村先生墓碑文》，称李克正"少博诗书，长嗜金石，自秦汉魏晋以迄唐宋之书法，靡不研究，而独得汉人秘旨。"又谈到弱冠即客游于济宁，协助（长州人、金石家）李东琪研讨金石文字，手拓古碑。时钱塘黄易官运河同知，亦有同好，三人之间，教学相长。时翁方纲官山东督学，孙星衍为粮储运道，皆一时方闻笃雅之士，克正追随其间，为学日进。生于乾隆二年（1737年），卒于嘉庆十二年（1807年），年71岁。遗作手拓金石墨本多归其子李学曾、学高兄弟，李东琪曾收藏一部分。

    李学曾字省斋，有《印谱》行世；学高字愚山，亦工篆隶，所藏金石书画甚富，尝拓镜铭成册，手自笺注，签题印文，并皆精妙，见《中国人名大辞典·补遗》。

    为李克正撰写墓碑文的李东琪，据清震钧《国朝书人辑略》卷六称："字铁桥，山东济宁人，克承父学，隶书尊经阁屏风圣经一章，其所书也。远近搜寻古碑，遇有端倪，即与黄同知易肩舆往向榛莽中，剜苔剔藓，且模且读。"以上出于道光《济宁直隶州志》，《中国美术家人名辞典》所记略同。

    余家旧藏李克正临汉碑册，是海丰吴重憙氏石莲庵旧物，全册12开，每开纵

26.6、横32.5厘米，分别节临汉孔龢碑、孔宙碑、唐公房碑、武荣碑、孔谦碑、孔彪碑、尹宙碑、西狭颂、张寿碑、孔褒碑、夏承碑、衡方碑、李翕碑、石门颂、西岳华山碑、鲁峻碑、武斑碑共17种。盖汉碑既有学术价值，又有艺术价值，为学隶书者之楷模，册中所书，苍劲古朴，不失汉人法度。个人风格鲜明，且于所临各碑史实、书体多作简单叙述和评论，实是一组汉碑题跋。如题张寿碑云："汉竹邑侯相张君名寿，字仲吾，其碑下截不知何时辱为碑趺，明万历间，得武城令乃复兴，揭诸孔壁。嗟乎！书法隆于汉代，得片石犹将尊彝崇之，张君碑不幸而为他碑之趺，郁埋多年，诚为可恨，非遇城武令乌能洗其困辱乎？碑在城武县孔子庙戟门东壁。"又题李翕黾池五瑞碑云："李君昔治黾池，臻此瑞物及西狭磨崖，因刻于前，非碑阴也。"还有题西岳华山碑，谈到各种刻本，论鲁峻碑"笔法体势中正，温润笃实，旧传以为蔡邕所作，由今观之，信欤！呜呼，乃非中郎不能作也"。尤其最后所临武斑碑一开所作长跋，于武斑碑在嘉祥紫云山的发现、武梁祠画像石的发现，以及诸友访碑建祠之乐，叙述尤详。上款"谨堂十二兄"当是好友，下款"庚戌（乾隆五十五年）长夏梅村弟李克正"名下钤白文篆书"李克正"、朱文篆书"端勖"、白文篆书"李梅村"3方印。除以上三印外，全册钤印"李克正氏""李梅村印""李克正印""端勖""一研斋""李""克正""梅村""克正私印""李梅村""从吾所好""汉瓦轩""且顽""晋人""太白同宗""端勖""别字梅村""汉研书屋""李克正""梅村""汉研庐""李氏八分"及引首印"晴窗"长方印。收藏印有"石莲庵藏""史思齐氏""永宝"三印。综观全册李克正共钤印26方，篆法布局无一相同，皆出自己手刻，如有好事之士辑成印谱，亦乾嘉印学之一家也。

　　近人论清代书坛隶书名家，多以钱大昕、金农、翁方纲、黄易、钱泳、奚冈、朱文震诸人得力于汉碑为多。今观李克正隶书，实不在诸家之下，黄易《秋庵遗稿·秋庵诗草》有《祝李梅村六十寿》，是嘉庆二年（1797年）李克正60岁生日时，黄易以金农八分册为赠，并题诗二首云："八分一字千金值，雄健谁如金寿门。传世千秋惟纸寿，故将片幅寿梅村。""羡君有子总能文，才学挥毫便不群。也似画家名父子，君然大小李将军。"诗中以李克正八分书与金寿门八分书并称，甚至其雄健有超过寿门之处，观此书册，识者当可鉴之。

《小莽苍苍斋藏清代学者法书选集》后记

　　1987年9月，田家英同志夫人董边暨子女既捐献家英生前辑藏清代学者墨迹于中国历史博物馆，馆长俞伟超同志嘱余与易苏昊、陈烈二同志编选其中精品为《小莽苍苍斋藏清代学者法书选集》，流布人间，弘扬学术，兼怀家英，用意至善。

　　余自髫年读书，先师余嘉锡先生授以张之洞《书目答问》，时时告以张氏书后所附《国朝著述诸家姓名略》为治学求师、得师门径。张氏所言："读书须知门径，必须有师，师不易得，莫如以国朝著述名家为师。大抵征实之学，今胜于古，经史、小学、天算、地舆、金石、校勘之属皆然；理学、经济、辞章虽不能过古人，然考辨最明确，说最详，法最备，仍须读今人书，方可执以为学古之权衡耳。"又曰："知国朝人学术之流别，便知历代学术之流别，胸有绳尺，自不为野言谬说所误，其为良师，不已多乎！"盖清代学术，迈越前古，家英生前有撰写《清史》之志，即本此意，非尽服膺萧一山先生《清代通史》之说也。

　　余与苏昊、陈烈诸同志在整理家英藏品中，颇留心张氏辨章学术之论，凡其所举诸家，于家英收藏多所寓目。有经学家中之朱彝尊、徐乾学、李黼平、王念孙、严可均，史学家中之杭世骏、钱大昕、赵翼、陆锡熊、张穆，理学家之孙奇逢、魏裔介、蔡世远、彭绍升，小学家之朱江声、钱坫、苗夔、王引之，文选学家之潘耒、何焯、张惠言，算学家之张敦仁、齐彦槐、冯桂芬，校勘学家之彭元瑞、顾广圻、黄丕烈、吴骞、陈鳣，金石学家之翁方纲、金农、王王孙、张澍、冯登府、张燕昌，古文家之方苞、姚鼐、陈用光、陆继辂，骈体文家之毛奇龄、洪亮吉、吴鼒、曾燠，诗家之吴伟业、王士禛、赵执信，词家之顾贞观、郭麐，经济家之徐松、包世臣、龚自珍等；此外，如曹寅、唐英、林则徐、谭嗣同等，皆卓然名家，可谓群贤毕至，丰富多采。

历来学者墨迹，素称难觏，诸同志在整理、研究、编写过程中，获观名迹，如见其人，所谓精神如接手者是也。五年工作，无不从中学得文史知识，扩大学术领域，于清代学术思想史获益尤多。

至于家英同志生平及藏品收藏经过以及藏品历史、艺术价值，董边、陈烈同志文章均已详细叙述。余仅记本书编写过程及个人感受，以告世之读者。

参加本书编写工作者有：曾自、曾立、陈烈、易苏昊、杨文和、郭秀兰、朱敏诸同志，刘如仲、吕长生同志帮助作了许多文字上考证，文物出版社苏士澍同志为本书编辑、出版做出了很大努力，在此一并致谢。

原文选自中国历史博物馆编《小莽苍苍斋藏清代学者法书选集》，文物出版社，1995 年

《〈苏斋笔记〉译注》序

吾友日本西林悠介先生博学多识，殚见洽闻，致力于中国文化研究，著述甚富。尝以其所著《中国新出土の书》《书の文化史》《文房具》诸书诒余，余受而读之，美其深于金石考古之学，矜慎明确，贯通经史，饶有乾嘉学派之遗风。近年，复以监修《中国历史博物馆藏法书大观》亲来北京，商榷体例，鉴选藏品，质疑问难，相得益彰。兹当《法书大观》即将出版之际，承以新著《苏斋笔记》卷十三至十六《书法》部分译注见示，盖连载于日本《迹见学园女子大学纪要》之重要论著也，再经校补，充实内容，正式出版。以余粗通清代学术源流，嘱为撰序。

余谓大兴翁覃溪先生崛起于乾嘉之际，沈思专诵，精于鉴裁，尤致力于金石考据之学。先生以名进士弱冠入翰林，出任广东、江西、山东等省学政，官至内阁学士，鸿胪寺卿，生平与钱大昕、朱筠、卢文弨、朱珪、纪昀、黄易、程晋芳诸人往还甚密，讨论学术。书宗欧虞，兼工篆隶，世之论清代书法者推翁、刘（墉），成（亲王永瑆）、铁（保），以先生为之首席。所著《两汉金石记》《粤东金石略》《苏米斋兰亭考》《复初斋诗文集》等，皆收入《苏斋丛书》中，煌煌巨著，200年来为士林所推重。诗文命辞，自诸经注疏以及史传之考订，金石文字之爬梳，皆贯彻洋溢于其中，以学为诗，古所罕见。

《苏斋笔记》16卷，为覃溪先生遗著，而《苏斋丛书》所未收。此书为其晚年与弟子叶志诜（东卿）先后整理而成，向无刻本，原书中土久已失传。前3卷为先生86岁时所手定，亲自校讹，并录副本寄朝鲜友人金正喜（先生任鸿胪寺卿，所交多海外名士，曾与金鲁敬、金正喜父子论学），第4卷以下，因先生已逝，则由叶志诜整理编定，录副补寄金氏，今所见《苏斋笔记》全书，即金正喜旧藏，后归日本平沼男爵神习文库，于昭和八年（1933年）由京城古典刊行会影印出版。由于当时仅印百部，故流传甚少，世之论《苏斋笔记》者，即以此为足本、善本矣。关于此书流传经过，藤冢邻博士有专文论述，详见悠介先生书中介绍文字。

悠介先生译注本，除据上述之本外，尚参考宣统二年（1910年）北洋官报局影印之《苏斋笔记》残本，此本仅存卷1至卷8，为全书之上半部，其中前3卷即曾经覃溪先生手校，后归叶志诜保存者，有孙烺（兰孙）、谭仪中（复堂）、景贤（朴孙）、龚心铭（伯新）诸家藏印，前有宣统二年庚戌张祖翼题签，此残本原书已不知所在，即宣统印本亦稀如星凤矣。悠介先生特从群马大学水上静夫博士处假得宣统印本，相互参证，其访书之勤劳，治学之缜密，于兹可以见之。

今之论古代法书者，多赖金石文字之铭刻，竹木帛纸之传钞，摄影印刷，流播日远，加之地不爱宝，珍奇屡出，昔人所论，得新证而益明，旧本留传，赖新证而纠误。此悠介先生著述之所以能充分利用传世文物与考古发现，进行综合考察，时时突过前修者也。故注文于书体之演变，碑帖之鉴评，广征博引，条分缕析，寻源竟委，新义迭出。近承函示，谓翁氏于北魏书似乎无多大关心。此诚至论。盖乾嘉以前书风，帖学为盛，科举考试，书必正体，六朝别字，俯拾皆是，为士大夫所不敢观，故当时论碑，多指汉唐，而魏书不与焉。嘉道以后，考碑习碑者日众，阮元始倡北碑南帖论与南北书派论，渐成尊碑抑帖之风，此在繁荣清代后期书学，自然起到推波助澜之作用。

覃溪先生生于乾嘉盛世，事业文章，彪炳一时。后世学者，企念风徽，译注遗文，广采众说，为之论定，用寄景仰之忱，藉以弘扬中华文化，如斯胜业，唯吾悠介出而任之，颜黄门所谓隐栝有条理，决择穷本源者，殆足以当之矣。

读后书感，以答悠介，权当弁言，即希教我。

原文选自西林悠介：《〈苏斋笔记〉译注》，京都柳原书店，1996年

《王尔烈墨迹选》序

曩客沈阳，与金静庵毓黻先生居相近，论文谈艺，时相过从。每论辽海文献，静庵先生辄以其乡王瑶峰尔烈（1727—1801年）对，瑶峰先生号君武，又号仲方，乾隆三十六年进士，散馆授编修，官至通政司副使。先生以翰苑清才，文章书法鸣于乾嘉之际，所谓"压倒三江王尔烈"者也。静庵先生早年纂辑《奉天通志·艺文志》，曾以辽阳孙氏弆藏瑶峰手写诗卷及杂文手稿辑为《瑶峰集》二卷，并收入《辽海丛书》及《辽海书征》，瑶峰之有专集行世，自静庵先生始。

静庵先生毕生关心辽海文物、文献，曾言辽阳某氏藏有瑶峰先生70岁百寿图屏风，当时因无寿序，故未记录。新中国成立后，闻寿屏安然保藏在辽阳博物馆，并知屏间荟萃乾嘉时期纪昀、刘墉、百龄、王念孙、余集、汪承霈、程伟元等名家书画126幅，亦足见瑶峰先生学养之深醇与交游之盛慨，非徒景物赏心，丹青悦目已也。

值得人们高兴的是，最近辽阳博物馆与北京燕山出版社合作，出版了《王尔烈寿屏图录》，把寿屏内容全部介绍给读者，实是一件"发潜德之幽光"、有裨于国家精神文明建设之大好事。

余平日留心古人翰墨，仰慕瑶峰先生有年，1980年在徐州博物馆获观瑶峰先生书册，叹为希贵，此册行楷《王安道游华山记》，以赠百菊溪先生，菊溪名百龄，正黄旗汉军人，乾隆三十七年进士，翰林院编修，官至两江总督，协办大学士，因知菊溪在翰林院为瑶峰晚辈。瑶峰所书《王安道游华山记》原文见于光绪《华岳志》卷六，为明清时期有关山水、绘画、旅游名作。安道名履，号奇翁，昆山人，据《明史》本传及有关资料称其博通群籍，教授乡里，精于医，能诗文，工绘事，游华山见奇峰天出，乃知三十年学画，不过纸绢相承，指为某家数，于是屏去旧习，以意匠就天则出之，人间何师？则曰：吾师心，心师目，目师华山而已。作《华山图》40幅，《中国美术全集·绘画编第六》著录，原作分藏故宫博物院及上海博物馆。

王瑶峰先生墨迹，传世不多，辽阳博物馆与徐州博物馆、辽宁省博物馆、旅顺博物馆及李钟瑞、罗振阁诸先生提供所藏，编为《王尔烈墨迹选》，仍由北京燕山出版社影印出版，既是书法墨迹，又是历史资料，其中许多资料可补《瑶峰集》内容之缺失。

这本墨迹选的出版，显示了公私收藏的密切合作，应感激他们的共同努力，为弘扬祖国的历史文化做出了新的贡献。

原文选自辽阳博物馆编《王尔烈墨迹选》，北京燕山出版社，1996 年

清严长明、王文治诸家跋唐人写经卷

　　自1899年（光绪二十五年）甘肃敦煌石窟藏经洞发现大量遗书、写经以来，敦煌文献极为世人所关注。其中佛教文献占总数的95%以上，而佛经写本（包括刻本）尤多，尤其佚书、佚经可供补史、补经、校勘之用，无一不是整理古籍的重要凭藉，更是研究佛教思想、古代社会以及科学史、书法史等必不可少的参考资料。

　　我们平日所见唐以前包括北宋初期的写经，绝大多数都是藏经洞或新疆吐鲁番等处遗址、墓葬发现的，其非上述地区出土而历经传世之写经，当以唐人及以前人写本为难得。盖宋内府不收唐经生书，以其乏书家格韵耳。然沿至今日，去唐已远，即唐人俗书，亦成法物矣。故宫博物院所藏唐人国诠书《善见律》卷，著录于明都穆《寓意编》，谓国诠是太宗时经生，此卷书于贞观二十二年（648年）十二月十日，末有诸臣阎立本等名，卷后有"绍兴"连珠方印，"缉熙殿宝"方印及赵孟頫、冯子振、赵岩、邢侗、董其昌诸跋，可见此卷自南宋即已流传下来，殊为罕见。

　　我最近在收藏家刘君处得见初唐人书《四分律》一卷，硬黄纸本，朱丝栏，纵22.8、长281厘米，尾书"律藏第四分卷第六，调部第一，五十五"等字，书法高古，结撰圆匀，用笔纯熟，颇似陈、隋间人智永书。卷后有清人严长明、王文治、石景芬、何绍基、王懿荣、张之洞等跋，从严长明跋文中，知清代民间所见唐人写经，当以李光地（文贞公，福建安溪人）于康熙癸未（四十二年，1703年）所得为最早，以写经用为宋刊《初学记》衬纸，故纸幅不大，残贡不全，因发现上有天祐年月，故定为唐人写经。

刘君此卷有清人笪重光、姜二酉收藏印，为乾隆三十九年（1774年）王文治所购得，并于乾隆乙未（四十年，1775年）春，文治在北京与严长明、毕沅等共同欣赏。当天，毕沅并携来唐临王右军《瞻近》《蜀人》二帖同观。乾隆己亥（四十四年，1779年）王文治客杭州，与至友陈药洲论订古今法书、名画。一日，药洲自言生平见法书甚多，特未见唐人小楷。文治谓，虞、褚之迹，世不多有，若唐经生书，则余家有之，因遣使自丹徒取至。药洲一见携之而去，文治索之，则不肯出矣……一日，药洲遣使持卷送还，并附信说，唐人真迹，古趣盎然，令人心醉，屡欲攫取，于义不可，谨奉还，幸勿示他人也。文治展书披卷，深服药洲克己之学，度越古人，乃命工割截为二，幸而两卷开头皆有"尔时世尊在三舍城"，一说淫戒，一说盗戒，遂以淫戒自留，而以盗戒赠药洲，王氏长跋，专记此事。兼论唐经之书法价值，甚详，见所著《快雪堂题跋》卷三，文字内容稍有改易。药洲名陈淮，字望之，河南商邱人，乾隆拔贡，历任湖北布政使，贵州、江西巡抚，嘉庆十五年（1810年）卒，见《清职官表》。清代书画鉴赏名家也。

今所见此卷盗戒文字157行，而严长明原跋称共463行，知所减306行，即淫戒部分，为文治自留者。盗戒赠药洲，连同严跋一并赠之。严长明字冬友，一字道甫，江宁人，乾隆时以诸生献赋行在，召试，赐举人，累官内阁侍读，诗文奇纵，博通古今，藏金石文字甚富，历充《通鉴辑览》《清一统志》《热河志》纂修官。有《毛诗地理疏证》《汉金石例》等。《清史稿》有传。

从石景芬的跋文中，知陈药洲后，归宗室奕谟（心泉），景芬精于史讳学，特别说明唐永徽以前民、泯二字不避讳之规定，而证明此卷为初唐人书，甚有见地。景芬字志祁，号芸斋，江西乐平人，道光三年癸未进士，翰林院庶吉士，散馆改主事，官至安徽芜湖道，见《词林辑略》。奕谟为端亲王孙，贝子衔，封镇国公，任右宗令，善书，兼工山水，见《八旗画录》。

此卷继归吴重熹（仲饴）、吴崡（庚生）兄弟，该兄弟为山东海丰金石家吴式芬（子苾）之子，在京求得何绍基、王懿荣、张之洞题跋，诸家在跋语中提出许多重要见解。同治九年（1870年），王懿荣在跋语中提出"书脉"之说，谓"余酷嗜唐人写经墨迹，较碑刻为易睹，可以寻订书脉，而知宋刻唐临汉晋诸帖之伪"。这对于法帖之学提出了一个大问题，应引起我们的重视。翌年，同治十年（1871年），张之洞跋语中，称懿荣曾携《七宝经》及《六通九品经》两段相示，则知王氏于同治间尚藏有唐人书残经。

近见北京中国嘉德国际拍卖有限公司1997年4月19日拍卖品中有《唐人写妙法莲华经》残本一册（两开四页），后有清人吴荣光、赵世骏、朱益藩题跋，中有"云间王鸿绪鉴定印""徐树铭""世骏长寿""山木道人""天水郡图书印""浚仪赵氏秘笈之印"。从吴荣光跋语看，此经亦传世藏品，非出于敦煌藏经洞者，其中"天水郡图书印"有人认为是元代赵孟頫用印，此应是清末赵世骏用印，赵氏江西南丰人，"天水赵氏"用郡望也，因并记之。

一、严长明原跋手迹录文

右书律藏第四分第六卷计四百六十三行，盖唐贤真迹也。向于宣城梅氏曾见三纸，循斋总宪告余康熙癸未李文贞公抚畿甸时，获宋刊初学记，中有衬幅皆书善见毗婆沙律，内十余纸有天祐年月，乃知为唐人书，因以绢素易之。梅氏分得数十行，此卷与之正同。后有笪江上、姜二酉鉴藏印，不知安溪于何时流传至润州？今岁仲春，与梦楼同客长安，于抚署中，出以见示，结构精稳，骨肉和畅，正孙虔礼所谓有法有度，在唐人中亦称善手，洵希世珍也。是日，秋帆前辈并出所藏唐临右军瞻近、蜀人二帖以观，座中欢喜赞叹，譬之元奘入五印度获睹薄伽梵金光明相，一时悲喜，殆不自持，谨书数语，以识欣遇云。时乾隆乙未春分前二日，道甫严长明。（名下钤白文篆书严长明、道甫二方印。）

二、王文治原跋手迹录文

本跋见于王氏《快雨堂题跋》卷三。

乾隆三十九年甲午，有持此卷求售者，以为赵荣禄迹。余心知其为唐人书，亟购之。何以知其唐人也？余向座主大司寇秦公处得睹灵飞经真迹，即董文敏鉴定为钟少京书者也。嗣于郑君琰处睹蜀相王锴书法华经，经旧藏成都古塔中，塔圮而经见，见者分裂持去。郑君时官蜀，故得分十数页，同时有顾助教镇亦得之，余有诗纪其事，见丁香馆集。此卷书格在灵飞经之下，而迥出法华经之上，其神采气韵则与二帖大略相同，故断其为唐人也。董文敏尝谓书家品韵可望而知，余最服膺其言，盖所谓真鉴者，不藉史书杂录之考据，不倚纸绢印章之证助，专求品韵，自得于意言之外。及证之考订之家，瘁心劳力，辨析于僻书秘记纸色墨色之间者，究未尝不合，时或过之。余之持此论也久矣。己亥，余客杭州将一载，药洲陈公与余弱冠时为同年友，继又重以姻亲，所谓交且旧者，莫逾于此，去年以转运自闽移浙，暇日相与过从，论订古今法书名画，或各出所藏，更相质难。公之鉴定书画，确有特识，非徒求之于形貌间者。余阅世五十载，或交当代之贤人君子不一而足，精鉴如公，未之遇也。一日，公自言生平见法书甚多，特未见唐人小楷，余谓虞褚之迹，世不多有，若唐经生书，则余家有之。公惊喜必欲一观，因遣使自京口取至，公一见携之而去，索之则不肯出矣。先是，余与公约，此卷甚长，公如见爱，可割半相赠，至是，公欲全得之，以为一加割截，恐离之则两伤也。余于书画烟云过眼，曾不吝情去留，然深惧此卷去，而临池无所仿效，老年书法将日益退，未免生桑下之恋。一日，公忽遣使持此卷及书来，书曰唐人真迹，古趣盎然，令人心醉，屡欲攫取，于义不可，谨奉还，幸勿视他人也。书画本韵事，其间直道存焉，人品系焉，其今两得之，余思古来收藏家，往往不免巧偷豪夺之病，贤如蔡君谟，尚有商于六里之说，况其他乎？展书披卷，深服公克己之学，度越古人万万矣。亟命工割截为二，上之于公，以践前约。两卷之首皆有"尔时世尊在王舍城"一说淫戒，一说盗戒。若本来应分两分者，他日两家子孙各收其一，使知吾二老之交情气谊如此，自是佳话，且为千古收藏家增一重公案也。卷末严道甫侍读跋，并以奉公，跋中所谓毕中丞藏唐临右军瞻近、蜀人二帖，曾持与此书反复比较，味其品韵，亦是一家眷属，故附识之。道甫号善鉴，专以考据精博为事，又非余之所能及也。乾隆四十四年岁在己亥冬十月旬有二，丹徒王文治。（名后钤白文篆书"王文治印""曾经沧海"二方印，朱文篆书"柿叶山房"长方印。引首钤朱文篆书"王禹卿氏"长方印、押角钤朱文篆书"梦楼"方印。）

三、石景芬原跋手迹录文

此文与写经字数内容不符，考写经年代而已。

右写经二百三十八字，道紧秀拔，唐贤之入晋室者。或以民愍二字为款，不知武德九年太宗下令二名不偏讳，世民二字不连者，不须讳避，故贞观中碑如房彦谦、温彦博、皇甫诞、裴镜民、于孝显等皆不缺笔，永徽以后，世改书代，民改书人，或虐或氏或阙笔，然世字不缺者尚多，如定慧师碑，世字十见，惟前一字阙笔，又杨谈、幢花台铭、元秘塔之类不缺者不能遍举，民字不缺，亦间有之，如程修己志内民间事、长孙氏志劳徽无泯、薛刚志勒夫珉础、魏邈赵氏志风烛泯充，此外亦不多见矣。是书结束精严，以字体论之，的近初唐，与中晚以后气局散缓者迥异，其直书民愍二字，还可证其为初唐人书，而又何疑耶！因书此以质心泉大雅，不知以为然否？庚戌立冬后五日芸斋石景芬识。（名下钤朱文篆书"景芬"连珠印。）

四、何绍基原跋手迹录文

李文贞公所得有天祐年月，此卷固无之，既云此卷与之正同，则非即彼物，明矣。乃又云不知何时由安溪至润州，何耶！唐人写经近世屡出，皆从古浮图中检得者，余亦往往见之，道甫、梦楼时盖犹罕觏也。何绍基记。时咸丰己未八月吴庚生世讲因秋试携至历下获观并记。（名下钤朱文篆书"媛"字方印。）

五、王懿荣原跋手迹录文

经尾署八字律藏第四分卷第六（脱分字），又隔书调部第一四字，旁书五十五三小字，此段自是此经，无尾。丹徒王氏截留戒淫一段，当近接此段，文前无书记年月可考，文内有世、民等字无阙笔者，若定为唐人书，当是塔庙中所藏读本，非进呈本矣。卷为硬黄纸，朱栏，略视余所得刘氏旧藏六品九通残经两段，正同书韵，古版不似，而凝腴胜之。俱与风峪、房山等处齐、隋刻经石似，证之齐隋诸碑，书脉亦合。此世民二字又不避，臆度当在唐人前也。前跋谓与唐临右军二帖似，恐非真鉴。余酷嗜唐人写经墨迹，较碑刻为易睹，可以寻订书脉，而知宋刻唐临汉晋诸帖之伪。至宋人写经又直接唐人后，观此衲流书尚知不离其宗，何今士夫无之？此书学中关键也。同治九年四月八日福山王懿荣借观。并录入唐经考中。吴庚生贤表道兄收此卷，是正此语。（名下钤朱文篆书"七宝经室"方印。）

六、张之洞原跋手迹录文

　　同治辛未九月四日，仲饴、庚生两君携此卷来，南皮张之洞与小西安张德容、福山王懿荣同观。前三年戊辰四月，海丰被兵，是卷卷首为所撕裂，今重复装裱完好，故卷首数行有折皱痕。是日并观王君所藏唐人书七宝经暨六通九品经两段，七宝经是贞观廿二年十一月十四日书，之洞记。（名下钤朱文篆书"之洞私印"方印。）

原文刊于《收藏家》1997年总第 23 期

《初拓本宝贤堂帖》序

明代晋庄王朱锺铉世子朱奇源秉高祖晋恭王朱㭎遗训，抗心希古，笃志收藏，法书名画，所在多有。太祖高皇帝朱元璋于朱㭎就藩太原时，赐前代墨本甚多。曾祖晋定王朱济熺，蒙太祖高皇帝命中书舍人詹希原教字书。祖晋宪王朱美圭，俱嗜书学，至锺铉、奇源父子，因取《淳化》（晋府当时藏《淳化阁帖》为淳化四年赐毕士安本，有赐款，后归孙承泽，继归清内府，藏于淳化轩，世称祖本，并刻石流传）《绛帖》《大观》《太清楼》《宝晋斋》诸帖，并于卷一增晋藩上代之书，卷十一、十二增宋元明人书，命参政王进、副使杨光溥、佥事胡广、杨文卿择其最著者，命生员宋灏、刘瑀摹勒上石，釐为十二卷于弘治三年（1490年）刻成，曰《宝贤堂集古法帖》。宝贤堂者，示尊贤也。

我国法帖之刻，至北宋而大备。帖是摹刻前人墨迹于石或木，举凡书札、诗文，皆可入帖，捶拓装册，供人欣赏、临习。欧阳修《集古录跋尾》所谓"余尝喜览魏晋以来笔墨遗迹，而想前人之高致也，所谓法帖者，其事率皆吊哀、候病、叙睽离、通讯问，施于家人、朋友之间，不过数行而已，盖其初非用意，而逸笔余兴，淋漓挥洒，或妍或丑，百态横生，披卷发函，烂然在目，使人骤见惊绝，徐而视之，其意态愈无穷尽，故使后世得之，以为奇玩，而想见其人也"。故帖石皆横置，与碑形高立有别，后世凡临书习字所用范本，不论碑、帖，统名为帖，此俗称则可，但不宜混淆碑与帖之关系。

历代论帖之内容，刻一人之作品，集一人之单行帖者多，集二人以上之汇帖者则少。

我国汇帖之出现，相传始于南唐《升元》《保大》二帖。《升元》帖宋人书不载，明屠隆《考槃余事》云："后方命徐铉以所藏法帖勒石，名《升元帖》，在《淳化》前，故名祖刻。"清孙承泽《闲者轩帖考》称："南唐李后主出秘府珍藏，刻帖四卷，每卷后，刻‘升元二年三月，建业文房模勒上石’。为《淳化阁帖》之祖。"《保大帖》据宋徽宗时人刘岐《暇日记》云："马传庆说：‘此帖本唐保大年摹上石，题云保大七年仓曹参军王文炳摹勒，校对无差。国朝下江南，得此石，淳化中，太宗令将书馆所有，增作十卷为版本，而石本复以火断缺，人家时有收得一二卷。’"《暇日记》久佚，此引自《辍耕录》卷六。

北宋太宗赵炅购募前贤真迹，自历代帝王、名臣，止于王羲之、王献之父子，命侍书王著摹刻，藏于秘阁，曰《淳化秘阁帖》（简称《淳化阁帖》），为十卷，每卷尾篆书"淳化三年壬辰岁十一月六日奉圣旨模勒上石"。其实，今所见宋本原拓为枣木版，并时有银锭纹，防开裂也。当时，用李廷珪墨精拓，以手揩之不污手，唯亲王、宰执、使相拜除，乃赐一本，人间罕得。

《淳化阁帖》保存、流传古代帝王、名臣书迹之功，实不可没。但是，由于原版深藏秘阁，拓本流传甚少，且漏收真迹，时有发现，帖以人重，人以帖传，于是当时或稍后，翻刻、改刻，盛行一时。如《绛帖》（皇祐、嘉祐间）、《大观帖》（大观三年正月，即《太清楼帖》），《宝晋斋帖》（咸淳四年）等，多以《淳化阁帖》为蓝本，或补不足，或纠讹误，为宋代官、私刻帖开创了风气。

宋赵希鹄《洞天清录集》谓："庆历间，禁中大火，（阁帖）其版不存，今世所见《阁帖》多乏精神焉。有《绛帖》以阁本重摹，而《秘阁》反不如《绛帖》精神乎，则此可以观也。"盖《绛帖》是尚书潘师旦于《淳化阁帖》稍后刻于绛州（今山西新绛县），并以《淳化阁帖》为基础，而益以他帖，全帖二十卷，为当时及历代所重。潘师旦逝后，两子各得十卷，长子因负官钱，帖被没入官库，后绛州太守重刻后十卷以足成之，即所谓官库本；幼子亦刻前十卷，即所谓私家本。靖康时，两本转入官吏之手，金人又重刻之，因避海陵王完颜亮讳，卷三庚亮"亮"字有缺笔，故称"亮"字不全本或新绛本，拓帖到江南出售，名榷场本。

《绛帖》原拓，流传极少，且有伪刻，故当时就有议论，南宋姜夔著《绛帖平》，该书序称："《绛帖》传至今者复有三四本，潘师旦所刻为胜，绛公库本次之。"

《大观帖》是宋徽宗赵佶所刻，大观初，《淳化阁帖》版已朽毁，且标题多误，诏出墨迹，刻石太清楼下，或称《太清楼帖》，每卷之后页有蔡京书"大观三年正月一日奉圣旨摹勒上石"。刻本较《淳化阁帖》高寸余，每行多刻一、二、三字不等。此帖由于大观三年（1109年）刻，故曰《大观帖》，后又增刻王羲之《十七帖》、孙过庭《书谱》，总为二十二卷。实则此帖即《大观帖》，不过较《大观帖》仅多几卷而已。

《大观帖》重新编次《淳化阁帖》，每帖首标题与《淳化阁帖》有异同，更正王著原编多错乱，故世称《大观帖》胜《淳化阁帖》，又有谓《淳化阁》原胜《大观》。仁者见仁，各抒己见而已。

《宝晋斋帖》收晋、宋各家书，南宋人曹之格辑刻，末尾刻"右曹氏家藏真迹"。宝晋斋为米芾斋名，守无为时，刻有王羲之、谢安、王献之书帖，曹之格咸淳四年（1268年）守无为，搜旧石与家藏晋帖或真迹及米书，刻十卷传世。此帖前八卷刻晋人真迹或拓本上石，并附刻曹氏自跋及原有宋人跋，九、十两卷为米芾临王及米札，镌刻甚精。帖末，曹之格跋云："《淳化》祖帖延蔓演迤为《庆历》、为《大观》、为《绍兴》、为《淳熙》、为《绛》、为《潭》、为《鼎》、为《沣》、为《蜀》、为《利》、为《彭》、为《资》、为《黔江》、为《临江》、为《三山》、为《武冈》，皆官本也。其私塾之称于时者，又数十家。"论宋代官、私刻帖之盛如此。

本文主要是论《淳化阁帖》《绛帖》《大观帖》《宝晋斋帖》几部汇帖的渊源及内容价值。即《宝贤堂帖》集刻精选之祖本也。

《宝贤堂帖》与《大观帖》字行同，十二卷以十二辰记石数，除重摹《淳化阁帖》《绛帖》《大观帖》《宝晋斋帖》以外，又增宋、元、明各家真迹上石。至清康熙十九年（1680年），戴梦熊补刻五十三石，第一卷"子二下"刻"戴补"二字，凡补石均刻"戴补"，后世往往有涂去、挖出"戴补"，充初拓本者。

此帖书刻、勾勒均精，为明初所刻佳帖。明王世贞《弇州山人四部稿》、汪珂玉《珊瑚纲》，清孙承泽《闲者轩帖考》所谓"摹、刻、拓三手俱不称"之偏见，盖三君皆未见初拓本也。

太原市双塔寺文物保管所主任武广文先生以《宝贤堂帖》石藏所内，并藏有弘治初拓本《宝贤堂帖》一部，携来北京，经启功、徐自强、柴剑虹诸先生鉴定，皆认为纸粗墨足，文字完好，弘治原装，十分稀贵。帖前并有清代著名收藏鉴赏家宝熙"瑞臣平生珍赏"朱文长方印，宝熙字瑞臣，满族，光绪间任山西学政，可见其时此帖曾经宝熙审定，当推精鉴。广文先生的《宝贤堂帖》为山西省重要文物，决定影印出版，以供艺林珍赏。

初拓本《宝贤堂帖》首有"清事"二大字，原似四字而失其二，疑为明初某皇遗翰而题某书画者。继为弘治三年（1490年）九月一日晋世子序，再为弘治九年（1496年）闰三月二十九日，皇帝与晋王书，略云："皇帝奉书叔祖晋王，承以高叔祖晋定王《绛帖》石刻，年久损坏，乃命世子搜拣旧藏，博采群籍，以古今名人书帖，令人摹刻，集成一帙来进，朕披阅一再，见其采辑详悉，制作不苟，已置之便殿，以备燕闲"云云，后有弘治九年端阳日世子奇源上皇帝书。

清翁方纲《复初斋文集·跋宝贤堂帖》称："《宝贤》与《淳化》《大观》异者，皆《绛》本也，《绛》本今既不传于世，犹得借《宝贤》刻本，以仿佛真《绛》之一二。"近人林志钧先生《宝贤堂帖考》以初拓《宝贤堂帖》与《淳化》《绛帖》《大观太清楼帖》《宝晋斋帖》合校，认为"《大观》《宝晋》皆高行，与《绛帖》同，《宝贤》亦高行。于《绛帖》外，其取《大观》《宝晋》似也。顾《大观》为主，此说可信。何以知之，曰《宝晋》米老刻已佚，曹之格刻，明代虽尚多传本，然不为世所重，晋藩刻未必分采此。且《宝晋》特有之帖，《宝贤》不之见，若夫《淳化》《大观》《绛》所有，《宝晋》亦有者，何以谓其定取诸后出之《宝晋》邪？至于《淳化》所有，《大观》亦有，宜乎不取较后于《淳化》之《大观》，乃曰以《大观》为主，何也！此有二证，其一，帖为《淳化》所无，而《大观》有者，《宝贤》亦有之，又《淳化帖》分，而《大观》合并为一者，《宝贤》每同于《大观》；其二，《淳化》《大观》两帖同，而行数异者，《宝贤》行数多同《大观》，则高行与低行之别耳，《淳化》低行，《大观》高行，此《大观》行数，所以每视《淳化》为少也。《宝晋》行格亦高，转摹《淳化》，动须更易行数，以视《大观》可如式摹勒，有难易之分，况《大观》原帖，固有胜于《淳化》者，《宝贤》之多采《大观》，殆为此耶。"

林志钧先生又曰："余藏旧拓《宝贤》，于民国廿四年（1935年）七月，曾借固始张氏《大观》第七卷宋拓本对读，《大观》皆与《宝贤》异，第四页第一行，《大观》缺'甚'字，第二行缺'不'字，《宝贤》不缺，第六页第三行'日'字、'羲之'两字，《大观》与《宝贤》异，第七页第六行《大观》'当日'两字，《宝晋》'当'下无'日'字，空一格，又不似拓时墨掩也。此特举其不同之大者。则于《大观》之外，拣他帖耳。"故翁方纲谓："市估删去余帖，存其十卷，目为《大观》，是以猝难辨也。恐作伪者踵相接，则《宝贤》旧拓，特无以见《大观》之真，且不得自申其光气，是可慨也。"

不但清代人指出市估以《宝贤堂帖》改头换面，冒充宋帖，明代范大澈《碑帖纪证》："今徽人将晋府《宝贤堂》糊板刻之，名曰《大观》，好事者亦购之，良可笑也。"是明人以《宝贤》翻成《大观》者亦有之。

关于汇帖内容尤其是书家真伪问题，古今难免，今以二王书迹为例，南朝宋虞龢《论书表》称："轻薄之徒，锐意摹学，以茅屋漏汁，染变颜色，加以劳辱，使类久书，真伪相揉，莫之能辨。"这可以说是二王书迹作伪的最早记载。自宋代以来，如米芾《书史》、黄伯思《法帖刊误》以至清王澍《淳化阁帖考正》、容庚《丛帖目》、郑裕孚《宝贤堂法帖考证》等，皆有详细论述，原书具在，可以参阅。

我有幸见到这部初拓本《宝贤堂帖》，开卷入神，古香满纸，深感太原双塔寺文物保管所弘扬祖国悠久文化和继承、发展书法艺术之光荣传统，功不可没，故乐为之序，以求教正焉。

原文选自南开大学历史系编《南开大学历史系建系七十五周年纪念文集》，南开大学出版社，1998 年

六 绘画

方伯务及其作品

1927年，奉系军阀张作霖盘踞北京的时候，在这年的4月6日，逮捕了中国共产党创始人之一——李大钊同志，同时还逮捕了共产党员谭祖尧、邓文辉、谢伯俞、莫同荣、姚彦、张伯华、李银连、杨景山、范鸿劼、谢承常、路友于、英华、张挹兰、阎振三、李昆、吴平地、陶永立、郑培明、方伯务等人。李大钊同志和其他的同志们，在狱中屡受严刑拷打，他们都是坚贞不屈。大钊同志在狱中尽量宣传共产主义思想，而且还继续领导北方党的工作。4月28日，大钊同志作了最后一次演说，宣传了共产主义真理的必然胜利，就和其他19位同志都壮烈地为中国人民的革命事业，牺牲了宝贵的生命。

在这次和李大钊同志一起殉难的烈士中，以北京大学的学生为最多，此外，谭祖尧、方伯务二烈士，都是北京艺术专科学校才毕业的学生。

那时的北京艺术专科学校，在北京西城前京畿道，校中的青年学生，因为从事革命活动或美术创作而被捕的很多；在1926年的"三一八"运动中，西画系学生姚宗贤，就被段祺瑞执政府的卫队开枪射杀在铁狮子胡同。翌年，又有谭祖尧、方伯务二同志的被害事件。

谭祖尧烈士，是四川省江津县人；姚宗贤烈士，是云南省会理县人，他们都是西画系的学生，他们的遗作，我们到现在还未发现。

方伯务烈士，名方舟，字伯务，又字白雾，别号南岳山民，湖南衡山人，自幼爱好绘画。20岁以前，曾在家乡任小学教员。1921年（20岁），来北京；翌年，北京艺术专科学校成立专门部，伯务烈士考入中国画系第一班肄业。当时，名画家郑锦（褧裳）任校长，系主任是陈衡恪（师曾），教授有贺良朴（履之）、姚华

方伯务烈士绘的花卉图

（茫父）、王云（梦白）、冯臼（臼庵）、谢阳（蕙庭）、凌文渊（直支）、萧俊贤（厘泉）、萧愻（谦中）、寿鉨（石工）、陈年（半丁）诸人。伯务烈士最初从郑锦、谢阳两教授学工笔画。谢阳原籍江苏武进，他的作品因为受了他的同乡前辈清代恽寿平（南田）的影响，所以花鸟画法完全模仿恽寿平。因此，伯务同志在这个时期的绘画，多是工笔，技法也接近南田一派。但是，他并不完全墨守南田成法，而是汲取了各家的精华，继承了国画的优良传统，细心地观察客观事物，以生活周围最为大众所熟悉的事物作题材，创作具有现实意义的美术作品。

此外，方伯务还从陈衡恪、寿鉨两教授学刻印，也有许多独到的地方。

方伯务来北京，最初住在前门外草厂十条"上湖南馆"，这是一处"会馆"，是湖南省南部各县来京的人居住的地方。不久，他考入了艺术专科学校，为了读书方便，迁到西京畿道的鸿文公寓来居住。后来为着减轻费用负担，他和同乡同学明方炎等同志一迁于西京畿道下岗四号，再迁于宣武门内石灯庵的古庙里，自己煮水、烧饭。

方伯务平日的生活是很清苦的，他经常节省下吃烧饼的钱来购买颜料、画具。不论在学校或寓所，都常常手不停挥地作画；并且常到万牲园（即今动物园）、中央公园（即今中山公园）等处写生。平均一个月内作画数十幅，这种刻苦钻研的精神，是值得我们学习的。

方伯务的作品，在当时就受到群众的欢迎和喜爱。据当年曾在宣武门内小市博识斋字画店当学徒的梁德华同志说：

"方伯务烈士身材不高，长尖形的脸，说一口湖南话；待人谦虚诚恳；常到我们柜上看画。有时，他也把自己的画交给我们代卖，不到一两天，就卖出去了。他对自己作品的要求很严格，常把一些画得不太满意的作品无代价地送给我们；虽然画上未落他的名款，但是，我们也都很快地卖掉了"。

方伯务在艺术专科学校读书的时候，就参加了党的工作，从事反帝反封建的革命活动。1925年，应京华美术专门学校的聘请，任国画讲师。1926年6月毕业后，留校任助教，仍兼京华美专讲师；同时他在党的领导下，进行伟大的革命工作，他是北京人力车工人运动的组织者与发动者。

方伯务殉难后，他的师友们集资把他的遗作选了40幅，影印为"衡山方舟画集"。

他的老师冯臼为这本画集题诗说：

"脱却毗陵意更微，独师造化得生机；人间几辈丹青手，依样葫芦总觉非。"

当时的绘画界，多是以模仿为能事，但是方伯务能很好地继承古代画家现实主义的优良传统，能够有创造性地从事绘画；冯臼在这首诗中所称毗陵，就是指恽寿平，他说方伯务的作品已脱却恽派窠臼，不事模拟，而独师造化，这是极为正确的评语。

又冯臼题方伯务松禽图诗：

"郁郁苍松屈曲蟠，饕风虐雪太摧残；衡山也有千年树，留与幽禽画里看。"

这首诗作于伯务殉难以后，完全以衡山古松喻伯务人品；方伯务烈士的革命精神，是千古不朽的。

又冯臼题方伯务桃花流水图诗：

"桃花依旧在，流水去不还；几回揩老眼，披图带泪看。"

这首诗是冯臼感念死者，借题桃花流水图以见师生交谊之笃，短短的二十字，有极深厚的情感。

凌文渊为方舟画集题词说：

"以一手而兼写生、写意之二妙，在吾于近人画法中，惟方君伯务是许；今观此册，信然。"

齐白石先生为方舟画集题诗说：

"如尘心细见毫锋，苦力求工便得工，寄语九原须自惜，不应忘却写雕虫。"

又题海天旭日图说：

"方伯雾非余门人也，然所作画尝呈余论定；自去年五六月间，绝迹不见（笔者按即被捕），余以为将自大；闻伯雾没世，余始闻不作画年余矣。丁卯秋八月，伯务亲属持此请余题，余记之，白石。"

我们看了冯臼、凌文渊、齐白石诸先生为方舟画集题词和在画面上的题字，就可知道在当时的白色恐怖下，各家对革命烈士的无尽敬仰和无限悼念。

方伯务常向人说："美术要大众化，不要为少数人所赏玩"，因此，他的创作态度，就像他自己在一幅花鸟画上所写的："余不善画，而偏嗜画，故每一执笔，辄心竞手战，惟恐玷辱前人，而遗误将来者也"。

他的作品的艺术成就，确实与他这种丰富的人民感情和严肃的创作态度分不开的；这种创作态度，正是我们今天广大美术工作者学习的榜样。

我们今天纪念青年革命画家方伯务烈士，不仅要学习他在美术上的卓越成就，而且还要学习他对革命事业的无限忠诚；要继承和发扬先烈的革命传统。

附记：本文在材料的搜集上，承方伯务烈士生前友好明方炎、王雪涛、李苦禅、高希舜、章毅然、梁德华诸同志大力帮助，并承张青竹、王仲年、明方炎三同志各以所藏有关文物资料，借作参考，在此表示感谢。

原文刊于《美术》1957 年 4 期

《成吉思汗画像》跋

元太祖成吉思汗（1162—1227年）是蒙古族杰出的军事家和政治家。他出生于蒙古部孛尔只斤氏族，名铁木真（一作帖木真或作特穆津）。12世纪末，被推举为部落首领。13世纪初期，连续兼并塔塔尔、克烈、乃蛮等部落。1206年（南宋开禧二年，年51岁），全蒙古贵族在斡难河畔举行了忽里勒台（会议、大聚会），共同拥戴他为全蒙古的大汗，上尊号为成吉思汗（意谓强者之汗）。

成吉思汗一生的活动，无论对中国、对世界，都有极其重大的影响。今年正逢他诞生800周年，目前，全国各地正在开展对成吉思汗的纪念学术活动，许多历史学家撰写论文，对成吉思汗在蒙古民族历史上、中国历史上和世界历史上所起的作用，进行了全面的分析和研究。这里介绍一幅较早的《成吉思汗画像》，作为成吉思汗诞生800周年的纪念，并提出一些个人对画像的看法，供同志们参考。

传世的《成吉思汗画像》，过去仅见一幅，即清宫南熏殿旧藏《元代帝像册》中的第一开（原册自太祖至宁宗共八开），绢本，设色，半身像。纵59.4厘米，横47厘米，对幅题称："元太祖皇帝，即青吉思汗，讳特穆津，在位二十二年，父曰伊苏克伊，是为烈祖皇帝。起宋宁宗开禧二年丙寅，金章宗泰和六年，终宋理宗宝庆二年丁亥，金哀宗正大四年。"此幅画像，《石渠宝笈》卷三、胡敬《南熏殿图像考》卷下、《中国历代帝后像》（清末有正书局印售）、《历代帝王像》（1931年古物陈列所印）、《元朝历代帝后像》（1918年雍和宫印）、《故宫周刊》第131期（1932年4月10日）和余元盦同志的《成吉思汗传》（1957年上海人民出版社出版）均曾著录。

南熏殿旧藏古代帝后圣贤名臣像500余帧，乾隆十三年（1749年）特命一律重付装池。各像或系原写真本，或系临摹，或为后世想像创作，殊不一律，然多数出自画院中人之手，则可断言。《元代帝像册》中的成吉思汗画像，和其他画像一样，大小相同，共装一册，都是明人依照旧本摹绘的。至于原来的旧本，今天则很少见到了。

根据《元史·祭祀志》记载，元代有神御殿，神御殿旧称影堂，专为供奉祖宗御容而设，御容皆纹绮局织锦为之。《元史·英宗本纪》说："至治二年十月，建太祖神御殿于兴教寺"，可见影堂并不设在宫中，而是附设在较大的寺庙里。又《元史·泰定帝

成吉思汗画像临摹图

纪》说："元年八月，遣翰林学士承旨斡赤，祀太祖、太宗御容于普福寺。"《顺帝纪》也说："（至元）六年正月，奉太祖、太宗、睿宗三朝御容于石佛寺。"《祭祀志》更有"至元十五年命承旨和礼霍孙写太祖御容"的记载。因此，我们知道一个皇帝的画像，同时可以有许多幅，分别在各处供奉。而这类画像多是死后所画，甚而是临摹或追摹的，但是，不论临摹或追摹，都应算是真像。所以南熏殿旧藏《元代帝像册》中各像，虽是明人据旧本放大或缩小摹绘，也都应算是真像，至于明人摹绘时所据的旧本是织锦像还是画像，一时尚难解决。

1953年9月，前北京历史博物馆从陈宦（字二庵，湖北安陆人）的后人处征集到一幅《成吉思汗画像》，纵58.3厘米，横40.8厘米，白笺纸地，淡设色半身

像。头戴外白内黑的皮冠（貂皮暖帽？），身着浅米色毛绒衫（或毛缎），面赭赤，连鬓胡须，黑白相间，额前有发微露，左右分披，冠下耳后垂鬓，颇与今维吾尔族姑娘编发成无数小辫，结鬟垂于脑后相似，不过太祖画像，仅露左右两鬓而已。画像左上签题："太祖皇帝即成吉思汗讳帖木真。"据陈家人说这是陈宧于民国初年任参谋次长到蒙古视察时，蒙古某王所赠的。当时因我们未详鉴定，仅从签题的字体和纸地判断，认为是一幅明人摹本，甚而有的同志说是清代好事者从南熏殿本摹下的。

今年年初，由文化部组成的书画鉴定小组，派专家张珩、谢稚柳、韩慎先诸同志到中国历史博物馆进行书画鉴定，专家们一致认为从这幅画像的纸地、墨色、人物形象、题签文字和用笔等方面考察，断定它是一幅元人的作品。明人摹绘《元代帝像册》时所根据的底本虽然未必是它，但应该是与它相同的一幅元代画像。它也不一定是元太祖生前所绘，但距太祖逝世不会太远，可以说是一幅晚年的画像了。很可能就是《元史·祭祀志》所说的和礼霍孙的作品。因而推测，这幅画像当元末蒙古贵族退出大都时被携出，后来，陈宧又从蒙古某王府得来。

胡敬《南熏殿图像考》卷下《元代帝像册》称太祖画像"皮冠、毳衫"。又引《续通志·器服考》说："元初立国，冠服车舆，并从旧制，史志不载。其国俗可考者，天子积苏（案《元史·舆服志》作'质孙'，意谓一色服，蒙古语凡物之颜色谓之'积苏'，又作'只孙'）冬之服凡十有一等，服纳奇石（《元史·舆服志》作'纳石失'）、奇凌（《元史·舆服志》作'怯绵里'），则冠金饰暖帽。……"我们知道，加金织成的毛段（缎）或单色毛绒，蒙古语叫作纳奇石或奇凌，今成吉思汗画像所着毳衫，就是用米色毛绒（或毛缎）制作的，头戴皮暖帽（金饰可能在帽后），正是天子冬日之服，与文献记载相合。

程树德先生《国故谈苑》（商务印书馆1938年出版）卷二，《历代帝后图像》条，记载甲寅年（1914年）在袁克文家中见到的成吉思汗像"长身鹤立，北人南相"。从记载看，这幅画像似是立像，惜程先生已故，原像又不知流落何处了。在未见到袁克文旧藏的这幅画像以前，现在中国历史博物馆所藏的应该是一幅最早的成吉思汗画像，从它可以看到元代肖像画的真实艺术风格。因此，我们可以推测，南熏殿旧藏的古代帝后圣贤名臣画像，尤其是尺寸大小相等的、装裱成册的画像，若不是后人有计划地根据旧本进行缩小或放大摹绘，其形制不会是整齐一致的。

此外，还有一个问题：由于近年出版的元代帝像，都是单色版，有些人据以摹绘，往往不知像上所画的帽子是外白内黑的皮冠（貂皮暖帽？），而误画为带色的绸缎风帽，甚而把耳后发鬓，误画耳环，这就与原像不符了。因为它关涉到一件文物的科学性的问题，所以值得我们注意。

原文刊于《文物》1962 年第 10 期

日本国收藏的唐代一行画像

    中日两国人民两千多年来一直有着密切的友好交往，其中，包括着两国佛教僧侣之间的往来。7世纪至9世纪，日本不断派"遣隋使""遣唐使"到中国来，同时，还派大批留学生随使者来中国。这些留学生中，不少是"学问僧""请益僧"。他们在中国各地巡礼，研究学问，回国时就把中国的文学、艺术、科学、技术带回本国。中国僧人也不断东渡到日本，沟通两国的文化和学术。佛教僧侣的互相往来，以宗教活动的形式，构成了中日两国历史上文化交流的一个重要方面。

    今天的收藏在日本的唐代画家李真画的一行等人的5幅肖像画——"真言五祖"（中国佛教史上"真言宗"或称"密宗"的最初五代主持人）像[1]，就是当时日本僧人空海从中国带回去的佛经、图像中的一部分。

    空海（774—835年），俗姓佐伯，日本赞岐国多度郡屏风浦（今香川县善通寺市）人，20岁出家，受具足戒于奈良东大寺戒坛院，佛教法号遍照金刚。卒后约90年，日本醍醐天皇延喜二十一年（921年），追封为"弘法大师"。

    公元804年（日本延历二十三年，唐贞元二十年），日本第17次遣唐使奉命来中国（大使藤原葛野麿、副使石川道益、判官菅原清公、高阶远成等），空海与学问僧最澄、留学生橘逸势等从行。7月6日自日本肥前国田浦出发，8月10日抵中国福州长溪县赤岸镇海口。空海从大使自陆路过钱塘，由杭州循运河北上，经苏州、淮阴，溯汴水到洛阳，西入函谷关，12月21日抵长乐驿（万年县东15里，

---

[1]   请参阅范文澜《中国通史简编》（修订本）第三编第二册第七章对唐代佛教各宗派评述。

今西安东郊长乐坡）。23日唐政府派内使赵忠以飞龙厩细马23匹来迎。空海等由春明门入长安城，居皇城外宣阳坊官宅。次年2月21日，大使藤原葛野麿等回国，空海与橘逸势留学中国，居西明寺永忠和尚故院。西明寺为长安名刹，奈良朝在中国留学的日本高僧永忠曾在这里居住。

空海于国内曾熟读《大日经》，对当时盛行的真言宗尤为倾慕。在长安，从青龙寺惠果和尚学习经典。惠果以"真言秘藏，经疏隐密，不假图画，不能相传。则唤供奉丹青李真等十余人，图绘胎藏金刚界等大曼陀罗等一十铺。兼集二十余经生，书写金刚顶等最上乘密藏经。又唤供奉铸博士杨忠信，新造道具十五事。"[2]后来，空海于806年（日本大同元年，唐元和元年）返回日本时，就把这些经像法器随身带回。其中"真言五祖"——金刚智、善无畏、不空、一行、惠果画像五幅，现仍在日本京都府教王护国寺珍藏，并由日本国政府定为"国宝"。

根据空海于大同元年十月二十二日《上〈新请来经等目录〉表》（或简称《弘法大师请来目录》），他带去的经像法器计有"新译经等一百四十二部二百四十七卷，梵字真言赞等四十二部四十四卷，论疏章等三十二部一百七十卷，计共二百十六部四百六十一卷；佛菩萨金刚天等像，法曼陀罗、三昧耶曼陀罗并传法阿阇梨等影共十铺，道具九种，阿阇梨付嘱物十三种"。这里所写的"传法阿阇梨等影"就是指"真言五祖"像而言。阿阇梨是梵语，即僧众的教授的意思。

唐代的人物肖像画是十分发达的，在当时的许多文献记载中，常有"传神""写真""影像"这些词语。《图画见闻志》卷五记载郭子仪曾经让当时的名画家韩干和周昉同时为女婿赵纵画像，周昉所画的一幅，不仅"得其状貌"，而且"兼得性情言笑之姿"，可见周昉的肖像画已达到了神情兼备的境界。

关于李真的事迹，仅见于段成式《酉阳杂俎》续集《京洛寺塔记》卷下，谓："崇义坊招福寺……睿宗圣容院门外，鬼神数壁，自内移来，画迹甚异。鬼所执野鸡，似觉毛起。库院鬼子母，贞元中学真画，往往得长史规矩，把镜者尤工。"

---

[2] 见空海《上表》。原卷现藏日本京都府教王护国寺（最澄写）。滋贺宝严寺也藏一卷，为平安前期写本。关于空海的事迹，新旧《唐书》中的《日本传》，均有简单叙述（《新唐书》误其留学三年为二十年），黄遵宪《日本国志》记载较详。日本人撰空海（弘法大师）传者甚多，其主要参考文献为《弘法大师全集》。

（唐大历间周昉曾任宣州长史，此处长史指周昉）。又谓："崇仁坊资圣寺……团塔院北堂有铁观音，高三丈余。观音院两廊四十二贤圣，韩干画，元中书载赞：东廊北头散马，不意见者，如将嘶蹀。圣僧中龙树、商那，和修绝妙。团塔上菩萨，李真画。"赞文后边并有段成式、郑符曾（梦复）等人的《诸画连句》，郑符曾有"李真周昉优劣难"之句。结合空海本人的记载，可见李真是唐德宗贞元时与周昉齐名的一个善画佛道人物的著名画家，所以段成式说他的作品得周昉的规矩。而郑符曾认为李真和周昉的作品谁优谁劣难以品第，可以想象李真的作品不在周昉之下。由于古人大幅绘画，往往成于众手，因此，空海所携回的"真言五祖"像和曼陀罗画幅等，实是以李真为首的画师们的集体创作，在中国绘画史上是具有代表性的重要作品。

"真言五祖"像每幅纵212.7、横150.9厘米，绢本著色。金刚智、善无畏，一行和惠果四幅画像各有残损剥落，不空像较为完整。现结合五个人的事迹简介如下。其中主要介绍科学家一行在天文历算等方面的卓越成就和他的几幅画像的流传情况。

一、金刚智（669—741年），南天竺人，开元七年（719年），泛海经广州至长安，洛阳，作道行法，翻译密宗经典多部。佛家认为释迦死后七百年，龙树（即龙猛）菩萨以大乘经开示结坛，依经持咒，以授龙智（达摩掬多），龙智又传金刚智。金刚智为中国佛教真言宗初祖，当时受到唐玄宗（李隆基）的尊崇，称为金刚阿阇梨[3]。

金刚智画像，绢地残损较重，侧身跃坐于四足方榻上，双手拱握胸前，榻下放置水瓶1件。像左右有飞白体梵汉两名："梵号某某，汉名金刚智。"

二、善无畏（637—735年），中天竺人。师事龙智，与金刚智同门，通达密教，受灌顶法。遵龙智之命，入唐行道，于716年（开元四年）到长安，受到唐玄宗的礼遇。并在长安译《大毗卢遮那成佛神变加持经》（即密宗所称《大日经》），由一行和尚助译[4]。

---

[3] 赞宁：《宋高僧传》卷一。

[4] 赞宁：《宋高僧传》卷二。

善无畏画像，绢地残损，侧身趺坐四足方榻上，左臂下垂，右臂前伸，以手作势，似有所指。榻下放置水瓶1件，鞋1双。像左右有飞白体梵汉两名："梵号某某，汉名善无畏。"像下有日本弘仁十二年草书《行状》。

三、不空（705—774年），南天竺人。师事金刚智，随其师来中国，受到唐玄宗、肃宗（李亨）、代宗（李豫）的崇奉，为中国佛教真言宗的第二祖[5]。

不空画像，绢地较完整，侧身趺坐壶门式方榻上，双目直视，两手拱握胸前。榻下放置水瓶1件，鞋1双。像左右有飞白体梵汉两名："梵号某某，汉名不空金刚。"像下有草书《行状》。

四、一行（683—727年），唐钜鹿人，张公谨孙，本名张遂，法名一行。从善无畏、金刚智学密法，又参与善无畏译场。善无畏译《大毗卢遮那成佛神变加持经》7卷，一行笔受，并作疏20卷，又作释14卷，共60万言。

一行不但是一位有名的僧人，而且精通天文，是我国历史上著名的天文学家。开元十三年（725年）他与数学家梁令瓒和许多工人共同制造了一架黄道游仪，重新测定150余颗恒星的位置。黄道游仪制成以后，一行和梁令瓒更造水运浑仪。据《新唐书·天文志》的记载，这个表面有星宿位置的浑天仪是水力转动铜体浑天仪，利用一个水轮作为原动力，经过几个齿轮系和拨杆而得到四种不同的运动速度，使浑象每天向西回转一周，日环每365天向东回转一周，月环每29天向东回转一周，而且每隔一刻，木人打鼓一下，每隔一辰（2小时），木人打钟一下。这是一个既表示日月运行规律，又是自动计时的仪器。

这个浑天仪是在汉代张衡制造的浑天仪（浑象）的基础上发展的，其后经张思训、苏颂等人继续发展，成为世界上最早的天文钟。

一行曾领导过一次大规模的天文测量，和太史监南宫说等率领的测量队在河南滑县、开封、扶沟、上蔡四个地方，测量日影长度和北极高度，并且用绳在地面上测量这四个地方的距离，结果得出子午线一度的长度，等于351.27唐里（1唐里等于454.36米）。这是世界上第一次测量子午线的记录。

一行还根据太阳运行由快渐慢、由慢渐快的规律，形成了明确的定气概念，

---

[5] 赞宁：《宋高僧传》卷一。

按不等的时间间隔安排二十四节气。他推进了前人计算相邻两气间太阳运行速度的等间距二次内插法公式为"不等间距内插法公式"，对天文学和数学做出了卓越的贡献[6]。

一行除著《大日经疏释》外，并有关于我国历法的名著《大衍历》等[7]。

一行画像，在五像中绢地最为残损，侧身坐于四足方榻上，手不外露，拱握胸前。榻下有鞋1双。像左右行书"一行阿阇梨耶"6大字（中国和尚不书梵名），像下有日本弘仁十二年草书《行状》。

五、惠果（746—805年），唐京兆府万年县人，俗姓马。师事大照禅师，从不空学习密教经典，受到唐代宗、德宗（李适）、顺宗（李诵）的推崇。

日僧空海入唐，从惠果受不空所传密藏，永贞元年（805年）惠果逝后，元和元年（806年）空海为撰碑文[8]。

惠果画像，绢地残损，侧身坐于四足方榻上，双手拱握胸前。榻下放置水瓶1件，鞋1双。侧立一童子，长袍麻鞋，身系腰带，拱手持巾，眉目清秀，状极严肃。像上行书"惠果阿阇梨耶"6大字，像下有残存草书《行状》。

李真是唐德宗（780—805年）时期画家，"真言五祖"不完全和他同时，有的画像当是依照旧像重绘。

关于画像上的飞白书题字，未见书写人署款。草书《行状》，虽然书写人的署款已经残缺，但可以看出书写的时间是日本弘仁十二年（公元821年，唐长庆元年）。这年九月空海描绘两界大曼陀罗，可见《行状》是空海返回日本后所写。至于飞白书体题字，有些学者认为是空海所书，也有些学者认为是像绘就后所题。这些飞白书体的题字，与武则天所写的《升仙太子碑》碑额的书体相同，而且是一千多年前的墨迹，在汉字书法艺术史上，也是十分宝贵的资料。

"真言五祖"画像在日本国曾有不少摹本。以一行像为例，现在所知道的，

[6] 《新唐书·历志》。李俨《中算家的内插法研究》科学出版社，1957年。李迪《唐代天文学家张遂（一行）》上海人民出版社，1964年。

[7] 《旧唐书·方技传》。赞宁《宋高僧传》卷五。

[8] 遍照（即空海）《发挥性灵集》卷二，有《大唐神都青龙寺故三朝国师灌顶阿阇梨惠果和尚之碑》。关于一行等人的传记，中日两国文献记载甚多，他们的生卒，本文以陈垣《释氏疑年录》为据。

奈良国立博物馆、京都府神护寺、兵库县净土寺各有镰仓时代（相当中国元代）摹绘本一幅，面貌形态皆与原本相同，唯衣纹、色彩、坐榻稍异。中国古代著名的科学家一行的画像，长期在日本流传保存下来，应当说是中日文化交流史上的一段佳话。

"真言五祖"像画法新颖，用笔细劲，这种细致而谨严的写貌传神绘画，一望可知为唐代人物画的代表作品，并且达到了南齐谢赫在《六法论》中所提倡的"气韵生动"和"骨法用笔"的要求。敦煌附近安西榆林窟第25号唐窟耕获图描绘的寺院地主监督农民劳动、收租的壁画，一个坐在方榻上的僧人，形象与"真言五祖"像画法大体相似。

空海在中国期间，除钻研佛经外，还多方面吸收中国的文化。他在《与越州节度使求内外经书启》中说，"三教之中，经律论疏传记，及至诗赋、碑铭、卜医，五明所摄之教，可以发蒙济物者"概所涉猎、搜求。他回国时带回大量佛经、图像等物，回国后，还将在中国期间研究中国文学批评和古文字学的心得写成专书。著名的《文镜秘府论》是空海于回国后应当时日本人民学习汉语和汉文学的要求，就带回的崔融《唐朝新定诗格》、王昌龄《诗格》、元兢《诗髓脑》、皎然《诗议》等书，排比编纂而成的。书中不但保有了许多唐朝文学批评的材料，而且对唐诗的平仄和对偶作了精细的研究。此后，近体诗开始在日本流行，长篇七言古诗和乐府长短句也在日本诗中出现[9]。《篆隶万象名义》是空海所著的日本第一部辞书，保存了顾野王《玉篇》的本来面目，其中有不少中国古代字书的资料。

空海是日本著名的书法家，与嵯峨天皇、橘逸势并称"三笔"。

公元1973年是空海诞生一千二百周年纪念，日本朋友为了纪念他，曾出版《弘法大师空海》一书。1975年5月，我国人民文学出版社出版了周维德校点的《文镜秘府论》。上述这些工作，对促进中日两国的文化交流是有积极意义的。我们一定要珍视两国悠久的深厚传统友谊，在发展两国人民的友好关系中，做出新的贡献。

---

[9] 空海还著有《文笔眼心抄》，为《文镜秘府论》的简本。繁本、简本叠出的情况，正反映了此书对当时日本人民学习汉文学起过较大的作用。

附记

日本所藏唐代李真画一行等人像，从前只是在一些书刊上见到一部分图版，如善无畏、不空画像，都见于《世界美术全集》（1950年东京平凡社出版）第八册。1973年6月，我随中国出土文物展览代表团赴日本，在奈良国立博物馆参观，见到陈列的一行画像，十分完好，知为日本镰仓时代根据李真原本摹绘。后来，与东京国立博物馆学艺部长藤田国雄先生谈到一行等人画像的有关问题，他说五幅李真原作虽然都有残缺，但是形像俱在。一行画像虽残缺较甚，而在日本尚不少摹本，临别并以一行等人画像照片5幅及镰仓时代摹本一行画像照片3幅见赠。至此，李真所绘全部画像均得寓目。而其中一行画像，尤为求之多年而未得。在此谨向藤田国雄先生表示谢意。

原文刊于《文物》1976年3期

程伟元指画罗汉册及其他

程伟元是有关《红楼梦》的一个重要人物。自从文雷同志的《程伟元与〈红楼梦〉》在1976年10期发表后，引起了许多《红楼梦》的研究者和爱好者的重视。我们现在可以肯定地说，程伟元不是一个书商，而是一个封建文人。嘉庆初年，他由北京去沈阳，做盛京将军晋昌的幕客，过了一生诗酒生涯，既未做过达官，也未成为富商。他早年的经历和思想，很像高鹗，而其文学艺术方面的才能，有许多处胜过高鹗。他在乾隆五十六年（1791年）、五十七年（1792年）两次发起、主持并参与校印《红楼梦》，在校印过程中，和高鹗一起，进行修改（前80回）和修补（后40回）的工作。过去把这些事完全归之于高鹗，是不符合历史实际的。

我们今天研究程伟元和高鹗，目的是研究程、高校印本《红楼梦》的思想内容和社会影响。

程伟元工诗、能文、善画，又写得一笔好字，但作品流传到今天的则很少。至于遗留下来的墨迹就更少了。在他的现存真迹中，仅知周汝昌同志存有他的山水扇面1件，见《文物》1973年第2期。

1977年暑假，友人邱大阜同志以其家藏程伟元指画罗汉册，嘱为鉴定，并说此册曾经几位同志看过，有的同志认为可疑，提出下列几个问题：

一、画册十二开，何以只有五开署款？第一开又有剪贴的程伟元图章二方？

二、每开画面人物周围的树石，似不完整，显系经过剪裁。

三、册页纸地，本应洁净，何以此册每开画面均被烟熏尘染，变成黑灰色？

四、绘画与署款墨色浓淡不一，何以署款墨色较重？

古吴程伟元指画册页

五、程伟元虽有画名，但未闻善指头画。

上述这些问题，经过认真的研究，都可以找到合理的回答；而通过对这些问题的解决，就足以证明此册确为程伟元真迹。

我们仔细观察，就可看出这本册页是由六条屏幅改装而成的，明确了这一点，以上问题大都迎刃而解了。据邱大阜同志说，此册为其父早年得自沈阳。我们从装裱的形式和在邱家保存的时期看，估计改装已有五、六十年的历史了。旧时，书画长期在室内悬挂，烟熏尘染，极易变色。为了避免继续熏染，把书画屏幅剪裁改装，成为册页，是常见的事。本册每开用花绫镶边，可以看出改装者对这些画的重视。

关于十二开册页其中只有五开署款的问题，是因为原系六条屏幅，每幅各有程伟元的署款，改装时每一条裁为两开册页，所以署款只能在六开册页上见到。又因六条屏幅中的一条可能原有上款，改装时把这条的上下款弃去了，于是只见五开存有署款。同时把弃去上下款那幅上的两方图章剪下，移贴在第一开右下角。这就成为现有的面貌。

当屏幅改装为册页时，其内容取舍，有时要受幅画的影响。此时罗汉18人全部保存，并未损伤绘画的主要内容。当然，我们现在无法恢复屏幅原来的面貌了。至于署款的墨色浓淡，是画家自己的习惯，本册各开署款墨色均很浓重。不少画家题字，总比作画用墨浓些，这是画家尤其是指画家常有的事，不足为怪。

清代康熙、雍正时期，铁岭汉军高其佩以指画驰名全国，其孙高秉著《指头画说》，评述画法，一时学者甚众。程伟元于乾隆末年居北京，其学习指画，受到高其佩的影响，是极合情理的。和程伟元关系很深的晋昌，也擅长指画，见于晋昌的《戎旃遣兴草》卷上（即《且住草堂诗稿》）。通过这本指画罗汉册，可以看出程伟元对指画的造诣也是很深的。

上面回答了对程伟元指画罗汉册提出的几点疑问。现再对此册作简单介绍。

罗汉册为纸本（熟宣纸），共十二开，每开纵44.2、横32.6厘米。设色浓淡适宜，人物神采飞动。

第一开画一人立坡石间，举目上视，右手持钵。钵内有烟气上腾，招引一鹤。鹤翔高空，原距人较远，改装时，因受册幅限制，鹤身下移，剪裁痕迹明显。右下角粘贴图章二，上"小泉"白文篆书方印，下"不识天地心"白文篆书方印。

第二开画降龙罗汉立石上，仰首怒目，双臂上举，左手持大珠，珠身有火焰上腾。天空左上角画一被制服的蛟龙。改装时，因受册幅限制，龙身下移，剪裁痕迹明显。

第三开画三人立坡石间，左侧一人读书，与中立者面相对，中立者右手持蕉叶，左手一指向前，指书欲语。右为伏虎罗汉，右手按虎头，左手高举一环，作击虎状。

第四开画一人倚树俯视，下有小钵，莲叶挺生，其人左手双指指莲，似有所语。

第五开画二人立树石间，一人双手托塔，仰面虔视，一人手执长柄香斗，作礼塔状。

第六开画一荷杖老人，杖端挂履一只，老人左手握杖，右手提衣带，双目回视，赤足行石间，以示"西归"之意。

第七开画二人渡海，一人头戴披风，袒胸露腹，足踏苇叶，肩荷锡杖，背负蒲团；一人立杯上，意谓"杯渡"。二人瞪目相视，状颇自得。

第八开画夹岸波涛，崖岸草木丛生。此开当是渡江罗汉的一部分。右上侧署款行书"小泉"，下钤"程伟元印"白文篆书方印。

第九开画二人，一老人趺坐洞前，须眉覆颊，面怪伟，以双手分挦双眉。左旁一人，偃坐缝补袈裟，双目斜视，右手捏针上举，神态逼真。右侧署款行书"小泉程伟元"，下钤"伟元"朱文篆书圆印、"谈笑有鸿儒，往来无白丁"白文篆书方印。

第十开画二人，一老人双手挂杖中立，右侧一人袒胸露乳，布袋见于肩背，右手握布袋口，缓步前行。此页上端有剪裁补墨痕迹。左侧署款行书"小泉程伟元指画"，下钤"小泉"朱文篆书方印、"只一箇耐烦心"白文篆书方印。

第十一开画一人坐松间蒲团上。唐欧阳詹诗"草席蒲团不扫尘，松间石上似无人"，可以作为此图的解说。右上侧署款行书"小泉"，下钤"程伟元印"白文篆书方印。

第十二开画二人侧立坡石间，一人跛足策杖，左手持帚。另一人左手持数珠，右手上举接长柄铃杵，此杵自天外飞来，有降魔之意。左侧署款行书"古吴程伟元指画"，下钤"小泉"朱文篆书方印、"易观"白文鸟篆方印。

以上是《罗汉册》的大致内容。按罗汉于释家为得道之称。嘉庆七年（1802年）晋昌过生日时，程伟元曾画《罗汉册》作为祝寿的礼物。晋昌在答谢的和诗中称赞说"满幅云烟满幅春，图来寿佛倍精神""古墨一螺生艳彩，瑶章三复见清新"（《（壬戌）初度小泉以罗汉册为祝，即和原韵》，见《戎旃遣兴草》卷上），可见晋昌对程伟元的作品是十分赞赏的。晋昌的《戎旃遣兴草》，卷上为《且住草堂诗稿》，卷下为《西域虫鸣草》。《且住草堂诗稿》即为程伟元所编定。晋昌前后两次（1810—1813年、1817—1820年）做过伊犁将军，并曾为松筠《西陲总统事略》撰序，在边陲建设上颇有贡献，是一位干练的能员。

文雷同志曾据有关文献资料，推断程伟元可能是苏州人。现在这个新发现的程绘《罗汉册》上，"古吴程伟元"五个大字赫然在目，这就为程伟元属苏州籍提供了一个铁证。

程伟元在《红楼梦》版本史上有十分重要的地位，在文艺上也有一定的造诣，有关他的文献和文物资料在世间还有所流传，然而却长期未被人重视。这是由于人们误认为程伟元是个普通书商，才造成这种现象。文雷同志发现的大量文献资料，已经证实了程伟元不是普通书商，而是一个有相当文化修养的封建文人。这次程氏指画《罗汉册》的发现，又进一步有力地证明了这一点。

裕瑞是豫通亲王多铎的六世孙，豫良亲王修龄次子，生于乾隆三十六年（1771年），卒于道光十八年（1838年），年68。母富察氏，傅文之女，即傅恒之侄女。裕瑞于乾隆六十年封不入八分辅国公，嘉庆十四年、十八年三次缘事革去一切职任。十八年并革辅国公，移盛京。十九年，永远圈禁。著有《思元斋集》（包括《姜香轩吟草》《樊学斋诗集》《清艳堂近稿》）等。《清史稿·裕瑞传》称其"工诗善画，通西蕃语，尝画鹦鹉地图，即西洋地球图。又以佛经自唐时流入西藏，近日佛藏皆出一本，无可校雠，乃取唐古诗字详校，以复佛经唐本之旧，凡数百卷。著有《思元斋集》"。恩华《八旗艺文编目》著录裕瑞《参经臆说》二卷，自注云："稿本，友人桂联甫藏。"可见裕瑞是一个博学多艺的满族上层人物。

《枣窗闲笔》为裕瑞手写定本，1943年，我在北京隆福寺街青云斋书店发现，后为孙楷第先生购得。解放后，孙先生捐赠北京图书馆。这部手稿，文学古籍刊行社于1957年影印出版。裕瑞距曹雪芹生存的时代不远，书中所记曹雪芹事迹甚详，如关于曹雪芹的形象则曰"身广头胖而色黑"，关于他的谈吐，则曰"风

裕瑞墨菊条

雅游戏，触景生春，闻期奇谈娓娓然，令人终日不倦"，这都是研究者经常引用的资料。他论《红楼梦》的版本和脂批，也有不少可贵的材料。

关于裕瑞的绘画，虽然《清史稿》《画史汇传》《八旗画录》等书中均有记载，但作品流传甚少。裕瑞的《樊学斋诗集》有《自题画兰扇有赠》七古一首；《清艳堂近稿》有《自题竹兰图》五绝二首；《蔆香轩吟草》有《墨菊》五律一首，该诗最后两句说："渊明应默助，逢醉笔如神。"可见裕瑞对自己的画艺颇为矜许。

1977年5月，北京崇文区"革命委员会"移交中国历史博物馆裕瑞绘墨菊条幅1件。画幅为纸本，纵172、横42.8厘米。从画幅大小及装裱形式看，应是四条屏幅中的一幅，原来可能是梅、兰、竹、菊。此幅绘墨菊两丛，上部一丛为宽瓣折枝，下部一丛为细瓣折枝。画面有裕瑞行书题字："长幅写菊，不衬以石，殊难布置，此则低昂其丛，用实空白而已。"下钤"樊学斋"朱文篆书方印，"思元主人"白文篆书方印，引首钤"我用我法"白文篆书长方印。又题："道光壬辰冬至月望日，奉赠介春贤弟正挽，思元裕瑞近作。"旁钤"思元主人"朱文篆书方印、"裕瑞之章"白文篆书方印。

这幅绘画是道光十二年壬辰（1832年）裕瑞赠给满族大官僚耆英（1790—1858年）的，上款介春，就是耆英的字。画上前面的题字和后面所属年款、名款，显系两次所写。裕瑞作画时并未想到送给耆英，只是题了字，盖了章，后来才补写了年月和上下款，所谓"近作"，正说明了这个问题。当时裕瑞年纪已大（62岁），虽然受到了"永远圈禁"的处分，但在耆英面前，还是以长辈自居。按《清史列传·耆英传》，耆英在道光十二年（1832年）"署户部尚书……授内大臣"，可见送画时裕瑞已从沈阳移居北京了。

近见香港中文大学中文系影印潘重规氏所藏裕瑞《萋香轩文稿》，书前提要称："取与《枣窗闲笔》对照，知此稿乃真裕瑞亲笔，而彼稿殆出抄胥之手。"细审《枣窗闲笔》书法与此画题字，完全一致；而此画题字与《萋香轩文稿》书法，颇有不同。知《枣窗闲笔》乃真裕瑞亲笔，而《萋香轩文稿》"殆出抄胥之手"。非但如此，今所见裕瑞所撰写刻本《萋香轩诗草》《樊学斋诗集》《清艳堂近稿》等，除《清艳堂近稿》写有"此卷自录"外，其他两种字体清秀，楷法端庄，与此画题字及《枣窗闲笔》书体皆不相类，显然也出自抄胥之手。益证《萋香轩文稿》非裕瑞亲笔。《文稿》中各篇之后，张问陶、法式善、吴鼒、杨芳灿、谢振定诸人所书跋语（实为评语），与传世各家书迹不类。虽然如此，《萋香轩文稿》仍不失为裕瑞的重要遗著，对研究裕瑞的思想，有一定的参考价值。

清道光六年（1826年）晶三芦月草舍居士著《红楼梦偶说》，在《序言》的开头，曾引用流行于嘉庆、道光间的两句诗："开谈（或作闲谈）不说《红楼梦》，读尽诗书是枉然。"今按上述两句诗最早见于清代一个无名的满族诗人得舆字硕亭写的《草珠一串》（又名《京都竹枝词》）。这书是1954年在已故的收藏家、《八旗艺文编目》的作者恩华家中发现的，是恩华收藏的大量清代八旗人的著作中的一种。《八旗艺文编目》有恩华1940年跋语，《草珠一串》未被收入《编目》，当是恩华1940年以后所得。

《草珠一串》里有一些有关《红楼梦》的材料。得硕亭在"开谈不说《红楼梦》"一句下自注云："此书脍炙人口。"还有一首诗中有这样两句："西韵'悲秋'书可听，浮瓜沈李且欢娱。"也有自注，说："子弟书有东西二韵，西韵若昆曲'悲秋'即《红楼梦》中黛玉故事"。可见得硕亭的时代，不但《红楼梦》已在社会上广泛流行，而且以《红楼梦》故事为主题的子弟书如"黛玉悲秋"之类，也已在民间流行，并且作为封建士大夫消夏的一种娱乐了。

1962年路工同志编选的、由北京出版社出版的《清代北京竹枝词》十三种中，收入了《草珠一串》，从此得硕亭的名字和作品，才引起人们的注意。但是得硕亭是什么人，路工同志未作介绍。

得硕亭草书屏四幅，是有关得硕亭的新资料。这四幅字屏在鲍育万同志家中收藏数代，1954年捐献文化部文物局，现藏中国历史博物馆。每幅纵132、横31.5厘米，纸本，微呈深黄色。内容简述如下：

第一幅　临怀素《自叙帖》草书四行，款署："临《自叙帖》于听雨楼，硕亭。"下钤"得舆"白文篆书方印，"岑寂园庐何所对，酒中贤圣药君臣"朱文篆书方印。引首钤"心迹喜双清"白文篆书长方印。

第二幅　临怀素《圣母帖》，草书五行，款署："硕亭临《圣母帖》。"下钤"得舆字硕亭印"白文篆书方印。引首钤"孜孜日新"白文篆书长方印。

第三幅　临陈章侯笔法草书五行，款署："临陈章侯笔法，硕亭。"下钤"得老二"白文篆书方印，"辉发那拉氏"朱文篆书方印。引首钤"怕你不雕虫篆刻断简残篇"朱文篆书长方印。

第四幅　临《阁帖》草书五行，款署："嘉庆丙寅中秋，与诸弟聚饮，乘兴临《阁帖》数段，以志其事。硕亭得舆。"下钤"硕亭"朱文篆书方印，"我书无法"白文篆书方印。引首钤"以道安贫"白文篆书长方印。

我们从这四幅草书的署款、印章和书法几个方面，可以得到如下几点认识：

一、得硕亭名叫得舆，满族人，辉发部，姓那拉氏，行二，硕亭是他的字。古人的名和字相应，他的名字出于《易·剥》："硕果不食，君子得舆，小人剥庐。"他是把自己比作君子的。

二、这几幅草书写于嘉庆丙寅十一年（1806年），距曹雪芹死时（1763年）43年。

三、乾隆、嘉庆时期，得硕亭书法无馆阁气，临《淳化阁帖》，又临怀素《自叙帖》和《圣母帖》，还临陈洪绶草书，在满族的中下层文人中也是不常见的。

原收藏得硕亭草书屏的鲍育万同志之父奉宽（冠姓鲍），蒙古族旗人，曾任燕京大学史学讲师。1955年文学古籍刊行社出版的高鹗《高兰墅集》，后有《兰墅十艺》，前有高鹗的朋友薛玉堂为《十艺》题词，在题词的起首处钤有"汉严卯斋"白文篆书长方印一方，就是鲍奉宽的斋名。《十艺》最后，钤有"红楼外史"及"元太祖三十世孙"朱文篆书方印，上有题字二行："《德者本也，财者末也》，题高氏自记之后，钤'红楼外史'印于此。仲严志。"仲严就是鲍奉宽的字，他鉴定这方"红楼外史"印是高鹗的印章，所以题了两行字加以说明。可见《高兰墅集》中的《兰墅十艺》也曾经鲍氏收藏。

程伟元指画罗汉册、《高兰墅集》、得硕亭草书屏、《枣窗闲笔》等，都是帮助我们了解曹雪芹和《红楼梦》的有关资料。相信各地博物馆、图书馆或文物商店等有关单位，对同类资料还会有所收藏，希望能够加强调查，开展整理研究工作，为进一步了解曹雪芹和《红楼梦》提供更多的新资料。

原文刊于《文物》1978年第2期

曹雪芹和永忠小照辨析

陆厚信所绘曹雪芹小照单页，是近年来很为《红楼梦》研究者所瞩目的一件文物，现藏河南省博物馆[1]。1977年11月，我在参加外地一次会议后路过郑州，承博物馆同志以原件见示，并要我为之鉴定真伪。这篇短文就是想到的一些意见。

小照为单开册页，前后背纸有粘连痕迹，可以看出原是整本册页中的一开。全开纵47、横51.4厘米，为一张相连的整纸，中有折线，四周无纸绢镶边。前半为"雪芹先生"小像，有陆厚信署款题字五行；后半为尹继善七绝两首。陆厚信的题字和尹继善的诗，周汝昌同志已在他介绍这幅小照的文章中全文录出。为了便于说明问题并省读者翻检之劳，这里再抄一遍：

> 雪芹先生洪才河泻，逸藻云翔。尹公望山时督两江，以通家之谊，罗致幕府。案牍之暇，诗酒赓和，铿锵隽永。余私忱钦慕，爰作小照，绘其风流儒雅之致，以志雪鸿之迹云尔。云间艮生陆厚信并识。
>
> 万里天空气沉寥，白门云树望中遥。风流谁似题诗客，坐对青山想六朝。
> 久住江城别亦难，秋风送我整归鞍。他时光景如相忆，好把新图一借看。
>
> 望山尹继善

---

[1] 此照曾在《文物》1973年第2期发表，但由于发表时诗画分开，大小亦不一律，易给读者造成并非一纸的感觉。

尹继善的诗和字，为真迹当无疑义。此二诗见于《尹文端公诗集》卷九，题目是《题俞楚江照》。"雪芹先生"小像和题字，墨色浅淡上浮，书法、图章均极粗劣，"风流儒雅"四字又经挖改。背纸上面贴有虎皮宣纸长签，题"清代学者曹雪芹先生小照。藏园珍藏。""藏园"为近代著名古籍收藏鉴定家傅增湘的别号。姑不论字迹与傅增湘书法不类，就说把曹雪芹封为"清代学者"，大名鼎鼎的傅增湘也绝不至于如此不学，这真是欲盖弥彰。由此可以初步断定，这一开册页除了尹继善的题诗以外，其他皆有意伪作，伪作时间约在本世纪20年代到40年代"新红学派"盛行时期。

　　然而仅凭墨色的浮透，辩者可以有见仁见智之说；书法和图章的工拙，对一位生疏的画家来说，更不是判别其作品真伪的有力依据。即使是冒名为傅增湘的题签，也可以认为是书画商人为了牟取高利而后加的，不足以有损"雪芹先生"小照的可靠性。这就需要我们举出进一步的证据来。

　　证据在尹继善的两首诗上。二诗见《尹文端公诗集》，题目是《题俞楚江照》，仅易"江城"为"金陵"。按俞瀚字楚江，浙江绍兴人，幼孤，寄于舅氏，后赘于岳家。曾流落京师，由内务府金辉荐于尹继善。俞瀚能诗，在南京和著名诗人袁枚过从甚密。他的生平事迹，从袁枚《随园全集》、沈大成《学福斋文集》、李斗《扬州画舫录》等有关的诗文和记载中，可以看到一个轮廓。此人在尹继善幕中，其身份似是一位"绍兴师爷"。

　　诗题说是《题俞楚江照》，题诗的对脸又为一幅小像，粗一看，此像为俞瀚（楚江）是没有疑问的了。但是陆厚信题字又明明写着"雪芹先生"，这是疑问之一；诗的内容和图中景物对不上号，这是疑问之二。对这两个疑问，周汝昌同志作了考订，结论是"诗、画并非一事"，"此画绝不容被说成是俞瀚的像"[2]。这个意见是中肯的。

　　然而往下去，周妆昌同志又断然地作出了"这幅小像不是曹雪芹，还有哪个"的推论。这一推论说对了事情的一半，即小像的作者要画的确是曹雪芹；但是，另一半也是更重要的一半，这幅像并非出于尹继善同时代画家之手，而是后人所

---

[2]　《红楼梦新证》，人民文学出版社1976年版，页790、792。

作的赝品。

据《清史列传·尹继善传》，尹氏曾四督两江。初任、三任为期仅一二年，皆在春天离任。次任、四任皆在九月结束，次任为乾隆八年二月至十三年九月，四任的时间更长，共十余年，止乾隆三十年秋。这两首诗中有"久住江城""秋风送我"等字面，可见当为第二次或第四次离任时作，按《尹文端公诗集》十卷，是由袁枚在尹继善死后编订的，嘉庆五年由尹子庆保刊行。书中虽未说明编辑体例，但稍加考察，就可以看出是一部按年编次的诗集。这两首《题俞楚江照》，稍前有《乙酉暮春与双有亭河干话旧漫赠》，稍后有到京后所作的《丙戌主试春闱和壁间旧韵赠裘叔度少农、陆凫川少宰并柬诸同事》。袁枚是尹氏门下清客，和尹子庆保也很熟悉，庆保请袁枚整理尹继善遗诗，可以认为诗集的编年是比较准确的，于此可知，这两首诗是尹继善第四次离任时所作，即作于乾隆三十年乙酉（1765年）秋日，时年71岁。而曹雪芹的卒年，无论壬午（1762年）或癸未（1763年），都在尹作之前。所以判定尹氏此二诗与曹雪芹毫无关系。

小像所绘既非俞瀚，而曹雪芹又卒于尹继善题诗之前，结果就剩下了一条：小像是后人伪作的假古董。

在书画作伪的许多方法中，"伪画真跋"是其中之一。这种方法又分两种情况，一是先有真跋，后补伪画；一是本为伪画，由于题跋人缺乏鉴别能力，以伪当真，题跋满纸，皆是妄言[3]。这幅"雪芹先生"小照属于前者的一个特例。推想当时的情况，这一开册页应是整本册页的一页。这整本册页的所有者是俞瀚，前有他自己的小照，而且是一幅整开的有云树、青山作为背景的小像[4]。图后各开有诸家的题咏。尹继善为了表示谦逊，题诗在一开的后半开，前半开成为空白。又由于尹的官位、名望和行辈都很高，在俞瀚所交往的朋友中无人肯在尹前题字，所以这半开空白纸就长期留存下来，为后世的作伪者造成了可乘之机。作伪者把这开册页从整册中取出，利用前半开白纸补画了"雪芹先生"的小像，冒名陆厚信所作，并加了一段识语，遂使观者眼花缭乱，以为尹诗既是真迹，陆画当然也

---

[3] 请参看拙作《鉴别书画应注意的几点》，载《文物参考资料》1954 年第 1 期。

[4] 一般说，"画像"只是画一个人像，"小照"则点缀背景，尹诗称《题俞楚江照》，应该是有背景的，诗中"白门云树""坐对青山"即为图中景物而非泛语。

是真像无疑了。

无独有偶。上面的情况属于伪画真跋，另外还有一幅为《红楼梦》研究者感兴趣的永忠小照，却是真像伪款、题跋有真有伪。

永忠字良甫，又字敬轩，号蘧仙，生于雍正十三年（1735年），卒于乾隆五十八年（1793年）。他是康熙第十四子胤禵的孙子，多罗贝勒弘明的儿子，能诗，善画，工书，著有《延芬室集》等，《清史稿》有传[5]。

《延芬室集》是永忠的编年诗集，对于考订清史，了解当时满族上层文人的思想和生活都有相当重要的价值。集中虽无直接和曹雪芹的唱和，但直接涉及了《红楼梦》问题。作于乾隆三十三年（1768年）的《因墨香得观小说吊雪芹》七绝三首手稿，以及这三首诗上其叔父弘旿的批语，都是《红楼梦》研究者经常引用的资料。

永忠小照卷，我于1959年在北京前门外北京特种工艺品公司仓库发现，后归中国历史博物馆。当时我介绍吴恩裕同志往观，他曾有短文记述[6]。

此小照卷为设色行乐图，绢本，纵46.7、横121.5厘米。绘永忠在敞轩端坐，手把书卷，一僮献如意，一僮献剑，轩外一僮抱琴、一僮端茶而来，旁有双鹿双鹤，相当传神地表现了这位"天潢贵胄"的闲适生活。永忠貌清癯，符蘧仙之号。图前端上边有楷书署款"吉臣冷枚敬绘"，下钤"冷枚"白文篆书方印。此卷曾经重装，前有桂馥引首："蘧仙宗室将军三十五岁尊照。"后有储麟趾、吴应毂、永璥、钱维乔、吴观岱、钱坫、永蹇、成桂诸家题诗，又有吴大澄题引首："延芬室主人玉照。"

小照确是永忠的真像，但冷枚署款则为伪作，前后题跋，有真有伪，时代次序，十分混乱。

冷枚是焦秉贞的弟子，康熙时著名画家，《国朝院画录》著录他和其他画家合写的"康熙万寿图"，作于康熙五十六年（1717年），属于他最后期的作品。从"康熙万寿图"下及永忠小照的绘制时间乙酉年（乾隆三十年，1765年），已有48

---

[5] 永忠的生平事迹，请参看侯堮《觉罗诗人永忠年谱》，载《燕京学报》第12期，1932年。

[6] 见《有关曹雪芹十种》所附《考稗小记》，中华书局1963年版。作者对本文中所说的一些伪款伪跋似未细辨。

清人永忠行乐图卷

年，其时冷枚早已不在人世，又何由为永忠作画？而且冷枚的署款浅淡上浮，图章、印色俱极粗劣，显系后添的伪款。

在题咏的诸家中，储麟趾的题诗给我们的启示很大。他是乾隆四年进士，官至宗人府府丞，应该是由于职务而和永忠相识的。他的题诗跋语中有"乙酉孟冬十月"纪年，由此考出了上述冷枚的题款为伪署。储诗前端引首图章仅存一个"轩"字，由此可以看出图卷经过剪裁改装，被裁掉的是画幅和储诗之间的一部分，可能有画家的署款和早于储的题咏。其他人的题咏，吴应谷、永瑢、钱坫、永蕙、成桂皆是真迹，而桂馥、钱维乔、吴观岱、吴大澂诸人题字则是伪作。例如桂馥题称："臞仙宗室将军三十五岁尊照"，实则永忠时年三十或三十一岁，这不仅可从永忠的生年可以推算，而且钱坫诗的第一句就是"三十登坛孰敢先"，可以为证。钱维乔的四言诗有"碧梧泠泠"之句。"泠"应是"泠"字之误，作"泠冷"既失碧梧之意，又与声韵不合（"泠""青"属下平声九青，"冷"则属上声二十三梗）。吴观岱是清末画家，民国初年尚在，吴大澂是光绪时人。当然，有的同志可以认为这卷小像在后来经这两个姓吴的看过，因而有他们的题字。否，从两者的隶书和桂馥的隶书看，皆出一人之手，他们的图章也是后人伪刻的。

任何科学研究工作都是以搜集材料和辨析材料作为起点的。这种材料辨析的工作，在古代文献的领域里就是考订，在文物领域里，就是我们常说的鉴定。在大量历代传世文物的鉴定中，书画鉴定是一项比较复杂的工作。这是因为这类文物易于伪作，作伪的历史比较久，牵涉的有关问题也比较多。

我国历史上摹仿和伪作书画，自晋唐宋明以来，所在多有，其专为牟利骗人，则自宋代开始。宋人仿古和作伪的书画，往往乱真；下及明清，作伪的技术更是日新月异，层出不穷。有关的书画评论和笔记中关于这方面的记载也比比皆是。

本文所举的两幅小照，永忠小照的几处作伪比较拙劣，"雪芹先生"小照就做得比较隐蔽，作伪者的心思不可谓不巧。然而"作伪心劳日绌"，假的终归是假的，只要稍为认真细心地作一些调查，马脚就立刻露出来了[7]。还有一个小小的例子，1960年中国历史博物馆从琉璃厂收购到一批解放前专用于作伪书画的图章，大多是用寿山石仿刻的书画名家或收藏家印记，有的几可乱真，为数达1000余枚。其中远自米芾、赵孟頫，近至吴昌硕、齐白石，应有尽有。据售者倪子久说，这些石章是清朝和民国以来伪作书画的人长期使用的，有不少还是当时名家所仿刻。北京的情况如此，苏州、上海等地也就可想而知了，书画鉴定这门学问，长期以来为封建地主和资产阶级文人说得十分神秘。其实，真知出自实践，过去之所以缺乏这方面的系统著作，除去故弄玄虚之外，还有一个重要原因是没有能在正确的理论指导下，把感性认识上升为理性认识，于是书画鉴定就好像只能凭借经验而不可捉摸了。解放以来，已故的张珩同志所写的《怎样鉴定书画》，篇幅虽然不大，却总结了不少有益的经验，在这方面做了一个很好的开端。

书画鉴定的意义，我们不必夸大，但也决不能轻视它，因为它的任务是"去伪存真"，属于材料辨析工作的一个部分。研究工作如果缺乏这一步，所得出的结论就有"空中楼阁"的危险。这篇小文所以不惮其烦地举出了很多细节，一方面固然因为这幅"曹雪芹小照"曾经在《红楼梦》研究者和文物界引起过一阵风波，而为不少人所关注，另一方面也就是企图说明文物鉴定工作的重要性和所需要具有的态度——细心认真和实事求是，任何草率从事和先入为主的态度都是要不得的。

原文刊于《文物》1978 年第 5 期

---

[7]　有的《红楼梦》研究者可以在考订敦敏《懋斋诗抄》是否编年的问题上做许多文章，但对这部《尹文端公诗集》的编次却未做应有的考察，这可能是出于先入为主的缘故。

战国龙凤人物帛画

《集邮》编者按：《长沙楚墓帛画》邮票发行以后，有的同志对公元前纪年的写法和夔是一足还是两足的问题提出不同意见。现请中国历史博物馆史树青同志写一篇文章，供大家参考。

1979年邮电部发行的邮票中，有《长沙楚墓帛画》特种邮票两枚。一枚为人物夔凤帛画，一枚为人物驭龙帛画，两幅帛画原件是我国现存的最古的卷轴画，都是解放后长沙出土，现藏湖南省博物馆。

人物夔凤帛画，1949年长沙陈家大山楚墓出土，1953年曾在北京历史博物馆举办的《楚文物展览》展出，原图收入《楚文物展览图录》中。画面绘一龙一凤，龙双足，似在腾升；凤展翅向上飞翔。下有一女子侧身立，头绾垂髻，身着长衣，细腰宽袖，双手合掌作祈祷状。郭沫若先生在《关于晚周帛画的考察》中，认为画面所绘的龙为一足，是俗说的夔。他说凤象征善，夔象征恶，女子则在祝祷善灵的胜利。实则郭老所见摹本有误，图中的龙确为双足，邮票上的摹本是正确的。孙作云先生在《长沙战国时代楚墓出土帛画考》中，说此画龙飞凤舞，是墓主人灵魂升仙图。我曾向《战国绘画资料》的编者杨宗荣先生提出，此帛画是《潜夫论·浮侈篇》中所说的"疏头"，这个意见已被杨先生写入他的书中。

我国古代人们幻想中的神物——龙，有人认为是四足，也有人认为是两足。而夔则被说成是一足。实则双足龙正视为双足，侧视则为一足，这个道理是很清楚的。根据生物学常识，一足动物（除非是畸形），根本是没有的。但是古人却往往把侧视的一足动物叫作夔。

关于夔一足的传说，大约起于春秋战国时期。《吕氏春秋·察传》说，夔本是一位古代乐官。有人问孔子，夔这个人只有一只脚，是真的吗？孔子说：过去舜要用音乐教化天下，就派人从民间选拔夔进入宫廷，封为乐官，制定音律，和协五音，以通人情，从而使四方的人都来降服。夔一足，说的是像夔这样的人，有一个足就够了，而不是说夔只有一只脚。以上这段记载，本来是很清楚的，但是，后世文人根据"夔一足"的说法，把古代青铜器或雕刻、绘画上侧面的、被看成一足的龙，统统给它起名叫作夔。不过，他们总觉得夔形似龙，所以又出现了"夔龙"的名字。实际是先出现龙，后出现夔，二者本来是无别的。至于《山海经·大荒东经》所说的夔状如牛等等，则更是一种讹传了。《吕氏春秋·察传》和东汉应劭《风俗通义·正失》都有专文纠正"夔只有一只脚"的说法，这里不再详述。

人物驭龙帛画，1973年长沙子弹库楚墓出土。描绘一男子免冠长袍，手握长剑，立于龙舟上，舟顶有华盖，舟尾立一鹤，舟下有游鱼，象征舟行云水之中，郭沫若先生曾为此在《文物》1973年7期写过一首《西江月》词：

仿佛三间再世，
企翘孤鹤相从。
陆离长剑握拳中。
切云之冠高耸。
上罩天球华盖，
下乘湖面苍龙。
鲤鱼前导意从容。
瞬上九重飞动。

郭沫若先生把这幅帛画中的人物形象，比作三间大夫屈原，可谓妙极！

这两幅帛画，与当时的宗教信仰、风俗习惯有关，很富浪漫主义色彩。从绘画技法看，画面皆采用墨线描绘，落笔一丝不苟，构图以人物为中心，画幅皆不甚大（前者纵约50厘米，横约35厘米，后者纵36厘米，横26厘米），而有尺幅千里缩龙成寸之势。可见我国绘画艺术，远在战国时期，就形成了自己的独特风格。其在我国文化史、艺术史、考古学上所占的重要地位，自不待言。

　　邮票上把战国公历纪年写作"公元前475—221年"，根据人们常识，战国时代是公元前475年至公元前221年，但前面写有"战国"时，括号内的公历纪年写法不尽一致，有的在破折号后加一"前"字，也有的省掉波折号后的"前"字和破折号前的"年"字，最后只写一个"年"字，连写作公元前475—221年。过去出版的历史书籍或历史年表，往往有这种写法，如 1959年人民出版社出版的吕振羽《简明中国通史》(第二版)、1973年文物出版社出版的《中国历史年代简表》，战国的公历纪年就是如此写法。至于国外关于中国历史的书刊，他们所写的战国公历纪年多为"475 — 221B·C·"或"B·C·475 — 221"，这种例子就更多了。看来，史学界关于公历纪年的写法，也存在一个规范化的问题。

原文刊于《集邮》1980 年 5 期

论文同墨竹

　　"竟日坐春台，芙蓉承酒杯。水流平涧下，山花满谷开。行云数番过，白鹤一双来。水影摇丛竹，林香动落梅。直上山头路，羊肠能几回。"

　　这首五言古诗是北周著名诗人庾信《咏画屏风诗》二十四首之一。古代屏风，或称障壁，其上多有画面，庾信所作的《咏画屏风诗》，是他在梁时所作，都是描写屏风上的绘画，当时的屏风虽已不存，但从诗中尚可意会出当时屏风绘画的大致内容。

　　"水影摇丛竹，林香动落梅。"是竹梅入画的较早记录[1]。1971年发掘的陕西乾县唐章怀太子李贤墓（葬于神龙二年，公元706年），墓后甬道东壁及后室东壁南铺壁画侍女，其间有绿竹二丛，是今天所见到的最早的一色竹[2]。张彦远《历代名画记》卷十说：唐"萧悦，协律郎，工竹，一色，有雅趣"。白居易有专为赞扬萧悦的作品而写的《画竹歌》。说他画的竹子是"不根而生从意生，不笋而成

---

[1] 1960年南京西善桥南朝墓发现的砖刻壁画《竹林七贤图》，画风近顾恺之。原报告称，阮咸一侧有阔叶竹一株。细审原作及拓本，所谓阔叶竹乃是阔叶树，与竹无关。《竹林七贤图》而不见竹，是值得研究的问题。见南京博物院：《南京西善桥南朝墓及其砖刻壁画》《文物》1960年8、9期，又《试谈"竹林七贤及荣启期"砖印壁画问题》，《文物》1980年2期。《历代名画记》卷五，记顾恺之论画曰："七贤唯嵇生一像欲佳，其余虽不妙合，以比前竹林之画，莫能及者。"据此，知竹林七贤为当时流行的画题，而顾恺之以前已有《竹林七贤图》。

[2] 陕西省博物馆：《唐李贤墓壁画》，文物出版社，1974年。

由笔成"，乃至"举头忽看不似画，低耳静听疑有声"。可惜萧悦的作品仅见记载未得留传。

敦煌莫高窟第九窟晚唐供养人壁画，有竹马儿童一人，左手执木棍骑胯下，右手举竹枝，作骑马前行状。早期的屏风或壁画上的折枝竹或丛竹，都是整体人物花鸟画的一部分，今所见五代卫贤《高士图》及辽宁法库叶茂台辽墓花鸟双兔图，皆有双钩丛竹，就是很好的例证。而画竹开始从人物画中脱离出来，成为绘画中的一种新的独立题材约在晚唐时期。萧悦以后，五代时的李坡、李煜、黄筌、黄居寀，北宋的文同、苏轼、崔白、燕肃等，在写竹方面都有一定成就，但作品流传很少，有的只是见于文献记载而已。在上述的画竹名家中，承先启后的大家，当推文同。

文同（1018—1079年）字与可，自号笑笑先生，人称石室先生。梓州永泰（今四川盐亭东）人。仁宗皇祐元年登进士第，以官司封员外郎充秘阁校理。善诗文书画，尤工墨竹。曾为洋州（今陕西洋县）知州，地有筼筜谷，多竹，因而画竹益精进。元丰初，知湖州（今浙江吴兴），未到任而卒。后世称"文湖州"。著有《丹渊集》。

文同总结了画竹的基本原则，自称"画竹必先得成竹于胸中"，为我国古代成语"胸有成竹""成竹在胸"所出。苏轼是文同的表弟，画竹受文同影响很大，他在《书文与可墨竹》中谓："亡友文与可有四绝，诗一、词二、草书三、画四"。并撰《与可画筼筜谷偃竹记》，记述了文同的一段话：

> "竹之始生，一寸之萌耳，而节叶具焉，……今画者乃节节而为之，叶叶而累之，岂复有竹乎？故画竹必先得成竹于胸中，执笔熟视，乃见其所欲画者，急起从之，振笔直遂，以追其所见，如兔起鹘落，少纵则逝矣。"

这里虽然说的是画竹，却表达了一个深刻的具有普遍指导意义的艺术见解。即以画竹比作一个事物的整体，如果凭着抽象的创作动机和支离破碎的印象，"节节而为之，叶叶而累之"，一枝一叶地去拼凑，其作品必然达不到"神似"的境界。因此文艺创作"必先得成竹于胸中"，执笔熟视，振笔直遂，如兔起鹘落，不能放过时机。

与文同同时的米芾，在《画史》中说："画竹叶以深墨为面，淡墨为背，自与可始。"郭若虚在《图画见闻志》中说："文同……善画墨竹，富潇洒之姿，逼檀栾之秀，疑风可动，不笋而成者也。"稍后，《宣和画谱》称："与可工于墨竹之画，非天姿颖异而胸中有渭川千亩，气压十万丈夫，何以至于此哉！"

宋元以来，画竹者多学文同，而以元人柯九思、李衎、吴镇等为有名，世称"湖州竹派"。吴镇撰《文湖州竹派》一书[3]，集文同以后的墨竹画家25人，给予简略评介，并对流传情况，提供了研究资料。

关于文同的作品，据目前所知，有：

一、墨竹图轴。绢本，纵131.3、横91.5厘米。绘倒垂折枝竹一竿，密叶丛生，无名款。左方上角钤"静闲□室""文同与可"二印。诗塘有明人王直题七言古诗一首，陈循题苏轼、虞集、赵孟頫诗句，其中王直说这幅墨竹是文同的作品，陈循并未发表自己的意见。

二、墨竹单页。纸本，纵31、横48.3厘米，绘墨竹一竿，款署"文同"。《石渠宝笈》初编著录。以上两件，现在台湾。[4]

三、苏轼枯木竹石、文同墨竹合卷。其中文同墨竹，绢本，纵22.8、横50厘米。绘倒垂竹一梢，款署"与可"。卷后附柯九思所临墨竹一枝，并题七绝一首："熙宁己酉湖州笔，清事遗踪二百年。人说丹丘柯道者，独能挥翰继其传。"款署："非幻道者丹丘柯九思敬仲画诗书。"上海博物馆藏。[5]

以上三件，是目前公认的文同作品。除此三件以外，友人徐宗浩旧藏《文同雪竹立轴》，他曾视为至宝，写了长跋，且以"竹圣"名其居。此件公认是赝品，曾在《河北第一博物院画刊》（1935年1月10日）发表，现藏故宫博物院。

柯九思在其所临文同倒垂竹的题诗中"熙宁己酉湖州笔"，是有所指的。今所见柯九思的作品中，有至正癸未（三年）临文同熙宁己酉（二年）倒垂竹枝（一名悬崖竹枝），陆时化《吴越所见书画录》卷三著录，图版见宗典《柯九思资

---

[3] 此书或谓出于明人伪托，非吴镇所作。

[4] 见《故宫名画三百种》。

[5] 夏玉琛：《记苏轼枯木竹石文同墨竹合卷》，《文物》1965年8期。

料》页44。由此可知倒垂竹梢是截取倒垂竹枝的一梢而成。

从这里我们可以知道"熙宁己酉湖州笔"是文同所画的一幅倒垂竹,柯九思所画的倒垂竹,是临文同的作品。文同的原作是什么样子,从中国历史博物馆所藏的《文同倒垂竹大立轴》可以看出原作的真实形象。原画为整幅鹅溪绢本,纵245.5、横110厘米,墨笔绘晴竹一竿,自右向左,势下垂而梢上仰,繁枝密叶,皆可寻源。自题在幅上正中:"熙宁二年己酉冬至日巴郡文同与可戏墨。"大楷书5行,押印两方,不可辨识,左方懒鱼题七言古诗一首,行书共12行。款署:"懒鱼"。押印三方,上"陆氏□□",中不可辨识,下"懒鱼",皆篆书白文方印。从诗的内容、题字及图案风格看,懒鱼应是元人。[6]

此画为文同52岁时所作,清代藏潍县陈介祺家,李佐贤《书画鉴影》卷十九著录,题为《文湖州竹轴》。自懒鱼以后,至陈介祺以前,不知存于谁氏之手,更无任何收藏印记可查,这在宋元书画流传史上是很少见的。

这幅墨竹,并不是画在宋代画院常用的细绢上,而是文同家乡所产的鹅溪绢。苏轼所说的"与可画竹,初不自贵重,四方之人持缣素而请者,足相蹑于其门,与可厌之,投诸地而骂曰:'吾将以为袜',士大夫传之以为口实。"可见文同画竹所用绢,有粗有细。所谓"待将一段鹅溪绢,扫取寒梢万尺长",可以看成是文同的艺术夸张,是诗人、画家的形象思维的表现。

"熙宁己酉"文同倒垂墨竹,除了见于柯九思的临本和《书画鉴影》外,与柯九思同时的汤垕,在所著《画鉴》中,有关于它的记载:"文与可画竹,真者甚少,平生只见五本。伪者三十本。尝见张受益古斋泥壁屏上倒垂枝,上题:'熙宁二年己酉冬至日巴郡文同与可戏墨',奇作也。后见绢画三本,一一如此

---

[6] 懒鱼题诗全文:"与可自是瀛洲仙,才名四绝称世贤。风神萧散孰敢拟,不矜藻丽务清妍。赋性孤高惟爱竹,移家欲住筼筜谷。直持幽思寄毫端,信手写出森森玉。新梢老干宛如真,坐见鲜飙起寒绿。当时一写超群俗,纷纷余子惊心目。再写湘江两岸秋,苍翠依稀隔林麓。三写四写少人知,渭川千亩连淇澳。迩来归自湖州守,玉堂学士皆蜀叟。风月文章颇同调,心契能声笃相友。或时对酒发浩歌,醉墨变化无不有。鸾翔凤舞鬼神惊,烟霏云拥蛟龙走。看来画法和书法,竹叶分明生篆籀。乾坤清气入诗脾,光岳英华归画手,问君何处得此图,价重千金莫肯售。应须十袭秘锦囊,遗尔云仍垂不朽。懒鱼。"

题，笔墨皆相似。天地间未见者尚多，岂与可一日间能作此数本耶？然真伪一见自可辨。"

汤垕说平生只见文同真迹五本，而以张受益家泥壁屏风上见的倒垂竹为最好。其实，泥壁屏风上的倒垂竹，绝不是文同的真迹。据《丹渊集》所附《石室先生年谱》，熙宁二年冬文同居忧在乡，而汤垕足迹未到过四川，可见张受益家不在四川，泥壁屏风上的墨竹，应是由他人摹绘的。大凡摹本书画，需忠实于原作，临本书画，可不必尽受原作拘束。从至正癸未柯九思临本看，熙宁己酉冬至日文同作品，笔墨有繁有简，并非完全一致。汤垕所见到的绢画三本，一一如此题，笔墨皆相似，并认为与可一日间不能作此数本。我看一日间作此数本，也是有可能的。这些问题，要作具体分析，不能一概而论。张丑《清河书画舫》所著录文同《洋州绢本倒垂竹巨幅》，款作"熙宁二年"，本身上有子山、伯几等三诗，神采焕发，足称神品。不知汤垕所见的三本中，此本及张丑藏本在内否？

鉴定书画，观其署款，是一个很重要的方面。前面所说的现存台湾省的两件文同作品，一无款，一署"文同"二字，上海博物馆的一件，有"与可"二字，这些都是大家所公认的文同真迹。其实"文同"或"与可"两个字很容易填写，只要是"湖州竹派"的墨竹，割去本款，就可补写"文同"或"与可"二字。无款的一幅，很可能就是裁去原作者本款，（在王直的题诗中说它是文同的作品），如果这幅无款的墨竹没有王直、陈循二人题跋，我们很可能把它说成是元朝人的作品。

中国历史博物馆收藏的文同墨竹，画款皆较完整，在现存的文同作品中是少见的。[7]后人包括柯九思所临文同墨竹，从未见有如此巨幅作品。有的同志说这幅墨竹是元人的临本或摹本，题字也与文同原作接近。其实，文同正处于墨竹开始成为一种新的独立题材的时期，虽有承先启后之功，但从绘画艺术发展的规律看，初期的作品未必佳，后来柯九思、李衍等人的作品，确是发展了文同的竹派。若以柯九思墨竹作标准，而定文同作品的真伪优劣，这是本末颠倒，不会认识文

[7]　今所见文同墨迹：如王献之《送梨帖》、范仲淹《道服赞》，均有文同跋语。前者为治平乙巳（公元1065年），行书三行，后者为熙宁壬子（公元1072年）行书六行。二帖均有影印本行世，可资比勘。

同作品的真实形象的。

由于这幅《文同倒垂竹大立轴》的存在，有助于我们对文同作品的鉴别和研究，尤其是为研究湖州竹派在绘画史上的发展，增添了新的资料。看来，元明人对文同墨竹的临本或摹本，不论局部或整体，多参己意，叶大而肥，是其时代风格，也是后世湖州竹派创作的一个特点。

原文刊于《美术》1980 年第 7 期

王绂《北京八景图》研究

宋元以来，我国一些记述地方史地的书籍，多列当地八景之名。其名盖起于北宋。苏轼《东坡集》卷九，有《虔州八境图》诗八首。沈括《梦溪笔谈》卷十七称："度支员外郎宋迪，工画，尤善为平远山水，其得意者，有平沙雁落、远浦帆归、山市晴岚、江天暮雪、洞庭秋月、潇湘夜雨、烟寺晚钟、渔村落照，谓之八景，好事者多传之。"元人夏文彦《图绘宝鉴》卷三，称宋代"张戬，工画山水，应奉翰林日，徽宗遣其乘舟，往观山水之胜，作八景图，未及进上而祸作，遂留滞湘中。"两节所叙，都是有关潇湘八景的记载。清高士奇《江村书画目》著录宋人《潇湘八景图》卷，我们虽未见到原物，其内容应与宋迪或张戬的作品相近似。《佩文斋书画谱》曾著录金人《终南十景图》卷，可见宋、金以来，还有十景之名。有的八景、十景，被戏曲家编成套曲或小令，付之歌人。如元代鲜于必仁（苦斋）有潇湘八景《普天乐》、燕山八景《折桂令》曲子，徐德可（甜斋）有吴江八景《普天乐》曲子。至于明人李东阳所作北京十景诗（见《天府广记》卷四十四），则又是他个人根据燕山八景有意增添二景，成为一个特例了。

北京是我国著名的古都之一，风物优美，胜迹如林。金《明昌遗事》始列燕山八景之目（北宋宣和四年，即1122年，改辽析津府为燕山府，治所在今北京，故北京一名燕山），其名曰：太液秋风、琼岛春阴、道陵夕照、蓟门飞雨、西山积雪、玉泉垂虹、卢沟晓月、居庸叠翠。元代鲜于必仁《折桂令·燕山八景》中，道陵夕照为金台夕照，西山积雪为西山晴雪。《元一统志》燕山八景，则太液秋风作太液秋波，道陵夕照作金台夕照，西山积雪作西山霁雪。明洪武《北平图经》与《明昌遗事》所列八景同，康熙《宛平县志》所列八景为：太液晴波、琼岛春云、金台夕照、蓟门烟树、西山霁雪、玉泉流虹、卢沟晓月、居庸叠翠。此与明蒋一葵《长安客话》、张爵《五城坊巷胡同集》所列，有一字之异，即：玉泉流虹二书皆作玉泉垂虹，余皆相同。

清乾隆十六年（1751年），定燕京八景之名并序列先后，曰：太液秋风、琼岛春阴、金台夕照、蓟门烟树、西山晴雪、玉泉趵突、卢沟晓月、居庸叠翠。于旧名或因或革，皆由乾隆书碑并刻所制七言律诗，分立西苑中海、琼华岛、朝阳门外东南五里土丘、德胜门外西北土城、香山、玉泉山、卢沟桥、居庸关八处。

清代编辑的《四库全书提要·集部·总集类存目》有《燕山八景图诗》一卷。《提要》称："明永乐十二年左春坊左中允吉水邹缉等倡和之作也。燕山八景始见于金《明昌遗事》，《永乐大典》载洪武《北平图经》亦具列其目。然如琼岛春云作琼岛春阴，太液晴波作太液秋风，蓟门烟树作蓟门飞雨，金台夕照作道陵西照，皆与此编所载名目不符。元陈孚《刚中稿》有《神京八景诗》，所列八题，惟金台夕照与此编同，余并与《北平图经》相合，疑《图经》所载，本元时旧名，而此编则明初诸人所改，至今沿之。其'道陵'二字，近畿无此地名，或《永乐大典》缮录之误也。此本凡诗百二十首。皆缉首倡，而翰林学士胡广，国子祭酒胡俨，右庶子杨荣，右谕德金幼孜，侍讲曾棨、林环，修撰梁潜、王洪、王英、王直、中书舍人王绂、许翰等十二人和之，广独再和焉。前有广序，后有杨荣跋称：写八景图并集诸作，置各图之后，裱为一卷，藏之箧笥。则此集乃后人从图卷中录出者也。"按《提要》所称《燕山八景图诗》，中国历史博物馆现藏一卷，唯与《提要》所记稍异。题曰《王绂北京八景图卷》，纸本，共8幅。每幅后各有题诗。全卷纵42.1厘米、横2006.5厘米。引首为胡广撰《北京八景图诗序》，乌丝栏凡38行，款署"永乐十二年岁次甲午十月日长至，翰林学士兼左春坊大学士、奉政大夫、庐陵胡广撰"，下钤"胡广私印""大学士章"篆书阴文方印各一方，引首钤"广陵"篆书阳文长方印一方。

全图八幅，皆水墨写意山水，重点绘出主题景物。各幅标题篆书：一.金台夕照、二.太液晴波、三.琼岛春云、四.玉泉垂虹、五.居庸叠翠、六.蓟门烟树、七.卢沟晓月、八.西山霁雪。各景每幅分钤印二：一"中书舍人"篆书阳文长方

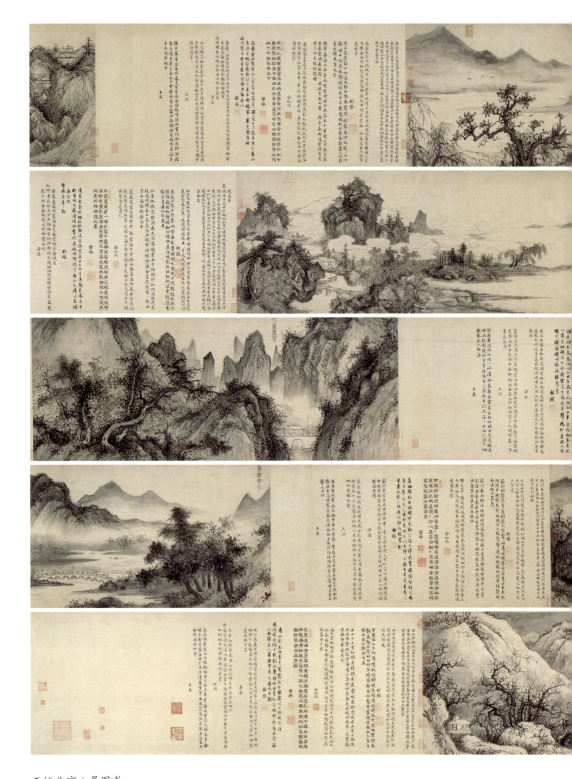

王绂北京八景图卷

印，二"王孟端氏"篆书阴文方印，知此为王绂官中书舍人，第二次扈从北京时所作。各景之后，先有邹缉考证一段及所题七律一首，后为各家分咏题诗，所题诗署名者胡俨、金幼孜、曾棨、林环、梁潜、王洪、王英共七人，唯居庸叠翠多杨荣一人。胡俨、林环曾任《永乐大典》总裁，曾棨、梁潜、王洪曾任副总裁，皆当时知名之士。

此卷在《石渠宝笈续编·乾清宫》著录，称"图中胡广序谓赋诗者十有三人，今但存七人之诗，而一不署名。即绂所著《王舍人诗集》中八诗具在，册（卷）中亦佚之"。明刘侗、于奕正《帝京景物略》，清孙承泽《天府广记》卷四十四所载各家北京八景诗，以及《天府广记》卷三十七所载杨荣序（跋）文，结合《提要》所记，疑王绂所绘《北京八景图》原有两卷，此卷题诗多少不等，既无王绂题诗，又无杨荣序（跋）文，可能是一副本。清阮元《石渠随笔》卷五，著录内容与此卷现状同。

王绂（1362—1416年），是明代初年著名的画家，字孟端，号友石生，又号九龙山人，无锡人。洪武初，擢为中书舍人，著《王舍人诗集》（又名《友石先生诗集》）五卷。事见《明史·文苑传》本传。此图作于永乐十二年（1414年），当其逝前二年，时为53岁。邹缉江西吉水人，字仲熙，曾任《永乐大典》副总裁，《明史》有传。胡广于永乐十二年随朱棣到北京，与杨荣、金幼孜沿途为朱棣讲论经史，见《明史》本传。此卷题诗即永乐十二年诸家为邹缉所作。

为了进一步考核《北京八景图》及有关文献、文物的历史和现状，现按图次先后分别叙述如下。

一、金台夕照

金台即黄金台，传为战国燕昭王所筑"招贤纳士"之处。战国时燕都蓟，在今北京广安门外一带，下都在河北易县，黄金台位置已不可考。北京在辽代已有"燕台"之名，邹缉在图中称："金人慕燕昭王好贤之名，亦建此台。今在旧城内，后之游者，往往极目于斜阳古木之中，徘徊留憩，以寄其遐思。"元迺贤《黄金台》诗，称台在南城大悲阁东南隗台坊内。王绂此图，绘山水平台在夕照中，并不是建筑遗址形状，可知金元人所传的金台，全是后人所附会。清乾隆时所定的金台在朝阳门外关东店南苗家地教场东半里土丘，虽有乾隆所书"金台夕照"碑，也是随意指定，全无凭据。从 1935 年出版的《旧都文物略·名迹略下》，尚可见到已倒卧的金台夕照碑形状。碑上旧有黄瓦碑楼，俗称黄亭子。今碑已佚，当年指定的土台，已成平地。附近徒有黄亭子、金台路之名而已。

二、太液晴波

太液池之名源于汉代长安之太液池，汉武帝在太液池起三山，以像蓬莱、瀛洲、方丈。北京太液池，即今中南海及北海，明清统名西苑，为玉泉之水汇集而成，俗称西海子。池上跨石桥，桥南为中海，桥北为北海，为乾隆十一年（1746年）改建。石桥两端旧有牌坊，东曰玉蝀，西曰金鳌，故此桥名金鳌玉蝀桥。西苑门在南长街、北长街之间，与西华门相对。今西长安街新华门为民国初年所开。

自西苑门内沿中海东岸北行为万善殿，万善殿之旁有亭在水中，曰：水云榭，内有乾隆时"太液秋风"碑。邹缉在图中记太液池"东南有仪天殿，中架长桥，以通往来。又有土台，松桧苍然，天气清明，日月混漾而波澜涟漪，清澈可爱，故曰太液晴波。"按图中之仪天殿，在今团城承光殿位置，旁有古栝，相传金章宗及李宸妃坐此待月。团城旧名圆城，承光殿亦称圆殿，城上松栝苍翠，承光殿内有光绪年间移来的白玉释迦像。殿前石亭，贮元代广寒殿原置放的渎山大玉海，今名大玉瓮。团城下的金鳌玉蝀桥，解放后几次扩展桥身，拆除牌坊，成为东西城交通要道。

清道光间，麟庆《鸿雪因缘图》第三集《金鳌归里图》，有金鳌玉蝀桥图及有关参考文字甚详。

三、琼岛春云

琼华岛在金中都城的东北郊，金世宗大定十九年（1179年）在这里建大宁宫，为皇帝的离宫，并运汴京艮岳太湖石堆叠山上，于山顶建广寒殿，即今白塔所在的位置。图中大宁宫、广寒殿皆巍然屹立，两处宫殿面貌，赖以保存。1260 年元世祖忽必烈来中都，决定元朝在北京建都，改名大都，大都城就是以琼华岛及其周围的湖泊作为规划的中心建立起来的。

明清两代的北京城，基本沿元大都之旧制，把西苑列为禁苑，清顺治八年（1651年）在琼华岛山顶仿照阜成门内元代妙应寺白塔，建造了白塔，乾隆时，又进行了大规模的修建，琼华岛才有今天的规模，乾隆书"琼岛春阴"碑在琼岛东侧。

邹缉在图中说："大山子，山顶有广寒殿，殿之四隅各有亭，左二亭，曰玉虹、方壶，右二亭，曰金露、瀛洲。山半有三殿，中曰仁智，东曰介福，西曰延和，其下太液池，前有飞桥，以通仪天殿，东有玉桥，以通琼林苑，山之上常有云气浮空，氤氲五采，郁郁纷纷，变化翕忽，莫测其妙，故曰琼岛春云。"

以琼华岛为中心的北海公园，自金大定十九年（1179年）在岛上建立离宫，到今年已经802年，也可以说是北海建园已有800多年的历史了。

琼华岛西侧的阅古楼，于乾隆十八年（1753年）建成。楼内壁间镶嵌魏晋以来历代著名书法家墨迹刻石495方，即《三希堂法帖》刻石，刻工精致，具有很高的历史艺术价值。

北海及团城为国务院1961年3月4日公布的第一批重点文物保护单位之一。

四、玉泉垂虹

玉泉山静明园在万寿山北青龙桥西，金章宗于山麓建泉水院行宫，元世祖建昭化寺，明英宗建上下华严寺，清康熙十九年（1680年），改建澄心园，三十一年改名静明园，乾隆时增建馆阁多处，五十七年重加修葺，玉泉趵突为园内十六景之一。自咸丰十年（1860年）英法联军入侵，毁于火后，光绪间略加修葺，庚子（1900年）八国联军入侵复毁。

邹缉在图中说："山有石洞三，一在山之西南，其下有泉，深浅莫测。一在山之阳，泉自山而出，鸣若杂珮，色如素练，泓澄百顷，鉴形万象，莫可拟极。一在山之根，有泉涌出，其味甘冽，门刻玉泉二字……。以兹山之泉逶迤曲折，蜿蜿然其流若虹，故曰玉泉垂虹。"康熙《宛平县志》，改"垂虹"为"流虹"，今观图中山泉一道，似垂虹，又似流虹，故有此名。而清代吴长元《宸垣识略》卷十四则以此泉"或名之曰喷雪泉，有御书玉泉趵突四字碑"，则乾隆时，又以趵突为玉泉特点了。

五、居庸叠翠

万里长城之名载入史册。秦代以后，历代对长城又进行过修整，现在的长城，是明代重新改建的。

居庸关在北京西北 50 千米，两旁高山层叠，翠嶂如屏，中间是一条长约 20 千米的山间溪谷，俗称关沟，居庸关城设在关沟中部，历代都是重要的关口。1971 年内蒙古和林格尔东汉墓发现的《居庸关图》壁画，不但有关城，而且还有舟渡，水门之下题有"居庸关"三字，并有"使君从繁阳迁度关时"三行题字，可以充分地反映出居庸关口悠久的历史和当时关内外人们车骑从容、行舟自若的往来情景。此东汉《居庸关图》壁画，应该是现在所见最早的写实作品。今所见居庸关有水陆的两个关门，通行汽车的为陆上关门，其水门跨于宽百余米的山沟间，门券虽已倒塌，但基址尚存，山泉终年不断，从《水经注·湿（温）馀水》所记及汉墓壁画上划船的情况，可知当时水势甚大，过沟需要渡船。

今居庸关南北有两个外围关口，南面的叫南口，原来的明代关城南门额镌"拥护陵京"四字已不存。北面的叫北口，即今八达岭关城，城门有明代修建时所镌"北门锁钥"和"居庸外镇"石额。

居庸关城内的中心，有一座凸起的石台，即云台，它的上面原有三座宝塔，俗称过街塔，为出入关城者所必经。详见宿白《居庸关过街塔考稿》，载《文物》1964 年 4 期。云台券洞石壁上有元至正五年（1345 年）6 种文字石刻《陀罗尼经咒》和《造塔功德记》，上层横写的二种是梵文和藏文，下层直写的由左至右的两种是八思巴文和畏兀儿文，由右至左的两种是汉文和西夏文。居庸关至八达岭的长城，山峰起伏，草木葱翠，故有居庸叠翠之名。

王绂作此图时，附近长城尚未建筑，故只绘居庸关门。邹缉题称："两山夹峙，一水旁流，骑通连驷，车行兼辆，先入南口，过关入北口。关中有峡曰弹琴，旁道有石曰仙枕，两崖峻绝，层峦叠翠。"明嘉靖至万历初年的《皇都积胜图》卷，有居庸关图可与此卷对照观之。

按仙枕石在关城之北，俗称穆桂英点将台。石上除刻有明人吕贲书"仙枕"二大字外，尚刻许论题字："嘉靖乙卯三月十二日，虏犯古北山，奉命率三镇兵二万余众，由居庸入援，二十二日虏败遁，二十三日班师，取道怀来，即归阳和。总督军兵务部尚书灵宝许论题。"

今居庸关云台和万里长城——八达岭，是国务院 1961 年 3 月 4 日公布的第一批重点文物保护单位中的两处，同在游览长城的一条路上。

六、蓟门烟树

西周时期，北京房山县琉璃河一带为燕侯的都城。春秋战国时的燕国，以蓟城为国都，即在今北京广安门附近。蓟城的得名，宋沈括《梦溪笔谈》卷二十五、明蒋一葵《长安客话》卷一皆谓源于蓟草。《长安客话》并说："今都城德胜门外有土城关，相传是古蓟门遗址，亦曰蓟丘。"自元明以来，都误以今德胜门外元建德门（俗称土城关）为蓟门旧址。

王绂在图中所绘蓟门为大都城肃清门附近景物之状。邹缉题称："蓟门在旧城西北隅，门之外旧有楼馆，雕栏画栋，凌空缥缈，游人行旅，往来其中，多有赋咏，今并废。而门犹存二土阜，树木蓊然，苍苍蔚蔚，晴烟浮空，四时不改，故曰蓟门烟树。"

清乾隆间，立"蓟门烟树"碑于大都西门肃清门遗址稍北土城上，今此碑犹屹立无恙。其南，门址左右二土阜遗迹尚存，与邹缉所述相合，碑上原有黄瓦碑楼，附近居民仍称其地为黄亭子。

七、卢沟晓月

卢沟桥在广安门西南12千米，横跨永定河上。这座11孔石桥，全长266.5米，是中外人士熟知的古迹。《金史·章宗本纪》称为"泸沟石桥"，始建于金大定二十九年（1189年），明昌三年（1192年）竣工，桥身全用白石砌成，气势雄壮。桥左右栏刻狮子485个，情态各异。元、明略加修葺，清康熙三十七年（1698年）重修，改卢沟为永定河。其后雍正、乾隆各朝，皆有修缮。

王绂此图绘月色苍茫中卢沟桥晓景，桥上车马往来，有骑驴者，有肩挑行李者。画家借用晓雾、月色，描绘卢沟桥清晨的景象，十分入微。

邹缉在题记中略称："卢沟本桑乾河，曰浑河，亦曰小黄河……去都城30里，有石桥跨于河，广二百余步，其上两旁皆石栏，雕刻石狮，形状奇巧，成于金明昌三年。"

元代初年，意大利旅行家马可·波罗来到中国，在他的《行纪》中说："自从汗八里城（即当时元大都皇城）发足以后，骑行十哩抵一极大河流，名称普里桑乾。此河流入海洋，商人利用河流运输商货者甚伙。河上有一美丽石桥，各处桥梁之美鲜有及之者。桥长三百步，宽逾八步，十骑可并行于上。下有桥拱二十四，桥脚二十四，建置甚佳。纯用极美之大理石为之。桥两旁皆有大理石栏，又有柱，狮腰承之。柱顶别有一狮，此种石狮巨丽，雕刻甚精。每隔一步有一石柱，其状皆同。两柱之间，建灰色大理石栏，俾行人不至落水，桥两面皆如此，颇壮观也。"这里所记的桥拱数字，显系马可·波罗所误记。至于他称卢沟桥为"普里桑乾"，中外学者以为系由波斯语"普尔"（桥）与汉语桑乾（永定河上游为桑乾河）构成，意谓桑乾河桥。这表明当时由于和伊朗往来频繁，不少操波斯语的人寄居中国，以至于有些重要的地方也有了波斯语名称。

罗哲文、于杰、吴梦麟、马希桂在《略谈卢沟桥的历史与建筑》(《文物》1975 年 10 期）一文中说"中国历史博物馆保存的一幅元代古画《卢沟运筏图》，比较详细地描绘出卢沟桥的形状。除了画面上的桥面坡度或许是因作者采用艺术夸张手法把它画得稍大外，画上的桥孔、华表、栏杆、石狮与今日卢沟桥非常相似；尤其是桥两头栏杆末端代替抱鼓石用的狮子和象，与今天的完全相同，东头为狮、西头为象，这样的情况，全国还没有发现第二处，证明了这狮、象，还是金代原物，桥和栏杆的布局，还是金代原状。"因此，"桥的整个形制、桥的下部基础和桥身部分构件与雕刻，当仍为金代原物，桥拱、桥面和部分雕刻，则为历代所修理补配。"从《卢沟运筏图》看，今桥面和桥身拱度确是在修缮时有所改变，即弧度减少，近似平桥。我们除了从元人《卢沟运筏图》看到这种情况外，尚有故宫博物院收藏的与《卢沟运筏图》相同的旧题宋人《雪山行旅图》（今在台湾）及明人《皇都积胜图》中的卢沟桥图可以为证。

《故宫周刊》276 期，登载的宋人《雪山行旅图》一幅：纵 160、横 99.5 厘米，《石渠宝笈续编·御书房》著录，画幅大小与中国历史博物馆收藏的《卢沟运筏图》相近，内容也大同小异。故宫藏者为绢本，设色画雪景，界画市廛村店，长桥车马，木筏人畜，器物具备，无名款，上有乾隆书"神运天成"四字，玉池有乾隆题七言古诗一首，认为是北宋院画派，并"疑本大幅被割裂"。《石渠宝笈续编》定为宋人作品，显然是早了一些。此图虽是雪景，但其绘制时间与卢沟桥的建成时间，不会太远，两图描绘的虽有秋冬之异，但卢沟桥的形状两图完全相同。此外，《皇都积胜图》中的卢沟桥图，其形状与《卢沟运筏图》中的卢沟桥图也同，详见王宏钧《反映明代北京社会生活的〈皇都积胜图〉》，载《历史教学》1962 年 7 期。

根据两幅《卢沟运筏图》及《皇都积胜图》中的卢沟桥，再看《北京八景图》中的卢沟桥，三图桥形一致，故知今桥桥面拱度下降，是清代康熙七年（1668年）修缮时改变的。

卢沟桥为国务院1961年3月4日公布的第一批重点文物保护单位之一。

八、西山霁雪

西山是北京西北郊连绵100余千米的一支山脉的总称，它是太行山的一支余脉，因为位置在北京的西面，所以总称为西山。《日下旧闻考》卷八所载乾隆《西山晴雪诗序》称："西山峰岭层叠，不可殚名，因居京城右辅，故以西山概焉。"

远在唐、辽时期，这里就出现了寺院，金章宗时有"西山八院"之名，八院即皇帝的八处别墅，皆分布在西山。如东麓有金山行宫（即今万寿山，当时称为金山）、玉泉山行宫、香山行宫，北麓妙高峰有香水院和清水院……，今大觉寺内尚有辽咸雍四年（1068年）《阳台山清水院藏经记碑》，是北京现存的重要古碑之一。

元明时期，西山霁雪皆泛指西山雪景而言，并无确切地点，清乾隆立"西山晴雪"碑于香山山腰，今半山亭北、朝阳洞登山道右侧，石碑尚屹立无恙。每当冬雪初霁，自山下仰望群山，或自山上俯视平原，琼树瑶峰，空阔无际，胸怀顿为开朗。

香山初建有香山寺，《金史·世宗本纪》大定二十六年（1186年）三月："香山寺成，幸其寺，赐名大永安，给田二千亩，栗七千株，钱二万贯。"元、明时期又经重修。清康熙间在此建香山行宫，乾隆十年（1745年），在旧址扩建行宫，改名静宜园。有静宜园二十八景。咸丰十年（1860年），英法联军入侵，全园毁于兵火。今园内玉华山庄、半山亭、双清、见心斋等处，皆后来重建。昭庙即宗镜大昭之庙，乾隆四十五年（1780年）为班禅居此而建。是西藏形式的建筑。现存红台庙址、琉璃牌坊及琉璃塔，都是乾隆时遗物。

香山不仅雪景奇丽，晚近以来，它已成为春夏秋冬四时皆宜的森林公园，为首都西山风景区的重要名胜之一。

随着社会历史的发展，北京八景中的金台夕照、蓟门烟树，今天已成了历史名词，但是多数地方今天却赋予了崭新的生命，发挥着各自的历史作用，如北海公园、居庸关、八达岭、卢沟桥、香山等处，都是接待中外人士参观游览的名区，每天吸引着成千上万的游客，使来过这些地方的人，从一个侧面认识到中国首都北京的悠久历史，认识到中华民族不但是一个勤劳勇敢的民族，而且是一个具有丰富的、优秀的历史遗产的民族。

原文刊于《文物》1981 年 5 期

题田桓《英雄独立图》

　　辛亥老人田桓先生是当代著名的书画家，现年89岁，曾于1912年至1924年任孙中山先生随从秘书，现任中国国民党革命委员会中央委员，上海市人民政府参事室参事。田老早年在日本学习西画，因革命需要，被孙中山先生召回，负责组织青年工作，并在上海与吴昌硕、曾熙、李瑞清、黄宾虹等切磋画艺，改学国画，造诣甚深。

　　田老的书法、绘画、篆刻在"五四"时期，即已驰名南北。当时书写大篆，主要是临写散氏盘、毛公鼎，行楷则以焦山瘗鹤铭、泰山经石峪为依归。不论大篆、小篆、行书、楷书，皆端严整饬，书味隽永。绘画则以简练之笔，写胸中豪气。当辛亥革命前后，由于革命志士之提倡，我国画坛对明代遗民"八大"、石涛之作，甚为推崇。田老融会贯通，不断变化，所写花鸟，笔墨直追"八大"，而径入明人徐青藤、陈白阳之室，不论书法、绘画，皆能自成一家。

　　1918年，高剑父曾以田老所作《文君贳酒图》交钱病鹤收入《近代一百名画家集》出版。其后，为周震麟所作《苍松图》，章太炎题诗有"放笔为直干，韦侯正少年，杜陵束绢后，妙道竟谁传"之句，对田老年轻时的作品，已作出了很高的评价。

　　1935年，吴心谷编辑的《历代画史汇传补编》对田桓先生作了如下的评述："田桓号寄苇，又号苇道人，湖北蕲春人。工四体书，兼长六法，花卉亦生动有致。精治印，孙中山先生印章，多出其手。号曰小田先生，居海上鬻书画，颇多时誉。"文虽简短，意甚贴切，其受到社会的称赞，不是偶然的。

　　《英雄独立图》，墨绘鹰石，纸本，纵121厘米，横36厘米，作于己未（1919

年）秋日。画家用极其简练的手法和遒劲豪放的笔势，塑造出雄鹰矫健轩昂的神采。它象征着"五四"时期画家的爱国主义思想和崛起中华的雄伟抱负。若只与"八大"比高低，与青藤较优劣，似非作者本意。

此画田老自以为是平生得意之作，在我家收藏多年。为了纪念辛亥革命70周年，我已献给中国历史博物馆，永远保藏。

原文刊于《光明日报》1981年10月11日

田桓英雄独立轴

雪庄《黄海山花图》记

　　黄山自古以雄奇挺秀著称。世多以奇峰、奇松、云海誉为黄山三奇，故黄山又名黄海。古今诗人、画家、旅游者对黄山景物形之歌咏，图之丹青，传于世者，不知凡几。李白《送温处士归黄山白鹅峰旧居》诗，有"黄山四千仞，三十二莲峰。丹崖夹石柱，菡萏金芙蓉。……回溪十六度，碧嶂尽晴空"的名句。其引人入胜，自不待言。

　　清初以来，画家萧云从、弘仁、雪庄、程邃、戴本孝、梅清、梅庚、查士标等人，曾为黄山作过多幅神采横逸的山水松石。由于这些画家于当时流行的吴门、金陵、虞山、娄东各派之外，独树一帜，自成一格，绘画立题多以黄山为中心，而又家居皖南，故在我国画坛上形成了"新安画派"。近代著名的画家汪孔祁、黄宾虹等人，仍是"新安画派"的代表作家。

　　关于黄山的松石，明末著名的旅行家、科学家徐霞客在他的《游记》中说："绝巘危崖，尽皆怪松悬结，高者不盈丈，低仅数寸，平顶短鬣，盘根虬干，愈短愈老，愈小愈奇，不意奇山中又有此奇品也。"此种称颂，确是从亲身体会中得来。但是，奇山中的奇品，除了松石以外，值得我们重视的，还有奇花。

　　每年春至，黄山的奇花异卉，瑶草璚葩，璀璨弥漫于岩谷间，其数不可胜计。在"新安画派"的画家中，雪庄和尚确是一个不平凡的人物。他经年住在山中，细心体察山中事物，不但挥写松石云海，而且为花一一写照。所绘无名山花，与友人吴菘（绮园）共同定名。由于雪庄、吴菘是最早给山花定名的人，许多无名的野卉，才有了名字。

　　1978年湖南人民出版社出版的湖南省工艺美术研究所编、李先玉绘《黄山野卉写生图册》一书，共收集花卉68幅，是根据绘者在黄山写生的素材整理汇集而成。可惜的是不知野卉名称，故各幅花卉的题名是暂拟的。可见《黄山野卉写生图册》的作者尚不知300年前有雪庄所作的《黄海山花图》。

雪庄名僧悟，字惺堂，号雪庄，又号通源，别号铁鞋道人、黄山墅人、沧溟道者。楚州（今江苏淮阴）人，清初居黄山，画与弘仁（渐江）齐名。墓塔在黄山炼丹台下，今名雪庄塔。汪洪度《黄山领要录》卷下《皮篷》称："雪庄禅师，淮阴人，嗣法洞宗，爱佳山水，披发为黄山游。至此（按：即皮篷庵），遂挂瓢笠松间，依古洞以栖。继取槎枒架屋，覆皮如囊，时人无知者。糗糒不足，则掇草根木叶食之。日对奇峰，弦歌自乐。无何，名动四方，或荐诸朝，使者三返，强起至京师，不逾月，坚请还山。人闻其行，重之。时以衣粮相赠，则援笔写山花数种以报，千态百状，悉人目未经见者，余友吴菘辑为《山花谱》。"（详见民国《歙县志》卷十《雪庄传》）。

按《四库全书存目·子部·谱录类》所载吴菘《笺卉》，即汪洪度所说的《山花谱》。《提要》称："《笺卉》一卷，国朝吴菘撰，菘字绮园，黄山僧雪花尝以黄山所产诸卉绘为图，宋荦为题句，菘因各为作笺，凡35条。"这里所说的"雪花"，显然是"雪庄"之误。《中国人名大辞典》吴菘条、《中国画家人名辞典》雪花条，皆沿《四库全书存目》误作"雪花"。今所见《笺卉》有《昭代丛书》本，《黄山丛刊》本改作《卉笺》，实系一书。

至于宋荦为图册题诗，诗题名为《黄海山花图咏》，见于《西陂类稿》卷十四，共五言绝句20首，诗前有序称："楚州雪庄悟公，住黄山之皮篷，性孤高，有花癖，尤善绘事，时时含丹吮粉，于幽崖邃壑中，貌人间未见花，久之成帙。新安吴生绮园笺其名，寄余平江官舍，戊寅七夕，携过沧浪亭，流览一再过，各即其名状而疏之，并系以诗，用补山志之未备。……"

宋荦是清初著名的鉴赏家，他对雪庄的作品，给了很高的评价。到了道光年间，这部《黄海山花图》辗转到了麟庆手里，麟庆《鸿雪因缘图记》第一册下集《与春同咏》，记癸未（道光三年1823年）六月，在徽州府任上，曾移植黄山野卉四钵于府治与春亭。根据麟庆的记载，这四种花是："一、旄节花，藤作碧华，鬖髿璎珞。一、石兰，一花一叶，颖擢彤霞。一、囊环、叶吐单片，花弄双环。一、鹅群，白洁如鹅，黄蕊作目，形状尤为奇似。"麟庆名恽珠，字珍浦，号星联，善画花卉，曾为绘图。麟庆还说，当时得到宋牧仲（荦）《黄海奇葩图》册，册内山花20种，此4种野卉皆在其中。今此图册归太平苏宗仁（字厚如）先生，苏先生尚拟收集有关黄山的绘画，继其《黄山丛刊》的出版，辑印《黄山名画集》，这是值得我们欢迎的一件有意义的工作。

雪庄稍后，有僧一智和沈铨传其法。一智号石峰（一作廪峰），休宁人，山水用笔疏爽有韵致，也善花卉。沈铨字青来，号师侨，天津人，居黄山，以古松异卉为图，时与吴兴沈铨（字南苹），号称"南沈北沈"。

今天所见到的雪庄作品，除《黄山图》卷（胡绩堂《笔啸轩书画录》卷下著录，原图见汪士铉、吴菘《黄山志续集》、罗振玉《吉石庵丛书》及《黄山丛刊》）外，《黄海山花图》应是最有名的代表作品。由于《黄海山花图》的优美形象和宋荦、吴菘的笺题，把文学和艺术紧密地结合起来了，诗情画意，相得益彰。这部艺术杰作，不但是祖国锦绣河山的缩影，而且对研究黄山地区的野生植物，也具有一定的参考价值。

　　附：黄海山花图咏有序　　宋荦

楚州雪庄悟公，住黄山之皮篷，性孤高，有花癖，尤善绘事，时时含丹吮粉，于幽崖邃壑中，貌人间未见花，久之成帙。新安吴生绮园笺其名，寄余平江官舍，戊寅七夕，携过沧浪亭，流览一再过，各即其名状而疏之，并系以诗，用补山志之未备。其中数种不可名，亦不能诗，姑阙之。

金缕梅　似蜡梅而瓣如缕，春日开时，翩翩欲舞。春林发异香，缕缕雕黄玉。已将写作图，还拟制为曲。

撚蜡　亦似蜡梅，一苞四五朵，其开也以春杪。丰格俨蜡梅，一包四五葩。月明林下时，幽香应倍加。

旌节花　老藤上作花，行行垂如旌节，色浅碧，黎州汉源县亦有之。老藤作碧花，鬌髻如旌节。岁岁春风时，长听花神挈。

春桂　似桂而五出，三月开。连蜷淮南丛，山矾应弟畜。惟有七里香，高韵同空谷。（山矾亦名春桂，七里香江右最多）

海蠡花　生云海，春日遍崖谷，红色深浅相错，至铺海时，烂然云锦矣，仿佛睡香而差大。海蠡夺蜀锦，烂漫云海张。大似庐山谷，春深放睡香。

瓔珞花　色黄碧，幽倩淡冶，清香隽永，有垂柳之态。瓔珞何淡冶，香在众花右。怜渠窈窕姿，还过永丰柳。

蕡桃　与桃无异，但花跃先实耳。蕡桃跃先实，折来自樵叟。借问武陵人，旧曾见此不。

山樱　木本竹叶，初夏作花，实如含桃。朱颗类含桃，琐琐摘盈把。赵昌化工笔，好并青梅写（赵昌有青梅含桃图）。

紫云花　花深紫，日光下烛，晶然凝望。紫云花即云，光彩不可状。想见白头僧，含毫向千嶂。

木莲花　在慈光寺前，高柯成围，密叶蔽日，冬不凋花，肖白芙蕖，惟房苕不类，四五月开，香闻数里，山中无二本。木莲千载花，香光照禅席。记取谪仙诗，五月雪中白。

玉铃花　树高大茏葱，夏月碧阴中，白花串串，有类雕刻，香甚。长夏碧阴中，白花缀串串。分明追琢成，缥缈沈水荐。

香杜鹃　杜鹃处处有之，此则高干浓香，迥异凡种。高干盘云上，浓香浮谷来。问他殷七七，顷刻可能开。

石兰　一茎，一叶，一花，色紫，生峭壁上。石兰种大奇，茎叶花皆一。彤颖赋左思，其为此物必。

查葡花　木有芒刺，四月开小黄花如丁香，其结实也如丹砂。花略丁香同，实则丹砂似。煌煌北征篇，摩写曾到此。

覆杯花　攒生叶底，空中下垂，似镂竹髹朱而成。覆杯花空中，垂垂叶底积。镂竹而髹朱，天公剧游戏。

仙都花　生仙都峰下，古干屈曲，花一苞七八朵，望之如芙蓉而特香。绿心如拳，三年一放，放则叶下披如相让然。色借秋江远，林开仙境深。老猿偏爱此，三岁一来吟。

傲云花　形色似木连，自夏徂秋香不断，叶亦微馨，悟公云舫四围皆此树。云航周遭树，依稀菡萏香。畅师相对处，晴雪落绳床。

鹅群花　藤属，叶似蒜蒋，秋日著花，宛然鹅也。山花多奇状，尤奇此鹅群。谁向清秋日，折遗王右军。

叠雪花　花如翦雪，中含一壶卢，九月开。霏霏叠雪花，中有一壶韫。

巧疑滕六裁，幻许长房隐。

　　紫绮玉环　草花也，颇肖二物。草花殊狡狯，刻画闺帏间。既吐一片绮，复配一双环。

原文刊于《学林漫录》2 辑 1981 年

从娄睿墓壁画看北齐画家手笔

　　长期以来，在我国绘画史的研究上，论述两晋南北朝绘画，几乎全是介绍东晋南朝几个著名画家的作品；论述北朝绘画，则又都以敦煌北魏壁画为主要对象，很少知道画家的姓名。1966年山西大同北魏司马金龙墓出土的漆绘屏风，所绘《列女传图》，风格完全与顾恺之相似，有人猜想屏风是东晋或南朝的作品，是从南方运到北方的。这种看法并非没有道理。

　　这次看到1980年太原南郊发现的北齐武平元年（570年）娄睿墓壁画，有不少新的感受。壁画中的大量人马，栩栩如生。与这类壁画内容相近的早期作品，仅在内蒙古和林格尔东汉墓壁画中见过。在北朝石刻或敦煌壁画的出行图中，亦或有表现，但为数不多。《文物》1963年第10期发表的周到《河南襄县出土的三块北齐造像碑》，碑额之阴浮雕《太子逾城出家》佛传故事，描绘太子骑马腾于密云之中，有扬带飞舞的天神五人曳马导引急驰。马的形象与娄睿墓壁画中所画稍有相似，惜仅画一马而已。至于敦煌壁画中所见的人马，因年代久远，有的剥落不全，有的色彩减褪，与原作都有一定距离。邓县北朝画像砖所表现的各种马的形象，因是浮雕，自无娄睿墓壁画之生动姿态。

　　大约两晋南北朝时期，南方无乘马之习，故画马是北方画家之所长。《颜氏家训·涉务》："梁世士大夫，皆尚褒衣博带，大冠高履，出则车舆，入则扶侍，郊郭之内，无乘马者。……建康令王复，性既儒雅，未尝乘骑，见马嘶喷陆梁，莫不震慑。乃谓人曰：正是虎！何故名为马乎？其风俗如此。"可见娄睿墓壁画是熟悉北方生活的大画家所作。唐张彦远《历代名画记》卷八以夸张之笔记北齐著名画家杨子华称："杨子华，世祖（高湛）时任直阁将军员外散骑常侍，尝画马于壁，夜听啼啮长鸣，如索水草；图龙于素，舒卷辄云气萦集。世祖重之，使居禁中，天下号为画圣，非有诏不得与外人画。"原注云："斛律金像、北齐贵戚游苑图、宫苑人物屏风、邺中百戏、狮猛图，并传于代。"又唐裴孝源《贞观公私画史》记载邺中北宣寺、长安永福寺，皆有杨子华画。可见杨子华的作品在唐代尚有不少流传。娄睿为世祖武明皇太后兄子，生前为并州刺史、录尚书事，死后赠假黄钺、右丞相、东安王。当世祖、后主时，以丰州刺史历任司空、司徒、太尉、大司马等职，武平元年二月五日卒，一生地位甚高，见《北齐书·武成纪及后主纪》。这样一个人的墓室壁画，决非当时一般画工所为。似乎可以推测，其作者很可能就是杨子华。

《历代名画记》引阎立本评论杨子华的作品说："自象人以来，曲尽其妙，简易标美，多不可减，少不可逾，其唯子华乎！"根据阎立本对杨子华的高度评价，结合娄睿、杨子华的社会地位和时代背景，我们对照娄睿墓壁画，好像看到了杨子华的作品，欢快的心情不言而喻。

当然，杨子华这位画圣对隋唐时期的画坛会有极大的影响。因此，唐代懿德、章怀太子及永泰公主墓壁画，以至日本高松冢古坟壁画的源流问题，均有再作进一步探讨的必要。这种观感不一定正确，聊供同志们考虑。

娄睿墓室顶部壁画中，还发现了星图，十二支像，雷公、电母图。星图在古代墓顶是常见的，而十二生肖虽然见于《论衡·物势》，但仅是文字而未见形象。娄睿墓壁画的十二支像是目前所见最早的形象。墓顶的四个方向，各有生肖三个，现存的鼠、牛、虎、兔生肖旁侧，各绘二神兽围护。关于十二支像的研究。1978年东京大学教授西嶋定生著《中国·朝鲜·日本における十二支像の变迁について》一文（载《古代东亚史论集》下卷），根据中国、朝鲜、日本发现的十二支像作过深入的探讨。他认为中国十二支像的出现是在四神像之后，由奇禽异兽演变而来，其用意是厌胜、驱邪。洛阳出土的北魏永熙二年（533年）王悦夫妻墓志，四周侧面各有三个方格，共方格十二个，每格所刻皆为异兽，尚非十二支形象。西安出土的隋开皇十五年（595年）段威墓志，志盖既有四神像，志石则出现了十二支像。洛阳出土的开皇二十年（600年）马稚夫妻墓志，盖石四周虽无图像，但有八卦、干支及兽名和五行文字，至于1956年湖北武昌周家大湾隋墓出土的青瓷十二支俑，则是瓷俑中最早的十二支形象。1952年北京姚家井唐薛府君墓出土的石雕十二支俑，则是石俑中最早的十二支形象。还有各地出土的十二支像铜镜，其年代最早无过于隋朝者。

娄睿墓壁画中十二支像与星图、雷公、电母相配合，这一发现，打破了认为早期十二支像只刻在墓志石边侧的旧说，对于研究中国十二支像的起源、变化以及墓顶出现十二支像的问题，都有重要的意义。

1975年，河北磁县北齐武平七年（576年）高润墓壁画的发现，学术界认为填补了我国绘画史上一页空白（见《考古》1979年第3期磁县文化馆《河北磁县北齐高润墓》），高润为齐高祖高欢第十四子，生前封冯翊王，历任东北道大行台、右仆射、都督、定州刺史，死后赠假黄钺、左丞相、文昭王。高润与娄睿同时，墓室壁画人物、车舆、羽葆、华盖，当亦名家所绘。武平七年，北齐政权已趋不稳，周屡攻齐，齐军屡败。高润墓壁画较娄睿墓壁画简质，当与时局有关。娄睿墓壁画比之高润墓壁画，作画年份更早，艺术质量更高，是显而易见的。

原文刊于《文物》1983年第10期

关于历史画的问题

我国的历史画有悠久的历史传统。屈原当年在楚先王之庙及公卿祠堂，就看到过许多历史题材的壁画。《天问》就是屈原看了历史画以后，提出的许多问题。据孙作云先生《天问研究》，认为《天问》："中央共牧，后何怒？蜂蚁微命，力何固？"就是描绘西周晚期国人暴动，厉王奔彘的场面。蜂蚁微命力何固？指奋勇的起义者如马蜂和蚂蚁的团结，力量非常强大。通过孙先生的解释，这个长期未能解决的问题，现在讲通了，可见厉王奔彘图，是战国时人所作的一幅很重要的历史画。它为我国绘画史研究增添了光彩。

在历史画中，还有一些是当时或当事人的作品，还有的是稍后一些人的作品。1978年在北京举办的《磁州窑陶瓷展览》，展品中有一件宋代磁州窑瓷枕，枕面绘有一幅《赵匡胤陈桥兵变图》，陶瓷工人把制瓷工艺和绘画技巧结合在一起，这是我们今天看到的唯一的宋人以陈桥兵变为题材的作品，十分珍贵。

建国30多年来，我们的许多画家，创作了许多优秀的历史画作品，成绩很大。有些历史画已进入博物馆，但在博物馆中有两种待遇，一种是公认的成功作品，已作为正式藏品，并公开陈列或展览。但是还有一些作品，被认为是参考品，打入另册。还有许多画家手中保存着自己创作的历史画，尚未与人们见面。以上这些情况都值得重视。

我们博物馆平时遇到古人画的历史画、山水画、花鸟画……，只要是真迹，往往用重金收购。而对时人画的历史画就显得重视不够了。《光明日报》曾登载文物局召开全国书画巡回鉴定专家座谈会，决定组织专家在全国（台湾省暂缓）开展古代书法、绘画巡回鉴定。我们要知道鉴定的含义并不是单纯鉴定真伪，而且还要评论等级。那么，作为历史博物馆、革命博物馆来说，都有收藏文物的任务，也应给未列入藏品的历史画（参考品）举办内部展览，邀集专家进行审查评论，如认为可以列入正式藏品，即作文物入藏。至于画家个人保存的自己的作品，也可通过审查鉴定，如果达到藏品标准，博物馆应作价收购，正式入藏。

通过展览和审查，不但可以为博物馆征集一批有收藏价值的历史画，而且还可以收到观摩提高之效，既出了成果，又培养了人才。

原文刊于《美术》1983 年第 7 期

北齐娄睿墓壁画作者考订

　　1980年太原南郊发现的北齐娄睿墓壁画，是近年美术考古学上的一件大事。当我们初看到大量的栩栩如生的人马行列时，如果不告诉是北齐时的作品，大家必然认为是初唐的杰作。既然墓志记载墓主以武平元年（570年）五月八日窆于旧茔，那我们就不能把它看成是唐人的杰作了。

　　自50年代以来，北齐墓葬的发现，如山西太原天保十年（751年）张肃俗墓、寿阳河清元年（562年）库狄回洛墓、河北景县河清四年（566年）封子会墓、山西祁县天统三年（567年）韩裔墓、河南安阳武平六年（575年）范粹墓、河北磁县武平七年（576年）高润墓等，皆有墓志出土，墓主明确，纪年清楚，但其中仅库狄回洛和高润二墓有简单的壁画，由于剥蚀较重，已看不出真实面貌。而娄睿墓壁画保存完整，色彩如新，可以说是罕见的北齐绘画神品。

　　从壁画的内容看，墓门门楣正中雕绘兽面，其上有摩尼宝珠，两旁有朱雀各1。门框上框雕绘束枝莲花5朵，左右框亦雕绘束枝莲花，并有莲座，上置摩尼宝珠。左门绘青龙，右门绘白虎，相向飞腾于彩云中。门外两侧绘拱手平巾帻门吏各1人。墓道左壁绘出行队伍3栏，右壁绘归来队伍3栏。甬道左壁上栏外绘怪兽云气，内绘莲花卷草，下栏绘卫士5人。右壁略同左壁。墓室顶部绘星图、十二支像（存鼠、牛、虎、兔）、雷公、电母等，下栏绘墓主人帏幄，其上有仙人驾龙，前有羽人引遵。旁有伞盖、羽葆、牛车、鞍马扈从，全部壁画场面宏伟，形象生动，那长卷式展开的构图，主从有序，疏密相间，节奏鲜明。左右壁画每栏分若干小段，各段之间，内容互有连续。采用了色彩渲染、明暗映衬和远近对比的手法，既增强了人物形象的主体感，又增加了真实感。其中画马的技巧，完全摆脱了汉墓壁画中的呆板形象，画出了生动的神采。

我们看完了壁画，再看娄睿的身份。根据《北齐书·娄昭传》附《娄睿传》，娄家世为"家僮千数，牛马以谷量"的大畜牧主。娄睿为世祖武明皇太后兄子，生前官位显赫，死后"赠假黄钺、右丞相、太宰、太师、太傅、使持节都督冀、定、瀛、沧、赵、幽、青、齐、济、朔十州诸军事，朔州刺史、开国王（东安王）如故，谥恭武王。"（详见同出的墓志及《北齐书·武成纪》及《后主纪》）这样一个重要人物，其墓室壁画决非一般画家所能为，应是当时熟悉北方贵族生活的大画家所作。

唐张彦远《历代名画记》卷八，以夸张之笔记北齐著名画家杨子华说："杨子华，世祖（高湛）时，任直阁将军、员外散骑常侍。尝画马于壁，夜听啼啮长鸣，如索水草；图龙于素，舒卷辄云气萦集，世祖重之，使居禁中，天下号为画圣，非有诏不得与外人画。时有王子冲善棋通神，号为二绝，见北齐史。"原注云："斛律金像、北齐贵戚游苑图、宫苑人物屏风、邺中百戏、狮猛图并傅于代。"又唐裴孝原《贞观公私画史》载邺中北宣寺、长安永福寺皆有杨子华画。《历代名画记》还引阎立本评论杨子华的绘画说："自象人以来，曲尽其妙，简易标美，多不可减。少不可逾，其唯子华乎！"结合娄睿的地位和壁画的超卓，联系当时的社会历史背景，可以推断壁画的作者可能是杨子华。并可从《历代名画记》中看出杨子华对隋唐绘画起着巨大的影响。

在此附带谈一谈有关传为阎立本《北齐校书图》的问题。《校书图》的内容是描绘天宝七年（748年）北齐文宣帝高洋命樊逊及秀才高乾和、马敬德、许散愁、韩司宝、傅怀德等11人，共同勘定秘府藏书的故事，原卷现藏美国波士顿美术博物馆。过去一般论述阎立本的绘画，多谓其师法张僧繇、郑法士及其父阎毗，今天看来杨子华应是他所师法者之一。

北宋黄伯思《东观馀论》卷下《跋北齐勘书图后》称："仆顷岁尝见此图别本，虽未见画者主名，特观其人物衣冠，华虏相杂，意后魏北齐间人作，及在洛见王氏本，题云《北齐勘书图》。又见宋次道（敏求）书，始知为杨子华画，其所写人如邢子才，魏收辈，岂在其间乎？宜其模矩乃尔。今观此本，益知北土人物明甚，则知子华之迹为无疑。"可见《北齐校书图》在北宋时期是鉴定为杨子华所作。虽然后世传说唐宋以来此图有阎立本所作及一些"传摹移写"的复本，而人物、服装、用具、马匹等皆属北土形象，决非后人所能为，故知其祖本应是杨子华作品。至于波士顿美术博物馆藏本是否阎立本所摹，或在阎立本之前？或在阎立本之后？皆有待进一步研究。

我国古代墓室壁画，向无作者署名。卷轴画署名之风起源甚晚。娄睿墓壁画与《北齐校书图》风格基本相同，《校书图》作于天保七年（556年）、壁画作于武平元年（570年），其间相距14年，两者同为杨子华得意之作，在我国绘画史上占有重要的地位。

原文刊于《中国艺术》第 1 辑 1985 年

蒙古族收藏家贡桑诺尔布

贡桑诺尔布（1871—1930年）字乐亭，号夔盦，内蒙古喀喇沁右旗人，世袭札萨克郡王，是我国近代历史上一位开明的蒙古族上层人士。民国间，任蒙藏院总裁。能诗，善画，精鉴赏，富收藏，著《夔盦吟草》。

1902年，贡桑诺尔布在喀喇沁王府西院创设崇正学堂，自任校长，招收旗民青少年及适龄儿童入学，聘任钱桐（字孟材，江苏无锡人，民国间任北京古物陈列所所长，北京古学院副院长）为总教习，并选拔崇正学堂成绩优秀学生到北京东省铁路俄文学堂（在北京东总布胡同）学习俄文、俄语。由于1902年清政府首次选派15岁以上、25岁以下八旗子弟出洋留学，在这种风气影响下，贡桑诺尔布于1903年冬与喀尔喀亲王那彦图长子祺诚武等，同赴日本考察政治。一年后归国，在本旗开办毓正女子学堂及守正武学堂，并派蒙古族优秀学生到北京、天津、保定、上海等地读书，有些还被选派赴日本留学，其中赴日留学的有女学生何惠贞、于保珍、金淑贞3人，为蒙古族女学生赴日留学之始。

1912年，民国成立，贡桑诺尔布参加同盟会，任参议院议员，蒙藏事务局总裁。1914年，蒙藏事务局改名蒙藏院，仍任总裁。自1912年至1927年任蒙藏院总裁达16年之久。在他任职期间，为了培养蒙、藏族青年，于1913年在北京创办了蒙藏学堂，后改名蒙藏学校，校址在西单石虎胡同路北，现为中央民族学院附属中学。校内东部在清初为吴三桂之子吴应熊驸马府，1724年（雍正二年）改为右翼宗学（宗室子弟学校），1756年（乾隆二十一年）宗学迁址，成为大学士裘日修赐第。该校招收各地蒙、藏学生来京入学，而以蒙古族学生为多。当时全国受十月革命和五四运动影响，北方在李大钊、赵世炎、邓中夏、恽代英等同志

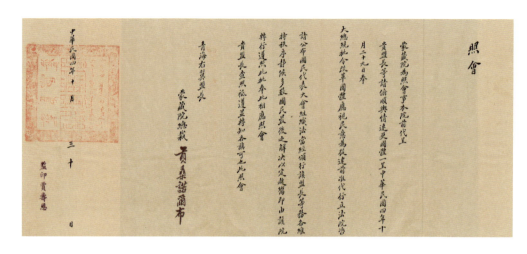

蒙藏院总裁贡桑诺尔布为袁世凯更改国体事照会青海右翼盟长

领导下，1923—1926 年之际，蒙藏学校成为北京传播马列主义的地方之一。乌兰夫、李裕智、多松年、奎璧、吉雅泰等同志都曾是这个学校的学生，在这里接受了马克思主义的启蒙教育。

1927 年，蒙藏院废止。贡桑诺尔布仍居北京太平街王府，其地在地安门内景山西北，有园林花木之胜。长期以来，为北京文人、政客宴集之所。著名诗人、画家如严复、梁启超、余绍宋、三多、钱桐、宝熙、周肇祥、李诜、陈半丁等，皆与之往来，交谊甚厚。

贡桑诺尔布幼年从山东学者丁锦堂受业，通晓汉、蒙、藏、满文字，尤爱汉族文化艺术，经常赴琉璃厂、地安门外大街文物店收购文物，并赴上海、杭州，访吴昌硕、李瑞清、曾熙等著名书画家，相与讨论鉴赏收藏及绘画艺术。1921 年由北京一些著名收藏家在中山公园联合举办的"书画金石展览会"，1924 年在中山公园联合举办的"江西赈灾书画展览会"，贡桑诺尔布均有藏品参加。其藏品中如唐寅山水卷、董其昌行书卷、石涛竹西图卷、高其佩指画册、边寿民花卉册，高凤翰西园雅集图卷等，皆见于两次展览的《出品录》中。由于他所见古人书画名迹甚夥，故所作书画饶有韵致，花卉气息淡雅，寥寥数笔，情味盎然。尝请篆刻家黄石（少牧）为作"世守漠南""牖迪蒙疆"二印以寄爱国之思。惜其作品流传不多，故甚稀见。

原文刊于《燕都》1986 年 5 期

崔白《双喜图》臆说

今年是农历丁卯年,在我国传统的十二生肖中为兔年。邮电部发行的采用民间剪纸技巧画法的兔年邮票,已和广大群众见面了。我又观看了一下今年各地出版的一些年历,用兔的图像作装饰的,尚未见到。其实,在古代或近现代画家中以兔为主题的作品,所在多有。为了向大家祝贺兔年新春佳节,我在这里介绍两幅宋代著名画家崔白所作的《玄兔双喜图》,以供清赏。

崔白是北宋时期(11世纪)濠梁(今安徽凤阳)人,字子西,工画花竹翎毛。宋代郭若虚《图画见闻志》称:"熙宁初,命白与艾宣、丁贶、葛守昌画垂拱殿御扆《鹰》《竹》各一扇,而白为首出。"元代夏文彦《图绘宝鉴》谓:"宋画院较艺者,以黄筌父子笔法为程式。自(崔)白及吴元瑜出,其格遂变。宋仁宗朝,画垂拱殿御扆[1],称旨。补图画院艺学。"据陈高华先生考证,元丰年间,崔白曾为画院待诏。可见这位画家虽然曾经供奉内廷,而对绘画艺术富有改革精神,其作品所以受到历代的重视,并不是偶然的。

崔白的画迹,流传到今天的不多。北京故宫博物院藏有《寒雀图卷》,中国历史博物馆藏有《玄兔双喜图轴》,台北故宫博物院藏有《玄兔双喜图轴》《芦雁图轴》《竹鸥图轴》。在上述作品中,以《玄兔双喜图》为最有名。

值得我们注意的是《玄兔双喜图》现有两幅,一在大陆,一在台湾。画面虽略有不同,基本是一幅画稿。皆绢本,设色。历史博物馆藏本纵196.8厘米,横

---

[1] 御扆,是帝王宫殿里的一种屏风。

明人仿崔白双喜图轴

123 厘米；台北故宫博物院藏本纵 193.7 厘米，横 103.4 厘米。画面古木翠竹，枝叶在微风中披拂，两只喜鹊，一停枝梢间，一展翅腾空，树下黑兔一只，昂首上顾，状极生动有趣。此画笔墨挺秀，工细而不呆滞，达到了工笔和写意的和谐统一。树干间有隶书小字题款："嘉祐辛丑年崔白笔"。清代《石渠宝笈初编》著录，题为《宋人双喜图轴》，可能是因题款字小而未被发现，或编者对此题款存有怀疑，故题"宋人"。历史博物馆的一幅，为山东李宇超先生所捐赠，明库装原裱，从未见于著录，画上有"御府图书""敬德堂图书印""晋府书画之印""清和珍玩""坦园图书""心远堂"诸收藏印。台北故宫博物院所藏者亦有"晋府书画之印"及"清和珍玩"二印，知两幅皆经明代晋王收藏，实为双美。

有人问，一个画家是否肯作内容相似或近似的两幅作品？我们的回答是：有的。远的不说。我们亲眼看到的，如明代文徵明作有《真赏斋图》两卷，项圣谟作有《榕荔溪石图》三卷。当代齐白石画虾，李苦禅画鹰以及胡佩衡画《漓江秋云图》，皆不只一幅。画家的一幅画稿（粉本或腹稿）在几幅作品中往来变化，略有增减，是常见的事，崔白的《玄兔双喜图》就是如此。

际此兔年新正，奉献《玄兔双喜图》于全国同胞，谨祝春节愉快，兔年双喜。

原文刊于《经济日报》1987 年 2 月 1 日

祝肇年教授的山水画

中国的绘画有些和诗歌相似，都讲求神韵、意境和情趣，所表现的艺术境界高远、典雅。一幅好的绘画或一首好诗，必然是在继承传统上体现时代风格和个人风格的。

祝肇年教授自幼喜爱绘事，对中国山水画兴趣甚浓。他于1942年秋考入北平艺术专科学校国画系，致力于山水画的创作和研究，先后从师于黄宾虹、萧谦中、于非庵诸先生。在校期间，更博览公私收藏，苦研传统技法，并从事金石文字的研究和古典诗词的习作，藉以提高文学、艺术修养。平日读书作画，对石涛山水画别有会心，遂发奋临摹石涛及与石涛同时、画风相近的画家龚贤、梅清、石溪等人的作品；对近、现代著名的山水画家如张大千、杨溥、瑞光、俞剑华、陈半丁、黄君璧等作品的欣赏观摩，亦不轻易放过。

1943年，肇年正式拜陈半丁为师。半丁先生山水、花鸟俱有专长，肇年专习山水，在半丁先生指导下，眼界愈益开阔，上追宋元名家，以至清初"四王"，兼收并蓄，汲取营养。1947年曾举办"祝肇年画展"于天津国民饭店，博得艺坛前辈及广大观众的赞誉。

1949年新中国成立后，肇年主要精力转向中国古典文学和古典戏曲的研究，在中央戏剧学院戏剧文学系长期任教，讲授《中国戏曲史》《戏曲编剧》，著有《中国戏曲》《中国古典戏曲编剧六论》等书，历年在各学术刊物发表论文多篇，在文艺界有一定影响。至于绘画，则成了他的一项业余爱好。

肇年平时研究中外画论，对石涛的《画语录》尤有心得，认为当代山水画家主要应"师法造化"、描绘祖国壮丽河山，在技法上要兼容西洋画的色彩和布局，反对用毛笔和宣纸把国画变成西洋水彩画。他主张国画应该有自己鲜明的民族特色和审美特点，应充分发挥宣纸、毛笔、墨色的专长。同时，对传统的技法，特别是山水画的各种皴法，必须有坚实的根底，要在山水画的整体意境中显示皴法之美，要在传统皴法的基础上，根据生活和时代要求，创造出新的皴法来，而不是抛弃皴法，代之以西画技巧，这种讲求皴法的作品才有笔墨情趣。通过变化多端的皴法，显示作品的意境和天趣，这也是肇年在创作方法上着力追求的一种艺术境界。今观其所绘山水，说到作到，确实达到了皴法新奇自然，笔墨雄健奔放、淋漓酣畅、独具风格的要求。肇年在公退之暇，时时挥洒笔墨，只是由于时间总感紧迫，未能专心从事绘事。尝言：生平最喜游山，三峡五岳，浙东粤西，奇峰搜尽，粉本随成。并认为写意山水是第一爱好。其次是古典诗词，所谓"诗中有画，画中有诗"，古人已先言之。第三是戏曲。肇年半生精力多用于戏曲研究，讲学、著书，成果甚丰。近年来，肇年深感宋人陈师道诗"晚知书画真有益，却悔岁月来无多"之奥秘，愈益致力于绘画的创作和研究，期于对祖国绘画事业的发展做出自己的贡献。

原文刊于《文艺报》1988 年 10 月 29 日

薛怀《写生蔬果图册》跋

薛怀字季思，号淡人，别号竹居，又号小凤，晚号廉溪居士，江苏桃源（今泗阳）人。著名画家边寿民之甥，随舅氏居山阳（今淮安）。工画花卉，写生小品清远绝俗，写芦雁酷似其舅，又善画宜兴茶器。能诗，善书，精于篆刻，刀法平正，自成一家，阮葵生曾以《论篆刻》诗赠之。

此《写生蔬果图册》为纸本，共10开，每开纵25厘米，横21.5厘米，绘宜兴茶器、水仙、灵芝、萱草、荷花、嘉谷、瓶菊、荸荠、瓢菜、秋香（香橼、木瓜）共10图，全用枯笔勾勒渍染以成，阴阳向背极为明豁。册中自题绘于"乙丑冬十月"，当为乾隆十年，即1745年。

乾隆间，中国画坛传西洋画法者，有西洋人郎世宁、艾启蒙等，薛怀与之同时，并未受其影响，足见我国画家在继承传统方面当时已有许多创新，论清代绘画史当知薛怀是一位有继往开来之功的画家。此册内除薛怀自题诗句外，尚有同时人朱星渚题诗。星渚字长梧，浙江桐乡人，工诗，善书，有《长梧集》行世。

同治《山阳县志》称薛怀"平实和易，以诚信见重远近垂五十年，上自缙绅当道，下逮牧竖，莫不知有薛先生也。晚举孝廉方正。八十七卒。"由此可见，薛怀不但是著名的画家，也是为乡里所尊重的笃厚人物。

原文刊于《中国书画报》1990年7月19日

紫光阁画像考

我国历史上的汉唐时期，功臣名将，率有画像，麟阁、凌烟，播为美谈。《三辅黄图·阁》记汉代"天禄、麒麟阁，萧何造，以藏秘书、处贤才也。"《汉书·苏武传》谓汉宣帝时，图霍光等十一功臣于阁上，唯霍光不称名，而称"大司马大将军博陆侯姓霍氏"，其余十人皆署其官阶、姓名。"图画其人"，"法其形貌"，以表扬功勋。

东汉明帝建云台。《后汉书·朱景王杜马刘傅坚马传》论称："永平中，显宗追感前世功臣，乃图画二十八将于南宫云台。"是以云台28宿将，扬名于世。

唐太宗贞观十七年（643年），图画开国功臣长孙无忌、杜如晦、房玄龄、虞世南等24人于凌烟阁，见刘肃《大唐新语·褒锡》。前此，庾信《周柱国大将军纥干弘神道碑》已有"天子画凌烟之阁，言念旧臣"之句，知唐代凌烟阁画像系沿前朝之旧制。

清代乾隆二十三年（1758年），平定准噶尔部阿睦尔撒纳的叛乱，二十四年（1759年）平定霍集占弟兄即小和卓木霍集占、大和卓木波罗尼都的叛乱，为了表彰有功诸臣，乃仿麟阁、云台故事，于乾隆二十五年（1760年）葺新紫光阁，图功臣自傅恒、兆惠以下100人于阁内。《清史稿·高宗本纪》："二十六年春正月壬寅，紫光阁落成，赐画像功臣并文武大臣、蒙古王公等宴。"是为紫光阁画像之始。

紫光阁在北京中南海西岸。康熙间，高士奇《金鳌退食笔记》称："由太液池西南堤，循池而北，旧有台，高数丈。中作圆顶小殿，用黄瓦，左右各四楹，接栋稍下，瓦皆碧，南北垂接斜廊。悬级而升，面若城壁，下临射苑，皆设门牖，有驰道可走马，明武宗筑以阅射者，名曰平台。后废台，改为紫光阁。……上常于阁前殿试武进士骑射。又于每岁八月中秋前二、三日，集上三旗大臣、侍卫校射。"又《日下旧闻考》卷二十四所载："紫光阁额为（乾隆）御书，联曰：干羽两阶崇礼乐，车书万里集冠裳。左右向南壁间恭悬御制平定伊梨及平定回部告成太学碑文，左壁为伊梨全图，右壁为回部全图，东西廊壁恭悬御制平定两金川告成太学碑文及两金川全图，并御制报捷凯歌十首。阁上尊藏得胜灵纛及俘获军器。正中绘平定西陲凯宴图。……联曰：天衢翊运风云会，策府铭功日月光。"同书卷二十五："紫光阁后为武成殿，殿内御题额曰：绥邦怀远，联曰：两阶干羽钦虞典，六律宫商奏采薇。正中书御制辛巳题句。左右壁门张御制开惑论、西师诗。东西两壁绘西师、劳绩诸图。两庑各十有五楹，石刻御制自乙亥军兴讫己卯成功诗二百二十四首。"其主要者有"圣祖御制《秋日紫光阁射诗》；乾隆四年御制《紫光阁武举射诗》；乾隆二十六年御制《紫光阁写功臣像及诸战图毕集宴落成爰赋六韵仍叠四章》；又御制《紫光阁落成赐宴即席得句》；又御制《尊藏得胜灵纛于紫光阁诗以纪事》；又御制《尊藏西师俘获军器于紫光阁诗以志事》；又御制《紫光阁曲宴外藩纪事》；乾隆二十七年御制《新正紫光阁赐外藩小宴即席得句》；乾隆二十八年御制《紫光阁赐宴外藩并各回部即席得句》；乾隆二十九年御制《元正二日紫光阁赐蒙古王公及回部宴即席得句》；乾隆三十五年御制《紫光阁赐宴外藩叠去年题句韵》；乾隆三十六年御制《紫光阁赐宴外藩即事有咏》；乾隆三十七年御制《紫光阁赐宴外藩即席成什》；乾隆三十八年御制《紫光阁曲宴外藩即席得句》；乾隆三十九年御制《紫光阁曲宴外藩即席成什》；乾隆四十年御制《紫光阁宴外藩即事成什》；乾隆四十一年御制《紫光阁曲宴外藩即席得句》；又御制《四月二十八日紫光阁凯宴成功诸将士》；又御制《尊藏得胜灵纛于紫光阁诗》；又御制《弆藏所获金川军器于紫光阁并志以诗以纪事》；乾隆四十二年御制《紫光阁曲宴即席成什》"。这些御制诗原文在《日下旧闻考》卷二十四都曾载入，是清代有关紫光阁的重要纪事诗，对研究当时的政治、军事以及民族关系具有重要的史料价值。

紫光阁画像在乾隆《御制文初集·紫光阁五十功臣像赞序》中记述十分详细："兹者事定功成，写诸功臣像于紫光阁。朕亲御丹铅，各系以赞，不过誉，不尚藻，惟就诸臣实事录之，并阐其义如右。云台二十有八，凌烟阁二十有四，而此五十人者，则以国家中外一统，宣力者众。然此犹举其尤赫者。若夫斩将搴旗，建一绩，致一命者，亦不忍其泯灭无闻，将亦图其形，而命儒臣缀辞焉。"乾隆间，紫光阁画像的次数、人数及名次，载于嘉庆间胡敬所撰《国朝院画录》卷上姚文瀚绘《紫光阁赐宴图》中，并引乾隆辛巳御制《紫光阁写功臣像及诸战图毕集宴落成诗》注："阁中图功臣像勋绩显著者五十人，朕亲制题赞。余命儒臣拟为者又五十人，视云台二十八将，不啻倍蓰。"画像自大学士一等忠勇公傅恒至三等侍卫卓里克图巴图鲁五十保，是为前50人，另儒臣拟为题赞者，是为后50人，共100人。

又《国朝院画录》据《御制文二集·平定金川五十功臣像赞》，首定西将军一等诚谋英勇公协办大学士吏部尚书阿桂，终贵州副将奢特陈巴图鲁兴奎，共50人。《御制文三集·平定台湾二十功臣像赞》，首大学士一等诚谋英勇公阿桂，终散秩大臣赞巴巴图鲁四川土副将穆塔尔。《平定廓尔喀十五功臣图赞序》注称："紫光阁图功臣像，各为之赞。自平定西域、两金川、台湾，逮此凡四次。首大学士一等忠锐嘉勇公两广总督福康安，终副都统衔驻扎西藏协办事务大臣赛尚阿巴图鲁成德。"可见乾隆间图功臣像凡四次，人数共185人。而吴振棫《养吉斋丛录》卷十八，谓平伊犁、回部功臣百人，平两金川功臣百人，平台湾功臣200人，平廓尔喀功臣10人。与此有异。吴振棫并谓"自后大武告成，皆踵行画像故事"。

《清会典事例·工部·宫殿》称："紫光阁五间，图功臣像于阁上"，或谓云台、凌烟所图人数有限，而紫光阁内墙壁不宽，何得图像多人？推测当是立幅、手卷二类，长卷可容多人。据适园主人（李景铭）在《三海闻见记》所述，他于民国十三年（1924年）六月参观紫光阁时，灵纛、画像皆已不见，四壁空空，知画像平时藏于阁内，用时始悬挂壁间或置放柜案。由于原像早已佚失，当时主持者不得不从清宫借来一部分历代帝王像悬挂展出，以供观览。

我们推测紫光阁功臣画像的散佚，当在光绪二十六年（1900年）八国联军入侵之际。关于这个问题，《国立中央研究院历史博物馆筹备处十九年度工作报告》中有一段台湾战图及安南战图的说明，原图现藏中国历史博物馆。说明称："二图得自北京旧家，纸本墨绘，一图附有黄签，注明：'平定安南战图一张，武成殿东明间罩内北墙，高一丈二尺八寸，宽一丈二尺六寸，压绢楠木边在内，姚文瀚、贾全、伊兰泰起稿。'按武成殿系西苑紫光阁正殿，为悬陈功臣战绩图画处。姚文瀚等为乾隆时名画家，此图不独有关史迹，且属美术珍品。惟紫光阁中战图早佚，或谓为英法联军所劫去。本馆所得，复未装裱，似为原图稿本。名绘巨制，不图以廉值得之。中外学人，咸为本馆欣庆。"从这段说明，我们可以看出紫光阁画像卷轴包括武成殿所存战图，早被盗劫在外，画像真实面目，长期以来人所不知。

1974年8月，我因事到加拿大访问，闻加拿大友人谈到麦吉尔大学努莫夫教授（Professor S.J.Noumoff Ph.D）收藏中国古代艺术品甚夥，思欲一访，当时恰值努莫夫出国讲学，藏品未得寓目。1985年6月，努莫夫教授来华讲学，始得见面，并携赠所藏清代平定准噶尔功臣阿玉锡画像照片一幅，嘱为鉴定。此像原件于10年前出现巴黎市上，努莫夫以重值购得。售者以为故宫博物馆藏有郎世宁绘《阿玉锡持矛荡寇图卷》，巴黎出版郎世宁绘《格登鄂拉斫营图》铜版画，皆阿玉锡袭敌场面，故定此像为郎世宁所绘。

今观此像，纸本，设色，系从长卷截裁，左侧下角存双龙骑缝半印，知为多人画像中之一人。阿玉锡广额，细目，高颧骨，短胡须。身穿浅绿蓝里四衩袍，腰系棕黄都什希（皮革护腿），上身外套锁子甲，头戴红缨暖帽，单眼花翎，足登青靴，左佩绿色鲨鱼皮腰刀，并挎黑皮弓囊，内装桦皮弓一张，右挎箭囊，为身所掩，上露雕翎箭6支，花翎箭3支。双目前视，左手曲握长矛，矛头向下，右腿前屈，右手上扬，作临阵状。身后有乾隆题赞："散秩大臣喀喇巴图鲁阿玉锡。于格登山，贼据险守。率廿四人，间道袭后。诸贼大溃，爰以成功。本厄鲁特，降顺效忠。"这幅画像，用笔柔和，有立体感，衣饰质感强烈。阿玉锡广额高颧，显示了一个蒙古族勇士的形象。《国朝院画录》著录前50功臣像，阿玉锡名列第33名。

关于阿玉锡的事迹，除了上述乾隆题赞，可略知梗概外，《平定准噶尔方略·正编》《圣武纪·乾隆荡平准部记》均有所记载。此外，以乾隆乙亥御制《平定准噶尔告成太学碑文》及《阿玉锡歌》记述为较详。《碑文》称："达瓦齐于格登山麓结营以待，兵近万。我两将军议，以兵取则伤彼必众，彼众皆我众，多伤非所以体上慈也。丁亥，遣阿玉锡等二十五人夜斫营，觇贼向，贼兵大溃，相蹂躏死者不可胜数，来降者七千余。我二十五人，无一受伤者。达瓦齐以百余骑窜。六月庚戌，回人阿奇木霍集斯伯克执达瓦齐来献军门，准噶尔平。"《阿玉锡歌》分别题于《阿玉锡持矛荡寇图》及《格登鄂拉斫营图》上。据《石渠宝笈续编·宁寿宫》："郎世宁画《阿玉锡持矛荡寇图》，宣纸本，纵八寸四分，横三尺二寸五分，设色。画大军平定伊犁，格登鄂拉大捷，阿玉锡战绩，无名款。御笔《阿玉锡歌》，行书。"歌词二十三行题于图后，首称："阿玉锡者伊何人，准噶尔属司牧臣。……神勇有如阿玉锡，知方亦复知报恩。今我作歌壮声色，千秋以后斯人闻。"继题："阿玉锡以今年五月十四日夜斫营奏功，捷书至，走笔成此歌。秋七月，命之入觐，俾画工肖其持矛荡寇之像。即书于后，表其奇卓。乙亥御笔。"

由此可见，《阿玉锡持矛荡寇图》《格登鄂拉斫营图》皆乾隆二十年（1755年）乙亥郎世宁所作。而紫光阁前50功臣像为乾隆二十五年（1760年）所作，第33名阿玉锡像，则非出于郎世宁之手。

清朝仿照前代旧制，在宫廷设画作、画院处、如意馆、中正殿等机构，安置画家，从事创作。作品大致分为纪实画、历史画、装饰画和宗教画几大类。郎世宁是院画中的意大利籍画家，从文献记载和现存作品看，并未绘制紫光阁功臣像。而《国朝院画录》卷上把前50功臣像列于姚文瀚名下，推知阿玉锡画像是由姚文瀚领衔绘制的。

蒋超伯《南漘楛语》卷六《品画》："本朝肖像之妙，吴中推蒋赤霄（衡之子，名骥），长安首缪炳泰。赤霄撰《传神秘要》，凡二十七目，言之綦详。炳泰则紫光阁诸名臣皆其所写，无一弗肖。"李浚之《清画家诗史》戊集上，记缪炳泰"初随尚书福长安公入都，诏写御容，称旨，随命更定紫光阁后50功臣像，并绘平定台湾功臣图。"由此可知缪炳泰所绘是后50功臣像，而阿玉锡是前50功臣之一，蒋超伯所言缪炳泰绘紫光阁诸名臣像，当是指后50功臣像及平定台湾功臣图而言。

乾隆以后，国势日衰，功臣名将，无复多见。据赵振经《一个值得重视的宫廷画家》（光明日报1985年7月14日）："光绪十一年，清廷命令征取所谓粤、回、捻三案战绩并功臣真像，设立功臣画馆于京师。由醇亲王奕譞派庆宽总管其事，经过六年之久，而全图告成，计百数十轴之多。"这应该就是吴振械所说的"自后大武告成，皆踵行画像故事"。又光绪间上海点石斋石印吴友如、周慕乔绘《紫光阁功臣小像》，为曾国藩、骆秉璋等48人。前有张百熙、龙湛霖序，既非朝服，亦非戎装，类似当时通行的"行乐图"，故题为《紫光阁功臣小像》，以别于《紫光阁功臣像》。不过当时所谓的"中兴功臣"，自然不全是有功于人民的功臣，但其画像仍是值得重视的历史文物，在我国人物肖像画的研究上，具有一定的历史艺术价值。惜这批光绪紫光阁功臣像与乾隆紫光阁功臣像遭到了同一命运，皆被劫掠，至今下落莫明。

今见努莫夫教授藏品，百感交集，莫可言喻。因略考紫光阁画像源流，供研究清代历史及院画艺术者参考。同时，可以看出，近百年来，由于帝国主义的入侵和对我国历史文化的破坏。藉知我国许多流散在外国的文物，迄今仍未见到发表。希望引起关心与重视。

原文选自冯尔康：《郑天挺先生纪念论文集》，中华书局，1990年

《中国古俑白描》序

我国历代人物形象和衣冠服饰，优美多姿，丰富多彩。随着社会历史的发展，由于民族之不同，身份之高低，季节的变化，用场之差异等区别，在文化史和民俗学等诸多学科及艺术领域的研究中，人物形象和衣冠服饰，都有着不容忽视的地位。这项研究工作，只靠文献记载是不易进行的。顾颉刚先生在点校《二十四史》的计划中，就曾有绘制诸史《舆服志》的设想，长期因循，未能实现。稍后，沈从文先生在中国古代服饰研究中，用文物与文献密切结合的方法，帝王将相与平民百姓兼收并蓄，编辑出版了《中国古代服饰研究》，取得了许多可喜的成果。

同馆丁晓愉女士，从事绘画及历代服饰研究多年，鉴于近年各地出土古俑十分丰富，虽然是陪葬的偶人，但大多真实地摹拟当时各种人物，可以从中考见当时社会生活习俗、人物身份，衣冠制度，一物之微，具有重要的历史艺术价值。因而广泛搜集实物，精密测量，细心勾勒，白描成图。费时 3 年，图成二百，自商周迄明清，举凡陶、瓷、木、石、金属所制，具有代表性、典型性古俑尽力收罗，精品成图，灿然大备。

在我国美术史研究中，古俑白描成图，非自晓愉女士始。鲁迅先生曾经于1913 年初，在北京琉璃厂买得几件陶俑，即亲手为俑绘图，题为"二月二日所得北邙土偶略图"。其题唐女立俑图云："偶人像一，圆领披风而小袖，其裙之襞积，系红色颜料所绘，尚可辨。高约八寸，其眉目经我描而略增美。"（原图现存北京鲁迅博物馆。详见冯宝琳《记鲁迅先生手绘的两幅土俑图》，载《文物》1961 年第 10 期。）

自鲁迅先生以后，虽然有人对陶俑绘图做过一些工作，但多零散进行，未成体系。晓愉此书，脉络清晰、时代明确。这些白描，将立体的古俑在平面上用精美的线条表现出来，将一种艺术语言转化为另一种艺术语言，不仅尽精刻微、忠实、准确地再现了原作的造型与精神，而且线条洗练，独具神韵，超越于一般的描摹制图，具有独特的艺术魅力。故此书不仅是研究历代服饰的绝好资料，亦可作历史人物画之粉本。同时，既可作为历史文化研究的可贵形象参考，又具有欣赏与收藏的价值。

在此，我还想谈一下关于古俑的定名问题，这与古俑的身份关系甚大。过去，一般都认为俑是墓主人的男女奴仆，有的随侍主人，有的从事劳动，歌舞伎乐，仪仗卫士等，并常伴有鞍马、牛车、庖厨、乐器等模型。据近年考古发现，唐代三彩陶女俑中，有豪华服饰女坐像，还有端坐而揽镜者，经与多数专家研究，认为此类陶俑并非侍仆，应是墓主人生前形象，犹之成都前蜀王建墓中所置随葬石雕坐像，必不可以石俑名之，而是王建石像。

由于俑的身份不明，故定名时往往有误。号称人间第八奇迹的秦始皇陵兵马俑群，其俑是否皆为军阵武士，殊难肯定。我曾发现一件号称短褐武士俑，其足下所站方盘，左边一侧划刻一"胥"字。据《周礼·天官·序官》称："胥十有二人。"疏引《礼记·王制》曰："（胥）庶人之在官者。"因而推断此俑当为秦之胥吏。类似情况，在历代古俑研究中，尚存在问题不少，须作进一步研究。

晓愉书成付印，因就所知，略书所感。并对晓愉默默奉献，锲而不舍的治学精神表示钦佩。相信此书的问世，定会受到广大历史学家和工艺美术史研究者的欢迎。

原文选自丁晓愉：《中国古俑白描》，北京工艺美术出版社，1991年

日本诗人田边华的山水画

日本的汉诗是日本文学的一个重要组成部分。在日本文学史上，汉诗的作家及研究家出现了许多代表人物，产生了不少优秀的作品。明治、大正以来，隽才接踵而起，其中以诗人兼画家驰誉艺坛者，首推田边华（1864—1931年）。田边华字碧堂，曾任日本众议院议员，当时日本论其诗作，自藤井竹外以后，绝句创作，首推碧堂。

1928年，田边华的绘画集《碧堂先生画观》在东京出版，长尾甲在《画观》的《序言》中说："老友田边碧堂，既以绝句诗驰名中外，又以山水画著闻遐迩，借以展辟意境，发泄理趣，戛戛独造，迥不犹人。顷者，选印近画数十幅，以行于世，视之数年前所作，愈变愈新，尤见进境。昔人评摩诘之诗中有画，画中有诗，今于碧堂亦将云尔焉。世之称碧堂者，其为诗人而善画耶？抑为画人而善诗耶？是予之所不知，而碧堂必有自信矣。及印成，征予序，乃以此质之，未知何以教我。昭和戊辰（三年，1928年）之秋，雨山长尾甲。"长尾甲是日本著名的中国学家，精通金石考古，与田边华交谊甚厚。他还是杭州西泠印社最早社员，西泠印社院内岩壁所刻"印泉"二大字，为其早年所书。

在《碧堂先生画观》上题诗的日本著名诗人国分高胤（字青崖，1857—1944年），写有七绝二首："瓣香太白与昌龄，谁道清音轻性灵。刻划云烟犹不足，更将余力及丹青。""诗画双优今世无，草堂日见墨痕濡。胸中几许藏丘壑，吐作云烟万叠图。"诗中把田边华的诗、画誉为"双优"。这里需要说明的一点，"双优"本应作"双绝"，由于"双"下的一个字限于诗的格律，必须是平声字，"绝"是入声，不能用，就只得称为"双优"了。"诗画双绝今世无"，这绝不是对田边华的虚誉，而是行家识者的真知灼见、肺腑之言。我们联系长尾甲的序言，可以看出田边华确是一个才艺双绝的诗画家。

田边华在日本与同好、同嗜之士，创东瀛诗文会，提倡汉诗创作及汉诗研究。并出版《艺文》月刊，宣扬东方文化。当时中国诗人、学者与日本诗人、学者多有往来，互相加强了文学、艺术方面的交流。

1927年4月，我国著名书画家、诗人溥濡（心畬，1896—1963年）、溥僡（叔明，又字公赐，号易庐，1906—1962年）兄弟应邀与陈宝琛同访日本，在东京与田边华初识，论诗谈画，唱和甚欢。通过田边华介绍，溥儒在日本见到公私所藏雪舟等扬绘画真迹多幅，受到很大启示，书画境界为之一变。他在日本作七言古诗一首赠田边华并题田边所作山水。诗曰："海客怀书向我揖，自言能画沧溟水。望之不敢挂东壁，恐有苍龙夜中起。何时衰朽成老夫，袖中万里方壶图。右手亦眠鬓亦枯，醉时下笔翻江湖。图中咫尺落风雨，挟龙之客无时无。"诗中对田边华的作品及人品作了很高的评价。

同年11月，田边华与东京美术学校校长正木直彦、同校图书馆主任北浦大介、东京帝室博物馆美术课课长沟口祯二郎同来中国。行前，早稻田大学教授、著名诗人桂湖村（祐孝）作了题为《送田边碧堂游禹域》七绝一首，诗云："幽朔原平散马群，行人记此覆明军。榆关日暮风沙起，飞入卢龙作塞云。"据《文字同盟》第九号所载，"正木一行于十一月七日到达北京，下榻北池子大仓别墅，与前月来京之画家渡边晨亩，均承中国各界之欢迎。……就中金拱北门弟子组织之湖社同人，招邀一行及京中名流于钱粮胡同金宅，颇极盛会；又东方绘画协会北京本部开茶话会于传心殿，备示欢迎之意，会者百数十名，亦复一时之盛也。前总理熊秉三（希龄）招宴于香山别墅，名优梅兰芳亦备茶点招待一行。一行亦于十九日设宴于大仓别墅辞行。二十二日离京抵津，因阚霍初先生介绍，诣前内务总长朱桂辛（启钤），观叶玉虎（恭绰）、张叔诚（文孚）诸氏之藏画及朱氏所藏之刻丝、刺绣。朱氏又出示十年精苦制作之元明清《营造法式》，金曰观北京宫禁之壮构，今复见朱先生此事业之宏图，更增惊叹耳。又诣武进陶氏（湘），观所藏之殿板图书六十部及碑石珍籍等。其他在津诸名流，或开石室，请观其所藏，或备酒馔宴请，以慰其旅情。二十六日，由天津向济南，经青岛、大连，十二月六日回东京云。"

田边华在正木校长一行中，山山水水，随时发咏，颇承中国友人之欢迎。其赠梅兰芳山水画幅题诗云："江梅贞白畹兰芳，花发年年照玉堂。欲为仙郎添寿色，画将松岭镇苍苍"。其赠北京大学文学教授黄节诗云："耆宿凋残风日移，廿年之后欲无诗。此间大雅扶轮手，除却黄君更有谁。"黄节尝对人说，田边其人，"风雅之度，使人意远。七绝直造渔洋神奥"。至于田边此行所赠中国友人陈汉第、朱启钤、叶恭绰、金开藩、溥儒、溥偡、惠均、郭则沄、衡桂等36人诗共绝句36首，曾辑为《碧堂赠诗》，发表在《文字同盟》第十号、十一号，《赠诗》表达了他对中国文化、艺术的仰慕和对中国文化界的尊崇。

40年前，我在北京偶然得到田边华为溥偡所画墨笔山水立轴一幅，纸本，纵103.5厘米，横28.2厘米，仿倪云林笔，写疏林亭皋诗意，但未写仿倪云林笔意，可见其自视甚高。此画纯用中国传统画法，幅上留空白纸甚宽，题诗署款，十分疏朗。诗云："步自亭皋过，萧萧木叶降。夕阳依崦尽，一笛横空江。丁卯四月于东都之客栈弄笔，奉赠公赐先生清鉴即正，吉备田边华并诗。"下钤白文篆书"田华"、朱文篆书"碧堂"二印，押角钤白文篆书"乐只"方印。从题识看，此画是田边华在东京溥偡住所旅馆内绘成的，寥寥数笔，虽属急就，却有韵致。题诗赠画，体现了田边华对中国文化的敬仰心情。

日本的南画，源于中国。日本画家所作的中国画，最初称为唐画。因为中国画向有南北宗之分，南宗绘画简称南画。1868年明治维新政府成立后，把唐画改称南画，从内容到形式仍遵中国画风，间或体现日本民族特色。而田边华的作品，不论内容、形式、用笔、用墨、款识、题跋、图章、印色，以至诗画配合，纸质选择等，都未脱离中国绘画传统。他虽然是一个文人画家，在日本近代美术史上，亦应是值得重视的一位作者。

原文选自邓珂编《邓之诚学术纪念文集》，北京大学出版社，1991年

黄山画派对旅游和植物学研究的贡献

　　明末清初，生活在黄山或到过黄山旅行游览的许多画家，出于对山水、草木的热爱，用疏淡的画笔，师法造化，摹写自然，润饰自然，而独树新貌。除了山水之外，间作花卉、梅竹。他们之中，有的为僧，寄情山水，并非景物赏心，丹青悦目，而是有更深远的意义，这个问题，不是本文的主旨，故不多作探讨。本文只是对黄山画派几位画家在我国地理学和植物学研究方面的贡献，略作一些分析。

　　明代万历以后，随着徽州地区造纸、制墨和刻书业的发展，版画的刊印技术，达到了高峰。其中除了通俗文艺，戏曲小说之外，方志的刊刻亦有很大的发展。兹以《黄山志》为例。据李一氓先生在《一氓题跋》中统计，仅在清初康熙间，就有四种刻本：一、释弘眉本、康熙六年（1667年）；二、程弘志本；三、闵麟嗣本、康熙十八年（1679年）；四、黄身先本、康熙三十一年（1692年），名《黄山志略》。

　　关于《黄山志》的插图，几个本子都不相同。弘眉本绘图者为江注、陈渭、梅清、邵晃、半山、沈埏等人。程弘志本绘图者为汪晋榖。而黄身先《黄山志略》插图，首页题："《山图》渐江原作，江注谨摹。"每半叶一景，共图23幅。

　　李一氓先生谓"渐江原图，世无传本。此或由其侄江注重摹上版，渐师图景或可于此得若干消息也"。按渐江此图，真迹60幅，苏宗仁先生《黄山丛刊》影印入录。苏先生旧藏渐江《黄山真景图》10幅，侯宝璋先生旧藏渐江《黄山真景图》50幅。共图60幅，今归故宫博物院收藏。因此，知《黄山志略》所收图23幅，显有不足，或只是《志略》选刻而已。

　　在我国地图史上，有图经一派。根据考古发现，湖南长沙马王堆西汉墓出土古地图3幅，图上有山川形势，并有简单的附说，使人见图，即知图意，应是最早的图经。罗振玉《吉石庵丛书》及苏氏《黄山丛刊》中的宋代无名氏《黄山图经》一卷，惜仅存文字。而黄山画派的许多画家所绘黄山图除宗法云林山水外，也有不少刻入《黄山志》中，其著名者有渐江、江注叔侄，此外雪庄亦有《黄山图》43幅，收入汪士鋐等《黄山志续集》中。此书前的黄宗羲、王炜、周金然撰序，图前有汪士鋐题识，称："黄山不阶尺土，襟带三州，秀峭不可名状，不易图亦不能图也。三十六峰本唐李青莲三十二莲峰之句，约略言之，亦复何可尽。前志中，山图照旧本，郑君千里绘事，属萧君灵曦图入，有其大概。兹云舫雪庄大师北还，一笠一筇，遍历诸峰，择其灵奇者三十二峰，重加图绘，锓入续志，不独黄山别开生面，此皆大师亲历，非如郑、萧两君想象而得者，黄山可以名状，又何不可图也。到此方知，吾于此图益信。栗亭氏识。"

雪庄此图，《安徽丛书》第5期收入，构图自然潇洒，用笔毫无拘束。图后有吴菘、吴瞻泰跋。

吴瞻泰在跋语中，把渐江与雪庄比作五代时的贯休、巨然两大画僧，并藉称赞扬雪庄黄山图的机会，把渐江的黄山图作了重点介绍，其中谈到渐江的黄山图60幅，疑即苏宗仁先生影印之本，其图有唐允甲、查士标、萧云从、杨自发、汪滋穗、饶景、汪家珍、程邃题识。苏宗仁跋称："雪庄黄山图六十幅，不知即此本否？抑另一本欤'又称'余因得渐师黄山图与雪公之图合刻，冠诸丛刊之首，吴氏有知，定为称快。"可见苏宗仁先生在此已倾向黄山图60幅，即吴瞻泰所见之本。

雪庄的黄山图，除了《黄山志续集》收入外，尚有康熙三十七年（1698年）单刻本，为日本冈田君撝藏，罗振玉《吉石庵丛书》第四集所收，苏宗仁《黄山丛刊》据罗本入录。此本共图43幅，前有吴荃短序："雪庄上人坐卧兹山，结庐于无人之境，风和日畅，轻濡毫绝顶，或一日而写数峰，或数日而不成一石。其于峦崿向背，林木稠薄，泉壑深浅，云烟变幻，皆先具于胸中，而后放情挥洒，不脱其形，不遗其神。余故亟联同志梓而之行，使海内林徒逸士望黄山而来至者，睹兹图如见黄山，则雪公殆山游之先导，又不徒授琴动操，自为耽赏而已也，新安吴荃识。"

我们从吴荃的短序看，此图与《黄山志续集》中的黄山图虽内容相同，图后并有汪士鋐、吴荃、吴瞻泰跋，但并不是同一刊本。吴菘所刻图开始即题"阮溪，去黄山百里，游者必取道于此，故先之"，因而判定此图是最早的黄山图经式的旅游图。

吴菘在雪庄《黄山图》的跋语中，称雪公有山花图，曾谱为《卉笺》。我于1981年在《学林漫录》第2集发表了《雪庄黄海山花图记》一文，是根据我旧藏的一册《黄海仙葩图册》而写成的，此册前有吴菘笺释，后有影拓宋荦题诗，于30年前曾经苏宗仁先生鉴定，苏先生认为是雪庄作品的副本。近阅黄大维先生《从雪庄的黄海山花图到汪节庵的黄海群芳墨》（《艺文志》1983年第一辑），谓雪庄的绘画所存甚少，而山花图更是"莫证奇踪"了。虽然吴菘的《卉笺》在《四库全书总目提要》卷一一六子部谱录类存目，并有刻本流传，但山花图未见刻本，因此，山花图的副本也应是不可多得的名迹。

关于雪庄的事迹，我们所知不多，其时代略晚于渐江。潘耒《游黄山记》（载《遂初堂文集》卷十五）中，对他有较详细的记述："抵皮篷，访雪庄禅师，师洞宗人，修头陀行，隐此山数年。初居树下，继结一茅篷，时时绝粒，掇草根木叶食之，终不下山。或荐诸朝，使者三返乃强起，一至都门，公卿问道术，一无所对。赠遗悉却不受，坚求还山。楞香绝重其人，时时修供。所居在遨谷中，奇峰四面林立。……雪公居山久，言山中烟云之变态，猿鸟之性情，冰雪之气味，种种殊绝，无名异卉，百状千形。图而识之，悉世人所未见者。"吴菘在《卉笺》序言中说："黄山奇葩异卉，迥绝寰区，不能移植山外，楚州僧传悟，居黄山皮篷，时携纸笔，于幽崖邃壑间，貌形写照，娱人心目。菘因为谱之，题曰《卉笺》。殆嵇含之《草木状》，郑虔之《本草记》所未尝载者，聊附山史之末云尔。"

从潘耒和吴菘等的记载，可以看到雪庄是一个有奇行异操的和尚，他的不戚戚于贫贱，不汲汲于富贵的气节，确实是难能可贵的。乾隆间歙县制墨名家汪节庵（芒）依照雪庄黄海山花图造黄海群芳墨一套，共20锭，是雪庄作品在制墨工艺上的反映。近据周绍良先生在《收藏家》创刊号上发表的《蓄墨小言》，称收藏黄海群芳墨的黄大维先生已逝，墨不知今归何处矣。

60年前，我国著名的植物学家钱崇澍先生及刘慎谔先生对黄山的野生植物曾作过调查，写有报告。新中国成立后，亦有很多学者为研究黄山植物做出了很大成绩。今日我们应该指出的是，300年前雪庄从艺术"师造化"的过程中，开始了对黄山野生植物的调查和绘图。并予识别和定名，应该说雪庄在黄山野生植物的调查研究中起到先导的作用。

原文刊于《文物天地》1994年第1期

《当代名家百梅图卷》序

昔人之论人生所好者，以山川、图史、卉木为尚。故屈平颂橘，沈约弹蕉；张衡奏忆桂之篇，宋玉制幽兰之曲。皆以寄高怀于香草，抒妙思于名花，古今一也。莲称君子，菊名隐逸，初经霜而垂萎，俱望雨而先零。至若涉凝沍而方开，非与苇萧同败；避群葩而独俏，不从桃李争妍者，其唯梅乎。

谷牧先生，政务之暇，怡情文翰，丹青悦目，景物赏心。尝以邓尉探春，徘徊香雪之海；孤山访友，频过林逋之居。暗香疏影，引发诗情，照水寒枝，更宜妙绘。先生爱梅成癖，百感交丛，动雪湖之雅趣，授名家以写图，迎庾岭之春回，广折笺以邀客。时积日久，百幅厥成，所谓各凭妙手还天地，写出红梅十万枝者是也。

先生复以时贤法绘，当代称奇，亟付装池，藉存宝墨。晴窗展对，冷艳清心，灯下卷舒，寒香满室。似此名品，应与众享，乃于八秩览揆之辰，发愿赠予炎黄艺术馆陈列。炎黄子孙，莫不称庆，用介眉寿，共祝大年。昔叔通陈老，曾有百梅之赠，以实故宫之藏，今谷牧先生，踵事增华，物有所托，关心祖国文物事业；振奋中华民族精神，叔老盛德不能专美于前也。

黄胄先生，艺林钜子，书画名家；高馆宏开，收藏美富。感谷老之殷情，效喜神之故事，梅花百本，萃集一书，将付剞劂，以传久远，则宋伯仁百梅旧谱亦不能专美于前矣。

余耽心绘事，老大无成，际此明时，无量赞颂。荷蒙雅令，嘱为弁言，谨书所感，以志欣幸云尔。

原文刊于《人民日报》1994 年 2 月 10 日

明江必名《石梁飞瀑图》

天台山位于浙江省东南部的天台县北，为仙霞岭脉之东支，西南接括苍、雁荡二山，西北接四明、金华二山，蜿蜒绵亘，形势崇伟，是我国著名的名胜风景区之　。相传汉时刘晨、阮肇入山采药遇仙，早在魏晋时期，天台即已名扬天下。东晋的王羲之、南朝刘宋的谢灵运以及唐宋元明时期的诗人学者，都曾来游，有关天台山史志著述，不胜枚举。天台八景之一的"石梁飞瀑"，更是天下少有的奇观。

石梁天然形成，架两山坳间，长三丈，宽约一尺四寸，最狭处仅有五、六寸，因形同桥梁，故得名。梁身上狭下宽，远观似龙身，近看似龟背，又称"龙身龟背"，自梁上探身俯视，深不可测，令人胆战心惊。明代著名旅行家徐霞客在《徐霞客游记·游天台山日记》称："余从梁上行，下瞰深潭，毛骨俱悚。"在梁下仰望，只见巨龙横空出世，与天相接。由于东西两溪在石梁后汇合，故有两龙争壑之说，急流紧贴石梁下方，一泻千丈，声似惊雷，势如奔马，颇为壮观。瀑布下方有一泓潭水，四周薄雾弥漫，凉意袭人，绿树摇曳，彩虹长悬。附近留有许多历代文人摩崖石刻，宋代大书法家米芾所书"第一奇观"四字，气势雄伟。清代康有为书"石梁飞瀑"苍劲古朴，大气磅礴。

近在友人何君处，见其所藏明人江必名绘《石梁飞瀑图》立轴一幅，绢本，淡设色，纵164.2、横81厘米，自题："溪边瑶草含新露，天上珠帘卷暮霞。"款署："天启丙寅夏四月江必名写祝。"钤白文篆书"江必名印""字德甫"二方印。此图山势高耸，树石葱郁，二老人倚石踞坐观瀑，一老者持药铲、竹篮，内有灵芝仙草，似写刘、阮采药遇仙故事。

江必名是明末著名山水画家，字德甫，歙县江村人，诸生，为董其昌入室弟子，画入宋元人阃奥，与从弟念祖并以画名于世。安徽博物馆藏必名仿范中立山水轴一件，许承尧先生题称："必名字德甫，明江村人，父一鹤，尝迎董其昌馆于家，教必名书画，年余始去，一鹤又善陈继儒。陈游新安，皆住一鹤家。见汪登云《橙阳散记》。"按民国《歙县志》卷十《人物志》称："江一鹤字秋鸣，号怀一，江村人，隐居西湖，与董思白、陆伯生等称莫逆，著《圣湖诗集》。"于此可见必名家世及交游梗概。

必名此图当为某氏祝寿而作，图上部有明末著名书画家、诗人陈继儒、李流芳、江灵承三家题识，陈继儒词云："鸾骖鹤驾，听珊珊环佩，数声缥缈。弱水三千人不到，沐发朝真得早。渴饮醍醐，饥餐沆瀣，正簪花衣草。云中稚犬，行来此地偏闹。笑看采药归来，楼台如故，丹井千年好。手挟飞仙游玉宇，奏罢钧天幽杳。阊阖云开，仙姝队里，来借麻姑爪。是谁传信，海外飞来青鸟。右调百字令，眉公陈继儒。"下钤朱文篆书"眉公"联珠印。李流芳题诗称："阿母昆仑阆苑边，蓬莱弱水隔三千。天台只是人间路，不数飞梁瀑布泉。李流芳。"下钤白文篆书"李流芳印""长蘅氏"二方印。江灵承题称："昔时读孙兴公天台赋，赤城霞起，瀑布流飞。未尝不抚卷神往，然是谢太傅隔帘听水，不若就德甫兄画中目游，足当魏武帝止渴梅也。采药二人，应作当年刘、阮憩石观泉，已出尘劳世界，何必餐麻姑，饭蟠桃，作仙易女婿也。江灵承。"下钤白文篆书"江灵承印""于旅"二方印。

近见中国嘉德国际拍卖公司所拍张大千先生1936年所作石梁飞瀑图轴真迹，自题七绝一首："身到天台似故乡，贪看瀑布溅衣裳。三更月上当松顶，倚杖还来度石梁。"款署"丙子三月既望，写石梁飞瀑于大风堂下。蜀人张爰。"此图甚精，所绘瀑布，当是写实之作，与明代江必名所绘宽阔瀑布不同，可见三百年来其地水源水位之变化，书画之有助于历史地理之研究，此其一例也。

原文刊于《收藏家》1994年总第5期，与海国林合作

《所见中国古代小说戏曲版画图录》序

余昔年读书辅仁大学，从沧县孙子书楷第、海宁赵斐云万里二先生受业，治小说、戏曲之学。先生盛称琉璃厂书肆从业人员学识之渊博，服务之周到，往往与读者建立深厚友谊，读书问学应向琉璃厂通人请教。吾友吴君希贤即孙、赵二先生所称通人之一也。

1986年，国家文物鉴定委员会成立，希贤先生受聘为鉴定委员会委员，从事古籍版本鉴定研究。由于工作关系时时见面，见则谈论书林掌故，四部精刊，因知先生于十年浩劫期间，从北京市大量抄家文物图书中，为国家抢救了许多善本古籍。先生更鉴于古籍中之小说、戏曲，多有世不经见之本，且书中多精美插图，如元末明初刻《新编校正西厢记》残页，中有《孙飞虎升帐图》一幅半插图，是目前所知最早西厢记版本。明活字本《太平广记》、明活字本《分类夷坚志》，虽无插图版画，但为稀见珍本。明世德堂刻《绣谷春容》，虽北京大学、北京图书馆、美国国会图书馆均有收藏，但将版画影印面世，还是第一次。明刻绘图《杨太真全史》，崇祯间苏州读书坊刊本，仅见于周芜《中国古代版画展览图录》及《中国版画史图录》所收其中的两幅。明鹿角山房刻《青泥莲花记》、明刻出像《赵飞燕昭阳趣史》、明赏心亭刻《欢喜冤家》，虽见于著录，但将版画公诸于世，尚属首次。皇明通俗演义《七曜平妖传》，刻于天启四年（1624年），郑振铎遗著《中国古代木刻画选集》只收其中一图。明刻《三刻警奇》版画亦为未见。明刻绘图《吴骚二集》版画不同于古雅大方的《吴骚集》，已渐趋于秀丽，是《吴骚合编》的祖本，世罕流传，为傅氏碧蕖馆所仅藏。明黄嘉惠刊本《绘图西厢记》，北京图书馆、山东省图书馆虽有收藏，齐鲁书社1984年已曾影印，但所印不多，仅为少数学者所能见到。明富春堂刻《绘图西厢记》为傅氏碧蕖馆珍藏本,《古本戏曲丛刊》初集,虽曾影印,但所印模糊不清。明起凤馆刻《绘图西厢记》虽广为人知,多处刊登介绍,但刻图精细繁缛,实为徽州版画最有代表性之杰作,且全部影印,亦属首次。明刻《全像琵琶记》风格同于上书,亦为徽派版画精细之作。明富春堂刻《紫钗记》,在有关版画史著作中未曾有人介绍,过去只知富春堂刊有《紫箫记》,而不知有此本。明环翠堂刻《陈大声杂著》、清乾隆油桥局刻《聊斋》亦鲜为人知。清程甲本《红楼梦》则为清代小说版画之代表作。以上诸书经希贤先生细心记录,并征得北京市文物局同意,复印其图,留作书影,先后得明清小说、戏曲 200 种,其中包括各种版本《红楼梦》34 种,计图 2225 页,实为明清小说、戏曲版画之大观。劫中得书,先生真有心人哉!

间尝论之,雕版印刷为中国四大发明之一。唐、五代时期版画开始发展。如 1974 年陕西西安西郊出土初唐印本《陀罗尼经咒》(约 7 世纪)是世界最早木刻版画(见王仁波《隋唐文化》226 页)。又敦煌莫高窟发现唐咸通九年(868 年)刻本《金刚经》,其引首有"祇树给孤独园"说法图,为现存有明确纪年最古木刻版画,已相当成熟。其后,宋、金、元、明各代,雕版印刷业不断发展,由宗教版画发展为应用版画及艺术版画,文学书籍及民间用书版画插图极为盛行。

明代版画之发展已至鼎盛。书籍附有版画插图,成为当时印刷特色之一。插图书籍一书少或数幅、数十幅,甚至一二百幅,不光数量大,而质量往往超过前代。插图或为上图下文连环画形式,或插于每一回目或正文中间,而以集中置于卷首者为多。成化、弘治以后,小说、戏曲广泛流行,出版商为迎合读者所好,扩大销路,无不冠图,其小说、戏曲无图者,则滞销,难于出售。图版能助读者理解正文,提高书籍艺术、雅俗共赏,故能受到读者欢迎。因此明代刻书附图,成为一时风气。精心雕镂,书林竞争,书名多冠以纂图、绘像、全像、图像、出像或全相、出相、补相等字样,此风至万历、天启、崇祯时期尤为盛行,成为中国版画发展史上之黄金时代。吾友张秀民先生在《中国印刷史》中,列举明代版画以刊版地点大致分为北京、南京、建阳、徽州四派。以下就戏曲、小说版画而言之。

北京派:以成化间永顺堂刊说唱词话最为著名。1970 年江苏嘉定出土,讲史类三种、公案类四种、传奇三种、南戏一种。其中《花关索出身传》上图下文;

其余《全相石郎驸马传》等，均为图占一面。弘治戊午十一年（1498年），正阳门内岳家《新刊大字魁本全相参订奇妙注释西厢记》，本品宽大，每面上图下文，词与图合，以便客邸、舟中、闲游，坐客阅览歌唱。

南京派：万历年间，金陵唐氏书坊所刻戏曲繁多，唐对溪富春堂多至百种，见存者有三四十种。文字页版框四周装饰回文图案，称为"花栏""出像"，版画风格古朴豪放。唐绣谷世德堂由富春堂分立出来，风格近似。唐锦池文林阁、唐振吾广庆堂、陈大来继志斋插图，渐趋工丽。

建阳派：元代建安虞氏首创连环画式之图书《全相平话五种》，上图下文形式影响久远。明建阳书林继承传统，嘉靖、隆庆、万历间此风尤盛。余氏、熊氏以及刘、杨、郑、叶、黄、陈、江、金、周、詹诸家所刻极为丰富。余氏双峰堂刻本《水浒志传评林》、书林仙源余成章梓《新刊全像牛郎织女传》、书林莲台刘求茂绣梓《唐三藏西游释厄传》等附图，是其代表。

徽州派：万历间，徽州派版画崛起，纤丽细致，姿态妍美，开卷悦目，引人入胜，是名副其实的绣像、绣梓。不少版画出自当时名笔，刻工大部分出于歙县虬村，自称新安黄氏或古歙黄氏，其中著名者，如黄应光，刻有徐评《画意西厢》《西厢记考》，香雪居《新校注古本西厢记》《元曲选》《乐府光春》《吴骚集》，容与堂本《水浒传》，李评《琵琶记》《西厢》《玉合》《红拂》以及《汤海若先生批评西厢记》等。黄应瑞刻有《玉雅堂杂剧》《四声猿》等。黄德时刻有《玉簪记》等。黄一楷刻有起凤馆本《琵琶记》《西厢记》《青楼韵语》《顾曲斋元杂剧》、李评《浣纱记》等。黄氏父子兄弟叔侄一门，妙擅绝艺，当时有"雕龙手""宇内奇工"之称。因此，常被外地邀请刻书。当时，有人或因生活、工作关系迁居他乡，如黄德宠迁苏州，黄应光、黄应秋、黄一楷、黄一彬及其子建中（子立）等迁杭州。杭州版画受其影响较大。武林名匠项南洲（仲华）、洪国良，以及建安刻工后迁杭州的刘素明所刻插图，都受到徽派的极大影响。

徽派版画刻工除黄姓外，又有新安汪忠信、刘启先，古歙汪成甫，及旌德刘光信、郭卓然、饶元宷等。

清代版画早期继承明季之遗风，清初金陵刻工穆近文在苏州设局所刻《秋水堂双萃园传奇》插图八幅，十分精致。康熙、乾隆时期，在整理传统文化基础上，禁毁书籍不在少数，其中禁毁民间流行小说、戏曲数量尤多，因之对小说、戏曲影响较大，甚至《红楼梦》亦有读者认为"恐有违碍语"之嫌。致使因小说、戏曲而发达起来之木刻插图未能发展起来。

一般认为清代小说、戏曲不如明代繁盛，但几部重要作品仍有精致木刻插图。如顺治时期李渔《笠翁十种曲》、李玉《笠庵新编传奇》都附有精美版画插图。有些明人戏曲、小说，清代重刻时增加插图，胜于旧刻。如顺治元年嵩山书院刻《绘像三国志》、康熙间新安鲍承勋所刻戏曲中之《扬州梦传奇》《杂剧新编》《秦楼月》等，显示了鲍氏一家仍是明代徽派之正宗传人。其他如康熙间四雪草堂刊本《隋唐演义》《封神榜》等插图规模相当宏大，亦属徽派名作。稍后如康熙本《长生殿》、康熙本《双忠庙》、乾隆程伟元本《红楼梦》诸书插图，由于画家艺术水平高低不同，刻工非出一时一地，优劣互见，反映了清代插图艺术的概况。

以上所述为明清小说、戏曲版画概况。本书收录的以明代为主，其中多属江、浙、皖、闽四省精刊，一部分则出自名画家、名刻家之手，绘图精良，雕刊工细，足称明代小说、戏曲版画盛时佳作。此类佳刻，由于图饰精细，纹线入微，初次印刷，不过百部，故世间流传极少，为古籍中最珍贵之善本。

本书所录版画，均为私人藏书，原书皆十年浩劫被抄者，根据国家政策法令，书已陆续归还原主。幸有希贤先生细心汇编成书行世，其有功于学林实非浅鲜。兹当图录出版之际，承希贤先生盛情见示书稿，嘱为撰序，仅就所知以告读者。深感版本学及版画史所知有限，专请同馆李之檀先生校补不足。他日书成流布，庶不负希贤多年辛苦，弘扬祖国历史文化之宏愿，识者当能鉴之。

原文选自吴希贤编《所见中国古代小说戏曲版画图录》，中华全国图书馆文献缩微复制中心，1995 年

周凯武当纪游二十四图册

　　武当山又名参上山、太和山，位于湖北省丹江口市均县境内，是我国三大道教名山之一，亦是武当派拳术的发源地。其山源于秦岭山脉，周围400千米，中有72峰、36岩、24涧、20洞、3潭、9泉、10地、9井、10石、9台等胜迹。主峰天柱峰，海拔1600余米，风景秀丽，与"五岳"齐名。相传历代著名道家如周之尹喜、汉之阴长生、晋之谢允、唐之吕纯阳、五代之陈搏、宋之寂然子、元之张守清、明之张三丰均曾在此修炼。

　　武当山自古以来就是我国著名的旅游胜地。宋代大书法家襄阳人米芾，在此有手书"第一山"刻石；明代地理学家、旅行家徐霞客在《徐霞客游记》中，描述武当山"山峦清秀，风景幽奇"。实是人们向往之地。

　　清代道光三年（1823年），浙江富阳人周凯任襄阳知府，在巡视均县时，曾遍览武当山胜迹。由于他是一位著名的画家，随手作了一些写生画稿。道光十二年（1832年），他用3个月的时间，依据旧稿绘成了《武当纪游二十四图》册，纸本、设色，每图对开题诗若干首，图、诗共48开，装为上下二册，每册首页有金门人吕世宜（西村）隶书题图名。据道光《厦门厅志》《金门志》及《墨林今话》《清画家诗史》《雪桥诗话续集》《明清时代台湾书画作品》等书记载，周凯字仲礼，号芸皋，别署富春江上捞虾翁。嘉庆十六年进士，历任要职，道光十二年授台湾道，按察使司衔兼提督学政等职。时闽台名士吕世宜（西村）、庄中正（诚甫）、林鹗腾（剑秋）皆在台湾，周凯旦夕会诸君于海东书院，为诸生评削制艺，台湾文风，一时称盛。道光十七年（1837年）卒于廨。生平礼士爱才，多所提拔。台湾人民至今犹乐道之。

周凯工画，尤擅山水，浑雅苍秀，兼师元明诸大家。说者谓其未第时，即雅善山水，六法与诗文并著，尝逍遥林壑间，每阴雨，辄著屐持盖入山，观云烟出没，以资画趣，昔人所谓以造化为师也。著《厦门志》16卷、《金门志》16卷、《种桑说》3卷附《饲蚕诗》1卷、《内自讼斋文稿》等书。

武当山壁立千仞，险峻难登，周凯在图册的《序言》中说："余乃却骑从，乘竹兜取道入山，自麓至巅，凡再宿，南岩当山之中，头天门以上，旁扶石栏，缠以铁索，便人攀援者三十余里。余腰系布，藉人牵挽以登。至乎绝顶，瞻谒元（玄）武。旋察灵官殿，至南天门，磴级梯立，踵迹皆陷，颠踬无活理。"又说："琳官绀宇，雕栏曲蹬，不知费胜朝几万万。而怪石矗列，悬崖倒垂，神工鬼斧，莫喻其巧。岩隧清幽，花竹修美，宛若神仙洞府者，已不可胜记。山顶无草木，石铁色，远望七峰并峙，夜观星斗，手若可摘。"这些都真实地描绘了武当旅游登山之特色。

《武当纪游二十四图》余昔年得自沈阳市上，传为太清宫某道士遗物。本文选吕世宜题图名及周凯绘《磨针井》《紫霄宫》《二天门》《天柱峰顶—金殿》《自在庵》图六并题诗，以见全图之梗概。《二天门》上题记云："过洗心桥，石蹬如梯，两栏皆缠铁索，便人攀援，至此虽小竹兜亦不能乘矣，以布系腰，藉人牵挽而上。"此与《序言》所述略同，其险情可于图中见之。《天柱峰顶》题记云："围以紫金城，用石砌。殿用赤铜铸，恐为天风所吹也。前为小莲花峰，元时铜殿移置其上，城东、西、北三门皆闭，惟南门可入，旁有灵官殿亦铜铸。"图中景物今天尚可见到，但有些景物，如周府茶庵、回龙殿、自在庵、老营宫、沧浪渡、金仙洞等，由于年代久远，仅存遗址，当年面貌，尚赖此图保存。

许多专家学者及到过武当山旅游的人，一致认为这部《武当纪游二十四图》，不但具有很高的绘画艺术水平，且对研究武当山的沿革也具有重要的历史价值。

原文选自富阳市政协文史委编《周凯及其武当纪游二十四图》，浙江人民美术出版社，1994年

李苦禅赠画记

我与苦禅相交四十余年，平日虽然往来不多，感情却很深挚。

由于我多年来想撰写画家方伯务烈士的传记，可又对他在北京艺术专科学校的学习生活，知之甚少。每次见到苦禅，他都尽己所知地讲述当年与王雪涛、明方炎、王仲年和方伯务来往的情况，使我得到许多资料。

苦禅非常关心博物馆事业。记得解放初期，他在东城煤渣胡同居住时，就想把自己用的几件彩漆家具捐赠历史博物馆。后来，又几次找范曾和我商议，决心捐献。我们看他家中的家具并不很多，还是劝他保留自用。听说这些家具在十年浩劫中都作为"四旧"处理了。

粉碎江青反革命集团后，苦禅以80高龄，精神振奋，作画不止。一日，苦禅让其子李燕送我一幅鹌鹑图。

据李燕说，他父亲画鹌鹑的用意，是因为打倒了"四人帮"，人民可以安居乐业，国家可以安定团结。

自古以来，鹌鹑就是安定的象征。未曾想到今天，这幅绘画成了与苦禅永别的纪念。

原文选自刘曦林主编《李苦禅纪念文集》，人民出版社，1994 年

耶律楚材画像小考

公元1190年（金章宗明昌元年）在中都（今北京）香山乡玉泉山村诞生了我国历史契丹族的一位杰出的政治家耶律楚材（1190—1244年）。耶律楚材是契丹贵族的后裔辽朝东丹王耶律突欲的八世孙，突欲是辽太祖耶律阿保机的长子，契丹天赞四年（925年）随父皇攻灭渤海国，改渤海为东丹，册封突欲为"人皇王"，主持东丹政务。

耶律楚材字晋卿，其生活时代是金朝后期，成吉思汗崛起于漠北，统一蒙古诸部落，攻金灭夏，征服西域各地。楚材生长在一个久已充分汉化的封建贵族家庭，曾从万松老人（行秀）门下学佛，精通汉籍，擅诗文，能书画，知音律，精医术。金章宗时，任开州（今河南濮阳）同知，宣宗时，任左右司员外郎。1215年，成吉思汗取燕京，被召用，1219年，随成吉思汗西征，论"以儒治国，以佛治心"之理。成吉思汗以"吾图撒合里"（蒙古语长髯人）称之。

1229年，耶律楚材辅佐窝阔台继承汗位，1233年，蒙古军破金汴京，奏封孔子后裔孔沅措袭封衍圣公。设立经籍所、编修所，渐兴文教，1237年，以守成用文臣为由，开科取士，释放被俘为奴的汉族儒士为掌汉文字的中书令史。元朝立国规模，多由楚材奠定。有《湛然居士集》《西游录》等。

近日，偶见北京中国嘉德拍卖公司95春季拍卖品中有清代著名画家罗聘（扬州八家之一）所绘红袍长髯、头戴戟冠人物——"胡吏"立像一轴，纸本纵50、横36厘米，款署"扬州罗聘临"，名下钤白文篆书"罗聘"、朱文篆书"遯夫"二印。此像未题像主名氏，而收藏主人记曰"胡吏"，据称系某海外人士送至国内求售者。经审视图上程晋芳、博明、周厚辕3人题诗，皆盛赞像主政事、文章。

程诗中有"吾图撒合里"一词即蒙古语长髯人。按《元史·食货志·岁赐门》有"曳剌中书兀图撒罕"之名，"曳剌"中书即"耶律"中书之异译，曳剌或作移剌皆同音之字。"兀图撒罕"或译"吾都撒罕"或"吾图撒合里"，皆一词之异译，盖楚材多髯，既黑且长，故有此号。因知程诗中之"吾图撒合里"即元人所称之耶律楚材也。博诗中有"少读湛然集，私心切仰止。后拜公祠墓，仪容瞻咫尺"之句。《湛然集》即《湛然居士集》，楚材所著，1986年中华书局有标点印本，楚材祠墓在京西香山东五里瓮山下，即今颐和园内，乾隆时建祠并设塑像，博明，蒙古族人，曾往瞻拜。从这些题诗中可以肯定此像即是耶律楚材。程诗还谈到此图为蒋清容（士铨）所藏。

程晋芳、博明、周厚辕三人皆蒋士铨之好友，他们四人都是清代著名学者、诗人。均有著作行世。

据目前所知，耶律楚材画像最早见于明刻本《三才图会》，为半身像。此外，1972年台湾世纪出版社《历史图说》、1976年日本讲谈社《图说中国历史》、1977年台湾伟文图书出版公司《中国历代名人画像汇编》、1985年台湾故乡出版社《人物中国系列》、1987年苏州大学图书馆《中国历代名人图像》、1987年台湾华宁出版社《文化中国之旅全集——历史人物之旅》、1990年台湾锦绣出版公司《中国全记录》七种出版物中之耶律楚材像，皆据《三才图会》影印，此本为罗聘所临全身像，当另有所据，且像有三家题诗，二百余年完好无损，得者宜珍重藏之。

原文刊于《今晚报》1995年5月21日

明罗文瑞为梁梦龙作《幽兰竹石图卷》

　　清初著名的鉴赏、收藏家梁清标是明代万历年间蓟辽总督梁梦龙之重孙，梦龙四子梁慈之孙，慈子维本第五子，出继伯父维基为嗣，世为河北正定望族。梦龙字乾吉、号鸣泉，嘉靖三十二年进士，改庶吉士，授兵科给事中。隆庆四年，擢右金都御史，巡抚山东。五年，迁右副都御史，移抚河南。万历初，张居正当国，梦龙其门下士，特爱之，召为户部右侍郎，寻改兵部。五年，以兵部右侍郎进右都御史，总督蓟辽、保定军务。征虏将军李成梁大破俺答于长定堡，告庙宣捷，大行赏赉，官梦龙一子。及俺答三万骑入东昌堡，成梁击败之。宁前复警，梦龙亲率劲卒三千，出山海关为成梁声援，分遣两参将遮击，复移戚继光驻一片石邀之，敌引去。前后奏永奠堡、丁字伯、马兰峪、养善木、红土城、宽奠、广宁右屯、锦、义、大宁堡诸捷，累敕赐奖励，就加兵部尚书，以修筑黄花镇、古北口边墙，加太子少保，再荫子，至锦衣世千户，加太子太保。十年，致仕家居，十九年卒。天启中，赵南星颂其边功，赠少保。崇祯末，追谥贞敏，事迹见《明史》本传。

　　由于李成梁在辽西战功显赫，兵部为其刻石纪功，就在辽西义县医无间山刻立纪功碑，碑文由史馆儒士罗文瑞书写。关于这段历史，当时王世贞《弇州山人续稿》卷一百六十七有一篇《题罗生书医无闾碑后》，所记十分详细。原文：

　　　　"万历二年甲戌，征虏前将军、今宁远伯李公成梁，大破虏辽左，获其酋杲。今太宰梁公梦龙以少司马奉命犒师，勒绩于医无闾山，而歙士罗文瑞书之。梁公奉绳墨从孟坚，故其辞稍严洁而不夸逸。罗结法自清臣、诚悬而不肌骸。说者犹谓酋果么么耳，不能当北单于左校，所俘获亦不能什之一。然万历之天下，治于和熹时，明师应而汉默，医无间迹而狼居，胥遥应则壮，迩则无勤。又李将军崛起戎伍中，果势壮往以百战取彻侯印，甚贤于窦车骑也。噫！铭亡论矣，罗生亦幸哉！其名与其书，兹山同不彻也夫。"

关于书碑人罗文瑞的身世，我们从民国《歙县志》卷十《人物志·方技·书法》本传上知道不少情况，1981年出版的俞剑华《中国美术家人名辞典》及卓君庸《章草考》亦有一些记载，而以《歙县志》所记为较详。《志》称："罗文瑞字伯符，一字范阳，号阿痴，程坎人。父真吾，刺史，故工书，文瑞承家学，尝以汪道昆荐，为李成梁书医无间山铭，王世贞跋谓其书得法于清臣、诚悬、道庄而不肌骸，一时名公咸加品目，声溢全国。后奉母居任城，燕赵齐鲁间碑碣多出其手，兼工花卉。"

从中可以看出罗文瑞是一位家学渊源，能书善画之士。父曾任州刺史，所书医无间山铭是同乡大学者汪道昆推荐的。奉母居任城即山东济宁，故齐鲁间碑碣多出其手。我们经过实地调查，山东境内现存罗文瑞书碑、刻碑有二处：

一、万历二十二年（1594年）甲午《阙里重修林庙碑》，于慎行撰文，杨魏书丹，赵焕篆额，罗文瑞摹勒上石。在山东曲阜。

二、万历二十三年（1595年）乙未重立洪武十年（1377年）《谢祭泰山碑》，记载洪武十年李文忠、吴永舆、邓子方致祭东岳泰山之神的祭文。万历二十三年分守参政汪立蛟立石，史馆儒士罗文瑞誊黄、冠带教读吴应旗镌刻。此碑是1990年在泰山顶上出土的，现存原处，从中可以看出古代封禅的一些情况。

以上所谈梁梦龙的家世、官职，罗文瑞小传及书碑、刻碑，目的是介绍一件寒斋所藏罗文瑞为梁梦龙所作的《幽兰竹石图》并赠梁梦龙的几首诗卷。

图卷纸本，图纵28、横135.2厘米，诗纵28、横186.5厘米。前端有陈演题"以遗所思"四字引首。图绘兰石新篁，并有自题五言古诗一首：

"幽谷有崇兰，杂珮以比德。岂无南金贵，爱此芳与色。嗤彼三春华，朱丹事雕饰。匪愿时所珍，婉娈君子侧。书此芜言，阿冻复效松雪道人笔意写此，正谓一蟹不如一蟹也，并题。文瑞。"

署款名下，钤白文篆书"文瑞"、朱文篆书"罗伯符氏"二方印、白文篆书"醉墨斋"长方印。押角有白文篆书"罗伯符氏""豫章郡"二方印。

所绘兰竹，简洁淡雅、寥寥数笔，发人以空谷幽兰之思。在元、明文人画家中。赵孟頫、文徵明等人，无过于此。题诗与画借幽谷崇兰表现了对梁梦龙的景仰思慕之情，与陈演在引首题字中所写的"以遗所思"完全是一致的。

图后是罗文瑞书赠梁梦龙的七言律诗一首，题为"上大司马鸣翁梁夫子"并"岁暮大梁再寄梁夫子"五言律诗四首。最后署款："门下后学小子罗文瑞顿首具草"。前诗引首钤朱文篆书"小雅"长方印，尾钤白文篆书"伯符父氏""大鄣山人"二方印。后诗名下钤白文篆书"伯符父"、朱白文篆书"罗文瑞印"、白文篆书"新安阿痴"三方印。最后有梁慈跋语称：顷岁庚子（万历二十八年）罗伯符从济上寄余八行，云："不肖行年六十，录录无可为足下道者，惟书法大进。今观此卷，果然。若伯符近日书，则骎骎名家海内矣。函生梁慈。"下钤白文篆书"梁志之印"、朱文篆书"子尚"二方印（梁慈未盖印，此二印显系梁志所加盖）。

从罗文瑞的几首诗看，句句表示了对梁梦龙的仰慕之情。七律中之"位极八座恩波洽，威逼三边宇宙垂""弹铗谁为门下士，食恩常恋幕中私"等句，知此诗作于书写医无间山铭之后，通过书铭，感到梁对他有知遇之恩，并曾入于梁梦龙幕下，故署款称"门下小子"。诗中的"宇宙垂"是套用杜甫"诸葛大名垂宇宙"原意，把梁梦龙俨然比作诸葛亮，可见其诗才是很敏捷的。至于五言古诗中所称"雪阻大梁道，冰胶滹沱湄。我欲傍君栖，辗轲难前之。焉得生羽翼，凌风西北飞"，很清楚地可以看出当时梁梦龙已晚年致仕家居，正定位滹沱河滨，罗文瑞时在大梁（今开封），故有"滹沱湄""西北驰"等句。梁卒于万历十九年（1591年），因知此诗应是万历十年至十九年间所作。据卷后梁慈跋文称罗已60岁，则其书医无间山铭时在40至50岁之间。

此卷引首书写人陈演所钤白文篆书印章，一曰"华麓山樵"，一曰"吴郡陈演"。陈演事迹未详，明代另一陈演，四川井研人，天启进士，卒于崇祯末年，当是同姓名者。此吴中陈演，书法隶古，甚有榘度，盖亦当时名家也。

全卷收藏印章，按时之先后，有朱文篆书"梁志"连珠方印，白文篆书"澹明"方印、白文篆书"尚志氏"、朱文篆书"梁志私印"二方印、朱文篆书"苍岩子"圆形印、白文篆书"观其大略"方印、朱文篆书"侯汝承收藏印"长方印。

按卷后题跋人梁慈为梦龙三子，字子尚，授辅国将军，与杨涟、左光斗、高攀龙、缪昌期友善，见光绪《正定县志·政事》。梁志为梦龙四子，字尚父，号澹明，别号溥水先生，《正定县志·文学传》称："志性质敏，眉目如画，试诸生，高等。摅词发藻，迥出流辈，一意博览，自坟典丘索以及百家杂言，无所不窥，好法书名画，古彝佳玩，宅后构小园，高木修篁，蔚然森秀。……虽未服官，颇饶经济才，每与人谈时事，慷慨激切，如谓养兵不宜多，用人宜乡举，里选不能专凭文艺，理财宜省无用之费，不宜苛责逋赋，冗员宜汰不宜增。……甲午，国遭祸乱，家变随之。"另有其孙梁清远《泠然堂事略》，记梁志生平事迹及与赵南星、高宪成交往情况，并赵南星《题尚甫挹霞阁》五言一首，似与东林人物有一定关系。

梁慈子维本，字立甫，天启元年举人，清初授中书舍人等职，兄维基字在宥，邑庠生，以祖荫入国学为上舍，任户部员外郎，擢南雄知县，有政声，见《正定县志·政事》。

梁清标为维本之第五子，出继伯父维基为嗣。《中国人名大辞典》《中文大词典》等书均称清标为梁维枢之子，误（此据陈耀林先生考证，见《梁清标丛谈》，《故宫博物院院刊》1988年3期）。清标字玉立，又字棠村，号蕉林，又号苍岩。崇祯十五年领乡荐，十六年成进士，授翰林院庶吉士，顺治元年，补原官，六年授弘文院编修，累迁侍讲学士，顺治、康熙两朝，先后任兵部、礼部、刑部、户部尚书，保和殿大学士，奉敕监修《三朝国史》《政治典训》《平定三逆方略》《大清会典》《大清一统志》，任《明史》总裁。康熙三十年（1691年），卒于位。著有《蕉林诗集》《蕉林文稿》《棠村词》《棠村随笔》《棠村乐府》《蕉林奏草》等，事迹见《清史列传》本传。

清标生平好学，喜藏书，至数万卷，所藏法书名画多晋唐人名迹，在我国文物保护方面做出了重要贡献。本卷所钤"苍岩子""观其大略"二印，即清标藏印，知此卷迭经梁慈、梁志、梁清标世代收藏。约在清代后期，流散入市，为侯汝承所得，汝承字意园，河南杞县人，诸生，侯方域后裔，咸丰、同治间官河北行唐知县，工书画，精鉴赏，收藏古印甚富，辑《意园古今官印匀》，事见李浚之《清画家诗史》壬集上。

据《中国古代书画目录》，目前所知，罗文瑞作品，故宫博物院藏《苏李泣别图卷》《历代名医像卷》《送首座璋公还鹫峰序卷》，上海博物馆藏《兰石图册》。仅此四件而已。

本卷图诗并美，所异于前四卷者，是写寄当时重臣梁梦龙，并经梁清标世守。而清标所藏书画于乾隆间多归安岐（麓村），后归清内府。此卷为陈耀林先生所辑《蕉林书屋藏品目录》所未收，应是从未见于任何著录的梁氏藏品。

原文刊于《收藏家》1995 年总第 10 期

毛泽东赠送外宾的富贵长青图轴

中国和印度尼西亚的友好关系源远流长，自1954年4月两国建立外交关系后，当时的苏加诺总统曾于1956年9月30日至10月14日、1961年6月13日至15日、1964年4月5日至6日三次访问中国，周恩来总理、陈毅副总理亦多次回访。

在苏加诺访问中国期间，曾两次受到毛主席、周总理的接见。由于苏加诺是世界著名的收藏家，所藏世界名画甚富，所以，1956年10月4日周总理赠苏加诺总统一幅徐悲鸿绘奔马轴，后来，当苏加诺再次访问中国时，毛主席赠送了这幅亲笔题名的"齐白石、陈半丁合作牡丹松石图"大立轴。

齐白石作此画时年已九十七岁，即1957年逝世之年，这幅作品是白石先生逝前绝笔，因体力已衰，由陈半丁合作完成。

此图纸本设色，纵182.5、横61厘米，用笔婉转雄健，赋色淡雅清淳。画面乔松挺茂，松下石侧，红白二色牡丹盛开，表现了花开富贵、松寿石坚，用意十分深远。款署："九十七白石"，名下钤朱文篆书"借山翁"方印。又，"半丁写素花松石"，下钤朱文篆书"半丁八十以后作"方印。

最难得的是毛泽东主席在画幅右侧绫边下端题写"毛泽东"三字署名，说明这幅作品是毛主席亲笔题名赠给苏加诺的贵重礼品。毛主席题字书画作品，除北京的人民大会堂高悬的"江山如此多娇"外，当推此幅，其他尚无所闻。

此画著录于《苏加诺博士藏画集》第三册，人民美术出版社，1961年；又见于《印尼苏加诺大总统藏绘画雕刻集》第一册，日本东京凸版印刷株式会社，1964年。

白石先生在本幅署款，字迹倾斜，已有人书俱老之态，这在先生作品中极为少见。时先生任中国美术家协会主席，1956年世界和平理事会授予和平奖，成为近代世界最有名的画家之一。半丁先生时任中国画院院长，齐、陈二翁合绘，同属人画俱老之作，实属难得。

1970年，苏加诺逝世后，所藏艺术品大部流散。此图不知因何流入国际市场，吾友陈君见之，认为毛主席题赠苏加诺的珍贵礼品具有国际意义，其历史、艺术价值是无法用货币来衡量的。陈君不忍其流失国外，乃以重值购得。国宝回归，闻者称庆。

原文刊于《收藏家》2000年第11期

七 余论

鉴别书画应注意的几点

　　书画作伪，真正流为风气，大概是从宋代开始。唐代虽临摹古人名迹，但都是公开的，或双钩，或廓填，但是到了宋代，就有人有意地作伪了。宋人王诜拿当时人米芾所临的王献之《鹅群帖》，把纸染旧，使公卿题跋，后来被米芾揭破，传为笑柄（见《米芾书史》）。明董其昌也称："宋元名画，一幅百金，鉴定稍讹，辄收赝本，翰墨之事，谈何容易。"由此可见，宋明各代，伪画已很多了。明清之际，苏州、扬州，有一些人，专门临摹仿绘宋、元、明各代名画，俗名苏州片。清钱泳《履园丛话画学》称："作伪书画者，自古有之，如唐之程修已伪王右军，宋之米元章伪褚河南，不过以此游戏，未必以此射利也。国初苏州专诸巷，有钦姓者，父子兄弟，俱善作伪画，近来所传之宋元人如宋徽宗、周文矩、李公麟、郭忠恕、董元、李成、郭熙、徐崇嗣……诸家，小条短幅，巨册长卷，大半皆出其手，世谓之钦家款。……就余所见，若沈氏双生子老宏、老启、吴廷立、郑老会之流，有真迹一经其眼，数日后必有一幅，字则双钩廓填，画则模仿酷肖，虽专门书画者，一时难能，以此获巨利，而愚弄人。"因为当时苏州、扬州，收藏家较多，可以有很好的真迹底本，供来临摹。这类画，在今天看来，虽属伪品，也仍有它一定的历史价值。

　　鉴别书画与鉴别其他古物不同，多数古物有它的一定的出土地点，或与之相联系的其他古物，比较容易鉴别。书画是传世品，往往都是孤立地流传，在鉴别上就比较困难。因此，鉴别书画的真伪首先要深刻研究各时代各流派的不同的风格与手法，其次要能了解一般的作伪方法。书画作伪的方法，就我个人知道的大约有以下几种：

一、当时模仿或后世模仿：临摹原画必须技术很高才可以逼真。有的是画家本人生存时，就有人仿作，如现在的人仿齐白石作品，传到后来，就使人比较难辨真伪。有的是后人仿古人，用旧纸或旧绢，临摹真迹，款识印章，完全一致，此种伪品，也比较难以识别。例如现在我们所见到的董其昌、傅山、石涛、石谿、徐渭、王翚、恽寿平、高凤翰、黄慎、郑燮等人的作品，往往有如此的伪品。但明代以前的人所仿的古书画，其本身已具有历史价值，还是值得重视的。

二、根据著录及法帖虚造或描抄：有些古代的著名书画，因为经过水火兵灾，久已毁灭无存，但仍见于前人著录，有的人就凭借著录，用旧纸或旧绢，想像原件内容、款识、题跋，一一伪作；或按古人法帖，择其一段，用旧纸描抄。有人用旧纸描抄的敦煌小件文书、戒牒、古籍残卷，就有些鉴赏家，有时也不免受骗。

三、新画染旧：把新画染旧以仿古人，如纸本色用鼠灰，绢本色用麦黄。更有一种染成磁青地的作品，用金绘或彩绘，题款邹一桂、蒋廷锡、郎世宁、丁观鹏。此类书画，往往钤有乾隆御玺，用清宫装裱式样，冒充故宫书画。日本投降后，长春伪宫的书画大量流散东北市上，其中有许多就是溥仪当年借赠溥杰名义盗出的故宫名贵书画，当时北京书画商纷纷出关收购，因此这类书画价格顿高，一时东北市上忽然发现冒充长春伪宫散出的伪画，以致受欺者大有人在。此类伪画，其质地即用染旧的办法。

四、旧画补题或换款：旧画往往无款，如宋院画或明人绢地大幅画，都是如此。作伪的人就给它添上一个名人款识，或在画史汇传、人名大辞典等书中，查出一个宋元冷僻的人名，题作款识，以求厚利。此外，有的画已有本款，但作者的名望不高，因此裁去本款，改题大名家。明汪砢玉《珊瑚网·画继》称："无名人画甚佳，今人以无名为有名，不可胜数，故谚云：牛即戴嵩，马即韩干，鹤即杜荀，像即章得是也。"把名人的款加在画上，这样，原画就被剪裁，或缺一边，或缺一角，或缺上端，或缺下端，所以画身必受影响。后题之款，与原画墨色决不能一致，其地位也不能如原画的自然，影响画的格式气韵。屏幅的原款往往在最末一条，有人就把八条屏幅改为两个四幅屏，而在无款的四幅中，添写名家新款。册页若是12开，原款在最末 1开，则保存8开，或10开，添补新款，藉以谋利。此种办法，俗名小名家改大名家。

五、原画与题跋割裂：题跋可以说明书画的流传及本身的价值，有的商人为了图利，把原画与题跋分离，以原画的跋补绘新画，或用旧画改款，重新装裱使与原跋一致。此种办法，多用于手卷或册页，往往使人误认为题跋是真迹，则画必无疑问。有的把旧画添补新跋。清周亮工《书影》称："余所藏春山读书图，是元人无款画，后人假唐六如一诗于上，不知六如笔境，断不能臻此，欲以重画，反为画累。"古画中如此之例极多。此外还有用装真画的木匣，改装伪画的。

六、旧画揭二层：裱画匠技术很高，可以把一幅用宣纸作的书画，揭为二层，上层清晰，下层墨色较淡，就仿照上层画意，添补墨色，冒充真迹。此类伪造的书画，因为原来是与上层粘合的，所以表面常常带有浮毛。

七、代笔：有名的书画家，因为平日很忙，有的还从事政治文学活动，因此往往有专人代作。清朱彝尊《曝书亭集》卷十六，《论画绝句十二首》之一："隐君赵左僧珂雪，每替容台应接忙，泾渭淄渑终有别，漫因题字概收藏。"自注称董其昌疲于应酬，每请赵文度及僧珂雪代笔，亲为书款。由此可见，代笔乃画家常事，近代不少有名的画家，也时常由他的弟子代作。

此外，对书画内容的衣冠制度，家具器物，作者身世，社会背景，以及纸张绢素（如唐多用硬黄纸，宋、元多用麻纸，明、清多用棉纸，唐、五代多用粗厚绢，宋、元多用轻细绢，明绘手卷多用细绢，立幅多用粗绢，明末清初，流行泥金笺及洒金笺，还有花绫及素绫），墨色浓淡（凡真迹彩色墨色俱入纸绢，染透纤维，伪品彩色墨色，皆浮在表面），题款格式（宋以前人画多无款，若有款，则在石罅或树间，元、明人画有些人用行楷书，有些人用篆隶书，清人题款多用行楷书，并多喜题诗），文字称呼（题款称呼，只有明、清之际盛行"老年翁""老词坛""老社长"这一类名词），图章印色（宋以前多用铜章，元、明以来多用石、玉章，明代及以前多用水印色，以水调硃，涂之使厚，清代始用油调硃，至乾隆时始用八宝印泥），裱工新旧（从装裱用的锦、绫、绢、纸，可以看出书画的装裱时代。如系揭旧重裱的书画，应审查质地之完残，有无修补。有的书画经揭裱后，其上款有时被无知者挖补；或立幅屏幅裁条，改裱册页等，均是书画缺点），收藏印章（古画流传较久，其收藏鉴赏图章必多，因此鉴定名画，必须注意收藏图章），流传著录（法书名画，十之八九，都是流传有绪的东西，题跋必多，并见于很多的公私著录，如唐张彦远《历代名画记》，宋宣和《画谱》，元汤垕《画鉴》，明朱谋垔《画史会要》，清孙承泽《庚子消夏记》，安岐《墨缘汇观》等。

又清彭蕴灿《画史汇传》，李玉棻《书画过目考》，金陵大学《历代著录画目》，燕京大学《清代书画家字号引得》等书，都是对历代书画家，及其作品叙述较为详细的参考书），在鉴别书画时，都要仔细研究。

原文刊于《文物参考资料》1954年第1期

书画鉴定经验谈

历史文物是人类在社会发展过程中所创造的一种物质文化财富，它从不同的领域反映出历史上人们的社会实践状况。我国历代流传下来的法书（墨迹）和绘画，在我国历史文物中不但具有重要的历史价值，而且具有重要的艺术价值。我们对书画的鉴定，除了辨别真伪，断定时代以外，还必须研究其历史，艺术价值。

鉴定书画的真伪和年代，首先要划清真迹与伪迹，在真迹中应识别手笔和代笔。摹本是他人所复制，临本是他人所临仿，都不能算是真迹。伪品则是以骗人谋利为目的而冒充真迹的仿制品。不论真迹还是伪品，我们都应弄清该作品产生的时代，这对评价其历史、艺术价值是有很大帮助的。

书画伪品在唐宋时期即已出现。唐代初年，许多古人名迹，就有人临摹，或双钩，或廓填，或集字，多数是公开的，但是后人往往把他们定为真迹。到了宋代，就有人专意作伪了。北宋人王诜拿当时人米芾所临王献之《鹅群帖》，把纸染旧，冒充王献之真迹，请公卿题跋，后来被米芾揭破，传为笑柄。明人董其昌也说："宋元名画，一幅百金，鉴定稍讹，辄收赝本，翰墨之事，谈何容易！"由此可见，宋明时期，伪作书画，已成风气。明清时期，在苏州、扬州等地，有专人伪造宋元明人书画，尤以苏州所造绢本青绿重彩山水为多，款署宋人赵千里（伯驹）或明人仇十洲（英），俗称"苏州片"。此外，清末、民国时期，湖南长沙、河南开封，都有人伪造书画，长沙伪造者以明清人书画为多，开封伪造者以宋人法书为多，至于北京、上海各地，也是近代伪造书画的中心。

清人钱泳《履园丛话·画学》称："作伪书画者，自古有之。如唐之程修已伪王右军，宋之米元章伪褚河南，不过以此游戏，未必以此射利也。国初苏州专诸巷，有钦姓者，父子兄弟俱善作伪画，近来所传之宋元人，如宋徽宗、赵文矩、李公麟、郭忠恕、董元、李成、郭熙、徐崇嗣……诸家，小条短幅，大半皆出其手，世谓之钦家款。……就余所见，若沈氏双生子老宏、老启、吴廷立、郑老会之流，有真迹一经其眼，数日后必有一幅，字则双钩廓填，画则模仿酷肖，虽专门书画者，一时难能，以此获巨利而愚弄人。"这是因为当时苏州一带，收藏家较多，有些真迹，可供临摹，这类伪品，多有所本，故本身也有一定历史价值。

鉴定书画与鉴定其他文物不同，书画几乎全是传世品，往往孤立地流传，除书画本身有的有题跋或见于著录外，很少有与它相联系的资料。因此，鉴别书画的真伪、年代，首先要掌握各个时代、各个流派不同的风格与技法。为了达到这些要求，除了多读书、多看真迹外，对老专家在鉴定书画时的发言以及真假书画的对比，都要细心领会，唯其通过对比，才能不断提高识别真伪、优劣的能力。

过去伪造书画的一般方法，据笔者所知，约有以下几种：

一、当时模仿或后世模仿：模仿原画，必须技术很高，才能逼真。有的是画家本人在世时，就有人仿作，如现在所见到的齐白石、张大千伪品，这类伪作传到几十年、几百年以后，就使人更难辨别真伪了。再则，是后人仿古人，用旧纸或旧绢，模仿真迹，款识印章，完全一致，此类伪品，也难以识别。例如我们所见到的董其昌、沈周、唐寅、徐渭、傅山、石涛、恽寿平、郑板桥等人的作品中，往往夹有此类伪作。如果是明代以前人模仿的古书画，其本身已具有一定历史价值，还是值得重视的。

二、根据著录或法帖虚造或临摹：有些古代的著名书画，因为经过兵灾水火，久已毁灭无存，但仍见于前人著录。有的只凭著录或想像原件内容、款识、题跋，在旧纸或旧绢上一一伪作，或按古人法帖择其一段，用旧纸描摹。还有人用旧纸描抄敦煌小件文书、契约、古籍残卷，十分逼真，有些著名鉴赏家，也不免受骗。

三、新画染旧：此种作伪方法，首先只是把纸本或绢本染旧，然后在上面绘画或写字。纸本色用鼠灰，绢本色用麦黄。更有一种用染成瓷青地的作品，用金绘或彩绘，款题邹一桂、蒋廷锡、郎世宁、丁观鹏，此类书画，往往钤盖乾隆御玺，用清宫装裱形式，冒充故宫旧藏书画。

四、旧画补款或换款：旧画往往无款，如宋院画或明人大幅卷轴画，都是如此。作伪的人就在画上添写一个名人款识，或在《历代画史汇传》《中国人名大辞典》等书上，查出一个宋元冷僻的人名，写在画上，冒充真迹。此外有的作品，已有本款，作者的名声不大，因此，作伪者就裁去本款，改题大名家。明代汪珂玉《珊瑚网·画继》引米芾论画称："无名人画甚佳，今人以无名为有名，不可胜数。故谚云：'牛即戴嵩，马即韩干，鹤即杜荀，像即章得'是也。"把名人的款加在裁款的书画上，原作必然显得不够完全，或缺一边，或缺一角，或缺上端，或缺下端，致使画面受到影响。后题之款，墨迹上浮，与原画墨色浓淡不一，其位置也不如原画之自然，并且影响画身气韵和格式。例如：绘画屏幅的原款，往往在最末一条，有人就把八条屏分成四条屏，而在无款四幅中，添写名家新款。册页若是12开，原款在最末一开，则保存8开或10开，添补名家新款。更有长卷被裁成两段或三段，在无款的一段，补写新款，借以谋利。此种办法称为小名家改成大名家。

五、原画与题跋割裂：书画的题跋可以说明书画的流传及本身的价值。有的商人为了射利，把册页或手卷的题跋与原画分离，以原画的真跋补绘伪画，或用旧画改款，与真跋装裱成卷或册，往往使人误以为题跋是真迹，画身当无疑问。还有的把旧画添补新款、新跋，清周亮工《书影》称："余所藏春山读书图，是元人无款画，后人假唐六如一诗于上，不知六如笔境，断不能臻此，欲以重画，反为画累。"古画中如此之例甚多。此外，还有用装真画的木匣，改装伪画，以迷惑人。

六、旧画揭二层：纸地书画，有的是用二层或三层棉料加厚，技术很高的裱画工可以揭开成为二层，上层书画清晰，下层墨色较淡，然后再仿照上层画意，添墨补色，冒充真迹。此类伪造的书画，因为原来是与上层粘合的，所以表面常常带有浮毛。

以上是作伪者常用的手法，此外，绘画的内容如：衣冠制度、家具器物、故事情节，以及作者身世、社会背景，等等，也都是辨别真伪的重要依据。而以下诸点，也是必须加以仔细鉴别的：1.纸张绢素，唐多用硬黄纸，宋、元多用麻纸，明清多用棉纸，唐、五代多用粗厚绢，宋、元多用轻细绢，立幅多用粗绢，明末清初流行金笺及洒金笺，还有素绫及花绫；2.墨色浓淡，凡真迹墨色、彩色俱入纸绢，染透纤维，伪品墨色、彩色，皆浮在表面；3.题款格式，宋以前画多无款，若有款，多藏石罅或树间，元、明画款多用行书款，并喜题诗；4.文字称呼、题款称谓，只有明末、清初盛行"老年翁""老词坛""老社长"一类名称；5.图章印色，宋以前多用篆文铜印，元、明以来，多用石、玉印，明代或以前多用水印色，以水调朱，涂之使厚，清代始用油调朱，至乾隆时，始用八宝印泥；6.裱工新旧，从装裱用的纸、绫、锦、绢，可以看出书画的装裱时代，如系揭旧重装的书画，根据其质地之完残，有无修补可以看出破绽，有的书画经揭裱后，其上款有时被无知者挖补，或立幅、屏幅改装册页等，都可看出种种缺陷；7.收藏印章，古书画流传较久，其收藏鉴赏图章必多，因此，鉴定法书名画，必须注意收藏图章；8.流传著录，历代流传有绪的作品，题跋往往多人，并见于很多公私著录，如唐张彦远《历代名画记》、宋宣和《画谱》、元汤垕《画鉴》、陶宗仪《书史会要》、明朱谋垔《画史会要》、清孙承泽《庚子消夏记》、安岐《墨缘汇观》等，又清彭蕴灿《历代画史汇传》、李玉棻《书画过目考》、金陵大学《历代著录画目》、燕京大学《清代书画家字号引得》、郭味蕖《宋元明清书画家年表》、商承祚及黄华《中国历代书画篆刻家字号索引》、徐邦达《历代流传书画作品编年表》、俞剑华《中国美术家人名辞典》等，都是对考证历代书画家或作品较为有用的参考书。

我国古书画虽在后代战乱中屡遭摧残，但幸存者仍然为数不少。解放以来，其中一部分已由博物馆、图书馆、文化馆等单位收藏，但也有相当数量至今仍散失在私人手中，还有一些早已流入异国。如何鉴别这些书画的真伪优劣，对于专业工作者和一般文物爱好者都会是有兴趣的。

原文刊于《百科知识》1981年第9期

冰社小记

1921年，居住在北京的一部分研究金石文字的学者和古文物爱好者，为了"发扬国粹"，开展学术研究，取《荀子·劝学》："冰，水为之，而寒于水"之义，发起组织了一个学术研究团体——"冰社"。

冰社社长是易大庵，副社长为齐宗康、周康元，秘书为孙壮、柯昌泗。社址设在琉璃厂路北54号，即当时由周康元开设的经营书画篆刻的古光阁后院。自民国十年（1921年）端午节成立，至同年年底发展社员共41人。由于社友同居北京，且各有收藏，社章规定每星期六及星期日为聚会之期。参加社集者，各携所藏或新得金石文物到会，考释文字、鉴别年代，以收切磋琢磨之效，并互通学术消息，互赠拓本、书报，开展学术交流。其中最有意义而对后世古文字学研究影响最大者，即金石拓本的广泛流布。此举既扩大了文化事业的宣传，又为后世积累了资料，今天看来，应是冰社的一个重要贡献。

我国金文传拓的历史，自嘉庆以后，钱坫刻《十六长乐堂古器款识考》、阮元刻《积古斋钟鼎彝器款识》，拓本始广泛为人所重视。时以拓墨著名者为焦山僧达受。吴荣光抚吴，索其手拓金石之精者，以入《筠清馆金石录》。达受所拓，类皆淡墨若蝉翼。用重墨若黑漆，则以陈介祺所传拓者为最精。所谓陈介祺所拓，实为陈介祺指授乡人（潍县）陈佩纲所为。陈介祺著《传古别录》，为总结拓墨专书，潘祖荫刻入《滂喜斋丛书》中，《传古别录》手稿，周进与石居曾为之影印行世。

冰社副社长周康元，继承了达受、陈佩纲的传拓古器技术，对原器拓形有所发展，以致冰社友人所藏器，必以周康元所拓为可心。中国青铜器全器拓形，以乾隆时扬州马氏小玲珑山馆所藏器拓本为最早，而为嘉兴马超凤所拓墨（马曰璐有西周散氏盘全形拓本，有嘉庆年题跋，此为最早）。而阮元在扬州所刻家藏铜器，虽器形、铭文并重，但皆在木板上刻器形，刻铭文，在研究者看来，较拓本总有失真之感。至陈介祺则较广泛地为小件铜、陶器用立体拓法拓出全形，并直接拓出铭文，比较阮氏刻本，确有不少进步，但大件铜器陈氏仍未能拓形，故所藏西周毛公鼎全形拓本及铭文，除少数是原拓外，多数是刻在木板上拓印，木板所刻铭文拓本，后人往往认为拓本是真器原拓。毛公鼎铭文以分成四段为原拓，因此，据拓本所刻的铭文与原拓失误多处。近几年来，有些国内外研究金文的学者，误认为毛公鼎有两件，甚至怀疑毛公鼎原器为伪者，皆受陈氏木刻拓本影响所致。

在冰社社员的共同努力之下，在秘书柯昌泗、孙壮的奔走下，社员中藏器较多者如罗振玉的《雪堂所藏古金》257器，陈宝琛的《澂秋馆藏器》69器，冯恕的《玉敦斋所藏吉金》24器，孙壮的《读雪斋藏器》42器，《埕室藏陶》30器，以及其他藏器，均请周康元拓墨，每器各拓数十份至百份不等。由于罗振玉藏器多在天津，陈宝琛藏器多在福州，周康元还携弟子2人，亲至各地拓墨，长途跋涉，备极辛苦。其后陈氏藏器辑为《澂秋馆吉金图》，罗氏藏器多数收入《三代吉金文存》中，徐鸿宝、马衡所藏汉、魏石经残字，也由冰社辑拓成书。此书在马衡《汉石经集存》未出版前，是一部重要的石经拓本。至于甲骨、陶器、砖瓦、玺印、封泥、货币等零星拓本的流传，久已分布海内外各地，其影响是不小的。

冰社金石拓本的流传方法，都是以原收藏者为一个单位，除了社友预订，酌收成本费外，凡社会上金石文字爱好者，也可选购。如选购全份，并随拓本附一简明目录。例如周康元在《雪堂所藏吉金目录》的封面题称："此拓由壬戌（1922年）小阳动议，于癸亥春始克开墨，至是岁中秋，甫经毕事。阅时半载，期间虽经酷暑，未或少息。综计二百余器中，有形式优异、花纹精好者，并墨其形。同好分受（一作今值分派），其共宝之。癸亥中秋希丁周康元记于石言馆"。由此可知，罗氏藏器，多数是由周康元所拓墨，虽经溽暑酷热，亦未中辍。拓墨人的辛勤劳动，是值得赞扬的。

清朝宗室溥伦，号彝庵，收藏甚富，尤爱商、周彝器。他最初虽然不是冰社成员，但藏器仍请周康元拓墨，今所传《延鸿阁吉金》拓本76器，即溥伦当年所藏，由于他不断与冰社往来，最后也加入了冰社。古物陈列所（今故宫博物院前部）宝蕴楼、武英殿彝器，以及清宫所发现之散氏盘，传拓铭文、器形，皆邀周康元为之。其拓本具有科学水平和艺术价值，于是"周拓"之名鹊起，大为学术界所珍视。

冰社社友丁世峄，即丁佛言，是一位著名的古文字学者，鉴于吴大澂《说文古籀补》有许多不足，在同社陈文会、姚华、柯昌泗等人帮助下，利用许多金文、陶文、玺印文等新资料，撰《说文古籀补补》。这是他在冰社完成的一部名著，为后世研究古文字的重要参考书。

冰社同人除研究金石、古文字以外，对古代玺印及书画篆刻均有浓厚兴趣。社员陈宝琛辑《澂秋馆印存》，陈介祺万印楼藏印，也由其曾孙陈文会选钤印谱《十钟山房印举》，由陈叔通（敬第）先生介绍，在商务印书馆出版，成为研究古玺印者必备之书。至于冰社中以篆刻名家者，除社长易大庵外，周康元、丁世峄、陈年、陶祖光、寿鈢、陈文会、柯昌泗、林白水、罗惇曧、马衡等，皆擅铁笔。社友所用印章，多出诸家之手，一时北方篆刻之学，蔚成风气，对后来影响很大。说者谓冰社篆刻之学，可与南方西泠印社媲美，其言亦非虚誉。至于冰社中梅兰芳、尚小云等几位著名的戏剧艺术家，除了自己有一些收藏外，他们入社的目的，无非是希望提高自己的艺术修养，充实自己的历史文化知识，接近一些文化学术界人士，在艺术理论、戏剧理论和琴棋书画等方面，能得到更多的学习机会，从各方面汲取艺术营养，以发展自己的艺术创造。

1921年至1926年，为冰社正常活动时期，1931年以后，社友中有的谢世，有的星散各方，只周康元、孙壮在京联系少数社员，至1941年，冰社完全停止活动。

原文刊于《北京史苑》第一集，1984年，与傅大卣合作

谈中国书画的鉴赏

中国的书法、绘画讲究神韵、意境和情趣。它们所表现出来的艺术语言高远、典雅，远非一般人所想象的那么简单。

书画的效果和诗歌相似，具有可读性，能激发人们的美感经验，引起思索和联想，高层次的观赏者，能看到字画上、画面上未曾显示的许多东西。一幅好的作品，必然是在继承传统上体现时代风格，只有这样的作品才有生命力。我们鉴赏古代的作品，也应本着这个标准来识别其艺术价值和历史价值。

在关于中国书画特点的讨论中，有人认为中国书画的特点在于工具性，就是用中国的毛笔、墨、色彩、原料，在宣纸和丝绢上涂写或绘制，这就是中国书画。如此这般地了解中国书画是远为不够的，不知道中国书画特有的艺术规律，那只能算对它一知半解。

中国书画的特点及其艺术规律，是在长期的发展演变中逐渐形成的。千百年来各种风格、各种流派的书画艺术争相涌现，呈现出内容的丰富性和品种的复杂多样性。譬如绘画，有士大夫画和民间画，从题材上说，有人物画、道释画、山水画、花鸟虫鱼画，从表现形式上说，有工笔和写意，工笔又有白描、重彩、淡彩之分，写意又有大写意和小写意之别。

一些勤于探索、创新的艺术家，在传统的中国书画基础上，还注意学习西方艺术，取长补短，发展创新。如当代美术大师徐悲鸿，在绘画创作和美术教育中，"贯通中西"是他的一个基本观点。在他的美术作品中渗透着西洋技法，他掌握中国画、油画和素描造型等多种技能，这与他的广博学识和精研多种绘画技术有关。

鉴赏中国书画，要诗、书、画、印四者结合起来，作为一个艺术整体进行欣赏，不可分割开来，或只取其中一二。看画、看字、读诗、欣赏篆刻，使人得到多方面艺术上的满足，扩大了作品反映生活的范围和容量。

我曾见到一些近、现代书画作品，有的字写得很好，有的画画得不错，但是在署名落款及题跋文字内容上都不够理想。作为一个书家或画家，不仅要在书画上下功夫，在诗文上加强修养，在印章上也要有功底。当然我们不能要求每个书画家都能治印，但作为一个书画家，必须有几方好印章。看一幅作品，不看别的，首先看他用的图章，就可见其艺术修养水平。因为我国的篆刻学是美术的一部分。不论是姓名印，还是寄意寓情的"闲章"，不仅有实用价值，而且有艺术价值，均不可轻视。

诗、书、画、印并称"四绝"。能做到"四绝并精"的艺术家是不多的。近代美术家吴昌硕是著名的书画篆刻家，也是著名的诗人。他对诗、书、画、印造诣极深，可谓"四绝并精"，所以他的作品呈现了整体和谐之美、古拙质朴之美、大疏大密之美，寓景于情、情景交融之美。其后的著名书画篆刻家齐白石、陈半丁、王个簃都曾请教于吴昌硕。吴昌硕的印章苍劲古朴，自成一家，他是杭州"西泠印社"的创始人，其篆刻艺术影响到日本。

鉴赏书画，最好先了解作者的经历及创作作品时的背景。通过对作品的感受、想像、体验、理解与鉴别等一系列相互联系，认识作品的思想和艺术效果。如果作品上无作者的款识或题记，就要根据作品的风格、内容、字体、流派、纸绢、他人题跋、收藏印记、流传经过、装裱形式等，定其时代和作者。例如鉴赏苏轼的《黄州寒食诗》书法，首先要知道这是作者元丰五年（1082年）贬官黄州时的作品，理解作者当时郁郁不乐的苦闷心境，然后要了解苏轼书法作为宋四家之一的"苏体"艺术之特点。具备了以上两方面的认识，再来欣赏苏轼的这幅作品，自然就品得其中之味了。

原文刊于《中国教育报》1988 年 8 月 6 日

李濬之对书画研究的贡献

宁津李响泉先生名濬之（1868—1953年），是当代研究书画的著名学者。生平酷嗜诗画，精于鉴赏，收藏古人名迹甚富。历二十余年，撰辑清代画家遗诗凡二千余人，成《清画家诗史》正集十卷（1930年家刻本），续集一卷（1938年刻本），权衡精密，嘉惠艺林。论清代绘画不读此书，不足为知人。以一人之功，赖友朋之助，功力可谓深矣。

清末，先生奉张之洞之命，赴日本考察，撰《东隅琐记》（1905年排印本）。民国成立，先生全力投入美术史研究。为了编辑《清画家诗史》，仅靠家藏图书、画卷远不足用。必须寻师访友，广事搜集。当时杨钟羲（子勤）、阎乃竹（成叔）、翁斌孙（弢夫）、庞元济（虚斋）、王树枬（晋卿）、严修（范孙）、王振声（劭农）、丁传靖（闇公）、吴俊卿（昌硕）、狄葆贤（平子）、景耀月（太昭）、章钰（式之）、纪香（钜维）、李放（小石）诸家，均为其提供资料，或手抄口述，或以著作名迹见示，帮助了先生的编撰工作。天津图书馆、北京图书馆、故宫博物院等单位，都给予先生以极大的支持，遂使清代画家无大遗漏。

先生居京，初居宣武门外广安东里"墨耕园"，除访友读书、课子作画外，经常携杖外出，赴各图书馆检诗阅抄，或赴琉璃厂及各庙会摊肆咨询访问，忍饥饿，冒寒暑，不以为苦。晚年为便于读书计，买宅文津街西小石作胡同，其地距北京图书馆甚近，入馆抄阅，实得其所。

先生家藏肃宁出土汉河间献王君子馆砖，为大兴刘位坦（宽夫）、铨福（子重）父子故物。刘氏寓居宣武门外后孙公园，名其居曰"君子馆砖馆"，又曰"砖祖斋"，尝榜其门联曰："君子馆砖馆，孙公园后园"。先生效刘氏故事，寓居门联仍用"君子馆砖馆",下联改为"文津街西街",事实偶合,传为佳话,见所辑《君子留真谱》(1937年影印本)。

余生亦晚,幼年曾随家父拜先生于君子馆砖馆,并蒙题赠诗词,黾勉有嘉,先生一子树智,字小泉,号晴湖,为湖社社员,工山水、花鸟,早逝;女树萱,字冷云,工花卉、人物,现为北京美术家协会会员、爱晚书画会副会长,去年十一月,她在中国美术馆举办了个人画展,可称家学渊源,父志有承了。

先生所辑《清画家诗史》刻版印刷,用费全靠出售家藏书画供给。其唐、宋迄元、明画家诗,剞劂无力,未能雕版。1947年家宅遽遭火灾,斯文皆成灰烬,识者莫不惋惜。先生晚年任故宫博物院顾问,于故宫书画鉴定、研究贡献殊多。先生除前述著作外,尚有《墨耕园课画杂忆》(1928年印本)、《榆园图题咏集》(1919年印本)、《阅微草堂砚谱》《云台印像》《瞿翁丛钞》行世。

原文刊于《中国书画报》1988年12月22日

溥心畬书画展览小引

溥儒（1896—1963年）字心畬，号西山逸士，北京人，满族，恭亲王奕訢之孙。早年毕业北京法政大学，留学德国柏林大学，获天文学博士及生物学博士学位。父贝勒载滢，早逝。先生自幼博览群书，究心绘事。家藏书画多古人名迹，心慕手追，皆能得其神理。中年奉母居京，怡情图史，从事著述。所作山水，宗法宋元，笔墨腾绰，萧疏淡雅；人物、花鸟生动活泼，独得天机。讲艺授徒，满门桃李，与国画大师张爰（大千）齐名，有"南张北溥"之誉。

先生书法，远宗晋唐，出入米（芾）蔡（襄）之间，刚健道美，秀逸有致。诗词典雅，多记游写感之作。诗书画三绝，足以当之。

先生晚年居台湾，任师范大学艺术系教授，念旧思乡，半生寒素，以鬻文卖画自给。生平著述等身，有《四书经义集证》《尔雅释言经证》《经籍释言》《上方山志》《白带山志》《戒台寺志》《寒玉堂论画》《寒玉堂诗文集》《西山集》《凝碧余音》《华林云叶》《寒玉堂诗词联集》《琅嬛纪馀》等，为传播中华文明作出了贡献。

家居美国休斯敦书画收藏家万公潜先生与心畬先生多年至好，因念恭王府为心畬先生故居，今日整修开放，兼以心畬先生晚年作品大陆所见不多，特将所藏心畬先生书画捐赠府中。万里而来，珠还合浦，世代传留，永以为宝。此种纪念故友，弘扬中华民族艺术传统精神，值得尊敬和赞扬。

恭王府花园管理处为感谢万公潜先生捐赠溥心畬书画之盛举，特将心畬先生生前作画处之蝠厅辟为"溥心畬书画作品陈列室"，展出心畬先生之遗作。希望通过展览，在宣传爱国主义、发扬祖国传统文化方面起到积极的作用。

中国书画鉴赏琐谈

中国的书法和绘画是中华民族优秀的艺术成就，具有自己的民族特色。几千年来为广大人民所喜闻乐见，在世界艺术之林能独树一帜。

中国的书法、绘画都讲究神韵、意境和情趣。它们所表现出来的艺术语言高远、典雅，远非一般想象的那么简单。历代书法名家辈出，篆、隶、真、草，各具风格，不断有所创新，绘画更是如此。

书画的效果和诗歌相似，因此，要求它具有可读性，能激发人们的灵感，引起思索和联想，文化素养较高的观赏者，可能看到字面上、画面上未曾显示的许多东西。一幅好的作品，必须是在继承传统上体现时代风格和个人风格，只有这样的作品才有生命力。我们鉴赏一幅古代的或当代的作品，也应本着这个标准来鉴别其艺术价值和历史价值。

在中国书画特点的讨论中，有人认为中国书画的特点在于工具，具体地说，用中国的毛笔、中国的墨、中国的颜料，在宣纸或丝绢上写字或绘画，就是中国书画。当然这是中国书画所特有的一个方面。但是，如果不承认或不知道中国书画有其特殊的本身艺术规律，那只能算是知其一半。

几千年来，汉字形体结构的变迁，时代风格、书家风格的不同，可谓丰富多采。在绘画方面，包括各民族、各时代的画派、艺术形式、表现技法等等，可谓洋洋大观。其间有士大夫画和民间画，士大夫画又可分为院体画和文人画；从题材上说，有人物画、道释画、山水画、花鸟虫鱼画；从表现形式上说，有工笔和写意，工笔又有白描、重彩、淡彩之分，写意又有大写意和小写意之分。如果再细分起来，以绘画的色彩为例，有水墨、浅绛、青绿、金碧、没骨、泼墨、泼彩等。这些，都体现了中国书画内容的丰富性和复杂性。

我曾见到一些近、现代书画作品，有的字写得很好，有的画也不错，但是在署名落款以及题跋形式、文字内容方面，都不够理想。因此，作为一个书家或画家，亦应具备多方面的知识，不只在书画上下功夫，在诗文上还要加强修养。甚至书画上用的印章也要讲究一些。作为一个书画家，必须有几方好的印章，看一幅作品，不看别的，首先看用的印章，就可见作者的艺术修养水平。这话看似简单，实有很深的含意。我国的篆刻学是美术的一部分，是中国特有的一种艺术形式，不仅有实用价值，而且还有艺术价值。不论是姓名印，还是寄意寓情的"闲章"，都属于传统艺术的内容，千万不可轻视。

诗、书、画、印的结合，可以赏画，可以看字，可以读诗，可以欣赏篆刻，使人能得到多方面艺术上的满足。这是一个人对一件作品思想性、艺术性和社会作用的重视，它扩大了作品反映的生活范围，更加充实了作品的内容。当然，古今具备"四绝"的艺术家是不多的。只要精通"三绝""两绝"，甚至"一绝"，便可成为名家。

我们对书画鉴赏，首先要了解作者的经历及创作的背景。通过对作品的感受、想像、体验、理解与鉴别等一系列相互联系，达到认识作品的思想性和艺术效果。如果一幅古代作品无作者的款识或题记，就要根据作品的风格、内容、字体、流派、纸绢、他人题跋，收藏印记、流传经过、装裱形式等，定其时代。一件好的美术作品，不论是古代的还是近现代的，都能起到提高人们的艺术修养，增进人们美好情操的作用。因此可以认为书画鉴赏不仅是审美教育的内容，对于德育和智育也有不可忽视的作用。

原文刊于《八小时以外》1990 年第 10 期

中国古代人物图像的鉴别问题

　　中国绘画，源远流长，在古代绘画史上，以人物画见长的作者，名家辈出。今天所见遗留下来的早期绘画作品，亦以人物画为多。《孔子家语》卷三："孔子观乎明堂，覩四门墉，有尧舜与桀纣之象，而各有善恶之状，兴废之诫焉。又有周公相成王，抱之负斧扆，南面以朝诸侯之图焉。"屈原作《天问》，东汉王逸在《天问章句》中说，屈原在流放中，见到楚国先王之庙及公卿祠堂壁画，所画"天地山川鬼灵，琦玮僪佹（谲诡），及古贤圣、怪物行事。……因书其壁，呵而问之，以渫愤懑，舒泻愁思。"屈原所见楚先王庙壁画中的贤圣各像，可以认为是中国古代名人较早的画像群体。

　　王逸的儿子王延寿作《鲁灵光殿赋》，对殿内图画古今人物作了较详细的描写："上纪开辟遂古之初，五龙比翼，人皇九头，伏羲鳞身，女娲蛇躯，……忠臣孝子，烈士贞女，贤愚成败，靡不载叙。恶以诫世，善以示后。"三国时期的曹植撰《画赞序》，也谈到"观画者，见三皇五帝，莫不仰戴；见三季暴主，莫不悲惋；见篡臣贼嗣，莫不切齿；见高节妙士，莫不忘食；见忠节死难，莫不抗首；见忠臣孝子，莫不叹息；见淫夫妒妇，莫不侧目；见令妃顺后，莫不嘉贵。是知存乎鉴者，图画也"。以上这些论述，都认为图画古今人物，出于仰慕前贤，思睹其面，精神接手，见物见人，实寓高山仰止之情，兼有扬善戒恶之意。

　　直至近今，照相摄影虽普遍流行，而为名人画像、塑像、雕像、铸像之事，仍然所在多有，虽时移世异，其用意与古人并无二致。

　　中国历史悠久，是世界文明古国之一。典籍所记历史人物，仅以正史所记，已不可胜数。至其人物图像，流传亦多，有通代者如《历代古人像赞》《无双谱》《晚笑堂画传》等；有断代者如《宋先贤像传赞》《清代学者像传》等；有地方性者如《於越先贤像传赞》《练川名人画像》等；部分方志、家谱和文集中亦多有人物图像。至于小说、剧本中之绣像、插图，保存图像，数亦不少。顾颉刚先生生前曾有志为二十四史本纪、志、传补图，人物画像收集虽多，惜未成书，即已逝去。叶恭绰先生承其先德兰雪公旧稿，辑为《清代学者像传》初、二集，入录清代学者画像共 369 人，号称完备。昔年检点先生遗稿，尚有未入录者数十人。以近代汇集清人画像，尚难免有遗珠之叹，欲求汇集历代名人画像，非真积日久，投入巨大人力物力，不能取得圆满成功。

为了研究历史和进行历史教学以及陈列展览需要，必须对今日所见古代人物图像的鉴别进行认真的研究，现提出几个问题，就教于专家。

一、在中华民族的开化史上有许多伟大的思想家、科学家、发明家、政治家、军事家、文学家和艺术家。过去一般认为他们都应是历史上著名人物，不但有名有姓，而且事迹昭彰，具有较大的代表性。但是，对此问题，看法往往不一，尤以近年来，辞典、方志大量出版，人物入选，标准各异。从大处论，古代名人中，有大名人与小名人之别，有正面人物与反面人物之异。名高而无像，后世多为"造像"，名低而有像者，流传至今，亦应予以重视。

清代曾国藩《圣哲画像记》仅收文王、周公、孔子、孟子、迄姚鼐、王念孙32 人，皆赫赫名家。苏州沧浪亭保存清顾沅辑《吴郡五百名贤像》刻石，仅吴郡人物已达 500 人。明张岱《有明于越三不朽名贤图赞》收明代越中名人 108 人。清王龄编、任熊绘《于越先贤像传赞》收历代越中名人 80 人。由此可见，各家选录标准不一，至于一人数像，青年、中年、老年各期不尽相同，真像、疑像，如何对待，都需作具体分析。

二、人物评价，自古称难。中国最早评列人物的专著，当推《汉书·古今人表》，班固收集历史上从原始社会至秦代著名人物 2000 人（汉代部分未完成）列为九等。清梁玉绳著《汉书人表考》，于查考各人事迹，十分方便。后世评价人物，如"三不朽"图赞，即本《左传》所记"太上有立德，其次有立功，其次有立言"之旨，凡具其一者，亦人中之杰也。至于帝王、后妃、文臣、武将，文化名人，民间名人等，"三不朽"中应亦有其地位，按其事迹，进行全面研究，作出正确评价。

三、画像时代，真伪宜作分析。今人论肖像画者，每见一像辄曰肖真，因此艺林出现"肖像画"之名。实则古人当面写真，十不一二，今所见画像，多数出于追摹或创作，其真实程度如何？须作具体研究。

今以明清为例，画像中除少数"行乐小照"为生时所绘外，多数系卒后由子孙请画工所绘。归有光《先妣事略》中，记载其母卒后，延画工画像，"鼻以上画有光，鼻以下画大姊，以二子肖母也。"由此可知归母画像是用子女两像所拼合，未必尽肖其母。此全祖望在《马端肃公画像记》中所谓"虽丹青之面目未必尽肖，能不穆然而再拜耶？"又全氏《张督师画像记》谓"吾乡传张督师画像者颇多，其遗集卷首亦有之，而神气骨相各不同，先伯母自黄岩归，予以叩之，则曰：无一肖者。"因此，我认为研究历史人物画像，宜分"写真"与"创作"两类。写真者，必有"美化"之嫌，创作者，必有主观之想。推而广之，褒者，必美之，贬者，必丑之，此通例也。如东汉武梁祠画像石中之三皇、五帝、老子、孔子诸圣贤像，皆汉末所创作，美则美矣，真实面目，不得而知，衣冠器物，亦多汉制，汉代去古未远，仍多误失，后世创作追绘，臆断之笔，势所难免。

至于张冠李戴，改面换头，在历代画像中，也属常见。宋沈括《梦溪笔谈》辩证韩熙载像与韩愈像异同，属于名称互相颠倒。清光绪间樊国樑撰《燕京开教略》，附以人物图考，为研究中国天主教历史者所必读。书中画像可分五组，第一像为汉哀帝刘欣，以耶稣降生于哀帝元寿二年也，哀帝相本不可考，书中却以《晚笑堂画传》之颜杲卿像代之；三国孙权以《晚笑堂画传》之东方朔像代之。陈垣先生《燕京开教略画像正误》一文，指出书中画像类似上述错误达26人，画像皆伪托之作。按《晚笑堂画传》120人像，为清代画家上官周所创作，本非真实，而是"造像"；《开教略》再次篡改，为古代名人画像的研究，造成了极大混乱。

四、古代人物图像的研究，是绘画史研究的重要内容。历代人物画像是历史文化遗产的一部分。是绘画史的一个重要分支。旧日画像或在庙堂供奉，或在家中保存。但是，有的在历史故事画中复现，工笔，写意，木版，刻石，甚至存留于器物纹饰中，内容、形式、时间、地点大有区分。其在历史故事画中表现者，与戏剧、电影、连环画中人物形象并无二致。其去本人真实面目不知几千里也。

回忆50年前，无锡杨令茀女士、鄱阳黄沁芳女士，以丹青妙笔，发愿摹绘中国历代名人画像，令茀女士每日出入故宫，首成南薰殿旧藏画像数十幅，曾携至美洲展览，近始献交故宫博物院。沁芳女士为赣县陈任中妻，陈氏早年供职教育部，家富收藏，夫妇合作，誓摹图像，辑有《静好楼绘像录》，收录帝王、圣哲、名媛600余人，各注出处，甚便检录。而摹就之本，尚未装潢，遽遭劫火，艺林厄运，识者惜之。

余深知鉴定名人画像时，若专论作品时代，比较容易，至于是否本人真相，限于种种条件，只能约定俗成。至于人物评价欲求完美无缺，恰到好处，众非易事，必须图像与史料相结合，广搜精选，辨识真像与创作像之区别，为传播历史名人图像，发扬爱国主义精神，如读史、教学、美术研究，做出应有的贡献。

原文选自纪念陈垣校长诞生110周年筹委会编《纪念陈垣校长诞生110周年学术论文集》，北京师范大学出版社，1990年

影印《湖社月刊》序

中国的绘画和书法是中华民族文化的瑰宝，历史悠久，名家辈出。近代著名美术教育家、书画篆刻家、诗人金北楼先生，在我国书画的创作、研究和培养人才方面，作出了卓越的贡献。

金北楼先生名绍城，书画署名多作金城，字拱北，一字巩北，号北楼，又号藕湖。浙江吴兴人，生于清光绪四年（1878年），卒于1926年。先生自幼奇慧，尤嗜绘事，留学英国，获法学博士学位。归国后，任大理院推事，编订法制馆协修，民政部咨议。民国成立，任北京大学商科学长、内务部金事、众议院议员。金北楼先生鉴于清室覆灭，热河行宫、奉天行宫所藏金石书画甚夥，建议运抵北京，供众观览，此议受到内务总长朱启钤的重视，因而古物陈列所于1914年在清宫前廷武英殿成立。自是，北楼先生因得尽览所藏，手摹心追，画艺大进。山水宗马、夏，人物法唐、仇，花鸟近恽寿平，在传统基础上皆有所创新。

北楼先生又以民国初建，画坛衰微，乃与绘画界友人周肇祥等于1919年组立中国画学研究会，并被推为会长，以周肇祥副之，聚徒讲艺，成才甚众。

中国画学研究会成立之初，为了沟通中国与日本两国文化即与日本美术界取得联系。1920年，首届中日绘画联合展览会在北京举行，二届联展于1921年在日本东京举行，第三届联展于1924年在北京、上海两地举行，第四届联展于1926年6月在日本东京及大阪两地举行。第四次联展，北楼先生与周肇祥先生联袂赴日，为了阐扬东方文化，与日本画家代表成立了东方绘画协会。北楼先生由于旅途劳累，返国至沪，旧疾复发，不幸于7月30日逝世，时年49岁。

东方绘画协会中国本部于1926年12月在北京成立，并以周肇祥为会长。时北楼先生哲嗣开藩（荫湖）、开华（述湖）及门弟子多人，为了继承先师遗志，遂于 1926 年冬在北京钱粮胡同 15 号北楼先生寓居之墨茶阁，创立湖社画会，"湖社"云者，以北楼先生旧号"藕湖"，敬示不忘之意。画会以开藩为总干事，搜罗北楼先生遗著，刊印《藕湖诗草》《北楼论画》等书，以永其传。湖社画会并于 1927 年 11 月创办《湖社月刊》，藉以纪念先师，传播艺术。同时，周肇祥先生以中国画学研究会会长身分创办《艺林月刊》。当时，《湖社》《艺林》两刊并行，各具特色，为传播中国文化艺术作出了一定的贡献。

湖社画会同门社友 200 余人，为了纪念先师德业，皆以"湖"字为号，其著者有秦裕（柳湖）、吴熙曾（镜湖）、惠均（柘湖）、刘光城（饮湖）、赵恩熹（明湖）、李树智（晴湖）、张琮（湛湖）、马晋（云湖）、管平（平湖）、李上达（五湖）、张晋福（南湖）、陈云（升湖）、陈咸栋（东湖）、李瑞龄（枕湖）、陈煦（梅湖）、陈林斋（启湖）、冯谆（谆湖）、薛慎微（慎湖）、王衡桂（圣湖）、孙菊生（晓湖）诸君，皆一时之彦。绘画作品除在国内各地经常展览外，并在日本、比利时、德国、法国、加拿大等国展出，于国内外均有较大影响。诸君作品多发表于《湖社月刊》，为研究民国时期绘画艺术提供了大量的历史资料。

《湖社月刊》创于 1927 年 11 月，初为半月刊，旋改为月刊，至 1936 年 3 月，出刊 100 期停刊，合装为 100 册。该刊宗旨是："提倡艺术，阐扬国光，除刊登古今名人书画外，旁及历代金石文器，时贤诗词，论说。"可以认为这是一本综合性的图文并茂的文化艺术杂志。

我自幼爱好书画、金石，殆出于天性，孩童时即阅读《湖社月刊》，刊中所载晋王珣《伯远帖》、唐颜真卿自书《告身》、李白《上阳台帖》、杜牧《张好好诗》、宋王安石《楞严经》、苏轼《楷木诗》、晋顾恺之《女史箴图》、唐阎立本《历代帝王图》、韩干《照夜白图》、宋许道宁《山水图》、李公麟《免胄图》、元赵孟頫《鹊华秋色图》、管道升《水竹图》、邹复雷《春消息图》等名迹，以及潍县陈介祺所藏十钟等重器，亦见之于本刊。陈氏所藏西周武王时重器"天亡簋"，自题铭文拓本称："武王时器四耳方座簋，名不见文，以形称之。"继又题曰："余藏此三十年，今日定为毛公聃季簋。"这是考古学家第一次为"天亡簋"所定的名称。以上所举，皆我平生第一次从《湖社月刊》中见到，印象之深，迄今未忘。

至于所刊其他金石文物、时贤诗词、文章，皆有关考史论艺之作，读之引人入胜，有助于文化艺术研究，实非浅显。此外，外国名家绘画，《月刊》亦酌予选登，如日本画家渡边晨亩、横山大观、小室翠云、矢野樵村、永田春水等人作品，皆首次介绍给中国读者，其对中日两国美术交流，亦起到一定的作用。

天津市古籍书店以本刊当初发行量甚少、读者购求不易，即偶有零册，价亦甚昂，为了满足广大美术爱好者需要，决定影印出版全刊。天津市古籍书店的这种繁荣美术研究、丰富祖国文化积累的精神，是应该表彰的。

原文选自《湖社月刊》，天津古籍书店，1992 年

余
论

影印《艺林旬刊、月刊》序

当今之研究中国近代美术史者，莫不以《湖社月刊》及《艺林旬刊》《艺林月刊》为重要的参考资料。天津市古籍书店继去年影印出版《湖社月刊》之后，复拟影印《艺林旬刊》《艺林月刊》。编辑王宏先生亲赴北京，下榻竹影书屋，灯下检读寒斋所藏书刊，相与研讨出版事宜。

我以为在中国近、现代美术史研究方面，1919年在北京成立的中国画学研究会是十分值得重视的一个团体。该会所编辑、出版的《艺林旬刊》《艺林月刊》为宣传祖国的历史文化、推动近代美术事业的不断发展，作出了一定的贡献。

辛亥革命推翻了清王朝，一些致力于文化艺术的有识之士，以振兴艺术为己任，纷纷成立研究组织。当时美术界前辈金城、周肇祥诸先生于1919年首先在北京成立了中国画学研究会，二人分任正、副会长，邀聘导师，特聘陈师曾、贺良朴、陶瑢、徐宗浩、肖愻、陈汉第诸先生为评议，讲艺论学，育才甚众。

中国画学研究会成立之初，即有明确的研究宗旨："精研书法，博采新知，先求根本之稳固，然后发展本能，对于浪漫伦野之习，深拒而严绝，以保国画之精神"。画会会员，多为名家，前来入会者，先后达300余人。会员成绩，每年举行观摩展览，切磋艺术，以资借鉴。

为沟通中国与日本两国文化，中国画学研究会与日本美术界取得联系，密切合作。首届中日绘画联合展览会于1920年在北京举行。2届联展于1921年在日本东京举行。3届联展于1924年在北京、上海两地举行。4届联展于1926年6月在日本东京、大阪举行。当时，金城、周肇祥两先生联袂赴日，金先生由于旅途劳累，返国至沪，旧疾复发，于7月30日逝世。画会会长遂由周肇祥任之。

《艺林旬刊》《艺林月刊》则为周先生任会长后所创办。

周肇祥（1880—1954年），字嵩灵，号养庵，又号无畏，别号退翁，浙江绍兴人，清末举人，肄业于京师大学堂，为优等生。民国成立，任四川补用道、奉天劝业道、署理盐运使、临时参议院参政、葫芦岛商埠督办，一度任湖南省长，旋辞归北京，任清史馆提调、北京古物陈列所所长。晚年任团城国学书院副院长，以金石书画授诸生。工诗、古文辞，书法有晋唐人意，所作山水花鸟，继承传统，直追明人。

北京西山寿安山退谷（樱桃沟）为清初孙承泽退翁书屋旧址，周先生爱其地风光，置别墅一区，号鹿岩精舍，内有水流云在之居、石桧书巢、党山亭、水源头、白鹿岩诸胜，春秋佳日，少长咸集，为西郊之一大景区。

周肇祥先生生平笃嗜古物，广搜精选，研讨有年。时名公硕士，多与交游。出任古物陈列所所长时，由于执掌所司，古器名画，多所寓目。并为所中古物鉴别之需，组成古物鉴定委员会，特聘罗振玉、李盛铎、宝熙、颜世清、郭葆昌、陈汉第、邵长光、肖愻、徐鸿宝、容庚、马衡、王禔、庆宽、陈浏、徐宝琳、陈时利、陈承修、余棨昌、邵章、张伯英、梁鸿志等人为委员，委员会内分设书画、陶瓷、金石、杂品四组，别其真赝、评其甲乙，专人进行保管，编有《古物陈列所书画目录》13卷，附3卷；又编《书画集》6册。青铜器则由容庚先生编为《宝蕴楼彝器图录》《武英殿彝器图录》。各书之成，先生擘画尤多。复于陈列所内成立国画研究室，摹绘古人名迹，培养绘画人才。于非庵先生、杨令茀女士在所内长期从事临摹工作。凡此种种，皆由所内提供有关资料，受到社会人士的好评。

周肇祥先生生平著述甚多，已出版者有：《东游日记》《补正宋四家墨刻簿》《山游访碑目》《故都怀古诗》《游山》《鹿岩小记》《琉璃厂杂记》等。未发表的有《辽金元古德录》《寿安山志》《娑罗花树馆题跋》《辽金元官印考》《重修画史汇传》《百镜庵镜异录》《石刻汇目》《退翁墨录》等。

周先生为了鼓励人们研究中国历史文化，提高中国画学研究会会员艺术修养，于研究会内设编辑二人，亲任主编，自1928年1月1日起，出版了《艺林旬刊》，并在发刊词中说："《艺林旬刊》者，中国画学研究会所主办。不曰画学研究会旬刊，而曰艺林旬刊，何耶？示不敢私也。不以画名而以艺林名，何耶？广聚众才也。中国为东方文明先进之国，政俗日偷，而艺术遂奄奄无生气，不有倡导，孰从而振起之？"由于《艺林旬刊》受到广大读者的欢迎，继于1930年1月1日改为《艺林月刊》，内容充实，文图并重，至1942年6月停刊，共出《旬刊》72期，《月刊》118期。刊物内容之充实，出版时期之长久，誉为民国时期重要的文物艺术刊物，应无愧色。

《艺林旬刊》《艺林月刊》除发表中国画学研究会会员作品外，大量刊载有关古代建筑及历史纪念建筑物、石窟寺、石刻、古遗址、古墓葬、近现代遗迹及古器物、古书画、古文献等图片，丰富多彩，美不胜收。此外，我国历年流入海外的重器以及外国现存的古迹、古物、亦多有所介绍，例如《旬刊》第39期所载北凉沮渠安周造像碑图片，原碑光绪初年新疆吐鲁番出土，被德人运至柏林博物院，光绪三十一年（1905年），端方赴欧美考察政治，在柏林手拓一本归国。此碑于第二次世界大战期间被毁，则拓本与图片均成孤品矣。还有《旬刊》93期所载《古石辟邪》，说明文字中有"锯为三截，偷运出洋，可惜也！"之叹，体现了编者的爱国主义思想。

《旬刊》《月刊》连载名家有关金石书画文稿，不胜枚举，其较著者，如况周颐《蕙风簃随笔》、孙毓汶《孙莱山遗札》、周星誉《鸥堂日记》、刘咸炘《弄翰余渖》、姚华《题画一得》、叶德辉《游艺卮言》、华琳《南宗秘诀》、向焯《景德镇陶业纪事》、汪曾武《外家纪闻》、徐世昌《退园题画诗》、柳得恭《二十一都怀古诗》等，诸书多为稀见之本，其中柳得恭《二十一都怀古诗》为朝鲜学者名作，对研究朝鲜古代历史文化艺术尤有重要参考价值。

两刊除发表诸家主要文稿外，周肇祥先生《东游日记》曾在《旬刊》连期发表，后辑成册，排印线装单行。而先生许多关于文化艺术的见解，亦多载于刊内。如《月刊》第65期发表的关于文化与政治、经济关系的论述，析理入微，言辞中肯，在今日看来，仍有一定的现实意义。

兹当《艺林旬刊》《艺林月刊》影印出版之际，编辑王宏先生以余曾参与出版规划工作，并曾从周肇祥先生受业，嘱为撰写序言，因拉杂书之，以告世之读者。

最后，还想谈几句中国画学研究会编辑出版的《艺林月刊·游山专号》，这是周肇祥先生与友人傅增湘、徐鸿宝、江庸、邢端、周学渊、凌文渊诸先生对祖国名山的游历日记和诗文汇编，全书共10册，分百花山、盘山、劳山、房山、涞易、灵岩、黄山、云蒙山、五台山、嵩山诸卷。这种《游山专号》虽为集体撰述，而在近世旅游书刊中，殊不多见。希望不久的将来，能影印出版，以丰富人们的旅游文化生活。

原文选自《艺林旬刊》《艺林月刊》，天津古籍书店，1993 年

论书画题跋

今天《中国书法》领导同志让我来谈一谈书画鉴定工作对书法理论、书法创作的影响与作用问题，这个问题很重要。上回《书法丛刊》在通县开会，启功先生在谈到怎样做好编辑工作时说，"还是那八个字，'去粗取精，去伪存真'"。我很拥护。启先生说《书法丛刊》只论古不论今，不薄今人爱古人。但评论古人是为了今人，对今人好的要赞扬，差的就要帮助。不然就是犯自由主义。书画界应向文艺界学习，文艺作品评论开展得不错，书画评论应该开展起来。最近看到1983年3月27日《人民日报》（海外版）登了一篇江苏某县书家的书法。写的是辛弃疾《菩萨蛮》词，把"江晚正愁余"的"余"字给繁化成加食字边的"馀"字，闹了笑话。简体字回繁体字，回错了要扣分。这已不是古文字的问题，而是今文字的问题。如果考虑面子，不敢对错误现象提出批评就是小资产阶级作风，这要不得。刚才每人给了几本书，我随便翻了翻。其中第二期《中国书法》有件作品图章乱打，这把章法破坏了，自己的作品打这么多图章，比乾隆还厉害，这还了得。从鉴赏角度来看，不太合适，看了不舒服，不顺眼。图章必须高手所刻，应盖图章多少，位置上下，印色好坏，都很重要，启先生对盖图章很重视，他的作品都自己盖图章，从不假手于人。

刚才是见景生情，现在转入正题。刘正成主编说过去请了美学家、古文字学家、文学家座谈，这几方面都很重要，都有联系。马列主义教导我们要全面看问题。这几个座谈会的召开，对于书法提高有很大好处。我们这个杂志联系到古今很多人的书法作品，这里就有一个鉴定真伪、评比优劣的问题。在文物鉴定中，鉴定真伪只是工作的开始，然后是评比优劣、定出级别，也要贯彻国家的文物保护法。

没有广泛的知识、广博的学识是不行的。鉴定文物时，对其历史价值、艺术价值、科学价值要全盘考虑，不可偏废。如果鉴定工作做得不够，把伪、恶、丑当成真、善、美发表了，就会造成损失。在证据不足的情况下，要多存疑。认真贯彻"双百"方针，学术问题完全可以争鸣，通过争鸣才能繁荣文化。鉴定一件书画的真假好坏，领导同志不能先发言定调子，对观点不统一的意见，领导同志也不要忙于早作结论。

刚才刘主编说，一般的书法工作者比不上文物鉴定人员，只能看印刷品。其实能看印刷品已经很不错了。古人上哪看印刷品去，古人看点东西难极了。从前我们看到珂罗版就以为不错了，现在甭说珂罗版，连彩版都出来了。日本二玄社出版的原装原裱的复制品，很精彩。古代未发明印刷术，书法、绘画只能靠临摹，才能多出一个副本，现在我们的眼福比古人大多了。关于博物馆不让看东西的问题，不少人有意见。中央美院院长靳尚谊在全国政协会上给博物馆提意见，说博物馆就是不给东西看。我解释说，书画原件不能老挂着，真迹只能轮流展出，为了避免潮气，阴天下雨都不能看画。还有，绢地的古代书画，每打开展览一次，不知要断多少根绢丝，我们都心痛，那是国家的文物，为了保护，就不能经常展览。当然了，如果靳院长想看，也可以，但要办个手续，不但欢迎细看，还要请多多提供高见呢！现在的印刷品质量已相当高，真可谓下真迹一等。对于一般的学习研究来说，已是够用。

现在谈谈题跋，这两期《中国书法》的封面都是国画题跋，从国画题跋上反映书法，是个新的创造，这很好。我很注意书画题跋。50年前，启先生在辅仁大学美术系开了"书画题跋"课，启先生从内容到形式，讲得太好了。我感到今天在书画界"书画题跋"这一课要重开。现在有的画家，画画得不错，给八、九十分，一题款，一写字，六十分都勉强（朱家溍：有些画家画得不错、自己不会题，更别说跋了。一落款就露怯。这就牵涉到与鉴定的关系问题。如果对鉴定方面了解比较精透，就能创新，就利于创新。对传统研究不深入，就是跟传统、跟创新没发生关系）。再不开这一课就是忽略了对文化传统的继承。题跋需要文学修养、美学修养。你的文化修养、美学修养如何，从题跋、图章等方面一看就知道。题跋好的很多，早期的可以看看《苏黄题跋》《虚舟题跋》，晚近的可以看看《坚净居题跋》。现在出版古代字画，往往不印题跋，这是一个失误。古人题跋，基本上没有什么坏的。看题跋，大有利于对作品的考证和研究。现在绘画，许多人都不注意"留白"，包括李可染先生，我曾当面跟他说过。他的画多数画得太满，很少留白，这是受西画影响的，画面根本无处题字，更不用说题诗了。从前有人"惜墨如金"，现在许多人是"惜纸如金"，全画满，疏朗之气没有。搞书画创作要考虑观赏者能不能通过，作品不要昙花一现。能不能传世是个大问题。能不能传世需要在艺术市场上经得住考验，也就是作者死了之后，东西还有人要不要。历史传统必须好好研究，碑帖画册必须多看，不研究不继承，对当今创作大不利，我从不隐瞒自己的观点，不对之处，请大家批评。

原文选自刘正成编《学界名家书法谈》，荣宝斋出版社，1994 年

《中国书画鉴定》序

1992年8月，国家文物鉴定委员会应文物出版社之请，编选新中国成立以来有关文物鉴定的重要文章为《中国文物鉴赏丛书》，以备广大文物工作者和文物爱好者学习参考。吾友晏霁先生1984年在《中原文物》第二期上写的《谈谈古书画的鉴别》，内容丰富，颇多新义，入录于《书画鉴赏》分册中。此书于1994年3月正式出版。

晏霁先生多年从事文物鉴定，近年来，任职河南省书画院，兼任文物鉴定委员会委员，通过业务实践，取得了丰硕的成果。为了总结其在书画鉴定中的经验和心得、普及书画鉴定知识，在多篇旧作的基础上，完成了《中国书画鉴定》一书，即将出版，以我粗通文物之学，嘱写一篇序言。

我常说古书画的鉴定，是文物鉴定的一个分支，文物鉴定不只是看真假，它具有两个内容，就是辨伪和识别，求得作品的真伪、优劣。达到去伪存真、去粗取精的目的，书画鉴定更是如此。我们都知道中国书画有许多特点，一是历代书家、画家很多，二是遗留的作品多，三是书体变化多端，四是绘画技法、种类丰富多彩。这是任何外国所不敢比拟的。晏霁先生此书，先从培养对书画的浓厚兴趣入手，介绍许多前人未曾说过的个人的独到见解，详人之所略，略人之所详，具有鲜明的特色。

书画鉴定在去粗取精、去伪存真的过程中，实际也是不断提高鉴赏水平，由外行变为内行的过程，宋米芾《画史·论赏鉴》谈到成为一个赏鉴家之不易，且与一般"好事者"有严格的区别。原文称："好事者与赏鉴之家为二等。赏鉴家谓其笃好，遍阅记录，又复心得，或自能画，故所收皆精品。近世人或有赀力，元非酷好，意作标韵，至做耳目于人，此谓之好事者。置锦囊、玉轴以为珍秘，开之或笑倒，余辄抚案大叫曰：'惭惶杀人'"。这里所说的"好事者"是家有钱财并非酷好，但还要附庸风雅，以至靠别人眼力鉴定，打开他收藏的画轴一看，真使人又惭愧又惊讶。这种情况虽是宋代的现象，后世"好事者"可能尚有过之。因此，我们今天为了不假人耳目，必须不断加强学习，在普及的基础上不断提高自身的鉴定能力，能够对一件作品的历史、科学、艺术价值作出正确有评价。这虽然是最高的要求，但只要专心致志，坚持多读、多看、多写，就能有成。所谓多读，是学习前人或时人的有关论著，接受人家好的经验教训；多看是观赏古今书画家的原作，评其真伪优劣，近世照相出版事业发达，通过照片、画册，也可学到不少东西；多写是把在鉴定欣赏中的心得、收获加以总结，写成专文、专著，这是从事书画鉴定的必由之路。

此外，还要多准备一些工具书，以备查考。目前大家公认的一部工具书，是俞剑华先生主编的《中国美术家人名词典》，但是这部书还有许多不足之处，如遗漏的艺术家很多，引用的书不够准确，一人两见或两人误为一人者有之，近闻人民美术出版社即将出版的朱鼎荣先生编《中国历代画家人名辞典》，在所收画家人名中是一部后来居上的好书，至于其他有关的书学、画学论著，浩如烟海，在鉴定工作中，应该"遍阅记录"，广泛翻检有关资料，才能对书画作品作出正确的评价。

文物鉴定是一门综合的学科，我们应具备多方面的文化素养。大家知道文学、艺术、历史、哲学很难严格分开。因此必须不断加强学习，丰富自己各方面的知识，这对文物鉴定大有益处，宋陈师道曾有"晚知书画真有益"的诗句，就是讲的对文化艺术的鉴赏是随着年龄而前进的。我虽年逾古稀，仍愿与广大读者共同努力，为繁荣祖国文物事业作出自己的贡献。

原文选自晏霁：《中国书画鉴定》，中州古籍出版社，1995 年

《书画鉴真》序

余自幼读书，性近文史，中产人家，颇有藏书。先君喜收书画，类多明清以来乡贤遗迹、畿辅名家，宋元佳构，未多有也。余弱冠之年，读书北平师范大学附属中学，其地距琉璃厂甚近，假日则随家君出入厂肆，遇有可心之品，往往购之以归。春节期间，各地画商云集厂甸，率皆搭札席棚，悬挂求售，光绪间李虹若《朝市丛载》有"唐宋元明件件陈，满墙字画尽名人。由来俱是捣持货，不必深追问假真"竹枝词一首，所咏虽属事实，但亦并非尽然。记得有人从中购得宋元人名迹，而明清名家之作亦所在多有，深知此道全在个人鉴别功力之深浅，非可勉强以求也。余亦从中购得明人文震孟、陈丹衷，清人王崇简、张鹏翀，近人邱逢甲、贡桑诺尔布、蔡公时诸家之作，展示老师、同学，往往受到鼓励。1941年6月高中毕业，张鸿来先生赠言有"书画常教老眼花，鉴藏年少独名家"诗句，业师之言，中心藏之。

大学读书，从余嘉锡先生受古典目录学，刘盼遂先生受经学，陈垣先生受史学，沈兼士、于省吾先生受古文字学，顾随、孙人和先生受辞章，启功先生受书画，门墙数仞，略通为学之旨，其间唯书画怡情，迄未稍怠。

1947年，余嘉锡先生以余粗通金石文字，推荐至中央博物院北平历史博物馆工作，迄今将近50年矣。朝夕从公，见闻日广，公私收藏，接触渐多。读书读画，时有会心，敬礼小文，报刊多载。近年来，北京燕山出版社屡促整理有关书画文章，汇为专集，当兹出书困难之际，盛情可感，自当奋力为之。

本书关于书画方面者，除叙述书画之源流，评论作品之优劣，考证作者之行迹以外，重点在识别书画之真赝，揭示其历史、艺术价值。

间尝论之，鉴定书画，应以"去伪存真，去粗取精"为本。历史价值第一，艺术价值第二，标准不容移易。为矫正某些在书画鉴定方面"艺术标准第一"之说，因提出"书画征史"之论，以告读者。

由于书画在我国历史文化发展史上源远流长，以此之故，凡有关文字史、书法史上之甲骨文、金文、简牍、碑帖；绘画史上之彩陶、画像石、画像砖、壁画、版画以及与书画有关之玺印、篆刻等，多有论及。诸文既非前人所称之金石书画，又非今世所称之卷轴书画，谓之中国美术史范畴之丛稿可耳。此外，尚有评论有关著录金石书画之论著、序跋，亦属研究书画之重要参考资料。

窃以为书画之鉴定研究，如"三希"之鉴别，《兰亭》之论辨，已成过去。当今，宜扩大鉴别眼界，包括陶瓷纹饰、汉画像石雕刻、壁画之内容、写经之书体、碑帖之版本、金石之题跋，以至近代齐白石、张大千诸先生作品，往往存在一些问题。因之，必须不断丰富、充实多方面文化修养，熟读书史、画史、书论、画论，多多接触原作，通过实践，认真解决存在矛盾，在鉴定方面有所发现、有所发明、有所创造、有所前进。尤其要识别伪品、赝品，在真、善、美方面多下研究功夫。唐人张九龄《剪彩》诗有"既争芳意早，谁待物华真"之句，书画鉴定亦应如是。故吾书题名《书画鉴真》，以就教于方家。

1941年高中毕业时张鸿来先生赠诗手迹刊于书前，藉表对先生之怀念。

原文选自史树青：《书画鉴真》，北京燕山出版社，1996年

余家舊藏宋元人姓氏銅押數十方凡友朋中有与押文同姓者率以相贈一九四九年秋
蕭伯贊先生自香港到京吾師余季豫先生宴于興化寺街自宅余于席上得識伯贊先
生并以此蕭宇銅押相贈先生甚寶愛之十年浩劫先生長逝遺物盡失寒齋所存打本僅
此一紙前塵回首巳三
十八年一九八七年三月十
六日史樹青记

题羁字铜押拓本　　1987年

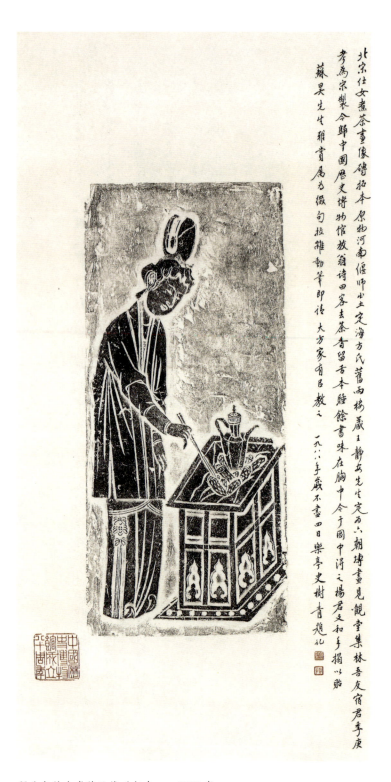

北宋仕女煮茶畫像磚拓本　原物河南偃師出土　定海方氏舊而拓藏　王靜安先生定為六朝塼畫見觀堂集林吾友宿君李庚

考為宋製　今歸中國歷史博物館　放翁詩四家去茶香留古本腫餘書味在胸中　今于圖中浮之揚君又和予揭以貽

蘇吳先生雅賁屬為緻句　拉雜勳筆即呈　大方家有呂教之

一九八八年歲不盡四日　樂亭史樹青題記

题北宋仕女煮茶画像砖拓本　　1988 年

戰國六山紋銅鏡搨本

原物傳安徽壽縣出土現藏中國歷史博物館
世皆目為楚鏡吾友梁巘宦潯山紋鏡甍于
易卦塘湖村是燕时物藝楚文化多有相同之處
余別有專文記之此鏡六山之間呈六星狀意什英四七
楊女士桂榮于拓一本見贈
容三先生雜賣為識數語即布
　教正
　戊辰六月史樹青書于竹影書屋

题战国六山纹铜镜搨本　　　1988 年

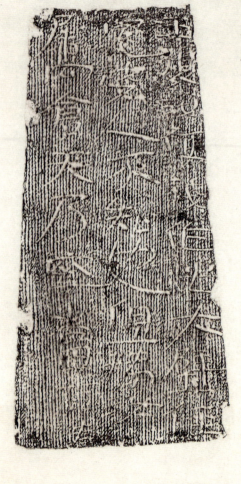

倉天乃死大甓搨本

搨石長三六厘米上寬一四厘米下寬一八厘米厚七厘米一九七六年安徽亳州東漢曹操家族墓發現搨形者

當為蓍者用甓二面粗繩紋上有椎書王復汝使錢化此大甓佳冤錢人不知也但博汝需倉天乃死當事三十六字字體

草隸是陶人在甓面習書之作倉天乃死黃巾曰覚書此四字說的起義深入人心文字彌封券頃其咒曹氏之符瓢

蘇昊先生手搨屬題并請教正 己巳夏日嚴城遺叟史樹青

題仓天乃死大甓搨本　　1988 年

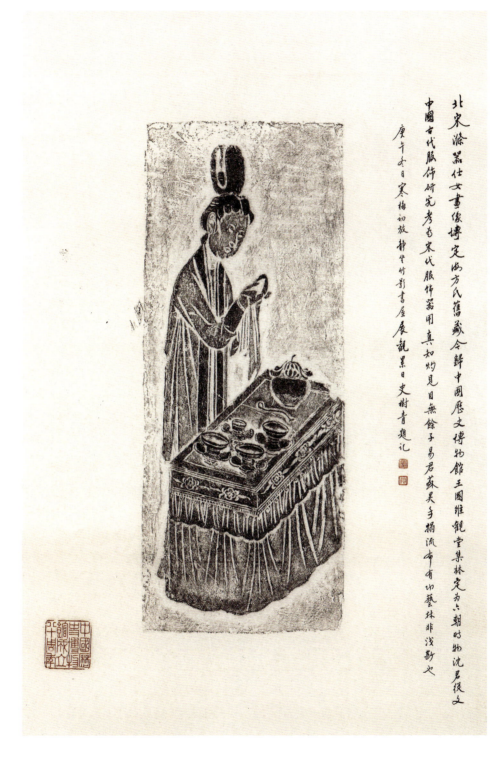

北宋滌器仕女畫像磚定為方氏舊藏今歸中國歷史博物館王國維觀堂集林定為六朝時物沈君從文中國古代服飾研究考為宋代服飾器用真知灼見目無餘子易君蘇吳手搨流布有功藝林非淺鮮也

庚午冬日寒梅初放靜廬竹影書屋展觀昼日史樹青題記

題北宋滌器仕女畫像磚搨本　　1990 年

太唐龍朔
二年三藏
法師玄奘
敬造釋迦
佛像供養

玄奘造像石座銘記

陝西西安玉華宮遺址出土

佛教造像以示敬礼玄奘以貞觀十九年

取經回國在長安譯經此為奘師造釋

迦佛像石座原像變佚失座身題銘

為僅存於人間之奘師書法莊嚴與重近

褚遂良啟功先生詠為唐楷佛像礎趙模

初先生囑為流布墨本廣結善緣者也原石

今藏中國歷史博物館

一九八三年五月史樹青敬題

題玄奘造像石座銘记拓本　　1993 年

西晉咸寧四年呂氏磚　博文為工師在陶坯上錐書文曰咸寧四年七月呂氏造是為晉即祚十四年事泰歲在丙戌

咸寧四年為晉之建立第十四年與磚文所記相合經與廣倉磚錄專門名家所收咸寧三年四年呂氏磚相校祐呂氏一家蓋

屬祖籍淮南郡成德縣當今安徽壽縣東南曾任陳郡太守磚文泰歲在丙戌當是成之誤書近草隸頗俱隆樘平復帖

柳園康夫先生鑒家愛其草書韻致屬館員易君蘇果拓墨即呈雅賞　一九九三年五月史樹青識于北京

題西晉咸寧四年呂氏磚搨本　　1993年

商后母戊鼎铭

原器一九三九年河南安阳出土重八三二．六公斤为世界

现存最大最美之彝器铭文三字在内壁旧释

司母戊吾师于思泊先生释后母戊后者王也此盖商

王武乙之配文丁之母文丁祀母之鼎也

　　壬午同志属题　乙亥冬史树青

北宋富貴有餘雕磚拓本　仕女高冠髻著右袵外衣內穿長裙腰繫斜方格紋圍裙足穿雲頭鞋雙臂戴長釧左手維右臂作將切魚狀仕女金釧繞臂豪貴可知可謂富貴有魚此圖足以富之原物河南偃師出土今藏中國歷史博物館王國維舊跋錄之備考

一九〇五年六月　樂亭七十三歲老者史樹青記於北京城西晨善村之看山讀書樓

古畫博玫　王國維

仕女人物畫博定海方民

所藏乃六朝以前物較漢武

梁祠孝堂山諸畫像人物尤為

工麗女子之高髻而中低其本以

繪未之疑古之所謂顳手者

太平御覽引千寶晉紀初

賈后造首飾以繒傳其髻

天下化之名擷子繒之以繒

來髮疑晉時物矣

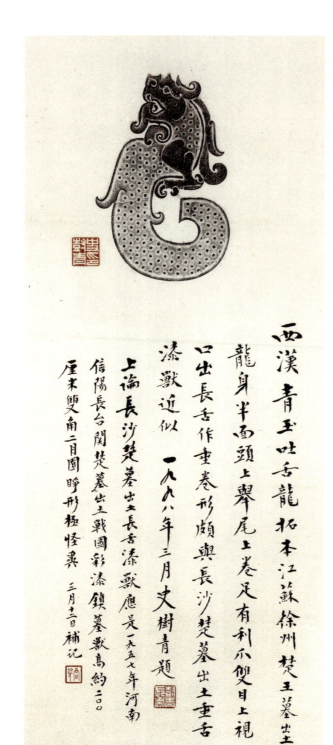

西漢青玉吐舌龍拓本 江蘇徐州楚王墓出土

龍身半面頭上舉尾上卷足有利爪雙目上視

口出長舌作垂卷形頗與長沙楚墓出土垂舌

漆獸近似 一九九八年三月史樹青題

上論長沙楚墓出土長舌漆獸應是一九五七年河南

信陽長台關楚墓出土戰國彩漆鎮墓獸高約二〇

厘米雙角二目圓眸形極怪異 三月十二日補記

题西汉青玉吐舌龙拓本 1998 年

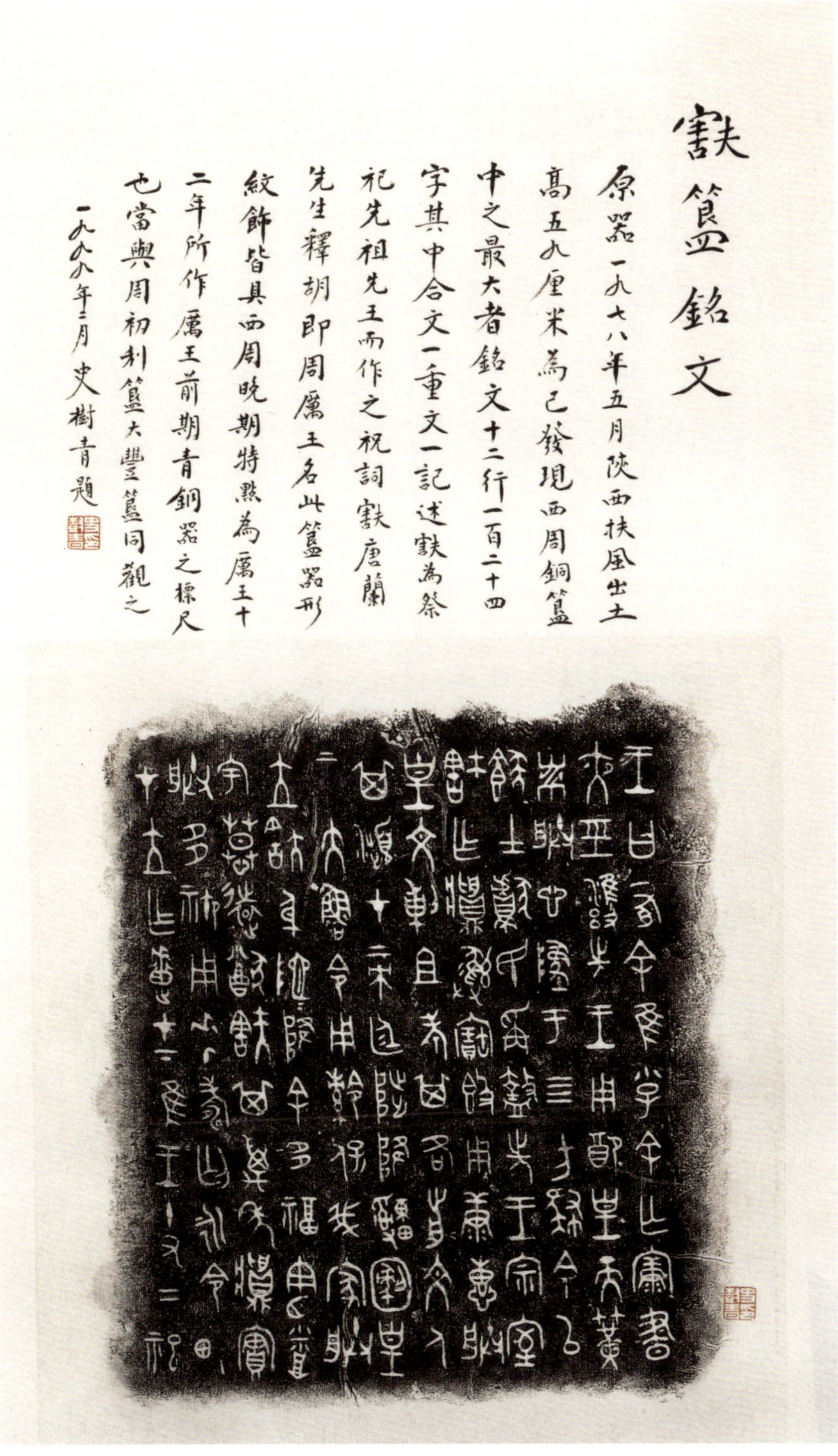

䜣簋銘文

原器一九七八年五月陝西扶風出土

高五九厘米為己發現西周銅簋

中之最大者銘文十二行一百二十四

字其中合文一重文一記述䜣為祭

祀先祖先王而作之祝詞䜣唐蘭

先生釋胡即周屬王名此簋器形

紋飾皆具西周晚期特點為屬王十

二年所作屬王前期青銅器之標尺

也當與周初刊簋大豐簋同觀之

一九九六年三月史樹青題

題䜣簋銘文拓本　　1996 年

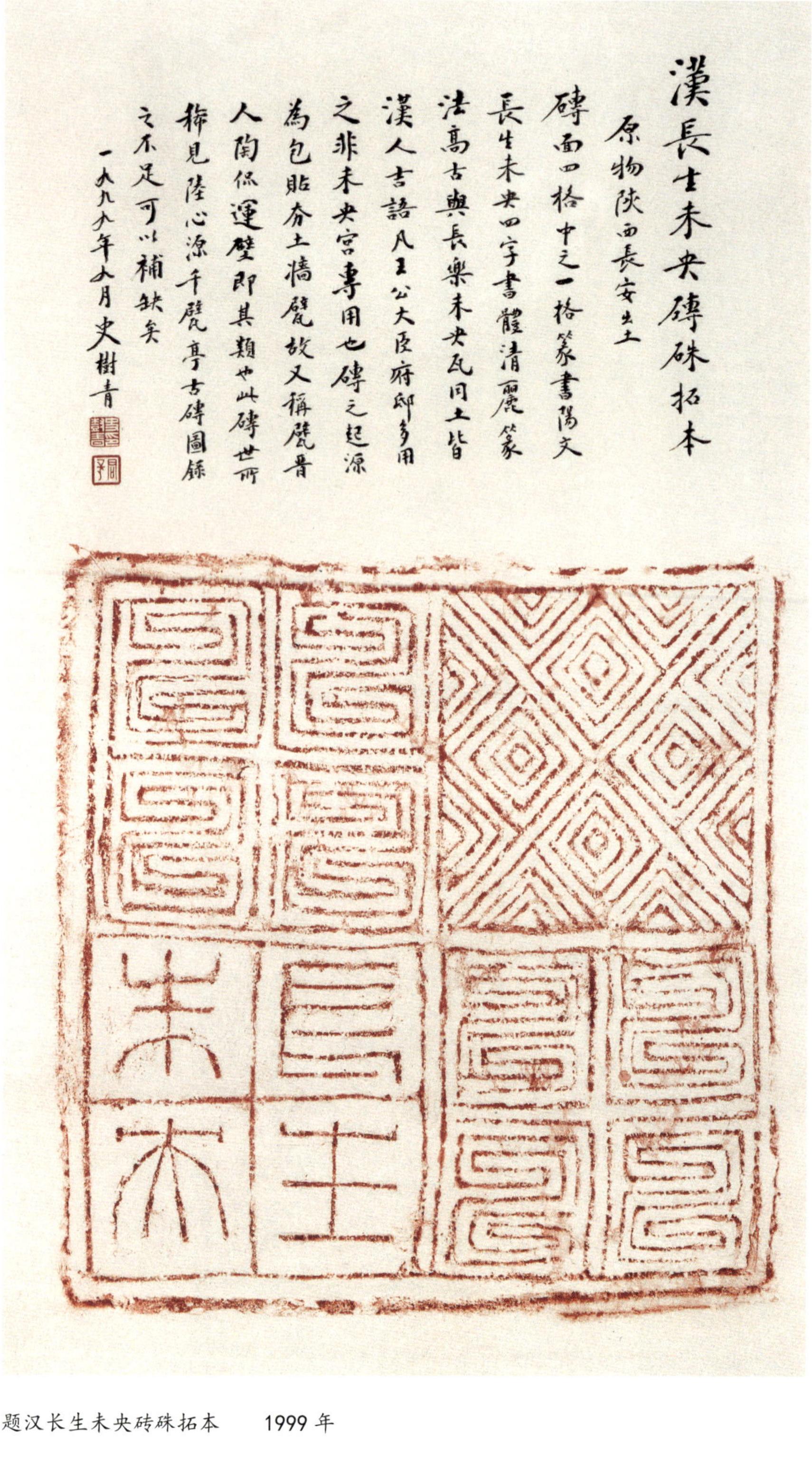

漢長生未央磚硃拓本

原物陝西長安土

磚面四格 十之一格篆書陽文

長生未央四字書體清麗篆

法高古與長樂未央瓦同土皆

漢人書語凡王公大臣府邸多用

之非未央宮專用也磚之起源

為包貼夯土牆麗故又稱麗晉

人陶侃運甓即其類也此磚世所

稀見隆心源千甓亭古磚圖錄

之不足可以補缺矣

一九九九年十月 史樹青

题汉长生未央砖砾拓本　　1999 年

蒙古成吉思皇帝聖旨金牌

一九八八年河北盐山發現鎏金銀質正面刻雙勾漢字

天賜成吉思皇帝聖旨疾背刻契丹文雙勾二字釋為宜速走為皆急之意蒙古以部落

酋長和部落聯盟長稱作軍或合軍舊說元世祖三年作太廟神主時始題作成吉思皇帝今

此聖旨牌之發見知在成吉思生時已用漢字書寫宋趙珙蒙韃備錄款蒙古人有金牌

銀牌用於朝廷頒發詔敕調發軍旅被稱作聖旨牌昔年熱河曾出土一枚後流入日本此牌為

國內所僅存堪稱瑰寶矣 二〇〇〇年八月 樂亭史樹青書於北京中國歷史博物館

題蒙古成吉思皇帝聖旨金牌拓本　　2000年

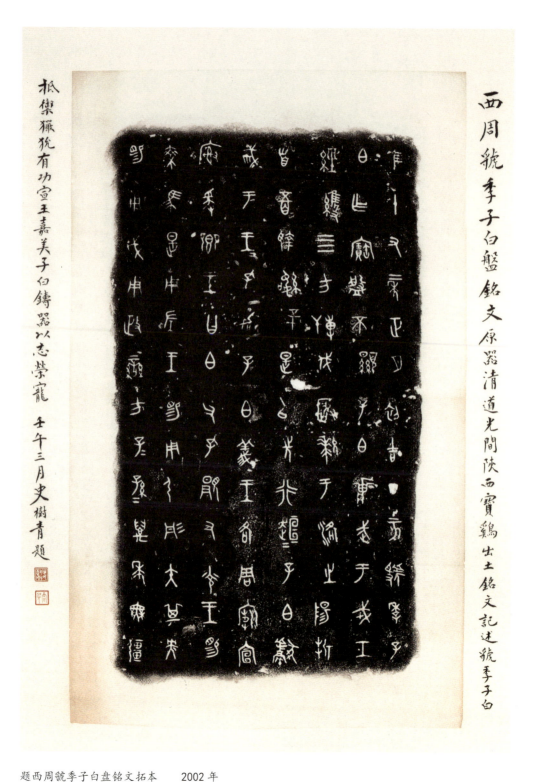

西周虢季子白盤 銘文原器清道光間陝西寶鷄出土銘文記述虢季子白抵禦獫狁有功宣王嘉美子白鑄器以志榮寵 壬午三月史樹青題

题西周虢季子白盘铭文拓本　　2002 年

史树青学术著作要目

一、著作

1.《长沙仰天湖出土楚简研究》，群联出版社，1955 年。

2.《天安门》，史树青、赵洛，北京出版社，1980 年。

3.《祖国悠久历史文化的瑰宝》，书目文献出版社，1985 年。

4.《书画鉴真》，北京燕山出版社，1996 年。

5.《鉴古一得》，学苑出版社，2001 年。

6.《史树青金石拓本题跋选》，史树青著、海国林编，岭南出版社，2002 年。

7.《鉴宝心得》，山东画报出版社，2007 年。

二、主编

1.《海外藏楼兰文书简牍残纸晋人纸本墨迹》，天津市古籍书店，1991 年。

2.《应县木塔辽代秘藏》，文物出版社，1991 年。

3.《中国大百科全书·文物博物馆》，中国大百科全书出版社，1993 年。

4.《中国文物精华大全·金银玉石卷》，商务印书馆（香港）有限公司、上海辞书出版社，1994 年。

5.《小莽苍苍斋藏清代学者法书选集》，文物出版社，1995 年。

6.《中国历史博物馆藏法书大观》，柳原书店（日本）、上海教育出版社，1998 年。

7.《中国历史博物馆藏捐赠文物集萃》，长城出版社，1999 年。

8.《中国艺术品投资与鉴宝丛书》，水利水电出版社，2005 年。

三、论文

1. 《鉴别书画应注意的几点》，《文物参考资料》1954 年第 1 期。

2. 《晋周芳命妻潘氏衣物券考释》，《考古通讯》1956 年第 2 期。

3. 《关于"桥形币"》，《文物参考资料》1956 年第 7 期。

4. 《对"五省出土文物展览"中几件铜器的看法》，《文物参考资料》1956 年 8 期。

5. 《鲁迅先生和北京历史博物馆》，《文物》1956 年第 10 期。

6. 《鲁迅先生对历史文物的研究》，《文物》1956 年第 10 期。

7. 《谈法帖中所保存的历史资料》，《文物》1957 年第 1 期。

8. 《方伯务及其作品》，《美术》1957 年第 4 期。

9. 《漆林识小录》，《文物参考资料》1957 年第 7 期。

10. 《齐彦槐所制的天文钟》，《文物参考资料》1958 年第 7 期。

11. 《漫谈新疆发现的汉代丝绸》，《文物参考资料》1958 年第 9 期。

12. 《新疆文物调查随笔》，《文物》1960 年第 6 期。

13. 《中国历史博物馆正式开馆》，《历史研究》1961 年第 4 期。

14. 《古代科技事物三考》，《文物》1962 年第 3 期。

15. 《论新疆民丰尼雅遗址》，《文物》1962 年第 7—8 合期。

16. 《成吉思汗画像跋》，《文物》1962 年第 10 期。

17. 《汉代独轮车》，《文物》1964 年第 6 期。

18. 《敦煌遗书概述》，《历史教学》1964 年第 8 期。

19. 《西汉朱庐执刲银印小考》，《人民日报》1965 年 6 月 10 日。

20. 《从〈萧翼赚兰亭图〉谈到〈兰亭序〉的伪作问题》，《文物》1965 年第 12 期。

21. 《晋人行草书砖刻》，《文物》1965 年第 12 期。

22. 《西周蔡侯鼎铭释文》，《考古》1966 年第 2 期。

23. 《元末徐寿辉农民政权的铜印》，《文物》1972 年第 6 期。

24. 《中国古代的金错工艺》，《文物》1973 年第 6 期。

25. 《李自成大顺农民政权的铜印》，《光明日报》1974 年 1 月 6 日。

26. 《谈长沙马王堆帛书》，《文物》1974 年第 9 期。

27. 《在长沙马王堆汉墓帛书座谈会上的发言》，《文物》1974 年第 9 期。

28. 《秦始皇二十六年诏书及其大字诏版》，《文物》1974 年第 12 期。

29. 《日本国收藏的唐代一行画像》，《文物》1976 年第 3 期。

30. 《程伟元指画罗汉册及其他》，《文物》1978 年第 2 期。

31. 《曹雪芹和永忠小照辨析》，《文物》1978 年第 5 期。

32. 《徐霞客赠妙行七律二首墨迹跋》，《中华文史论丛》1978 年第 8 期。

33. 《北宋磁州窑"陈桥兵变"图瓷枕》，《历史教学》1979 年第 1 期。

34. 《博物馆藏文物的鉴定和研究》，《文物》1979 年第 10 期。

35. 《北魏曹天度造千佛石塔》，《文物》1980 年第 1 期。

36. 《座谈曾侯乙墓》，《文物》1980 年第 2 期。

37. 《战国龙凤人物帛画》，《集邮》1980 年第 5 期。

38. 《论文同墨竹》，《美术》1980 年第 7 期。

39. 《麟为夷兽说》，《古文字研究》第 17 辑，中华书局，1980 年。

40. 《顾随题沈尹默书联小记》，《书法》1981 年第 4 期。

41. 《林则徐游华山诗手迹跋》，《故宫博物院院刊》1981 年第 4 期。

42. 《王绂〈北京八景图〉研究》，《文物》1981 年第 5 期。

43. 《书画鉴定经验谈》，《百科知识》1981 年第 9 期。

44. 《题田桓〈英雄独立图〉》，《光明日报》1981 年 10 月 11 日。

45. 《"陆离"新解》，《文史》1981 年第 11 期。

46. 《雪庄〈黄海山花图〉记》，《学林漫录》2 辑，1981 年。

47. 《唐寅赠日本友人彦九郎诗》，《旅游》1982 年第 1 期。

48. 《应县佛宫寺木塔发现的辽代俗文学写本》，《文物》1982 年第 6 期。

49. 《关于历史画的问题》，《美术》1983 年第 7 期。

50. 《邱逢甲诗迹》，《光明日报》1983 年 9 月 24 日。

51. 《从娄睿墓壁画看北齐画家手笔》，《文物》1983 年第 10 期。

52. 《"五谷满仓"与"六畜蕃息"瓦当》，《人民日报》1984 年 1 月 3 日。

53. 《北魏幽州光林寺考》，《中国历史博物馆馆刊》1984 年总第 6 期。

54. 《波斯萨珊朝鎏金人物银瓶》，《历史教学》1984 年第 8 期。

55. 《李白署书独乐寺"观音之阁"考》，《光明日报》1984 年 11 月 17 日。

56. 《冰社小记》，《北京史苑》第 1 集，1984 年。

57. 《商无敄鼎的发现及其意义》，《文物》1985 年第 1 期。

58. 《北齐娄睿墓壁画作者考订》，《中国艺术》第 1 辑，1985 年。

59. 《忽雷为侗族乐器说》，《贵州日报》1985 年 7 月 2 日。

60. 《〈中国饮食考古〉序》，《中国饮食考古》，中国轻工业出版社，1985 年。

61. 《明程南云、李东阳、唐顺之三家诗卷跋》，荣宝斋编《荣宝斋三十五纪念》，
    1985 年。

62. 《清怡亲王田黄对章》，荣宝斋编《荣宝斋三十五纪念》，1985 年。

63. 《业务学习经验谈》，《文物天地》1986 年第 2 期。

64. 《蒙古族收藏家贡桑诺尔布》，《燕都》1986 年第 5 期。

65. 《于右任书〈浣溪沙·哈密西行机中作〉墨迹》，《中国旅游报》1986 年 6 月 17 日。

66. 《文房四宝》，《人民政协报》1986 年 12 月 29 日。

67. 《崔白〈双喜图〉臆说》，《经济日报》1987 年 2 月 1 日。

68. 《〈效丞印草〉序》，《燕都》1987 年第 2 期。

69. 《林白水卖文字办报》，《燕都》1987 年第 5 期。

70. 《唐代宫廷精品荟萃》，《科技日报》1987 年 7 月 22 日。

71. 《〈中国文物保护传统技术资料辑要〉序》，《中国文物报》1987 年 10 月 1 日。

72. 《唐代"胡腾舞"铜人像》，《光明日报》1988 年 3 月 5 日。

73. 《谈中国书画的鉴赏》，《中国教育报》1988 年 8 月 6 日。

74. 《祝肇年教授的山水画》，《文艺报》1988 年 10 月 29 日。

75. 《李濬之对书画研究的贡献》，《中华书画报》1988 年 12 月 22 日。

76. 《文天祥书〈谢昌元座右自警辞〉跋》，《中国历史博物馆馆刊》1989 年总 13—
    14 期。

77. 《北京图书馆新址考略》，《余嘉锡先生纪念文集》，湖南教育出版社，1989 年。

78. 《重印〈故宫清钱谱〉跋》，《故宫清钱谱》，北京大学出版社，1989 年。

79. 《溥心畬书画展览小引》，《燕都》1990 年第 1 期。

80. 《王应麟跋文天祥书〈谢昌元座右辞〉书后》，《文物天地》1990 年第 4 期。

81. 《薛怀〈写生蔬果册〉跋》，《中国书画报》1990 年 7 月 19 日。

82. 《中国书画鉴赏琐谈》，《八小时以外》1990 年第 10 期。

83. 《中国古代人物图像的鉴别问题》，《纪念陈垣校长诞生 100 周年纪念集》，北京
    师范大学出版社，1990 年。

84.《明清进士题名碑考略》，《沈兼士先生诞生 100 年纪念论文集》，紫禁城出版社，1990 年。

85.《从萧公堂净水碗看明代北京的商人会馆》，《纪念顾颉刚学术论文集》，巴蜀书社，1990 年。

86.《〈国宝大观·竹木牙角器〉概述》，《国宝大观》，上海文化出版社，1990 年。

87.《〈顾随临同州圣教序〉序》，《顾随先生临同州圣教序》，天津市古籍书店，1990 年。

88.《紫光阁画像考》，《郑天挺先生纪念论文集》，中华书局，1990 年。

89.《〈孔望山造像研究〉序》，海洋出版社，1990 年。

90.《海瑞真迹重见天日》，《中国工商时报》1991 年 3 月 30 日。

91.《关于车王的问题》，《古籍整理简报》1991 年 11 月 10 日。

92.《〈丁佛言手批窭斋集古录〉序》，《丁佛言手批窭斋集古录》，天津市古籍书店，1991 年。

93.《〈海外藏楼兰文书简牍残纸晋人纸本墨迹〉序》，《海外藏楼兰文书简牍残纸晋人纸本墨迹》，天津市古籍书店，1991 年。

94.《〈书谱字典〉序》，《书谱字典》，天津市古籍书店，1991 年。

95.《影印〈湖社月刊〉序》，《湖社月刊》，天津市古籍书店，1991 年。

96.《日本诗人田边华的山水画》，《纪念邓之诚学术论文集》，生活·读书·新知三联书店，1991 年。

97.《〈中国博物馆赏珍〉序》，《中国博物馆赏珍》，南粤出版社，1991 年。

98.《〈中国古俑白描〉序》，《中国古俑白描》，北京工艺美术出版社，1991 年。

99.《爱新觉罗·毓峄楷书〈孝经〉跋》，《燕都》1992 年第 2 期。

100.《〈乐氏藏古玺印选〉序》，《收藏家》1993 年总 1 期。

101.《影印〈艺林旬刊、月刊〉序》，《艺林旬刊》《艺林月刊》，天津市古籍书店，1993 年。

102.《黄山画派对旅游和植物学研究的贡献》，《文物天地》1994 年第 1 期。

103.《河姆渡遗址为姚墟说》，《浙东文化》1994 年第 1、2 期合刊。

104.《〈当代名家百梅图卷〉序》，《人民日报》1994 年 2 月 10 日。

105.《〈古玉研究文选〉序》，《文博》1994 年增刊第 2 号。

106.《钱玄同书"平妖堂"斋额》,《收藏家》1994 年总 2 期。

107.《康有为、梁启超屏联珍赏记》,《收藏家》1994 年总 4 期。

108.《明江必名〈石梁飞瀑图〉》,《收藏家》1994 年总 5 期。

109.《〈石言馆印剩〉序》,《收藏家》1994 年总 6 期。

110.《〈历代书画伪章留痕〉序》,《收藏家》1994 年总 7 期。

111.《史树青半日谈》,《中国文物报》1994 年 7 月 31 日、8 月 7 日。

112.《〈中国文物精华大全·金银玉石卷〉序》,《中国文物精华大全·金银玉石卷》,
    商务印书馆(香港)有限公司、上海辞书出版社,1994 年。

113.《曾燠〈拱北楼刻漏歌〉墨迹跋》,《陈垣教授诞生百一十周年纪念文集》,暨南
    大学出版社,1994 年。

114.《论书画题跋》,《学界名家谈书法》,荣宝斋出版社,1994 年。

115.《〈所见中国古代小说戏曲板画图录〉序》,《所见中国古代小说戏曲版画图录》,
    中华全国图书馆文献缩微复制中心,1994 年。

116.《周凯〈武当纪游二十四图册〉》,《武当纪游二十四图册》,浙江人民美术出版
    社,1994 年。

117.《李苦禅赠画记》,《李苦禅纪念文集》,人民出版社,1994 年。

118.《〈刘学青书法选〉序》,《刘学青书法选》,南京出版社,1994 年。

119.《〈内乡清代县衙〉序》,《内乡清代县衙》,中州古籍出版社,1994 年。

120.《对竹内实教授〈金印之谜〉讲演的补充讲话》,《中日关系史研究》1995 年第
    1 期。

121.《鲍家春灯》,《中国文化报》1995 年 2 月 12 日。

122.《耶律楚材画像小考》,《今晚报》1995 年 5 月 21 日。

123.《明罗文瑞为梁梦龙作〈幽兰竹石图卷〉》,《收藏家》1995 年总 10 期。

124.《清李克正临汉碑册》,《收藏家》1995 年总 12 期。

125.《〈小莽苍苍斋藏清代学者法书选集〉后记》,《小莽苍苍斋藏清代学者法书选
    集》,文物出版社,1995 年。

126.《〈琉璃厂杂记〉序》,《琉璃厂杂记》,燕山出版社,1995 年。

127.《〈中国书画鉴定〉序》,《中国书画鉴定》,中州古籍出版社,1995 年。

128.《〈苏斋笔记译注〉序》,《〈苏斋笔记〉译注》,柳原书店,1996 年。

129. 《〈王尔烈墨迹选〉序》，《王尔烈墨迹选》，北京燕山出版社，1996 年。

130. 《笔谈〈中国文物学概论〉》，《中国文物学概论》，文物出版社，1996 年。

131. 《〈中国历代珍宝鉴赏辞典〉序》，《中国历代珍宝鉴赏辞典》，文心出版社，1996 年。

132. 《〈书画鉴真〉序》，《书画鉴真》，北京燕山出版社，1996 年。

133. 《清严长明王文治诸家跋唐人写经卷》，《收藏家》1997 年第 3 期。

134. 《明监察御史王忬象牙腰牌》，《收藏家》1997 年第 6 期。

135. 《论蔡侯墓的年代》，《文史哲》1997 年第 8 期。

136. 《〈木兰围场研究〉序》，《中国文物报》1997 年 12 月 21 日。

137. 《笔谈〈文物〉创刊 500 期》，《文物》1998 年第 1 期。

138. 《汉译〈文房百科事典〉序》，《文房百科事典》，燕山出版社，1998 年。

139. 《初拓本〈宝贤堂贴〉序》，《南开大学历史系建系七十五周年纪念文集》，南开大学出版社，1998 年。

140. 《〈中国历史博物馆藏法书大观〉概述》，《中国历史博物馆藏法书大观》，柳原书店、上海教育出版社，1998 年。

141. 《〈中国历史博物馆藏捐赠文物集萃〉概述》，《中国历史博物馆藏捐赠文物集萃》，长城出版社，1999 年。

142. 《成吉思皇帝圣旨金牌考》，《北京文史》2000 年第 1 期。

143. 《中华民国建国纪念墨》，《中国文物报》2000 年 6 月 25 日。

144. 《毛泽东签名的国画流回国内》，《收藏家》2000 年第 11 期。

145. 《〈沙漠考古〉序》，《沙漠考古》，百花文艺出版社，2000 年。

146. 《〈笃恭殿宝〉玉印小考》，《中国文物报》2001 年 2 月 18 日。

147. 《宋磁州窑"仁和馆"双耳瓶》，《中国文物报》2001 年 4 月 1 日。

148. 《考古研究必须与现代科技相结合：在科技考古研讨会上的发言》，《考古文物与现代科技》，人民出版社，2001 年。

149. 《宋白玉"封"字印考》，《庆祝张政烺教研 60 年论文集》，中国社会科学院文献出版社，2001 年。

150. 《〈石鼓文新解〉序》，《故宫博物院院刊》2001 年第 6 期。

151. 《读石鼓文新解兼论白泽》，《收藏家》2003 年第 8 期。

图书在版编目（CIP）数据

国博名家丛书.史树青卷 / 史树青著；王春法主编. — 北京：北京时代华文书局，2022.11

ISBN 978-7-5699-4673-4

Ⅰ.①国… Ⅱ.①史… ②王… Ⅲ.①博物馆学—文集②史学—文集③文物—中国—文集 Ⅳ.①G260-53②K0-53③K870.4-53

中国版本图书馆CIP数据核字(2022)第208701号

项目统筹

余　玲

责任编辑

张正萌

装帧设计

郭　青

国博名家丛书

史树青卷

GUOBO MINGJIA CONGSHU

SHI SHUQING JUAN

主　编：王春法
出版人：陈　涛
出版发行：北京时代华文书局 (http://www.bjsdsj.com.cn)
地址：北京市东城区安定门外大街138号皇城国际A座8层
邮编：100011
发行部：010－64267120　010－64267397
印制：北京雅昌艺术印刷有限公司　010－80451188
开本：787mm×1092mm 1/16　印张：41　字数：697千字
版次：2022年11月第1版　印次：2022年11月第1次印刷
书号：ISBN 978-7-5699-4673-4
定价：368.00元（全二册）

后 记

　　史树青先生是我国当代著名学者、文物鉴定家。1947年，先生经业师余嘉锡推荐，到中央博物院北平历史博物馆（今中国国家博物馆）工作，直至2007年离世，时间跨度为一个甲子。史树青先生的学术研究以书画为主，兼涉考古、古器物、博物馆学等，其文短小精悍、内容丰富。今逢中国国家博物馆建馆110周年，先生诞辰100周年之际，我们编辑出版《国博名家丛书·史树青卷》，既是对博物馆前辈学人的纪念，也是对后学的启迪，具有重要的学术意义和社会价值。

　　本书的编纂得到了馆内外专家和史树青先生家人的大力支持，他们提出了很多中肯的建议，并给予悉心指导。在本书编校出版过程中，全馆各相关部门通力协作，诸多同事无私帮助。在此，一并表示衷心的感谢！

　　受体例篇幅所限，本书远不能全面展现史树青先生在学术研究方面取得的卓越成就，实为遗憾。又鉴于编辑水平和时间有限，文中错讹在所难免，不当之处，恳请方家批评指正。

编　者

2022年9月